羣書拾補

（上）

〔清〕盧文弨 撰
程惠新
陳東輝 校點

浙江大學出版社
ZHEJIANG UNIVERSITY PRESS

圖書在版編目(CIP)數據

羣書拾補 /〔清〕盧文弨撰;程惠新,陳東輝校點
. —杭州:浙江大學出版社,2019.8
ISBN 978-7-308-19294-1

Ⅰ.①羣… Ⅱ.①盧…②程…③陳… Ⅲ.①古籍—校勘—中國—清代 Ⅳ.①H131.7

中國版本圖書館 CIP 數據核字(2019)第 129291 號

羣書拾補

〔清〕盧文弨 撰
程惠新 陳東輝 校點

責任編輯 胡 畔
責任校對 宋旭華
封面設計 項夢怡
出版發行 浙江大學出版社
(杭州市天目山路 148 號 郵政編碼 310007)
(網址:http://www.zjupress.com)
排　　版 浙江時代出版服務有限公司
印　　刷 浙江印刷集團有限公司
開　　本 710mm×1000mm 1/16
印　　張 67.5
插　　頁 2
字　　數 815 千
版 印 次 2019 年 8 月第 1 版 2019 年 8 月第 1 次印刷
書　　號 ISBN 978-7-308-19294-1
定　　價 198.00 圓(全二册)

浙江大學出版社市場運營中心聯繫方式:(0571)88925591;http://zjdxcbs.tmall.com

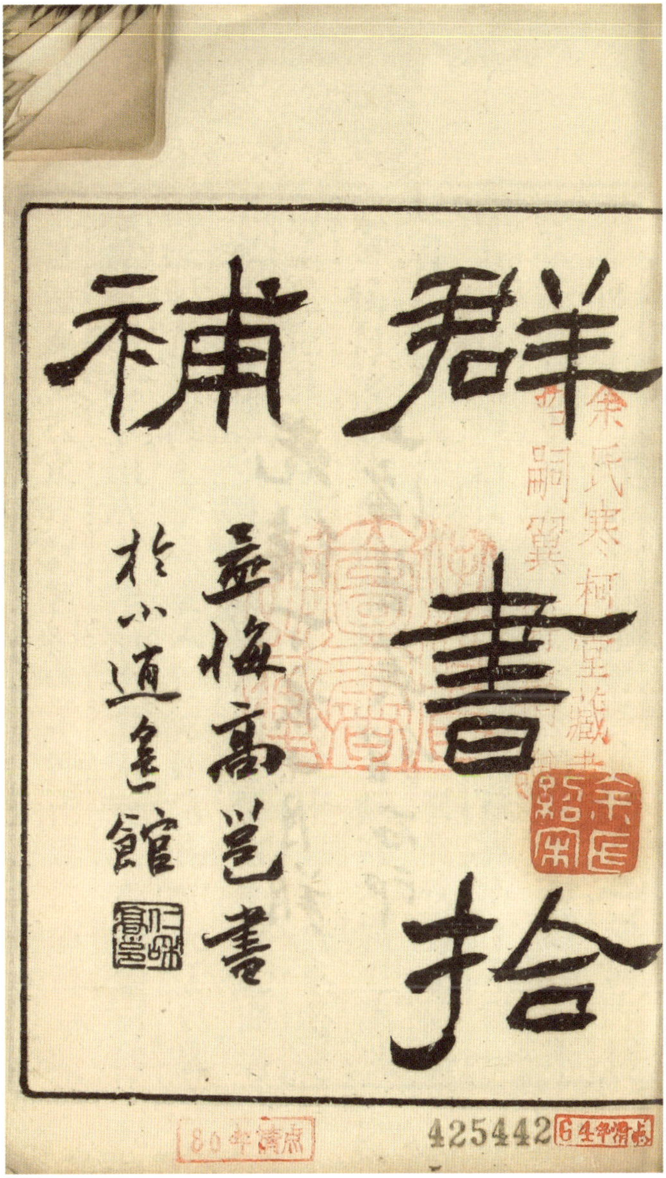

浙江圖書館藏（余紹宋寒柯堂舊藏）清光緒十三年(一八八七)上海蜚英館據《抱經堂叢書》石印本《羣書拾補》内封

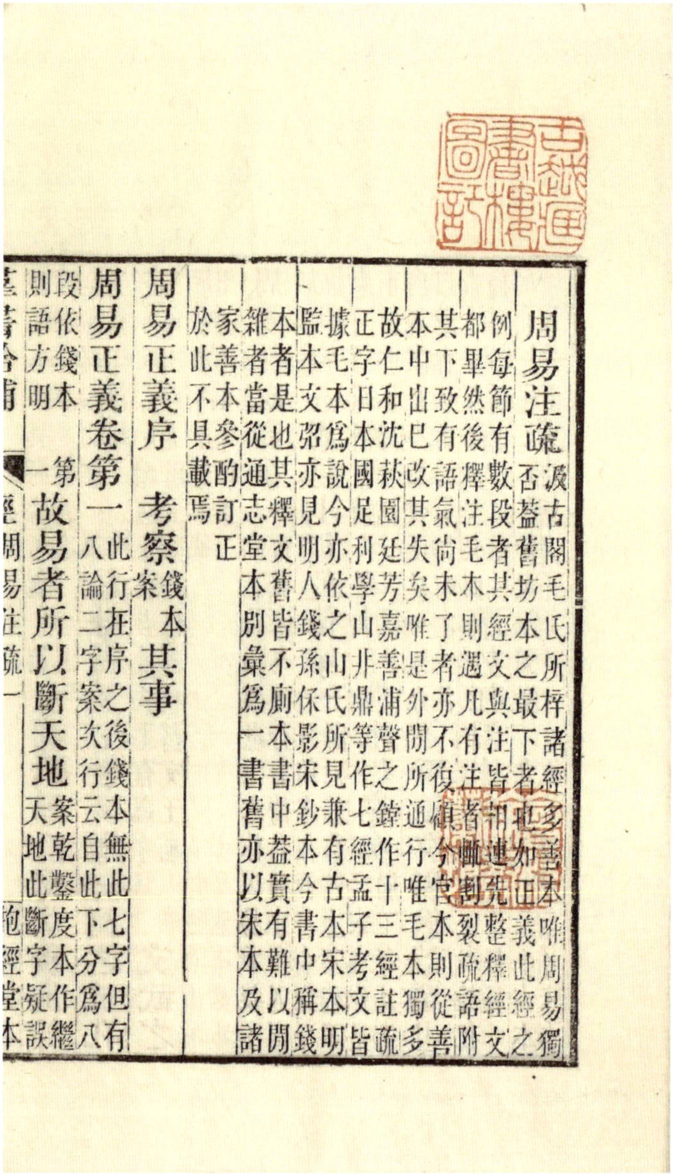

周易注疏　汲古閣毛氏所梓諸經多善本唯周易獨否蓋舊坊本之最下者也如正義此經之例每節有數段者其經文與注皆相連先整釋經文都畢然後釋注毛本則遇凡有注者輒割裂疏語附其下致有語氣尚未了者亦不復顧今官本則從善本中出已改其失矣唯是外間所通行唯毛本獨多故仁和沈萩園廷芳嘉善浦聲之鏜作十三經註疏正字日本國足利學山井鼎等作七經孟子考文皆據毛本爲說今亦依之山氏所見兼有古本宋本明監本毛文弨亦見明人錢孫保影宋鈔本今書中稱錢本者是也其釋文舊皆不廁一本書中蓋實有難以閒雜者當從通志堂本別彙爲一書舊亦以宋本及諸家善本參酌訂正於此不具載焉

周易正義序　考察錢本案其事

周易正義卷第一　此行在序之後錢本無此七字但有八論二字案次行云自此下分爲八段依錢本則語方明

第一　故易者所以斷天地　案乾鑿度本作繼天地此斷字疑誤

羣書拾補　經周易注疏一　抱經堂本

紹興圖書館藏（古越藏書樓舊藏）清乾隆五十五年（一七九〇）刻《抱經堂叢書》本《羣書拾補》之《周易注疏（校正）》卷端

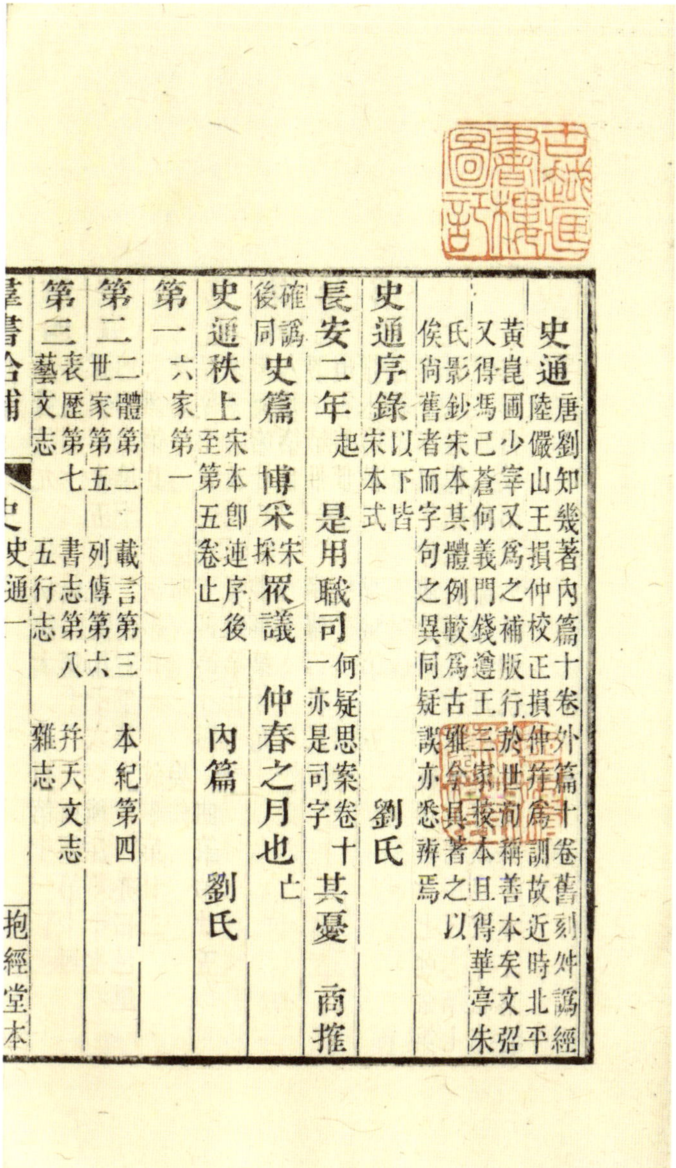

史通 唐劉知幾著內篇十卷外篇十卷舊刻舛譌經
黃崑圃少宰又爲之補版行於世而稱善本矣文弨
又得馮己蒼何義門錢遵王三家校本且得華亭朱
氏影鈔宋本其體例較爲古雅今具著之以
俟尙舊者而字句之異同疑誤亦悉辨焉

史通序錄 以下皆宋本式 劉氏

長安二年 起 是用職司 何疑思案卷十一亦是司字 其憂 商榷
確譌後同 史篇 博采 宋採 衆議 仲春之月也 亡

史通秩上 宋本郎連序後至第五卷止 內篇 劉氏

第一 六家第一
第二 二體第二 載言第三 本紀第四 世家第五 列傳第六
第三 表歷第七 書志第八 幷天文志 藝文志 五行志 雜志

羣書拾補 史通一 抱經堂本

紹興圖書館藏（古越藏書樓舊藏）清乾隆五十五年（一七九〇）刻《抱經堂叢書》本《羣書拾補》之《史通（校正）》卷端

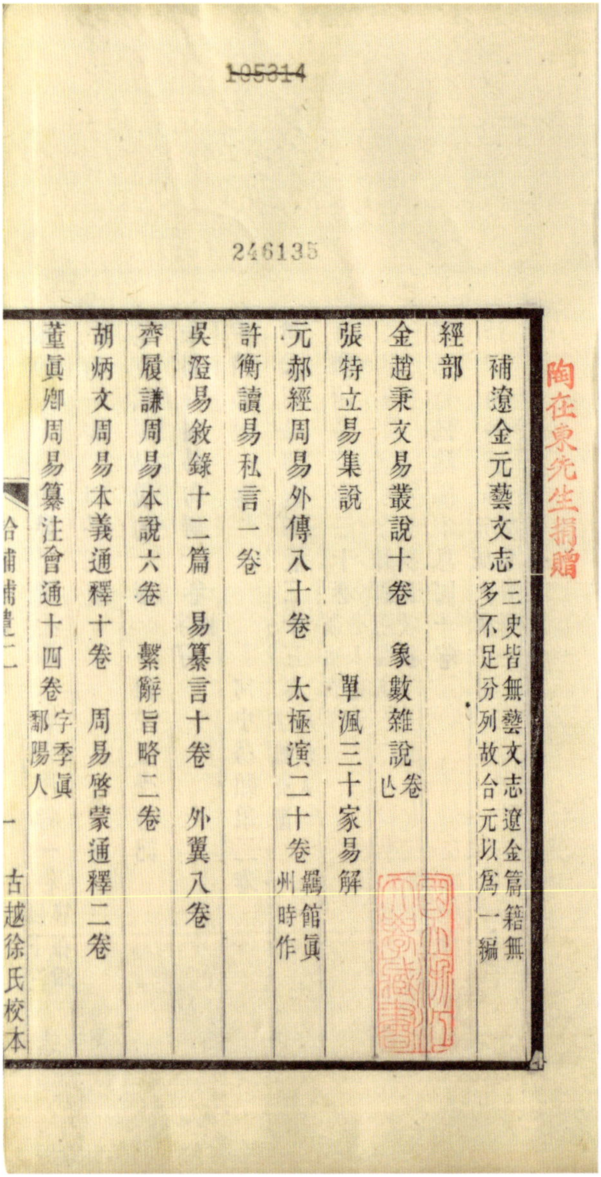

補遼金元藝文志 三史皆無藝文志遼金篇籍無多不足分列故合元以爲一編

經部

金趙秉文易叢說十卷 象數雜說卷亡

張特立易集說 單渢三十家易解

元郝經周易外傳八十卷 太極演二十卷 羈館眞州時作

許衡讀易私言一卷

吳澄易敘錄十二篇 易纂言十卷 外翼八卷

齊履謙周易本說六卷 繫辭旨略二卷

胡炳文周易本義通釋十卷 周易啓蒙通釋二卷

董眞卿周易纂注會通十四卷 字季眞鄱陽人

浙江大學圖書館藏（陶在東舊藏）清光緒十八年（一八九二）會稽徐氏鑄學齋刻《紹興先正遺書》本《羣書拾補補遺》之《補遼金元藝文志》卷端

整理説明

盧文弨(一七一七—一七九六),初名嗣宗,後改名文弨,字紹弓(一作召弓),號磯漁(又號檠齋),晚年更號弓父(弓甫)。其堂號曰抱經堂,人稱抱經先生。其祖籍浙江餘姚,明代遷居於仁和(今杭州)。盧文弨乃清代乾嘉時期之著名學者,學識博洽,著述宏富。他在學術上的最大成就,在於校勘古書。據統計,盧氏所鈔校題跋的書籍多達三百五十八種,其中經部八十四種,史部七十三種,子部一百零六種,集部九十五種。(參見陳修亮編著《盧文弨鈔校題跋本目録》,載《盧文弨全集》第十五册《附録上編》,浙江大學出版社,二〇一七年)他與當時著名考據學家戴震、王念孫、段玉裁交往較多,并深受他們的影響。他大倡實學,尤好校書,聞有善本,必借抄録。其校勘方法,以訓詁爲主,重視舊本,多方參驗,頗下功力。盧文弨編纂的《抱經堂叢書》乃盧氏自校,向以校勘精善、質量上乘而著稱於世,乃中國歷史上最有影響的叢書之一,是當之無愧的精校精刻本。

翁方綱稱贊盧文弨「專詳於所訂諸書者，校讎經籍之功，近世儒林之所少也」(《皇清誥授朝議大夫前日講起居注官翰林院侍讀學士抱經先生盧公墓誌銘》，載《盧文弨全集》第十五册《附録上編・有關墓誌傳記・墓誌類》，浙江大學出版社，二〇一七年，第十三頁)。吴騫曰：「舜江盧紹弓學士性敏達而好學，一生手不停披。凡經史百家之書，無不句讎字勘，丹黄粲然，且無一懈筆。校刊漢魏諸儒書，皆有功學者。」(《拜經樓詩話》卷三，載《續修四庫全書》第一七〇四册，上海古籍出版社，一九九五—二〇〇二年，第一二九頁)嚴元照謂：「抱經先生喜校書。自經傳、子史，下逮説部、詩文集，凡經披覽，無不丹黄者。即無别本可勘同異，必爲之釐正字畫然後快。嗜之至老逾篤，自笑如猩猩之見酒也。」(《悔菴學文》卷八《書盧抱經先生札記後》，載《清代詩文集彙編》第五〇八册，上海古籍出版社，二〇一〇年，第五五一頁)周中孚云：「抱經家藏羣書，皆手自校勘，精審無誤。凡所校定，必參稽善本，證以他書，即友人後進之片言，亦擇善而從之。」(《鄭堂讀書記》卷五五，上海書店出版社，二〇〇九年，第九〇五頁)孫詒讓贊曰：「盧所校者尤衆，其刻《抱經堂叢書》數十種最爲善本。」(《孫詒讓序跋輯録》，《文獻》一九八六年第一期，第一八五頁)丁丙指出：「校勘之學，至乾嘉而極精，出仁和盧抱經、吴縣黄蕘圃、陽湖孫淵如之手者，尤讎校精審。」（《善本書室藏書志》，載《續修四庫全書》第九二七册，上海古籍出版社，一九九五—二〇〇二年，第六八八頁）繆荃孫在談到清代乾嘉時期叢書編刻盛況時説：「有志在傳古，校讐最精者，如盧學士之《抱經堂》是也。」（《藝風堂文集》卷五《積學齋叢書序》，載《續修四庫全書》第一五七四册，上海古籍出版社，一九九五—二〇〇二年，第九八頁）梁啓超在論及清代學者整理舊學之成績時曰：「校釋諸子（或其他古籍）之書，薈萃成編最有價值者：其一，爲盧抱經之《羣書拾補》。抱經所校各書，有多種已將新校本刻出；剩下未刻者，有許多校語批在書眉，把它匯成此書。」（《中國近三百年學術史》，商務印書館，二〇一一年，第二七七頁）傅增湘則謂「《抱經堂叢書》尤精博」，「奄有諸家之長，而無其短」（《藏園羣書題記》附録二《抱經堂彙刻書序》，上海古籍出版社，一九八九年，第一〇六七頁）。劉咸炘認爲盧文弨「爲功後學不小。經疏校正，猶非罕見，然創始之功已不可没。阮校以盧爲藍本」（《推十書（增補全本）》丁輯《内景樓檢書記・子類》，上海科學技術文獻出版社，二〇〇九年，第五八六頁）。王欣夫對盧文弨給予高度贊揚，云：「他在校讎方面付出了辛勤的勞動，取得了卓越的成就，數清代校讎專家，當推他是第一流。」（《文獻學講義》，上海古籍出版社，一九八六年，第四二四頁）中華書局編輯部編的《叢書集成初編總目索引》中的《叢書百部提要》有云：（盧文弨）「每校一書，必搜羅諸本，反覆鈎稽。乾隆間，彙刊所校漢唐人書及所著札記文集，爲《抱經堂叢書》。其卓識宏議，見於盧氏自爲各書序跋。版式雅飭，鐫印俱精。」（《叢書集成初編總目索引》，中華書局，二〇一二年，第二三頁）潘美月在《清代私家刊本特色》一文中强調：「刊刻叢書乃清代私家刻書之最大特色。……故清代私家刻書以校讎爲主者，當首推盧文弨之刻《抱經堂叢書》。」（《龍坡書齋雜著——圖書文獻學論文集》，載《古典文獻研究輯刊》十三編，臺灣花木蘭文化出版社，二〇一一年，第四九五—四九六頁）張舜徽之評價更有畫龍點睛之妙，在論及清代校勘學時提到：「盧文弨、顧廣圻尤爲專謹，屏絶人世一切之好，終身以之，所校書爲最多，裨益於士林亦最鉅。」（《廣校讎略》卷四，上海古籍出版社，二〇一三年，第六四頁）

《羣書拾補》堪稱盧文弨最有分量的一部校勘學著作。是書仿《經典釋文》例，從羣書中摘録字句，考辨異文，共校正補遺經史子集四部書計四十種（其中《羣書拾補初編》涉及三十七種，《羣書拾補補遺》涉及三種），甚便學者。《羣書拾補》校勘與補逸並重，其校勘成果多爲後人所採用，如吴士鑑《晉書斠注》就吸收了不少《羣書拾補》中的校勘成果；其補逸之功，亦爲後人稱道，如陸心源曰：（《新序》）「《藝文類聚》、《太平御覽》所引，多有出于今本之外者，皆三十篇中逸文，盧抱經《羣書拾補》已搜輯無遺。」（《儀顧堂題跋》卷六，中華書局，一九九〇年，第七三頁）《羣書拾補》較爲全面地反映了盧文弨的校勘學方法、思想和成就，受到了同時代及後代學者的高度贊譽。如錢大昕在是書序中有云：「凡所校定，必參稽善本，證以它書，即友朋後進之片言，亦擇善而從之，洵有合於顔黄門所稱者，自宋次道、劉原父、貢父、樓大防諸公，皆莫能及也。」周中孚則云：「向推何義門《讀書記》點校諸書皆極精審，抱經此編固當與何氏書並稱矣。」（《鄭堂讀書記》卷五五，上海書店出版社，二〇〇九年，第九〇六頁）曾貽芬認爲：「盧文弨的校勘成果主要體現在他所校刻的諸書中，然而在他所自爲書的《羣書拾補》中，應該校勘的内容仍占有相當的篇幅，而且還很集中。《抱經堂文集》則包含有不少有關校勘原則的精闢論述。盧文弨校勘精審，《羣書拾補》中的不少校勘成果，已被後人採納。」（《試論盧文弨、顧廣圻的校勘異同及其特點》，《史學史研究》一九九七年第四期，第五七頁）陸心源、楊守敬還仿其體例，分别作《羣書校補》、《續羣書拾補》。近年出版的蕭旭的《羣書校補》（廣陵書社，二〇一一年）和《羣書校補（續）》（載《古典文獻研究輯刊》十九編，臺灣花木蘭文化出版社，二〇一四年），同樣也是仿其體例而作。

此外，李盈萱的《盧文弨及其〈羣書拾補〉之研究》（臺北市立師範學院應用語言文學研究所碩士學位論文，二〇〇一年），比較系統地論述了《羣書拾補》的成書過程以及該書中盧文弨所使用的校勘方式，充分肯定了《羣書拾補》在校勘學史上的重要地位。王寧的《盧文弨〈周易注疏〉校勘研究》（山東大學中國古典文獻學專業碩士學位論文，二〇一六年），對《羣書拾補》中的《周易注疏（校正）》進行了較爲全面的專門考察。王曉娟的《〈周易略例〉阮校補正》（山東大學中國古典文獻學專業碩士學位論文，二〇一五年），參考了包括《羣書拾補》中的《周易注疏（校正）》在内的前人校勘成果六種，補正了阮元《十三經注疏校勘記·周易略例》三百七十四條，其中兩百一十二個條目是阮元《校勘記》所無的。喬衍琯認爲「盧氏校補，《經籍考》部分不多，然極精覈」（《中國歷代藝文志考評稿》，臺灣文史哲出版社，二〇〇八年，第一一七頁）。遺憾的是，華東師範大學古籍研究所標校的《文獻通考·經籍考》（華東師範大學出版社，一九八五年），未能吸收盧文弨之校勘成果。

當然，《羣書拾補》也有不盡完善之處，如顧廣圻《重刻鹽鐵論并考證序（代張古餘）》云：「《鹽鐵論》自明嘉靖中爲張之象所亂，卷第割裂，字句踳謬，盧學士《羣書拾補》已嘗言之。予向恨不見善本，近因顧千里得弘治十四年江陰令新淦涂禎依嘉泰壬戌本所刻，及其後錫山華氏活字所印，細爲校讀，知張之象之不可據，在盧所云外者甚多，而盧又時出己見，頗有違失，亦未可全據也。」（《顧千里集》卷十，中華書局，二〇〇七年，第一五〇頁）晚清學者徐友蘭的《羣書拾補識語》（載《紹興先正遺書》），對《羣書拾補》之疏漏多所補充和勘誤。另一位晚清學者李富孫在《校經廎文稾》卷十八《書羣書拾補馬氏經籍考後》中，對《羣書拾補》中的《文獻通考經籍（校并補）》之漏校條目作了補校。孫詒讓《札迻》卷七《韓非子某氏注》，卷八《鹽鐵論》、《新序》、《説苑》，卷十《風俗通義》等，以《羣書拾補》爲參校本，對盧氏校勘疏失之處作了補校。當然，瑕不掩瑜，就總體而言，《羣書拾補》乃當之無愧的清代一流名著，水平極高。胡玉縉在指出其若干不足之後，發出感慨：「然校讐之學本自無窮，即所拾補者言，用力勤摯，一書而具數十書之用，其沾溉後學者，已匪淺鮮矣。」（《續四庫提要三種・許廎經籍題跋》卷三《羣書拾補書後》，上海書店出版社，二〇〇二年，第六五二頁）

《羣書拾補初編》共計三十七卷，有清乾隆五十五年（一七九〇）刻《抱經堂叢書》本、民國十二年（一九二三）北京直隸書局影印清乾隆五十五年（一七九〇）刻本、清光緒十三年（一八八七）上海蜚英館據《抱經堂叢書》石印本、清光緒十五年（一八八九）會稽徐氏鑄學齋刻《紹興先正遺書》本（盧文弨祖籍浙江餘姚，而餘姚歷史上曾長期歸紹興管轄，故《紹興先正遺書》收録盧氏著述。該版本各卷之末署有「山陰蔡元培校」，全書之末有平步青於清同治十年八月十三日所撰的《羣書拾補初編書後》)、臺灣世界書局一九六三年版《中國學術名著》第六輯《讀書劄記叢刊》第二集影印《抱經堂叢書》本、臺灣藝文印書館一九六六—一九七〇年版《百部叢書集成》影印《抱經堂叢書》本(與《叢書集成初編》不同,《百部叢書集成》對所收各叢書加以整部影印,并且不重新分類編排)、江蘇廣陵古籍刻印社一九八七年影印《抱經堂叢書》本、上海古籍出版社一九九五—二〇〇二年版《續修四庫全書》影印《抱經堂叢書》本、北京圖書館出版社二〇〇四年版《清人校勘史籍兩種》影印民國十二年(一九二三)北京直隸書局《抱經堂叢書》本、學苑出版社二〇〇五年版《清代學術筆記叢刊》影印《抱經堂叢書》本、學苑出版社二〇一五年版《抱經堂叢書(外七種)》影印紹興圖書館藏《抱經堂叢書》本、《叢書集成初編》據《抱經堂叢書》排印本(該排印本另有上海商務印書館以《國學基本叢書》之名義、臺灣商務印書館以《叢書集成簡編》和《國學基本叢書》之名義、臺灣新文豐出版公司以《叢書集成新編》之名義而刊行的版本),其中《抱經堂叢書》本乃盧文弨自校,《紹興先正遺書》本是以《抱經堂叢書》本爲底本重刻的,二者均爲校勘精審之本。我們以《續修四庫全書》本爲工作底本(當《續修四庫全書》本個别字迹不够清晰或有缺字時,核對紹興圖書館藏《抱經堂叢書》本及其他原刻本),以《紹興先正遺書》本和《叢書集成初編》

本爲參校本。

《羣書拾補補遺》共計三卷，包括《宋史藝文志補》、《補遼金元藝文志》、《揚雄太玄經（校正）》，有清光緒十八年（一八九二）會稽徐氏鑄學齋刻《紹興先正遺書》本、學苑出版社二〇〇五年版《清代學術筆記叢刊》影印《紹興先正遺書》本，其中前二書在《續修四庫全書》影印《抱經堂叢書》本《羣書拾補》和臺灣世界書局《讀書劄記叢刊》影印《抱經堂叢書》本《羣書拾補》中也有。此外，《揚雄太玄經（校正）》另有臺灣新文豐出版公司一九八九—一九九一年版《叢書集成續編》和一九九五年版《珍本術數叢書》、黄山書社一九九五年版《四庫未收術數類古籍大全》、江蘇廣陵古籍刻印社一九九七年版《增補四庫未收術數類古籍大全》、學苑出版社二〇一五年版《抱經堂叢書（外七種）》影印《紹興先正遺書》本。

當初刻《羣書拾補》時，並無《宋史藝文志補》和《補遼金元藝文志》，故《抱經堂叢書》本《羣書拾補》之目録中無此二書，應該是後來彙印時增刻入《抱經堂叢書》的。紹興圖書館所藏的清乾隆嘉慶間刻彙印本《抱經堂叢書》有此二書，而民國十二年北京直隸書局影印清乾隆嘉慶間刻本則無。《續修四庫全書》中的影印《抱經堂叢書》本《羣書拾補》，收録此二書，列在末尾，并在目録中補入了此二書之書名。浙江圖書館、寧波市天一閣博物館所藏的清光緒十三年（一八八七）上海蜚英館據《抱經堂叢書》石印本，也有此二書。

同時，清華大學出版社二〇一三年版《二十五史藝文經籍志考補萃編》第二十卷收有《宋史藝文志補》整理點校本、清華大學出版社二〇一四年版《二十五史藝文經籍志考補萃編》第二十二卷收有《補遼金元藝文志》整理點校本。《宋史藝文志補》和《補遼金元藝文志》另有《八史經籍志》本、《廣雅叢書》（又名《廣雅書局叢書》）本、《史學叢書》據《廣雅叢書》石印本、中國國家圖書館藏清末據《抱經堂叢書》之《羣書拾補》抄本、臺灣藝文印書館一九六六—一九七〇年版《百部叢書集成》影印《廣雅叢書》本、上海古籍出版社一九九五—二〇〇二年版《續修四庫全書》第九一六册影印《廣雅叢書》本、廣州出版社二〇〇八年版《廣州大典》影印《廣雅叢書》本、國家圖書館出版社二〇〇九年版《歷代史志書目叢刊》影印《八史經籍志》本、《叢書集成初編》據《史學叢書》排印本（該排印本另有臺灣商務印書館以《叢書集成簡編》之名義、臺灣新文豐出版公司以《叢書集成新編》之名義而刊行的版本）、《二十五史補編》據《抱經堂叢書》之《羣書拾補》排印本（該版本另有北京圖書館出版社以《宋遼金元明六史補編》之名義而刊行的版本）。此外，《宋史藝文志補》尚有《金陵叢刻》（又名《國朝金陵叢書》）本、上海商務印書館一九五七年版《宋史藝文志　宋史藝文志補　宋史藝文志附編》本、臺灣世界書局一九六三年版《中國學術名著》第六輯《中國目録學名著》第三集《宋史藝文志廣編》本（上述兩個版本，是在《叢書集成初編》之基礎上，依據《千頃堂書目》校正若干脱誤，分別重新排版）；《補遼金元藝文志》尚有北京商務印書館一九五八年版、臺灣世界書局一九六三年版《中國學術名著》第六輯《中國目録學名著》第三集《遼金元藝文志》本（該版本是在《叢書集成初編》之基礎上，分成《補遼金元藝文志（遼代部分）》、《補遼金元藝文志（金代部分）》和《補遼金元藝文志（元代部分）》，重新排版）、四川民族出版社二〇〇二年版《中國少數民族古籍集成（漢文版）》影印《二十五史補編》本。

《續修四庫全書》第九一六册（影印《廣雅叢書》本）、第一一四九册（影印《抱經堂叢書》本《羣書拾補》）分別收録《宋史藝文志補》和《補遼金元藝文志》，雖然所據版本不同，但畢竟屬於相同之書重複收録。《續修四庫全書》未作任何説明，并且在《續修四庫全書總目提要·史部》（上海古籍出版社，二〇一四年）的《宋史藝文志補》條和《補遼金元藝文志》條、《續修四庫全書總目提要·子部》（上海古籍出版社，二〇一五年）的《羣書拾補》條，也未就此問題進行解釋。對於《續修四庫全書》這樣一部總體質量甚高、影響極大的新版大型古籍影印叢書來説，似屬未妥。

關於上述二志之著者，《二十五史補編》本注明：《宋史藝文志補》爲（清）倪燦撰，

（清）盧文弨校正；《補遼金元藝文志》爲（清）倪燦撰，（清）盧文弨補。《續修四庫全書》影印《廣雅叢書》本注明：《宋史藝文志補》爲（清）倪燦撰，《補遼金元藝文志》爲（清）倪燦撰。《廣州大典》影印《廣雅叢書》本注明：《宋史藝文志補》爲（清）倪燦撰，《補遼金元藝文志》爲（清）倪燦撰。《歷代史志書目叢刊》影印《八史經籍志》本注明：《宋史藝文志補》爲（清）倪燦撰，（清）盧文弨校；《補遼金元藝文志》爲（清）盧文弨撰。《叢書集成初編》本注明：《宋史藝文志補》爲倪燦撰，盧文弨訂正；《補遼金元藝文志》爲倪燦撰。《二十五史藝文經籍志考補萃編》本注明：《宋史藝文志補》爲（清）黄虞稷、倪燦撰，（清）盧文弨録；《補遼金元藝文志》爲（清）黄虞稷、倪燦撰，（清）盧文弨録。《宋史藝文志 宋史藝文志補 宋史藝文志附編》本注明：《宋史藝文志補》爲黄虞稷、倪燦撰，盧文弨訂。《宋史藝文志廣編》本注明：《宋史藝文志補》爲（清）黄虞稷、倪燦撰，（清）盧文弨訂正。《遼金元藝文志》本注明：《補遼金元藝文志》爲（清）倪燦、盧文弨撰。上海圖書館編的《中國叢書綜録》（上海古籍出版社，一九八六年）第一册《總目》在《紹興先正遺書》條中注明：《羣書拾補補遺》（含《宋史藝文志補》、《補遼金元藝文志》、《揚雄太玄經（校正）》）爲（清）盧文弨撰。來新夏主編的《清代目録提要》（齊魯書社，一九九七年）注明：《宋史藝文志補》爲（清）倪燦撰，盧文弨校正；《補遼金元藝文志》爲（清）

倪燦撰，盧文弨校正。其實《明史藝文志稿》乃黄虞稷所編撰，倪燦只是爲其作序，盧文弨誤認爲二志乃倪燦所撰，從而導致此後著録時以訛傳訛。實際上《宋史藝文志補》和《補遼金元藝文志》應該是盧文弨將《明史藝文志稿》中的相關内容加以輯録并校補而成。關於這一點，前人已多有指出。筆者認爲，《宋史藝文志補》和《補遼金元藝文志》之著者比較確切的表述應該是：（清）黄虞稷編撰，（清）盧文弨校補。

王宣標在《〈明史藝文志稿〉與熊賜履進呈本〈明史藝文志〉——黄虞稷〈明史藝文志稿〉叢考之一》（臺灣《中國文哲研究通訊》第二十三卷第三期，二〇一三年九月）一文中指出：「盧文弨校刻有《宋史藝文志補》一卷及《補遼金元藝文志》一卷，亦稱『《明史藝文志》二卷』。據筆者考證，此二卷係盧氏從《明史藝文志稿》中擷出，復加校理而成。筆者另撰《〈明史藝文志稿〉與盧文弨校刻本〈明史藝文志〉》，通過考察盧文弨訂補《千頃堂書目》與校刻《明史藝文志》二卷之始末，認爲《明史藝文志》二卷與《明史藝文志稿》之宋、遼、金、元部分大致相同。」王宣標另有《盧文弨校刻「《明史藝文志》二卷」考：對王重民先生「摘自《千頃堂書目》」説的補充》（載《版本目録學研究》第五輯，北京大學出版社，二〇一四年）一文，有興趣的讀者可以參閲。

《宋史藝文志補》和《補遼金元藝文志》，我們以《續修四庫全書》影印《抱經堂叢書》之

《羣書拾補》本爲工作底本(當《續修四庫全書》本個别字迹不够清晰或有缺字時,核對紹興圖書館藏《抱經堂叢書》本及其他原刻本),以《紹興先正遺書》本以及清華大學出版社整理點校本爲參校本;《揚雄太玄經(校正)》則以《紹興先正遺書》本爲工作底本。

此次整理校點,以陳東輝主編的《盧文弨全集》(浙江大學出版社,二〇一七年)第一至三册中的《羣書拾補初編》和《羣書拾補補遺》爲基礎,重新覆核、校對,訂正了其中的若干疏誤,可以稱爲該書的修訂版。同時,我們還選取了四幅較有代表性的書影,作爲本書卷首之插圖,以便使廣大讀者對《羣書拾補》相關版本之原貌有一個較爲直觀、形象的了解。此外,根據本書「校點凡例」之九,我們已經將《羣書拾補初編》之底本,即清乾隆五十五年(一七九〇)刻《抱經堂叢書》本(我們簡稱其爲原刻本)目録中的篇名改成與正文一致。考慮到《羣書拾補初編》原刻本目録的信息比較豐富,我們將其黑白書影置於本書「目録」之前,以存其真。

校點者

二〇一九年五月十日謹誌於浙江大學西溪校區

校點凡例

一　底本中的異體字、俗體字、古今字等，只要不甚生僻，原則上不作規範性統一。底本中部分不常見的異體字及不合規範的俗體字，則根據實際情況改成通行的繁體字，不再出校。對於底本中作爲研究對象的異體字、俗體字、古今字等，以及考釋内容所涉及的異體字、俗體字、古今字等，則一律予以保留。

二　避諱處如改「玄」爲「元」，改「弘」爲「宏」，改「曆」爲「歷」、「厤」，改「寧」爲「甯」、「寕」、「寍」之類，均一仍其舊；改「玄」爲「糸」者，回改作「玄」；「玄」、「弘」等缺筆，則補足筆畫。

三　底本中顯著的版刻錯誤，根據上下文可以斷定是非者，如「己」、「已」、「巳」，「日」、「曰」，「人」、「入」，「土」、「士」等的混同之類，均逕改，不再出校。

四　所引篇名後有「篇」字者，如原書篇名帶有「篇」字，則將「篇」字標在書名號内；如無，則將「篇」字標在書名號外。

五 《春秋》、《左傳》（或《公羊傳》、《穀梁傳》）加年份之標點，一律作《春秋·某公某年》、《左傳·某公某年》。如直接引用某公某年文字而略去其前書名者，則某公某年，亦加書名號，作《某公某年》。

六 書籍之統稱不加書名號，如三禮、六經、四書；單部書籍簡稱則加書名號，如《論》（《論語》）、《毛詩》、《説文》；叢書名則加書名號，如《五經正義》。

七 附屬於某書的注釋之作不加書名號，如毛傳、鄭箋、鄭注。

八 底本中字句之間原有的空格，予以保留。

九 《羣書拾補初編》之底本目録中的篇名，與正文中的篇名并不完全一致，爲了保持統一，我們將目録中的篇名改成與正文一致，不再一一出校説明。

羣書拾補初編目錄

羣書拾補　目錄

目録

羣書拾補初編

羣書拾補補遺

羣書拾補初編

羣書拾補序

顔之推有言曰：「校定書籍，亦何容易！自揚雄、劉向，方稱此職耳。觀天下書未徧，不得妄下雌黄。」予每誦其言，未嘗不心善之。海内文人學士衆矣，能藏書者十不得一，藏書之家能讀者十不得一，讀書之家能校者十不得一。金根、白芨之徒，日從事於丹鉛，而翻爲本書之累，此固不足道；其有得宋、元槧本，奉爲枕中祕，謂舊本必是，今本必非，專己守殘，不復别白，則亦信古而失之固者也。蘇明允讀《漢・王子侯表》，不知「元始」當爲「始元」；于思容讀《晉・地理志》，不知濟南非治平壽。宋元之本，果盡可據乎？更進而上之，東方割名，師古不能正；建武省郡，章懷滋其疑；鄴下名儒，猶執寶力；江南舊本，或誤田宵。以至《易》脱「悔亡」，《書》空《酒誥》，《玉藻》、《樂記》之錯簡，《南陔》、《華黍》之亡辭，在漢代已然。自非通人大儒，焉能箴其闕而補其遺乎！

學士盧抱經先生，精研經訓，博極羣書，自通籍以至歸田，鉛槧未嘗一日去手。俸廩俻脯之餘，悉以購書。遇祕鈔精校之本，輒宛轉借録。家藏圖籍數萬卷，皆手自校勘，精審無誤。凡所校定，必參稽善本，證以它書，即友朋後進之片言，亦擇善而從之，洵有合於顔黄門所稱者，自宋次道、劉原父、貢父、樓大防諸公，皆莫能及也。客有復於先生者，謂：「古人校理圖籍，非徒自適，將以嘉惠來學。今弆藏則於世無益，盡刊則力有未暇，盍擇其最切要者，件别條繫，梓而行之，俾讀書之家得據以改正，或亦宣尼舉一反三之遺意歟！」先生曰：「諾。」因檢四部羣書，各取數條譌脱尤甚者，次弟刊布。貽書吴門，屬大昕序之。

自念四十年來，仕隱蹤跡，輒步先生後塵，而嗜古顓僻之性，謬爲先生所許。讀是書，竊願與同志紬繹，互相砥厲，俾知通儒之學，必自實事求是始，毋徒執郙書數篋，自矜奥博也。

庚戌五月同館後學嘉定錢大昕書

羣書拾補小引

文弨於世間技藝，一無所能，童時喜鈔書，少長漸喜校書。在中書日，主北平黄崑圃先生家，退直之暇，兹事不廢也。其長君雲門，時爲侍御史，謂余曰：「人之讀書，求己有益耳；若子所爲，書并受益矣。」余洒然知其匪譽而實諷也。友人有講求性命之學者，復謂余：「此所爲玩物喪志者也，子何好焉？」斯兩言也，一則微而婉，一則簡而嚴，余受之，皆未嘗咈也。意亦怦怦有動於中，輟之，遂覺闕然有所失。斯實性之所近，終不可以復反。自壯至老，積累漸多，嘗舉數册，付之剞劂氏矣。年家子梁曜北語余曰：「所校之書，勢不能皆流通于世，其藏之久，不免朽蠹之患，則一生之精神虚擲既可惜，而謬本流傳，後來亦無從取正，雖自有餘，奚裨焉？意莫若先舉缺文斷簡譌繆尤甚者，摘録以傳諸人，則以傳一書之力，分而傳數書，費省而功倍，宜若可爲也。」余感其言，就余力所能，友朋所助，次第出之，名曰《羣書拾補》。雖然，即一書之訛，而欲悉爲標舉之，又復累幅難罄，約之又約，余懷終未快也。然余手校之書，將來必有散於人閒者，則雖無益於己，寧不少有益於人乎！後有與余同好者，而且能公諸世，庶余之勤爲不虚也已。乾隆五十二年八月丁巳，杭東里人盧文弨書於鍾山書院，時年七十有一。

羣書拾補審定善本姓氏

大興朱珪石君
錢塘梁同書元穎
江都秦黌序堂
嘉定王鳴盛鳳喈
江寧陳步瀛勤齋
江陰趙曦明敬夫
常熟陳桂森和叔
瓊山吴典穀侯
金壇段玉裁若膺
陽湖莊述祖葆琛
武進趙懷玉味辛
嘉善謝墉崑城
大興翁方綱正三
嘉定錢大昕曉徵
鎮洋畢沅纕蘅
仁和孫志祖詒穀
長洲彭紹升月階
泰和姚頤震初
上虞徐立綱絛甫
高郵王念孫懷祖
歸安丁杰升衢
仁和沈景熊朗仲

吴江楊復吉列歐
南海勞潼潤之
吴江嚴蔚豹人
長洲袁廷檮又愷
海寧陳鱣仲魚
靖江朱基繹榮曾
武進臧鏞堂在東
武進李兆洛紳琦
武進顧明子述
錢塘梁履繩處素
吴縣吴翌鳳伊仲
休寧陳兆麒仰韓
山陰李堯棟松雲
母弟文韶紹音
長男慶詒再培、姪孫登俊良士同校

海寧周廣業勤補
陽湖洪亮吉君直
江都汪中容夫
陽湖孫星衍淵如
高郵劉台拱端臨
嘉定錢塘學源
吴縣朱奂文游
歙縣鮑廷博以文
仁和梁玉繩曜北
海寧吴騫槎客
上元孫祖瑞嘉五
錢塘桑庭樗典林
江寧陳春華實甫

五經正義表

臣无忌等言：臣聞混元初闢，三極之道分焉；醇德既醨，六籍之文著矣。於是龜書浮於温洛，爰演九疇；龍圖出於榮河，以彰八卦。故能範圍天地，埏埴陰陽，道濟四溟，知周萬物。所以七教八政，垂炯戒於百王；五始六虚，貽徽範於千古。詠歌明得失之跡，雅頌表興廢之由。寔刑政之紀綱，乃人倫之隱括。昔雲官司契之后，火紀建極之君，雖步驟不同，質文有異，莫不開兹膠序，樂以典墳，敦稽古以弘風，闡儒雅以立訓，啟含靈之耳目，贊神化之丹青。姬、孔發揮於前，荀、孟抑揚於後。馬、鄭迭進，成均之望鬱興；蕭、戴同昇，石渠之業愈峻。歷夷險，其教不隊；經隆替，其道彌尊。斯乃邦家之基，王化之本者也。

伏惟皇帝陛下，得一繼明，通三撫運，乘天地之正，齊日月之暉。敷四術而緯俗經邦，藴九德而辨方軌物。御紫宸而訪道，坐玄扈以裁仁。化被丹澤，政洽幽陵。三秀六穗之祥，府无虚月；集囿巢閣之瑞，史不絶書。照金鏡而泰階平，運玉衡而景宿麗。可謂鴻名軼於軒昊，茂績冠於勳華。而垂拱无爲，遊心經典，以爲聖教幽賾，妙理深玄，訓詁紛綸，文疏踳駮。先儒競生別見，後進争出異端，未辨三豕之疑，莫祛五日之惑。故祭酒上護軍曲阜縣開國子孔穎達，宏才碩學，名振當時，貞觀年中，奉勅脩撰。雖加討覈，尚有未周，爰降絲綸，更令刊定。

勅太尉揚州都督監脩國史上柱國趙國公臣无忌，司空上柱國英國公臣勣，尚書右〔一〕僕射兼太子少師監脩國史上柱國燕國公臣志寧，尚書右僕射兼太子少傅監脩國史上護軍曲阜縣開國公臣行成，光禄大夫侍中兼太子少保監脩國史上護軍蓨縣開國公臣季輔，光禄大夫吏部尚書監脩國史上柱國河南郡開國公臣褚遂良，銀青光禄大夫守中書令監脩國史上騎都尉臣柳奭，前諫議大夫弘文館學士臣谷那律，國子博士弘文館學士臣劉伯莊，朝議大夫國子博士臣王德韶，朝散大夫行大學博士臣賈公彦，朝散大夫行大學博士弘文館直學士臣范義頵，朝散大夫行太常博士臣柳宣通，直郎大學博士臣齊威，宣德郎守國子助教臣史士弘，宣德郎守大學博士臣孔志約，右内率府長史弘文館直

〔一〕《舊唐書》卷四、卷五十等作「左」。

學士臣薛伯珍，大學助教臣鄭祖玄，徵事郎守大學助教臣隨德素，徵事郎守四門博士臣趙君贊，承務郎守大學助教臣周玄達，承務郎守四門助教臣李玄植，儒林郎守四門助教臣王真儒等，上稟宸旨，傍摭羣書，釋左氏之膏肓，翦古文之煩亂，探曲臺之奥趣，索連山之玄言，囊括百家，森羅萬有。比之天象，與七政而長懸；方之地軸，將五嶽而永久。筆削已了，繕寫如前。臣等學謝伏恭，業慙張禹，雖罄庸淺，懼乖典正，謹以上聞，伏增戰越。謹言。永徽四年二月二十四日，太尉揚州都督上柱國趙國公臣无忌等上。

此表《文苑英華》不載，見明錢孫保求赤影鈔宋本《周易注疏》首，今所傳梓本皆無之，故備載於此。元本半葉九行，每行十七字，其「勅」字，唐人皆作「勑」，今并提行，皆仍之，以不失其舊。唯宋人避諱缺筆之處，今皆改寫正字。東里盧文弨紹弓識。

周易注疏

汲古閣毛氏所梓諸經多善本，唯《周易》獨否，蓋舊坊本之最下者也。如正義此經之例，每節有數段者，其經文與注皆相連，先整釋經文都畢，然後釋注；毛本則遇凡有注者，輒割裂疏語附其下，致有語氣尚未了者，亦不復顧。今官本則從善本中出，已改其失矣。唯是外閒所通行，唯毛本獨多。故仁和沈萩園廷芳、嘉善浦聲之鏜作《十三經註疏正字》，日本國足利學山井鼎等作《七經孟子考文》，皆據毛本爲説，今亦依之。山氏所見，兼有古本、宋本、明監本。文弨亦見明人錢孫保影宋鈔本，今書中稱錢本者是也。其《釋文》舊皆不厠本書中，蓋實有難以閒雜者，當從通志堂本，别彙爲一書。舊亦以宋本及諸家善本參酌訂正，於此不具載焉。

周易正義序

考察錢本「案」。其事。

周易正義卷第一

此行在《序》之後，錢本無此七字，但有「八論」二字。案：次行云「自此下分爲八段」，依錢本則語方明。

第一 故易者所以斷天地。案：《乾鑿度》本作「繼天地」，此「斷」字疑誤。凡所引小異同皆不著，唯有當訂正者著之。

第二王輔嗣等以爲伏羲畫卦。余弟紹音文韶云當作「重卦」。

第四《通卦驗》又云：「蒼牙通靈，昌之成，孔演命，明道經。」《禮運正義》引此，「孔」上有「運」字，且解云：「蒼牙，伏羲也。昌，文王也。」

文武之時，紂尚南面。錢本「武」作「王」。

周易注疏卷第一此卷首舊題也。毛本作「周易兼義」，不可從。宋本次行有銜名，與《序》所列同，每卷悉如此。

周易上經乾傳第一卦前本無此行。今案：《繫辭》尚仍舊題上下，經不應獨闕，竊謂當補。下倣此，不具著。

乾九二疏**三與上相應矣**。矣，宋本作「是」，屬下句。凡書内訛誤，官本已改正，及可以意會，或兩通者，姑略之。

九三注**至于夕惕猶若厲也**。古本作：「至于夕，猶惕若厲也。」

九四疏**躍於在淵，未即飛也**。宋本「於在」作「在於」。

百姓既未離禍患。案：離，訓「罹」。衍「未」字。

九五注**非飛而何？**古本、宋本竝作「如何」。

用九注**以柔順而爲不正**。古本、足利本此句下有「之主」二字。

《象》曰：「大哉乾元！」官本自此至「首出庶物」節，經注皆相連，中閒不以疏參之，此正宋時善本如此。但疏之釋注者，宋本每段皆標起訖，更爲了然。

保合太和注**不和而剛暴**。古本、足利本作：「不和而剛則暴也。」

潛龍勿用，陽在下也。錢本即連上疏，不別提行。

反復道也注**反覆皆道也**。古本、足利本「皆」下有「合」字。

《文言》曰：自此至卦末，皆《文言》也。錢本皆不提行。

初九曰疏**此第二節釋初九爻辭也**。案：當云：「此《文言》第二節，此釋初九爻辭也。」觀下疏自明。

九三曰疏**既居上卦之下，而不凶咎**。宋本、錢本俱作「而不犯凶咎」。

上九曰**以上九非位而上九居之**。似當作「上非九位而九居之」。

文言第三節疏**此一章但云天下治**。浦云「但云」下當有「下也上治」四字。

周易注疏卷第二此卷從《坤》起。

坤元亨注**馬在下而行者也**。古本「行」下有「地」字。

柔順利貞疏**以陰在事之先**。宋本、錢本「事」作「物」。

上六疏**固爲占固**。浦云：「爲」當作「謂」；又，下「陽所生」當作「陽所主」。　屯君子以經綸。《釋文》作「經論」。今依孔疏，勢必删去《釋文》，故莫若離之爲是。　六二疏數極則復。宋本、錢本作「變」。　六三注故不如舍，「往吝」，窮也。古本「往」作「无」。　蒙大象疏君子當發此蒙道。宋本「發」作「法」。　初六注以正法制，故刑人也。古本「故」下有「利」字。　蒙彖曰疏是需道終畢。宋本、錢本「需」作「須」，下「故需道畢矣」同。　訟象曰注猶復不可終。李鼎祚《集解》「終」上有「以」字。又，「猶不可以爲終」，無下「也」字。　而令有信塞懼者，得其中吉。《集解》「得」上有「乃」字，古本同。　必有善聽之主焉，其在二乎？李氏云：「傳寫誤以『五』爲『二』。」　疏習常施爲，己且不可。宋本「且」作「自」。　六三疏故食其舊日之德禄位。「禄位」上疑有「謂」字。

周易注疏卷第三此卷從《師》起。

師貞注丈人，嚴莊之稱也。《集解》有「有軍正者」四字，在「也」字上。又，「丈人乃吉」無下「也」字。又，「无功罪也」作「无功則罪」。　九二注以剛居中，而應於上。古本、足利本作「五」。　六三注二爲五應。古本、宋本作「貞」。案：内卦爲「貞」。　九五注非爲上道也。古本作「非爲上之道也」，宋本、諸家本亦皆有「之」字，無「也」字。　疏今亦從之，去則射之。八字疑衍文。　五以其「顯比」。宋本、錢本「五」皆作「二」。　小畜亨疏所畜狹小，故云「小畜」。宋本「云」作「名」。　健而巽注何以明之。古本無「之」字。案：當連下文，讀「何以明夫陰能固之，然後乃雨乎」十三字爲一句。毛本「乎」作「今」，譌。古本、宋本、監本、足利本竝是「乎」字。　疏不被摧抑。宋本「摧」作

「擁」。　九五疏不有專固相逼。浦云「有」當作「爲」。　上九疏《子夏傳》云：「軸，車劇也。」宋本、錢本「軸」作「輻」。　履六三注行未能免於凶，而志存於五。宋本「五」作「王」，非。案：毛居正云：「『王』字誤，疏云『以六三之微，而欲行九五之事』，則『五』字是。今疏中脱『而』字，又，『事』字誤作『志』」，皆當據此補正。」　九五注履道惡盈而五處尊，是以危。古本、宋本、足利本「尊」竝作「實」。實謂陽也。　泰疏物既泰通。宋本、錢本「泰」作「大」。　象曰疏止由天地氣交。宋本「止」作「正」。　象曰疏若《大司徒》云。此段各本皆脱誤。當云：若《周禮·大司徒》云其「動物植物」，及《職方》云「青州，其穀宜稻麥；雍州，其穀宜黍稷」。　否象曰疏辟其羣小之難，不可重受官賞。《集解》作：「是辟時羣小之難，不可重受官爵也。」又，下「辟其」，無「其」字。餘誤處官本已改正。　九五注居尊得位。古本、宋本俱作「當位」。　疏但念「其亡其亡」。宋本、錢本「但」作「恒」。　同人象注君子以文明爲德。古本下有「者」字。　九四注履非其位，以與人爭。《集解》下句作「與三爭二」。其餘亦多可從。　上九注楚人亡弓，不能忘楚。古、宋各本「忘」竝作「亡」，疏内亦同。　疏不曰人亡弓，人得之。宋本「弓」作「之」。

周易注疏卷第四

錢本在《大有卦》前。　大有象疏六五應乾九二。此段疏多脱誤，官本悉依宋本改正，唯此「乾」字，錢本亦有，似當仍之。　九三疏三既能與五之同功。「五」字衍。　九四疏非取其旁，九四，言不用三也。下七字疑衍，否則「九四」二字必當去。　謙象疏卑謙而不可踰越。《集解》作「卑者有謙」，《論語》疏所引正同。下亦當從《集解》作：「是君子之終也。言君子能終其謙之善，而又獲謙之福，故云君子有終也。」　上六注未有居衆人之所惡而爲動者所害。　郭京謂「而」乃「不」字誤。今案：「而」下脱「不」字耳。　豫初六注豫何可鳴？　古本下有「哉」字。　六五疏非己所乘。　宋本作「非合己之所乘」，「非合」猶言不當也。　錢本亦有「之」字。　隨象曰疏舊來恒往，今須隨從。　案文義當作：「舊來今往，恒須隨從。」　象曰疏晦，宴也。　宋本、錢本作「冥也」。　臨六五注居剛長之世。　宋本作「前」，古本同。　上六疏剛所以不害。　「以」字衍。　觀象曰疏今大觀在於上。　毛本於此截斷，不通之至。下文「又順而和巽」云云，本相連屬，毛本乃删去「又」字，分作下段。　舉此以例其餘，則知官本之爲善也。順而巽，中正以觀天下，觀。　當如此句，與「豫隨蠱」一例，疏所云「此釋觀卦之名」是也。　但疏引「盥而不薦」句，仍連「觀」字，當是誤衍。　初六注處於觀時，而最遠朝美。　《集解》引作「失位處下，最遠朝美」，其下即云「无所鑒見，故曰『童觀』，處大觀之時，而童觀趣順而已。　小人爲之，無可咎責；君子爲之，鄙吝之道」，與此文句多不同。　疏爲此觀者。　宋本、錢本作「看」。　六三象曰疏宋本、各家本俱是注。　噬嗑九四注履不獲中，而居其非位。　其非，古、宋本本俱作「非其」。　疏以斯道治物。　宋本無「道」字，錢本同。　下「雖刑不服物」，宋本作「雖刑不能服物」，正、嘉本同。　賁象曰疏齊麥生也。　宋本、錢本「齊」竝作「薺」。　賁六四注欲静則疑初之應。　「疑」字，古本、宋本、足利本竝作「欽」字。　文弨案：「大壯上六」疏云：「有應於上，欽之不已。」宋本、錢本亦竝是「欽」字，其非誤可知。　《集解》引此注作「失」，當亦後人所改。

周易注疏卷第五　錢本在《復卦》前。　復象曰注入則爲反。　浦云當作「陽反」。　復象曰疏閉塞其闕也。「也」當作「使」，屬下句。　初九疏既在陽復。浦疑當作「陽始」。　六五注居後則无怨。宋本「无」作「免」，錢本同。　无妄六二疏不敢首發新田，唯治其菑熟之地，皆是不爲其始而成其末。錢本同。宋本「首」作「菑」，「菑」作「畬」，「始」作「初」。今案：首發新田，是菑也；菑熟之地，正謂畬也。毛本依錢本，未必非。　大畜象曰注未之能也。古本、足利本「未」作「末」。　在乎通路，不憂險厄。古本、宋本、錢本「在」竝作「之」。　頤六四注觀其自養則履正，察其所養則養陽。《集解》「履正」作「養正」，「養陽」作「養賢」。　大過九四疏柱爲本，棟爲末。當作：「棟爲本，欀爲末。」下句宋本、錢本正作「欀」。　坎九二注初三未足以爲援。古本、足利本「援」上有「人」字。　九五注説既平乃無咎。古本「説」作「謂」。　離象曰疏今有上下二體。宋本、錢本作「離」。　乃得作《離卦》之義。宋本、錢本作「美」。

周易注疏卷第六

從《咸卦》起。　咸九二疏監本、毛本皆脱去，錢本有之。今官本不缺，可補入。　九四疏正而故得悔亡也。浦云「正而」下脱「吉」字。　上六疏舊説字作「勝」〔一〕，徒登反。錢本「徒登反」三字作細注。　恒亨疏无疑「亨」字在三事之中。浦云當作「外」。　彖曰疏因名此卦得其恒名。宋本「因名」作「因明」。　取二義相交也。宋本、錢本「義」作「氣」。　遯彖曰注剛當位而應，非

〔一〕清嘉慶二十年南昌府學《重刊宋本十三經注疏》本《周易注疏》作「縢」。

否亢也。古本、宋本、錢本「剛」上竝有「以」字。　晉象曰疏昭字宜爲昭〔之遥反〕，周氏等爲照〔之召反〕。凡反切，錢本俱是細注，下竝同。宋本「之召」作「之少」，錢本同。　九四疏鼫鼠五能，不成一技。下「王」字，宋本、錢本竝作「術」。案：《顔氏家訓》作「不成技術」，知「王」字誤也。　六五疏有慶者，委任得人。疏讀「失得勿恤往」爲句，故此上無「往」字。　家人初九注志變而後治之，則悔矣。古本作「則悔成矣」，足利本作「則悔生矣」。　睽初九注與人合志。宋本及各本「人」竝作「四」。　九二象曰疏毛本脱去，宋本、監本、各家本俱有，當補入。　上九疏澤爲卑穢。宋本、錢本「爲」作「是」。　蹇六二注處難之時。宋本、錢本「之」竝作「窮」。　上六注往則失之。宋本、錢本作「往之則失」。　解疏然解有兩音，一音古買反，一音諧買反。錢本作「胡賣反」，與「古買反」皆作細注。

周易注疏卷第七錢本從《損卦》起。

損有孚疏竊謂莊氏之言得正旨矣。宋本、錢本「正」竝作「王」，謂王肅也。　益初九疏得其時而無其處。宋本、錢本作「无」，非。　夬象曰疏道成者。宋本、錢本作：「利有攸往，剛長乃終者，終成也。」凡標句，官本已有之，唯「終成也」三字亦脱。　初九疏孰知不勝，果決而往。孰，即「熟」字。　九五疏案：注直云「草之柔脆」者。宋本、錢本作「似」，屬下句。　姤女壯疏爲壯至甚。宋本、錢本「爲」作「淫」。　象曰注正乃功成也。古本、宋本、錢本、足利本「正」竝作「匹」。　九五疏杞性柔韌。宋本、正、嘉本俱作「刃」。　文弨案：《禮記·月令》「命澤人納材葦」，注：「此時柔刃可取。」又，《毛詩·抑》箋：「柔忍之木。」《釋文》云：「本亦作『刃』。」知「刃」非誤字。　升上六疏施於爲政。浦疑「正」，下「爲政不息」同。　困初六注居則困于株木。古本無「于」、「木」二字。　疏釋株者，机木謂之株也。各本「机」皆作「杌」。案：杌者，木無枝也。《列子·黄帝》篇「若橜株駒」，《釋文》：「李頤云：株駒，枯樹本也。」　井疏此名「井」體有常。名，當作「明」。　計獲一瓶之水。各本「獲」俱作「覆」。案：此下多衍文，當以《集解》正之，云：「計覆一瓶之水，何足言凶？但此喻人德行不恒，不能善始令終，故就人言之凶也。」　彖曰疏汲水未用而覆。宋本、錢本「用」作「出」。　彖曰注「木上有水」，井之象也。《集解》作「上水之象也」。　上六疏式胄反。宋本、錢本俱是細注，在「正義曰：收」之下。　革初九注牛之革，堅韌不可變也。古本、宋本、各家本竝作「堅仞」，下同。山井鼎云：「韌、靭、仞、刃、忍皆可通用。」　疏但順面從君也。宋本、錢本「面」作「而」。

周易注疏卷第八

錢本從《鼎卦》起。　鼎疏亨飪成新，能成新法。下句有誤字。浦疑是「能成法象」。　上九疏玉者，堅剛而有潤者也。浦疑「有」當作「温」。　震注則是可以不喪匕鬯矣。宋本、錢本「是」作「足」。　疏以棘木爲之，長二尺。宋本「三尺」。　彖曰注威震驚乎百里，則惰者懼於近也。宋本、各本俱作「矣」。古本「惰」下有「惓」字。案：「惓」與「倦」通用。《列子·湯問》篇「饑惓則飲神瀵」，皇侃《論語義疏》「五十以學《易》」云「欲令學者專精於此書，雖老不可以廢惓也」，與此同。　震六三疏註「故懼」。錢本標注：「位非所處，故懼蘇蘇，又云懼行而无眚。」注下共十五字，以斯見舊所標目不可删也。下「驗注以訓震爲懼」，當作「以震訓爲懼」。或改「以爲」，似失之。　艮象注各止其所，不侵害也。

宋本及各本「害」竝作「官」。 漸六四疏體巽而附下。宋本、錢本作「下附」。 九五疏九五進乎中位。宋本「乎」作「得」。 歸妹疏以妹從娣而嫁。宋本、錢本「娣」竝作「姊」。下「明是妹從娣嫁」，又「妹從娣嫁」，又「嫁而係於娣」，又「係娣所以説者，既係娣爲媵」，又「故係娣而行合禮」，七「娣」字亦竝作「姊」。 蓋「姪娣」之「娣」即妹也，妹即是娣。疏以《泰》六五「歸妹」據兄言，此「歸妹」據姊言明矣。當從宋本、錢本爲是。

恒卦明二長相承。 浦疑「承」當作「成」。 若妾進求寵。宋本、錢本「妾」作「妄」。 彖曰注嫁而係娣。古本、宋本、錢本「娣」竝作「姊」，下可例推。 疏以象天地以少陰少陽、長陰長陽之氣共相交接。 案上下文義不當有「少陽長陰」四字。 若其不以備數，則有動望之憂。宋本「動」作「勤」。案：《詩・摽有梅》「迨其謂之」，箋云：「謂勤也，女年二十而無嫁端，則有勤望之憂。」疏語本此。 以明柔之乘剛，緣於失正而進也。錢本「正」作「位」。 初九注娣，少女之稱也。古本、宋本、錢本「娣」竝作「妹」。 此雖於卦首具釋，而此處語意以起下文，不可謂複。 疏從娣而行謂之歸。 初九以兑適震，非夫婦匹敵，是從娣之義也。 此兩「娣」字，宋本、錢本亦竝作「姊」。 今案：當如注作「娣從」，則「娣」字可不改，否則作「姊」爲是。 六五疏兑少震長，以長從少者，可以從少。宋本作：「以長從少者也，以長從少。」 豐疏然後可以居臨萬國。錢本「居」作「君」。 初九疏災咎至焉。宋本「至」作「生」。 九三注日中則見沬之謂也。古本、宋本皆無「則」字。 九四疏日中盛則反而見斗。宋本、錢本作「日中盛明而反見斗」。

周易注疏卷第九

錢本從《旅卦》起。

旅象曰注是以小亨。宋本、錢本「是」作「足」。

旅者大散。此段《集解》引云：「旅者，物失其所居之時也。物失所居，則咸願有附，豈非智者有爲之時？」較今本明順。

九四注客于所處。《集解》作「客子」。

上九注客旅得上位。宋本、錢本「旅」作「而」。

巽彖曰疏則柔皆順剛之義。宋本、錢本「則」作「明」。

象曰疏故君子訓之。宋本、錢本「訓」作「則」。

渙六三疏能散其躬，故得无咎。宋本「咎」作「悔」，下同。

上九疏去而遯出者也。宋本、錢本「遯」作「遠」。

節注爲節過苦，則物所不能堪也。宋本、錢本皆無「所」字。

上六注以斯施人，物所不堪。古本、宋本、各本「人」俱作「正」。

中孚疏顯者可知。宋本、錢本「者」作「著」。

初九疏故更有它求。宋本、錢本作「來」。

小過疏過之小事。宋本「之」作「於」。

得名，上在君子爲過行也。宋本、錢本「上」作「止」。

時也小有過差。宋本、錢本「也」作「世」。

爲過厚之行，順而立之則吉。宋本、錢本「厚」作「矯」，「立」作「止」。

象曰注柔而浸大。古本、足利本「浸」作「侵」。

九三注小過之時。古本、錢本「時」作「世」。又，「至令小者或過」，古本、宋本「或」作「咸」。疏中、錢本亦作「咸」。

疏然則戕者皆殺害之謂也。「皆」字當衍，否則「者」當作「弑」。

六五注陰在於上，而陽薄之。古本、宋本、各本「在」作「布」。又，「而陽」下古本有「上」字。

是乃密雲未能雨也。各本「是乃」竝作「足及」。

既濟彖注故唯正乃利貞也。錢本無「貞也」二字。又，「以既濟爲安者」，古本、錢本、足利本「安」竝作「象」，宋本誤作「家」。

初九注其於義也，无所咎也。下「也」字各本俱作「矣」。

疏體剛居中。

宋本、錢本作「居下」。　上六注過而不已。古本、宋本「而」作「進」。　未濟九二注用健拯難，靖難在正。古本、宋本俱作「施難循難」。錢本「靖」亦作「循」，疏内同。

周易注疏卷第十「周易繫辭上第七」，宋本、錢本無「第七」二字。案：後「第十」、「第十一」皆有，此亦不可闕。

疏文取繫屬之義，故字體從「繫」。宋本、錢本作「從毄」，似亦當有「從糸」二字。　有以簡編重大，是以分之。宋本、錢本「有」作「直」。　疏正義曰：「天尊地卑」至「其中矣」，此第一章。宋本、錢本皆不如是。經文「天尊地卑」起，至「天下之理得，而成位乎其中矣」，注皆與經相連，疏別提行起，「正義曰：此第一章」云云，至「能見天下之理」，下即接「天尊地卑，乾坤定矣者，天以剛陽而尊」云云，此則官本皆是，下皆倣此。唯後釋注之處，舊皆分段標明，官本盡删去，此爲異耳。　鼓之以雷霆疏其實亦一焉。宋本、錢本「一」作「兼」。　自然養物之始也是，句。　自然成物之終也是。終，毛本亦作「始」，誤，當從宋本作「終」。　又莊云。宋本、錢本「莊」下有「子」字。　悔吝者疏其有祉有慶有福之屬。宋本「有社〔一〕」作「以祉」。　剛柔者疏次文別云。宋本、錢本「別」下有「序」字。　震无咎者注存乎悔過也。宋本、錢本「過」竝作「道」。　是故卦有小大疏其辭則難險也。宋本、錢本「難」作「艱」。　精氣爲物疏云「精氣爲物」者。「云」字本屬上句。

〔一〕「社」疑作「祉」。

周易注疏卷第十一錢本在第六章前。　疏是行之於急者，故引七卦之議，以證成之。宋本、錢本「於」作「九」，「議」作「義」。　繫辭焉疏故議此會通之事而爲爻也。宋本、錢本「議」作「謂」。

同人疏其纖利能斷截於金。纖，當作「鐵」。　易曰負且乘疏故尾皆稱「《易》曰」，而載《易》之爻辭也。宋本、錢本「尾」上有「首」字。官本「而」作「兩」。　大衍之數疏所賴者唯賴五十。宋本、錢本「所」下有「須」字。下又云「其用四十九也」，浦云：當作「其用四十有九」，衍「也」字；又，「五十者雖是不用」，當作「其一雖是不用」。　可以知本虚无。宋本「知」作「却」。　若易由太極。宋本作「太一」。　易有聖人之道四焉疏發其言辭，出言而施政教也。浦云：「發」當作「法」；又，下「故法其陰陽變化」，「故」當作「效」。　參伍以變疏前經論易理深。宋本、錢本「深」上有「功」字。　吉凶與民同患疏故《老子》云「寵辱若驚」也。錢本「若」作「皆」。　是故易有太極注取有之所極。古本、宋本「取」下皆有「其」字。

探賾索隱疏故云「莫大乎蓍龜」也。宋本、正、嘉本「大」竝作「善」。　乾坤成列疏其根株雖不至死。宋本、錢本「至」作「全」。　是故形而上者疏是得以理之變也。以，當作「其」。

周易注疏卷第十二官本同。　何以守位疏何以保守其位，必信仁愛。宋本「信」作「須」。

疏正義曰：「古者包犧」至「取諸夬」。「古者」以下八字後人妄增也。此章分十二段，疏各在每段之下，「正義曰：此第二章」云云，在「蓋取諸離」注下。　近取諸身疏或水澤以罔魚鼈也。浦云：「澤」當作「漁」；又，下「故稱離卦之名」，「稱」當作「取」。　日中爲市疏一號皇雄氏，在位一百二十年。宋本、錢

本作「一十年」。皆習包犧之號。浦云「習」當作「襲」。母曰任己。各書作「任姒」。納奔水
氏女，曰聽詙。《路史》云：「《漢書》作『桑水氏』，書傳多作『奔水氏』，字轉失也。」《太平御覽》「聽訞」，音
「妖」，或作「談」、作「郯」，轉失也。案：宋本、錢本皆作「談」。神農氏没疏黄帝時，大星如斗。宋本、錢
本俱作「如虹」。生顓頊於弱水。當作「若水」。即位九十八年崩。宋本、錢本「崩」上有「而」
字。神而化之疏此覆説上文「通則變」之事。宋本、錢本「則」作「其」。又，下「此明若能通變」作「變
通」。黄帝堯舜疏此於九事之第一也。浦云：「於」字衍；又，下「何以」當作「所以」。重門擊柝注取
其豫備。古本、宋本作「備豫」。疏特以此象文。宋本「象」作「豫」。是故易者疏故易者，象也。
案：此結上語。浦云「故」下當有「云」字，是也。第四章疏以上章先利用安身。《集解》「先」下有「言」
字。又，下「何崇德之有」，無「德」字。又，「履非地」，「地」作「位」，宋本亦作「位」。易曰公用疏待隼可射
之。下當有「時」字。幾者動之微注理而无形。《集解》作「未形」。又，下「玄昭」作「玄照」，古本、宋本俱
同。又，「故爲」，《集解》作「故言」。第八節疏此節論賢人唯庶於幾，雖未能知幾。「唯」下疑當有
「殆」字，「雖」字疑衍。以顔子通幾。宋本、錢本作「近幾」。以通神明之德疏《易》之其稱萬物之
名。浦云「之其」當作「辭所」。於稽其類疏故云「衰意」也。浦云「衰」下脱「世之」二字。其稱名也小
疏是所取義類而廣大也。浦云「而」字衍。是故履疏故爲德之時。宋本「故」作「欲」。巽以行權
疏巽順以。既能順時合宜，故可以權行也。宋本、錢本上「以」作「也」。又，「權行」作「行權」。上

下无常疏在二位相易。宋本、錢本「在」上有「或」字。　若夫雜物撰德注雜物撰德，而一以貫之。古本下有「者也」二字，《集解》同。　疏攝坤卦地道之義。浦云句上亦當有「統」字。　柔之爲道疏其不宜利於疎遠也。浦云句上當有「是」字。　兼三才而兩之。舊各本「才」俱作「材」，下同。　是故其辭危疏則以周釋爲得也。宋本、錢本「以」作「似」，下「以危」同。　定天下之吉凶疏言卜占之事。浦云「言」下當有「玩其」二字。　人謀鬼謀疏人謀，凡議於衆以定得失也。舊各本「凡」竝作「況」，下同。又，「得失」作「失得」。又，「探討」作「探射」，疏同。　情僞相感疏情，謂實情。宋本、錢本作「情實」。　凡易之情疏以各無外應。宋本、錢本「以」作「又」。　將叛者疏故言其辭游也。言，疑衍。宋本、錢本「游」上有「浮」字。

周易注疏卷第十三周易《説卦》第九。

疏先儒以孔子《十翼》之次。觀此云云，則「第九」等次序當有明矣。或別作原目，因截此段載於首，向來竝不如是。「輔嗣之《文言》」，宋本「之」作「以」。　昔者聖人疏言是伏犧，非文王等。《集解》作：「明是伏羲，非謂文王也。」宋本、錢本「言」亦作「明」。又，下「所自」作「所由」。　和順於道德而理於義。古本有注云「易所以和天道、順地德、理行義」十二字，足利本「行」作「仁」，餘同。　疏至於一期所賦之命。案：人生百年爲大數，故云「一期」。別本改「一朝」，何解？　立人之道疏既備三才之道。宋本、錢本「既」下有「兼」字。　天地定位疏今八卦相錯。宋本「今」作「令」。　帝出乎震。錢本別提行。疏「帝若出萬物」，浦疑「出」下當有「生」字。　坤也者疏立秋而萬物皆説成也。宋本「立」作「正」。　神也者注則雷疾風行。則，當作「明」。《集解》作「明則」，衍「則」字。　動萬物者疏正義曰。宋本、錢本與上疏相連，但作「故曰」，無「正義」二字。　乾爲天疏取其尊道。宋本作「首」。　取其剛之清明也。宋本、錢本「之」作「而」。　坤爲地疏以其地道平均也。宋本「以」作「取」。　震爲雷疏取其萬物之所生也。宋本「生」下有「出」字。　馬後足白爲馵。依《爾雅》，「足」上當有「左」字。　[一]取其行有孔穴也。宋本、錢本「行」上有「水」字。　周易序卦第十疏故以取其人理也。宋本、錢本「人」作「義」。案：句上疑有脱文。　故受之以大壯注君子道盛。舊各本俱作「勝」，《集解》作「勝也」。　傷於外者，必反其家。古本、宋本、足利本俱作「於家」。　決必有所遇。舊各本俱無「所」字，程傳亦同，唯《朱子》有「所」字。注，各本俱作「必有嘉遇也」。　物不可以終動，止之。「止之」上，古本、足利本有「動必」二字，監本亦同。　《周易·雜卦》第十一。監本脱注，當依此補。　疏其於《序卦》之外别言也。　昔者。古本、錢本「也」作「此」。衍「昔」字。　謙輕注謙者不自重大。盧本作「不自任也」。　君子道長，小人道憂也。古本有注云「君子以決小人長其道，小人見決去爲深憂也」共十八字，葛本、盧本皆有。

文弨案：日本國所著《考文》，兼載《周易》舊式，今附於後，使復古者有所

[一] 此處當有小字「坎爲水疏」。

考焉。

周易上經乾傳第一

䷀乾下乾上乾，元亨利貞。初九，潛龍勿用。文言備矣。九二，見龍

右古本、足利本式文弨案：第一至《説卦》第九，備載陸氏《釋文》。其「略例第十」，錢氏影宋本猶然，此隋已前舊題也。《序卦》、《雜卦》本附第九之後，陸氏乃始分之，而轉謂《略例》之「第十」兩字爲後人輒加之，非也。此所謂古本，乃未有《正義》以前本也，《正義》本見後。

周易註疏卷第一

國子祭酒上護軍曲阜縣開國子臣孔穎達奉勑撰

䷀乾下乾上乾，元亨利貞。疏正義曰云云

右宋板，不用擡頭空字法，疏下直書經文，餘卦倣此。

文弨案：宋本分卷不與古本同，今官本所分又不盡合宋本。此《考文》所説宋板式，與錢所影宋本微異，今著錢本式於左。前三行與上同，唯「註」字作「注」，書内皆如此。

䷀乾上乾下

乾，元亨利貞。〔疏〕正義曰：「乾者」至「備在《文言》」。

次行已下俱低一格，下倣此。

初九，潛龍勿用。注云：《文言》備矣。〔疏〕

正義曰：云云。

「初九」另行提起，餘與今官本略同，唯「《象》曰：天行健」，至「天德不可爲首也」疏，相連爲一條。「《文言》曰」至卦末止，爲一條。注不作陰文，但作「注云」二字。其疏之釋注者，多標起訖，某處至某處，有兩三段者，亦各標之，或取其一句兩句標之，此不能具説。官本乃盡削去之，雖於文義無損，而眉目稍欠分明耳。

周易略例

此書明嘉靖監本附刻《易》注疏後，字句多譌，日本國《考文》據以爲本。今此書流傳亦少，官本據相臺岳氏本，及《漢魏叢書》、《津逮祕書》中所載，互爲參訂，已較各本爲善矣。今復取錢氏孫保影鈔宋本以校官本，著其異同於當字之下。

周易略例序錢本「周易略例」下右偏旁注「并序」二字。　唐四門助教邢璹撰。錢本作「注」。

實寔。　三元之始祖。　未臻樞區。　奥。　偏錢本「徧」，似誤。　習《周易》。　魯孔。　仲尼之論備矣。　亦猶螢爝增輝於太大。陽。

周易略例錢本即接《序》後，係古式，下有「第十」兩字，亦尚沿《隋書·經籍志》之舊，下「略例者」云云作雙行細注，不别提行。　足利本作「周易略例卷第十」，次行有「略例上」三字，下有「邢璹注」三字，又次行「明象」，又次行「夫象者，何也」起，悉皆頂格。　今案：「卷十」兩字，陸氏《釋文》謂後人輒加之，説見後。「略例上」三字，必當有，據後有「略例下」，則此處脱漏可知也。　輔嗣二字錢本作「然」字。　案：此自是昔人語氣如此，非誤也。　以先儒注《易》。　推比錢本下有「王氏」二字。　所見特殊。　略具。　録之也。

明象　注立主之義，義在一爻。　此下「明辯也」三字誤增，《考證》所云依《漢魏叢書》添者，乃是上文。夫此字衍，《釋文》無。動不能制動。注貞正錢本、岳本、足利本俱無「正」字。之一者也。君體合道動，句。是衆衆錢不重。由一制。衆皆得存錢作「衆得皆存」。其存者，必錢作「其存有心」。歸於一。嘉靖本作：「衆皆所以得其存者，必歸於一也。」天下之衆重一「衆」字。皆「无妄」。統之有以。宗主。或乘浦聲之疑「承」。或據。天地之大。運。中正錢本「中貞」，足利本「忠貞」。之用。王弼云。曰。物雖繁，下有「而」字。不憂錯亂。

明爻通變 初九二字錢無。身雖潛屈。不能定算其嘉靖本二字倒。數。此明无識感有无。識。投戈古本作「兵」。散地。注置兵戈於逃散之域。錢本、足利本作「地」。男女睽而其志同通。也。故有善古本「繕」，與注「脩治」合。《釋文》云：「又作『繕』。」邇而遠至。注若《中孚》錢有「之」字。九二。君上之。福祿，不獨有之。

明卦適變通爻 注不憂入出。穴之凶。己獨安靜，要會。其終也。若節之「六四：安節，亨」之例。下有「是」字。

明象 注龍則象意者無「者」字。也。言以盡嘉靖本作「明」。象。一失其原，巧愈石經同。山井鼎云恐是「喻」誤。案：錢本作「僞」。彌甚。

略例下 近而不相得者，志各有所存也。此下注有訛舛，今録錢本正之。比之六三，處二四之閒，四自外比二，爲五貞所與，比者皆非己親，是有所存者也。正文故凡陰陽二爻，率相比而无應，則近而不「不」字衍。相得。注隨之「六三，係丈夫」，「九四，隨有獲」，是无應而相得之例也。若如元本，无應則近而不相得，豈有應則近而轉相得乎？不可通矣。正文有應，則遠而相得，「當作則雖近而不相得」，錢本注云。既濟六二，有應於五，與初三相近情不相得之例。初應四，二應五，三應上，每閒二位相應，此一定者也，何遠近之有？故知文訛。同救古本作「求」。以相親。

凡彖者古本、錢本俱不提行，與前「凡陰陽者」一例，下竝同。大有之類是也。錢本凡卦名上俱有卦畫，如《左傳》之例。

卦略錢本有「凡十一卦」四字注。履，《雜卦》曰：「履不處也。」又曰：「履者，禮也。」案：「履者，禮也」是《序卦》之文，此不分別言之者，省文耳。用此足證李鼎祚《集解》以四字爲經文之不謬。而今本入之韓注，殊不類也。皆以陽處陰古本下有「位」字。爲美也。遯柔長故則。剛遯也。

文弨案：吴斗南《古周易》載九江周氏燔本：上經《乾傳》第一，上經《泰傳》第二，上經《噬嗑傳》第三，下經《咸傳》第四，下經《夬傳》第五，下經《豐傳》第六，《繫辭上》第七，《繫辭下》第八，《説卦》第九，連《序卦》、《雜卦》。則《略例》爲第十明矣。陸德明乃以《序卦》爲第十，《雜卦》爲第十一，故以《略例》之第十爲後人輒加之，其説非是。

尚書注疏

宋本分二十卷。未有《正義》以前，古本分十三卷，《釋文》卷數雖同，而亦不盡合。余謂孔氏傳當依古本單行，至此經《釋文》，已非陸氏之舊。然亦不可與《正義》相合，當别爲一書。今所校者，一據宋本《正義》爲主，而古本、《釋文》本分卷之式，竝詳著焉。書内文字，是者大書，凡毛本譌字及小有異同，注其下以備攷。

尚書正義卷第一

○宋本「正義」亦閒作「注疏」，今當畫一。

國子祭酒上護軍曲阜縣開國子臣 孔穎達等奉勑撰 ○此三行乃宋板式。日本國《考文》無「等」字，元時附釋音本有之。「勑」字，元本作「勅」，宋本當亦然。

尚書序 古本上有「古文」二字。 疏《論讖》。浦鏜《正字》云：「謂《論語讖》。」 言序述《尚書》起訖。記。 當如鄭注註。元本作「注」，後竝同。 云。 文者，物象之本也。 籍者，借也。 浦案《説文》云：「文，錯畫也。籍，簿書也。」 作結繩而爲罔網。 罟。 上古結繩以而。宋、元本作「以」，此類不必定據本書。 治。 弧矢取睽。睽。 當在庖包。 犧、蒼帝之世。 循飛蜚。此等雖各有據，然宋、元及正德本竝作「飛」，《史記·三皇本紀》作「脩飛」。 七也。 流訖此本《廣雅》及《三皇本紀》，不必改作「疏仡」，下同。 十也。 背文曰義，翼文曰順。此與《詩·卷阿正義》同。攷《山海經》本作：「翼文曰義，背文曰禮。」　蓋文字在三皇王。以前。　疏以衍。典者常也。　言及便稱。稱便，譌。　有星如虹下流。浦補「華渚女節」四字。意感而生少昊。　故《禮運》云，衍。以「大道之行」爲五帝時也。　案《左傳》止上。有三墳五典。　是五典二字脱。宋、元有。爲五帝之書。　《外小，譌。下同。史職》「掌三皇五帝之書」。　又云五帝，座，衍。帝鴻、金天。云云。　或爲之説云，行合天皇之星者稱皇，九字舊無，浦補。德協五帝座星者稱帝。四字亦浦補。　又何，譌。燧人説者以爲伏犧之前。　尚云霸其，衍。九州。　信書不如其無書。案：《武成正義》，句上亦無「盡」字，宋本、《史通・疑古》篇亦同。　又《帝繫》、《本紀》云。案：此所云當在《世本》中，故不與《史記・本紀》合，亦非《大戴》之《帝繫》也。　典、謨皆云「帝曰」，非帝如何。脱。　文又。從要約。　即云以。赤刀、大訓在西序。　此「索」於《左傳》亦或謂之「素」。索。　又須别言「九州所宜」官改「有」。已下。　以此辭知「倚相」是似。其名字。　《穀梁》以爲魯襄公二十一年冬十一，衍。月庚子孔子生。　《詩》序有舊誤倒。三五。百一十一篇，今全。存者。三百五篇。　即《職方》在其内，别云述者。之。浦改。非脱，官增。更有書以述之。　受禪之後無入《夏書》之理。言。　序天下永懷、嘉、萬、葛、閩本俱無此二字。學士逃難解散。　疏悉詣守尉雜親。燒之。　襄生忠，中。下同。忠生武，武生延年陵。及安國，安國二字毛脱。爲武帝博士。　詔太常，使掌故臣，衍。鼂錯往受之。案《史記》及《儒林傳》皆者。云伏生獨得二十九篇，以教齊魯，則今全。之《泰誓》。入人。於伏生所傳内。但伏生雖無三一。篇。有浦疑衍。則當云名之《尚書》。既疑「即」。言「以其上古之書」。二家以「尚」與「書」相將。疏中常有「相將」之語，改作「相呼」，非。王肅云：「上曰。又衍「生」字。所言。」以先王生。食腥。及反。秦用篆書。亦云即孔氏子。壁内古文。其《盤庚》本當同卷，故有疑「又」。并也。乃及。以「王若曰，庶邦」亦誤矣。序傳之子。子孫。孫。以貽後代。古本「世」。疏若冀。能與我同於慕古之志。左道謂巫蠱之屬。浦案鄭注云：「左道，若巫蠱及俗禁。」走奔湖關遂。自殺。

尚書正義卷第二〇《考文》記古本、宋本兩式，今亦録於後。

尚書卷第一

古文尚書堯典第一　**虞書**　孔氏傳

昔在帝堯，聰明文思，光宅天下。言聖德之遠著也。將遜于位，讓于虞舜，遜，遁也。老使攝，遂禪之也。作《堯典》。《堯典》言堯可爲百代常行之道也。曰若稽古，帝堯。

右古本篇題

尚書正義卷第二

國子祭酒上護軍曲阜縣開國子臣孔穎達奉勅撰

古文尚書堯典第一〔疏〕云云。　**虞書**〔疏〕云云。　孔氏傳〔疏〕云云。　昔在帝堯，聰明文思，光宅天下。言聖德之遠著。　將遜于位，讓于虞舜，遜，遁也。老使攝，遂禪之。　作《堯典》。〔疏〕云云。　堯典言堯可爲百代常行之道。　曰若稽古，帝堯。

右宋本篇題。　文弨案：《釋文》本無「古文尚書」四字。　明本雖從刊去，而於疏首猶標「古文尚書堯典第一」八字，則仍不没其舊。　後來凡標題一切去之，更令後人無可根尋矣。　顧明本雖依《釋文》，而於《釋文》元有之卷之一、卷之二，又悉不著，以其與《正義》卷數不合也。　然《大禹謨》第三下，既去「卷之二」矣，而猶留其説曰「徐云本《虞書》揔爲一卷，凡十二卷，今依《七志》、《七録》，爲十三卷」云云，令閲者茫然不知所指。　余是以知《釋文》與《正義》斷不可合而爲一也。　今取《釋文》篇題之式，亦著之左方，以備考。

堯典第一　卷之一　虞書凡十六篇云云。

孔氏傳傳即注也云云。

右《釋文》篇題

堯典　疏「堯典第一」，堯典當三字從浦補。篇之名。　以重垂。　無爲。　與《畢命》

公。之類。　此直言《虞書》，本兼《夏無尚，譌。書》之題也。　不廢猶《商書》乎？　案語意當謂因篇亡，故并附《夏書》後，不害其本是《商書》耳。　《典寶》實。　十八。　《伊陟》《肆命》。　二十。　經傳所引《泰誓》複二字，衍。　竝無此文。　肙，下「征」衍。　臣名。　伊陟、臣扈曰。疑。　載俘乎。　在亳。　我先師棘子，衍。　下生。　宅嵎。　爲宅嵎峓。鐵。　安國傳都尉朝子俊，《漢書·儒林傳》「朝」作「昭」，無「子俊」二字，下「俊」作「昭」。　俊傳膠東庸生。《釋文》與《傳》同，「朝」字與此同。　惲傳河南桑或作「乘」。　欽。　亦可以以，猶「使」。　後人辨之。　皆三二。　篇同序。　故此德充滿居上止。　於天。　言昔在者，從上自疑「目」。　下爲稱。所以名「帝」者。脱，浦補。　但遂逐。　同天之名。　三皇王。　無爲而同天。　既非名，明。而放勳云云。　翼善傳聖曰堯，仁義盛明曰舜。　浦云：「案《謚法解》無文，下『淵源流通曰禹，雲行雨施曰湯』同。」文弨案：《謚法解》今本多譌脱，此堯、舜謚見於《獨斷》，當即《謚法解》之元文。又，今所傳《六家謚法》，其《周公謚法》上卷固有堯、舜、禹、湯之謚矣。　將由《謚法》或本不同，故有致疑「兹」。異。　除虐去殘曰湯。　案《謚法解》，「虐」與「殘」互易。　此序其聖性，故稱其「德」。　聽，浦改。

禪者，汝陟涉。　帝位。　雖舜聖。　受而攝之。　經曰古文「粵」。　若稽毛居正云：「从『禾』，从『尢』，从『㫖』。」案：禾，音「雞」，與禾稼字異。旨，本多作「㫖」，亦可通。　古，帝堯。　从三「土」，从「兀」。作三「士」及「几」譌，下竝同。　傳　能順考古道而行之者。　句上古本有「言」字。案：傳正以「言」釋「曰」，似可從。　傳充溢四外。古本「表」，《正義》「外」。　疏《詩》稱「考卜十。惟王」。　居今行古，更致知。禍災。　訓「古」爲天。大。　傳民皆變化化上。古、宋、各家本竝作「化上」，《正義》亦同，唯一處作「從上」。　疏昭照。然而明顯矣。　然則「俊德」謂有德。人又。能明俊德之士者。故言以之。官改。「親」也。　經乃命羲毛云：「从『義』，从『兮』。」和。　敬授人古本「民」。案：《史記》、《漢書》，及《洪範》傳俱作「民」，注同。時。　傳掌秋天之政也。宋無，元有。　經寅餞納毛云：「从『入』。」日。　傳秋，西方，萬物古有「咸」字。成。平序其政，助成古有「萬」字。物也。脱，古、宋及疏内標題皆有。　毛古有「羽」字。更生整理。古有「也」字。　傳鳥獸皆生耎毳細毛以自温焉。宋無。　經帝曰：「咨！汝古本「女」，下竝同。羲暨和。」　傳迊古、宋、《釋文》及疏内皆不作「匝」，《五經筭術》引作「帀」，是。　四時曰朞。　未盈三歲足是。得一月。　釐，治。古本「理」，下「信治」同。　疏以此天之時官「時之」，與下文同。候。　於時苗稼已宋「以」。殖。　于前作「於日」。晝夜中分，漏刻前作「刻漏」。正等。　於時禾苗秀實，農事未閑。唐人每以「閑」代「閒」。　人《國語》本作「民」，避唐諱。神雜擾。本作「揉」。　其後三苗復九黎之惡。《吕刑》疏亦同。官從《國語》作「德」。　楊當作「揚」，然唐人多不分。子《法言》云。　《鄭語》云：「黎浦補。爲高辛氏火正。」是據。「世掌」之文。　而以其弟爲重黎。案《史記·楚世家》有「後」字，但此疏自無，觀下云「《史記》并以重黎爲楚國之祖，吴回爲重黎，以重黎爲官號」云云，則本無「後」字，他處所引亦然。　顓頊氏有子曰黎。《左傳》作「犂」。　既何。浦改。　有罪而誅，不容列在祀典。　天地相通，人神雜擾。優。　主岳以與。否。　以否，猶「與否」，疏内多如此。　日官居卿以氐底，謁。　日。　自上下。　降監則稱上天。　夏氣高明，故以遠大脱，浦據《爾雅疏》補。　言之。　皇天者尊而號之也。　浦云當從《詩正義》作「至尊之號也」。　以浦據《周礼疏》補「己」字。　情所切求之耳，非必於于。　其時稱之。　惟推。　舉一星之中。　莫不常當。　中。　昏中，可以種穀。《史記正義》「稷」。　實柴。官改「柴」。《五經文字》云：「柴，本作『祡』。經典取燔柴之義，多从『木』。」　辰謂日月所會十二次。者，衍。　天之神祇，祇，謁。下可類推。　禮無不祭。　「寅，敬」，也，衍。《釋詁》文。　即是授人，田里各有疆場。場，謁。　明此以歲事初起，特時。言「東作」。　從春分至于夏至，晝漸暫。長。　謂朱鳥雀。下同。　七宿也。　「餞送」至「成物也」。脱，元本有，與傳合。　斗、牛女。　在午。　亦言七星宋無「皆」字。　以秋分之日昏時竝見。　蘇而復生，故言朔北。浦改。　方。　西南隅謂之隩。《爾雅》「奥」。　故以「耎毳」毛。　解之。　滿三歲足是。　得一月，則置閏也。　日之於法分爲日。　似當作「日法九百四十分爲日」。　九百四十分日之四百九十九，即月有二十九日半强。　爲十二月，六大之外有餘宋、元本作「日」。　分三百四十八，是除小月無六日。　浦欲依《經傳通解》改此之誤，余謂《通解》出自後人改定，不當以彼易此，且此文略正數字便自明白。　其小月雖爲歲日月。　殘分所減。　以日法九百四十分脱。除之。今浦云「合」之誤。爲閏月得七。《通解》有「閏」字。以日法九百四十分除之得三日。以并脱，依上文補。二百三日亦爲二百六日，不盡亦六百七十三分脱，浦補。爲日餘。若以，衍。無閏，舊誤倒。三年差一月。故《通解》「所」。以爲閏也。

經驩兜从「兆」，从「皃」省。今左旁从「土」，下从「几」，譌。下同。曰。古文作「鵙吺曰」。

傳起用行事而背違今倒，此從古、宋本。之，貌象恭敬而心傲很。狠，譌。

傳有能治者將使之。古本「將使治也」。

經方命圮毛云：「从『戊己』之『己』。」族。

傳皆非帝古本有「所」字，案疏正合。意。好比此。方名命。异，已。已，也。退也。疏不誤。無成乃退。古本「無成功乃退也」。

疏「帝曰疇咨」至「弗成」。宋本如此。此經文承「庶績」之下而言「順是事者」。也。「静，《爾雅》「靖」，通。謀」，《釋詁》文。《書傳》雖出自伏生，其當常。聞諸先達，虞當作「唐」。

傳雖説《舜典》之四岳。蕩蕩脱。然惟有水耳。年，《説文》本作「秊」。取禾米。穀一熟也。歲終則令百官府脱。各正其治。三年本作「歲」。則大計羣吏之治而誅賞。本有「之」字。然則禹之大功，頗顧。亦因鯀。

傳在位七十年。浦云本作「載」。

經否德忝上从「天」，从「夭」，譌。帝位。明明揚側陋。陋，譌。有鰥鰥，譌。下同。在下。

疏否、不，古今字。否古今不字，譌。今令。其在側陋者。「錫，與」，《釋詁》文。《爾雅》：「錫，賜也。」又，「陽，予也。」《釋文》云：「陽，本或作『賜』。」然則「賜」有「與」義，因即以爲「與」，亦省文之法。毛居正欲改《爾雅》之「陽」爲从「卩」不从「阜」，从「易」不从「昜」，云與「錫」同，此謬説，不可從。《書傳》稱孔子對浦云當作「荅」。子張曰。人民。可使由之。《論語》云：曰。「未見顔色。」瞽瞍使舜上脱「塗」字。廩。僖二三。十四年《左傳》文。「諧和」至宋無「於」字。「姦惡」。舜從旁空井，衍。出。動挂罹。刑綱。當時庸生之徒漏宋無「之」字。也。孔據古文今，譌。別卷。言「女于子。時」。明民。「堯於是以二女妻舜」。言「女于於。時」者。二女之中當有貴賢。賤長幼。故美舜能以義理下帝女尊亢九。之心。「虞」與「嬀汭」爲一地。也。乃由明本避作「繇」，後類此。舜之故。

尚書正義卷第三

古文尚書舜典第二　虞書

孔氏傳○此《考文》所著古本式也。凡卷内有數篇者，亦止標首篇。以宋本時有參差，故一一詳著之。

舜典　疏以似。其繼世相傳。傳信充允。古本「充」，疏亦同。塞古本有「四表至于」四字。上下。古本有「也」字。疏多用王、范浦云：「謂王肅、范甯。」之注補之。經四門穆穆。穆，譌。傳明舜之德古本有「行」字。合於天。經乃言厎底，譌。可績。舜讓于德，弗古文「不」。嗣。今文「不怡」。疏無廢事業，衍。也。無愆伏脱。者，無冬温夏寒也。又加此三二。

年。傳璣、衡，王玉。疏同。者正天文之器。經望毛居正云：「下从『壬』，音『珽』，不从『王』。」
于山川。疏又以璿爲璣，以玉爲衡。浦云下脱「璣衡」二字。蓋是自。堯始祖之廟。
今史官脱，劉昭注本有。所用候臺銅。儀。天之形狀似鳥卵。浦云《晉書・天文志》引王説，此
下有「地居其中」四字。其天居地上，見者有。云云。又其南十二三。度爲夏至之日道。
是揚雄之意，以渾天而問之。疑。太史丞《隋志》是「令」。錢樂。本名錢樂之，古人於似此
者往往節去。今在太史署書，譌。矣。衡長八尺。浦補「孔徑一寸」四字。凡浦補。天地之
大烖，類社稷宗廟，二字浦補。則爲位。而傳云之，譌。「類謂攝位事類」者。天有五
行：金木水火土。當作「水火木金土」。但史文略舊誤倒。耳。相近鄭注當爲「禳祈」，王肅作
「祖迎」。於坎壇。天宗三，日月星也。辰。司馬彪又上表，云，衍。歷難諸家。謂
揚楊。下同。州之會稽山。《釋言》云：「輯，合也。」浦云今無。經歲二月東巡。从「廴」，
譌。下同。傳泰山爲四岳所古本無。宗。皆均同。古本有「之也」二字。大夫執雁。鴈。
下竝同。疏即既。以其歲二月東行。王者所以巡狩者何？也。巡者循也，狩者收本作
「牧」，是。而此與《王制》、《禮器》内皆作「收」。也，爲天子循收養人。本作「爲天下循行守牧民」。
「東岳」嶽。至「子男」。蓋自黄帝以來，始用作。甲子紀日。度量衡出於黄鍾鐘。下
竝同。之律也。本起於黄鍾之管《漢書》無。長。合十，譌。龠爲合。《唐六典・金部下》：

「二一龠爲合。」蔡西山《嘉量篇》注云：「合龠，兩龠也。」　本起於黃鍾之重。龠。　以軍禮同固。　邦國。　以嘉禮親萬民。「之婚姻」三字衍。　未誓，則以皮帛繼子男。「之下」二字非經文。

諸公相見，衍。　爲賓，還圭，如將幣之儀。　此事必不舊倒。　然也。　知此亦以。　告文祖之廟。　經肇肇，俗。　十有二州。　傳每州之名殊大者。古本作「之是」。　經金作贖毛云：「从『賣』，中从『囧』，今省。賣，音『育』，非買賣字。」刑。　流共工于幽洲。本是「州」字，《禮記》注引《堯典》作「州」，《史記正義》云《尚書》及《大戴》作「幽州」。浦云：《孟子》作「州」。張弨云：唐天寶閒以隸寫六經，遂雜用俗改字，如「州」復加水之類。　四罪而天下咸服。毛云：「罪，古作『辠』，秦始皇以似『皇』字，改作『罪』，上从『网』，與『罔』同，今作『罒』。非横目也。『罰』字亦然。」　疏每州以一一州以，譌。　大山爲鎮。　齊即營青，譌，浦改。　州之地。　冢，冢，非。下同。　大也。　「宥，寬」，浦云誤倒。《周語》文。　《周禮·條元本從杜子春説，作「滌」。　狼氏》。　大隨《正義》成於隋時，入唐猶不改，當時「隨」、「隋」亦互用。　造律。　「論官事之刑」行。　者。　言若於與。　官事不治則鞭之。　二者所物可。　以扑撻犯禮者。　黃金謂之鋈。鋈。　段叚，譌。　氏爲鏄。《記》有「器」字。　或雖有證見，是事。　非疑似。　言衍。　皆爲疑罪。　故此傳指言誤而入贖，以已。　解此贖。

共在一州宋、元本「洲」。　之上。　羽山在東海祝其縣西《漢志》無。　南。　經二十石經作「廿」，其「三十」亦倣此。　有八載。　傳堯凡死。　壽宋無「一」字。　百一十七疏云「六」之誤。　歲。

舜服堯喪三年古本有「喪」字。畢，將即政。古本「位」。任，佞。難，拒也。佞人斥遠之。古本「也」字在「難拒」上，是也。若正釋「難」字，不應反在釋「任」之下。疏《孟子》二字宋本有。既言然矣。故據遠言近。之。經亮下从「几」，譌。采上从「爪」。惠疇。疏《釋詁》云：文。「庸，勞也。」故歷言所任順。而後始問誰乎。經棄，石經「弃」。黎民阻今文「祖」。飢。蔡傳「饑」，與《漢書》同。傳衆人古本「民」。之難在於飢。元本「饑」。經敬敷五教，在寬。毛云：「寬，从『莧』，音胡官反，非莧菜之『莧』。」疏傳衍。上云「五典克從」，即此五品能順。皆國内之害，害舊不重，浦補。小。往者洪水爲災。害。有士師、鄉卿。士等。《呂刑》云「咸庶中正」國。是也。西方曰㚟。《禮記》「棘」，此從鄭注。《立政》傳浦補。云「中國之外」，不同者。故攷。傳言「皋陶能明信五刑」。今命此人云：「汝作，衍。共工。」掌天神、地。人鬼、地祇衹。之禮。夜深今倒。乃臥。經讓于夔、《説文》从「夊」，象有角手人面之形。舊本从「廿」、从「白」，譌。下竝同。龍。傳然其推脱，古本有。賢，不許讓。古本有「也」字。胄，長也。子，古本有。謂天元。古本「天」。子以下至卿大夫子弟。案：疏以胄子爲長子，然傳意似不爾，下云「教長國子」，與《釋文》馬云「教長天下之子弟」語相似，則「子」須别爲釋明矣。剛失入之。虐，簡失入之。傲。古、宋本皆作「入」，疏同。謂疑衍。詩言志以導之，歌詠咏。其義。經聲依永。古本「詠」，《漢書》與上「永言」竝作「詠」。疏又太師掌六律、六同。呂。觀下文自必依經作

「同」。

林鍾、仲吕。經文本作「函鍾小吕」。　律十有舊誤倒。二。　取竹於嶰谷之中各生、其竅厚薄均者，《漢志》「取竹之解谷生、其竅厚均者」，孟康曰：「解，脱也。谷，竹溝也。取竹之脱無溝節者也。一説昆侖之北谷名。」應劭曰：「生，治也。竅，孔也。」晉灼曰：「取谷中之竹生而孔、外内厚薄自然均者，截以爲筩，不復加削刮也。」此似有譌舛。　斷兩節之《志》無。　閒《志》有「而」字。　吹之，以爲黄鍾之宫。　制十二篇，《志》作「筩」。　以聽鳳凰《志》無。之鳴，其雄鳴聲。爲六，雌鳴亦六。　是六律、六吕，述，衍。　十二月之音氣也。　故云拊亦擊也。之。　衆人畏其讒口，故爲驚讒。也。　凡二十有二人等，汝。　各當敬其職事哉！　天下之功成主之。在於汝。　經分北三苗。下从「田」，其从「由」者音「笛」。　傳言其始見試用。古本有「時也」二字。　服堯脱。　喪三年。　疏未必以仲夏之月巡守，衍。　南嶽也。　鄭元云。宋、元本俱作康成名。　讀宋本「續」。此經。

序《九共》。朱子云：「劉侍講以『共』爲『丘』，言『九丘』。」　傳稾，勞。宋無「也」。　飫，賜也。

疏各爲當從傳文作「設」。　其官居其方。　不知若爲此。設之。　闇射無以考可。浦改。中。

尚書正義卷第四

尚書卷第二

古文尚書大禹謨第三　虞書　孔氏傳此二行古本。

大禹謨第三　卷之二一徐云：「本《虞書》」云云。〇此《釋文》本如此，今删去「卷之二」三字，注何所附麗以爲説乎？且又有衍字、脱字，通志堂本可証。

大禹謨　傳善古本「嘉」。言無所伏。　疏而帝曰然。浦云：「『而』當『矣』字誤，屬上句。」「攸所」至「下安」。案：傳作「天下安寧」，豈《正義》所據本無「寧」字耶？　成脱，當有。此禹言之義。足上句也。浦疑五字衍文，非。　老而無。無妻謂之鰥。　言衍。困窮，謂貧無資財也。

傳文經緯脱，古本有。天地。　疏又曰「神妙，衍。無方」。《説文》亦以「眷」爲視。浦云：「《説文》：『眷，顧也。』顧亦視意。」　經惟影古文作「景」，葛洪加「彡」。此天寶三載衛包改古文從今文時所易也。　嚮。　儆。朱子云：「儆，古文作『敬』，亦唐所改。」　疏「虞，度」，《釋言》詁，譌，浦改。文。

傳爲政以德，則古本有「黎」。民古本有「其」。懷之。　經九功惟敍。古本「序」。下同。　疏用此之。事，使此善政云云。見古。浦改。之歌詠云云，樂府之歌辭。事。浦疑「辭」。是禹令命。浦改。五行敍也。　傳臯陶布行其德，古本重一「德」字。下洽於民。　疏舜年六十三浦云：「『二』誤『三』。」即政，「信言。下同。出」，謂始發於心。以之。義爲主。　經俾予從欲教。以治。　惟乃古本「女」。之休。　疏於治體與，衍。正相當也。刑無所用。浦云：「四字疑在『與前經「期」義別』之下。」　而當作如字用。浦疑「猶」。《論語》所謂「勝殘去殺」

矣。經降蔡傳「洚」，薛季宣古文本同，《史記》作「鴻」。水儆予。傳水性古本「惟」。流下。卑其宫古本「居」。室。民叛古本「畔」。之。疏民心惟甚危險。《正義》自以「民心」解「人心」，觀下文可見非誤也。汝惟脱，浦補。當精心，惟當一意。敬修其可願之好。事。使皆所。得存立。令禹與。受其言也。《詩》序脱，浦補。云：「矜其車甲。」故以浦補。「自賢」解「矜」。百人姓。無主。惟言「四海困窮」，不結言養浦補。民之意，故知二字脱在下，浦移此。又，「必」字衍。謂四海之内囚。困窮之民，令天子撫育之。舊「故知」誤在此。如《王制》所云。言享大太。福。慶賞《左傳》倒。刑威曰君。言語者，本作「言行」，無「者」字。君子之樞機。惟吉之人，從而授受。之。《周禮》司寇斷獄爲蔽獄。浦云：「蔽，經本作『弊』，音義同。」余謂《康誥》「丕蔽」，與此字正同。即政三十四年，年舊不重，非。九十六也。神宗當是脱，當有。舜之始祖。故脱，宋、元本有。言順帝之初，奉行帝之故事。舊倒，浦乙。傳言民叛之，脱，古本有。天灾之。經奉辭罰罪。舊「罰」作「伐」。古本作「奉詞伐辠」。宋、元本此與《嗣征》傳竝作「罰罪」。薛季宣古文本作「奉孠罰辠」。疏即則，通。三苗是諸侯之君。交質傳本有「子」字。不及二伯。傳脅之以古本有「甲」。兵。經無遠弗届。从「土」，从「凵」。从「由」者誤。帝初古本有「耕」。于歷山。傳言能以至志。誠感頑父。去京師二千五百里。也，衍。疏《禮運》云，聖人順民，四字乃約義言之，非成文。天不愛其道。

事勢瞀。同耳。言有其。苗易感。甸、侯、綏、妥。要、荒。

皋陶謨 經曰若稽古。薛季宣謂此四字今文無，古文所加。皋元本「皐」，前後皆同。陶。傳迪，蹈。古本上有「允信」二字。其，古本有。其古人也。疏故傳明言，衍。其意。《釋詁》云：文。「迪，道也。」猶《大禹爲，衍。謨》謀。「曰」上不言「禹」。鄭元云，衍。以皋陶下屬爲句。經黎从「小」，譌。民懷之。傳佞人亂德，真，譌，從古文改。疏「孔，甚」，《釋言》詁。文。經亦言其人今石經去「人」字。有德。疏此謂爲。薦舉人者。彼言「剛失入之。宋本「入」，見前。虐」。下「簡失入傲」同。失於不謹細行。者，衍，官刪。傳則俊德治能舊倒。之士。事。經庶績其凝。古文作「冰」，今以「氷」爲「仌」，而改作此。疏謂天子也浦疑「各」。任之浦疑「其」。所能。下仍有脱文。「乂」又。訓爲治。即脱，宋本有。《堯典》「敬授民時」。經無教《黄氏日鈔》云古文作「敖」，漢王嘉引此正作「敖」，「教」字誤。文弨案：作「教」字義長。逸欲有邦。傳天次敘人之常性。情。經自我五禮有古本「五」，與馬同。庸哉！五服五章古文「彰」，薛本同，似非。哉！疏又云：「出，自舊倒。也。」鄭元以爲「并上典之，譌。禮共有此事」。其尊卑采章。元本「彰」。經自我民明威。古本「畏」，薛同。王伯厚云衛包改「威」。《考文》云二字古通用。傳不可古本有「以」。不敬懼。皆脱，古本有。可致行。未能思致於善。古本下有「道」。經曰贊贊襄哉！「思」屬上句。「曰」上畫不開口即「日」字，不以闊狹爲辨。　疏言所疑脱「以」字。　勉之者。　因討而伐代。之。　非己知思天。　而所自能。　天聽自是。　我民聽。　襄之言揚。王伯厚云作「暢」誤。下云「揚我忠言」。

尚書正義卷第五

益稷

傳因皋陶謀謨。　九德。　奉承古本「成」。　臣功而已。　經隨山刊从「干」。从「千」者誤。　木。　傳開通道路以治水也。「也」字誤旁注。　傳魚鹽徙山，疏句絶。　林古本有「竹」字，衍。　木徙川澤。　疏乃皆得是。　米粒之食。　奉成宋、元本同，與古本合。　臣職而已。　昬瞀迷惑。元本「或」，乃古字。　禹抑陻，誤。　洪水。　泥行蹈橇，音「蕝」。　山行即橋。　丘遥反。○案：此類乃疏中之旁注，下「子絶反」、「居足反」皆倣此。　徐廣曰：「橋，一作輂。」《集解》作「擀」，同。　毳形如箕，擿行泥上。　浦云：「上脱『孟康曰』三字。」　梮謂以鐵鑶，俗。　如錐頭。　如今曐牀，人曐浦疑「舉」。　以行也。　楯與浦補「橇」。　毳爲一，樏與梮、浦補「橋」。　曐浦云「輂」之誤。　爲一。　故言與益槎木，獲鳥禽。　獸。　意在救人艱難。　危之戹。　故舉難得食之，衍。　處。　必用正直之人。臣。　以明受天之布官改「報」。　施於官刪。　天。官屬下句。　傳會，古本「重」。　五采也。　粉若粟冰。氷，俗。下同。　天子服古本有「自」。　日月而下，諸侯古本有「服」。　自龍衮而下至黼黻。　掌當。　誦詩以納諫。　當是正其義而颺道古本「導」。之。　經否則威古本「畏」，薛同。之。　傳天下之脱。人能至于道。　疏書其過者以識哉。之。　左右，助勴。慮，浦改。下同。　《易・繫脱。辭》云。　此以。云畫之於衣。　司常掌九旗之物名。脱。浦云：「物名者，所畫異物，則異名也。」　蓋太常之上不又，浦改。畫星也。　畫日月七星。傳本作：「日月之旗，七星之文。」　祭之日，王被衮冕《記》無。　以象天也。《記》無。　設日月畫於衣服旌旗也。浦云：「鄭注作『畫於旗上』。」　或當三二。代天子。《周禮》彝器所云犧、象、雞、鳥者，鄭元皆爲浦云「謂」。畫飾。　五色《考工記》作「采」。備謂之繡。　絺以倒，誤。爲繡。　其衣三章，裳四章，爲七十。也。　故《雜記》云：「天子九虞。」浦云：此見《公羊・文二年傳》，《雜記》無。　知其忽怠，則改而以。修之。　乃衍。君之發言，合彼五德。　若其有。怠忽。　當行射侯之禮。體。　古之射侯之事。士。虎九十弓，即方一丈八尺。《正字》云：「鄭注作：『侯中廣丈八尺。』下同。」　大侯九十弓，熊當作「糝」。　侯七十弓，豹當作「豻」。　侯五十弓。　浦云：「案《大射儀》云大侯九十，參七十，干五十。注云：『大侯熊侯，謂之大者，與天子熊侯同。參，讀爲糝，糝雜也。雜侯者，豹侯而麋飾，下天子大夫也。干，讀爲豻，豻侯者，豻鵠豻飾也。』」　畫以鹿豕。家。　熊諸。　侯已下同五十弓。　經明庶古本「試」，與《左傳》同。　以功。　誰敢不古本「弗」。下竝同。　讓？　惟古本無。　慢遊是好。　娶于塗古本「嵞」。山。　疏以表其功有能浦疑倒。用。　惟有三二。　苗頑凶。　彼言施於施。　諸侯。

《地記書》曰崑崙山云云。語出《河圖括地象》。得方五。千里者四十九。《蒸民》當作「崧高」。曰「揉此萬邦」。「禹朝羣臣于會稽」，《魯語》文也。《魯語》：「禹致羣神于會稽之山。」注云：「羣神，謂主山川之君，爲羣神之主，故謂之羣神。」直是謂。五國之長耳。謂舜分北比。三苗之時。經戛戞，譌。下竝同。擊鳴球。傳年班。爵同，推先有德。言簫，古本有「以」。見細器之備。言神人洽。治。所以古本有「致」。太平。古本有「也」。疏令左右。右擊。戛敔之木本。名爲「籈」。磬，懸也。而以合堂上之樂。浦云：「《續通解》無『也』字。案：所引與《詩》箋微異。」丹朱亦以德讓也。矣。其名各自更互見也。之。《禮》云「凡行容愓愓」誤「愓愓」，此《玉藻》文，音「傷」。「大夫濟濟，士蹌蹌」。此《曲禮》文。是儀爲謂。「有容儀」也。此其在鄭注無。於宗廟九奏効應也。言其始於用。任賢。經勑勑。薛作「敕」，與「勑」同。天之命。乃賡賡，譌。載歌曰。疏言人君奉正政。天命，以臨下。令今。數顧省之。《詩》云：「西有長賡。」本作「庚」。

尚書注疏夏書攷正

尚書正義卷第六

尚書卷第五

古文尚書禹貢第一　夏書　孔氏傳古本式。

禹貢　傳任其土地所有，定其古本「以定」，疏亦云當作「以定」。貢賦之差。此堯時事，而在《夏書》之首者。古有。　序作禹貢。《考文》云：「古本『任土作貢』下有此三字。」文弨案：《正義》本無之，但謂發首言「禹」，句末言「貢」，篇名已顯，且以《微子》、《仲虺之誥》兩篇之序作比例，此曲説也。彼云「仲虺作誥」，「微子作誥，父師、少師」皆篇名自顯，此但云「任土作貢」，「作貢」自連「任土」爲文，豈可即以「作貢」爲作此篇乎？《正義》既有此語，不必增入。若單行孔氏傳，必當補此三字。　疏《詩》傳云：「圻，疆也。」本作者。　或仲尼虺。始退其第。　使知之。祀禮所視。　《詩》傳云：「汎，汎流也。」「貌是」。　浸漫。壞民居。　故言分布治之。下「也」，宋衍。　經冀从「北」，从「異」，作「兾」譌。

州既載。　疏《史》、《傳》皆者。　云堯都平陽。　諸州川。　冀爲其先。　必當具其。見圖籍。　以襄疑是「等衰」之「衰」，與「殺」義同。　水害易也。　應劭云：「以已。　有南屈，故稱北屈。」　壺口、雷當。首有。　至于太岳。　《地理志》云脱。　河東彘縣。　經覃懷厎从「广」，譌。　績。　傳錯，雜也。古本有，《史集解》同。　疏據人功作力競得而田之，則謂爲。之田。常山靈壽縣，東北《志》又有一「東」字。　入滹沲。　經島從「鳥」省聲，《釋文》不省。疏云孔讀「鳥」爲「島」，是正文亦本作「鳥」。　夷皮服。　傳禹夾行此山之右，而入河逆上也。古有。　疏碣石山在北平驪城縣西南。《志》作「大揭石山」。又，「北平」上有「右」字，「驪城」作「驪成」。　肅雖惟。

不言還都白帝。冀之北土上。境界甚遥。體脱。性信謹，謙。故曰云。兗。《晉・地理志》説又皆異。荆州當作「漢南」，與上下一例。其氣燥剛。河南其氣著密，宋、元本「安舒」。厥性安舒。宋、元本「寬豫」。受浦云「厥」之誤。性急凶。所言未必得真其。宋「真」。本也。河自是。大陸之北。謂浦疑「爲」。大陸在冀州。太《爾雅釋文》作「大」，孫炎讀如字。史，禹大使徒衆通其水道，故曰太亦當作「大」。史。往往而處，形如覆釜。浦云：「案《爾雅釋文》作『往往而有可居之處，狀如覆釜之形』較明。」胡故。蘇，其水下流。禹疏九河，此河功難。用功雖廣，譌，浦改。徒駭今在成平。下脱「縣」字。覆釜之名浦云《爾雅疏》作「馬頰、覆釜、鬲津之名」。同李巡。古説記。九河之名。自鬲津浦云衍。以北至徒駭，其閒相去二三。百餘里。經桑土既蠶。从「死」，作兩「先」者誤。傳州第九，賦正與州九。古本「州」。相當。厥貢漆絲。右从「系」，誤。疏「綺」繒。是織繒之有文者。傳謂織爲細紵。貯。漯水出東郡東武陽縣，《志》有「東北」二字。至樂安舊誤倒。千乘縣入海。青州之境，北非。至海畔而已。濰水出琅邪箕當有「縣」字。屋山，二字《志》無，《説文》有。北至都昌縣入海，過郡三，行五百二《志》「三」。十里。淄水出泰山萊蕪縣原山，東北衍，《志》無。至千乘博昌縣入濟。海，誤。《志》作「泲」，即「濟」。經岱畎絲、朮枲。毛云：「下从『朩』，匹刃反，麻片也，非草木之『木』。」傳二山已可《史集解》作「可以」。種藝。言可耕。古本有「作也」二字。

疏謂之「搏今作「搏」，本可兩讀。埴之工」，是「埴」植。爲黏土，故云脫。「土黏曰埴」。今人呼物脫，浦補。叢緻者爲稹。《韓詩外傳》云「天子社廣五丈」云云。浦云《外傳》無文，《周書・作洛》篇、《白虎通・社稷》篇有之。授之大太。社之土。謂之茅土。社。則「夏翟」雉。共爲雉名。全羽爲旞。燧。泗水出濟陰乘氏縣，東南《志》有「過郡六」。至臨淮睢陵縣入淮。三江既入，入脫，浦補。此湖也。鄭云：「三江分於彭蠡，爲三北，孔。浦改。東入海。」指其澤謂之藪。脫。傳地泉温。濕，非。古本「温」，又有「也」字。文弨案：古本是。蓋塗泥不必訓爲「溼」，作「濕」更謬。惟揚州地泉温，故凍固不密，而常見其塗泥耳。疏此皆道金銀之别名及其美浦云「精」之誤。者也。傳瑶、琨，皆美石。玉，謬。據《〈左・昭七年傳〉正義》，及楊倞注《荀子・賦篇》皆引作「石」。疏故知「毛」旄。是旄牛尾也。古本傳亦有「也」字。傳南海島夷也。古有。織，細紵。《史集解》引作「細繒」。疏故云其所包裹而送之。浦云：「當依傳作『致者』。」當繼荆州乏之。無也。經沿石經「沿」，俗。于江、海。疏宗，尊倒。也。滄本「江」。海所以能爲百谷王者。江水、漢海。水其流遄疾。經沱、潛从「殅」，不从兩「先」。既道。疏經無「潛」水之本源，故脫。直云水名。在今蜀郡郫縣江沱及漢中安陽皆有沱水、潛水，其尾入江漢耳。案：此段文謬。當云江沱在今蜀郡郫縣西，東入江。又，漢水，安陽縣有潛水，其尾入江漢耳。蜀郡二字闕，當有。江源有鄗江，《志》「水」。首出《志》「受」。

江。沱水自蜀郡都水縣湔揃，浦改。山與江別而更流。入大太。穴中。經雲土夢作乂。沈括云石經倒「土夢」字，唐太宗時得古本，始改正。案：《史記》、《漢書》皆「雲」、「夢」相連。傳水去可爲耕東。作畎畝之治。疏江夏安陸縣下脱「東南」二字。亦有雲夢，《左傳正義》作「夢城」。或曰南郡華容縣云云，江南之夢也。浦增。此澤既大。土。弓人取榦之道七。也。杶、榑、「櫄」、「樗」同。栲、漆，相似如一。經礪、砥，从「氐」，非。砮、丹。疏鄭云：「菁，蔓蕒。下同。菁也。」「縮酌酒。用茅，明酌也。」鄭注云：「以茅縮酒浦云本作「縮去滓」。也。」束「束」字譌。茅立之祭前，酒沃當乙。其上，酒滲下，浦增「去」字。若神飲之。三脊茅倒。以爲藉。染脱。纁者三入而成。其六入者與。脱。傳龜不常用，古本有「故」字。錫命而納之。疏元龜距髯《漢志》「岠冉」，孟康曰：「冉，龜甲緣也。」長尺二寸。傳澗出沔《史集解》引作「澠」，《漢書・地理志》「黽」，俱通。池山。滎，澤名。脱，據疏本有，《史集解》有。疏蓋此澤跨河南北，但在河内四字脱，據《詩正義》補。多而得名耳。《地理志》山陽郡有胡《志》「湖」。陵縣，不言其地有菏澤也。文弨案：《志》「湖陵」下引《禹貢》「通于河，水在南」，此河即菏也，見《説文》。《正義》殊未審。傳高者壤，下者墳，衍。壚，壚疏也。三字脱，古本有，《史集解》引同，宋、元本亦但脱「也」字。纊，細綿也。脱，古本、《史集解》皆有。下同。治磬錯也。脱。疏蜀郡有湔氐脱。道。江水所出也。脱。隴西郡西縣脱。嶓冢山，西漢水所出。

是二者皆山名也。脱。　傳旅。平言治功畢也。脱，《史集解》有。　疏又有當出下上、中下者，差復益少。小。　璆、琳，美玉之别二字本無。名。　傳織皮，脱，古本有。今金。《史集解》「今」。　罽也。脱。　經浮于潛，逾于沔。蔡傳謂當曰「逾于渭」。　傳桓水也古本有。自是。　西傾山南行。　疏西傾在隴西臨洮縣西南。衍，前後《志》皆無。　先以，衍。　華陽而毛本「河計」二字本在次行之末，誤在此下，以後末二字皆誤在前，至「爲東」二字，下接「西也」止，皆當移正。　後黑水。西據當依傳作「距」。　黑水。　自東河至於于。　西河。　《詩》毛作「《毛詩》」非，今從宋、元本。傳云：「汭，水涯也。」　傳灃水所同，同之於渭。《史集解》作「同於渭也」，是。　非荆州之荆也。脱，皆有。　疏南條荆山在南郡臨沮縣《志》有「東」字，下疏也有。　北。　至于於，當依經。　爲首尾之辭。　傳下溼濕，非。　曰隰。　疏豬野澤，《地埋志》云，舊「豬野澤」在此下，浦移改。　又，舊有「在」字，衍。　武威武威舊不重，浦云一郡一縣，當重，今從之。　縣東北有休屠澤，古文以爲豬野澤。　《左傳》稱舜去云。　四凶。　杜林以爲敦煌縣，郡。　即古瓜州地。也。　禹未治水禹治水未，譌。　已竄三苗。　傳琅玕，石而似珠者。脱，疏有，古本、《史集解》皆有。　疏禹鑿以通河東郡之西界。也，衍。　所以浦疑二字衍。　孔意或是地名或是二字浦增。　國號，不必爲山也。　《地理里。志》云：「《禹貢》北條荆山。」　岍岐導岍，浦改。下同。　北條。　「岍岐」爲正脱，浦補。　陰列。　吴岳《志》「山」。　在扶風岍《志》「汧」。　縣西。　傳太岳在脱，古本、

《史集解》皆有。下「也」字同。上黨西也。疏析城在河東濩澤縣西。下脱「南」字。謂漳、潞、汾、涑。涑。西傾在隴西臨洮縣西。南，衍。《志》下有「南部都尉」，誤連引。傳伊經外方。倒。疏嵩《漢志》「崇」，古通。高山在潁川嵩《漢志》「崈」，亦通。高縣。古文以爲陪《志》「倍」。尾山。經導嶓冢。冢，譌。傳言衡山東古有。連延過九江，接敷淺原也。古有。言「導」從首起，言「陽」從南起也。二字古有。疏豫章歷陵縣南有博《漢志》「傅」。陽山，古文以爲敷淺原。敷，《志》亦作「傅」。朱氏鶴齡云：「『博陽』當作『敷陽』。」經導弱古文「溺」，《説文》同。水。疏《地説浦疑「記」。書》合黎，山名。傳過梁州，入南海也。古本、《史集解》皆有。疏蒲昌海，一名鹽澤者也。脱。廣袤三四《漢書》無。百里，其水停本作「亭」。居。其去出。崐崘里數遠近未得詳也。傳河自龍門南流至華陰脱，古本、《史集解》皆有。山，北而至。東行。疏在孟地致置，通。津，謂之「孟津」。再成英，一成岯。伾。傳云「再成曰岯」。此當依傳作「伾」。成臯縣山，又不一浦云：「當從傳作『再』。」成。經北過降《史記》及《漢書·溝洫志》、石經皆同。蔡傳作「洚」，與《漢書·地理志》同。水。疏降《漢志》作「絳」字。水在信都縣。案班固《漢書》以襄國「廣川國」之誤。若襄國，是趙國屬縣，無爲信都之説，亦不云降水在其地。爲信都。此北。近降水也。經嶓冢導漾。漾，誤。毛云：「漾，从『水』，从『羊』，从『永』。」前後竝同。傳至漢中東流古本「行」。爲漢水。別流也古本、《史集解》皆有。在荆州。疏孔以脱，浦補。爲「三江既入」入震澤也，故言江自彭蠡分而爲三。江，衍。山水古同。今變易。是古今不脱。同之驗也。濯本作「遺」。余佩兮澧浦。經東迤北會于石經、《史》、《漢》竝同，蔡傳作「爲」，薛同。匯。傳東溢分流，都共北會爲，衍。疏無，古本、《史集解》竝同。彭蠡。有北有南，中可知也。皆有。疏中江從丹陽蕪湖縣西《漢志》有「南」字。東至會稽陽羨縣東，衍。《志》無。入海。濟水出在。河東垣縣王屋山。傳在敖从「士」，从「方」，从「攵」。今从「主」，下「方」，譌。倉東南。陶丘，丘再成者也。二字脱，《史集解》有，古無「者」字。疏《釋丘》云：脱。「丘再成爲陶丘。」傳鳥鼠共爲雄雌。倒，元本疏亦作「雄雌」。疏《釋鳥》文。云：「鳥鼠同穴，其鳥爲鵌，《爾雅》「鵌」。其鼠爲鼵。」今在隴西首陽縣有，衍。鳥鼠同穴山中。脱，浦補。未知誰得浦云：「脱『其』字。」實也。渭水所出，東脱。至京兆北，衍。船司空縣入河。傳合於鞏之東也。皆有。下「已可居也」同。九州之澤已皆脱，古有，疏亦有，《史集解》倒。陂障無決溢矣。皆作「也」。四海之内會同于，衍。京師。言取之古有「民」字。有節。疏非據諸侯候。之身朝天子也。天子惟當擇任其賢者，相，衍。與共治之。胙四岳國，脱。賜姓曰「姜」。傳去王城面五百里内。脱，古有，《史集解》同。所脱，古本、《史集解》皆有。銍刈，謂禾穗。疏《郊特牲》云：「莞簟之安，而稾秸之設。」案：所引乃《禮器》文，其《郊特牲》下句作「而蒲越稾秸之尚」。傳斥候而服事也。皆有。任王者事。《史集解》引作「任王事者」。安服王者之，衍。皆無。政教。疏蠻夷倒。要服。韋昭云：「以文教侯，譌，又誤在「武」下。武衛爲安。」《釋言》詁。訓「揆」爲度。乃以文教要服浦疑「束」。之。「夷」訓平也，言脱。守平常教耳。賈逵、馬融以爲甸服之外百里至此上九字誤在下「去王」下。五百里米特有此數，去王宋、元本不誤。城千里。而《書傳》無稱也。浦疑「焉」。天下户口至減太大。半。使各有寰今《國語》作「寧」。浦云《詩·頌·殷武正義》亦作「寰」，當是古本如此。文弨案：「寰」乃《説文》新附字。「寧」字本作「寍」，或因誤改作「寰」也。宇。山川戴載。宋、元本俱作「戴」，猶言戴於地也。地，古今必同。

尚書正義卷第七

甘誓

傳夏啓嗣禹立。位。古、宋本竝作「立」，與疏合。疏有扈氏不服，故浦疑「啓」。伐之。《明堂位》云。所謂「各揚其職」。經有扈古文「㟭」。氏威古本「畏」。侮五行。傳王者相承所取法也。古有。恃侍。親而不恭。經天用勦毛云：「从『巢』，从『刀』」，與『勦説』从『力』者不同。」絶其命。左不古本「弗」。下皆同。攻于左，汝不恭命。傳執戈矛古有「爲」字。以退敵。御以正馬爲政者也。二字古本有。有功則賞祖主前，示不專也。古有，《史集解》同。又，「則」作「即」。言恥累也。《史集解》作「之」，是。疏太史謁於本作「之」。天子，曰：某日立春。昭王使觀射父傅太子。浦云：「《國語》是莊王使士亹傅太子。」夏有觀扈，周有管蔡。浦云：「夏有觀扈，《左傳·昭元年》文也，《楚語》作：『啓有五觀，文王有管蔡。』」

五子之歌

疏每章各是一人之作，而脱。辭相連接。未必則即，通。指怨太康。傳盤樂古本重。遊逸。洛水之表，水之南也。古有。疏一出而脱。十旬不反。堯時十日竝出。生。言雖不經，難脱。以取信。「述，循」，《釋詁》文。浦云：「《爾雅》無文。」文弨案：《釋言》云：「循，述也。」傳君祖禹有訓戒也。古有。經懍蔡傳「凜」。乎若朽索之馭六馬。柰奈，譌。何不敬？疏《毛詩》當乙轉。說天子至大夫皆駕四。《康工之誥》云：「皆布乘黄朱。」《詩正義》引此作「顧命」，是。晉平公近女色。當依元文作「室」。相去不盈二百里。官有。傳君萬國爲天子也。古有。疏舉「石」而言之，則上所。宋、元俱作「止」，乃「上」誤。稱之物皆通之也。器用脱。既具，所以上下充足。傳言當依誰以復古有「其」字。國乎？

胤征

傳廢天時，亂甲乙也。古有，《史集解》同。奉辭罰伐。宋、元、正、嘉本竝作「罸」，疏内標句亦同。案：《大禹謨》宋本正作「罸」。罪曰征。疏《楚語》稱堯育有。重黎之後。經惟仲古「中」，傳同。康肇肇。位四海。傳仲康命胤侯也，古有。掌主也，二字古有。主王。六師爲大司馬。疏而立其弟仲康爲天太。子。但形勢既衰，故脱。政由羿耳。寒泯殺之，羿，衍。滅夏后相。傳官師，衆。疏亦譌。衆官也。古有。百工各執其所治技从「攴」，譌。藝以諫，諫古不重。失常也。古有。疏《左傳》稱晉殺趙同、二字脫。趙括。正歲，帥理本作「治」。官之屬而觀治象之法。平等有闕，猶己。尚相規。百工之賤，職。猶令進諫。傳不合即浦云：「疏及《左傳》疏作『則』。」日食可知。不及時，古有。謂歷象後天時也。古有。疏人當豎豎。立，今乃反倒。謂此之。聚會謂「辰」。以集是止上。舍之處。君南嚮於脫。北墉牖。下。《覲脫，浦補。禮》云：「嗇夫承命，告于天子。」《左傳》云：「諸侯用幣。」浦云：「在《文十五年》。」諸侯從天子救日食，各以《記》有「其」字。方色與其兵。久染汙汗。穢之俗。皆與下「惟德」衍。更新，一無所問。《釋山》云：「山脊，曰。宋無，與《爾雅》合。岡。」或睚眦倒。而害良善。

序　疏天乙立，下「天乙」衍。是爲成湯是也。文在「湯征諸侯」、「伊尹去亳」之上。土。知先王生。是契父帝嚳。

尚書正義卷第八

尚書卷第四

古文尚書湯誓第一　商書　孔氏傳古本。

湯誓　疏伊尹以夏政醜配。惡，去而歸湯。　傳戒誓其湯。古本「其」。士衆也。古有。不敢不正桀之脱，《史集解》有。下同。　罪而脱。　誅之。　經予其大賚謁從「夾」。　汝。　疏奪我農功之業，而脱。　爲割剥之政於夏邑。　是日何時能喪？畏。　契始封商。下「湯號爲商知契始封商」九字衍，元本、監、閩本俱無。

序　傳欲脱，《史集解》有。　變置社稷，而後世無及句龍者。　所以比桀脱。　於日者。鄭元云。下同。　等注此序。　故更致置，通。宋、元本「致」。　社稷。　疏變置制。下同。　社稷。二臣自明疑有謁。　也。　傳從謂逐遂。　討之。　聖人不可自專，復用

仲虺之誥　疏《康湯。　誥》、《召誥》之類。　《畢命》、《冏舊「囧」。案：當作「同」。　命》不言「之」。　誥浦疑衍。　謂於會同脱，浦補。　之所設，言以誥衆。　傳恐來世論道我放天子。于。　疏成湯放桀于南巢。　案：此段疏當在前傳「常不去口」下。　傳恐以其。古本「以」。　非罪見滅也。古有。　無道之惡有道，自然之理也。「之」字、「也」字脱，古有。　疏「夏王」至「厥師」。　案：此兩段疏當在前。　疏缺逸者猶多。　經徯予古「我」。　后。　傳皆喜曰：「待我君，君古本重。　來其可蘇息。」　舊久，古本有。　謂初征自葛時。　疏「攻」，政。　謂擊之。　此二者始欲服其人，未末。　是滅其國。　經巠前後俱作「垂」，此從古，不畫一。　裕從「衤」，謁。下同。後昆。

湯誥　疏「湯既」至「湯誥」。案：此段疏當在上《序》之下。　傳順人古「民」。有常之性。　經夏王滅德作威。古「畏」。下「將天命明威」同。　傳譴瘑之而桀不改。古有「政也」二字。　疏未變夏禮，故用云。玄牡。　疏是謂伊尹爲聖人者，衍。也。　傳僭，價。差。　經無古「亡」。下同。從匪彝。上當从「彑」，不从「彐」。　乃亦古本「亓」，是「其」字。有終。

伊訓　疏奉嗣祀。王歸于亳。太甲本必。繼湯後。外丙，三《史記》同。年崩，別，衍。立外丙之弟仲壬。「惟元祀」至「先王」。三字脱。禮祠。浦改。喪于殯，斂、祭皆名爲奠。　經奉嗣祠。王祇祇。下倣此。見厥祖。　傳伊尹伊。制百官。　疏杍能帥師。禹者也。　經兹惟艱古「難」。哉！　疏但有一於身者，衍。皆喪國亡家。　酣，樂酒《説文》倒。也。　「昧求」，謂貪《正誤》作「昏」。昧以求之。　「爾惟德」，謂修德爲以。善也。趙文子冠，見韓獻子，獻子二字脱。曰：「戒之，此謂成人。成人在始，始本不重，脱。與善，善進，本又有「善」字。不善蔑由至矣。始與不善，不善進，本又有「不善」二字。善亦蔑由至矣。」此與《國語》本文得兩通。

太甲上　疏舜放四凶，徙徒。之遠裔。　傳阿，倚。衡，平也。古有。　疏伊尹，湯所依二字脱，浦補。倚而取平。禮法浦云衍。君前稱。臣名。　經自周金仁山云：「當爲『君』，古文『君』形近『周』。」有終，相亦惟終。　傳不能終其業，以取滅古有。亡也。古有。　言修德夙夜思之，須古有。明旦行之。　經萬世有辭。古「孠」，薛作「司」。　傳言王古有。能循汝祖所行。　疏猶若人君所修政教，欲發命明。也。　如射者弩以疑「已」。張訖機關。　傳不用訓也。古有。　經無古「亡」。後竝同。俾世迷。　疏當受浦疑「使」。人教訓之。

太甲中

疏案《士虞禮記》浦補。云「朞而小祥」。　經弗克于厥古「亓」。下同。疑本作「㞢」，見下。初。　疏所謂拜手子。也。　振動者，戰栗變動而浦云當是「之」。拜。　《左傳》云：「天子在，寡君無所稽首。」案：「天子在而君辱稽首」，見《襄三年》；「非天子，寡君無所稽首」，見《哀十七年》。此乃參互成文，不若單据《哀十七年傳》爲得。　經竝其有邦厥古「㞢」。下同。鄰。視乃厥蔡傳作「烈」，當以「乃厥」連文爲不順也，然古人不拘。祖。　疏視苦若。下同。不見，故言「惟明」。　傳我則承王之美無厭斁。古、宋本竝作「厭」。也。古有。

太甲下

傳言天於人無有古「所」。親疎。　言鬼神不保係。一人。　經天位艱難。哉！終始慎厥古「亓」。下同。與。

咸有一德

疏尹躳及湯咸脱。有一德。　經伊尹既復政厥古「其」。下同。辟。　疏殷仲壬「即位居亳，命其。浦改。卿士伊尹」。　必若伊尹放君居。自立。　義當汙汗。宮滅族。　經厥德匪蔡傳作「靡」。常。　疏《毛詩》傳序。云：「九有，九州也。」　傳改其正。古本「政也」。其命，王命也。古有。經任官惟賢材。蔡傳改「才」。疏任人爲官，惟用其賢材。才。當須助爲於于。民也。下謂卑順以爲臣下。下。「訓民」者，謂訓。以善道訓助下民。

序　亳有祥，桑穀。从「殸」，从「木」，不从「禾」。疏或當別出餘書，則，衍。孔用之也。時則有青眚青之。下同。祥。劉向等算。説法。云。桑穀野木而，衍。不合生於朝。案：《書傳》、《説苑》皆以此爲祖己語。修先王之政，明養老之禮。浦云：「下脱『三日而祥桑枯死』七字。」三年而遠方重譯而至者七。十六國。案：《書傳》作「六國」，《説苑》作「七國」，惟《家語》作「十有六國」。傳《原命》、《伊陟》二三。篇皆亡。疏謂浦疑「然」。古人之言，雖尚要約。經言「圮于耿」，浦疑有「不」字。太大。不辭乎？

尚書正義卷第九

尚書卷第五

古文尚書盤庚上第九　商書　孔氏傳古本。

盤庚上　盤石經「般」。庚。疏今盤庚將欲遷居，而治於亳之殷地。治。殷人屢遷，前八後五，其實正止，非。蓋言湯一人再數，故八與五非十三，正得十二也。十二也。則「亳曰。「殷」即是一都。「治」始。皆作「亂」，亂。其字與「始」治。不類。有從河南自。亳地遷於洹水之南。又大。序注云：「民居耿久。」傳殷質以名名脱，從古本補。篇。疏題篇不目曰。《盤庚誥》者。皆以王名名脱。篇。子開當作「弟沃」。甲立，崩，弟當作「兄」，祖辛之子。祖丁立。下「開甲」亦「沃甲」之譌。傳我王祖乙也，此二字脱，古有。居耿。經于今五邦。古本句上有「至」字。傳天將絶古有「汝」字。命。經若顛木之有由本作「甹」，今省。薛作「甹」。蘖。傳如顛仆之木，有用生蘖哉。古本「栽」。案：「哉」古亦當與「栽」通。疏將遷於殷，先正其號，明名。宋本「明」。知於此號爲殷也。雖兼號爲殷，而商名不改，或稱商，三字脱，宋有。或稱殷。「籲」即裕从「礻」，誤。也。《詩》云「其直如矢」，故以「矢三字脱，宋有。言」爲「正直之言」。先王所以決欲去彼。遷此者。不能從教以義。相匡正以生。郭璞云：「晉衛之閒曰栫。」浦云：「《爾雅注》『蘖』。又，《方言》云：『陳鄭之閒曰栫。』」經由乃在位。古本句上有「曰」字。曰：「無或敢伏小人古本「民」，傳同。之攸箴。」疏小樂正斅干。于。傳告汝以法古有「度」字。教。案：如古本則「教」字似衍。經民用古作「由」，傳「王用」、「民用」俱同。丕變。傳我之欲徙，非廢此德也。古有，下「如視火」下同，此兩「也」字不可省。疏昬，昏。《説文》「昏莫」之「昏」，從「低」省，而此書古皆从「民」，蓋即《説文》之「敃」。夙夜之强也。言不徙則有毒，「毒」謂爲。禍患也。「遠近」謂賒作「佘」旁，非。改「徐」亦非。促。傳是汝古有。自生毒害。經汝悔身石經「命」。何及？相時憸石經「散」。民。傳恐汝沈溺於衆。古本句上有「我」字。尚可得遏刑戮。今從元本。絶之。經則惟汝蔡傳「爾」。衆。疏何不以從宋乙正。情告我。經人惟求舊，器非求舊。石經作「人維舊，器非救舊」。傳遲任，古賢人。古有。我豈各本作「不」。《考文》云古本有「豈」字，則「不」字當去。敢動用非罰加汝，非德賞汝，各乎。古作「各」。從汝善惡而報之。疏汝爲人子孫，宜法汝宋無。父祖。自我宋無。先王以至於我。以此故我大享祭于先土，云云，而歆享之，元本作：「故我兹有大享于我先王，云云，而配享之。」汝有惡自作禍，災。我亦不敢動用非德之賞妄賞汝，非德之罰妄罰汝。七字脱，當補。「遲任」脱。至「貴舊」。春夏物未成，可薦者少，故礿祠禘祫。爲小也。夏惟作祫，不作時脱。祭。經汝無古本竝作「亡」，又多一「老」字。案：傳與《正義》皆以「老」與「弱」對文，竊疑正文「侮」字因傳誤入，但考漢石經作「汝毋翕侮成人」，又不同。侮老成人，無弱漢石經作「流」。孤有幼。疏「老」弱。謂見其年老。有過，浦疑當有「者」字。罪以懲之。經度乃漢石經「爾」。口。傳以法度居汝口，勿得古有。浮言也。古有。

盤庚中

經誕告用亶。下从「旦」，不从「且」。傳用誠於其古有。衆也。古有。無有古有。褻慢也。古有。疏延之使前而教衆。告之。鄭元《詩》箋亦云：「話，善言也。」浦云：「案毛傳『話，言也，古之善言也』，鄭無文。」經保后胥慼。漢石經作「高」。疏行天時，謂也。浦改。順時布政，若《月令》之爲也。傳古君后。先王之聞。經今予將試以汝漢石經「爾」。遷，安定厥邦。漢石經「國」。傳汝何得久生在人古「民」。上。經予豈汝威？古「畏」。傳我脱，古有。案：經有兩「予」字，「我」字亦不嫌複。豈以威脅汝乎？經予丕漢石經「不」。克羞爾。疏用以道義德，衍。懷安汝心耳。經高后丕乃崇漢石經「知」。降罪疾。疏陳浦云「塵」之誤。居之久。傳勞之共治人古「民」。下「殘人」同。也。古有。經汝有戕，漢石經「近」。則在乃心。傳但念古有「具」字。貝玉而已。經作丕刑于朕石經有「子」字，古本同，傳及《正義》皆同。孫。丕乃崇降弗祥。漢石經作「興降不永」。傳凡我古有。所言皆不易之事。經汝分猷漢石經作「比猶」。念以相從，各設漢石經「翕」。中于乃心。傳不善不道，爲謂。凶人也。古有。自今已以。往，進進於善，我用乃。以汝徙。疏長立汝家，脱。使汝在位。王肅云「告汝以命之不易」，亦以「不易」四字脱。爲難。《釋詁》云：「隕，落也。脱。隕，墜也。」脱。浦云案《爾雅》前後分見，當有兩「也」字。「顛」「越也」二字衍，從浦删。是從上倒下之言。不使得生脱。子孫。故絶其惡脱。類。滅去惡種，乃是常法，而言「于此新邑」者。脱。

盤庚下

經無戲怠，懋建大命。漢石經作：「女罔台民，勖建大命。」今予漢石經「我」。其敷心腹腎腸。嘉漢石經「綏」。績于朕邦。傳今脱，古有。徙以爲之極也。古有。經爾謂漢石經作「今爾惠」。朕：「曷震漢石經「祗」。動萬民以遷？」疏言由徙故天福之也。脫。
「弔，至」，「靈，善」，皆《釋詁》文。浦云：「『靈，善』，《爾雅》無文。」謂動謀於衆言己不自專
守。也。經尚皆隱漢石經「乘」。哉！予其懋漢石經「勖」。建相爾。疏「隱」，謂隱審
浦云：「下當脱『括謂檢括』四字。」也。又云：「相，助，慮浦云「勴」字之誤，下「爲慮」同。也。」

尚書正義卷第十宋本《説命》仍連九卷後。

説命上

傳經營求之於外野。元、監、閩、葛本俱無「營」字、「外」字。疏經營求之於外野。
倒。故載之書四字脱。中而高之。傳亮，信也。三字脱，古有。《考文》云《晉書》杜預奏議中引
有此。浦云《禮記正義》有。此故不敢古有。言也。古有。疏遂以令。傳險姓之。且曰。
云：「我徒也。」不使人瞑眩憒憒。亂。《楚語》稱衛武公作懿脱「戒」字。以自警。

説命中

疏《晉語》云：言。「大者天地。」猶王官之宗。伯率領諸侯也。「師長」
之言亦通有士。脱。傳言聖王法天以立教。案：此下脱文甚多，并誤以疏入傳，今録宋本補正
於左。

〔註〕憲，法也。言聖王法天以立教，臣敬順而奉之，民以從上爲治。〔註〕〔註〕「憲
法」至「爲治」。○正義曰：「憲，法」，《釋詁》文。人之聞見，在於耳目，天無形體，假人事以言之。「聽」，謂無所

不聞；「明」，謂無所不見。惟聖人於是法天，言聖王法天以立教於下，無不聞見，除其所惡，納之於善。雖復運有推移，道有升降，其所施爲未嘗不法天也。「臣敬順而奉之」，「奉」，即上文「承」也，奉承君命而布之於民。「民以從上爲治」，不從上命則亂，故「從乂」也。

○宋本疏後載《釋文》「從，才用反」四字。案：當在傳之下方合。今通志堂本：「從，才容反。」文弨案：若是才容反，則「從」讀如字，可不必音矣，似當依宋本爲是。其《釋文》別有校本，此因文相連，故并正之。

疏 省其身堪將帥，師。然後授之。 經傳之文脱。 令之不善，則人違爲。背之。 是言推惟。而不有。「納」謂臣入慢以輕主。王。數則黷，黷則不敬。《祭義》「黷」本作「煩」。 故傳總云：「事神禮煩，則脱。亂而難行。」 經 非知之艱。古本正文并注，「艱」皆作「難」。 傳 言知之易，而古有。行之難。元本、葛本竝同古。以勉高宗也。古有。

説命下 經 台古「朕」。小子。 疏 蓋甘盤於小乙之世以當作「已」。爲大臣。 傳 鹽，鹹。梅，酢。醋。古作「酢」，是。 疏 「邁，行」，《釋詁》文。浦云在《釋言》。 鄭不見古文，故爲此倒，浦乙正。解。 經 一夫不古「弗」。獲，則曰時予之辜。古「辠」。 傳 功至大于。古本、宋、元本俱作「大」，正釋「皇」字義。天，無能及者。

高宗肜从「丹」，不从「月」。 **曰** 序 祖己已，譌。訓諸王。 傳 賢臣名，也。從《史集解》改。訓以倒，浦乙。道諫王。 疏 《釋天》文。下同。 云：「繹，又祭也。」《爾雅》因繹祭而本之上世，故先周後復。商，此以上浦疑「時」。代先後，故與《爾雅》倒也。未見浦云：「脱『義』字。」所出。祭天地社稷山川，五浦云鄭箋作「七」。祀皆有繹祭。傳以義爲常也。古有，《史集解》同。經天既孚石經「付」。《史記》「附」，與「付」通。命。傳不順德，言無義也。皆有，下句同。天以已。《集解》「以」。信命正其德，謂《史集解》有「其」字。有永有不永。疏「義」者，宜也，得其事浦云《通解續》作「適」。宜。傳民事無非天所嗣常也。《史集解》作：「民事無非天時，天時所常祀也。」疏烝民不能自治，下「自」字衍。立君以主之。

西伯戡黎

傳咎，惡也。皆有。祖己後賢臣也。皆有。疏二年伐邘。从「干」，譌。《謚法》：「殘義損善曰紂。」今《謚法解》無文。「戡，勝」，《釋詁》文。《爾雅》「戡」作「堪」。王者中分天下爲二，二字當重。公總治之。傳皆無知吉者。脱，《史集解》有。相助也。三字脱，《史集解》有。當在傳首。以王淫過戲怠。古、宋本竝同，元本譌「迨」，後遂誤作「逸」。疏動皆元本譌「昔」，後遂誤改「悉」。違法。經大命胡今本無，石經有。不摯？案：傳及《正義》似俱有「胡」字，《史記》作「大命胡不至」。傳反，報也，報二字脱，古本有，當從之。紂也。

微子

疏錯亂辭。天命。微子名啓。各。經我祖厎古「致」。遂陳于上。傳卿士既亂，而小人古「民」。各起一方。如涉大水，無涯際，古本「津涯」。無所依就也。古有。到古本「致」，疑是。《正義》却作「到」。不待久。疏到必不得浦云「待」之誤。案：可不必定依傳。

更久也。比干於是。浦改。紂之，衍。親，則諸父。其事或欲。當然，則是有此事。言則當思。如之何其救之乎？　知隮傳本作「擠」。於溝壑矣。　傳致臥。仕之賢。　言殷民古「人」。上下有罪，皆合於一法紂。　經王子弗古「不」。出，我乃顛隮。古「隕」。　傳言古有。我久知子賢。　則宜爲殷後者。古本有「也」字，疑當在下「子」字下。　疏我又下視殷民，浦云衍。所用爲治民衍。者，宋、元本作「者民」，非。皆讎怨斂聚之道也。《釋詁》云：「攘，因也。」浦云《爾雅》「攘」作「儴」。已改。而爲妻云云。太史據法而争。本有「之」字。

尚書注疏周書攷正

尚書正義卷第十

尚書卷第六

古文尚書泰誓上第一　周書　孔氏傳古本。

泰誓上　傳渡孟脱，古本有。津乃作。　疏則自。嗣位至卒。　止正。言「一月」。《武成》所以稱解。「一月」者。　以其實是周之正宋、元本作「一」，然作「正」亦是。月。土民。無二王。　是脱，宋本有。於孟地置津。　計安國必不爲彼波。僞書作傳。　梁主王。兼而存之。　侍御官本「御事」。是治理之事。　經弗古本「不」，下多同。敬上天。

傳言淫濫。古本有「也」字。　疏官人不以賢才，而以父兄，二字當重。已濫受寵。　李巡曰：「所以古今通語，明實同而兩名。」今郭注作「所以通古今之異語，明同實而兩名」較順。　障澤之水，使不流溢。洫。　多聚浦云「取」之誤。　野獸飛鳥置其中。　是剔則。　亦封之義也。　亦加於以。　炭火之上。　觀政于商，計紂。　當恐怖。　經厎古本「致」。　天之罰。　傳告文王古本有「之」字。　廟。　疏天子將出，《記》有「征」字。　類乎上帝。　傳言天除惡樹善與民同。古本有「欲也」二字。

泰誓中

傳徇，從「彳」，誤。　循也。　疏《説文》云：「徇，疾也。循，行也。」浦云今《説文》「徇」作「㣈」，「行示也」，「循，行順也」。　傳言吉人渴竭，譌。下同。　日以爲善。　案：何休注《公羊·隱三年傳》云：「渴，喻急也。」此處《釋文》本作：「渴，苦盍反。」今因字譌「竭」，又改《釋文》音「巨列反」以從之，皆妄人所爲也。　竭日，義何所取乎？　故曰力行。　古本下有「無度也」三字。　經播棄犂古本「黎」，傳同。老。　疏耇面凍梨。　犂。下同。《爾雅疏》作「面如凍梨」。　「昵，近」，《釋詁》文。　浦云：「《爾雅》『昵』作『暱』。」　傳流古本有「行」字。　毒虐於下國。　使下退夏脱。　桀命。　疏桀殺龍逢，無割剖。　心之事。　又紂有炮烙洛。　案：當作「格」。　之刑。　是紂罪過於桀也。脱。　一曰剥，則。　割也。　夢精。　者事之祥，人之精夢。　爽先見者也。　武王伐紂云云，至。　惟太公强之。　浦云：「語見《齊世家》，非《周本紀》。　又，『羣公』誤『羣八』。」　《六韜》云：「卜戰」云云至

「不踰人矣」。浦云：「案今《六韜》無文，惟《論衡》云：周武王伐紂，卜筮之，逆，占曰：『大凶。』太公推蓍蹈龜而曰：『枯骨死草，何知吉凶！』」 傳平人，凡人也。浦云上當有「夷平」二字。 疏昭二十四年《左傳》引脱，浦補。 此文。 其一是見。 婦人。 傳民所惡者天誅之。古本作：「民之所惡，天必誅之。」 在我教古本有「之」字。 不至。 經勖從「冒」，從「力」。作「勖」、「勗」竝譌。 哉，夫子！ 傳寧執非敵之志，古本有「以」字。 伐之則克矣。 疏如是乃小。 可克矣。

泰誓下

疏言慣見而忽之。也。 經斮朝涉之脛，剖賢人之心。古本「斮」作「斬」，「剖」作「割」，傳同。 作威古本「畏」。 殺戮。下「洪惟作威」同。 傳營卑褻誤，不成字。下同。 惡事，作過制古本有「之」字。 技巧。 明著岐周。古本作「劦」，疑「剕」字之誤，古「州」字也。 我之無善之所無，古本有。 致。

牧誓

疏「武王」上。 至「牧誓」。案：自此至「故云皆百夫長也」，當在《序》「作牧誓」之下。《詩》云：「百兩迓《詩》「御」。之。」 猶屨履。 有兩隻。 欲揔明三此。 百兩人之大數。與此「甲子」皆言浦疑「是」。 有日無月。 《武成》云癸亥夜陳，未畢而雨。 浦云：「案此段出《周語》，以《武成》有『癸亥，陳于商郊』之文，而傳引夜雨之事以解『俟天休命』，故言《武成》云云，非謂『癸亥夜陳，未畢而雨』爲《武成》文也。」 傳黄脱，浦據《詩正義》補。 鉞，以黄金飾斧。 示有事於教。 古本下有「令」字，《正義》無。 疏「逖，遠」，《釋詁》文。《爾雅》「逖」作「遏」。 是指其。 誓戰，故不及太宰、太宗、浦云當作「宗伯」。司寇也。此「御事」之文，大。指三卿而說。是千夫長亦可稱「帥」。師。顯然可知，故脱。孔不說。《左傳》稱，庸與百濮伐楚。之。戟，楚謂之孑。干，譌。楯本作「盾」。自關而東或謂之瞂。舊譌「楯」，浦改「瞂」，音「伐」。關西謂爲。之楯。是「干」「楯」吳。爲一也。矛長立之於地，故言「立」之。也。吾離羣而索居。志。《正日。義》曰：《晉語》云：「殷辛卒。伐有蘇氏。」妲己所譽誤分作「與言」二字。者貴之。經昏棄厥遺王石經「任」。父母弟不迪。乃惟石經「維」。四方之多罪逋逃。疏此既言然。浦疑四字衍。傳汝古本有「所」字。不勉，則於汝身有戮矣。

武成

經越翼古本「翌」，傳同。日癸巳。疏乃以庶國馘脱，浦補。祀於周廟。「翼，明」，《釋言》文。浦云《爾雅》「翼」作「翌」。而衍。魄死明生互言耳。以脱，宋本有。示天下不復乘用。或此「三」當爲「四」，由字積與當作「畫」。古「四」作「亖」，與「三」皆積畫。誤。傳尊古本有「其」字。祖，故稱先王。疏昔我先王后稷。宋本《國語》作「昔我先王世后稷」，《左傳正義》引同。此不引「世」字，文略。子鞠陶浦云：「《本紀》無『陶』字。」立。有公非、公《本紀》有「叔」字。祖之類。周道之興自此始。作「自此之後」，譌。傳始王業之肇《正義》作「兆」。迹王季纘古本「續」。統其業。疏王《本紀》「公」。季修古公之道。《本紀》「遺」。經克成伐。厥勳。傳以撫綏古本「安」。四方中夏。言諸侯歸之，九年而古本有「文王」二字。卒，故大業元本「統」。未就。　疏魏惠王有後元年。案《竹書紀年》，魏惠成王三十六年，改元稱一年。　經厎厎，譌。古本「致」。商之罪。　疏戴皇天而履后土。案：傳作「君履后土而戴皇天」。　皆是言己承藉上祖奠享疑「基業」。《考文》云「補」。宋本無「享」字。之意。　經暴殄古本「絶」。天物。　傳天下罪人逃亡古本倒。者，而紂爲魁主，窟永懷本、神廟本作「窋」，與「窟」同。下竝同。　聚淵府藪澤。　疏言若蟲獸官改「之」。入窟。　經敢祇祇，譌。承上帝。　疏皆相率而充疑「從」。己。　傳此謂十一年會古本有「於」字。孟津還時。古本作「還之時也」。　經篚厥古本無。玄黃。　傳筐篚古本作「上篚筐」。盛古本無。其絲帛。　疏以甲子子日。浦改。以是報矣。吾已令膠鬲以甲子浦補「之期」二字。報其主矣。《周脱，浦補。本紀》云：「紂發兵七十萬人以距武王。」「血流倒，依宋、元本乙。漂舂杵」，《孟子》云：「信書不如無書。前《總序》疏亦無「盡」字，《史通・疑古》篇同。　傳皆武王古本有「所以」二字。反紂政。　疏閭，族居二字今《説文》無。里門也。　故聖人臨衆浦云下脱「不惡而嚴是以」六字。知之。　傳皆散發以賑當作「振」。貧民。　施舍己責。古本、宋、元皆作「債」。　列古本「裂」。地封國。　居位理事，必任能士。事。　所重在民。古本下有「人」字。

尚書注疏卷第十二宋本卷第十一，古本尚書卷第七。

洪範 疏上《武成序》云：「武王伐殷。」宋、元本作「紂」，不同上《序》。 據脱，浦補。 放桀
也。《本紀》又脱，宋本有。 云封紂子武庚禄父。 經惟十有三祀。從「巳」，誤。前後竝同。
疏問周。 天意何由也。 乃，緩辭也。 浦云案《公羊傳》作「乃者何難也」。 言天大。 深定下
民。 經鯀陻石經「伊」。 洪石經「鴻」。 水。 案《説文》，「陻」作「垔」，下「泊」作「白」，石經亦作「曰」，皆省
文。 疏井陻傳作「堙」。 木刊。 水刊，誤。 「畀，與」，《釋詁》文。 浦云《爾雅》「與」作「予」。 劉歆
以爲伏羲繫繼，通。 天而王，河出圖。本作「受河圖」。 通人討計。 覈，謂僞起哀平。 經
曰乂石經「艾」，同《漢書》。 用三德。 疏五材不當改「行」。 氣性流行。 「皇，大」，《釋詁》
文。浦云《爾雅》無。 下文更條元本、閩本作「將」，非。 此九類而演説之。 政雖任在。宋本
「任」。 德，事必有疑。 《五行徵。 傳》云。 東方謂之斥。本作「庍」。 經明作哲。石經作
「哲」，下「曰哲」同。案：從「折」字是。 疏貌必須恭，言必乃。 可從。 孔於大戊桑穀從「禾」，誤。
之下。 亦我所爲不乖刺宋、元本誤作「倒」。 也。 《説命》誤，今本已改「《太甲》」。 云「接下
思恭」云云。 鄭元宋、元本皆作「云」。 皆謂其政所致也。 案「庶徵」之章。意。 「悊，
本作「哲」。 智也」，定鄭。宋、元本作「定」。 本作「哲」。 故食教。 爲先也。 傳紀一日。古本
上有「所以」二字。 疏從子至於丑浦改「亥」，似非。 爲十二辰。 季夏昏心《月令》「火」，義同。
中。 仲秋昏牽牛中，旦觜脱「觿」字。 中。 辰而莫同，何謂也，衍。 辰？ 歲月日倒，從

宋本乙。星。經無有淫朋。石經「泾𠣊」。傳人曰：「我所好者德。」古本下有「也」。汝則與之爵禄。古本下有「矣」。疏其此不合於中之人，此人言三字浦疑衍。曰：「我所好者德也。」普皆。謂臣民有正直者。既當與與「以」通。爵禄富之。經無偏無陂，石經「無」作「毋」，下皆同。顧炎武云：「『陂』本作『頗』，唐明皇改爲『陂』，蓋不知古人之讀義爲俄，而『頗』之未嘗誤也。王應麟云：『宣和六年，詔《洪範》復舊文爲「頗」，然監本猶未改正。』」疏「不正」謂爲。邪僻。傳不失是其。宋本「是」。常，則人古本「民」。皆是順矣。疏人君於天所子，浦疑「是爲天所子」。布德惠之教。經六，石經無。三德。疏其臣猶有曲者，須在上土。以正之。則使柔能之人治之，差正之。案：言但差正之而已，足上句義。傳龜兆形。古本有「也」字。五者卜兆筮。古、宋、元本皆作「兆」。之常法。疏「龜曰卜，蓍曰筮」，《曲禮》文也。案：《儀禮·士冠禮》疏亦不作「龜爲卜，筴爲筮」。則蒙宋、元本作「濛」。是闇之義。因兆而紐細。曲者爲水。夏收、殷尋、周冕。《記》作「周弁、殷冔、夏收」。故以一。宋本「以」。人主爲一。以下傳云二一。從三逆。以衆情可否，亦得上敵於聖。句。故人。《老子》曰。筮而之。得吉。卿士庶民課謀。有一從。案《周禮·筮本作「簭」。人》。若三占之俱主，衍。凶，則止不卜。曰：「吾不甚也。」公曰：「公」字當依傳在上「曰」字上，此并「曰」字可省。「筮之。」傳燠煖。古本、宋本「燠」。以長物。經五者來備。《考文》云古本「者」下有「是」字。文弨案：《困學紀聞》云「五者」，《史記》云「五是」，李雲謂之「五氏」，荀爽謂之「五韙」，章懷注《雲傳》，引《史記》，亦作「是」，云與「氏」古字通。然則古本必本作「是」字，而轉録者翻以今本改之，後校者又以「是」字注其旁，疑而未定，非謂下有「是」字也，他皆類此。　傳則衆草古本有「物」字。蕃滋廡豐也。　疏是極備舊倒。亦凶。　暘久則思雨。兩。　惟水木，譌。　沴火。　思下本有「心」字。之不睿。本作「㕡」。　惟金木舊倒。　水火沴土。　《釋詁》云：文。「廡，豐茂也。」浦云：《爾雅》「廡」作「蕪」；又，「茂豐」，此誤倒。　傳君能照晢，則時燠宋本「煖」，下「常燠」同。　順之。　君行狂疾。當從《正義》作「妄」。　傳畢星好雨，亦民所好。據《正義》本無「畢星好雨」句。　君臣政治小大，從古本、宋本乙。　各有常法。　疏張衡、蔡雍、宋本「邕」。　王蕃等。　北極去南宋本「北」與「南」互易。　極直徑一百二十二度弱。　南北極，譌。　二極中等之處謂之赤道。　夏至行脱。　赤道之北二十四度。　交絡路。　而過。　傳動不遇吉。古本句上有「凶」字。　折未三二。　十。　疏三曰憂，常多憂愁。脱。　世有長壽云百二十年者，云云，未必有正文也。浦云：「案李善《文選》注引《養生經》：『黄帝曰：上壽百二十，中壽百歲，下壽八十。』此傳之所據也。」　任其所好，從脱。而觀之。　能者養之以福。《漢書·律歷志》、《五行志》引傳皆作「養以之福」，此與今傳同，似後人所改。　一曰：凶，夭是浦疑衍。也。

序　疏武王既已以。　勝殷。　《樂記》云封有功者爲諸侯。此指封薊、祝、陳、杞、宋等而言，非記成文。言爲尊之法也。正。浦改。昔我先王熊繹，與呂伋。傳本作「級」。四國皆有分，我獨無。下本有「有」字。

尚書注疏卷第十三宋本卷第十二。

旅獒 疏「西旅」至「旅獒」。自此至「妄爲此説」，當在上《序》之下。四夷各名。自爲國。《周禮》職方氏云云，六狄之人。下脱「民」字。所寶貴見經浦云鄭注無。傳者。故銘其栝楉。浦改。曰「肅慎氏」脱「之」字。貢矢」，以分太元本「大」。姬。故分陳以「肅慎氏之矢」。浦云《國語》本作「貢」。《詩序》云：「悦以使民，民忘其死。」似誤引。傳以人爲戲弄則喪其德。古本有「矣」字，下句同。所以化俗治。古本、宋本「俗」，疏同。生民。疏「不役」至「人安」。宋本作「至道接」。案：自此至「故君子須勤道也」止，當在「志以道寧」傳下。又，經「不作」至「人安」亦當有疏，脱耳。皆謂爲。生活民也。俗本云「弗賤」，衍「弗」字也。浦云：「案傳無『賤』字，疑謂經『賤用物』上，俗本有『弗』字，誤入傳疏内也。」文弨案：如下《大誥》經文「矧弗肎構」、「矧弗肎穫」云云，亦入傳疏，非誤。傳則生人古本「民」。安其居。疏所誡已戒以。終，故歎以結之。「爲山九仞」，欲成爲。山，以喻爲善向成也。

金縢 疏「武王」至「金縢」。案：自此至「獨藏此書也」止，當在上《序》之傳下。問王疾病當脱。瘳否。《釋訓》云：「穆穆，宋、元本重。敬也。」《詩》説禱旱云至。「圭璧既卒」。古本「告謂祝辭」，下卜。文是其辭也。經是有丕石經「負」。子之責于天。傳我周公。古本有「也」。能知脱，古本有。事鬼神。經我先王亦永有古本下有「所」字，傳同。依歸。疏是有大太。子之責於天。凶則爲宋本無。不許我。《泰秦。誓》、《牧誓》皆不諱「發」。因逐遂。浦云當從《經傳通解》作「逐」。成王所讀，故諱之。「考」是父也，故云脱，浦補。「仁能順父」。「考」、「父」浦云「文」之誤。可以通之。經王其罔害。案：《周禮・占人》注、《禮記・玉藻》注竝引作「無害」。疏即既。於壇所乃卜其吉凶。見《正字》云《通解續》作「是」。兆之吉凶，麤觀可識。周脱。公於成王之世。説周公身事武王，當重。既喪。「武王」死，衍。至「成王」。又浦云「序」之誤。云「三年而歸」。成王多殺浦云「收」之誤。公之屬黨。經禾古本下有「則」字。盡偃。立人多一豎，誤。傳二公倡王啓之，故先見書。古本下有「也」。史、百執事皆從周公請命。古本下有「者也」二字。周公以成王未悟。元本「痦」。傳桑果禾木。古本、宋、元本竝作「桑果」，疏亦同。無虧，百穀豐熟。疏皮弁二字浦補。無旒，乃是冕浦云「服」之誤。之質者。承天變降服，亦如國家未失。道焉。案：《禮記・玉藻》曰：「國家未道，則不充其服焉。」語本此。宋、元本皆不誤。牲幣如本作「放」。其器之色。意太大。曲碎，當非經旨。

大誥

疏爲武庚未集，恐有賊側。心。 故言煩重，其自浦疑「旨」之誤。 殷勤。 管蔡導武庚康。 爲亂。 經延洪惟古本下有「累」字。 我幼沖人。 傳而不能爲智道以安人。古本「民」，下「安人」同。 如若。 涉淵水。 經予不敢閉于天降威。 浦云王安石於此句，以「用」字屬下句，朱子從之。 傳就其命而行言。 古、宋本「行」。 之。 疏既不忘大功，當將。 誅叛逆。則「王若曰」者，宋本空一，疑是「公」字。 稱成王之言。 卜傳。 世三十，卜年七百。 所以大寶龜能皆。 得繼天明者。 傳當復欺惑東國人。 古本「民」。 經敉古本「撫」。 下同。 寧武圖功。 傳四國人古本「人」作「之民」。 賢者有十夫。 疏漢代止疑「正」。 有無狀之語。 傳往伐殷逋亡之臣。 人。 經民不静。 古本「民亦弗静」。 傳則古本下有「於」字。 王室有害。 疏故我告汝友有。 邦國之君。 尹氏，即《顧命》云「百尹」是氏。 也。 上又「大誥爾多邦，「綏」字衍。 越爾御事」。 傳使無妻無夫者受其害，古本有「甚」字。 可哀哉！ 言不得以脱。 已。 經義古本「誼」。 爾邦君。 傳責其以善言之助。 古本、宋本竝作「助之」，似非。 疏何謂浦疑「爲」。 違我不欲征也。 君得静亂，則爲大天。 美。 汝衆國君臣言得我之力。 功。 傳人古本「民」。 獻十夫，是天助民。 古本有「也」字。 汝知文王若彼之勤勸。 勞哉！ 經天棐忱辭。 古本「詞」。 疏「已予」至「丕基」。 自此至「爲天助民也」止，當在「王曰爾惟舊人」之前。 故以民獻十卜。 夫爲天助民也。 文王謀教。 致太平。 「閟，慎」，《釋詁》文。浦云：「闕，《爾雅》作『毖』。」《釋詁》云：「棐，輔也。忱，誠也。」浦云：「輔，《爾雅》作『俌』，注『猶輔也』。忱，作『諶』。」「亦」者，亦同之義也。「亦同」二字不誤，改「亦民」，非。傳其脱。子乃不肎播種，況肎收穫之，衍。古及宋、元皆無。乎？傳民養其勸心脱。不救者，以子惡故也。脱。以比此。浦改。四國將誅而無救者，罪大故。疏「民」謂爲。父兄，爲家長者也。經肆哉！爾庶邦君。古本作「肆告我爾庶邦冢君」。爽邦由古本「用」。哲。傳言其故。古本有「也」。謂人獻十夫來佐周。古本有「者也」二字。疏故有明國德。事、用智道者。此言脱，官本補。其必克之故也。「惟大」至「不易」。易也，誤。傳稼穡之夫，除草養苗。古本有「者也」二字。疏「天亦」至「從也」。元本作「必從」。案：標句不帶語辭者多。

微子之命 疏微子作誥。元本「告」。肉袒面縛。從「專」，誤。傳各修其典禮，正朔服物。色。放桀邪虐。淫。湯蕩。之德。疏《釋詁》云：「元，「首」字衍。始也。」僖十二三。年《左傳》云云。杜預以「督」爲正，可浦疑「亦」。謂正而不可忘也。傳以法度齊汝所有之人，古本「民」。則長安其位，以輔古本下有「成」字。我一人。

序 疏拔而貢於今本作「之」。天子。穎，垂穎也。二字脱。言穗重而穎脱，俱浦補。垂。傳故周公作書以「嘉善。禾」名篇古本有「布」字。告天下。古本有「也」字。疏故以「善當作「嘉」，下同。禾」名篇。

尚書注疏卷第十四宋本卷第十三，古本尚書卷第八。

康誥 序以殷餘民邦封，誤。疏內正作「邦」，古本「邦」下有「封」字，由後人反用俗本注「邦」字下，亦如「五是來備」之「者」、「是」竝見耳。 康叔。 傳故使其今無，古本有。賢母弟主之。 疏「成王」至「康誥」。當作「至梓材」。自此至「不知名號耳」止，當在上《序》之下。 《周禮》上浦云「諸」之誤。公五百里。脱。 伯禽率七百里之內附庸諸侯。浦云：「彼注作：『伯禽爲方伯，監七百里內之諸侯。』」 傳周公皆勞勉五服之人。古本「民」。 大誥古本「告」。以治道。 疏於時周公始造基趾。址。 六七。宋本「六」。 年制禮作樂。 即云「頒度量，而天下大服」。順。以主生。 治民。 播率其民和悦即事。元本「集」。 示之以力役，且其。下「民」字衍。 猶至。 大保以戊申至，七日庚戌云云。文弨案：「七日」，乃月之七日也，下「十二日乙卯」亦同。有疑「七日」當作「三日」者，非。 不侮慢脱。 鰥夫寡婦。 用兵除惡害。 于殷。 以文王之教德。故也。 勉行文王之教，故受命有克。殷。 依《略説》見《尚書大傳》。 以太子十八爲孟侯。 用誅殺之脱。 道以兵患殷。 經今古本有「治」字。 民將在祇遹乃文考。 汝古本「女」，篇內竝同。 丕遠惟商耇成人。 疏謂文王先有所聞善事。失刻。 經天畏《風俗通·十反》篇引作「威」，可見二字多通用。 棐忱。 傳人古本「民」。 情大可見。 不在大，大古本

重。起於小。古本有「也」字，下句同。　疏所疑「此」。　明而云二字疑衍。　行天人之德者，其要在
於治民。　以天德可畏，所以可畏四字脱，官本有。　者。　「瘝，病」，《釋詁》文。　浦云《爾雅》
「瘝」作「鰥」。　以此故，汝宋本闕。　當盡斷獄之道。　經惟古本無。　民其畢棄咎。　傳則惟
民其盡棄惡修善矣。　脱，古、宋皆有。　疏不得已即浦疑「而」。　用之。　故又文。　本於政不
可以濫刑。　人爲上養，則化所疑「斯」。　行。　傳至于於。　十日，至于於。　三月。　疏爲
奉王上。　事。　經用其義古本「誼」。下同。　刑義殺。　勿庸古本「用」。　以次汝封。　傳欲
其明成王所以命己已，誤。　疏爲「己」，同。　之款心。　疏乃使汝所行盡而。　官本「盡」。　順。
必期汝於大幸。　六字疑。　我心我德，惟汝所委悉。　宋、元本「委」。　知也。　述康叔爲言，
故云「己」。　亦。　宋本「己」。　「暋，强也」，於脱，宋本有。　《盤庚》已訓而此重詳之，以由此得
罪，當須傳文作「消」，此應同。　監本、閩本皆無「須」字。　絶之。　文弨疑此段内尚有脱文。　經元惡大
憝。　誤從「灬」。　傳況不善父母，不友古本「善」。　兄弟者乎？　爲人兄。　古本上亦有「於」字。
疏其罪莫大於不孝浦疑脱「不友」二字。　也。　既人罪由不脱。　教而致。　則疑衍。　子不
述父事。　自目。　親以及物，天然之理。　毆元本「歐」，通。　罵殺害。　意以不孝爲總。
下「焉」字，浦疑當是「爲」，屬下句。　以父母於子竝并。　爲慈，因下「父」字，浦疑衍。　有愛敬多少
而分之。　言父義母慈，而由慈以義，故雖義言下「不」字衍。　「慈」。　故此「不友」先言弟

於兄者。宋、元本作「若」，屬下句，亦恐誤。浦疑是「也」，余疑是「皆」字。《左傳》云：「爲父子兄弟姻媾本作「昏媾姻婭」。以象天明。」經不率大戛。戛，誤。傳主訓民古本「人」。者而親犯乎？若不念我言，不用申。我法者。古本無。經越厥古本無。小臣外正。傳爲人君長而不能治古本「理」。其家人之道。大放棄王命。古本有「矣」字。疏今之印章者。浦改。也。經我時古本「是」。其惟殷先哲王德。疏民則脱。不知道。經爽惟天其罰殛古本有「於」字。我。傳汝不治我罰古本有「誅」字。汝。況曰古本無。不慎罰，明聞於天者乎？疏其有。上明聞於天。故德之，衍。言「説」而罰言「行」也。猶由，同。「未定其心，於周故教二字脱，當有。道屢數而未和同」也。傳無令有非。古本「罪」。疏爲見事下「之速事」三字衍，各本無。有善而須德法。傳以民安則不古本有「汝」字。絶亡。無絶棄我言而不古本有「思」字。念。古本有「也」。疏汝惟。行善則得之。經聽朕告古本「誥」。汝。傳即古本「則」。汝乃以殷民世世享國。疏則汝乃得以殷民世世享殷脱，元本、監本、閩本皆有。國。而不絶言舊誤在「不絶」上，浦移此。國祚，短長由德也。

酒誥 傳文王弟古「第」字，但古本、宋本俱作「第」。稱穆，將言始國於在。西土。言酒本爲祭祀，而脱，古本有，是。亦爲亂行。古本有「也」字。疏以此衆士事。少正皆須戒酒也。紂所都朝歌以北，但妹爲朝歌之所居疑「屬」。也。《詩》又云：「沬之東矣。」浦云脱

「沬之北矣」一句。成王所，衍。言成道之王。皇僕生羌差。宋、元本作「羌」。弗爲穆，羌弗生毀榆揄，誤。爲昭，毀榆生公非元本「飛」。爲穆。案：古人名不晝一者多矣，不必定依《釋文》，以易宋、元本之舊。又管、蔡、郕、霍等十六國亦曰文王之昭。傳無「王」字。以「太伯、虞仲，太王之昭也」例之，此增「王」字亦可。謂爲。初始爲政。傳正官治古本「理」。事。經惟曰古本有「化」字。我民迪小子。疏今往當脱，舊皆有。使妹土之人。傳統衆庶。士有正者。汝能大進老成人之道，則爲古本「惟」。君矣。以古本有。考中德爲用逸。疏實如汝當四字浦疑當作「言汝當實」。法，文王斷酒之法。所爲考進。行中正之德。乃及庶士衆伯百。君子。以人君若治不得，有宋本無。所疑「有」字當在此。民事可憂。明爲互監本改「君」字，非。矣。以下然浦疑「云」。兹亦惟天據人事。經我西土棐徂古本「往」。邦君、御事、小子。傳能受殷王之古本倒。命。疏惟雖。浦改。服事尊官。傳天非虐民，古本「人」。下同。惟民古本有「所」字。行惡自召罪。疏其內心疾害很狼，誤。戾。此言「惟民」，人。官改「民」，然作衍文亦可。謂紂也，今變言「人」此不當改「民」。案古本，經作「民」，傳作「人」，此正與傳合。者，見雖非紂亦然。經人無於水監。古本「鑒」。下同。汝古本「女」。下皆同。劼毖殷獻臣。傳況太史內史掌國典法所賓友古本有「者」字。乎？於善臣百尊官不可不慎。填。疏「予惟」至「于於。酒」。所服行美道，服行美二字浦疑衍。事治民。　況惟所敬順疇咨盜。之圻父。　以司徒致民五土之藝，故言「農父」夫。也。

其「定辟」摠上自「劼毖殷獻臣」脱。已下。　傳盡執拘羣飲酒者以歸於古「于」，下「於酒」同。

京師。　疏明法有張施。浦疑「弛」。　汝當常聽念命。　我所使汝慎者。

梓材

經以厥庶民。古本「人」。　汝古本「女」。　若恒，越曰。　傳以民當敬勞之故。古本重一「故」字，屬下句。　聽訟折古本「斷」。獄。　疏都謂王子弟所封及公卿所食邑，浦案鄭注作「及三公采地」。　家謂鄭注有「卿」字。大夫所食采地。　經王啓監。古本「鑒」。下竝同。

傳王者其效實國君，及於以。御治事者。　疏無得相傷殘。宋本倒。　用古昔者。　明王之道而治之。　經惟其塗本作「斁」，下同。此「塗」字乃衛包所改也。《正義》尚是「斁」字，故云「二文皆言『斁』，即古『塗』字」。《説文》「雘」字下引《書》「惟其斁丹雘」。《釋文》亦當有音，宋人遂去之矣。　丹雘。

傳已勤立垣牆。古本「墉」。　以言教化亦須禮義然後洽。治。　疏同。　疏乃言修治於末。未。　垣墉一故。也。　二文皆言「斁」。數，譌。趙廷尉啓人校改。　傳方萬，譌，疏同。　方皆來賓服。　又欲令其子孫累世長君居。疏同。　國以安民。　疏招拓。　懷遠人。　欲行。宋本「欲」。　下之所行。《考文》云：「疑當作『行下之所欲』。」

尚書注疏卷第十五宋本卷第十四。

召誥 疏「成王」至「召誥」。自此起至「以見周公自後往也」止，當在《序》之下。 經惟二月既望。當作「朢」，凡「朔望」俱從此。 傳周公攝政七年二月。古本有「也」字。 經則石經「即」。至于豐。 傳以遷都之事告至。文王廟。於朏三日，三月五日。古本有「也」字。 疏月，當日衝，日脱。光照月光圓滿。「經營」者，元本、監本、閩本俱無。《考工記》所云。 經錫周公，曰：古本有「敄」字，《考文》以爲古「敢」字。案：《正義》似亦有。「拜手稽首。」 疏衆殷皆歡樂勤勸。事。 養牲必以。養二。是帝稷各用牛一。倒，依宋本乙。稷是人天。神。句龍能平水土，祀之，衍，宋本無。以爲社。 左氏説社稷唯「祭」字宋無。句龍，后稷人神而已。 此言「社于新薪。邑」。 王入太室裸。從「衣」，誤。《王制》云：「千里之外設方伯。」方伯，宋本重。即州牧也。 傳諸侯在，故託焉。古本「之」。 經曷其柰從「大」，譌。何弗敬？ 疏諸侯皆在，故宋本作「託」。案：「故」、「託」二字皆當有。以爲言也。 傳此服其命，言不忝。泰，誤。 夫夫古本重。知保抱其子。 無地自容，古本有「則」字。所以窮。古本有「也」字。 疏言無地自容以困窮宋本倒。也。 經天迪從子保，古本有「禽」字，當本作「帀」，古文「禹」字。 面稽天若。 疏此時王未莅蒞。政。 今雖復少小，而下「爲」字衍。大爲天所子愛哉！ 配大宋本作「上」。天而爲治。 傳言「躳自服行」，則自脱。不訓用自，譌。也。 正日景，宋、元本作「影」，下竝同。唐人引經多用近世字，不盡依本書，後人乃據本書改正之。以求地中。經王先服古本有「ナ」字，乃古「有」字。殷御事，比介《考文》云：「古本作『迩』，即『邇』字。考傳文『比介』解『比近』，恐經文作『比邇』爲是，『介』無近之義。蓋古作『迩』，後字畫蝕滅，誤作『介』字。」于我有周御事。傳言當先服治殷家御治脱，古本有。案：宋本疏中亦有。事之臣。言桀不其謀。古本「其」字，是。長久。其其古本重。夏殷也。雖説之，疑「天」。其實在人。順行禹湯所有以。成功。疏是自遺智命也。矣。此篇所云，惟勸勤。修敬德。故上傳云：「王其者。當疾行敬德。」若真宋、元本俱作「直」，疑非。犯罪之人。上文所云「相夏」、「相殷」，謂脱。禹湯之功。經王末未。有成命。疏是上下脱。勤恤也。我周家宋、元本作「王」，毛本作「公」，浦改作「家」，從之。承夏殷之後。

尚書卷第九古本次行作「古文尚書洛誥第十五」。

洛誥

序周公往古本有「經」字。營成周。疏「召公」至「洛誥」。自此起，至「或亦較七日」止，當在上《序》之下。上篇《序》云：「召周。公先相宅。」及周公將欲歸政於脱。成王。王與周公雖相與與相，倒。俱行。傳不敢及如知。古本、宋本皆作「如」。天始命周家安定天下之命，故已攝之。脱，古本有。疏「周公」至民，衍。「明辟」。正以此年言。還政者。武王年九十三，而已以，同。或據《史集解》疑是「庚寅」，非。冬十一月崩。傳求來。教誨之言。疏言公欲令己祚作。嗣諱改。久遠。傳有大功則列古本有「爲」字。大祀。經其往。古本上有「慎」字，《後漢書・爰延傳》同。傳少子慎其脱。朋黨，戒其自今已古本「以」。往。浦云：「二『少』字，《釋文》無音，疑『小』字之誤。然疏内亦作『少』，未敢定也。」經厥攸灼敘。傳於此句。疏欲令羣臣盡力，宜於。於其。初即教之。惟當用我此事，浦云二字譌，當從下疏作「所爲」。在周之百官。時成文。王未有留公之意。此上皆云成，衍。王。經頒石經「攽」。朕不暇。傳厚次序敘。汝正父之道而行之。明教農人古本「民」。以義哉！疏聖人爲政，務在化知。人。則我脱。天下之民。舉大明德，以佐佑。助我。傳公當留佐佑。古本、宋本「佐」，疏内竝同。我。經亦未克敉古本「撫」。公功。疏文武受民，宋作「人」。受脱。之於天。「下」字衍，浦校正。傳公必留，勿無。去以困我哉！疏我意欲致置。古亦通用。太平。令今。我繼文祖大業。爲於。周家後世人臣立信者之所推先。王意大使我恭奉其道。事。已宋作「王」，誤。案：當作「以」。戒成王使爲善政。傳所以居土王。中。以黑黍酒二器，明絜潔。下竝同。致敬。經王伻殷，乃承敘。孔傳句絶。疏我以時既太大。平。子予。斥文王也，下脱二十八字，宋本有。言用文王之道，制爲典法，以明成王行之爲明君也。特舉文祖，不言武王。以上據宋本補。周公自言脱。非己意也。《釋器》云：「卣，中罇也。」浦云《爾雅》「罇」作「尊」。使芬芳調暢，謂之

「秬鬯」。宋本重一「鬯」字，屬下句。《釋詁》註。云：「禋，敬也。」 得還鎬京，即告脱。文武。王之子孫當浦疑「常」。行不怠。 經王命作冊。冊，非。下竝同。 傳特加文武各一牛，告白曰，譌。古本「白」，與疏合。 尊周公。 疏周公歸政，成王既受言誥之，王浦云「言」字、「之」字皆衍，《續通解》無。文弨案：「既受言誥之王」六字，似當作「王既受周公之誥」。 即東行赴洛。 「歲」於。是成王元年。 《祭統》賜臣爵禄之法云：示。 祭之日，云云，所命者本無「者」字。北面。

尚書注疏卷第十六宋本卷第十五。

多士

疏「成周」至「多士」。此段俱當在《序》之下。 皆非民，事元本作「在官」，似臆改。余疑「事」字改作「而」略可通，然必尚有脱文。 謂之「頑民」。 引之以解稱釋。「頑民」之意。 傳以告殷遺餘衆士。生。 惟天不古本有「右」字，即「佑」古字。 與信無堅固治者，故輔佐佑。我。 疏天有多名。言。 殺無道之主。王。 傳大天。 爲過逸之行。 自帝乙已以。上。 後嗣王紂，古本有「也」字。 大無明於于。 天道。 無能明人古本「民」。 爲敬。 經今爾古本倒。 又曰。 疏惟聽用有德之，衍。官本删。 者。 經王曰：石經有「告爾」二字。 「多士。」 今朕作大邑于茲洛。石經「雒」。 傳無所賓外。古本下有「之」字。 疏則汝所當居行也。元本「之」。

無逸石經「毋劮」，後同。　疏傳「中人」至「無逸」。自此至「其實本性亦中人耳」止，當在《序》之下。　皆是成王即政位，謁，官本改。之初。　經先知稼穡石經「嗇」。之艱難。　傳稼穡農夫之古本無。艱難事。　則知小人古本「民」。之所依怙。　經厥子乃宋本「亦」。不知稼穡之艱難，乃逸乃諺。既誕。石經：「乃劮乃憲。既延。」又，下「否」字作「不」。　疏《論語》曰：「由也諺。」今本作「喭」，同。　傳殷家中世尊其德，故稱古本有「中」字，是。宗。　經嚴石經「儼」。恭寅畏，天命自度，石經「亮」。治石經「以」。民祇懼。　傳武丁，其古本「也」。父小乙。　武丁起其即王位，則小乙死。古本有「也」字。　經肆高宗之享國五十有九年。案王應麟云：「石經作『肆高宗之饗國百年』，漢杜欽亦曰：『高宗享百年之壽。』」　疏起其即王士。之位。　以舊無功，疑「言」。　而今有。　故云在喪則脱。　其惟不言。　所元本下空二字，又有一「之」字，明有脱文。　言行不義，惟亦爲王。　是爲帝甲，浦云二字本重。　淫亂。　祖庚之賢，誰所傳傳。　説？　傳言與小人之子同其敝。古本「弊」。　惟耽脱，古本有。　樂之從。　亦無有能壽考。古本「者」。　王季即祖。古本有「也」字。　經徽柔懿恭，石經「共」。　懷保小民，石經「人」。　惠鮮石經「子」。　鰥石經「矜」。　寡。　傳又加惠古本有「於」字。　鮮乏鰥寡之人。　文王九十七而終。中身，二字疑衍，古本有「則」字。　即位時年四十七。古本有「也」字。　疏惟當正身心。　行己。

《釋詁》云：「盤，樂也。」浦云《爾雅》「盤」作「般」。　然殷之末末。世。　何必以。皆待王命？　經則其無淫于觀、于逸、于遊、于田，以萬民惟正之供。石經作：「其毋淫于酒，毋劮于遊田，維正之共。」今所傳者失其「毋淫于酒」四字，及「正之」二字。　無皇石經作「毋兄」。曰。　疏所以不得然者。考。　王當正己身以供洪。待之也。　無不。敢自閑暇。　「淫」者侵浦云當作「浸」。淫不止。　言「觀」爲浦疑「謂」。非時而行。　如《春秋》隱公「如加。棠觀魚」。「遊」謂遊蕩，湯。「田」謂畋田。獵。　夫天。「耽樂」者，乃非所以教民。　以酗酒爲德，飲酒爲政。文。　傳故下民無有相欺誑幻惑古本有「者」字。也。　經此厥不聽，石經作「聖」。人乃訓之，乃二字石經無。變亂先王之三字石經無。正刑。　疏古之人從宋本乙。雖君明臣良。　如浦云衍。此其不聽者。　知此「乃則。訓之」者。　亦是已有致之。上從宋乙。言「胥」，此不言者。　經則皇石經「兄」。自敬德。　疏則如知。是信讒者。　王肅讀「辟」爲辟，扶亦反。案：三字本旁書，乃疏中之注。　經周公曰：「嗚呼！」石經作「於戲」，無下「其」字。

尚書卷第十古本次行古文尚書君奭第十八，宋本尚書注疏卷第十六。

君奭 傳奭，名，周脱，古本有。同姓也。 疏「召公」至「君奭」。自此起，至「言賢聖兼此官，亦謬矣」，當在《序》下。 經其終石經「道」。出于不祥。 疏我不敢獨知曰，脱，當有。殷家其初始之時。 孔以《召誥》詔。云。 傳歎而言曰：「君已！」也。 而勤動。化於我民。我老在家，則不得知。古本有「之也」二字。 伊尹。古本「伊」，與《燕世家集解》所引合，宋本疏同。摯佐湯。 伊陟、臣扈率古本「帥」。伊尹之職。 疏言「時則脱，宋本有。有若」者。 知如。 此二臣能率循伊尹之職。 傳故殷禮能升配天，享國久長。從古本、宋、元本乙。 疏爲天之子，是「配天」脱。也。 「至」謂道有所至。下「也」字，宋本作「上」，屬下句。 則衍。 如知，譌。 中宗高宗之屬身，衍。 俱浦校。 是也。 鄭注以爲專傳。 言臣事。 「公曰君奭」至「厥躳」。宋本作「宮括」。 案下語止及首節，後人因改之。 經迪知天威。古本「畏」。 疏文王得德。如此者。 經誕將天威。古本「誕畏天畏」。 疏因即博傳。 言己類。 此以鳴鳥易致，況格天之難者。下「乎」衍。 謂請。 視此朝臣。 故令今。 謀於寬裕也。 傳爲汝民立中正古本下有「之教」二字。 矣。 經予不允惟若兹古本「此」。 誥。 天休兹本皆作「滋」。 至。明我俊古本「畯」。 民。 嗚呼！篤棐時二人。古本上有「公曰」二字。

尚書注疏卷第十七

蔡仲之命　疏「蔡叔」至「之命」。此段皆當在《序》傳下。　不立管叔之爲。後者。　傳致法古本作「辟」，是。　謂誅殺。　罪輕，故退爲衆庶。人。　疏謗毁周公。宋本二字重。　乃以王命致法。　三年之後乃更齒録。爵禄，譌，從宋本正。　《世家》惟云封霍，不云聞。　其爵。《世本》家，譌。《史集解》作「本」。　云：「蔡叔居上蔡。」　傳子能蓋父惡，脱，古本有。　所以爲惟忠惟孝。　能勤無懈解。怠。　言當循文武古本作「王」，是。之常教。　惟有德者則輔佐佑。之。

序　疏奄與淮夷從管蔡作亂。時。　傳召公使作古本「爲」，又有「此」字。　册書告令之。

多方　傳誥古本「告」。　以禍福。　疏「成王」至「多方」。自此至「作《多方》」止，當在《序》之下。　傳「衆方天下諸侯」。自此至「以其篇主告殷之諸侯故也」止，當在《多方》傳下。　以《洛誥》言語。　歸政之事。　傳我大下降。　汝命。　疏謂下災異以脱。　譴告之，冀其見災而懼。　傳桀乃大下古本有「誅」字。　罰於民。　言桀不能善奉於人衆。古本有「民」字，則「人」字爲衍。　謂殘賊古本有「之」字。　臣。　疏民當奉主。王。　傳言亂主所任，任同古本有「於」。　己者。　至於于。　百端所爲。　疏天惟桀惡之故，更求民主以代之。脱，宋本有。　天疑衍。　乃大下明美之命於成湯。　亂主所好，好脱。　用同己者。　傳要安。　察囚情，絶戮衆罪。

經弗古本「不」。克以爾多方，古本有「其」字。享天之命。傳今至於汝君，謂紂。古本有「也」。疏大代夏桀，作天下民主。下脱五字。湯既爲民主。宋本有。傳故見誅滅。下「也」字，古本、宋本俱無。經乃惟爾商後王，逸厥逸。古本作「逸其偷」，後文「爾乃惟逸惟頗」，「逸」亦本作「偷」，後改從今本。傳故天惟下是其。喪亡。疏狂必不能可。爲聖。傳惟可以主神天之祀，任天王。案：毛居正云興國本作「任天下」。惟用教我用美道代伐。殷。疏能顧天道之。者，欲以代伐。紂。經我惟古本無。大降爾四國民命。傳謂古本有「誅」字。討其倡亂。言古本有「其」字。迪屢不静之事。經我乃其大罰殛古本「極」。之。傳汝其有脱。不用我命。疏今我從元本乙。何敢多爲言誥而已。即此「畋爾亦，謌。田」之義也。董之以武師。帥。傳王歎而以道告汝衆方與殷衆古、宋本皆無「衆」字，有「殷」字。余疑「衆」字當有，下「多」字可去。士。監謂成周之下「三」字衍。《考文》云宋版、正德本皆無「三」字，嘉靖本誤衍一「之」字，後强改「之」作「三」。監。今汝奔走來徙臣下「服」字衍。《考文》云古本無，宋、正、嘉三本「我」字誤重，後强改上「我」字作「服」。」我監，五年無過，則得是。還本土。經越惟有胥伯石經「賦」。小大多正。石經「政」。傳小大從各本乙。多正自爲不和。疏此比。章皆告成周之人辭也。傳汝無我怨。從古本、宋、元本乙。疏「又誥」告。者，更言王意。以《序》云成王在豐孫云：案《序》本作「在宗周」。誥庶邦，則此篇是王親告誥。之辭。又云曰。「嗚呼！

王若曰」是也。

尚書正義卷第十七宋本。

立政 傳今已古本、宋本「以」，古通用，疏中宋本亦作「以」。爲王矣。 疏知憂此官宜置。得賢人者少也。 經亂石經有。 謀面，用丕訓德。 茲乃三宅無義古本「誼」。民。 疏往所委任，是惟脱。 暴德之人。 惟有皋陶謨謀。官本改。 九德，下脱四字。 故言九德。宋本有。 殷之州牧浦云「長」之誤。 曰伯。 但禹能謀所面見之事，善脱。 官賢人。 經三有俊。古本「畯」，下同。 疏亦於從。 成湯之道。 「釐，賜」，「耿，光」，皆《釋詁》文。浦云《爾雅》「釐，賜」無文，「耿」作「頻」。 用以俊人乂。宋本「人」。後疏亦有「任用俊人」語。 居官，顯明其有德也。 見其須賢之切。功。 傳受德，紂字。古本有「也」。 疏「暋」即昬昏。宋、元本作「昬」。也。 「逸過。德」，言以過惡爲德。 習効元本「效」。 爲之。 經灼見三有俊石經「會」。心。 疏「亦越」曰。 至「長伯」。 既言上天去云。 惡與善。 紂惡所可。 以開文武。 《采采，譌。薇》已下治外。 其所舉官屬，多是武王文武，譌。 時事。 其建諸侯，惟維。 武王時爾。 傳主券從「力」，誤。下同。 契藏吏。 傳則是文武未伐紂時。特，譌。古本下有「也」字。 及亳人古本「民」。 之歸文王者。 疏前已備文，故此不言「常伯」。疑當作：「常伯，前文已備，故此不言。」其「綴衣」、「虎賁」而言「牧」三字疑當作「亦不言」。者，以下文自詳。　茲乃俾乂。乂。　比此。三公六卿，亦爲小尹之官。　諸官有所務從。業。　太史副貳太宰。「太宰」當重，屬下句。《牧誓》亦云「司徒、司馬、司空」，舉之，衍。三卿者。故言「帥」，師。言「監」，亦是言爲之立長。　經文王惟石經「維」。克石經無。厥宅石經「度」。心。　傳文王惟其能浦疑當是「能其」。居心遠惡舉善。　疏知此言脱。「能居心」者，以遠惡舉善居其心也。　經不敢替厥義古本「其誼」。德。　以竝受此石經「茲」。丕丕基。石經「其」。　傳故君臣以脱。竝受此大大之基業。　疏又言武王所脱。遵循者。　傳歎稚子今已古本、宋、元竝作「以」。爲王矣。　然後莫不盡心其。力。　疏言脱。各盡心力也。　《釋詁》云：「自，用也。」浦云《爾雅》無文。　話善浦云下脱「人」字。之言也。　純一善，言，衍，宋無。在於一言而已。　經予旦已受石經作「以前」。人之徽石經「微」。言，咸告孺孺，與前後異，非。子王矣。　不訓于石經無。德，是罔顯在石經「哉」。厥世。　其勿以憸人。石經作「毋以譣人」。　傳立政之臣，惟以其。古本「以」。吉士。　疏無有立政用憸利小之。人者。　王當常。繼續從今已往。　傳言稚子已宋本「以」。即政爲王矣。　無有脱。不服化者。　經以覲文王之耿石經「鮮」。光。　疏此雖指有。戒成王。　如舜禹。之「陟方」，意亦然。

尚書注疏卷第十八古本作「尚書卷第十一」，次行古文尚書周官二十二。

周官　傳言周家設官分職用人之法。灋，雜出。　疏「成王」至「周官」。自此至「大事就豐宣之故也」止，當在《序》傳之下，官本已移正。　及其即政位。之後。　「罔不元本作「六服」。承德」，是安寧之狀也。　成王使召公卜居，浦云「居」字本重。九鼎焉。　大故。事就豐宣之故也。　以詔誥。羣臣。　年初始叛，五月即節。歸。　傳必於于。未亂未危之前。疏家浦云「邦」之誤。不安則危。　傳所以爲至正。治。　疏五行佐天，羣臣佐主。疑「王」。　《左傳》説脱。少昊立五鳩氏。　傳言仰惟先代之法是順，句。順此屬下讀，俗本誤「訓」。　蹈其所建官而則之。　準擬夏殷而蹈行脱。之。　惟其人有德乃浦云《經傳通解》有「以」字。處之。　特置此三人脱，古本有。者。　使大小古本倒，下「皆」字衍。協睦。　經刑暴暴，非。若從《説文》，當作「㬥」。　亂。　傳士農工商四人。古本「民」。　疏順訓。案下云：『「若」與『訓』，俱訓爲順也。」則作「順」字是。　蹈其前代建官而法則之。　傳傳。於「保」下言「保安天子於德義」。　百官是宗伯之事也。浦云：「上疑脱『統』字，『也』字疑衍。」　其以。職主戎馬之事。　治宋本上空一字，或是「詰」字。姦慝之人。　傳有官君子，大夫已以。上。　當以舊儀。　典常故事爲師法。　疏不惟反之而不用，疑脱一「反」字。是去而復後。反也。　傳功高由繇。下同。志。　疏戒汝卿之宋本「士」。有事者。　傳於心逸豫而名日且。美。　於爲。心勞苦而事日拙，不可爲之。脱，古、宋本皆有。當常脱，古本有。思危懼。所舉能修其官，惟亦疑衍。汝之功能。疏傳「爲德」至「可爲」。自此至末，當在「作德，心逸日休」傳下。

序 傳以幣賄賜肅慎之夷。來。古本「夷」下有「也」字，下「賀」字，古本、宋本竝作「亡」。疏北方曰白。貉。武王克商，遂《國語》無。通道於九夷、八《國語》「百」。蠻，於是肅慎氏來賀，二字《國語》無。貢楛矢。重之以周、召、畢、榮。浦云：「下脱一『榮』字。」傳并斥。及奄君已定亳姑。疏嫌之魯，恐天下迴刃。宋、元本「迴」。心趣向之。今令。告周公之柩以葬畢之義。

君陳 經惟孝古本下有「于孝」二字。友于兄弟。《考文》云：足利所藏古本《論語》，及皇侃義疏本，引《書》皆作「惟孝于孝」。疏「周公」至「君陳」。自此至「是言成周之邑爲周之東郊也」止，當在《序》傳之下。傳「臣名」至「名篇」。自此至「孔未必然矣」止，當在標目「君陳」傳下。鄭玄注《坊記》《中庸》，誤，浦改。云「君陳，蓋周公子」者。傳所聞上之。古聖賢之言。已見聖道，亦而。不能用之。則古本有「當以」二字。入告汝君於内，汝乃古本有「后」字。順行之於外。無乘勢位作威人古本「民」。上。下「殷人有罪」、「言人自然之性」、「人之於上」、「汝治人」竝同。惟其當以中正平理浦云當從疏作「法」。斷之。疏其罪既大，當用刑罰。中，譌。狃忕，前浦云：《爾雅疏》有「事」字。復爲也。　民者，冥真。也。　當取其所能，任在，譌。爲人君長，脱。必有所含忍。　經終有辭古本「詞」。于於。永世。　傳其汝之美名，亦終見凡。稱誦於長世。　疏當從始至二字脱，浦補。終，常在於道德教之。

顧命　傳臨終之命古本有「故」字。曰顧命。　疏《禮記·曲禮下》文，衍，宋無。云。自陝從「夾」，譌。下同。而東者周公主之。「顧命」至「御事」。自此至「故於此解也」止，當在上「顧命」傳下。浦云：「『至御事』三字衍。」自「王曰」至「冒冒，譌。貢于非機」。元本、監本作「幾」。以上欲指明二三。公中分天下之事。《漢書·律歷志》云，成王即位三十年云云。齊侍郎云：「劉歆以周公攝政七年還政始爲成王元年，故順數云後三十年，是成王始終三十七年自明也，疏引之未明析。」知如。不然者。　蓋大夫士，衍。皆被召也。　經用克達石經「通」。殷，集石經「就」。大命。　在後之侗。石經作「在夏后之詷」，《説文》同。傳成王自斥。古本有「也」字，此等必當有，今本一例删去，失之。疏不得結宋本下空二字，或當有「信」字。誓出言語。　昔先君公。文王、武王。　代伐。殷爲主。　言已常敬迎天之威成。命。　若不能言，則不得能。續志。　言必死殆。也。　經兹既石經「即」。受命還。　傳此羣臣已受顧賜。命，各還本位。　經逆子釗于於。南門之外。　疏此羣臣既受王命，還復從宋、元本乙。本位。　故孔下子。傳云。　帟，主王，譌，浦改。在幕若居。幄中，坐上承塵也。　此所。言「出綴衣於庭」。內外嚴戒。當乙轉。《喪大記》云：「君夫人大夫。卒於路寢。」史是常職，不假言之。下脱「王之」二字，宋本有。故於以。此日作之。經狄設黼扆。石經「衣」。疏於此所命事士。多。鄭以脱。大夫已以。上殯斂。不下，譌。言「命」者。傳「元紛，粉，譌。黑綏」。寶刀，赤刃刀。削。伏羲古本「犧」，元本及後疏亦同。氏脱，古本、宋本皆有。王天下。疏以扆前一坐敷三種重。之席，知下三坐必非一種重。之席敷三重。坐。以絳從「夆」，譌。帛爲質。彼在廟，朝。此在寢爲異。「東西廂謂之序」，《釋宮》文。浦云：《爾雅》「廂」作「牆」，義皆得通。餘蚳，浦云本作「賦」，通。黃白文。《釋草》云：「莞，苻蘺。」從「竹」，譌。以其夾中央之大元本「太」。室。刀一名削，故名赤刃刀。下及「白刀」、「曲刀」竝同。削也。遺弟與《吴録》「輿」。詣孫策。策引白削《録》作「刃」。斫席。我見刃刀。爲《吴録》「乃」。然。又。下「然」字下，宋本有「則」字。鄭注云：「曲刃刀也。」浦云：「《考工記》注作『今之書刀』。」大璧、大琬、二字脱。大琰。「夷，常」，《釋詁》文。浦云：「《爾雅》『夷』作『彝』。」夷玉，東北《爾雅》「東方」，此誤。之珣玗琪也。知兑、和亦古人，衍。之巧人也。張逸以此問鄭，鄭宋重。荅云。五玉。輅金即次象。革路，鞔鞔。宋本從「革」，下同。之以革而漆之。傳綦，文鹿子皮弁。亦士。仕。古本下有「也」。疏在門者下兩字疑衍。守門。路寢三階，「不」字衍。書亦未有明文。士衛王主。殯，與在廟同。

赤黑曰白。雀。　雀弁制同。如冕，黑色。　阮諶《三二。禮圖》云。　戈即今之句孑子。戟。《釋詁》話。云：「疆，界。」　知在堂上之遠地。堂之遠地。四字脱，宋本有。

經王麻冕黼裳。石經作「衣」。　疏凡諸行禮，皆賤者先置，浦疑「至」。此必卿、下浦疑倒，或「下」字衍。士、邦君即位既定，然後王始升階。　鄭元《士云。冠禮》注云。　傳册古本「策」。命之辭。古本下有「也」。　經率循大卞。古本「帥脩大辨」，傳「循」字同。　傳告古本下有「以」。已受羣臣所傳顧命。　太保以古本「已」。盥手。　拜白曰。已傳顧命。　太保宗既拜而祭。　太保下堂，則王下亦。可知。　疏王又以瑁授受。宗人。　至殯東西面脱。報祭之。　其大人。祭則有受嘏之福。疑「禮」。　於王上。祭後更復報祭。　受前所授受。之同，而進以祭神。　傳殯之所處，故曰廟門。脱，古本有。皆脱，古本有，宋本同。　待王後命。

尚書注疏卷第十九

康王之誥

傳主天子之正古本「政」。號。　疏「康王既」至「之誥」。　此段當在上《序》傳下。　經太保率古本「帥」。下同。西方諸侯。　傳各率其所掌之脱，古本有。諸侯。　疏此六物者，以和諸侯之好。浦云下脱「故」字。　匹脱。馬卓卓。官本「卓」。　上，九馬隨之。　浦云：

「《覲禮》『匹馬卓上』，注云：『卓猶的也，以素的一馬以爲上。』此脱『匹』字，當補。」　「義嗣德」三字，史原言。　王荅拜之意也。　經咸進相揖，皆古本「竝」。　誕受古本有「厥」字。　羌若。　疏文武王。　所憂，非憂西土而已。　傳不務咎惡。古本有「人」字。　用受端直毛本誤倒。之命於上天。　經乃命建古本有「諸」字。　侯樹屏。　傳言雖汝身在外土之。　爲諸侯。　疏乃施政令，宋本「命」。　封立賢臣。　言哀矜下民，不用刑罰。下「之」字宋本無。　獨云「伯父」，舉與。　同姓大國言之也。

尚書卷第十二古本次行古文尚書畢命第二十六。

畢命

疏「康王」至「畢命」。此段當在上《序》之下。　疏王命作策書浦疑衍。《豐刑》。今其逸篇有册命霍侯之事，不下「同」字衍。　與此序相應，非也。　傳用能受殷之王王之，倒。從古、宋本乙。　命。　慎惟。　殷頑民。　經既歷三紀。從「巳」，譌。　傳世代民古本「人」。易。　下人無不敬仰師法。古本下有「之」字。　仰公成理。古本「治」。　疏傳「王順」至「王之。宋、元本皆作「王」。　命」。　《釋詁》云：「亮，佐也。」浦云：「《爾雅》無文。」　經辭古本「詞」。尚體要。　傳紂以靡靡利口爲惟。古本「惟」下有「爲」字。今案：「惟」字當删。　賢。　傳服飾過制，古本「度」。　美於其民。古本「人」。　心未壓厭。古、宋、元本皆作「壓」，與《釋文》合，疏同。　服。

則其德政信修立。古本下有「矣」。同致于古本「於」，又有「大」字。道。經建無古本「亡」，下同。前後不悉著，此連類及之。窮之基，亦古本「其」。有無窮之聞。傳亦有無窮之名，「以」字衍。古、宋皆無。傳於後世。無曰人古本「民」。少不足治也。疏「我聞」至「其訓」。自此至「『閑』，謂防閑禦止也」止，官本盡移在「資富能訓」傳下，當從之。雖今令。順從周制，畏思。威自止。所以勉勵勸。畢公。案：正文九節，《正義》只釋末一節，其爲脱漏多矣。

尚書注疏卷第十九宋本。

君牙 傳書於于。王之太常。經亦惟先王正。之臣。疏「穆王」至「春冰」。浦云：「當爲『君牙』。自此至『作《君牙》』止，當在上《序》傳下。」下亦有脱文。傳「言汝」至「太常」。浦云：自此起，至「名之曰太常也」，當在上「惟乃祖乃父」傳下。今案：上下俱有脱漏。經小民惟曰古本「日」，下及傳同。怨咨。傳小人古本「民」。惟曰怨歎咨嗟。言心無中正。也。古本「正」。民猶怨嗟。咨。經厥惟艱古本「難」。哉！傳民乃安。寧。疏今命汝爲大司徒。宋本作「爲我輔翼」。案：宋刻下截有模糊處，後人率意增補，有不盡合處，如下文所舉，當別擇之。汝當正身心宋本「爲中正」。以率之。亦惟曰怨恨而咨歎。宋本「嗟」。爲治宋本「政」。不違道。「股」，足宋本「脚」。也。故舉四支以喻。宋本「言」。傳文武王。之謀業，大明可承奉。經率乃祖考之攸古本「逌」，薛本同。行。

囧冏。案：當作「冏」爲正。**命** 疏「穆王」至「冏命」。此段當在《序》「作《冏命》」下。《周禮》太御。浦云：「經作『大馭』。」故以爲《周禮》太御者，浦云「者」字當在下句下。知非《周禮》太僕。「者」字當在此。若是《周禮》太僕，則此云太僕足是。浦改。矣。故以太御僕。爲長。傳檢古本「格」。其非妄之心。疏有其。愆過則彈正之，有錯謬則發舉從宋本乙。之。經今予命汝作大古本有「僕」字。正。疏人主所用皆由臣下宋本不重。銓擬，可者然後用之。「便僻」辟。是巧言令色之類。襄三十一脱。年《左傳》云云。爲側行以求愛，非是愛前側。人也。案：前人，謂在上之人。經爾無昵古本作「亡暱」。于憸人。傳汝當清審之。脱，古本有。

吕刑 傳後爲甫侯，故或脱。稱《甫刑》。疏「吕命」至「吕刑」。自此起，至「爲此故也」止，當在上《序》之下。《書説》謂《書緯·刑「將」字衍。德得。放》之篇。刖刵。罪五百。相時制法而使刑罰太大。重。傳時穆王以已，通。古本「已」、「以」竝有，蓋一是校者旁注。享國百年。言百年，大其期。案：百年固是大期，然此自當作「大其」，屬下讀。雖老，而能用賢以揚名。疏比此。至命吕侯之年。經殺戮無辜。古本「亡罪」。越兹麗刑古本「戮」。并制，罔差有辭。古本「詞」，下竝同，傳仍作「辭」。民興胥古本「匹」，疑「疋」之誤。漸。上帝監民。古本「人」。傳三苗虐政古本「民」。作威。經皇古本「君」。帝哀矜庶戮之不辜。傳誅遏絶滅脱，古本有。苗民。疏昔炎帝之末。未。學蚩尤爲亂此。浦改。者。三苗復九黎之惡。浦云《國語》本作「德」。堯末，未。又浦疑「其黨」二字誤。在朝。黥謂爲，謁。羈浦疑「刻」。黥人面。既無信義，必背皆。違之。命脱，浦補。重黎是帝堯之事。此浦云衍。滅苗民在堯之初興。傳地祇浦疑「民」之誤，出疏。不至于天。疏命火浦云《國語》注當爲「北」。正黎司地以屬民。傳言伯夷道民典禮，斷古本「折」。之以法。疏但禹治洪脱。水，萬事改新。傳念以伯夷爲法，古本有「以」字。苗民爲戒。經今爾罔不由慰日注疏本作「曰」。勤。傳曰日。當勤之。疏曰我當勤行。之哉。上天欲整齊於下民，使我爲浦云下「之今我爲」四字衍。天子。王言己冀欲從。使爲行稱天意也。傳有國有脱，古本有。土諸侯。其當清察，能得其理。古本「所」。不聽理古本「治」。其獄。閲實其罪，使與罰名各。相當。刖足曰剕。古本有「刑」字，與上文一例。疏「王曰」至「天威」。自此起，至「即是無罪之人當赦之」止，當在「無簡不聽」傳下，官本已移正。其當清證當作「徵」。《楚辭・九章》云：「不清徵其然否。」洪慶善云：「徵，音澄。」此疑宋人避諱改。審察。或皆宋、元本竝作「記」，疑是「説」誤。可刑。令其出金贖罪。刑。或事涉疑似，旁無證見；或雖有證見，事非涉。宋、元本皆作「非」。疑似。案：下「涉」字似可通，但《唐律疏義》亦云：「或事涉疑似，傍無證見；

或傍有聞證，事非疑似。」疏云：「或傍有聞見之人，其事全非疑似。」然則宋、元本作「非」自不誤。　無復服。疑似之狀。　今律「故出入者與同罪」，即而。　此是也。　凡執禁以齊衆，「者」字衍。　不赦過。　今律「合和依宋本乙。《考文》云：見《唐律・十惡》之條，作「合和」是。　御藥誤不如本方」。故失浦疑當作「凡此」。　等皆是不赦過也。　《考工記》云：「戈矛浦云：「當作『矛戟』。」重三鋝。」　俗儒云鋝六兩爲一川，不知所出耳。下八字或疑衍。文弨案：《漢書・食貨志》黃金八兩爲一流，則此以六兩爲一川，語意正相似，不可謂衍。　或有存行之者。疑。　《釋言》詁。　云：「剕，刖也。」浦云：「《爾雅》『剕』作『䠊』。」　大隋開皇之初始除男子宮刑。案：王應麟云：「《通鑑》西魏大統十三年三月除宮刑，非隋也。」　故謂死刑罪。　爲「大辟」。　此經歷言「二一。百」、「三百」、「五百」者。　刑行。　罰者，所以齊非齊者。　獄官不可浦疑「必」字誤，官本改作「能」。盡賢。　輕罪應居作官當者。「居作官當」，詳見《唐律疏義》。　何得云爲。　輕贓亦備？此即是下刑可。　適重之條。　傳欲使惡人極於于。　病苦。　無不古本「非」。　在古本下有「其」字。　中正。　當憐下人古本「民」。　之犯法。　謂上其鞫鞫。　劾文辭。　疏當哀憐「之」字衍。　下民之犯法。　勿得輕耳斷之。「耳」、「爾」同。六字爲一句。　斷《漢書》「𢇍」，古「絕」字。者不可復續。　今令。　人之所犯，不必當條。　故云臨事制時。　宜。　謂上其鞫劾文辭也。浦云：「上疑脱『故云』二字。」　王或時以下刑爲重，改下爲之。　上。　當刑衍，官改「敬」。

命有德者。　言汝身多違則不達，虛言戒行急惡，疏非虛論矣。此十九字誤衍。　惟是最。聚近罪之事爾。　故下句戒令畏天罰也。之。　故脱，當有。　知是五常也。

尚書注疏卷第二十宋本同。

尚書卷第十三古本次行古文尚書文侯之命第三十。

文侯之命

疏「平王」至「之命」。自此起，至「故平王錫命焉」止，當在上《序》傳下。　於圭頭爲器，可以挹鬯祼祭謂課。之瓚。　肆，解牲體禮。以祭。　晉文侯《國語》作「公」。　於是乎定天子。　故平乎。　王錫命焉。　諸侯之長謂一之。伯也。　凡侯伯，救患、分災、討罪，罰。禮也。　晉文侯、鄭武公夾輔王室，晉者。爲大國，功重。　經父義石經「誼」，古本同，傳仍作「義」。和。　傳明升于天，而布聞在下民。居。　疏曰脱，宋有。　同姓大國則曰伯父。　同姓小國浦云：「經作『邦』。」則曰叔父。　經即既。我御事。　傳無有耆宿壽考俊古本「儁」。德在其服位。　疏國之興亡，非平王生。所知。　經汝克紹古本、宋本、蔡傳本皆作「昭」。乃顯祖。　疏救周之日，國。汝功爲多。　「王義。曰」至「諸侯」。　望得同姓之國閒。有憂己者，以思謂浦云「惟」之誤。未得，更復脱。歎而爲言。　《禮》君父之前白曰。名，朋友之交白曰。字。　王肅云。宋不重。　經盧古本「兹」，下及傳竝同，疏亦同。　弓一，盧矢百。傳安小人古本「民」，下竝同。之道必以順。疏即犠象壺壺。著大山，等六尊是也。告其先祖諸有德美見記者。也，譌。是浦疑衍。諸侯有大功，賜弓矢，然後專征伐。代。「彤」、「㫌」是於。弓赤黑之色。此比。傳及毛傳云云。「父往」至「自相。安」。「簡恤」者疑衍。共有「爾都」之文。

費誓 傳徐戎、淮夷竝起，爲寇於魯。古本下有「東」字。疏「魯侯」至「費誓」。自此至「故東郊之門不開」止，當在上《序》傳下。經人無譁，聽古本有「予」字。命。傳歎而勑之，古本「以」。使無喧譁。經善敹宋本「敶」，今從《說文》。乃甲胄。下從「月」，與從「月」不同。疏今在。往征此淮北之夷。無敢不令至極攻依下文乙。「攻」、「功」，皆與「工」同。堅。有淮浦者，浦云：三字誤，當作「徐戎與」。淮浦之夷竝起。紛如綬而小，繫於楯以持之，且其。浦改。以爲飾。凡金爲兵器，皆者。須鍛礪。諸「侯」字衍。兵器，皆使無敢不功善。然則養掌。牛馬之處謂之牢閑。鄭玄以牿宋本「梏」。下同。爲桎梏之梏，牿。施牿於牛馬之脚。今律文「施機槍搶。作坑穽者，杖一百」。王肅云：「杜，閑閉。也。」擭，柞鄂作㓵，譌。也。傳物有自來者，無敢取之。人。經甲戌。戍，譌。下同。傳總諸國侯。疏同。之兵，而但稱魯人。疏惟是有。風馬牛不相及也。謂儲糧依宋本乙。少，不及衆人。萬二千五百家人。爲遂。故云：「無不。敢不供。」

秦誓

傳悔古本下有「過」字。而自誓。 疏「秦穆」至「秦誓」。自此，至「則師亦少有還者」止，當在上《序》傳下。使杞子、逢孫、楊揚，譌。孫戍之。傳言民之古本「人」。行己，盡用順道。即改之如水流下，是惟艱古本「難」。哉。經若弗云古本「員」，下同，疏中亦同，傳仍作「云」。來。疏恐己老死不得改悔過。也。蓋益。自恨用。改過遲晚，深自咎責之辭。傳雖衆力已過老。者。經俾君子易辭。古本「詞」。斷斷猗，無他伎。古本「⿰皀召⿰皀召倚，亡他伎」，傳同。宋本「伎」作「技」。傳專一古本「壹」。之臣。疏「雖則」至「不欲」。自此起，至「自悔往前用壯勇之計失也」止，當在上「仡仡勇夫」傳下。「勇壯」，依宋、元本乙。「惟截」宋本不重。至「有容」。雖獨。無他技藝。明辯便巧之意。善。「河水清且漣猗」案《詩釋文》，「猗」，本亦作「漪」，然在此證「猗」是「兮」之類，則不當作「漪」。是也。傳用之古本下有「則」字。不能安我子孫衆人。曰由所任不用容。賢。疏穆公自誓將改前過，用賢人下「者」字衍。也。

春秋左傳序

以宋本、官本、浦氏《正字》，及足利學《考文》校於毛本上，是者大書，譌字及小異同作旁注。

春秋正義序

若夫五三。始之目，五始，謂元年、春、王、正月、公即位是也。章於帝軒，六經之道，章於《禮記》。見《經解》。但年祀《文苑英華》作「紀」。緜邈。所謂畏。不怒而人威。鴻猷遂寢。寖。服虔、許惠卿名淑。之等。則有沈文阿。何。計至襄脱「公」字。二十一年。謹與朝散大夫《英華》有「守」字。國子博士臣谷那律。凡三十六卷。天台齊氏云：「今六十卷，不知始何時。」

春秋序此陸德明《釋文》所題也。《正義》自作《春秋左氏傳序》。官本已從《正義》，而猶兼載《釋文》，此則失彼矣。故余謂二書自當別行，故此於《釋文》亦不復校。疏以晉世定言。五經音訓。名曰

「春秋」之義。浦云下作「意」。 賈逵云脱。 太史公《十二諸侯年表》。 及《春秋左氏》丘明所修，皆古文舊書。校者欲移此數語於前《書》十六篇之下，誤也。孔安國獻《書》，不聞獻《左傳》，《左傳》自是河閒所獻，安得移之孔氏乎？ 光武之世。從此至「左氏之學不立」，此一段誤，當爲衍文。 丞相史脱。 尹咸以能治《左氏》，與歆共校經脱。 傳。 歆略，衍。 從咸。 及《毛詩》、氏。 《逸禮》。 和帝元興十一年云云。《困學紀聞》糾此疏之誤，謂元興止一年，鄭興子衆終於章帝建初八年，不及和帝時，章帝之子爲和帝，先後失序，凡有三誤。余謂此七字但改作「建武初元」便可通。下「及歆」當作「及韓歆」。

記事者。疏亦互或。 自有詳略。 積陰之寒氣久者二字本書無。 爲水。 滿而本作「則」。 闕也。缺，譌。 所以總記諸日月。 也。 不須以月繫時，足則。 明遠近同異。

故史之所記。疏是此書事。 之總名。 無事物。 不記。 秊年，俗。 取禾年。 俱浦改。 穀一熟也。 作十有三年，載，譌。 乃同。 浦云：《書释文》馬鄭本「載」作「年」。 此疏下云唐虞之世，已有年歲之言，則此正用「年」字，「載」乃後人誤改耳。 秋⿰韋焦⿰丬焦，不成字。下同。 也。

諸侯亦不。 各有國史。疏國有宋作「在」。 四表。 又及。 主四方來告之事。 但徧檢舉。 記傳。 必言諸侯無爲。 內史者。 處之左右，則即，同。 掌史舊倒，浦乙。之事。

大事書之於策。　疏既言尊卑幼。皆有史官。　序以浦疑「引」。《鉤命決》云。　數行乃可。　盡者。

韓子所見《魯春秋》。三字脱，《文選》亦同。據疏所云，明有此三字。　疏〇脱。《正義》曰：三字似當有，然此書亦不畫一。　韓子所見《魯春秋》者。此正引序文。　制禮作樂，周公所爲。以。浦改。　以爲宋作「能」。　立官記事。　斯文何足則。　爲典。

周德既衰。　疏上之人謂在位外。浦改。　者也。

左丘明受經於仲尼。　疏皆隨義所在而爲之發法。傳。　懼弟子各自安有妄。其意。《史記》云：「懼弟子人人異端，各安其意。」　左丘明，魯本有「太」字。　史也。

其例之所重。　疏舊史監本、閩本誤倒。毛本作「《史記》」，譌。　已没。

身爲國史。　疏《説文》云：「籍，部書也。」無攷。　將令學者本原始。浦改。　其事之始。

涣然冰冰，譌，疏同。　釋。　疏子張問入官。學，衍。

其發凡以言例。　疏天夫。　災，無牲。　此諸書。　凡者自是天下大例。

其微顯闡幽。　疏其裁成義類，五字脱，浦補。　俱《春秋》褒貶之例並是也。

其經無義例。　疏故傳直言其歸趣脱。　而已。

故發傳之體有三。　疏　劉寔實。案：劉寔，在晉代，字子真，平原人。宋本作「寔」，浦疑是劉炫，非。分變例新意。

一曰微而顯。　疏　入舍叔孫，替聽。其尊稱。　傳曰不書其主。亡。

二曰志而晦。　疏　二人共浦云：「『獨』誤『共』。」會。

三曰婉而成章。　疏　謂之湯沐沭，非。下同。之邑。

推此五體。　疏　此言有。浦改。五體者。　從首者。至此。　以後經則作。魯史舊文。　足是。知與上同爲新意。

古今言《左氏春秋》者。　疏　誼爲《左氏傳》訓詁，授趙人貫公。此與《漢書》同，《釋文》則云：「誼傳至其孫嘉，嘉授貫公。」　長卿傳清河張禹。此非安昌侯，乃字子長者。　方進授清河胡常。《漢書》云：「更始傳子咸，及翟方進、胡常。」　彭仲博、名汪。許惠卿。名淑。九人中此二人何以獨舉字？

大體轉相祖述。　疏　祔而作則。主。

預今所以爲異。　疏　丘明與聖同恥。時。

然劉子駿。　疏　字元伯，受授。業於歆。　作《左氏傳訓詁》。《後漢書·逵傳》作「訓解」。

説者以永懷堂本、足利本俱有「爲」字。《文選》同。仲尼自衛反魯。疏見是。素王之文焉。唯王者然後改元王。立號。主王。下同。人習其讀。此假設説。而言之。

麟鳳五靈。疏其意言四曰。靈與羞物爲羣。

曰然則春秋。疏成武。王雖暫至洛邑。

若夫制作之文。疏非爲所浦疑倒。余疑「所」字衍。隱也。

子路欲使門人爲臣。疏道之爲。浦改。升降。乃關聞。浦改。賢與不賢。非復假大夫。浦改。位以宣風。豈直。當爾也。管仲鏤簋朱紘。紘。

先儒以爲制作三年。疏比此。至孔某之卒。

據《公羊》。疏與邾脱。黑肱之徒。倒。并自成己説，起獲脱，浦增。麟之意也。

至於「反袂拭面」。疏則紘援。琴而歌。

禮記注疏卷十九，《曾子問》末一節，「自史佚始也」下，《正義》有缺文，明監本共空白二十三行，汲古閣本亦同。今據宋本補之。

《禮記》舊本《正義》，釋經之中，間以釋注，其釋注即所以釋經也。不比《周易正義》，全釋經文之後，方始釋注。今本乃從《周易》之例，盡改舊式，以致釋經之中有大段不接續處，失作書之本意，令讀者亦不清爽，此紛更之失也。今之所補，一依宋本舊式，日本國《七經孟子考文》所載亦皆符合。自「葬於園中也」起，至末，皆所補之文。舊本每行係二十字。

○「葬於園」者，園，圃也。下殤去成人遠，不可葬於成人之墓，故俗本譌「所」。用土周而葬於園中也。○「遂輿機而往」者，輿，猶抗也。機者，以木爲之，狀如牀，無脚及軌簀也。先用一繩，直於中央，係著兩頭之橛。又別取一繩，係一邊材，橫鉤中央，直繩報還鉤材，往還取帀，兩邊悉然。而後以尸置於繩上，抗舉以往園中。臨斂時，當堲周之上，先縮除直繩，則兩邊交鉤之繩悉各離解，而尸從機中央零落，入於堲周中，故曰「輿機而往」也。○「塗邇故也」者，塗，路也；邇，近也。若成人墓遠，則以棺衣棺於宮中。此下殤葬於園，是路去家甚近，故先用機舉尸往園中，而後棺斂，故曰「塗邇故也」。○〔註〕「土周」至「餘機」。○正義曰：案《檀弓》云「夏后氏之堲周，葬中殤」，故知土周是堲周也。云「周人以夏后氏之堲周，葬下殤於園中」者，《檀弓》云「中殤下殤」，此直云

「葬下殤土周葬於園」者，以經云「下殤」，故指下殤爲言。《檀弓》所云，據士及庶人也。若諸侯長、中殤，適者車三乘，下殤車一乘，既有遣車，即不得堲周、輿機而葬也。諸侯庶長殤、中殤，車一乘，則宗子亦不用堲周、輿機而葬，其下殤則輿機。其大夫之適長殤、中殤，遣車一乘，亦不輿機；下殤無遣，則輿機也。然則王之適庶長、中、下殤，皆有遣車，竝不輿機。士及庶人適庶皆無遣車，則中、下殤竝皆輿機。故熊氏云：「若無遣車，中從下殤。其長殤既無遣車，年又長大，不可與下殤同，蓋棺斂於宮中，載棺而往之墓，從成人也。」○「今墓遠，則其葬也如之何。」○今謂曾子見時世禮變，皆棺斂下殤於宮中，而葬之於墓，與成人同隆。足利本作「路」，非。今既遠，不復用輿機，於尸爲當用人抗與疑當作「舉」。棺而往墓？爲當用車載棺而往墓邪？問其葬儀，故云「如之何」。○「昔者史佚有子而死，下殤也，墓遠。」○此舉失禮所由之人。史佚，周初良史，武王、周公、成王時臣也，有子下殤而死。○「墓遠」者，史佚欲不葬於園，而載尸往墓，及棺而葬之，其墓稍遠，猶豫未定。○〔註〕「史佚，武王時賢史也。」○正義曰：史佚，文王、武王時臣，故《國語》稱訪於辛尹，《尚書》稱逸祝冊是也。但下殤之喪，非成人之要，故史佚猶有不知。○「召公謂」至「宮中」。○召公，名奭，見史佚欲依下殤禮，而不棺斂於宮中，而欲車載往墓，猶豫未定，故勸之，令棺斂於宮中，如成人也。○「史佚曰吾敢乎哉」者，言吾雖欲如此，猶不敢，恐違禮者所譏。○〔註〕「畏知禮也」者，是畏周公也，不欲直指。○「召公言於周公」者，言，猶問也。史佚既畏周公，故召公爲諮問於周公，述其事狀以決之。○舊作「者」，今改圓圍。「周公曰：豈，不可」者，周公聞召公之問，故荅云「豈」。豈者，怪拒之辭，先怪拒之，又云「不可」，不可是不許之辭。○「史佚行之」者，召公述「周公曰豈，不可」之辭，以語史佚。史佚不達其指，猶言周公「豈不可」是許之辭，故行棺衣宮中之禮也。○「下殤用棺衣，棺自史佚始也。」○更據失禮所由也。然此云棺衣棺於宮中，自史佚爲始，明昔非唯於宮中不棺，亦不衣也。而不言於宮中者，略從可知也。

宋本分卷與今本不同，此在宋本爲第二十七卷，頗有經文當連屬而誤分前後卷者，不可從也。凡經文别提行起者，頂格，二十一字，自次行已下，皆低一格，故只二十字也。《韻會》「榪」字，亦引此疏之文。其云：「『下殤無遣』下，當脱一『車』字。」又云：「『史佚，周初良史，武王、周公、成王時臣也』，『周公、成王』四字不當有。『墓遠者』上，不當圈隔，慮更改反失其舊。」姑附著於此。

禮記禮運注疏此篇内監本、毛本《正義》俱有脱文，今依宋本補之。日本國《考文》所引宋本亦皆一一符合。其通篇訛字，别有攷正，兹不暇及。《正義》本係雙行小注，今有標記小字，故進《正義》爲大字云。

卷二十一宋本在卷二十九内，「言偃復問曰」起，爲卷三十。

三葉今此經云「大道之行也」，謂廣大道德三字補。之行，五帝時也。雖然不見大道三字補。道三代之事，而有志記之書焉，披覽此書，尚可知於前代也。三字補。○〔註〕「大道」至「言之」。○正義曰：以下云禹、湯、文、武、成王、周公，此大道五字補。在禹、湯之前，故爲五帝時也。云「英，俊選之尤」者，按《辨名記》云。二字補。

十一葉知上代以來，至於今世，時代運轉，禮之變通，即下云「夫禮節，訛。之初」所，訛。以下是也。三字補。○〔註〕「欲行」至「所成」。○正義曰：言我欲行夏禮，觀此夏禮堪成與四字補。不。同「否」。知非直觀其禮，而云觀其所成者，以下云「而不足徵」，徵爲成故也。五字宋本亦脱，新本補。又《史記》云「武王伐紂，求夏后氏脱，宋有。之後，而得東樓公，封四字補。之於杞」是也。○〔註〕「徵成」至「成也」。○正義曰：「徵」者，徵驗之義，故四字補。爲成。

十四葉前文云「燔黍捭豚」，謂中古之八字補。時。次云「及其死也」，似還論中古之死。但中古神農未有宫室，八字補。上棟下宇。及在五帝以來，此及其死也。而云「升屋」，則非神農九字補。時也。故熊氏云及其死也，以爲五帝時，或爲三王時。皇氏以九字補。爲及其死也，還論中古時。

十五葉〔疏〕「昔者」至「羽皮」。○正義曰：此補一大字、九小字、一圓圍。一節更論上古之事。昔者先王既云「未有宫室」，則總是五帝十五字補。之前。云「未有火化」之事，則唯爲伏犧之前，以上文中古神農十五字補。有火故也。○「冬則居營窟」僧巢，訛。者，營累其上而爲窟，地高則穴於連改補十五字。地，地下則窟於地上，謂於地上累土而爲窟。○「夏則居橧巢」十五字補，又一圓圍。者，謂橧聚其薪以爲巢。○「飲其血，茹其毛」者，雖食鳥獸之肉，十五字補，又一圓圍。若不能飽者，則茹食其毛以助飽也。若漢時蘇武以雪雜羊十六字補。毛而食之，是其類也。○「後聖」至「其朔」。○正義曰：此一節論中十四字補，又兩圓圍。古神農及五帝并三王之事，各隨文解之。○「後聖有作」者，謂十六字補，又一圓圍。上古之後，聖人作起。○「然後修火之利」者，謂神農也。火利言十五字補，又一圓圍。修者，火利，先有用之，簡少，至神農更修益使多，故云「修」。知者，十七字補。以《世本》云：「燧人出火。」按鄭《六藝論》云：「燧人在伏犧之前。凡六十七字補。紀九十一代。」《廣雅》云：「一紀二十六萬七千年。」六紀計一百六十七字補。十萬二千年也。

二十葉乃知，訛。退而合亨，至薦孰之時，陳於堂，三字補。故《禮器》云「設饌於堂」，乃後延主尸，訛。入室，太祖東面，昭在南面，穆在北面，徙堂上之饌於室內坐前，祝以斝爵酌奠於饌南，故五字補。《郊特牲》註云「天子奠斝，諸侯奠角」，即此之謂也。既奠之後，又五字補。取腸閒脂，焫蕭合馨薌，《郊特牲》註云：「奠，謂薦孰時。」當此大合五字補。樂也。自此以前謂之接祭，乃迎尸入室，舉此奠斝，主人拜三字補。以妥尸。鄭註云：「瑶爵，謂尸卒食，王既酳尸，后亞獻之。」始用瑶爵，則后未酳尸以前不用也。五字補。

崔氏乃云：「正獻之外，諸臣加爵，用五字補。璧角璧散。」其義非也。其禘祭所用四齊者，禘祭在夏，醴齊盎五字補。齊，盛以犧尊，醍齊沈齊，盛以象尊。王朝踐獻用醴齊，后亞獻五字補。用盎齊，王饋獻用醍齊，后亞獻用沈齊，尸卒食，王酳尸因朝五字補。踐醆，訛。醴齊，后酳尸因饋食沈齊，諸臣爲賓，獻亦用沈齊。禘祭無五字補。降神之樂，熊氏以爲大祭皆有三始，有降神被，訛。之樂，又未毁廟五字補。者，皆就其廟祭之，其餘皆如祫祭之禮。天子時祭用二齊者，五字補。春夏用犧尊盛醍齊，用象尊盛沈齊，秋冬用著尊盛醴齊，用五字補。壺尊盛盎齊，是一齊用一尊，《司尊彝》皆云「兩」者，著，訛。以一尊盛明五字補。水，故皆云「兩」。

三十一葉謹慎行之，所以藏三字補。其身而堅固。皆法天之三字補。所爲，以下教令也。〇〔註〕「社土」至「物生」。〇正義曰：下云「社者，神三字補。地之道」。五地則山林、川澤、丘陵、墳衍、原隰各有所生。三字補。五地總生萬物，人君法之，施政令，亦總養萬民也。〇〔註〕「大傳」自禰，訛。至「義也」。

卷二十二宋本「故天秉陽」起，爲卷三十一。

二十五葉張融謹案：三字補。亦從鄭説。云「下之則爲教令，居人身爲義」者，鄭爲此注，欲明三字補。改養爲義之意，言法天地山川，下教於民者，則爲教令；法二字補。天地山川，居在人身之中者，則爲義事，是不得爲養也。引三字補。「《孝經説》曰：義由人出」者，證義從人身而出也。

二十六葉故今説禮不可去之事。〇〔註〕二字補，又一圓圍。竇，孔穴也。〇正義曰：按哀元年《左傳》云「逃出自竇」，又「篳門圭三字補，《考文》作「閨」。竇」，是「竇，孔穴也」。

二十八葉正義曰：云「以其合於義」者，謂此禮以其合會於義，故雖當無禮，臨事制宜而行禮，是可以義十二字補。起作也。衛將軍文子之子，既除喪而后越人來弔，於時無除十七字補。喪後受弔之禮，主人乃量事制宜，練冠垂涕洟，待于廟而受弔，是以義而起此禮也。二十六字補。〔註〕嘉穀二字補。無由生也。《釋文》內空二格，乃「何休注」三字。

禮記禮器注疏此卷亦有脱文，今據宋本補。但毛本缺而他本不缺者置之，毛本譌字并正之。

卷二十三宋本卷三十二

注大備，自耕至於食之而弗。肥。措，古本有「猶」字。置也。用此不變傷易。也。

疏「禮器」至「饗德」。宋無此標目。其或有或無，自有例。後人以爲缺而增之，或全删之，皆非也。各故。依文解之。故經巡。四時。解官删，似當作「則」。「外諧內無怨」者。「先王」至「節矣」。宋無。論因上禮使則。人外內諧和。「禮也」至「知禮」。案《正義》之例，經與注依次解之，此條前當解注，今脱在後，當移注「鬼神」至「德也」。「至德順於鬼神也」一條在此上。「禮時」至「稱也」。宋無。皆由禮洽官「合」。天時。不能傳位立。與人。鄭荅炅靈。模云。以敬空。順爲本。「諸侯」至「稱也」。宋無。不盈寸二分。上圓圍衍。一曰神龜。此下所引郭注與今《爾雅》内異。　大夫八寸《白虎通》此下云士六寸。者。　故《士喪禮》卜十。宅是也。　「禮有」至「爲貴也」。宋無。　尊者誠宋「識」，非。深孝篤。　堂下上。東西夾各十七。　設非葅醢醢。醢六豆。　若君。牢則以爵等。　無簀，於上加抗折。木。　將茅秀綉。及香草著其中。　地數耦。偶。　則《公食大夫》二字官增。云。聘，賓爲苟脱。敬下「徹」衍。　席屈。　鄉卿，譌。大夫爲主人。下「正」當作「止」。　公聽之，重來優擾。賓也。　「有以」至「貴也」。宋無，下二條同。　故止一牲特，官改。也。　案《大夭。行人》云。　天子灌亦脱。用鬱鬯。　諸侯相朝則者。設鬱鬯。　殷尚猶。質，以木爲車。　五色一帀市。曰就。　「行禮」至「酬「酒」字衍。時」。　一曰玉路，錫鍚。樊纓十有再就。　龍勒絛條。纓五就。　子男五命，故脱。知五獻是子男。　列尊之次。法。　注士用「棜」字衍。禁，禁脱，宋本重。如今方案。　疏棜是轝譽。名。　皇氏以爲棜一頭有脱。足。　且高可。下不等。　經禮有以文爲貴者。宋本此一段下載疏「正義曰：天子龍袞」，至「熊氏之義，踰於皇氏耳」止。　有以素爲貴者。宋本此一條下載疏「正義曰：至敬無文」，至「故云終葵首也」止。　疏布鼏。从「宀」，譌。下同。　注杍抒。疏同。上，終葵首。　經孔子曰。宋本此條下載疏「正義曰：禮不可不省記者」，至「此經總説在上稱之事也」止，無「禮有」至「稱也」、「有以素」至「貴也」、「孔子」至「稱也」三標目。　疏士三者亦言。夏、殷也。　○脱。「父黨無容」者。　大圭，天子朝日月之圭走。也。後人祭下「也」衍。既重古。「疏布鼏」者。上當圈隔，下「此之謂也」上同。此經總説在上人。稱之事也。「禮之」至「發也」。宋無。理博不。事條。備。「禮之」至「獨也」。宋無。謂行禮不使外迹彰章。著也。「古之」至「稱也」。宋無。「是故」至「之攘」。宋無。此一節説禮既即。須稱。與其妻爲脱，本書有。偶。崔氏亦所。用此義。經管仲鏤簋朱紘。人。疏「管仲」至「濫矣」。宋無。飾蓋器。象龜。故知刻，衍。爲龜形脱。也。《玉府》云「共玉敦」是也。之服玉。是士也。下補四字。天子諸侯用純，大夫當用脱。雜。梁上侏儒柱下補四字。也。又云：栭謂之節，李巡本「節」作「楶」。楶。皆謂斗升。栱也。栭上著木鬚櫽空。謂之構櫨，即今之楷宋「榙」，譌。或是「棔」字，亦櫽名。木也。《晉語》及乃。《含文嘉》。此管仲所僭，皆者。天子之禮。「晏平」至「衆亂」。宋無。案：此疏本在上條，下「是故」節無疏，疑脱去。與無田者同。脱。猶用羔羊，衍。也。「孔子」至「道矣」。宋無。圈下本有「正義曰」三字。故攸。知述知禮者而言我也。「君子」至「多品」。宋無。非爲謂。就親祈福報也。故《郊特牲》而社稷大牢是多。也。注燔柴祭。似失之。疏「孔子」至「於瓶」。宋無。閔適而小。少。故知非奥。「也」字宋無。注一，謂空。誠也。三百三千皆由猶。誠也。疏「禮也」至「户者」。宋無。骨血肉。筋脈備足，乃爲謂。成人。

猶如脱。人體之不當也。是備祭，衍。之義也。○空。「故《經禮》三百，《曲禮》三千」者，既設禮大小隨下補七字。於萬體，不可不備，故周公制禮，遂有三千三百之多也。「其致下補八字。一也」者，致，至也；一，誠也。雖三千三百之多，而行之者皆須至下補十字。誠，故云一也。若損大益小，揜顯大微，皆失至誠也。周公攝政下補十字。七年，制禮作樂，爲設官分職之法，亦名《周官》，有六卿，每卿下下補十一字。各有屬官六十，凡三百六十經。秦焚燒之後，至漢孝文帝時，下補十二字。求得此書，不見《冬官》一篇，乃使博士作《考工記》補，非上之下補十一字、一圓圈。義，唯證《周禮》三百六十職也。○「未有入室而不由户」者，室猶下補十二字。禮也，户猶誠也。入室必由户，行禮必由誠，故云未有入室而不由户，下補五字。行禮不由誠者，下補五字。言皆由誠也。〔疏〕上誤空。「君子」至「誠若」。○空下「正義曰」，宋無。此經下補九字。覆明上以少小下素之義。「有所竭情盡慎，致其敬而誠下補十一字。若」者，謂所以少小下素爲貴者，當求諸於内，有所求竭己情，下補十一字。盡其戒慎，致其恭敬而行，至誠和順，故以少小下素爲貴也。下補一圓圍又七字。○「有美而文而誠若」，此一經明多大高文爲貴之義。「有美而下補七字。文」者，謂有威儀之美，而文章顯著，而行至誠和順者，章之於下補七字。外，故須多大高文也。言内行誠順，則以少小下素下補七字。求諸内也，外行誠順，則以多大高文章之外也。

此經廣明禮意不同。句上宋無「正義曰」。直任空。己天性而行也。注素尚白，青黑。尚黑青。者也。疏此一節廣明三代損益不同。句上宋無「正義曰」。於時草之萌牙。宋本作「不」，即「蘖」字。變白而下補三字。青也，夏正尚黑，故知青謂黑也。即鹿鹿爲。馬之類也。鄭去云。胡亥既近。此作記之人在下補三字。胡亥之後。夏后氏金以水。德而王。舜以土德王，色尚青。白。下補二字。《聖證論》。舜土德王尚白，而闕。下補三字。尚青者。水下補四字。則辟之青而用白也。

卷二十四宋本卷三十三

注夏禮，尸有事乃則。坐。疏「周坐」至「醵與」。宋無。此言周下「之」衍。所因於殷也。其於周禮侑坐。尸。此更本殷周所損益相之。因也。不使脱。偏頗。但是有。祝官皆得爲之。注大愿則古本有「文」字。辭不見。得郊祀上帝，與周同。固。頖宮脱。郊之學也。疏「君子」至「至也」。宋無。案：此段疏至「熊氏云『無血』」，其義非也」止，本在「郊血，大饗腥」節下，後人乃并之於此，下又增「『是故』至『至也』」標目，顯然錯亂。情者。上當圈隔。其薦脱，官增。用孰肉。凡有六大。饗。下「者」字衍。以祭冕。服差之。子男五獻，以下差之。下「也」字官删。《周楚，誤。語》云禘郊之事。「是故」至「至也」。宋無，説見上。此一節上當有「正義曰」。本意所爲，中上。下前人。皆有所脱。

由以爲始也。此皆得。積漸從小至大之義也。「七日戒」者，脱。謂祭前十七。日，於齊。七日之中散齊。《詩》云：「思斯。官改。樂泮水。」天子亦脱。以小學爲辟廱。皇氏云：「温此疑當作「緼」。《内則釋文》以此「温」本又作「藴」，足利、古本猶是「藴」字，皇氏自作「緼」。謂承藉。」則又。當云温潤相承。承藉也。注《禹貢》曰：古本有。「三百里納鞂服。」疏「禮也」至「學也」。宋無。取稈稾爲席。舊倒，在「郊」字下。謂所刈禾也。此鄭注，凡注與經不分別，疏往往如此。「君子」至「致也」。宋無。言若欲外觀察先，衍。萬物。經是故昔古本有「者」。先王之制禮也。注大事謂脱，古本有。祭祀也。謂夏至祭地於在。方澤之中。亹亹，古本有「猶」。勉勉也。疏「是故」至「亹焉」。宋無。但財萬。物大莫過於天。朝日於東門之外也。脱。天子以脱。愛物爲用。龍星昏見而舊倒。雩。注水爲寒。雨。南面而立者視朝也。古有。疏「是故」至「大治」。宋無。謂爲。貴尚有德之人。陰陽既相。合。亦燔柴以告至。之。初到方嶽亦以。燔柴。又乃。封土爲壇。《時邁》：「巡守告若。祭柴望。」云「《孝經説》曰」。云。萬物之本書有「始」字。所交代之處也。或曰封以者，譌。金泥銀繩。封之印璽。本作「封之以金印」。故孔子曰：升封，譌。泰山，觀易姓而本作「之」。王，可得本有「而」字。數者七十有餘。繹繹者，脱。無窮之意。信輔天地之道而行之。三字脱，浦依本書增。而《白虎通》云：「以禪倒，從本書乙。讓有德。」　其餘皆禪云云。浦云：《史記》云「黄帝禪亭亭」，此下當重「云云」二字。　守者牧收，誤。下同。此與《王制》同誤。也，謂循行天下牧收。人也。脱。　恐遠近不同政衍。化。　故必本有「親」字。自行之。　士爲風者。脱。　注目日。下事也。　疏「天道」至「至也」。宋無。　以脱。　此謂，衍。言祭。之，則朔鼙、應鼙〔一〕皆在脱。大鼓之旁。　乃方。與縣鼓別縣者。　謂堂之脱。上下。　縣鼓大木。於應鼓。　以卿大夫夫人。以下。　注作樂者，脱。緣民所樂於己之功。　將以是古本「見」。觀。　疏「禮也」至「人者」。宋無。　樂據王業之末，本。但俱。連用三「但」字，古人不拘。太平功成治定之後。　此又以脱，官增。工匠之事。　至全。制禮之時。　故尚文物車服旅。之屬而得民心。　作樂者，緣民所樂於己之功者。作。　萬事皆修。古「而」。以禮節之。　樂是者言。功成之極。　恒修治此樂以勸章以。道己志。　經太古本「大」。廟之内敬矣！　注人君禮然。焉。疏同。　疏「太廟」至「此乎」。宋無。　故云詔於庭。神。　謂煑肉脱。既孰，將欲迎尸，主人主入室，譌。今從《通考》。乃先以俎盛之。　○脱。三詔皆不同位。不知此神脱。於彼堂乎。　以古語有於。此。　今曰繹祭在於。廟門外之西兩。旁。

〔一〕此字底本脱漏。

故鄭引云。彼上文爲注。「一獻」至「獻神」。宋無。謂祭至脱。先公之廟。案此社稷三獻，卑畢。於四望山川。經東束，譌。下同。帛加璧。注金有兩義。儀。周穆王征犬戎，古本有「犬戎氏獻」四字。得白狼、白鹿，近之。疏「大饗」至「禮也」。宋無。○脱。「龜爲前列，先知也」者。○脱。其餘無常貨。○脱。其出也。以内金布和。庭實。又示敬王。玉，譌。「祀帝」至「本也」。宋無。總明祭祀死喪葬。賓客之節。官「等」。亦是仁愛其之。親。此亦謂脱。喪禮。「君子」至「貴也」。宋無。唯須必脱。有忠信。「孔子」至「議禮」。宋無。四圭有邸，以祀祭。天。無得輕脱論議于午。禮。知「大旅，祭脱。五帝」者。兩圭有邸，以祀祭。地。注堂事，儐尸。户。疏「子路」至「禮乎」。宋無。事脱。尸於堂。謂在堂。下之人送饌至階，堂上之人於在。階受取。故孔子以此其。明之。

禮記注疏坊記闕文據宋本補，兼正訛。

卷五十一宋本卷五十九

末葉「諸侯不下漁色」，漁色，謂補七字。漁魚，訛。人取魚，中網者皆取之，譬如取美色，中意者皆取之，若漁補八字。人求魚，故云「漁色」。諸侯當外取，不得當。下嚮國中取卿、大夫、士補八字。之女。若下鄉內取國中，似漁人之求魚漁，訛。無所擇，故云「不下漁補八字。色」。○「御婦人則進左手」者，以御者之禮，婦人於車上左廂，御補八字。者在婦人之右，「進左手」在前，轉身向右，微偝婦人。○補七字、一圓圍。「婦人疾，問之，不問其疾」者，謂不問其疾所委曲，若問其委曲，補八字。嫌似媚，故不丁寧，但略問增補八字。損而已。

〔疏〕「子云」至「至者」。○五字并圓圍，宋本無。前後凡每節下皆然，此偶因文相連及之。正義曰：「見於舅姑，舅姑承子以授壻」者，謂親補七字。迎之時，壻見於舅姑。舅姑謂婦之父母也。婦之父母承奉女補七字。子以付授於壻，則昏禮父戒女曰「夙夜無違命」，母戒女曰「毋補七字。違宮事」是也。「恐事之違」者，謂恐此女人於昏補七字。事乖補一字。違，故親以女授壻也。

禮記注疏中庸闕文據宋本補，兼正訛。

卷五十三宋本卷第六十。「故君子尊德性」起，卷第六十一。

九葉魚鼈鱉。生焉，貨財殖焉。〔註〕此言天之高明，本生「昭昭」；地之博厚，本由起。「撮土」；山之廣大，本起「卷石」；水之不測，本從由。「一勺」：皆合少成多，自言天地山川積。小致大，爲至誠者，亦以。如此乎！《易》曰「君子以慎順。德，積小以宋無「成」字。高大」是與？〔疏〕正義曰：此一節明至誠不已，則能從微至著，聖人至誠亦。從小至大。○「今夫天，斯昭昭之多」者，斯，此也；昭昭，狹小之貌。補四字。言天初時唯有此昭昭之多小貌爾，故云「昭昭之多」。補二字。舊多空一格。○「今夫地，一撮土之多」，言地土。之初時唯一撮土之多，言多少唯一補四字。撮土。○「振河海而不洩」者，振，收也。言地之廣大，載五岳華嶽。而不爲脫。重。此以下皆言爲之至誠。不已，從小至大。然天之與地，造化之功，清濁二氣爲天地，分而補四字。成二體，元初作盤薄穹隆，非是以小至大。今云「昭昭」與「撮土」、「卷石」與「勺水」者何？但山或壘石爲高，水或衆流而成大，是從聚爲深自。微至著。因說聖人至誠之功，亦是從小至大，以今天地體大，山川。假言由小而來，以譬至誠，非實論也。

十一葉〔疏〕正義曰：此一節明聖人之道高大，苟非至德，其補九字，舊多空二格。道不成。洋洋，謂道德充滿之貌，天下洋洋然。育，生也。峻，高也。言補十一字。人之道，高大與山相似，上極于天。○「優優大哉」，優優，寬裕補一圓圍又八字，舊多空一格。之貌。聖人優優然寬裕其道。當有圈隔。「禮儀三百」者，《周禮》有三百六十官，補十一字。言「三百」者，舉其成數耳。○「威儀三千」者，即《儀禮》行事之威儀。補十字，舊多空一格。《儀禮》雖十七篇，其中事有三千。○「待其人而後行」者，言三百、補十字。三千之禮，必待賢人然後施行其事。○「故曰：苟不至德，至道補一圓圍又八字，舊多空一格。不凝焉」，凝，成也。古語先有其文，今夫子既言三百、三千待其賢補十一字。人始行，故引古語證之。苟，誠也。不，非也。苟誠非至德之人，補十字。則聖人至極之道不可成也。俗本「不」作補十一字。「非」也。似當重一「非」字。宋本卷第六十終。

〔疏〕正義曰：此一經明君子欲行聖人之補九字。道，當須勤學。前一。經明聖人性之至誠，此經明賢人學而至誠補十字。也。○「君子尊德性」者，謂君子賢人尊敬此聖人道德之性自補十字。然至誠也。○「而道問學」者，言賢人行道由於問學，謂勤學乃補十字。致至誠也。○「致廣大而盡精微」者，廣大謂地也，言賢人由學能致廣大，如地之生養之德也。「而盡精微」，謂致其生養之德既能致於廣大，盡育物之精微，言無微補二字。不盡也。○「極高明而道中庸」者，高明，謂天也，言賢人由學極補二字。盡天之高明之德。道，道也，又能通達於中庸之理也。○「温故而知新」者。下圓圍不當有。

二十三葉中，舊空五格，宋本無闕文。

附儒行補正一條卷五十九第二葉

「儒有席上之珍以待聘」節〔註〕席，猶鋪二字補。陳也。宋本無「珍善也」三字。鋪陳往古堯、舜之善道，以待見問也。大問曰「聘」。舉，此八字係宋本。舊作「聘召懷忠信之德以待」九字，訛。見舉用也。取，進取位也。日本國足利學所傳古本亦與宋本同。又，音義：「鋪，普吴反，又音孚。」舊本作「强，居兩反，又如字」，亦訛。

禮記注疏大學闕文此篇内多有後人以意增補者，竝非本文。今據宋本删削補正。

卷六十宋本在卷六十六中

十二葉注師尹，天子之大臣，爲政者也。言此二字俗本作「在下之」三字。民皆俱。視其補。所行而則之，可不慎其德乎？邪僻失道，有大刑。此三字，俗本作「則天下共誅之矣」。音義亦非陸德明本文。

十三葉經若有一介《正義》本作「介」，宋本不作「个」。臣。寔實，非。下同。能容之。注《秦誓》，宋無「周書」二字。《尚書》篇名也。還誓其羣臣，而故。作此篇。無「也」字。有技，才藝之技士。也。美士爲也。「彦」。佛拂。戾賢人所爲。

十六葉〔疏〕正義曰：此一以。經廣明誠意之事，言聖人不聽訟者。惟自誠己意，亦服民使誠意也。孔子稱斷獄，猶如常人無以補。異也。言無實情補。虚誕之人。言人有虚誕之志者，皆畏懼不敢訟，補。言民亦誠實其意也。「聽訟吾猶人也，必也使無訟乎」者，是夫子三字俗本作「斷獄」。之辭。「無情者不得盡其辭，大畏民志」，是記者釋夫子「無訟」之事。十字俗本作「者能自誠而使民誠意自」。然能「使無訟」，則是異於人也，而云「吾猶人」者，謂聽之時，斷獄者俱。備兩造，吾聽與人無殊，故云「吾猶人也」。但用意精能服民使。誠，求其情僞，意不敢争。所以「使無訟」也。〇「此謂知本」者，此從上所謂「誠意」，以下言其意者至。此無「章」字。「大畏民志」。以上皆無「是」字。「誠意」之事，意爲行無「身之」二字。本，既精誠能自知。其意，身。是曉補。知其本，故云「此謂知本」也。〇「所謂修身在正其心補四字。」者，此覆説明。前無「經」字。修身正心正心修身。之事。〇「身有所忿懥，則不得其正」者，懥，謂怒無「貌」字。也。身若補二字。有所怒，有所忿懥。「則不得其正」，言因怒而違於正也。所以然者，若過忿怒，則違或不察而不當。於理，則失於正也。是心爲身本，修身必在正於於正。心也。下「之」字乃圓圍之誤。宋本自「子曰聽訟」起，直至《大學》終篇連爲一段，今本仍之，其實非是，當於此斷，下別分章。蓋《正義》本各自爲書，不與正文相連，宋人合之，竝不細審，以致斯誤，以下文《正義》語觀之自見。下放此。

「所謂齊其家在修其身」者，此經重明前經曰「此經」，曰「前經」，則必當分段明矣。下可例推。齊家、修身之事。〇「人之其所親愛而譬經中宋本皆作「譬」字，不作「辟」，疏竝同。焉」者。

十八九葉云「《春秋傳》曰：登戾之」者，此隱五年《公羊傳》文。案補五字。彼《傳》：

「文公觀魚于棠，何以書？譏。何譏爾？遠也。公曷爲遠而觀魚？登來之也。」彼註意謂以思得而來之，齊人語，謂「登來」爲「得補五字。來」也。聲有緩急，得爲登。謂隱公觀魚于棠，得此百金之魚，而補五字。來觀之。《公羊傳》爲「登來」，鄭所引《公羊》本爲「登戾之」，以「來」爲「戾」，補五字。與《公羊》本不同也。鄭意以「戾」爲「貪戾」，故引以證經之「貪戾」也。補五字。云「又曰鄭伯之車，僨於濟」者，隱三年《左傳》文。○「所謂平天下，補五字。在治其國」者。○正義曰：自此以下至終篇，覆明上經文。「平天下在先。治其國」之事。觀此，正義分段極明，宋本殊誤。但欲平天下，先須治國，治國事多，天下理廣，於平天下。非一義可了，故廣而明之。言欲平天下，先須修身，然後及物。自修身之事由。近及遠，自内至外，故初明「絜矩之道」，次明散財於人之事，民其又。次明用善人、遠惡人。此皆治國、治天下之綱，故揔而詳説也。特詳悉畢舉。今各隨文解之。○「上恤孤而民不倍」者，孤弱之子，人所遺易。棄，在是。上君長若能憂恤孤弱不遺，則下民學之，不相棄倍也。○「是以君子有絜矩之道也」者，絜，猶結也；矩，法也。言君子有執結於天下。持矩法之道，動而無失，以此加物，物皆從之也。譬諸侯有天子爲上在於。上，有不善之事加己。

二十一葉又《新序》云：秦欲伐楚，脱一「使」字。使者觀楚之寶器。楚王召昭奚恤而問焉，對曰：「寶器在賢臣。」王遂使昭奚恤應之。焉。昭奚恤發精兵三百人，陳於西門之內，爲東面之壇一，南面之壇四，西面之壇一。秦使者至，昭奚恤曰：「君，客也，請就上位居。東面之壇。」令尹子西南面，大太。宗子牧敖。與《新序》同。次之，葉公子高次之，司馬子補三字。發次之。昭奚恤自居西面之壇，稱曰：「客欲觀楚之寶器乎？楚之所寶者，即賢臣人。也。唯大國之所觀！」秦使無以對也。使歸，告補三字。秦王曰：「楚多賢臣，無可以圖之。」何知有觀射父、補四字。昭奚恤者？案補二字。《戰國義》云：楚王築壇，昭奚恤等立於壇上。楚王補四字。指之，謂秦使補三字。曰：「此寡人之寶。」故知有補七字。昭奚恤等也。謂賢爲寶者，案《史記》云，補八字。理百姓，實府庫，使黎甿補七字。得所者，有令尹子西而能也；執法令，補六字。奉圭璋，使諸侯不怨，兵補八字。車不能者，有大宗子牧能也；守封疆，補六字。固城郭，使鄰國不侵，亦補七字。不侵鄰國者，有葉公子高能也；整師補六字。旅，治兵戈，使蹈白刃，赴補七字。湯蹈火，萬死不顧一生者，有司馬子補六字。發能也；坐籌帷幄之中，補七字。決勝千里之外，懷霸王之業，撥理亂補六字。之風，有大夫昭奚恤能補七字。也：是皆爲寶也。引之者，證爲君長能補六字。保愛善人爲寶也。○〔註〕補六字、一圓圍。「舅犯」至「利也」。○正義曰：「舅犯，晉文公補五字。之舅狐偃」者，《左傳》文也。補七字。云「時避驪姬之讒，亡在翟，而獻公薨。補六字。秦穆公使子顯弔之，因補七字。勸之復國。舅犯爲之對此辭也」，《檀弓》補六字。篇文。○「《秦誓》曰」者，此一補六字、一圓圍。經明君臣進賢詘惡之事。《秦誓》，《尚書》補六字。篇名。秦穆公伐鄭，爲晉補七字。敗於殽，還歸誓羣臣，而作此篇。是秦補六字。穆公悔過自誓之辭。補六字。記者引之，以明好賢去惡也。○「若有一補六字、一圓圍。介臣，斷斷兮」者，此補五字。秦穆公誓辭云，羣臣若有一耿介之臣，斷斷然誠實專一謹慤。補十四字。兮，是語辭。古文《尚書》「兮」爲「猗」。言有一介之臣，其心斷斷、猗補五字。猗然專一，與此本異。○「無他技，其心休休焉，其如有容焉」者，補五字。言此專一之臣，無臣。他奇異之技，惟其心休休然寬容，形貌似補五字。有包容，如此之人，我當任用也。

二十二葉「寔實。能容之，以能保我子孫黎民，尚亦有利哉」者，寔，實。是補。也。觀此訓「是」，則不當作「實」字明矣。若能好賢如此，是能有所包容，則我國家得安，保我後世之。子孫。黎，衆也。尚，庶幾也。非直子孫安，其下衆人皆庶幾亦望補。有利益哉也。

二十三四葉此在補。治家、治國天下之科，皆謂人君也。○「未有上好仁，而下不好義者也」者。補。「未有好義，其事不終者也」者，言補。臣下悉皆好義，百事盡能終成，故云「未有好義，其事不終也」，者。言皆能終成也。○「未有府庫財非其財者也」

者，補。又爲人君作譬也。補。君若行仁，民必報義，義必終事。譬如人君有府庫之財，必還補。爲所用也，故云「未有府庫財非其財者也」。○〔註〕「其爲」至「有也」。○正義曰：言君行仁道，則臣必爲義。臣既行義，事必終成。以補。至誠相感，必有實報，如己有府庫之財，爲己所有也。其爲誠補。實而然，言不虛也。○「孟獻子曰：畜馬乘，不察於雞豚」者，此一補三字。經明治國家不可務於積財，若務於積財，即是小人之行，非補五字。君上之道。言察於雞豚之所利，爲畜養馬乘。士初試爲大夫，補五字。不闚察於雞豚之小利。○「伐冰之家，不畜牛羊」者，謂卿大夫補五字。喪祭用冰，從固陰之處伐擊其冰，以供喪祭，故云「伐冰」也。謂補五字。卿大夫爲伐冰之家，不畜牛羊爲財利，以食祿不與人爭利也。補六字。○「百乘之家，不畜聚斂之臣」者，百乘，謂卿大夫有采地者也。以補六字。地方百里，故云「百乘之家」。言卿大夫之家，不畜聚斂之臣，使補七字。賦税什一之外，徵求采邑之物也。故《論語》云「百乘之家」是也。補十七字。○「與其有聚斂之臣，寧有盜臣」者，覆解「不畜聚斂之臣」，補八字，本多空二格。意若其有聚斂之臣，寧可有盜竊之臣。以盜臣但害財，聚盜君府庫。斂之臣補三字。則害義小。也。○「此謂國不以利爲利，以義爲利也」者，言若補三字。能如上所謂，言。是國家之利。但以義事爲國家利也。○「長國家補四字、一圓圍。而務財用者，必自小人矣」者，言爲人君長於國家而務積聚補五字。財以爲己財者，必自爲小人之行也。〇〔註〕「孟獻」至「可也」。〇正義曰：「孟獻子，魯大夫仲孫蔑」者，此據《左傳》文也。云「畜馬乘，謂者。以士初試爲大夫」者，案《書傳》「士飾車駢馬」，《詩》云「四牡騑騑」，大夫以上，乃得乘四馬。今下云「伐冰之家」、「百乘之家」，是卿家至。又多一「爲」字。大夫。今別云「畜馬乘者，不察雞豚」，故知「士初試爲大夫」無「者」字。也。云補。伐冰之家，卿大夫者，案昭四年《左傳》云：「大夫命婦，喪浴用冰。」《喪大記》註云：「士不用冰，故知卿大夫也。士上。若恩賜及食，而得用，補三字。亦有冰也。但非其常，故《士喪禮》『賜冰則夷槃』可也。」《左全。傳》又云補三字。「食肉之禄，冰皆與焉」是也。云「百乘之家，有采地者也」，此謂補二字。卿也。故《論語》補二字。云「百乘之家」，鄭云「采地，一同之廣度。輪」是也。「彼爲善之」，彼，者。謂君也。君欲爲仁義之道，善其政教之語辭，故云補三字。「彼爲善之」。「小人之使爲國家，菑害竝至」者，言君欲爲善，反補二字。令小人使爲治國家之事，毒害於下，故菑害患難，則竝財利。皆來補二字。至。〇「雖有善者，亦無如之何矣」者，既使小人治國，其君雖有補四字。善政，無「之」字。亦無能柰多空二格。此患難之何。言不能止之，以其多空三格，不缺。惡之已著故也。

禮記鄉飲酒義注疏闕文據宋本補正。

卷六十一宋本卷六十八

末葉〔疏〕正義曰：此一節更總明言。《鄉飲酒》無「禮」字。坐位所在，并明三揖三讓，每事皆「三」之義。二字俗本作「以成禮」。○「産萬物者，聖也」者，聖之言生升。也。東方産育萬物，故無「爲春」二字。爲「聖」也。補。○「養之、長之、假之，仁也」者，假，大也，謂養育萬物，長之使大。仁，恩也。亦爲仁。於五行：春爲仁、夏爲禮。今春爲聖、夏爲仁者，春、夏皆無「是」字。生育萬物，長養。俱有仁恩之義，故此夏亦仁也。聖既生物，以生物言之，則謂於春如通。又多一「明」字。之「聖」，故東方爲聖也。各以義言之，理亦通也。○「中者藏也」者，無「此」字。言北方主智，亦爲信也。若以五行言之，則爲信。若以萬物歸其生長。又多一「收」字。藏言之，則爲藏也。○「介必東鄉，介賓、主也」者，主人獻賓，將西酬之禮。又多一「既」字。行就賓。賓又南行，將就主人。介在西階之上，以介覵隔在。又多一「於」字。賓、主之閒也。○「主人者造之，産萬物也」者，釋所以主人居東方之無「義」字。意。東方産育萬物，主人供共。客所須，故主人造，爲産萬物之事象。又多一「者」字。也。○「月者三日則成魄」者，謂月盡之後三日乃成魄。魄，謂明月。又多一「輪」字。生傍有微光也。此謂月明盡之後而生魄，非必月三日也。所若。又多一「初」字。以前月大，則月二日生魄，前月小，則三日乃生魄。〇「三賓者，無「爲」字。政教之本」者，凡建國既立三卿，助君治國。今《鄉飲酒》立三賓，無「亦」字。象國之立三卿，故云「政教之本」也。〇〔註〕言禮者，陰也，大數取無「象」字。法於月也。〇正義曰：樂既爲陽，故禮爲陰。月是陰精，故禮之無「大」字。數取法於月也。

禮記射義注疏據宋本、各家本訂補。

卷六十二宋本卷六十九

八葉注稱，猶言也，行也。宋本「行也」之上，有「道猶行也言」五字，此不當從。蓋「稱」兼所言所行而言，謂其皆合道也。「道」字，不當釋爲「行」。又，「言行也」三字，複沓無取，屬上則贅，連下又非辭，自當依監本、毛本、官本爲是。者不，句。言有此行不。以下《正義》證之，益知作「言行也者不」之非是明矣。

九葉疏〇「者各本「者」屬上文，在圓圍上，非。不，在此位也」者，者不，俗本此二字作「謂」。問此衆人之中有此上諸行不？　旅酬之時，乃使二人舉觶。觴。　君使二人舉觶於未刻。賓與大夫。　但衆賓耦。射事既了。　於故。此但簡其善。　旄、期之老不復是。能射。　雖不能射，與在賓射。中。　知「先行飲未刻。酒禮」者。　又《鄉大夫職》云。退。　十葉謂他人無後已既。有人後之，相爲合配。今已更往後之，是配合之外，更有奇隻。也。　上云「之裘」，故知「之」是發聲也，而。　即「裘」爲名矣。　云「射畢又使此二人舉觶者，古者於旅也語」者。　此七字宋本有，乃全引鄭注之文，毛本刊去，非是。　乃可以言語先王之道俗本作「之義理」。　也。　下宋本有「云」字。　又《毛詩》傳箋。　云：「八十曰耋。」　云此下本或有「言行也」三字，係誤衍，官本無。　「者不，言有此行不，可以在此賓位」者。　疏係全引注文。

十二葉疏又方制之以爲章，舊不成字。　謂之鵠。　「謂之鵠」者，取名於「鳵誤于旁。　下同。鵠」。　是但取其名，非是呈。　實鳥也。　卿、大夫射一侯、二三。　正。　二正畫或。　以朱緑。　此比。　皆與賓射於朝之禮也。　凡賓。　賓射之侯謂之正。　畿内設鵠。　諸侯賓射，用三正之侯。　約《大射》，諸侯既同禮文之意。　天子張三侯，則賓射亦同。　天子用五正、子。　三正、子。　二正子。　之若諸。　侯，其用。　卿、補。　大夫射亦三正、二正之侯。　凡其。　中央之赤，皆方二尺，以外之色皆分布之，其外又畫以雲氣。　有白布若。　天子以下燕射，則尊卑皆用一侯。

儀禮注疏

士冠禮

《儀禮注疏》，其譌脱較之他經爲甚。近來校本，有嘉善浦鏜聲之之《正字》、嘉定金曰追璞園之《正譌》，然皆以《經傳通解》爲據，而遺漏尚多。竇應劉台拱端臨曾見宋時經注單行本，其注之先後不與今疏本合，疏不於初見之字釋義，而顧於次見、三見處始爲注作疏，殊不解其何意。今用疏本，即不便依單注本改之。其脱文、誤字，則依宋本及宋李如圭《儀禮集釋》補正。乾隆初年官本，所校甚爲精細，恐外間得見者少，唯毛氏汲古閣本尚多。今合諸家以校毛本，所改正者大書，其本來誤處及兩可者皆注於下。唯《正譌》一書已有梓本，凡其是者皆不複載。以全書之文太繁，不能盡出，姑以《冠禮》一篇先之。

士冠禮第一 疏及下諸浦改「記」，并增「公」字。侯有冠禮。《小記》云：「丈大。夫冠而不爲殤。」是身有德行，年未二十而五字闕，浦校補。得爲大夫，則是大夫亦五字舊作「冠」，浦增正。不以二十始冠也。公送晉侯。下當疊「晉侯」二字。是年十九已下尚乃。爲殤，故知舊脱，浦補。二十乃冠矣。緇布冠、舊脱，官補。皮弁、爵弁。與劉向爲衍。《別録》。皆尊卑吉凶先後二字浦補。雜亂。

鄭氏注。疏言「注」者，注義於經下，若水之注物。注，舊皆作「註」，誤。

筮于庿門。疏閾閫。爲門限。《曲禮》云「龜曰卜，蓍曰筮」，故知筮以蓍也。《曲禮》本作「筴爲筮」。但疏下亦引作「蓍」，當由所見之本不同。金據《通解》，補「蓍草之靈者」十九字於「故知筮以蓍也」之下。案：《通解》之書，時有足成及删潤之句，不可全依。無此十九字，義亦無不足，可不必增。即既。云：「不腆先君之祧。」士於禰脱，浦補。庿。祧則與《聘禮》先君之祧同，脱，官補。謂遷主所藏始祖庿同。也。但蓍龜卦兆，五字脱，官補。各有所對。若以卦兆脱。對生成之鬼神。

主人玄冠。注筮必朝服者，脱，《集釋》有，疏同。尊蓍龜之道。下「也」衍，《集釋》無。疏雖經不言裳，然浦補。裳與韠同色。是以下文浦改「云」。「爵弁服，純衣」是也。云「筮必朝服者，尊蓍龜之道」者。也。又云「韠長三尺」，仝「博二寸」亦皆《玉藻》文。官補。肩與革韋。帶廣同。若然云，官改。天子用玄冕。

有司如主人服。疏是言屬者，尊義。之義。《特牲》云「有司，士之屬吏」，亦此親。類也。

布席于門中。疏漢興，求録遺文之後有古文、書。今文。又《喪服》註「今文無冠舊二字誤倒。布纓」之等。若疊古今之文訖。説。

筮人執筴。敎據《少牢》云：「當作『筮』。」注今時藏弓矢者，謂之韇丸。也。官校《集釋》

云：「今注疏本訛作『凡』。」案：官本注疏作「凡」，乃「丸」本字，竝不是「凡」，今人只識「丸」字，故反以「凡」爲訛。　疏據筮時之事。此下，金據《通解》補「筴即蓍也，《曲禮》曰『筴爲筮』，是也」十二字。按：此乃朱子所增成者，疏於「廟門」下，引《曲禮》云「龜曰卜，蓍曰筮」，不同今之《曲禮》作「筴」。此不應翻異，可不增入。于當作「掌」。玉、瓦、原三人各占一卦也。《少牢》，大夫禮亦云當作「是」。三人占。

宰自右。　注宰，有司主政教者。《集釋》無「也」字。

卒筮。　注筮人，以方寫所得之卦。《集釋》無「也」字。　疏彼爲祭禮，吉事尚提提。事尚，舊本倒。提提，《檀弓》本作「折折」。

若不吉。　疏若冠子，則年已二十不可止，自劉補。然須冠。　更筮中旬之云。遠日。

主人戒賓。　注古者有吉事，則樂與賢者歡《集釋》作「勸」。成之。　禮辭，一辭而許。《集釋》本無「也」字。

主人再拜，賓荅諸本從「竹」，訛。唐石經從「艸」，下竝同。拜。　疏當依與。官改。　彼文爲正。

前期三日。　疏故鄭引《冠義》禮。官改。爲證也。

乃宿賓。賓如主人服。　疏《少牢》「筮日」吉。官改。下云「宿」。　「使知之。祭日當來。」又云：「前宿一日，宿戒舊倒，官乙。尸。」

厥明夕，爲期于廟廟。此書多作「廟」，當俱從唐石經改正，下及疏内竝同。門之外。

擯者請期。疏鄭注云：「肉謂爲。之羹。」

擯者告期于賓之家。疏有司是家之屬吏，下「者」字衍。則告當作「爲」。期皆得在位。

夙興。注及朱子疑誤，官本改「其」。大小異。疏即今之搏搏。風。四阿，四注屋。重屋謂路寢。屋重，舊誤倒，官乙正。漢時門廡，是也，訛。金據《通解》欲移「也」於句上。兩下爲之。文是。監本「文」。不具也。

陳服于房中。注墉，牆。《集釋》有「也」字。

爵弁服。注再入謂之赬。《釋文》：「再染，如琰反。」下二字同，蓋本《爾雅》之文。張淳據此改「再入」、「三入」、「四入」，「入」字俱作「染」，不知《釋文》所見之本，與注疏本時有異同，不必定從《釋文》。下倣此。今齊人名蒨爲韎韐。官校《集釋》云：「疏云：『周公時名蒨草爲韎草，以此韎染韋，合之爲韐，因名載爲韎韐。』是蒨一名韎，而載名韎韐，蒨不得名韎韐也。『韐』字乃衍文。」疏釋曰：士禮玄上。端自祭。七入爲緇，當作「三入爲纁」，語意方貫。若以纁入黑則爲紺。故鄭注《鍾氏》云：「緅，脱，官有。今《禮》俗文作爵。」是純況。官改。有不同之事。玄端亦朝脱，官有。服之類。　此經云「韍韐」，《玉藻》云「緼紱」，五字脱，官補。二者一物。　是韍有與韠組。官改。異。　《詩》云：「朱芾斯黄。」當作「皇」，非異文。　二與四日。浦據《玉海》改。爲體。

又云天子、三公、大夫皆不。官改。朱韍。

皮弁服。　疏若然，黄帝雖有絲麻、布帛、皮布。弁。　即《論語》云「繪事後素」之等是事。也。

玄端。　疏不問同。官改。一命、不命皆分爲三等。　以其士唯有一緇幅，官改。禅之帶。　朝時不朝脱，官補。服。浦疑「不服朝服」。　彼云「朝服」，即此「玄端」冠。官改。也。　鄭云：「端，諸侯視朝之服。」下「耳」字衍。　此既易亦。官改。其裳。　直以諸侯之士皆有三等，「之裳」二字衍。故還以三等之裳士。配記。浦改。之。

緇布冠。　注緇布冠無笄，官校《集釋》云下「者」衍。著頍。　疏明于項中上。金補上「中」字，此却未改。結之也。　首著卷幘，卷幘二字脱，官補。之狀雖不可知，既言「頍圍髪際」，「故」字衍。以固脱。冠。「之」字衍。　漢時卷幘是頍之遺象所生。下「至漢時」三字衍。　有餘，因垂爲飾《通解》下有「必屈繫者擬解時易爲繫屬之」十二字，亦見後疏。也。　則以二條組《通解》有「爲纓」二字。兩相屬于頍。

櫛實于簞。　疏鄭注《曲禮》：「圓曰簞，方曰笥。」下脱一「笥」字，當補。

蒲筵二，在南。　疏釋曰：筵二者。案：此是釋經，而首乃有註「筵，席也」并方圍，係誤，當删。

爵弁。　注制如冕，浦據疏增「而」字。　黑色。　坫爲襘。《集釋》作「檜」。案：宋本、《釋文》亦從「木」，今通志堂本與《通解》皆從「衣」。此句「爲」字，《集釋》本作「作」字，今疏亦然，今人依《釋文》改從「爲」。　疏升則東面，據豫。官改。　終言之也。　但坫有二。下文有「二」字，浦疑衍。

主人玄端。　疏上文已以。官改。　陳衣冠器物。

兄弟畢袗玄。　注古文「袗」爲「均」也。宋本無「也」字，《集釋》有。　疏主人當序南，浦疑「東」。案：序爲東序，所不待言，此自在阼階下，當東序之南耳。　西面。

將冠者。　疏云「錦紳」者，以紳爲大帶之垂二字脱在下，浦移此。　也。　云「并紐」者，亦以錦爲紐約舊誤「紳」。又，「之垂」二字脱在此，浦皆改正。　也。

賓如主人服。宋單行注本，注首有「從，猶隨也」四字。　疏欲得尊賓嘉客。舊作「尊嘉賓」，無「客」字，此據宋本校正。

主人迎。　疏據主人在東，賓在三字脱，官補。　西。

主人揖贊者。　疏云「贊者隨賓」者。脱，浦補。

贊者盥于洗西。　休寧汪兆瀣稚川云：「『于洗西』三字，蓋因注而衍也。注云：『盥於洗西，由賓階升也。』本以二句釋經『盥，升』，相足成文。若謂以『由賓階升』釋『盥于洗西』，則方位不相當矣。」案：自唐石經以來，諸本皆衍此三字。近官校《集釋》亦以疏明云「贊者盥于洗西無正文」，益可證唐初本猶無此三字，與注説合。 注立于。經例作「于」，注作「於」，此上下皆作「於」，不應此獨作「于」，當改正。下竝倣此。 疏故先入房竝立待侍。事。 贊者亦從外來，但三字舊作「之又」，浦校改。 卑不可與尊竝。又及。浦改。 向賓階，便知在洗西也。 恐由作。阼階。

贊者奠纚。 疏知贊者是「其」字衍。 賓之贊冠者也者。

賓右手執項。 疏知「進容者，行翔而前，後。鶬焉」者。

冠者興。 疏案《郊特。特牲》。

贊者洗于房中。 疏以房庭。中有洗。 《昏禮》贊酌醴。監本作「贊醴婦」，訛，當從毛本。

賓揖，冠者就筵。 疏賓自至房户取醴，酌醴者出。浦云下句當作「贊者酌醴出」。

冠者筵西拜。 注賓還，葛本無。荅拜於西序之位。

冠者即筵坐。 以柶祭醴三。毛譌「二」。 建各本俱誤「捷」，唯唐石經不誤。張淳《識誤》云：注之「扱柶」《釋文》作「捷柶」，故爲作音耳。注疏本乃并經文改之，非是。官校《集釋》，以他篇經文皆作「建柶」，不得此處獨異，定作「建」。 柶，興。 注建捷，譌。 柶，扱《釋文》作「捷」，音「初洽反」，「本又作『插』，亦作『扱』」。然則注疏本自作「扱」字。今《集釋》本官校從《釋文》，改爲「捷」。 柶於醴中。

請醴賓。　注必宋本及疏竝同，義自可通。《通解》、《集釋》作「以」。　帷幕簟席爲之。

冠者見于於，譌。　唐石經不誤，下不具出。　兄弟。　疏故贊者東面下當有「冠者西面拜」五字。　也。

入見姑姊。　注姑與姊亦俠拜也。《集釋》無「也」。

乃易服。　遂以摯見於鄉大夫、鄉先生。　劉氏台拱云：「陸德明《釋文》不出此句。至《禮記·冠義》則云『鄉大夫、鄉先生』，竝音『香』，自此以後，《儀禮》、《禮記》各本皆作『鄉』，即石經亦然。由今攷之，此經及《冠義》，竝當作『卿大夫』，作『鄉』誤也。卿大夫，謂見爲卿大夫者；鄉先生，謂已爲卿大夫而致仕者。見君之次，徧見卿大夫，如《晉語》趙文子冠，徧見六卿是也。鄭解『鄉先生』爲『卿大夫致仕者』，蓋蒙上爲釋。賈疏云：『先生亦有士，鄭不言者，經云卿大夫，不言士，故先生亦略不言。』據此知賈所見《儀禮》本作『卿大夫』也。孔疏云『見於卿大夫，謂在朝之卿大夫也』，是孔所見《禮記》本亦作『卿大夫』。孔以在朝對致仕者，文義甚明。而今本《正義》亦竝改作『鄉』。」　疏以初冠時服玄端爲《通解》有「加」字。　緇布冠《通解》有「之」字。　服。

乃醴賓。　注《内則》曰：「飲，重醴清糟，此處二字，疏與《集釋》、《通解》皆有。校者據《内則》，以此二字屬下文。　稻醴清糟，黍醴清糟，粱醴清糟。」此十二字脱。《集釋》、《通解》皆有，據疏亦本有。　疏此則主人獻賓而已，故浦補。　無亞獻，知即燕者，《鄉飲酒》末未，譌。　有燕。

先自飲訖，乃酬賓，賓脱，官有。奠而不舉，是「賓、主人各兩爵而禮成舊倒，官乙。」也。亦是士。其差也。質者，謂若《冠禮》禮子之類是也，故設尊在房中文者，此禮賓是也，此十三字本無，宜與吴氏紱謂補此義方完足。故以房户之閒顯處設尊也。

主人酬賓。注凡物十曰束。五字宋本有。束帛，十端也。儷皮，兩鹿皮也。《集説》作：「儷，兩也。皮，鹿皮。」疏當奠酬之節，從行。浦改。之以財貨也。故《聘禮》云：「若不親食。」饗。則又異於大夫也。「下」字衍。

贊者皆與。注贊者，衆賓也。《通解》疑此注爲誤，當謂「主人之贊者」。竊謂注未必非。上言乃禮賓，正與下爲目，何容亟及己之有司乎？前先戒賓，而後筮賓，所戒之賓，衆賓也。如使一介飲酒，而衆賓不與，反使己之屬得先焉？古人必不如此。究當依鄭注爲是。取尊賢脱。之義也。

若不醴。注聖人用焉不改舊者。疏及《集釋》是「舊」。也。疏是下《曲禮》文云。也。所以然者，以周法用醴。醮。但醴《通解》有「是」。太古之物，自然二字《通解》無。質《通解》有「宜」字，俱不必從。無酬酢。

尊于房户之閒。疏醴非飲醉之物，故不設戒也。爲。此用周。酒，酒是可所。俱依《通解》正。飲之物。

洗，有篚。注順從也。單行本有此三字，在注末。疏此庭洗，衍。篚亦盛勺觶，故云

「亦」也。云西，衍。「南順，北爲上也」者。

始加，醮。注將自酌也。單行本此下有「一升曰爵」四字。又末句「几薦出自東房」，在下注「贊者則亦薦之」之下。疏云「始加，醮」。薦。

冠者拜受。疏亦不言出，衍。薦之時節。

冠者升筵，坐。疏出房，立待賓客，衍。命。《聘禮》注云「糟醴不卒」，啐，訛。吴氏紱云：「謂不卒爵也，經云『啐醴』，則非『不啐』明矣。」故也。

徹薦、爵。疏明薦爵更設而是。後加，卒啐。設於席前也。兩字皆據《通解》。金遺而字未正。

加皮弁，如初儀。疏示新也。此下金據《通解》補五十七字。今案：皆下文「三醮，攝酒」節疏，朱子移置於此者，而金誤以爲此節脱文。

加爵弁，如初儀。注乾肉，牲體之脯也。如今涼州烏翅矣。七字脱，宋本有。今疏中「涼」作「梁」，「烏」作「鳥」，皆訛。疏前一毛訛「三」，浦改「一」。醮有脯醢。案下文「若殺」已下，云文。「卒醮」。捶棰。之而施薑桂曰腶服。脩。言金補「之」字，非。「若今涼梁。州烏鳥。翅」者。脱，《通解》有。觀此則注中本有可知。

若殺。疏又合字在載升之閒，通言之者。《通解》「者」字在「通言」之上。以茅覆鼎。

鼏。爲歸胙用左，則用右左。而祭之。《鄉飲酒》、《鄉射》。社。煮豕、亨豚。魚、腊以鑊。案《昏禮》「特豚豕。合升」。《特牲》亦云「卒載加匕七。于鼎」。一者舉肺，一者一。祭肺。《少儀》云牛羊三牲。之肺。刌「忖」亦通，但此上下皆作「刌」。切之使斷。

不從其今。文。

再醮。疏細切爲虀。虀。「蚹蠃，螔蝓」，四字脱，官本有。《爾雅》文。

三醮。疏至三醮，則者。官改。直云「籩豆有楚」。

若孤子。疏惟一醴醮。三醮醴。俱官改。不同耳。

若殺。注孤子尊宋本有，疏無。得申禮，盛之。疏三二一。鼎豚魚腊。異類。浦改。于官改「知」，非。上，父在陳鼎不於門外也。

若庶子。疏於三醮代。之下言之。今於周之子。適子。皆爲適子三代。而爲，衍。言。

吾子將莅唐石經同，今官本依《釋文》作「涖」。之。

壽考惟《集解》「維」。祺。

兄弟具在，以成厥德。宋本有「厥，其也」三字注。注者，湅疏中訛「湅」。黎疏中作「黎」，亦可通。官本作「犂」，訛。也。

拜受祭之。注首有「休，美也」三字，《集釋》同。

始加元服。疏「善兄弟長。爲友」者。欲見非但善事父母二字脱，下同。官有。兄弟，而亦爲父母兄弟之所善者，諸謂。官改。行周備之意也。至於用周。醮之辭。「凡殤不備脱，官有。祭」之類也。周公使祝雍三字脱。爲祝辭：「使王近於民。」人。

昭告爾字。疏此字文在三醮代。官改。之下而言，則亦知遂。官本「亦遂」作「醴與」。三代官本「醮」。字辭同。官增「可知」二字。

宜之于假。《通典》作「嘏」。

永受保之。疏故言某脱，官有。甫爲且字。夏殷質則積稱，訛。下同。今從《集釋》。仲，周文則積叔。一則是殷家冠時，遂以伯、仲二十，浦改。字呼之。故二十冠時，則以伯、仲、叔、季所脱。當擬之。父猶傅傳。也。云「孔子爲仲，衍。尼甫」者。《桓公十五年》，「天王使嘉今《春秋》作「家」。甫來求車」是也。云「宋大夫有孔甫，是其類」者，宋，衍。《左氏傳・桓二年》「宋脱，官俱校正。孔父嘉爲司馬」是也。

爵弁纁屨。疏以玄端有黄裳三之。等裳。有與。官改。冕服之嫌。此者。官改。即上黑屨以青爲絇繶純。與舉。舄同脱，俱官改。者。

不屨繐屨。疏欲見大功末未。可以冠子，恐人遂脱，浦補。以冠子，故於屨末未。

因禁之也。

記冠義。　疏云「冠義」者，記子冠中之義也。下「者」字衍。官本於「云」字上增「又鄭注《禮記·冠義》」七字，非。

始冠，緇布之冠也。　疏太古質，蓋亦二字官本删，非。無飾者。　未知太古時有緌以不。是。官作「否」。案：以不，猶「與否」，唐人語。

委貌。　毋《釋文》作「母」，石經及諸本多作「毋」，今疏中作「母」，誤。追。　疏上緇布冠，是也。諸侯已下，始加之冠。

周弁。　疏見士之三加之冠有者。爵弁者。此段官改甚多，似皆失其本意。疏以此節專爲「爵弁」而發，今改云「非直言爵弁」云云，更説反矣。當悉從舊本爲是。　以五采色。服有文飾。

無大夫冠禮。　注或時改娶。《集釋》作「取」，宋本同。　疏鄭云：「古謂爲。殷。」

公侯之有冠禮也。　注自夏初以《集釋》作「已」。上。　簒弑不必從《釋文》「殺」。所由生。

民猶得同姓以弑其君者。《集解》作「也」。　疏明夏初舊倒。未有。

天子之元子。　疏此記者見天子元天。惠改「之」，非。子冠時。

繼世以立諸侯。　疏以其此。監本「其」。　士之子恒爲士。

死而諡。依《五經文字》。《説文》本作「謚」，《字林》改作[一]「諡」，乃以「謚」爲笑聲。今仍當作「諡」爲是。宋本《釋文》作「謚」。下俱倣此[二]。注死猶不爲疑衍，疏無。謚耳。疏故此《記》禮。云：「死而謚，今也。」五十亦當有「以」字。伯仲。

儀禮注疏士昏禮

士昏禮第二

目録必以昏者，《釋文》有「取其」二字，《三禮考注》同，《集釋》無。陽往而陰來。疏故《三光二字疑「考」之誤。靈曜》亦日入三刻爲昏，不盡三刻二字湔據《司寤》疏補。爲明。昏禮。下達，納采用鴈。案：《説文》：「鴈，鵝也。」此注云「用鴈爲摯者，取其順陰陽往來」，是指陽鳥也。《説文》陽鳥作「雁」字，不與「鴈」通用。然昏禮摯用生陽鳥，不可常得，自當指人家所常畜之舒鴈爲是。注達，通下「達」字衍，《集釋》無。也。疏男父先遣媒氏至脱，官補。女氏之家。故《左氏・言《左氏》，以別於《公》、《穀》也。或改爲《春秋》，則下「經」字爲衍。莊公二十二年》經書：「冬，公如齊納幣。」

主人筵于户西。注故受其禮於禰廟也。脱，《集釋》本有。疏下文禮體。賓云。

[一] 「作」字，《續修四庫全書》本字殘，據《抱經堂叢書》原刻本補。
[二] 「倣此」二字，《續修四庫全書》本字殘，據《抱經堂叢書》原刻本補。

擯者出請事。疏案《論語》云「無必」，故云「不必」也。「也」上「事」字衍。注「禮不必」爲句，「事雖知猶問之」爲句，疏亦竝不誤讀，觀下云「以其前已有下達之事，今使者來在門，是知有昏事」云云可見。

主人如賓服。疏明此出。門外是大門外可知也。是以《聘禮》。

至于於。庿石經亦誤作「廟」。門。

主人以賓升。注今文「阿」爲「庪」。惠氏棟云「主人在阼階上，則賓當庪」，似得之。疏序則物當堂。棟。

擯者出請。疏此主人不知賓有事無事。下二字浦據注補。

賓執鴈。疏故云當作「止」。一使也。

擯者出請。疏注「此醴」至「厚之」。案此當作「『擯者』至『醴賓』」，其「注『此醴』至『厚之』」六字，當移於「云此醴亦當爲禮」之上，又增「釋曰」二字。

字從醴者。醴，當作「禮」，否則當云「字不從醴者」。

侯伯誤倒。「一裸而酢」。

用齊酒脱，官據《大行人》文補。禮之。《聘禮》卿亦云「無儐」。舊「擯」，下竝同，官改正。

主人徹几。疏經云「東上」者，統於主人也。脱，增補。

又及。云「贊者薦脯醢」。但衍。冠禮尊在服北，南上。

主人迎賓于庿廟。門外。　注古文「校」爲「枝」。《集釋》「技」。　疏「推拂，去塵示案。新」，云推脱。　拂者，外拂之也。劉云：「案『云推拂者，外拂之也』，此乃賈氏自下意，有據此以爲《有司徹》注脱文者，非。」　鄉飲酒、鄉射及燕禮，賓。　賓輕，故無几。

主人受醴。　疏皆於筵前受醴。禮。

賓即筵坐。　疏禮醴。　中有拜可知也。　謂祭脯醢置之俎豆。　皆於豆閒。　皆有脯酒。浦改。　醢。

賓即筵。　疏此云「奠于薦左」，舊譌「東」。又衍「升席奠之」四字，從浦刪改。金氏并「此云」以下十字皆衍，則下句「皆」字無所承，非是。　明皆升席，南面奠也。　不得因祭而劉云：而，乃「面」字之誤。下又有脱文。據文義，當云：「酬酒不祭不舉，不得因祭面，故北面奠于薦東也。」凡誤一字、脱三字。祭酒南面，此酬酒亦南面，故云「因祭面」，上文可證。　奠于薦東也。　賓君。官改。　祭酬酒。

納吉。　疏釋曰。浦擬增「自此至『納徵』，陳納吉、納徵、請期之禮」十四字。　凡卜筮皆於禰廟，故知義二字脱，浦增。　然也。

納徵。　疏若彼據庶人直空。　用緇，無纁。

期，初昏。　疏豫陳同司。　牢之饌也。　謂在子乎。官改「壻」。案：注言「壻之室」，依注自可。但在男家言子，與注亦互以見義，與下「舅姑寢門外」正相對，且「乎」字與「子」字形近，浦改爲「子」可從。

寢門外也。　陳鼎皆如小大。　斂奠。　門外皆西面者，亦是喪禮、既夕劉云二字涉上文衍。變也。　命士以上之，衍。　父子異宮。　下文云「贊爾黍」。　稷，衍。　生人唯有舉肺，無皆。　祭肺。　脱，浦增正。　正脡、脡。　横脊，而取中央正脊。　後食幹骼。　骼。　先食啗啗。下同。　之。　據《特牲·記》云「魚十有倒。五」。　此或《少牢》云。　官改「文」。　云文。

「今文鼏皆作密」者。

饌于房中。　注生人尚褻從「埶」，非。　味。

大羹石經、官本下皆從「美」。　湇石經从「日」，非。官从「月」。　在爨。　上當作「冃」，作「同」非。　注爨，竈也。　火上，譌，據宋本改。　疏故知不和鹽菜。　當作「故知無鹽菜」。　浦欲去「故知」二字。　引《周禮》者。　浦增。

尊于室中北墉下。　注墉，牆从「土」，非。　也。　綌，粗葛。　敖本增「冪，覆尊巾」四字，取之《大射》注。

尊于房户之東。　疏此尊非爲夫婦。　《通解》作「此尊酌贊、媵、御」，語更明。　《韓詩外傳》云「一升曰爵」云云。　案：此韓詩説見《詩·卷耳正義》，非《外傳》。

主人爵弁。　注纁裳者，衣緇衣、緇帶。　二字注及疏皆無，浦增。　下云「不言衣與帶」，則此似當有。　劉云可不增。

使徒役持炬火居前炤道。　敖本增「燭用蒸」三字。　疏今爵弁用助祭之服親迎，《通解》作：「今士親迎用爵弁，是用助祭之服。」以爲攝盛。　親迎亦當用脱，《通解》有。玄亦。冕，攝盛也。其助祭之服。五字無，《通解》有。　孤卿大夫士爲臣卑，須復。官改。攝盛，故脱，《通解》有。取助祭之服以親迎。若則。天子諸侯爲尊二字《通解》無。則尊衮。矣，官校云：「賈氏常有『尊則尊矣』之語。」不須攝盛，宜用家祭之服以迎。二字無，《通解》有。　至於親迎，亦《通解》「只」。用玄冕，臣下「乃」字，《通解》無。不得過君故也。約脱，官有。《郊特牲》文。　「棧車欲「其」字衍，《考工記》無。下同。弇」。云「士而脱。乘墨車」。一曰玉路以祭，衍。祀。　士乘大夫墨車爲攝盛，則庶人當乘士之棧車。此八字脱在後，《通解》移此，得之。禮窮則同。也，衍。孤還乘夏篆。又於臣之外特置，亦是尊官刪。尊則尊矣，不假欲。攝盛。若然，舊「庶人當乘士之棧車」在此，今移上。則天子諸侯尊則尊矣，亦不假攝盛，依巾車，自乘本車矣。此段文義雖拙僿，然亦易曉，《通解》所節不必從。玉路欲。祭祀。以攝官有「盛」字。言之。

婦車亦如之。疏何脱。休以爲禮無反馬。故譏乘行匹至也。劉云：「此何氏《膏肓》之文，下脱去鄭氏所駁，今據《左氏正義》補於下。」鄭箴作「荅」，非。之曰：「《冠義》云無大夫冠禮，而有其昏禮者，天子諸侯大夫補二十四字。下「士昏」二字衍，刪。皆異。」《何彼襛穠。矣》篇。今高固大夫也來二字脱。反馬，則脱，俱浦據《左正義》補。大夫亦留其車。禮雖散亡，言。以《詩》論之，大夫以上至天子，皆脱。有留車二字脱。反馬之禮。俱據《左正義》補正。高固秋九脱。月逆叔姬，冬來反馬，則婦入人。三月祭行。并諸侯三公二字脱，《通解》有。夫人。以朝見於君，盛成。官改。之也。

姆纚笄，宵衣。注若今時乳母矣。脱，《集釋》有。纚，縚縚。髮。疏休又云：「喪父《公羊》注「婦」，《大戴》同，此依《家語》。長女不娶。」以縚髮而結紒。官改。之。案上文云「女純緣。衣」。

女從者畢袗玄。注同玄者，上下皆玄。《集釋》無「也」字。疏古者嫁女，必姪娣從，謂爲。之媵。謂於衣領上別刺黼文，故脱，《通解》有。謂之被。下「則」字，《通解》無。今此倒，官乙。婦人事華飾。

主人揖入。疏婦從父迎。浦改。出大門之事也。

壻御婦車。注《曲禮》曰。三字衍。若有，則疏不必云「《曲禮》文」。

婦乘以几。注行車《集釋》無。輪三周。疏案《既夕·記》：禮。「明衣裳用幕脱。布。」士妻紂衣纁緆。袡。

壻乘其車先。疏立《郊特牲》文。彼無「剛柔」二字。故解改。爲壻家大門外。則門外大門。父之大門外也。

婦至。　疏此明夫導於婦云云。浦擬改爲：「自此至『卒食』，明夫導於婦入門、升階，及對席，媵御沃盥，即席之儀。」

贊者徹尊冪。　疏《特牲》浦補「乃匕」二字。注云。　凡牲體有倒。又有「别爲」二字。肩、臂、臑、臑。俱從《通解》删改。　肫、胳、脊、脅之等。匕依《釋文》，此當作「朼」。　者逆退。

菹醢在其南。　注啓，發也。敖氏取《士虞》注，增「會，合也，謂敦蓋也」七字。　疏釋曰。上當有「菹醢至于北」，并一圓圍。下凡似此缺者，皆當補。　羹宜熱，臨醢。　食乃將入。　又生主。　人食。　設堷湇於卜。　醬南。

贊爾黍。　注爾，移「爾」訓「近」，亦訓「移」，注每互見。也。　疏則上文云「肺祭。者，祭肺」也。　故此昏禮從特牲祭祀法也。二字脱，《通解》有。　彼九飯禮盛。成。浦改。　此先爾黍，稷，衍。　後授肺脊。脱，浦删補。

贊洗爵。　注酳，漱从「欠」，不當从「攵」。下同。也。　漱，所以絜潔。《集釋》「絜」，下同。口。　疏以下文云「贊酌于户經「户」字，敖氏疑衍，是也。此亦誤衍。　外尊」。

御衽于奥。　疏前者示有，衍。　陰陽交會有漸。

主人入。　注笄而禮宋本「醴」。之。　疏此纓雖用絲爲之，當亦用。浦改。　五采，是婦人女子有二下「時之」衍，宋無。纓。

夙興。　注古者命士以《集釋》「已」。上。　疏子幼謂年十五已下。「則不隨母嫁」五字衍。

婦執笲棗栗。　注笲，竹器而官作「有」，非。衣者，其形蓋如今之筥、筡簾《釋文》作「筡簾」，皆从「艸」，非。本字作「𠔾盧」。矣。　疏見姑以腶腵，譌。下同。脩者。

降階，受笲腶官本从《釋文》本作「段」。脩。

贊者酌醴。　疏以其即席，贊授。從《通解》改。故面枋。

特豚。　注其他，謂爲。醬湆菹醢。　疏若成牲載一胖，是常法不二字浦增。得云「側」，此乃各官增。載一官增。胖，故官增「亦」字。云「側」。酒在内者，亦在北墉牖。下。

席于北墉下。　注首《通解》有「墉，牆也」三字。今案：已見前，此不必增。

婦徹。　疏不餕舅餘者，以舅尊，嫌相褻。浦云此十一字當在下疏内。

婦餕姑之饌。　疏注「奠于篚」。案：此段次序頗亂，今正之。當先標「婦餕」至「奠之」、一圓圍，釋曰：云「婦餕姑之饌，不餕舅餘」者，以舅尊，嫌相褻。云「御贊祭豆、黍、肺，舉肺、脊」者，御贊婦祭也。○注「奠于篚」。○釋曰：鄭知奠之奠於篚者，云云。以下不改。

婦徹于房中。　注古者嫁女，必姪娣宋本倒，此同《釋文》。從。　疏以其若有娣，乃先媵，媵浦增一「媵」字。即姪也。　經姪。言媵先。

舅姑共饗婦。　疏注「以酒」至「舉爵」。案：此當先標「舅姑至奠酬」五字，移此六字於「云凡酬酒皆奠於薦左，不舉者」之上，别起「釋曰」乃合。　仍無妨姑薦脯醢也。此下《通解》尚有一段，補之義乃完，而文亦有譌，今依疏例，并據《禮記・昏義正義》增正。　云「奠酬」者，明正禮成，不復舉者。此十二字依疏例增。以鄉飲酒之禮約之，席在室户外之西，舅酌酒於阼階，獻婦，婦西階上拜受，即席飲，祭薦。祭酒畢，於西階上北面卒爵。婦酢舅，舅於阼階上受酢，飲畢，姑乃酬婦。先酌自飲畢，更酌酒以酬婦。婦受爵，奠于薦左，不舉爵，正禮畢也。以上八十六字皆《昏義正義》文，浦增。　案上醴婦，雖適，使贊者饗則二字脱。親之，脱。明記使人醮庶婦「使人」二字舊在此，俱官本增正。當饗，節也。

舅姑先降自西階。　疏是授婦以室之事《通解》「義」。也。

舅饗送者。　注古文「錦」皆爲作。《集釋》「爲」，與疏合。「帛」。　疏案故。官改。《左氏傳》云。

若異邦。　注贈，送也。敓增「贈之」二字。就賓館。

若舅姑既没。　疏因《内則》有堇、荁、枌、芬。榆供養。

席于廟奥。　疏是以今亦别異。席異别。面。

祝盥，婦。　疏言若張子、李子也。當依《特牲》注作「伯子仲子」爲是。

婦拜，扱地，坐奠菜于几東李疑「東」字爲誤，蓋當言北。席上。　疏再拜，拜神與尸。户。

荅曰：「非天子，此引《哀十七年傳》，而舊作「天子在」，乃涉《襄三年傳》而誤，官改。無所稽首。」

故《燕禮》臣於與。君皆云「稽首」也。　振動，拜。鄭云當并引「戰栗變動之拜」六字。《書》曰

「王動色變」者。　當附脱，官補。稽首也。奇拜直既。官改。爲一拜。　爲先稽顙，後吉

拜。下「之」衍。

老醴婦于房中。　疏象舅姑生時，因見禮之。也。

記。士昏禮。　疏五者皆用昕。《通解》此下有「即《詩》所謂『旭日始旦』也」九字，金氏欲據此補

之。今案：《通解》删去「昕即明之始」數語，嫌文不足，故益以此句，實非賈疏本文，不當增。金所引，漏「即」

字，謂在「昕即明之始」下，更非。

腊必用鮮。　注殺全者，不餧「餒」字俗，《集釋》「餧」。敗。

女子許嫁。　疏非受納。官改。幣，不交不親。　當使主婦對，衍。女賓執其體。

祖廟未毁。　疏故云「未毁」與「已毁」，皆脱，浦增。是據高祖之廟而言。　或繼禰，

祖。或繼祖。禰。

問名。　疏此即西面南。官改。對。

祭醴，始扱壹一。石經「壹」。祭。疏謂贊劉云衍。醴賓婦。之時，禮成於三，其爲三祭之時，始祭禮官改「醴」，劉云「禮」不誤。之初。

納徵。疏案《聘禮》：「執皮者，皆右左。首。」天子廟門容大扃從「向」，譌。下同。七个。

庭中執皮帛者北面。二字浦補。據上士爲官長者言也。二字據《通解》補。府史之等。

賓致命。疏以其上經納徵、受授。幣。下「主人堂上受幣」同。故云賓堂上致命時，《通解》「屬」。此不命與子男卑。之士不命者别。

父醴女。疏故知父母疑衍。醴女。云「女奠爵于子。薦東」。

女出于母左。注必有正焉者，以託戒「之」字《集釋》無。使不忘。

笄，緇被纁裏。注被，表《通解》「衣」。也。

饗婦，姑薦焉。疏唯言饗婦，時同明日。官改。不言姑薦。

婦洗在北堂。疏房與室相連爲謂。浦改。之。云「北堂，房中脱。半以北」者。則知此房半以北得堂名也。「以北」下，《通解》作「謂之北堂也」。

昏辭曰。疏稱前已有惠，貺其妻於壻某甲。申。浦改。

對曰：「某之子惷愚。」注今古。《集釋》、《通解》皆作「今」。文「弗」爲「不」。疏明此是中間擯者出領賓下衍「告者辭下經致」六字，因上誤複。語，入告主人。

致命，曰：「敢納采。」　疏此使者升堂，致命於主人之脱。辭。

問名，曰。　疏及升堂致命，主人對辭。脱。　假外人之女收養之。假，猶言假或，此唐人語，非謂乞假。《通解》疑有語病，改之，可不從。

對曰：「吾子有命。」　疏明是主人之女，容金欲改爲「客」，頗未安。「容」是語辭，不當專指「客」。舊知之。

納徵，曰。　疏餘見且。納采。

請期，曰。　注大功之末。宋。　疏鄭知三族是父、己、子三者之昆弟者。脱，浦增。

三浦增。者皆己之齊衰、期服之内親。

對曰：「某固唯惟。石經「唯」。命是聽。」

對曰：「某敢不敬須！」　注須，待。《集釋》無「也」字，下「子，壻」同。

父醮子。　疏男子直取婦入室，無不反之。四字疑。　知醮子亦，衍。不在廟者，若在廟，當官補。以禮，官改「醴」，非。筵於户西，右几布在。神位，《通解》作：「若在廟，則應筵于户西，以布神位。」金本不盡依本文。今不言，則故。金作「明」。在寢可知也。

勖帥以敬。　注勉帥道婦倒。以敬。

父送女。疏此注又有。云「命，舅姑倒。之教命」，有「姑」字者，傳博。寫誤也。

庶母及門内。注示之以衿、鞶者，脱，《集釋》有。皆託戒使識之也。不示之《集釋》無「以」字。衣、笄者。疏案《曲禮》云文。「幼童。子常視毋母。誑」。

宗子無父母。疏云「宗子者，適長脱，浦增。子也」。稱諸脱。父兄、師友以行。

如何向。説舉納幣，其餘亦使。親命之也。注云「傳家事任在。子孫」。

弟石經、《集釋》皆無「則」字。稱其兄。注弟，宗子之脱，《集釋》有。母弟。

主人對曰：「某以得爲外昏婚。下同。姻之數。」

對曰：「某以得石經「得以」，敓云倒。爲敓補「外」字，注以爲古文，可不必補。昏姻之故。」

主人出門左。注壻有子道，不敢授受。也。

擯者以摯出。疏賓執摯入門右，從君，衍。臣禮。

見主婦。疏故知脱。是左扉也。

呂氏讀詩記

三十二卷，宋東萊呂祖謙著。明御史傅應臺氏刻於南昌，有嘉靖辛卯鄞陸釴序，從宋本出，字多從古，今其本頗不易得。世所通行者，乃神廟癸丑南都所刻本爾。余曾借得嘉靖本以相參校，始知神廟本脱去兩葉，其他亦有遺脱。恐久遠不復見其全書，故亟爲補正之如左。

卷一　詩樂。「《禮記》天子五年一巡狩」之前脱一段，今依陸本補之。

《論語》：「子與人歌而善，必使反之，而後和之。」注云：「樂其善，使重歌，而自和之。」程氏曰：「歌必全章也。」師摯之始，《關雎》之亂，洋洋乎，盈耳哉。注云：「師摯，魯大師之名。始，首也。師摯首識《關雎》之聲而理其亂者。」

卷二十七　《烝民》第六章，「鄭氏曰：衮職者，不敢斥王之言也。王之職有闕，能」，此下嘉靖本後印者脱去兩葉，神廟本遂無從補完。嘉靖本係每葉二十八行，每行十九字，今鈔補於後。但近日書賈又作僞欺人，以「召旻池之竭矣」，徑接《烝民》六章之後，以第五十六葉改作三十六，接上三十五，使人不復致疑，則不但缺兩葉，又共缺二十葉矣。然作僞者未必盡然，故今祇鈔補兩葉餘云。

補之者，仲山甫也。朱氏曰：「其德如是，故能補衮職之缺。」孟子曰：「惟大人爲能格君心之非。」仲山甫有焉。

仲山甫出祖，四牡業業。征夫捷捷，在接反。每懷靡及。四牡彭彭，八鸞鏘鏘。七羊反。王命仲山甫，城彼東方。

蘇氏曰：「王命仲山甫城齊，祖祭而行，其馬業業而捷，其徒捷捷而敏，猶常恐不及事也。東方，則齊也。」鄭氏曰：「彭彭，行貌。鏘鏘，鳴聲。以此車馬，命仲山甫使行，言其盛也。」毛氏曰：「東方，齊也。古之諸侯之居逼隘，則王者遷其邑而定其居，蓋去薄姑而遷於臨菑也。」孔氏曰：「《史記·齊世家》云：『獻公元年，徙薄姑，都治臨菑。』計獻公當夷王之時，與此傳不合。」

四牡騤騤，求龜反。八鸞喈喈。音「皆」。仲山甫徂齊，式遄其歸。吉甫作誦，穆如清風。仲山甫永懷，以慰其心。

毛氏曰：「騤騤，猶彭彭也。喈喈，猶鏘鏘也。遄，疾也。言周之望仲山甫也，清微之風，化養萬物者也。」朱氏曰：「式遄其歸，不欲其久於外也。穆，深長也。永懷，既行而有所懷恩也。」鄭氏曰：「述其美，以慰安其心。」曾氏曰：「賦政於外，雖亦仲山甫之職，然保王躬，補王闕，尤其所願。城彼東方，其心永懷，蓋有所不安者，尹吉甫深知之，作誦而告以遄歸，所以安其心也。」

烝民八章章八句

《韓奕》，音「亦」。尹吉甫美宣王也，能錫命諸侯。鄭氏曰：「韓，姬姓之國也，後爲晉所滅。幽王九年，史伯對鄭桓公曰：『武王之子應韓不在。』」

奕奕梁山，維禹甸之，有倬其道。韓侯受命，王親命之，纘戎祖考，無廢朕命。夙夜匪懈，虔共爾位，朕命不易。幹古旦反。不庭方，以佐戎辟。音「壁」。

毛氏曰：「奕奕，大也。甸，治也。禹治梁山，除水災，鄭氏曰：「梁山之野，堯時俱遭洪水。禹甸之者，決除其災，使成平田，定貢賦。」受命爲侯伯也。」鄭氏曰：「梁山於韓國之山最高大，爲國之鎮，所望祀焉，故美大，其貌奕奕然。梁山，今左馮翊夏陽西北，倬倬然著明。」蘇氏曰：「《禹貢》所謂治梁及岐者，在今同之韓城。將言韓侯，故先欽其國，曰梁山之下，有倬然之道，此韓侯所從朝周以受命者也。」《釋文》曰：「倬，明貌，《韓詩》作『晫』。」陳氏曰：「梁山，禹治水，其功有被於此山者，自禹之後，無傳焉。」鄭氏曰：「戎，猶女也。朕，我也。」毛氏曰：「虔，固也。」鄭氏曰：「古之『恭』字，或作『共』。幹，作楨幹而正之。戎辟。女君，王自謂也。」孔氏曰：「王親自命之云：『當紹繼汝祖考之舊職，復爲侯伯。』」王氏曰：「既命之『纘汝祖考』，又戒使其『無廢朕命』。虔共爾位，既戒以『夙夜匪懈，虔共爾位』，又戒以『朕命不復改易』，當幹不庭方，以佐汝辟也。不庭方，謂不寧侯也。」蘇氏曰：「不庭，不來庭也。」

四牡奕奕，孔脩且張。韓侯入覲，以其介全，入覲于王。王錫韓侯，淑旂綏章，簟茀音「弗」。錯衡，玄衮赤舄，音「昔」。鉤膺鏤音「漏」。錫，音「芊」。鞹苦郭反。鞃苦弘反。淺幭，莫歷反。鞗音「條」。革金厄。

毛氏曰：「脩，長。張，大。覲，見也。」鄭氏曰：「韓侯乘長大之四牡，奕奕然，以時覲於宣王。」孔氏曰：「毛氏於《嵩高》以介圭爲所執之瑞，則此言介圭，亦爲瑞也。」朱氏曰：「《覲禮》執圭贄，所以合瑞也。」鄭氏曰：「覲於王而奉享禮，貢其國所出之寶。」孔氏曰：「箋以入覲于王，爲行享禮，介圭則是爲享之物。《大行人》陳諸侯見王之禮云：『廟中將幣三享。』」

卷二十八 第八葉 自彼成康，奄有四方。此下誤脱十四字，今補之。成王非基命之君，而周之奄有四方，非自成王始也。又，「李氏」下缺一「曰」字。

第十二葉後三行「牟，大麥也」下，文多訛脱，今補正之。鄭氏曰：「育，養也。」蘇氏曰：「率育，偏養也。」朱氏曰：「后稷貽我民有來麰之種。」李氏曰：「此乃天命后稷率育斯民，無有内外彼此之殊。」陳氏曰：「遂使常道得陳於中國，所謂富而後教之也。」

思文一章八句

清廟之什十篇十章九十五句

史記惠景閒侯者年表

《史記》惠景閒侯者年表中，脱去楊丘一侯。《漢書·王子侯表》在楊虛之前，據《史記索隱》在楊虛之後。今從《索隱》補之。其楊虛侯中有以楊丘之文誤入者，故并正之。

楊虛	楊丘
齊悼惠王子，侯。	齊悼惠王子，侯。
四年五月甲寅，孝侯劉將廬元年。 十二 十六年，侯將廬爲齊王，國除。	四年五月甲寅，恭侯劉平元年。 十二 十六年，侯偃元年。 八
	三 四年，侯偃有罪，國除

今本《史記》以恭侯爲將廬之謚，又於「爲齊王」下云「有罪，國除」，此乃以楊丘之文誤入者，亦足以見史公本有，而傳寫誤脱耳。恭侯，名平，《漢書》作「安」，今從《索隱》之文。

史表之誤，不可勝指，今即此同卷前後之文，聊正一二於左。

便 元年九月癸卯，頃侯吴淺元年。今本脱「癸卯」二字，「侯」誤作「王」。

軑 第七格先書十。下書元光元年，侯秩元年。又書二十。下書元封元年云云。今本誤以「十」與「二十」合作「三十」，脱去「元光」以下八字。

沛 第四格先書元年四月乙酉，侯吕種元年。次書六。下書七年。更爲不其侯。又書一。下書八年，侯種云云。今本中閒誤連書「七」、「一」二字。又，「七年更」三字脱。

上邳 第五格先書一。下書二年，侯郢客爲楚王，國除。今本「一」字反寫在後。又，「二年」誤作「元年」。又，上衍「孝文」二字。案：首行已著各帝年，分侯下案格可知，前亦有出高后者，皆後人妄增。

陽信 第五格元年十一月辛丑，夷侯揭元年。今本「十一月」誤作「二月」，又本誤作「三月」，「夷」字脱。下「軹侯元年正月」，誤作「四月」；「今侯梁」，脱「今」字。又，凡中幾年、後幾年，於「中」、「後」下連「元」字者，皆衍文。

紅 第六格三年六月乙亥，莊侯富元年。次書四。下書前七年，悼侯澄元年。又書一。

下書中元年,敬侯發元年。又書九。今本「三年六月乙亥」,誤作「元年四月乙巳」,則仍是前封休侯之年矣。又,「一」字誤作「二」,其餘與《漢·表》異同不備著。

俞 第六格六年四月丁卯,侯欒布元年。次書六。下書中五年,侯某元年。又書五。第七格書十三。下書元朔二年,侯賁元年。又書十一。下書元狩六年,云云。今本「侯某元年」作「侯布薨」,大誤,史無此例。侯某者,不得其嗣之名也。又,「五」字脱。又,「十三」誤「十二」,或誤「十」。又,「十一」或脱「十」字,或脱「一」字。

垣 第六格三。下書六年,賜薨,不得其嗣。今本作「賜死不得及嗣」,大誤。「賜」乃其名,後人誤與有罪賜死之文相涉,遂妄改之。「不得其嗣」,史公常有此文法。

蓋 第七格先書二十。下書元狩三年,侯偃元年。又書八。下書元鼎五年,云云。今本先書「二」,下書「十八」,誤。

塞 第七格先書三。次十二。次十三。今本連書「三十二」,誤。

《史記》有吾鄉梁伯子玉繩刊正,極精細。此外不及備舉者,彼皆一一正之矣。震澤王氏本更多舛訛,不可勝摘矣。

續漢書志注補

續漢書律志

此晉司馬彪《續漢書》中之《志》也。梁劉昭爲注以補之，名曰《注補》。後人因范《史》闕《志》，取司馬之《志》，附於范《書》紀傳之後，毛氏汲古閣本猶然。明監本乃厠於范《書》紀之後、傳之前，并不載司馬氏之名，又改劉昭之注補爲補并注。故或有疑《志》爲范氏作者，又有疑爲劉氏所補而兼注者，皆謬改之失也。諸本中，毛氏爲優，今之校正，即在毛氏本上。《志》凡八，以《律志》先之。劉昭《序》各本多失刊，今載之於左。

注補續漢書八志序

梁剡令劉昭

臣昭曰：昔司馬遷作《史記》，爰建八書；班固因廣，是曰十志。天人經緯，帝政紘維，區分源奥，開廓著述，創藏山之祕寶，肇刊石之遐貫，誠有繫於《春秋》，亦自敏於改作。至乎永平，執簡東觀，紀傳雖顯，書志未聞。推檢舊記，先有地理，張衡欲存炳發，未有成功。《靈憲》精遠，天文已煥。自蔡邕大弘鳴條，寔多紹宣。協妙元卓，律歷以詳。元卓，劉洪字。承洽伯始，禮儀克舉；伯始，胡廣字。郊廟社稷，祭祀該明。輪騑冠章，車服贍列。於是應、譙纘其業，應邵、譙周。董、巴襲其軌。司馬《續書》，總爲八志，《律歷》之篇，仍乎洪、邕所構；《車服》之本，即依董、蔡所立；《儀祀》得於往制，《百官》就乎故簿：竝籍據前脩，以濟一家者也。王教之要，國典之源，粲然略備，可得而知矣。既接繼班《書》，通其流貫，體裁淵深，雖難踰等；序致膚約，有傷懸越。後之名史，弗能罷意。叔駿之書，是謂《十典》，叔駿，華嶠字。矜緩殺青，竟亦不成。二子平業，俱稱麗富，華轍亂亡，典則偕泯，雅言邃義，於是俱絶。沈、松因循，尢解功創，謝沈、袁山松。時改見句，非更搜求，加《藝文》以矯前棄，流書品採自近録。初平永嘉，圖籍焚喪，塵消煙滅，焉識其限？借南晉之新虛，爲東漢之故實，是以學者亦無取焉。范曄《後漢》，良誠跨衆氏，良誠，有一字衍。序或未周，《志》遂全闕。國史鴻曠，須寄勤閑；天才富博，猶俟改具。若草昧厥始，無相憑據，窮其身世，少能已畢。遷有承考之言，固深資父之力。太初以前，班用馬《史》，十志所因，寔多往制，升入校部，出二十載，續《志》昭《表》，以助其間，馬續、曹昭。成父述者，夫何易哉！況曄思雜風塵，心撓成毁，弗克員就，豈以兹乎？夫辭潤婉贍，可得起改，覈求見事，必應寫襲。故序例所論，備精與奪，及語八

《志》，頗褒其美，雖出跋前羣，歸相沿也。又尋本書當作《禮樂志》，其《天文》、《五行》、《百官》、《車服》，爲名則同。此外諸篇，不著紀傳。《律歷》、《郡國》，必依往式。曄遺書自序，應徧作諸志，《前漢》有者，悉欲備製。卷中發論，以正得失，書雖未明，其大旨也。曾臺雲構，所缺過乎榱桷；爲山霞高，不終踰乎一壥。當作「匱」，或「簣」。鬱絶斯作，吁可痛哉！徒懷纘緝，理慙鉤遠。迺借舊志，注以補之。此可見改補注之非。狹見寡陋，匪同博遠，及其所值，微得論列。分爲三十卷，以合范《史》。求於齊工，孰曰文類；比兹闕恨，庶賢乎已。昔褚先生補子長之削少，馬氏接孟堅之不畢，相成之義，古有之矣。引彼先志，又何猜焉。而歲代逾邈，立言湮散，義存廣求，一隅未覿。兼鍾律之妙，素揖校讎；「揖」字疑。參歷算之微，有慙證辨。星候祕阻，圖緯藏嚴，是須甄明，每用疑略，時或有見，頗邀傍遇，非覽正部，事乖詳密。今令行禁止，此書外絶，其有疏漏，諒不足誚。

晉散騎侍郎司馬彪撰

梁剡令劉昭注補

律志上第一 下二行增正。

注作子丑以名月。日。案：子丑等亦謂十二辰，則當繫於月明矣。後人因下有枝幹相配，以成六旬，遂改爲「日」，泥甚。

志夫一十百千萬所同用本或誤倒。也。

注《説苑》曰以粟本書「黍」。生之十粟二字本書無。爲一分。

十粟本書「十六黍」。重一圭，十本書「六」。圭重一銖。

大於千，廣前《志》「衍」。於萬。志知五聲之音，六律之數。甄鸞《五經筭術》引同，《通典》作「五音六十律之數」。上使太子太傅韋玄成。《筭術》無「韋」字，與下王、章亦不書姓正合。下「字少翁」三字亦無，蓋閲者偶作旁記，而寫者誤入正文，與上「房，字君明」竝當刪去，不可以《史記》有「解揚，字子虎」相比例。終於仲吕。此上《筭術》有「始於黄鍾」四字，《禮運正義》、《晉志》引皆無。宓當作「處」。羲作《易》。故各統一日。今本「統」作「終」。《筭術》、《正義》竝作「統」。《筭術》「一日」作「一月」，下「當日」作「當月」，此非是。案《隋志》，黄鍾三十四律，每律直三十四分日之三十一，大吕二十七律，每律直一日及二十七分日之三，合之成六旬，是當作「日」明甚。注以律官本脱。長短爲制。志苟非革草。《筭術》「革」。木之聲，則無不有所合。《學記》云「鼓無當於五聲」，柷敔亦但始樂止樂而已，作「革木」者是也。

律術曰。當提行。上生不得過黄鍾之清，衍。濁，下生不得不脱。及黄鍾之清。之數實，譌。皆依《筭術》改正。甄鸞云：「是則上生不得過九寸，下生不得減四寸五分，正解此二句也。」黄鍾，律吕之首，而生十二《通鑑》注引作「一」。律者也。注以爲黄鍾之管。前《志》「宫」。比黄鍾之音。前《志》「宫」。振羨前《志》「美」。於辰。申甲。堅於申。大成前《志》「盛」。於丁。志以九三之，當句。得數。《筭術》本作「得」，新刻依此書改作「數」。案：上下皆云「得」，不當作「數」。萬九千六百八十三爲法。於脱，《筭術》有。律爲寸，於準爲尺。《筭術》又有「於律爲分，於準爲寸」八字。今案：不當有，下文方始言「分」與「小分」之數。不盈者十之，所得爲分。一萬九千六百八十三爲寸，不盈十之所得爲一千九百六十八有奇，爲小分。又不盈十之，所得爲小分。爲一百九十六有奇。色《隋志》及《律呂新書》俱作「包」，當是也。《筭術》、《正義》竝作「色」，且仍之。育，十七萬六千七百七十六。六日。律，八寸九分小分八微强。準，八尺九寸萬五千九百七十三。案：於律爲寸者，於準爲尺，則律之所爲千，亦準之所爲萬也。色育十七萬六千七百七十六，律八寸九分，小分八，於數爲十七萬六千七百五十三有奇，除之尚餘二十二有奇，不及一小分，故云八微强。下皆依此推之。執始。下「小分七大强」，「大」當作「太」。《正義》作「小分八弱」，亦相等。質末。《筭術》同。《隋志》、《禮運正義》作「未」。下「小分二强」，《筭術》「强」上有「半」字，是。凌《隋志》、《正義》俱作「陵」。陰。形晉，十四萬九千一百五十六。五。《筭術》「六」，是。開時。下「小分九微弱」，《正義》同。案：《筭術》作「微强」，是。南授，十三萬九千六百七十四。脱，《筭術》有。依行。下「小分三大强」，《筭術》作「半强」，是。内負。下「小分八强」，《筭術》作「微强」，是。南事云云。不下，譌。生。甄鸞云：「南事，午上管也。計南事之律次，得上生八寸四分之管，便是上生不過黄鍾之濁，乃注云不生，此乃苟欲充六十之數，其於義理未之前聞。」盛變。下「小分三大强」，《筭術》作「半强」，是。離宮，十二萬一千八下「百一」二字誤衍，《筭術》無。新刻轉據此增之，誤。十九。安度。下「小分四弱」，《筭術》作「微弱」，是。解形，十下「一」字衍，《筭術》無。萬九千一百三。分積，十萬六千一百八十七。八，譌。《筭術》「七」。下「半强」，《筭術》無「半」字。案：當作「少强」。結躬。下「小分六少强」，《筭術》作「微强」。案：止當作「强」。期保。下「小分九微强」，《筭術》作「半强」，是。分烏，九萬三千一百一十六。七，譌。《筭術》「六」。列以物《晉志》「效」。氣。故待詔嚴崇。《晉志》「嵩」，古通用。自此律家莫能爲準施弦，句。候部莫知復見。復數、見數，見前《志》。音不可書以曉時。《晉志》「曉」。人。權土炭，灰，譌。下及注竝同。效放。《晉志》「效」。陰陽。六十。候日如其歷。《律通考》「歷」，北宋本同。注黄鍾之管長九寸，下《御覽》有「孔」字。徑二分。其餘皆稍補，譌。《御覽》「稍」。短，惟雖。何氏焯改。大小圍數無增減。

律志中第二

志自太初元年始用三統歷。後十三卷注中，何承天已摘其誤，《通鑑考異》亦云然。錢氏大昕謂：太初術，一元之中即有三統，劉歆用太初法推衍之，非别立一術也。詳見所著《續漢書攷異》中。歷稍稱。後天，朔先於脱。歷，朔或在晦，月或朔二字脱，竝依《御覽》補正。下同。見。言朔脱。歷不正。官歷署七月十六日月脱。食。因脱。上言「月當十五日食」。普候，脱。與官歷脱。課。詔書脱。令岑署弦望望，非。今官本前後竝改正。月食。日、月宿度相覺校，同。浸多。堯考德，顧題立象。緯書所載，作「順堯考德，題期立象」，注云：「題五德之期，立將起之象也。」冬至之日日在斗二十二當作「二一」。度。用望平和隨歷。時之義。倘脱，南宋本有。獲咸喜。司徒當有「屬」字。嚴勖。朔必有下「明」衍。晦，朔不舊倒，誤。必在其月也。唐一行《大衍歷議》引更譌，不可據。是朔明。一行作「朔」。不可必。又晦與合朔脱，一行有。同時。建星即斗星也。蔡葛山先生云：凡紀度多以二十八宿爲綱，此獨言建星，故釋之。蓋斗井度廣，故古多舉建與弧爲言。有議其斗建無別者，非是。又編訢等據今日所在下當脱「未至」二字。牽牛中星五度。斗二一。十一度四分一。日食朔。二十三事。二十四事，十得晦。其餘皆在朔，無二日者，非有脱文。三得日。晦。方疑「乃」。以七十六歲斷之。其斗、牽牛、錢氏塘謂此下脱「東井」二字。斗、牽牛，冬至日所在；東井、輿鬼，夏至日所在也。輿鬼，赤道得十五。赤道七十，譌。李文貞、蔡葛山先生俱云是「七」。度，黄道八度。出赤道北二十「二」字脱，李補。五度。非日月道，而以摇遥，同。今改「遥」。準度日月。史官以郭疑「部」。錢云：「《晉志》謂課弦望於兩儀郭閒也，『郭』字是。」日月行，參弦望。隆言能用《易》九、六、七、八支「爻」之誤。知月行多少。宜宣。課試上。注而月日行十三度十九分度之七脱。有畸。則脱。事敘而不悖。僖十五年，日食亦得朔。三字脱。明脱。此食脱。非用幣伐鼓常月。而脱。先儒所未喻也。故《傳》曰「不君君」。今誤「矣」。而三統歷唯得脱。一食。皆不下「得」衍。諧合。累日爲月，累月爲歲。四字脱。此自然之脱。理也。有脱。曠年不食者。非爲合以驗天者，衍。也。學者固本作

「故」。當曲循經傳月日日之食，以考朔晦，下「也」衍。以推時驗。而見脱。皆不然。有脱。善算者脱。李修夏宋本「卜」。顯。以乾度與泰始新本「太史」，譌。歷。乾度歷殊勝，泰始歷上勝官歷四十五事。十一字脱，依《晉志》補。今具列其下「時」衍。得失之數，又據經傳微旨，下「證據及失閏旨」六字，因下文誤衍。考日辰朔晦。及失閏違脱。時。蓋是脱。春秋當時之歷也。志日道周圜。脱。立成斧官府當用者。以下二十二字《宋志》無。下「二十四氣」上有「其」字。昔太初歷之興也。此下係《延光論歷》發端，當提行。百四十四歲而太歲超一辰。表。皆能《宋志》「審」。歷，句。數難誦、豐，或不《宋志》有「能」字。對。衡、興參案儀注，者，衍。考往校今。災異率北宋本「卒」。甚。五是者。北宋本「是」，注同。以備。遠嘉前造，則表喪。錢改。其休。昔仲尼順假馬之名。此非《家語》所載「君假馬於季孫」。孔子謂當言取之事，乃《論語》「吾猶及史之闕文」章語，古解以借人乘馬爲闕文之喻，此亦謂當闕疑耳。遂罷，脱，錢補。改歷事。《乾鑿度》八十一脱。分日脱。之四十三爲月日。法。案《乾鑿度》云：「置一歲。積日法，二十九日與八十一分日之四十三除之，得一命曰月。得積月十二與十九分月之七，爲一歲。」此處文不全。驗六異，李文貞云：「謂黃帝、顓頊、夏、殷、周、魯六歷之異。」課效觕密。《雒書甄乾。曜度》。從太初至永平十一年，百七十一脱。歲。至元永。和二年。案百七十一脱。歲二蔀一章。夫數出於杪抄。曶。注《古今注》又長一。脱。案

《古今注》，安帝永初三年三月日食，《志》不書，是多一事也。　羲和立渾。禪，譌。渾，謂渾儀，與韻協。圖緯無以庚申脱。爲元者。　乞與，衍，此下依《宋志》校。本庚申元經緯下「有」字衍。明文。脱，下「受虚欺重誅」上亦有脱文。　術不當疊。無常是。句。漢以。承秦正。　各自一二字脱。家之脱。術，皆當有效於其，衍。當時，武黄。帝始用太初丁丑之元，《宋志》作「昔太初始用丁丑之後」，無下「有」字。　六家紛錯。　連見劾一作「剥」，與「駁」同。奏。　是又新元有脱。效於今者也。　故有古今之術。《宋志》「異」。今術之脱。不能上通於古，亦猶古術之不能下通於今也。　起庚子錢云當作「午」，詳見《攷異》。　蔀之二十三歲。　則元不。錢改。在庚申。　下不及《命歷序》，獲麟至脱。漢相去四蔀年數。　而光、晃以爲當有「香」字。固意造妄説。　亦妄虚無云云。文有譌。　施行四五。若作「五」，則上文「其十二年」，「十」字爲衍矣。十六歲。　復後。作《八元術》。　恂術以五千六百四十月日，譌，錢改。有九百六十一食爲法。　以赤道儀，日曰。冬至去極俱一百一十五度。　整適官云宋本「輸」。作左校。　推元課謂。分。　推元，衍。漢即王漢。己巳元。　閏餘差百自。五十二分舊倒。之三，十二。兩字脱。　後格而已，衍。不用。

律志下第三

志斗綱所之。《御覽》「所」。建。　當其同所。脱，《御覽》有。　相與爲衡。錢疑「衝」，下「塱衡」同。　斗建移辰，謂之月。脱。　琁衡追日，以察發脱，俱錢補。斂。　違而後速，速脱一。　與日競。　及王官本「至」。德之衰也。　得三百六十五四分錢云「度」衍。之一，爲歲之日數。　月成則其歲，衍。月大。　中之始曰日。節。　元法，四千五百六。當提行，下每條同。　中法，三四。以下俱從錢校正。十二。　其月「食」字衍。百三十五，率之相除，得五月百。　二十三之二十而一食。　五百一十三分之五十五脱。也。　得四與二十七，五之會二千五十二。五之會，錢云當作「名之曰蔀會」。　蔀會，二三。　千五十二。三。月數，百三二。　十五。　食法，二十三。二。　推月食所入蔀會年。别本不提行，非。數從天紀算之起外算之起，疑「起算」誤倒，「之」字衍。　所下「以」衍。　入紀。　各以所不。錢改。入紀歲名命之。

此下各本竝譌，今從錢氏大昕校改。

	天紀歲名	地紀歲名	人紀歲名	蔀首
甲子	庚辰	庚子	庚申	一
癸卯	丙申	丙辰	丙子	二
壬午	壬子	壬申	壬辰	三
辛酉	戊辰	戊子	戊申	四
庚子	甲申	甲辰	甲子	五
己卯	庚子	庚申	庚辰	六
戊午	丙辰	丙子	丙申	七
丁酉	壬申	壬辰	壬子	八
丙子	戊子	戊申	戊辰	九
乙卯	甲辰	甲子	甲申	十
甲午	庚申	庚辰	庚子	十一

癸酉	丙子	丙申	丙辰	十二
壬子	壬辰	壬子午，譌。	壬申	十三
辛卯	戊申	戊辰	戊子	十四
庚午	甲子	甲申	甲辰	十五
己酉乙酉，譌。	庚辰	庚子	庚申	十六
戊子	丙申	丙辰	丙子	十七
丁卯	壬子	壬申	壬辰	十八
丙午	戊辰	戊子	戊申	十九
乙酉	甲申	甲辰	甲子	二十

錢氏云：案四分歷，元起庚辰，每二十蔀而爲一紀，三紀而爲一元。《志》文首格甲子、癸卯等，蔀首天正朔旦冬至之日，因以爲蔀名也。次行庚辰、丙申等，天紀歲名也。三行庚子、丙辰等，地紀歲名也。四行庚申、丙子等，人紀歲名也。五行一二三四等，則紀甲子爲入紀第一蔀首，癸卯爲第二蔀首。以下倶放此。諸本舛誤特甚，今爲正之。

求後月朔，加大餘二十九，小餘四百九十九。脱。　一術，以大周乘入蔀二字錢增。年，又以二字錢增。　周天乘閏餘二字錢增。　相減，減之。　餘滿蔀月日。下錢補二十四字。　得一，爲積日，滿六十去之，其餘爲大餘，以所入蔀名之命之，算外，則天正朔日也。　減一，以日月。錢改。　餘乘之。　一術，以十爲。　五乘冬至小餘。　置入蔀積日月。　以蔀脱。月日。　乘之。　推日所在度。北宋本提行。　以蔀法乘之，滿蔀月日。　除去之。　經斗除十九脱。　分。　一術，以朔小餘減合朔脱。　度分。　積度加斗二十一十九脱。　分。　其冬下旬云云。文難曉。　以夜半到明日所行分。下衍一「分」字。　置其節氣夜漏半。之數。　即月明舊倒。　所在度也。　加七度三百五十九分四分之，衍。　三，以脱。　宿次除之。　求望、下弦。當連上，下條同。　以月數乘積食。脱。　求後食，加五月百。　二十分。　又以四百九十九脱。　乘積月。　不滿法下衍一「法」字。　什之。　餘爲昨夜未晝云云。有譌脱。　五星數之生也。當提行。　以章法乘周率爲月周。　法。　以周脱。　率去日率，餘以乘周天，如日度法。　爲積錢補。　度度之。錢改。　餘。　木日餘，萬四千六百四十一。七。　火入月日，十二。一。　土入月日，二十四。三。　水月餘，二十一萬七千六百六十三。脱。　虛分，四百四十一。九。　入月日，二十八。七。　日度法，四萬七千六百三十二。一。　不盡名合餘。下衍一「餘」字。　以周率除之。下「不得焉退歲無」六字疑衍。

從小積不盡二字脱。爲月餘。以蔀日乘之，衍。入紀月。所得下衍一「得」字。滿日度法得一。以周率乘脱。小餘。餘一錢云當作「金水」。加晨得夕，加夕得晨。又加大二字脱。餘二十九，小餘四百九十九，小餘七字脱。滿蔀月得一，從如。大餘。以入月日日脱。餘。木，晨伏，十六日七千三二。下「伏復」同。百二十「伏復」下衍「二」字。分半。八十四日退進。十二度，復留。行星三十三二。度。火百脱。八十四日行百脱。一十二度。行三脱。百三度，伏。土一脱。見三百四十日。金日行下衍一「行」字。四十六分度之三十三，四十六日行三十三度。而疾，脱。日行一度九十一脱。分度之十五。一合二百九十二日二脱。百八十一分。金夕九十一日行百六度。而遲。進。伏五日，退四度而復後。合。凡再三。合一終。水夕留不行，二日。旋脱。逆。一見三十二日，行三十二脱。度。加如，星合日度餘。分如日舊倒。度法而一，分不盡如半法舊倒。以上。如故母，而如。一也。

下舊本十二月數，與中氣不相當。案《志》云「置十二中，以定月位」，則應相當乃明，今據改定如左。雨水爲正月中，乃四分法。《月令章句》所言從古法也。

十一月	冬至
十二月	大寒
正月	雨水
二月	春分
三月	穀雨
四月	小滿
五月	夏至
六月	大暑
七月	處暑
八月	秋分
九月	霜降
十月	小雪

斗二十六四分退一。北宋本「二」。昴十二進二。北宋本「一」。滿二減三。百而一爲定度。注赤道横帶下「渾」衍,《御覽》無。天之腹,去極九十一度十九脱。分之五。就夏至脱。晷歷。以上《御覽》校。景去極之法以爲率也。下譌字未得别本對。視篾之半際。下「夕」字衍。而度猶云脱。退者。志二十四氣。此與日所在等爲一行,以下所列,但横行求之自見,不必每氣複列日所在諸名目。毛本尚有古意,然亦有未明析者。今著一式,正之如左。劉昭注不備列也。《宋書·律志》間隔更不明,亦當仿此式改定。

二十四氣	日所在	黄道去極	晷景	晝漏刻	夜漏刻	昏中星	旦中星
冬至	斗二十一度八分退二	百一十五度	丈三尺	四十五	五十五	奎六弱	亢二少强退一
小寒	女二度七分進二	百一十三强	丈二尺三寸	四十五八分	五十四二分	婁六半强退一	氐七少弱退二

大寒	處五度十四分進二	百一十一大弱	丈一尺	四十六八分	五十三二分	胃十一半强退一	心半退三
立春	危十度二十一分進二	百六少弱	九尺六寸	四十八六分	五十一四分	畢五少弱退三	尾七半弱退三
雨水	室九度二十八分退三	百一强	七尺九寸五分	五十八分	四十九二分	參六半弱退四	箕六大弱退三
驚蟄	壁九度三分進一	九十五强	六尺五寸	五十三三分	四十六七分	井十七少弱退三	斗少退二
春分	奎十四度十分	八十九少强	五尺二寸五分	五十五八分	四十四二分	鬼四	斗十一强退二
清明	胃一度十七分退二	八十三少弱	四尺一寸五分	五十八三分	四十一七分	星四大進	斗二十一半退二
穀雨	昴二度二十四分退二	七十七大强	三尺二寸	六十五分	三十九五分	張十七進一	牛六半
立夏	畢六度三十一分退三	七十三少弱	二尺五寸二分	六十二四分	三十七六分	翼十七大進二	女十少弱一

小滿	參四度六分退四	六十九大弱	尺九寸八分	六十三九分	三十六一分	角大弱	危大弱進二
芒種	井十度十三分退三	六十七少弱	尺六寸八分	六十四九分	三十五一分	亢五大退一	危十四强進二
夏至	井二十五度二十分退三	六十七强	尺五寸	六十五	三十五	氐十二少弱退二	室十二少弱退二
小暑	柳三度二十七分	六十七大强	尺七寸	六十四七分	三十五三分	尾一大强退三	奎二大强
大暑	星四度二分進二	七十	二尺	六十三八分	三十六二分	尾十五半弱退三	婁三大退一
立秋	張十二度九分進一	七十三半强	二尺五寸五分	六十二三分	三十七七分	箕九大强退三	胃九大强退二
處暑	翼九度十六分退二	七十八半强	三尺三寸三分	六十二分	三十九八分	斗十少退	畢三大退三

白露	軫六度二十三分退一	八十四少强	四尺三寸五分	五十七八分	四十二二分	斗二十一强退一	參五半弱退四
秋分	角四度三十分	九十半强	五尺五寸	五十五二分	四十四八分	牛五少	井十六少强退三
寒露	亢八度五分退三	九十六少强	六尺八寸五分	五十二六分	四十七四分	女七大進一	鬼三少强
霜降	氐十四度十二分退二	百二少强	八尺四寸	五十三分	四十九七分	虛六大進一	星三大强進一
立冬	尾四度十九分退三	百七少强	丈四寸二分	四十八二分	五十一八分	危八强進二	張十五大强進二
小雪	箕一度二十六分退三	百一十一弱	丈一尺四寸	四十六七分	五十三三分	室二半强進二	翼十五大强進二
大雪	斗六度一分退三	百一十三大强	丈二尺五寸六分	四十五五分	五十四五分	壁半强進一	軫十五少强進一

冬至。日所在：斗二十一度。舊「二十度百一十分」，譌。

大寒。旦中心：半。案：《宋志》同。若改作心二半，則小寒氐七，距此爲十六度，此距立春尾七止十度，疏數相縣矣，二字不當增。

立春。日所

在：危十度。舊「七度」，譌。　雨水。日所在：室九度。舊「八度」，譌。　驚蟄。日所在：壁九度。舊「八度」，譌。　夏至。旦中星：室十二。何云北宋本「退三」作「退二」。　大暑。日所在：星四度二分。舊「三分」，譌。　霜降。日所在：氐十四度十二分。舊「十三分」，譌。　立冬。日所在：尾四度。「尾」作「房」，譌。又，「旦中星：張十五」，脱「進一」二字，何云北宋本作「進二」。　注年來麻不爲。別本俱改「熟」，非。下「耳」字疑衍。　病臚膚，同。　腫。　多病疢疹，同。　熱中。　每次三十二，衍。　度三十二三。錢改。　分之十四。　立春、驚蟄別本改「雨水」，譌。　居之。　清明、穀雨當互易。　居之。　此之爲蔽弊。　亦已以。　甚矣。　志各有改作，不通用故。句。　追太初前卅世，譌。　一元。　追漢四三。　十五年庚辰之歲，退追。　朔一日，乃與天合。　注趨走目一作「陛」。　下，遂由竟。　端右，出相外好。　藩。　邕爲二字脱。　郡縣促遣，迫徧。　於吏手。　但懷脱。　愚心有所不竟。　略以所有舊事與臣。二字脱。　所使元順四字誤。　其脱。　難者皆以付臣。　請太史師。　舊注。　尋繹度數。二字脱。　不能違望。一作「自達」。　不意西言四。　夷相與合謀。　輒謹。　先顛踣。　臣欲制，衍。　删定者一。　臣欲著者五。三。　本奉奏。　詔書。　披瀝散。　愚情。

續漢書禮儀志以晉、宋《志》、《通典》、《通志》參校

禮儀志上

夫威儀，所以與疑。君臣。　用救日下衍一「日」字，《晉志》無。變。　緣緑。中衣。

注日食必救之，陰侵陽也。此下本書云：「鼓，用牲于社。社者，衆陰之主，以朱絲縈之，鳴鼓攻之，以陽責陰也。」今删去十七字，欠分析。　社，土。地别神也。　三臺令史以上。下。《晉志》「上」。日復常，乃皆罷。之，衍。　志太常導出，西向拜，折止。《通典》「折」。旋升阼《通典》無。階。舞脱。文始、五行之舞。　樂闋，上「禮」字衍。羣君。臣受賜食畢。　當神軒占《晉志》「告」。其郡國脱。穀價。　注始謂爲。可損。　今見其威。儀。　或曰：「本意云何？」下應有「曰」字，古或可省。　尚書階陛。西祭設陛爲，從《通典》改。《通志》無「祭」字。神坐。　因令合。諸侯助祭。　以切牛尾《通志》「毛」，《通典》「尾」下有「之毛」二字。薦之，而即更衣，侍中巾侍。今從《通典》、《通志》。　上熟，乃祀。之，衍。　志乘輿初加脱。緇布進賢。　次通天冠訖。以據。　注周公使祝雍祝王。二字脱。下皆以《大戴禮》、《家語》校。　使王二字脱。近於民，

遠於年。下「遠於佞，近於義」，文不類，又韻不諧，兩書皆無，疑妄增也。　嗇於時，惠三字脱。　於財。
普尊遵，同。　大道之郊域。　靡不蒙德，《通典》「福」。　永永與三字《通典》作「承」。　天無極。
賜脱。　貴人、王、公、公主。　卿、司隸校尉、二字脱。　城門五校。　《周禮》「展牲」，干寶曰：「若今夕牲。」文弨案：此乃鄭康成注《周禮》之言，「曰今」，正指漢時，取以證漢制，極合。干寶乃晉人，「夕牲」不始於晉，何云今邪？此援引之失。　太祝吏《宋志》「史」。　牽牲入。　到榜。　太史《宋志》「祝」。　令牽牲就庖，以二陶三字《宋志》有。　豆。　謂向祭之晨辰。也。亦康成注。　志皆以晝漏當有「未盡」二字。　十四刻初納。　注船知稼穡之艱難，無逸違。也。　志力田種各耰訖。漢有力田，每與三老竝舉，如今從耕恩榮官。　注瓚曰：藉，蹈稻。藉也。　穜，晚穀，脱。秔稻之屬；稑，早麥。　穀，黍稷之屬。　家法陳師。疑。　《離騷》案：見《天問》。曰。玄鳥致貽貽，譌。　女何嘉？一作「喜」。　供綏執授，兄二字脱。　事五更。　蔡邕曰：「五更，長老之稱也。」《月令問荅》以「更」當作「叟」，如「嫂」，俗亦作「㛐」也。　顯宗宗因。　祀光武皇帝於明堂。下「既盛矣」，前《志》「既盛美矣」。　龍旂九斿。旒。　春蠶生，而皇后親桑於苑中，於北宋本、毛本皆有，屬下句。　蠶室養蠶千薄以上。　祭令。　蠶神曰菀窳婦人、寓氏公主。皆賜從桑者絲。樂。　羣神臣。　五時之服。　得以作中巾。　絮而已。　諸天下官下法二字脱。　皆詣蠶室，與亦。　婦人從事，故舊有東西織室作治。法。　志是月上已，當是「戊己」之「己」。官民皆絜古「禊」字。於東流水上。注後漢有郭虞者云云。案《晉書・束晳傳》云：武帝嘗問摯虞三日曲水之義。虞對曰：「漢章帝時，平原徐肇以三月初生三女，至三日俱亡。」云云。晳以爲起自周公。今此云郭虞，得無因摯虞致誤邪？《通典》作：「三月三日上辰産二女，上巳日産一女。二日中竝不育。」下文「夭其二女」，亦作「三女」。又，「祓灞水」，「水」作「上」。又，「驚」作「警」。《通志》竝同。

禮儀志中

志郡國上雨澤若少，「府郡縣」三字衍，《通典》無，《通志》無「府」字。案：少府所領山澤之税，世祖已歸司農，無所謂「少府郡縣」也。各掃除社稷。注政不善本書作「一」，與「職」協。與？宮室崇本是「榮」字，與下韻協。俗作「崇」，乃校者妄改。與？或請焉，或攻怒。焉，何如可省。也？直貞。行其道而不忌忘。其難。以脯酒祭。下「女」字疑衍。清酒膊摶。下同。脯。奉牲別本作「特」，譌。禱。鑿諸里，譌。社通之於閭外之溝。聞彼，衍。鼓聲。爲小龍六。下脱「各」字。植白繒九尺。其神少太。昊。翌赤皁染羽云云。此注全是後人妄補綴。攷《地官・舞師》「皇舞」，康成不從，故書作「翌」，云皇析五采羽爲之，亦如帗。旱暵之事，謂雩也。暵，熱氣也。又《春官》「樂師」注亦作「皇」。惟《攷工記》「鍾氏染羽，以朱湛丹秫」，鄭司農云：「丹秫，赤粟。」今此注作康成，當是誤記。赤皁，毛本作「草」，是古「皁」字，然亦誤，當作「粟」。志反拘朱索縈脱，《通典》有。

社。注成帝二《通典》、《通志》皆作「五」，但成帝屢改元，無五年。年六月，始命諸官止雨。絲離維。屬。《通典》、《通志》俱作「屬離」。志謁者贊皇太子臣某，句。中甲，譌。謁者稱制曰「可」。謁者引當拜者脱。前。注維元初六年三月。案《安帝紀》，永初三年四月丙寅，大鴻臚夏勤爲司徒。若元初時，劉愷乃代勤者。建爾于位爲漢尊。輔。敬敷五教。《通典》不重。勤其而。戒之。志王公《通典》作「當受策者」。再拜頓首三。「下」字衍。某公某初除，脱。謝。贊者立曰：謝，衍。「皇帝爲公興。」重坐，受策者拜此六字脱，但作「皆冠」二字，譌。謝，起就位。注宋貴人秉乘。淑媛之懿。僉人。曰宜哉。以母臨。兆民。立貴人爲皇后。下脱一「后」字，北宋本有。長樂《通典》「秋」，是。太僕。志以桃印《宋志》「卯」。長六寸，方三寸。立秋之日，白自。《通典》同。今從《宋志》。郊禮畢。注天子乃厲勑。當作「飾」。《月令正義》云俗本作「飭」，此又轉譌。以教兆民載，衍。戰事也。志載以脱，《通典》有。獲車，馳「駟」字衍，《宋志》無。送陵廟。注引關閫。蹋鞠之屬也。志烹鮮時，有司告。脱。注膢臘而遺寘。依《韓非書》改。水。又曰嘗當。新始殺也，脱。食新脱，俱依《風俗通》補。曰貙膢。志玉杖長九脱，據《御覽》七百十補。尺。諸五王。時變服。大予太子。具樂器。注故八士曰，衍。或調陰陽。琴音調則四海合歲氣，百川一或作「以」。合德。志施疑「旋」。當軒，北面稽首。太史令前白曰。禮畢。太史令當重，或改

「命」。八能士詣太官受賜。注是爲虐虎，譌。鬼。脱。一居人宮室區隅。二字乃下文音。漚庾。方相帥百隸及童子。女，譌。捎捐。魑魅。囚耕父於清泠。泠。韋臣，譌。昭曰：木石謂脱。山怪，衍。也。越人謂之山⿰犭樂。本作「⿰糸樂」。罔兩，山精，好斅學。人聲。罔象食人，一名沐腫。臚。俱依《國語注》校改。《山海經》曰「東海中有度朔山」云云。今《山海經》無此文，《史集解》引作「海外經」。尚書丞、郎各萬五千，千脱。石、六百石各七千。尚書令疑脱「史」字。各五千。是月之昏會。建丑。《周禮》曰，衍。府史以下。志每歲首正月，每月朔歲首，譌。今從《通典》。爲大朝受賀。注百官各陪位脱。朝賀。宗室諸劉親雜。會。位下「定公納薦，太官賜食酒」八〔一〕字，皆衍文。既定，上壽。羣脱。計吏中庭北面立，太官上食，賜羣臣酒食，西入東出。四字脱在前「既定」上。下「貢事」二字衍。御史四人執法殿《通典》「陛」。下，虎賁、羽林張弧。弓挾攝。矢，陛戟左右，戎頭偪脛，肚。陪前向後，左右中郎將位住。下竝同。東南。西。作九賓散徹。樂。舍利獸脱。從西方來。出水遨遊。戲，於庭。倡脱。樂畢，作魚龍曼延。陛高二《通典》「二」。丈，皆文石作壇。下「激沼水於殿下」六字衍，《通典》無。玉階《通典》「陛」。金柱。雒陽宮閣簿傳。云。

〔一〕此處引文有九字。

《周官》：「王大食，則命本作「令」。奏鐘鼓。」《周官》所謂「王師脱。大獻，新誤「捷」。則令本有「奏」字。凱樂，軍大獻，則令本作「教」。凱歌」也。

禮儀志下

注以玉爲札，長一尺，廣脱，《通典》有。二寸半。請衍。諸衣衿斂之。諸侯飯以珠，唅以璧。珠。今從《檀弓正義》引。志當柩御坐别作「座」，非。北面。兵官戎。三字衍，《通典》無。注文帝遺詔又文。有「飲酒食肉」云云。志佐史吏。目下。注紅者小中。祥。志油緹帳以覆坑。坊。東面奉謚脱。策。再拜立。「哭」字衍。下方云：「太常跪曰哭。」載車著白系《通典》「絲」。參繆紼。巴俞擢巴俞，即巴渝。擢，何氏改「櫂」。古樂府有《櫂歌行》。櫂，徒了切。錢云《獻帝紀》注作「嬥」，音亦同。歌者六十人。列侯直宜。九賓西。瑟六，琴一，《通典》「琴六瑟一」，似是。竽竿。一。太常、大鴻臚請哭止哭脱。案：當有。如儀。醳釋，同。大紅，服小紅。注十二陵令今。見在，衍。河南尹無敬也。桑霍藿，譌。謂桑宏羊、霍光。爲我戒。世之至。爲丘壟。其視萬世猶一瞚瞬，同。作「瞋」，譌。也。父之不孝教。子非愛其費，以爲死者慮脱。也。齊未亡而莊公冢脱。掘。太僕妻御悉導。道。女侍史一何改「二」。百人。

續漢書祭祀志

祭祀志上

注蔡邕引中興以來所脩者爲祭祀意，此二字補。志即邕之意也。案本傳，邕撰《十意》，必補二字語方明。　廣坐，衍。　三十五步。　辟神道八以。《史記·封禪書索隱》引作「八」。　通。營「六甘泉」三字衍。北辰于南門之外。　列望道遂。乃近前望道。　其五零疑「帝」。　壇去茅營，如上帝。　爲周道大夫望之外徑六九，非。步。　祭天居祭。紫壇幄帷。《通典》「帳」。高皇帝配祭。天，居堂下西向，紺帷帳《通典》「幄」。紺席。　志燎燔。俎實於壇南巳地。　注謂布席衆寡與其居句。向。　亦有似以。虛危。　凡三十六事，傅傳，譌。奏左。下「帷」字疑當作「惟」。　四維距石長丈二尺。脫，《通典》有。　下不。騎步牽馬。所謂磨胸挵疑。今本作「揑」，亦未是。　石捫天之難也。　周觀者望見嵩山。齊西，譌。　《風俗通》曰：「岱者，胎也。」案：諸書引多作「始也」。下云「萬物之始」，則「始」字是。　陰陽之交，本作「交代」。雲脫。觸石而出。二字脫。　志年二十有八載興兵，起是，衍。以中，衍。次誅討，十有餘年，罪人則，衍。斯得。　注欲行迫前人。脱，《容齋隨筆》有。　禪廣土也。地。　繼體職。之君。　若夫石金。《通典》「石」。　函玉牒。

祭祀志中

注其正中焉，衍。皆曰太廟。　朝諸侯、選造士於其中，以明脱。制度。　變化受作。之所由自。來。　取其尊崇，矣，衍。　則曰大室，取其向堂。　明，脱。　則曰明堂。　所以明大舊倒。教也。以周清廟論，曰，衍。本或作「之」。魯太廟皆明堂也。　所以異《記》作「廣」。魯於天下也。　視帝節猶。與「欲」同。　東南南門。稱門，西北西門。稱闈。《禮記·政昭。穆》篇。　屋圓屋《集》作「楣」。　徑二百一十六尺。　陰陽九六之變，且今作「也」。圓蓋方，載九六倒，何乙。之道也。　以四户八九。牖乘九室之數也。　堂高三丈，以亦。應三統。

志車旗服飾皆黃。歌帝臨。朱明。今從《禮儀志》改。　注堂階八三。等。　堂階七二。等。

志如雒陽明堂禮。祀。　注議不可，衍。　常祭。　六宗謂水火雷風山川。澤也。　六宗，譌。是地數之中。

志如元和二三。年故事。

祭祀志下

志下公卿、博士、議郎。下當有「議」字。注俎餘委肉積於前數千斤，名曰帷惟。俎。復位。而，衍。皇帝上堂盥。公卿奏議世祖廟登歌八佾舞功，衍。名。《元命包》曰：「緣天地之所雜樂爲之文典。」文有，譌。案《御覽》五百六十六引云：「作樂者，必反天下之始樂於己爲本。」文《御覽》同。疑當作「武」。王之時。《樞當作「旋」。李善注《文選·東都賦》引作「璇」。機鈐》曰：「有帝漢出，德洽作樂，名予。」依書文始、五行、武德「昭真修」三字疑衍。之舞。其文始、五行之舞數。如故。當句絶。下「勿」字疑衍。進武德舞，歌詩曰。案：高祖廟已名武德之舞，此亦襲前，何以云不相襲？進武德之舞如故。句似有脱文，疑當有「事」字。不當與世宗祖，譌。世宗，謂武帝也。廟盛德之舞同名。故不敢隱蔽愚請。疑「情」。志以尚嬰孩。孫。注每帝即位，衍。世，輒立一廟。孝宣尊崇孝武廟，歷。稱世宗。不敢私其君父。脱。比皆。方前世，得禮之宜。以求厥中誠合事宜。禮議。孝和以下，穆宗、恭宗、敬宗、四字脱。威宗之號皆宜脱。省去。志古不墓祭。當提行。注故《禮三正記》。舊在「禮」字下，誤。古時歲再祠靈星，下複二字，衍。春秋用少之太。牢禮也。初爲郡國立社脱在「祠」字下。稷，及祠靈星禮器，衍。也。志故牲用有。犢。

續漢書天文志

天文志上

注己亥爲巴郡、蜀郡、牂柯，牁，譌。辛亥爲廣、漢。陵。是爲蟾蠩。不須改「蜍」。

五緯經次。《晉志》及《史正義》皆作「躔次」。灰滅雨絶，世《宋志》「勢」。路無由。宋鈞本多作「均」。注《鉤命決》。君之行義回邪。固應，譌。據本書改。壬寅，上有「甲子」，此當是「丙寅」。犯心大火。星。

志建武九年。案：不當提行。出柳西南行，入軫。李文貞云：「卜云『軫爲秦蜀』，『軫』皆當作『井』。曰西南行，曰秦蜀，是則『井』非『軫』，因聲相近而譌耳。」威虜將軍馮駿。齊氏召南云：「《公孫述傳》『威虜』作『破虜』，《光武紀》又作『威虜將軍馮峻』。」置常山脱。關。又七星日，譌。李據下文改。間有客星。將兵征西《通考》作「西征」。也。

天文志中

注陽疑「賜」。爵禄事。

志楚王英與顔忠等造作妖下當有「書」字。謀反。後北匈奴寇當有「邊」字。入雲中，至漁咸。何氏焯以《南匈奴傳》校改。陽。攻蕉唐齊云：「當作『雟唐』，永昌郡屬縣。」城。領護羌校尉，馬防行車騎將軍。當有「事」字。二年月。九月。日。朱氏良裘校改。元和元當作「二」。年四月丁巳。注辰守婁，有兵兵罷，無兵二字脱，《通考》有。兵起。志與度遼將軍朱徵。《和帝紀》、《匈奴傳》俱作「徽」。後太尉張禹、司空四字脱。張敏皆脱，俱據《御覽》八百七十五補。免官。元初元年三月。凡未著事應之前，年分俱當連寫。毛本或空格，或提行，皆非是。注臣昭以占爲明堂，脱。豈任尚所能感也。志二年九月辛酉，熒惑入輿鬼中。脱，《通考》有，官本亦有。注黄帝占曰：火攻。《通考》「大敗」。志太白犯昴、脱。畢，爲邊近，譌。兵。使匈奴中郎當有「將」字。張國。入于賓寘，譌。界，虜掠。又九脱，據《順帝紀》補。江賊蔡伯流等數百人攻廣陵、九江，文法不順。《紀》云攻郡界及廣陵，得之。燒城郭，殺江脱，《紀》有。都長。注《古今注》曰：「二一三，譌，從《通鑑目録》，是月丁巳朔。月丁丑，月入南斗。」

天文志下

志彗星見天市中爲質，衍。貴人。至和平元年十，衍。《桓紀》無。二月甲寅，梁太后崩。京兆虎牙都尉宋《桓紀》「宗」。謙。宗親侍中沘洮，譌。陽侯鄧康。虎賁中郎將安鄉《皇后紀》作「安陽」。侯鄧魯。《桓紀》、《后紀》皆作「會」。 司徒劉䂘何云當是「郃」。爲中常侍曹節所譖。 丹陽太守陳寅。《靈帝紀》「夤」。 大將軍何進謀盡誅中官，中官覺。三字脫，《通考》有。 宋《靈紀》作「宗」。 建別據枹罕。 董仲舒以爲從高反及。《通考》「反」。下之象。

晉書

共一百三十卷。唐貞觀中，太宗勑房喬、褚遂良等纂録。其《宣武紀》與《陸機》、《王羲之傳論》，乃太宗御製。此書在明有南、北監本，毛氏汲古閣本，本朝有乾隆四年校刊本。今以官本爲主，而取舊本參考異同。鄭樵《通志》所載尚係宋時之本，故所據獨多舊本。惟目録前題「唐太宗文皇帝御撰」，卷中則否。有每卷皆題御撰者，失之。

卷一 宣帝紀

楚漢閒，司馬卬邛，非。下凡譌字或異同俱注之。爲趙將。　量生潁川太守儁。《通志》、舊本同，毛作「雋」。　勑當作「勅」。下同。行者曰。　權果遣將吕蒙西襲羽，衍。公安。　帝綱紀今倒。喪事。　帝留鎮許毛本「武」，譌。昌。　達與魏興二字今脱。太守申儀有隙。　國家委將軍以疆場似當作「埸」。下同。之任。　斬達，傳首各本倒，今從《通志》。京師。　奉禮求來。賀。　凡攻敵，必扼其喉而摏從「木」者譌。其心。　至于胊當作「朐」。下同。䏰。　遂進軍隃毛作「渝」，與《續漢志》同。此依《音義》作「隃」，同前《志》。麋。　國以充實焉。今脱。　會有長星墜亮之壘。《志》作「營」。　遣奇兵掎從「牛」，非。亮之後。　初，蜀將姜維聞毗來，謂亮曰：「辛毗杖節而至，賊不復出矣。」案：自此至「豈千里而請戰邪」

一段，雜厠不倫。且「賊」之稱尢不當在《宣帝紀》中，即云異代史官可無拘忌，然其體例究當有客主之別，不容如是。 經曰，帝脱，《通志》有。 乃行其營壘。 關中多蒺蔾。毛及《音義》俱不作「藜」。下同。 關東饑，飢。 帝運長安粟五百萬斛輸脱。《通志》有。《音義》音「戍」。 于京師。 及遼東太守公孫文懿。名同高祖，故稱字。「戴若思」同。 君度其作行。 何計？ 百姓饑飢。古人通用。 弊。 吾脱，《通志》有。 將士四倍於達，而糧不淹月。 計日擒今改「禽」。 之矣。 自襄平城西南流于東北。《志》作：「從首山東北流墜襄平城東南。」 帝今脱。 固讓子弟官不受。 會河南尹李勝將莅蒞。 荆州。 蔣濟言於帝曰：「智囊往矣。」據干寶《晉書》，濟語正與帝語互易，知此爲攘美也。 宿衛舊人，竝皆見，非。 斥黜。 根據槃牙。當作「㸦」，與「互」同。 依漢今脱。 霍光故事。 氣當作「氛」。 霧交飛。 夷阻險。 之路，勞逸不同。 笑姦奸，譌。 回以定業。 而身終毛倒。 於北面矣。

卷二景帝紀 於是各本脱，《通志》有。 諸葛誕、毌丘案：《漢書·高紀》注云：「曼丘、毌丘本一姓，語有緩急耳。」則此當作「毌」，音「貫」。《音義》却作「無」音。 儉、王昶、陳泰、胡遵都督四方。 欲徼今「儌」，從《音義》。 一時之利。 帝今脱。 乃勑欽督鋭卒趣毛「趨」。 合榆。 不親萬機。今竝改「幾」。 縱其醜虐，《魏志》「謔」。 迎《魏志》「延」。 六宮家人。 清商丞龐龐，非。 熙諫帝，帝弗今「勿」。 聽。 臣請依昔，衍。 漢霍光故事。 天子受璽墮。《音義》云：「惰，本作『憻』。」惟諸本脱，《通志》有。王肅及尚書傅嘏、中書侍郎鍾會勸帝自行。雖云必克。《志》「尅」。下竝同。痛甚齧囓。《音義》作「齧」。被敗。增食脱，《志》有。邑五萬户。

文帝紀費禕從「礻」，非。下「全禕」同。據險距守。自帥六脱，《志》有。軍而還。帝愈爲脱，《志》有。嬴形以示之。使外内今倒。咸知其所行也。有死無二。貳。改元景元。辰。居守成都及備他境。郡，非。金城太守楊欣頎，非。趣甘松。又使步毛「部」，注：一作「步」。將易愷攻蔣斌於漢城。天子以諸將侯。獻捷交至。以墮《音義》作「隳」。三祖之宏業。明允廣深。避「淵」字。仍乃，非。斷大政。帥其螢《音義》「蜂」。賊。犯命淩當作「陵」。正。自陰平踰絶險至江由。今「油」，同《隋志》。師摯之啚，疑「徒」。據《漢書·古今人表》，皆去殷歸周者。於焉北面。

卷三 武帝紀　咸熙二年。不應提行。四曰絜今「潔」。身勞謙。瓌壤，譌。爲太原王。陵淩，譌。爲北海王。罷部曲將長吏今誤倒。以下質任。麒騏，譌。下同。麟各一見于郡國。罷雞鳴歌。鼓。傳封次子爲亭侯，下「爲」衍。鄉侯爲關内侯。太山石崩。案《志》，乃大石山崩，魏明帝之陵也。非在疆場，疑「埸」。皆得奔赴。帝耕于藉今「耤」，下同。田。賜太常博士、學生二字脱，《通志》及毛本有。帛牛酒各有差。九真太守董元爲吴將虞汜汜。案《音義》「敷劒反」，則當作「氾」。《吴志》「虞翻」作「氾」，注作「汜」。所攻。太大。官減膳。冬十月丁丑，《志》有「朔」字。日有食之。罷中領軍，并北軍中候。侯。鮮卑寇廣甯。甯，譌。涼州虜寇金城諸郡。部。獲吴立信校尉莊祐。祜。太守嵇毛「稽」。下同。喜擊破之。起太大。倉於城東。召穆公糾合兄弟而賦《棠毛「唐」。棣》之詩，此姬氏所以本枝今「支」。百世也。平虜護軍文淑討叛虜樹機能等，竝今脱。破之。大風拔樹，暴寒且冰。案《五行志》，乃河閒也，此上疑脱二字。平南西，譌。將軍胡奮出夏口。斬吴江陵督五王，非。五蓋子胥之後也。延。剋毛「克」。此從《通志》。今作「得」，譌。州四。吏三萬二三。千。郡國六當有「雨」字。雹，傷秋稼。立長樂亭侯寔實。爲北海王。牂柯牁，譌。下同。獠二千餘落内屬。尚書褚䂮。契，譌。《音義》：「䂮，力灼反。」出後宫才人、妓女以下二三。百七十人歸于家。太熙元年春正月辛酉朔，改元。己今譌「乙」。巳。承魏氏奢侈刻革，譌。弊之後。驕泰之心，因斯以起。因而斯起，譌。而世祖惑荀勖之姦奸。謀。

卷四 惠帝紀 得以眇從「耳」，非。身託于羣后之上。又詔子弟及羣郡。官竝不得謁陵。中書令符毛「蔣」。俊。壬辰大赦，改元元康。二字脱，《通志》有。太傅劉寔實。爲太尉。九月，頓今譌「潁」。丘太守馮嵩。

卷五 孝懷帝紀 光熙元年。不當提行。已至尚書閣。閣。以平東將軍琅邪琅琊。

下同。王睿爲安東將軍。　二年春正月景午子，譌。朔。　河東太守失名。力戰，死之。都督荆、湘、襄。交、廣等四州諸軍事。　衡陽内史滕滕。育。　如何曾會。無車輿。勒寇豫州諸郡。軍，非。　八月庚戌，劉琨奔於常山。　辛已，譌。亥云云。　己乙。毛「辛」。皆譌。亥，劉琨乞師于猗盧。　猗盧自將六萬騎次于盂盆，譌。城。盂城，即今山西之盂縣。

孝愍帝紀建興元年。當依毛本提行。　夫陽九百六之厄。災。　前得魏《考證》云當作「王」。浚表。　北中郎將劉演。寅。下同。案：後有定襄侯，劉演即其人。　得金玉綵帛不可勝記。紀。　樂平太守韓璩據。出奔。　秋七月，大旱。暑。　療飢饑。中斷。　爾乃取鄧艾於農瓅。隙。毛作「瑣」，與「瓅」同。瓅，小人也。案：艾爲典農綱紀，上計吏，司馬懿奇之，辟爲掾，故云。　故于時有天下毛注：一無「下」字。無窮人之諺。　不暇待三毛「參」。分八百之會也。　天下莫之知。非也。

卷六元帝紀　恐一旦崩奔。潰。　大災灾。荐薦。下同。臻。　晉有麗驪，通。舊作「麗」。姬之難。　虚之一日，則尊位以已。殆。　吕郤《音義》云俗作「郄」。之謀。　有能梟季龍此書避「虎」字。首者，賞絹三二。千匹。　石勒害京兆太守華諝。諿，譌。《音義》亦同。據云「私吕反」，則當作「諝」，即「諝」字。　廓開皇王。基。　疇咨諮。庶尹。　改丹陽此書俱作「丹楊」，此處亦當從「木」，下倣此。内史爲丹陽尹。　具其。條例以聞。　守太常馬龜。

毛作「黽」。 捐損，譌。不急之官。 徐州刺史蔡豹以畏懦《音義》作「愞」，云：「一作『懦』。」伏誅。 鎮北將軍劉隗奔于石勒。帝各本脱。遣使謂敦曰。 湘州刺史譙王丞。承，非。王敦自加有脱文。 兖州刺史，郗郄。鑒爲安北將軍。 有司請市雀萑。叙。 歲鎮熒惑，太白聚斗牛一作「牛女」。之閒。 而恭王妃夏侯氏竟通小吏牛氏而生元帝。此説創自沈約，不足信也。唐元行沖推尋事跡，以後魏昭成帝名犍，乃繼晉受命之符，著論以明之。

明帝紀 永昌元年。不當提行。 微行至于湖。句。唐温飛卿《湖陰曲》詠此事，連下「陰」字爲句，誤。陰察敦營壘而出。 渡水掩其未畢。備。 前宗正虞潭澤。起義師於會稽。義興人周謇毛本一作「蹇」。殺敦所署太守劉芳。 邑各下「一」字衍，以下文例之可見。千八百户。 壬午，帝不悆。豫，同。舊竝作「悆」，下同。 譬若屑唇。齒。 思美焉之美，以緝事爲期。疑。 龔行趙壁。疑「璧」。 雲瞻北晦。毛「海」，非。

卷七成帝紀 冬十一月癸巳朔，日有蝕食。此書例作「蝕」。之。 平南將軍、觀陽伯《考證》云：「《明帝紀》太寧二年，詹封觀陽縣侯，此作『伯』，疑誤。」應詹卒。 濟峭岷。《音義》是「峭」字。太守劉闓殺下邳内史夏侯嘉。 攻李雄將任回。毛「徊」。 加豫州刺史祖約爲鎮征。西將軍。 舟軍四萬次于蔡州。洲。案《宋志》，蒲洲、郁洲之類，皆作「州」。 李陽與蘇逸戰於柤側孤、側加二反。作「祖」譌。浦。 以尚書陸玩《音義》云：「一作『玩』。」爲尚書左僕射。 造新宮，始毛注：「一無『始』字。」繕苑城。　昔犬大。　賊縱暴。

康帝紀詔琅邪國及府吏，史。　進位各有差。　冰瞿《音義》音「句」，毛作「瞿」。　然。

字。」入據成都。

卷八穆帝紀　杻矢自東南流於西北，其長竟半。　天。　鄧定、隗文復毛云：「一無『復』

茬。茌。　賜鰥寡孤獨不能自存者，人米疑倒。　五斛。　北中郎將荀羨及慕容儁戰于山

帝及羣郡。　臣皆服緦，於太極殿。

涼梁，譌。下云浩亹在涼州。　州地震。　帝親耕藉耤。　田。

哀帝紀三月甲寅朔，日有蝕之。《宋志》無。與下「十二月戊午朔日蝕」不合，疑此衍。　丁丑，

帝之才，啓之疆埸。場。　而鴻祀見《尚書大傳》。　禳天。

廢帝紀三年春三正，譌。　月丁巳朔，日有蝕之。　梓潼太守周虓彪。　討平之。　以武

若涉泉水。即淵水，作「氷」譌。　儋擔。　石靡儲。　時中書郎郗郄。　超在直。　本所欲。

卷九簡文帝紀　讚贊。　拜不名。　令毛云：「一作『分』。」兵屯衛。　徇匹夫之絜。潔。

不計，故當無復前近。　日事邪？

孝武帝紀人多餓饑。　死。　頃玄象或忒。　愆。　鎮一作「威」。《考證》云：「案桓石虔本傳，是

『寧』字。」遠將軍桓石虔。　領軍將軍郗郄。　愔爲鎮軍大將軍。　疆場埸。　之虞。　癸

酉，大衍。　赦五歲刑以下。　始增百姓稅米口五石。疑太多。　六月，宏來降。奔。　代

王拓拔圭。不必定從《魏書》改作「珪」。傳首京東。都。立梁王璲子穪。和。下作「龢」，此從《音義》。景申，螽斯則脱，《五行志》有。百堂、案：劉聰《載記》亦有「螽斯則百堂」，《後漢·皇后紀》云：「螽斯則百福之所由興也。」客館、驃騎庫皆災。二月乙己，譌。未又地震。遣使毛云宋本無。振卹之。殆始。爲長夜之飲。政由自。桓氏。寧康篹纂。業，天誘其衷。衰。嘯吒《音義》「陟嫁反」。本多作「叱」。成雲。謝玄之善斷《音義》作「斦」，云：「一作『料』，本亦作『斷』。」軍事。

卷十安帝紀

隆安元年。應提行。殺國寶及緒以悦説。于恭。散騎常侍郭麘。從「麻」，譌。慕容麟爲魏師所殺。敗，譌。領軍將軍孔安國屯中皇堂。堂皇，非。案：前有「南皇堂」。下同。段興璣。弑慕容盛。戊寅，案：上有己卯、辛巳、壬午、甲申，下閏月有己丑，則中間但有戊子或庚寅，不得有戊寅，此必有誤。奉神主入于太廟。禁絹扇及樗摴。蒲。冬十一月辛卯，毛「癸丑」。雷，云云。癸丑，毛「辛卯」。大風拔樹。案：毛本似乎不順，然自是史官編纂時失其次序。《五行志》云：「是月辛卯，朔，西北方疾風發。癸丑，雷。」毛本正相合。今但改其日，其如事又失實，何不如且依毛本而糾摘之爲是。五年春正月辛卯，大赦。戊毛「庚」。戊，云云。庚毛「戊」，亦同《五行志》。戌，尋陽地震。封劉裕次子義真爲桂陽楊。公。

恭帝紀奉係系。宗祀。未有如斯不不如斯，譌。亡者也。於于。是桓玄乘釁。

晉書天文志各《志》亦皆有譌。互校，取其是者大書之。《隋志》所增，或非此處闕文，不備録。

卷十一天文上　馬遷，衍。　續述《天文》。　天體。二字爲一行，在「古言天者」前，官本脱。立八尺員圓。下同。　體。　其所傳則周公受於殷高。商。案：《周髀》稱周公問於商高，即殷高也。　分冬夏之閒日所前。已下俱依《隋志》校改。　行道。　每衡周徑經。　里數。　用句股重里，非。　差。　宣夜之書云，疑衍。《隋志》有「絶無師法」四字。案：已見上文，此可省。　惟漢祕書郎郄萌。　而北斗不與衆星西同，非。　没也。　地魄塊，譌。　焉在下。　今人頣前侈多。　臨胷。　北天氣至，故冰水。《宋志》「冰」。　寒也。　而天運近北，下「而」字《宋志》無，疑當作「故」。斗去人遠，疑脱「而」字。　日去人近。　夜下「半」字《隋志》無。　行於平地，去人十里，《論衡》作「去人不一里」。　火光滅矣，非《隋志》有「火」字。　滅也。　水火在地不員，在天何故員？下「故」字衍。　咸以爲推步七曜之道，以脱。　度歷象昏明之證候。　若天夫，非。　果如渾者。　故以龍比今誤倒。《隋志》作「比以龍」，亦通。　也。　把火之人脱。　去人轉遠。　若如王生之言，日轉北去下「有半」二字衍。　者。　如此言之，日入北西，譌。《隋志》「北」。　方，不亦孤子乎？　夫言餘氣，下「也」衍。　則不能生日月可知也，顧當言日下「陽」衍。　精生火者可耳。　後至和帝時，賈逵繫繼，通。　作。　因其闗戾。捩，俗。　其出脱，《宋志》有。　赤道外極遠者。　南北相應《宋志》作「覺」，與「較」同，「應」當是誤改。　四十八度。　日《宋志》有「巳」

字。入二刻半而昏。三光之行，不必有常。句。術《宋志》不重，是。家以算求之。今潁從「示」，譌。川陽城地也。天脱，《宋志》有。體員如彈丸。立八下「極」衍，《宋志》無。萬里，股也。一度凡千四百六里百脱，《宋志》有。二十四步六寸四分十萬七千五百六十五分分之萬九千四《宋志》「三」。十九。以兩南。儀推之。凡周一丈四尺六寸一分。二字脱，《隋志》有。凡周天一丈九寸五分四分二字脱，《宋志》有。若無此，則太强矣。分之三也。馬續續，明帝時人，語見《漢志》，作「績」譌。云：「天文在圖籍昭昭可知者。」體生於地，精成於天。列。以劉昭注《續志》校改。在人象事。神。其以神著，差。有五列焉。何以得。總而理諸？北極大星，太一之坐也。「衆星拱之」下，《隋志》有此九字，此脱。案後云「亦太一之坐」，「亦」者，亦上文也，則此本有可知。「太一」作「太乙」譌。右星不明，太子憂。《通志》此下有「第四星爲后宫，第五星爲天樞」十二字。大《隋志》「太」。下竝同。帝之正妃也，大帝之帝居疑「常居」。《隋志》作「座」。案：此下云「華蓋，所以覆蔽大帝之坐也」，則當作「坐」字。也。抱北極《隋志》作「極樞」。四星曰四輔。大帝上九《通志》「七」，并蓋下九星爲十六。《丹元子步天歌》其數正合。星曰華蓋。可以分陰陽而配《隋》「紀」。節候。主記過。古者有三字脱。左右史，此之象也。天一一脱，《隋志》有，下同。星。太一一脱。星。宫闕兵起，旌，衍。旗星直。懸圖法下脱三十三字。之所也。常以朔望日，懸禁令於大柱，以示百司。《周禮》

以正歲之月，懸法象魏，此之類也。主周急振無。撫。《隋志》作「無」，是。主脫，《隋志》有。六宮之内《隋》無。飲食，主王。《隋》「主」。后妃夫人與太子宴飲。三曰令星，主中禍。《隋志》「主禍害也」。又云脫。一主天。又曰一主秦，云云，七主齊。案《星傳》：第一星主齊，第七星主秦，與《史記》「杓自華以西南」、「魁海岱以東北」證之，則此爲譌。又《隋志》及《通志》「五主趙，六主燕」亦互易。輔一脫。星《隋志》在前「北斗七星」下。案：在此是。傅乎開陽，所以佐斗成功。此下《隋志》文多，當是後來增益。文昌北六星曰内階，天皇之階《隋志》「陛」。也。太陽守一星，二字脫，《隋》有。在相西。五帝之坐座。也，亦脫。十二諸侯府也。一曰軒轅爲權，四字脫，《通志》有。太微爲衡。第四星曰上相，次，衍。亦曰，衍。《隋》皆無。四輔也，東西蕃有芒及動搖者，諸侯謀天子也。三字脫，《隋》有。執法移，則脫，《隋》有。刑罰尢急。天子布政之宮也。脫。主脫。治萬事。黃帝坐一星，二字脫。在太微中。四帝坐四二字脫。星。一曰依烏郎府《隋志》「位」。也。是其職也。或曰今之尚書也。七字《隋》有。郎位脫。主守衛隋倒。也。郎將一星。二字脫。下台名。南。微則武脫。兵弱。起文昌列抵隋作「列招搖」。太微。有變，則占其人。當從《通志》作：「有變，各以所主占之。」伺機從「木」、從「衣」皆譌。祥。大角一星。二字脫。則胡下「兵」衍。當來受命於中國。故在紫宮之左。下「右」字衍。女牀三星，在紀星北。隋作「在其北」。

主分《隋志》「忿」。争與刑罰藏兵，亦所以禦下衍「兵亦所以禦」五字。難也，槍棓皆宋本無「所」字，《隋》同。以備非常也。平道西一星曰進賢，主卿相舉逸才。下「亢星」上下脱漏甚多，今依《隋志》補之於下。角北二星，曰天田。亢北六星，曰亢池。亢，舟航也。池，水也。主送往迎來。兵疑「其」。北一星，曰天乳，主甘露。房中道一星，曰疑有脱文。歲，守之，陰陽平。房西二星，南北列，曰天福，主乘輿之官，若《禮》巾車，掌脱，據《周禮・春官》補。公車之政，本書有「令」字。主祠事。已上除「亢」字本有外，共補七十五字，下接「東咸西咸」。房之户，所以防佚淫《隋》倒，是。也。星明則信，衍。吉。月五星犯守之，有陰謀。下脱。東咸西三星，南北列，曰罰星，主受金贖。共補十五字。鍵閉一星，在房東北，近脱。鉤鈐。市中星衆潤澤，則歲實，下又脱五字。星稀，則歲虚。熒惑守之，戮不忠之臣。下脱。又曰，若怒角守之，有《隋》脱「有」字。戮者臣殺主。上補十三字，下接「彗星除之」。出之有貴喪。下脱。市中六星臨箕，曰市樓市府也，主市價律度。其陽爲金錢，其陰爲珠玉。變見，各以所主占之。北四星曰天斛，主量者也。斛西北二星曰列肆，主寶玉之貨。市門左星内二星曰車肆，主衆賈之區。已上補七十三字。帝坐一星，在天市中，候脱。星西。威令行。下脱七字。微小凶，大人當之。移則主脱。不安。星微則脱。吉，明則凶，三字脱。非其常，宦者有憂。下脱。斗五星，在宦者南，主平量，仰則天下斗斛不平，覆則歲穰。補廿二字，下接「宗正二星」。　客星守之，宗支《隋》作「人」。不和。下脱。東北二星曰帛度，當有「又」字。東北二星曰屠肆，各主其事。補十四字，下接「天江四星」。　熒惑守之，有立王。主。天籥八星在南斗柄《隋志》「杓」。西。　月、五星犯之，大臣相譖有謀。《隋》作「臣謀主」。熒惑守之，外夷爲變。下脱。太白逆守之，其國亂。客星犯守之，有大盜，其王且來。補二十字，下接「狗國北二星」。　天弁辯。九星在建星北，市官之長也。下脱。主列肆、闤闠、若市籍之事，補十字。以知市珍也。　不正，爲兵憂變。也。　旗端四星，南北列，曰天桴，《隋志》重。鼓桴也。　須女之藏府也，脱。女子之星也。下脱。星非故，後宮亂。客星犯之，後宮凶。　虛北二星曰司命，又脱，當有。北二星曰司祿，又北二星曰司危，又北二星曰司非。司命主舉過行罰，滅不祥。司祿增年延德，故在六宗之祀。司危主驕佚亡下。司非以法多就私。　瓠瓜五星，在離珠北，主陰謀，主後宮，主果食。明則歲熟，微則歲惡，后失勢。非其故，則山摇，谷多水。旁五星曰敗瓜，主種。共補百二十二字，下接「天津九星」。　一星不備，津關道不通。下脱。星明動，則兵起如流沙，死人亂麻。微而參差，則馬貴若死。星亡，若從河水爲害，或曰水賊稱王也。東近河邊七星曰車府，主車之官也。車府東南五星曰人星，主静衆庶，柔遠能邇。一曰臥星，主防淫。其南三星内析，東南四星曰杵臼，主給軍糧。客星入之，兵起，天下聚米。天津北四星如衡狀，曰奚仲，古車正也。共補百十七字，下接「騰蛇二十二星」。主水蟲。下脱。星明則不安，客星守之，雨水爲災，水物不收。補十七字，下接「王良五星」。其星動爲策馬，下「策」衍。車騎滿野，亦曰王脱。梁，梁脱。案：當重。爲天橋。故或占車騎，四字《隋》無。或占津梁，下脱。其星移，有兵，亦曰馬病。補九字。客星守之橋，不通道。《隋》無。若移在下「王良前居」四字衍。馬後，是謂策馬。一曰閣道星「星」字譌，《隋志》作「主道里」。天子游別宫之道也，下脱。亦曰閣道，所以扞難滅咎也。一曰王良旗，一曰紫宫旗，亦所以爲旌表，而不欲其動揺。旗星者，兵所用也。補四十字。傅傅，譌。路一星，在閣道南，旁別道也。下脱。備閣道之敗，復而乘之也。一曰大僕，主禦風雨，亦遊從之義也。補二十四字，下接「東壁北十星」。中央大星，天之大將也。下脱。外小星，吏士也。大將星揺，兵起，大將出。小星不具，兵發。補二十一字，下接「南一星曰軍南門」。太諸史多作「大」。下同。陵八星在胃北。下脱。陵者，墓也。太陵卷舌之口補十字，無「亦」字。曰積京。民多疾，兵起，下脱。粟聚。少則粟散。下似脱。星守之，有土功。補十二字，下接「太陵中一星曰積尸」。北九星曰天船，居河中。三字脱。一曰舟星，主度，二字脱。所以濟不通也，下脱。亦主水旱。不在漢中，津河不通。中四星欲其均明，即天下大安。不則兵若喪。客彗星出入之，爲大水，有兵。補四十字，下接「中一星曰積水」。主伺候關梁中外之境。下脱七字。天街西一星曰月。

曲者脱。吉。　中一星脱。曰天讒。　三柱一曰三泉，下脱。一曰休，一曰旗。五車星欲均明，闊狹有常也。補十七字，下接「天子得靈臺之禮」。　道不通，天下亂，下脱。易政。咸池明，有龍墮死，猛獸及狼害人，若兵起。補十八字，下接。　五車南六星曰諸王，察諸侯存亡。其西下又脱。五星曰厲石，金若客星守之，兵動。北補十四字。八星曰八穀，主候歲。　主關《隋志》作「開」，是。閉。　一曰天高，天脱。之關《隋志》「闕」，非。門也，主關梁。南河曰南戍。《考證》案《天官書》，「戍」當作「戉」，即「鉞」字。下「北戍」、「河戍」竝同。　月五星犯守脱。之，處士、女主憂。　東方角二星爲天關。《隋》作「闕」，是。　輔納忠，天下寧，下脱。人無疾疫。動則多疾。補八字。　後二星妾也。下脱九字。將有徭役之事，氐先動。下「後二」二字衍。　星明脱。大則臣奉度，人無勞。三字脱。　爲天關。《隋志》「闕」。　由陽道則《隋》有「主」字。下同。旱喪，由陰道則水兵。　星離則脱。民流。　主閉藏，脱。鍵天心也。下脱六字。王者孝則鉤鈐明。而《隋》無。近房。　星明大，天下同，下脱四字。暗則主暗。前星爲太子，下脱九字。其星不明，太子不得代。後星爲庶子，下脱六字。後星明，庶子代。心星下脱六字。變黑，大人有憂。直則王失勢，下脱十五字。動則國有憂。急角搖，則有兵，離則人流。尾九星，後宮之場。塲，俗。　次星后，衍。嬪妾。　多子孫。下脱二十八字。星微細暗，后有憂疾。疎遠，后失勢。動移，則君臣不和，天下亂。就聚，則大水。　先表箕焉。《隋志》尚有三十七字。星大明直則穀熟，内外有差。就聚細微，天下憂。
動則蠻夷有使來。離徙則人流動，不出三日，大風。　北方南斗六星。應提行。　北二
星杓，脱。　天府庭也，亦爲天子二字脱。壽命之期也。　爵禄行。下脱十四字。芒角動摇，
天子愁，兵起移徙，其臣逐。　關梁通，下脱四十字。牛貴。怒則馬貴。不明失常，穀不
登。細則牛賤。中星移上下，牛多死。小星亡，牛多疫。又曰，牽牛星動爲牛災。須女
四星，天之脱。少府也。　主布帛裁製嫁娶。下脱二十八字。星明，天下豐，女功昌，國充
富。小暗則國藏虚。動則有嫁娶出納裁制之事。　主北方，主脱。邑居廟堂祭祀祝禱
事。　主天府天市《隋》作「庫」。架屋，餘同虚占。下脱十六字。星不明，客有誅。動則工者
作宫殿，有土功。　爲墳墓也。下脱十字。星不明，天下旱。動則有喪。　祠祀鬼神不
享，下脱十二字。國家多疾。動則有土功，兵出野。　主文章，天下圖書之祕府也，下脱。
又《隋》無，當有。主土功。補四字。　星動則有土功，下脱八字。離徙就聚，爲田宅事。　亦
曰大將，欲其明下脱三十五字。若帝淫泆，政不平，則奎有角。角動則有兵，不出年中，或
有溝瀆之事。又曰，奎中星明，水大出。　婁三二，非。星。　供給、郊祀，下脱三十八字。亦
爲興兵聚衆。星明，天下平和，郊祀大享，多子孫。動則有聚衆。星直則有執主之命
者。就聚，國不安。　胃三二，非。星。　明則和平下脱十五字。倉實，動則有輸運事，就聚

則穀貴人流。昴七星，天之耳目脱。也。胡星也，又主喪。三字脱。胡兵大起。下脱十五字。一星獨跳躍，餘不動者，胡欲犯邊境也。失色，則邊兵亂。下脱二十六字。一星亡，爲兵喪。動摇，邊城兵起，有讒臣。離徙，天下獄亂。就聚，法令酷。外國反，下脱五字。鬬兵連年。若移動，佞讒行，下脱六字。兵大起，邊尤甚。主脱。葆旅收斂萬物。將得勢下脱十六字。動而明，盜賊羣行，葆旅起。動移，將有逐者。參星失色，軍散《隋》無。敗。邊候有急，天下二字脱。兵起。又曰二字脱。有斬伐之事。不明，百姓散。下脱十七字。動而光，上賦斂重，徭役多。星徙，人愁，政令急。此下《隋》有「鬼」字，衍。鑕欲其忽忽然，《隋》無。不明則安。二字脱。又主雷雨，下脱五十五字。若女主驕奢。一曰天相，一曰天庫，一曰注，又主木功。星明，大臣重慎，國安，廚食具，注舉首，王命興，輔佐出。星直，天下謀伐其主。星就聚，兵滿國門。下接「七星」。又主急兵，盜賊，故欲明。二字脱。天下空，下脱十一字。天子疾。動則兵起，離則易政。下接「張六星」。得天之中。下脱十五字。動則賞賚，移徙天下有逆人，就聚有兵。翼二十二星，天之樂府，主脱。俳倡戲樂。二字脱。動則車駕《隋》「騎」。用。下脱十字。離徙，天子憂。就聚，兵大起。軫《隋》有。轄舉，南蠻侵。又曰，車無轄，國有憂。此六字《隋志》在「南蠻侵」之下，此繫於「長沙星」之後，失其次矣。下「轄就聚」六字，《隋志》無。今案：當一併移於上，去「又曰」二字。

庫樓十星，其脱。六大星爲庫。兵甲《隋》「車」。之府也。主陳兵。下脱九字。又曰，天庫空則兵四合。南三星車騎，車騎二字脱。之將疑「象」。也。龜五星，在尾南，主卜脱。以占依《隋志》乙。吉凶。傅説主章祝，巫宦也。下脱四十三字。章，請號之聲也。主王后之内祭祀，以祈子孫，廣求胤嗣。《詩》云：「克禋克祀，以弗無子。」此之象也。星明大，王者多子孫。知雲雨之期也。下脱二十五字。星不明，則魚多亡，若魚少。動摇，則大水暴出。出漢中，則大魚多死。老農主稼脱。穡也。羅堰九。案：《通志》作「三」，與《丹元子》、《宋史》竝合。灌溉溝脱。渠也。疏盈瀉溢。《隋》作「疏瀉瀛溢」，「瀛」疑多「水」旁。主灌溉田疇事。下脱百十二字。九坎東列星：北一星曰齊，齊北二星曰趙，趙北一星曰鄭，鄭北一星曰越，越東二星曰周，周東南北列二星曰秦，秦南二星曰代，代西一星曰晉，晉北一星曰韓，韓北一星曰魏，魏西一星曰楚，楚南一星曰燕。其星有變，各以其國。疑脱「占之」二字。秦、代東三星南北列，曰離瑜。離，圭衣也，瑜，玉飾，皆婦人之服星也。下接「虚南二星」。主北夷丁零匈奴。下脱十九字。敗臼四星，在虚危南，知凶災。他星守之，饑兵起。危南二星曰蓋屋，主脱。治宫室之官也。其南四星曰虚梁，《隋》有「主」字。園陵寢廟之所也。三字《隋》作：「非人所處，故曰虚梁。」此下尚有四十九字。室南二星曰雷電。室西南二星曰土功吏，主司過度。壁南二星曰土公，土公西南五星曰礔礰，礔礰南四星曰雲雨，皆在壘壁北。已上依《隋志》補，下接「羽林四十五星」。　主軍衛《隋》「位」。爲營壅也。　主張禽獸。下脱百三十字。客星入之，多盜賊。八魁西北三星曰鈇質，此書例作「鑕」。一曰鈇鉞。有星入之，皆爲大臣誅。奎南七星曰外屏。外屏南七星曰天溷，厠也。屏所以障之也。天溷南一星曰土司空，主水土之事故，又知禍殃也。客星入之，多土功，天下大疾。婁東五星曰左更，山虞也，主澤藪竹木之屬，亦主仁智。婁西五星曰右更，牧師也，主養牛馬之屬，亦主禮義。二更，秦爵名也。下接「天倉六星」。　倉穀所藏也。下脱七字。星黄而大，歲熟。西南四星曰天庾。　主給御糧也。下脱十字。星見則困倉實，不見即虚。　《春秋》所謂御廪，此之象謂。也。　天苑十六星在脱。昴畢南，天子之苑囿，養禽脱。獸之所也，下脱四十八字。主馬牛羊。星明則牛馬盈，希則死。苑西六星曰芻藁，以供牛馬之食也。一曰天積，天子之藏府也。星盛則歲豐穰，希則貨財散。下接「苑南十三星」。　通重譯者也。下脱八字。畢柄西五星曰天陰。　名取此也。下脱五十字。屏二星，在玉井南，屏爲屏風。客星入之，四足蟲大疾。天厠四星，在屏東，溷也，主觀天下疾病。天矢一星在厠南，色黄則吉，他色皆凶。下接「軍市十三星」。　東井南垣之東四星曰脱。四瀆。瀆。　色有常，不欲變脱。動也。　天下盡兵，下脱五字。主與臣相謀。　主壽昌。下《隋》有六字「亡則君危代天」，疑誤。　取乎平。百穀之長以爲號也。

主營候彪《隋》「豹」，當本是「虎」改。尾威旗。　又分夾匏瓠。瓜。　州郡躔次。案：後人多言其誤，然傳授有緒，不可廢也。　東平、任城、山陽陰。入角六度。

卷十二天文志中

雜星氣。案：下「客星」至「雜氣」，皆在「雜星氣」中，不應別出，且所列亦未盡。光色，衍。《隋》無。　潤澤。　貌言視聽以心爲正。《隋》「政」。　侯王主。不寧。　不乃水火。漢、隋《志》俱作「不乃大水」。　未盡期日曰。過參天。　和陰陽，應下「效不效」三字《隋》無。其時。　居實有德《史記》作「得」，下同。《正義》引此亦同。古通用。也。　七星爲員官。宮。　隨其象衆。告。　火與金合爲脱。爍。　火與水合爲曰。《音義》是「爲」字。焠。

凡五星入月。歲，衍。《隋》無。　四星若合，是謂太陽。《漢志》「大湯」。　奄掩。有四方。

凡五星，歲，政，衍。《漢》無。　緩則不行。　本類星，末未。類彗。　在《史正義》作「若」，是。

日南北皆隨日光而指。　晏子曰：君若不改。政。　或曰，去地一二誤連作「三」。丈。　或曰，大而白，無《隋》作「有」。角。　東方之野，二字脱。星之，衍。狀類辰星。脱。　或曰，星表有《隋》「青」。氣如暈，見衍。出正南，南方之野。脱。　大而赤，數脱。動，有光。　聖人起代。伐。　及《隋志》、《通考》皆作「反」。登。　司誤重。危。　皆歲星之脱。所生也。下「填星」同。　天崔。《隋》「雀」。　天社。杜。　周伯星。此與「瑞星周伯」同。《隋志》則云：「周伯大而色黄，煌煌然。見其國兵起，若有喪，天下饑，衆庶流亡去其鄉。」疑此誤。　流星之類。應提行。　主相將軍從星所之。此下《隋志》文多，又有「梁星」。　飛星大如缶。應提行。《隋志》「頓頑」後有「降石」。又，「大滑」後有「天刑」。此皆不具。　《周禮》眡祲從「衣」，譌。下同。氏。　或曰，脱光也。《隋》：「或日光暗也。」　赤氣爲人狩獸，同。之形。　青赤氣長而立日脱。旁爲直。值。　三角，《隋志》「抱」。在日四方爲提。　日抱兩珥云云。此十七字《隋》無，似衍。或如華蓋在氣霧中。下《隋》多六十八字。又，下作「或日氣」。　雲氣如陣，厚大重《隋》倒。者。　見則其城帶甲而趨。趣。今從《史》、《漢》。　日出没時，有下「霧」字《隋》無。　雲横截之。　杼軸雲類軸，摶，搏。下竝同。　兩端兑。　杓杓。《隋》亦譌。　雲如繩。　其見動人乃及。　有占，脱，從《史記》補。　兵必起合《漢志》作「占」。　鬬其直。　衛雲如。　如犬。　喜氣上黄下赤。《隋》「白」。　凡候氣之法。當提行。　初出森森然，在若。　桑榆上。　安帝隆安五年閏月癸丑，天東南鳴。「十」字衍。　六年是年正月已改元興。　九月戊子，天東南又鳴。　是時安帝雖反正。政。　與太尉於靈臺星。　祈禳。　所以譴告不當重。　使得自修也。　宜勑政自修，有《宋志》無。　以報於神明。　未有父欲下「有」衍。　責其子，而可獻盛饌以求免也。今外欲遣上公與太史令具俱。　禳祠。之。從《宋志》改。　羣公卿士。下「大夫」二字《宋志》無。十月戊當是「庚」。　申朔，又日有蝕之。　三年十一月《宋志》「三月」。　己亥朔，日有蝕之。十月景午朔。《宋志》無此條，疑因上「七月景午晦」誤衍。　六年八月景戌朔，日有蝕之。此太康六年也。《宋志》、《本紀》皆有此脱，當補。　永熙元年四月庚申，帝崩。案：此乃著事應，不應提行。《宋志》云：「後二年宫車晏駕。」武帝實以四月己酉崩，此云庚申，亦誤。　永康元年正月己卯。案《宋志》，是年無正月一食，且是年正月癸亥朔，己卯乃月之十七日。此四字及下「竝」字俱宜删去。　二年正月景午子，譌。今從《宋志》。　朔，日有蝕之。　十二月甲申《宋志》「乙卯」。案《紀》，下有「己未」，則非甲申明甚。　朔。　五年五月景子。下又云十一月景子，其誤顯然。此年兩食，《宋志》皆無。　九年十月乙未朔。此因下「咸康元年十月乙未朔」誤衍，當移「是時」已下二十字於下條。又，「者」字譌，當作「著」。　穆帝永和二年四月己酉。《宋志》無二年及八年兩食，己酉日亦有誤。　哀帝隆和元年三月甲寅朔。《宋志》無。案：是年正月有壬子甲寅，三月必非甲寅朔，與下十二月戊午朔亦不合。　日蝕皆日。從上始。　十月乙未，日闇。《宋志》「鬭」。　光熙元年五月壬辰、癸巳，日光四散。　云云。《宋志》「癸巳」，而《紀》係於壬辰。此或後人以壬辰旁注，誤入本書耳，否則下何以獨殊甲午？　凡日蝕皆於晦朔。依《宋志》乙。　二年正月戊申，白虹貫日。《宋志》但有「一月癸卯」一條。　正月辛未庚《紀》作「辰」。時。　王立丁巳。今從《宋志》。　亦如其數。　三月而江東改年元。　爲建武。　元帝太興元年十一月乙卯，日夜出高三丈，中官校，疑衍。　有赤青珥。　四年二《宋志》「三」。　月癸亥日鬭，三月癸未《宋》無此六字。　日中有黑子。　十《宋志》有「一」字。　年日在東井。　恭帝元熙二年正月壬辰，白氣貫日。《宋志》作「日暈」。案：卷内《宋志》脱漏甚多。　是謂之仄匿，二字當重。　則侯王其肅。　月入輿鬼見，衍。　而暈。公孫文脱。　懿叛。　青龍二元，譌。　年七月，左衛將軍陳眕等率衆奉帝伐成都王。　月屬坎，陰府法象《宋志》「家」。也。　永昌元年三月，王敦作亂。不當提行。　敗京都。師。

成帝咸康元年云云。《宋志》有「咸康三年十一月乙丑，太白犯歲星」，無元年事。　四年四月己巳。《宋志》有「太白晝見在柳」六字。　三二。　年正月乙卯，月奄歲星。　相若有若有相，倒，從《宋志》乙。　戮者。　以姻昵妮。　受寵。　十三年十一《宋志》「二」。　月戊子，辰星入月。三年九月，當作「是年七月」。　桓玄等竝舉兵。　七月，太皇和。　太后李氏崩。　是二。　年十二月，桓玄簒位。　七月己未，月奄鎮星，在脱。　東壁。　永寧二年十一《宋志》無「一」字。　月，熒惑、太白鬬于虚危。　囧、乂又。　交戰。　又殺其兄上軍將軍寔。實。　占曰有大脱。　戰。　愍帝二字脱。　建武元年。案：建武雖元帝所建，而是時愍帝猶在，《宋志》每係之愍帝，是也。　元帝太興二年七月甲午，歲星、熒惑會於東井。案：十二字《宋志》無，當爲衍文。下云八月乙未，太白犯歲星，合在翼。夫甲午、乙未異月，必一晦一朔而後可。井與翼相距六舍，安能一日之閒而超越至是？其爲妄增無疑。　海西公太和元《宋志》「二」。　年八月戊午。　謀殺侍中官本「中侍」，誤。　王坦之等。　太元十一《宋志》無「一」字。　年十二月己丑。　十九年十月此下「太白填星，熒惑辰星，合于氐十二月」十四字，《宋志》無，亦係妄增。　癸丑。　二年十《宋志》有「一」字。　月丁丑，太白犯填星。　三年十脱，《宋志》有，在四月後。二月壬辰，太白、熒惑合于羽林。下所書事應反在前，殊舛誤。　聚于奎、婁，從填星也，北。官校云：「下當有『奎婁』二字。」徐州分。　其六月辛卯。此承三年，不承事應五年之文。　八年七十，譌。月甲申，太白犯填星。　至恭帝元熙元年三《宋志》「二」。月五日云云。

卷十三天文下　魏文帝脱。黄初四年三《宋志》「二」。月癸卯。　積百四《宋志》「三」。十九日乃出。　青龍三二。年正月，太后郭氏崩。　又遣陸議、孫韶昭。等入淮、沔。悉爲兵起。災。　占曰：「將相軍。有憂。」　月犯箕。占曰：「軍將將軍，非。下同。死。」　敦燉。煌太守王延破之。　三年三二。月，太尉滿寵薨。　七月癸丑，填星脱。犯楗閉。　太元和。二年，權薨。　嘉平二年十二《宋志》無。月景申，月犯輿鬼。　吴廢，衍。孫亮此三字當提行，下誤空。　太平元年。　元當作「末」。帝即常道鄉公。　景元元年，云云。案占：月曰。五星犯建星。　五年，誤。考景元盡四年，上云「明年」，即是咸熙元年，此當作「又明年」。帝遜位。　九年六《宋志》「二」。月，熒惑守心。　三王公。興師誅之。　二年二月，太白出西方。當提行。　晝而星見午于。上者爲經天。　八月，官本「年」，譌。長沙王奉帝出距二王。三二。年正月。　犯尾，將軍與民人爲變。犯八字脱。箕，女主憂。關西諸將攻河間王顒。「顒」字當重。　三年正月庚子，熒惑犯紫微。趙敬夫云：「熒惑不當犯紫微，疑是太微。」　七月，當作「年」。帝崩于寇庭。　石勒衆又抄略南沙、是縣名，作「涉」譌。海虞。　石季龍多所攻没。下官本衍「二月」二字。　其年三二。月景戌。　二年正月辛卯。亥。今從《宋志》。　占曰：「執法政。者憂。」　其建元二元。年，車騎將軍庾冰薨。康帝建元元二。年。　二三。年，歲星犯天關。　占云：「關梁當分。」《宋志》「溜」。下云「江道亦不艱難」，則「溜」字是。　九月庚戌，月又脱。犯畢。　四年七月景申。當連上，下有「三年六月」，正蒙上爲文。　三月戊辰，官誤「戌」。月犯房。　十年正月乙己。卯，月蝕昴星。二三。月甲申，月犯心大星。　熒惑犯太微東蕃上相將。星。　豫州刺史謝萬入潁。朝。　月犯建星，占曰：「大臣相謀。」《宋志》「譖」。　六月癸亥，月犯氐東北星，占曰：「大將當之。」十六字因下文而衍，但改「癸酉」爲「癸亥」耳。《宋志》無。下「軍」字衍。　一曰主王。命惡之。　十一月己未，月奄左氐。角。　二年二月，《宋志》「三年六月」。　熒惑守羽林。　不應提行。　升平此二字後人妄增。　因見下「元年」，以爲不當在太元二年之後，故謬加此。不知上「二年」當連上，蓋未著事應，不應分段。此下云「元年五月大赦」，正蒙上文「一曰有赦」，以著其驗，此還是太元元年事。前後多有此例。　元年五月大赦。　五年七月景子。亦不應提行。　十一年三《宋志》「二」。　月戊申。　三月，太白晝見于胃，占曰：「中軍兵起。」此十四字衍文，文法各别，《宋志》無。　歲星犯哭泣，衍。案：哭與泣是兩星，故義熙二年九月，書熒惑犯哭星，又犯泣星。此處《宋志》本無「泣」字，下二條亦竝同。星。又及。連歲水旱。丁丑，十一，譌。月犯東上相。下「三年五月」亦當連。
二年九當作「七」。月，庾楷等舉兵。下「三年六月」、「六」當作「十」。五年正月，不應提行。下「其年七月太皇太后李氏崩」，正連上四年之文。太白晝見。七月戊寅，熒惑在東井。下不云「又」，疑有脱文。熒惑犯輿鬼、積尸。占曰：進，衍。「賢者誅。」辛未巳。《紀》作「酉」。誅左僕射王愉。下桓元刼天子，《紀》是辛未。八月丁巳，月脱。犯斗第一星。九月甲《宋志》「戌」。子，熒惑犯少微。十二月己卯，歲星犯天江。闕。下「四年」同。姚興伐仇池，仇池二字脱，《宋志》重。公楊盛擊走之。六年三月丁卯，月奄房南第二星，占曰：二字脱。「災在次相。」七年十，衍。二月，劉蕃《紀》作「藩」。梟徐道覆首。十一年三《宋志》「二」。月丁巳，月入畢。十月戊申，月犯畢，占悉同上。下脱「日」。月犯箕。十四年三月癸巳，《宋志》「丑」。太白犯五諸侯。丁巳，月脱。入太微，占曰：「大人憂。」十月下「甲申月入太微」六字衍，《宋志》無。癸巳。日月。蝕者四。十二月丁巳，月、入，衍。太白俱入羽林。
二年二三。月庚午。在尾，長三二。丈。三年，二字脱，《宋志》有。太尉滿寵薨。九月，帝廢二字從《宋志》乙。爲齊王。占曰：「天下易主。」王。後二脱。年，傾三方伐吴。新都王該詠。薨。占曰：「有兵。」一曰：二字脱。「有赦。」有星孛于北河戒。或。下同。北河戒，一名胡門。胡下「門」衍。有兵喪。有星孛于脱。奎。

天津爲賊斷，王道天下不通。下「案占災在吴越」六字，《宋志》自指太白在斗晝見而言，今係之於此，乃作史者翦裁之失，當删去。 彗星下「二」衍。 出天市。 二年十月，星又隕有聲。不當提行。 於是侵掠赤桑。 地。 成帝咸康寧。 三年。 六年，月。 壽春城陷。 懷帝永嘉三年十二官「一」，譌。 月乙亥，有白氣如帶，出《宋志》有「東」字。 南北方各二。

晉書禮志

卷十九禮志上　又下「有」字衍。 此禮當頒於天下，不宜繁多。 使脱。 持節侍中太保鄭沖。 五帝即天也。 地。 太康三年正月，帝親郊祀，皇太子、《宋志》有「皇弟」。 皇子悉侍祠。沈《志》云非前典也。 又曰「祀地旅四望」，《宋志》又有一「四」字，《通典》同。案：下文亦無。 望非地，則明堂上帝不得爲天也。 地。 考之禮文二字《通典》作「於禮」。 不正。 愍帝都長安。當提行。 元帝渡江。當提行。 立南郊於巳地。《宋志》云：「非禮所謂陽位之義也。」案：沈《志》閒有論斷，此盡去之，非是。 天郊則五帝疑當重「五帝」二字。有五帝，又有五帝之佐，與總數六十二神合。 之佐。 地郊則五嶽、四望云云。 五帝之佐、案：此處當云「五人帝、五人帝之佐」，即如此，於總數四十四神尚缺其二，疑有脱誤。 沂山、嶽山、白《隋志》有「石」字。 山、霍山云云。 或以夏至，或同用陽復。陽復，即長至日也。監本脱「復」字，《宋志》有之。或改作「陽月」，殊誤。

始以宣穆張皇后配地。案：「地」字不必有，《通典》是「此依」二字，當從之。魏氏故事，非晉舊也。

安帝元興三年三月，二字脱，《宋志》有。劉裕云云。尚書左《通典》「右」。丞王納《通典》「訥」。之。日下「月」字衍。望輿駕，無爲欲速，《宋志》有「而無據」三字，「而」字毛本有。使皇輿旋反，更不得親奉也。秦世多以騮毛作「騂」，與《音義》合。案：《淮南·説林訓》「騂駁不以入牲」，此秦之謬也。駒。禮，有事告祖禰。當提行。下「魏文帝」不必提行。禮，春分祀，衍。朝日於東，秋分祀，衍。夕月於西。案：朝夕即是禮，何必更贅「祀」字，此皆後人妄增。下凡似此者，當盡削去之。即用郊日，既郊日月，譌。案《宋志》云：「此爲即用郊日，不俟二分也。」今據改正。又不在東西郊也。非事天交《宋志》譌「郊」，今定作「交」。此脱。神之道也。及武帝太康二年，有司奏，春分依舊下「請」字衍，「依舊」二字亦可疑。車駕祀，衍。朝日，寒温未適，可不親出。玉三。牲竝陳，籩豆成列，禮同人理。譌，當作「鬼」。江左以議，衍。毛本在上文「如舊」下，當是「儀」字之譌。後，未遑修建。漢儀。當提行。土生於火，故於火二字脱，《宋志》、《通志》皆有。用事之末服黄。兼侍中散騎常侍荀奕。弈。尚書三公曹奏讀秋令儀注，《宋志》有「新荒以來」四字。舊典未備。加比熱隆赫。《音義》作「茮」。是祇述天和隆赫殺。之道。船耕帝籍。亦作「藉」，官本竝改爲「耤」。有司奏，始脱。耕祠先農。隨宜便換，而，衍。不得侵人也。賀循荅：「漢儀無「正有」二字衍。至尊應船自。以《通典》校。祭之文。」下「然則」之「則」字亦衍。 漢儀，縣邑應提行。常以乙未脱，據《續漢志》補。日祠先農。下「景戌」及「戌地」，俱譌「戊」。 立春之日，當提行。皆青幡幘，迎春于東郊。《續漢志》作「郭」，此下尚有十四字，當補入。令一童男冒青巾，衣青衣，先在東郭外野中。迎春至，《續志》有「者」字。今案：當作「迎者至」爲順。自野中出，則迎者脱。拜之而還。 周禮，王后帥内外命婦「享先」二字係妄增。蠶於北郊。 祭蠶神，曰苑窳《音義》：「苦瓜反。」此因字誤而誤音也。《續漢志》、《宋志》竝作「窳」，當音「以主反」。婦人、寓氏公主。 天子諸侯親耕籍田，下「千畝」二字衍。后夫人躳蠶桑。宫，衍。 明年施行。此太康六年詔。案《本紀》及《宋志》，九年方舉行。 取列侯《宋志》「取民」，此避「民」字，當言百姓，不當言列侯。 妻六人爲蠶母。 先桑桑即「躳桑」省文，下亦云「桑日」，無「躳」字，《通典》增之，非。 二日。《宋志》作「前一日」。 公主以下乃就位。《宋志》「以次就位」。 改建宗廟，而社稷祠，衍。壇與廟俱徙。 天子尊事郊宗，非。廟。 躳耕也者，所以重孝享之粢盛，下脱十九字。致殷薦於上帝也。《穀梁傳》曰：「天子親耕以供粢盛。」親耕，故自報。 爲籍田而報者，衍。也。《左氏傳》盟于清丘之社是也。脱。若復不立之京師。當如上文作「都」，方是晉奏元文。 景侯解大厲曰：「如周杜伯。」杜伯事見《國語》及《墨子》。各本作「如周社」，譌。 今云無二社者稱景侯，二字當重。《祭法》不謂無二。景侯之後脱。 解亦未易除也。 必援一牢之文以明社之無二，則明。稷無牲矣。

何獨不可脱。舉一以明二。若有二《宋志》、《通典》俱作「有過」，疑當去「有」字，止作「過」。而除之，不若過而存之。封人所掌設脱。壝之無稷字，説者以爲略文。咸重表以爲如粲誤作「如祭法」。之論。各割其方色土。脱。不知此論何從而出，《宋志》作「從何出」。而與解乖。詔曰：「社實稷，譌。《通典》「實」。一神，而相襲二位。」又曰：以血祭祭脱。社稷。故凡被疑「祓」。社釁鼓，主奉以從是也。見讀其令，奉行其政。正，譌。下當别爲一條。合《續漢志》亦脱，此字當補。朔合朔，謂日蝕。前後各脱。二日，牽羊牛。酒至社下故，衍。以祭日。執事者冠脱。長冠，衣皁單衣，三字脱。絳領袖緣中衣，絳袴袜，二字誤「緣」，依《續志》改。以行禮。摯虞《決疑》脱「要」字。《通典》有「注」字。曰：「凡救日蝕，皆者。著赤幘。」社，脱，《宋志》有。勾龍之神，天子之上公。漢建安中。係提行。《禮》：脱。諸侯旅見天子。若日之，衍。有變，便擊鼓於諸門。以喪表。不見星而行，故日蝕而止柩，曰安知其不見星也。下脱二十三字。今史官言當蝕，亦安知其不蝕乎？夫子、老聃豫行見星之防，補此方明。而邵廢之，是棄聖賢之成規也。諸侯既脱，《通典》有。入，見蝕乃知耳。邵《通典》有。引此文，《通典》有，無「可謂」二字。可謂失其義旨。《通典》無下「劉」字。然荀令所善，言。云云，莫知其誤《宋志》作「謬」，無下「矣」字。矣，後來脱。君子將擬以爲式。《周禮》肆四。師職。黨正之祭，宗，誤。案：上云「肆師之宗，班與社同」，此云「神與社異」，則不作「宗」字明矣。　文不繫社。　又《月令》孟冬祈于天宗，則即，同。《周禮》祭禜。此二字疑當作「之宗」，舊本無「禜」字。　凡崇祀百神，放而不至。語出《禮記・禮器》篇。放，方往反，法也。言放事天以祀神，而有等殺，不若事天之極至也。　高子曰：靈星之尸。户。　又是月也，此句沿《續漢・禮儀志》之文，彼繫於「仲秋……案户比民……養老」之下，而此上文乃「仲春……祀高禖」，祠則不相當，安得徑接以是月？當時史官粗忽，全不契勘，乃如此。　祠老人星于國都南「遂」字衍。　郊老人星廟。老人星秋分始見，因而祠之必不在春。　《左氏傳》「龍見而雩」。當提行。　郡國尚旱，句有誤。《續志》云郡國上雨澤，案今時猶然，且不以立秋爲限。　郡縣《續志》上有「若少府」三字，蓋少府亦有田租山澤陂池之税，故有所屬之郡縣，今删去之便不明。　各掃除社稷。　其旱也，云云。此方言旱，則上文「尚旱」之語殊謬。　武帝咸寧二年春，分，衍。　久旱。　此雩之《宋志》「禜」。　舊典也。　何琦論脩備。　五嶽祠。　舊臺選百石卒史，户吏卒，譌。　以奉其職。案：卒史有百石、二百石之不同，《漢書・儒林傳》：「郡國置五經百石卒史。」《黄霸傳》：「補左馮翊二百石卒史。」漢魯相乙瑛，有置孔子廟百石卒史碑。此奉祀之職，正相當也。下文亦誤，當改正。　廬江郡常遣大吏太史。　兼假，四時禱賽。　公私奔蹙，惑。　漸以繁滋。《宋志》倒。　祝嘏文大。　辭，舊章靡記。　改封脱。　宗聖侯孔震爲奉聖亭侯。　詔給奉聖亭侯孔亭四時祠孔子祭直。宜，譌。　五年五正，譌。月，講尚書通。　雞特牲供二字《通典》無。　禳釁之事。　桃脱。　印本漢制。　但且。　未詳改仲夏在歲旦之所起耳。　詔：「郡國山川不在祀典者，脱。勿「立」字衍。祠。」　以河北十「二」字衍。郡封魏武帝爲魏公。　丁脱。夫人曰大王后。　按禮，將營宮室，云云。此何承天語，見《宋志》。　又追尊高祖宗。大長秋曰高皇，云云。竝在鄴廟。廟之。所祠則文帝之高祖處士、曾祖高皇、祖脱。大皇脱。帝共一廟。　近高皇祖。以下神主共一廟。　其右擬明帝，號曰烈祖穆祧。《宋志》載孫盛所譏，此削之，非是。　文帝甄后賜死。當別爲一條。　今文昭皇后之脱。於後嗣。　太和元年。不應提行。　遵一宮之遠旨。《宋志》作「尊遠」，殆即本上文所謂「尊遠神祇」語。　受終「于」字衍，句法不當有。文祖。　月正元日，又格于文脱。祖。下「遂陟帝位」四字複上，乃衍文。　然於祇奉神明。明主。　太康元年。當提行。　六年，因廟陷。當提行。　古者七廟異所。舊脱「異」字，《通典》有。「所建」乃妄改。詔又。曰：「古無七廟，自近代以來皆一脱。廟異室。」　而惠帝世愍懷太子、太子二字脱。二子哀太孫臧、沖太孫尚竝祔廟。　別祠《宋志》「立」。弘訓宮。　上繼武帝，脱。於元爲禰。　三祖二字脱，《通典》有。毀主，權居別側。《通典》「別」。室。　太常華脱。恒言。當依《宋志》作「議」，與下一例。　然臣愚謂廟室當以容客。主爲限。　宜還復豫章、潁川，全祠成。七廟之禮。　於經繼。既正，於情又安矣。　自從《春秋》尊尊卑。之義。　成帝咸康七年二字脱。五月。年。　太常馮懷表續「太廟」二字衍。奉還於西儲夾室。　護軍將軍馮懷《宋志》有「表」字，《武悼后傳》無。議。　司馬無忌等議禘，衍。「諸儒謂太王王季」云云。　若今別側，非。室而祭。　是時簡文爲撫軍將軍。二字脱。　舜廟所以，衍。祭。不居舜廟，衍。上。　博士張憑議三字脱。「或疑陳於太祖者」。　圓丘郊祀，經繼。典無二。　宣皇帝創基之主，寔惟太祖，而，衍。親則王考。四廟在上，未及遷世，也。故脱。權虚東向之位也。　則違事七荀卿云：「有天下者事七世。」作「亡」，非。之義矣。　蓋謂支肖援授。立，則親近毛譌「迎」。必復。　雖禘帝。祫猶弗及。何者？傳稱毁主升合當有「食」字。乎太祖。　不宜脱。闕配帝之祀。　故周平、光武無廢於二京也。下一段亦不可删，今據《宋志》補之。周公宗祀文王，漢明配以世祖，自非惟新之考，孰配上帝。邈又曰：上二十五字補。明堂所配祀。之神，積疑莫辯。　與郊祀常禮祀。同用周。四圭。主。於是奉奏。行，一無二字脱。所改。　殿正室十四《宋志》「六」。閒，東西儲各一閒，合十六《宋志》「八」，《通典》俱同《晉志》。閒。　征西至京兆四主，及太子二字脱。太孫，各用其位之儀服。四主不從帝者之脱。儀。　義熙九元。年四月，將殷祠，詔博士，衍。議遷毁之禮。　宜築別脱。室以居四府君之主。　大司農徐廣議「四曰。府君嘗當。處廟堂之首」。　温嶠等入伐，二字脱。立行廟於白石。　勦從「力」，譌。絶其命。　帝既不從，而左右，譌。僕射索綝等。　有司言有詔，譌。琅邪恭王宜稱皇考。

卷二十禮志中　故曰三年之喪，天下之達禮者，衍。也。　喪紀之制，與夫，衍。三代變易。　百官當臨殿脱。中者。　是月丁卯而，衍。葬。　及宣帝「景帝之」三字衍。崩，景、文二字脱，《宋志》作「文景」，誤倒。　竝從權制。　陛下既以《宋志》「已」。俯遵漢魏降喪之典，以濟時務，而躳蹈踴。　大孝。　未足以踰。《宋志》「喻」。　萬機幾。下竝同。　事殷。誠詭《宋志》「佹」，兩通。　然激切其心。　言及悲剝，殺。柰何！　柰何！　伏讀聖《宋志》「明」。詔。　聖思所以不能已以。已。　水飲疏蔬，謌。下同。食。　毀悴外表，然，衍。而躳勤萬機。　誠聖人稱情立衷。哀。　無所訴訊。告。《宋志》作「告訴」。　今雖二字脱。秋節，尚有餘暑。　竊用諫《宋志》「悚」，此前亦同。息。　欲瞻奉《宋志》倒。山陵。　又詔曰：《宋志》此下云：「昔者哀適三十日，便爲梓宮所棄，遂離衰絰，感痛豈可勝言！　顧漢文」云云，似難節去。下亦同。　「漢文不使天下盡哀，亦先帝帝王。至謙之志。《宋志》下有「是以自制，不以副諸君子，有三年之愛，而身體廓然」二十字。　當見山陵，何心而無服！　其禮，衍。以衰絰行。」乎秀。下同。等重奏曰。上已無「曰」字，此衍，《宋志》無。　陛下以脱。社稷宗廟之重。　既從權制，釋脱。除衰麻，羣臣百姓《宋志》「庶僚」，是。吉服。　若加衰絰，下脱八字。近臣期服，當復受制，案：詔有「羣臣自當按舊制」語，則此八字必不可節。　進退無當。　以布巾裹凷脱。草。革。　皆施縑裹。裹。　御除服。　服訖，各還所次除衰服。　昔周康王始登翌翼，同。室。　所以，衍。不堪也。　此身二字脱。上「耳」字《宋志》無，疑即「身」之誤。何爲限以近制。　文明皇后崩。當提行。　亦合遠日申情請。之言。　彪之不能徵援拔。正義。　是則，衍。魏不以喪廢樂也。　皇太子亦從權脱。制俱釋服。　更逼通。今從《通典》。而不行。　至令今。高宗擅名於往代。　有直而行，曲而殺，報。有經而等，有順而去之。案：此皆《禮器》之文，本作「順而討」。討者，去也，以去易明，故易之耳。　於是太子遂以厭降之議。疑「義」。　退使博士段殷。《宋志》、《通典》竝作「段」。此下同。　暢博採典籍。　武帝楊悼皇后。當提行。或以庶母慈下「母」字衍。　己，依禮制小功五月。　孝武太元。寧康，誤。此在太元九年。《宋志》「太元元年」亦誤。　今上䑾奉康穆哀皇及靖后之祀。禮。　既稱夫人，禮服從正。政。

稱與尊卑，衍。　者爲體。　則無元。服之子當斬衰三年。　其爲舊倒。升降也微。爲謂。殤後者，尊之如父。　況以天子之尊，而爲無脱。服之殤。　而令至尊獨猶。居其重。　《士喪禮》葬有道車、二字脱，《通典》有。　稾車、脱。乘車。　但喪無當重一「無」字。主。　咸寧四年，陳留國上，當有一「言」字。　燕公是王之父，王出奉明帝祀，今於王爲從祖，衍。父。　穆帝時。應提行。　踰年，嗣王乃來繼。脱。　於是國妃終三年之制。禮。漢魏失之大者誤併作「奢」。也。　太元十七年。應提行。　以當作「與」。古「以」、「與」亦通用。　尊者爲體。《禮》：「王爲三公六卿錫裼，譌。下同。衰。」　應三朝發哀者，踰月下

「不」字衍。後凡「踰月」下皆同。舉樂。案《禮・雜記》：「君於卿大夫之喪。」葬。如遠所啓，荅。合於古義。《喪服記》，公爲所寓，齊衰三月。應提行。摯虞以爲《周禮》作樂，衍。於刑厝之時。摯虞今本誤倒。以爲古者諸侯。羣居入，衍。則經。自是皆省之，衍。矣。明帝性之，衍。雖崇奢。進皇帝蜜密。璽綬於便房神坐。有司奏，奉。大行皇后陵所。凶門非禮，禮《宋志》二字俱作「古」。有懸重。有司奏選挽郎二三。十四人。世祖祠，衍。廟，謂之五供。下脱七字。五供畢，以次上陵。此條言墓祭，必本有，後轉寫脱去耳。今據《續漢志》補。成帝時，中宮官。亦時時拜陵。今雖權制釋脱。服。變服單衣。《宋志》下有「袂」字。太康元年，東平王楙上言，下「祖」字大謬。王昌父毖，本居長沙。此段敘次欠明。王楙非官於東平，當亦爲中正，故爲王昌上言。此東平下失載官職，其「祖」字又不知何人所增，當削無疑。昌聞前母喪，言疾求平議。《通典》先敘王毖事起。此處云：「昌聞喪，求去官行服，東平王楙上臺評議。」未有遭變而二嫡。當重一「嫡」字。苟不二。猶權事而變，以下刪削又不明，今據《通典》補之。而諸儒欲聽立兩嫡，竝未前聞。且趙姬讓叔隗以爲內子，以上補二十二字，下文惟姬氏之讓方有根。黃昌之告新妻使避正室。《後漢書》本傳不載此事。《通典》云見《風俗通》，今亦逸。以爲「溥駁一與之齊，非大疑誤。或是「謂」字。夫也。追出母亡。疑倒。欲令有脱。服。何則疑倒。又，當有「爲」字。春秋所當善也。但鞠養己者情哀，而不相見下當有「者」字。名制。　昔子思二，衍。哭出母於廟，其門人曰：「庶氏之母女。死，何爲哭於孔氏之廟！」　章下「草」字衍。下太常。　有爲爲之也。下「有」字衍。　古之王者，有以脱。師友之禮待其臣，而臣脱，當有。不敢自尊。　太尉荀顗頭。議曰。　蔡氏之子字《通典》無，疑衍。元釁。《通典》「疊」。下竝同。　如嶠比。下當有「者」字。　姊投身三字脱，《通典》有。於賊，請活姑命。　詵疑制《通典》作「暉」，蓋詵子也。後云「爲暉也母」，但前「産四子」下，須先見其名方不突。又，「暉制」二字當竝有。　服。　考之傳記。下「不勝」二字衍。　故太常平陵男郭奕弈。爲景侯。　固疑「故」。雖君父義，有所不隆。　太尉荀顗上謚法云。應提行。

卷二十一 禮志下

羣臣集，下「到」字《通典》無。　庭燎起火。上賀，下「起」字衍，《通典》無。謁報，又賀皇后。　還衍，《通典》無。從東中華門入，詣東閤閣，非。下，便坐。「又賀皇后」以下，閒厠不倫，「還」字尤無理。或本作小注附見，而誤作大字。《通典》亦如此。漏未盡七刻，《宋志》有「羣司乘車與」五字。車與，當從《通典》作「輿車」。羣司，蓋各有所司之職事者。乘輿車，乃當陳設之車輅也，似不當節去。百官及受贄郎「官以」二字衍，《宋志》、《通典》皆無。下至計吏皆入立其次。　各《通典》不重。奏羣臣就位定。　掌本「治」字，避諱改。禮郎讚「皇帝延王登」。　於是二字誤。《通典》作「理禮郎」，亦誤。當仍作「謁者」二字。引脱。公特進，云云。　大脱。鴻臚跪讚「太尉」云云。

掌禮當有「郎」字。引公至金紫將軍上殿，當御坐。三字脱。　王脱。公置璧成禮時。

以贊授受脱。贊郎，郎以璧帛付「諸」字衍。謁者。太樂令跪請脱。奏雅樂。謁者引王公至脱。二千石上殿。王還，下「王」字衍。自酌置位前。上千萬歲下脱十三字。壽。侍中曰：「觴已上。」百官伏稱萬歲。陛下《宋志》無。者傳就席。太官令脱。又行御酒。尚食持案竝授侍郎，持節，譌。下同。侍郎跪進御坐前。太樂令跪奏「請進舞」，樂，譌。樂以次作。請以次進衆伎。妓。爲白獸，蓋是後代所爲，示無脱。忌憚也。《宋志》云：「欲令言者猛如虎，無所忌憚也。」則「示」下當有「無」字，今補之。不得從違。本數。漢以高帝十月。應提行。不然則行人順疑「頻」，見《周禮》。《宋志》「巡」。省。擇人誦志。四字脱，《宋志》有。擇，與「探」同。鄭氏云：「探序王志，以語天下。」明發不寢。《宋志》「寐」。誠意毛本「心」。未著。周典有之曰。以，譌。下俱《秋官·大行人》文。《宋志》文無異。其禮俗政事脱「教治」二字，豈因諱去之邪？《通典》作「教理」。刑禁之逆順爲一書。其悖逆二字脱。暴亂作慝逆。下本有「猶」字。犯令爲一書。嘉謀言。令圖。柴望告至。脱。擯賓。古通。及執贄皆如朝儀。讖纖，譌。緯諸説。魏明文。帝世，若避諱，應作「時」。今作「黄初」，連下「中」字爲文，誤也。下有「自武文，至于聖嗣」之語，則在明帝時甚明。中護軍乃官名，不當屬上。《宋志》不誤。中護軍蔣濟奏脱。曰。譬猶人子對厥所所，誤「親而」二字，「而」字當在下。生所生，見《詩》，即親也。《宋志》不誤。而脱，今從上移此。譽它人之父。今大魏承《宋志》「振」，是。百王之弊亂。

下「厄」作「危」。始脱。自武文，舊誤倒。至于聖躬。綱維人神舊倒。此下亦作「人神」。之化。未發廢。大禮。且昔去。歲破吴虜於江漢。此儀議。久廢。聞蔣《宋志》無。濟斯言。是以中閒曠廣。遠者千有餘年。華則榮《宋志》「華」，是。矣。勿復脱。有所議。會隆卒，不復行之。《宋志》作「故不行」。受命踐阼。祚。《宋志》作「阼」，是。羣生仰流。毓。象以姓數。表。案《魏晉春秋》，青龍三年，删丹縣金山玄川溢涌，有石馬七，有玉匣，開蓋於前，上有玉字，文曰：「述大金，討大曹。」《漢晉春秋》亦略同。所謂以姓表也。今東漸于海西被《宋志》下無「于」字。流沙。句法應如此。宜有事梁父，四字脱。修禮地祇。詔不許。三字衍，《宋志》無。有不敢《宋志》「可」。讓。國之大事，取議義，非。於此。宜修《宋志》「循」。此禮。何以二字因下脱，「不」字妄增，《宋志》無，毛本同。使大晉之典謨，不脱。同風於三代。孰能巍巍其有脱。成功若兹者歟！親奉服。大化，目日。覩太平，至公至《宋志》「之」。美，誰與爲讓。宜祖述先朝。明。上復舊誤倒。詔曰：「所議誠列代《宋志》「前烈」。之盛事也。」非脱。爲耳目之娱。君脱，當有。不忘先君之好。躬執弩射牲，生。牲以爲，衍。鹿薦。麛，太宰令、命。謁者各一人。名曰「貙《音義》作「⿰犭區」，非。劉」。兵官皆肄孫、吴兵法六十四陣。《續志》下有「名曰乘之」四字，當有。古語曰：在車軍。則脱。下，下「車則」二字衍。惟此時施行。據《獨斷》改正。惟十月都試。講。號曰閲本

「治」字，避諱改。兵。　戲兵於南郊之場。塲，俗。下同。　尊極德備，云云。《宋志》譏此言爲非。　禮冠舊倒，從《宋志》乙。於廟。　眉壽惟期。《音義》本作「祺」。　有司議奏。舊倒。於是制諸脱。王十五而冠。　始衍。立皇后甄氏。　有司奏：「婚禮脱。納徵。」　惟璋官爲具致，衍。之。　魏氏《宋志》「魏聘后」。王娶妃、公主嫁之禮。　王者婚禮，禮無其制。例。　夫婦所生若如《宋志》「而」，從傳本文。「而」與「如」同，此遂易之。下同。人。　殿中御史奏：奉。「今令。迎皇后。」　而立脱。五牛旂，衍。旗。　先帝詔后禮宜有脱。降。以定《宋志》「正」。其禮。《通典》但云彪之正禮。　王者之於四海，無不非。《通典》「不」。臣妾。近求史籍，無王者此「制」字衍。比。　則咸康寧，譌。咸寧，武帝年號。咸康，成帝年號。《宋志》不誤。　華恒所上。　宜一依咸康寧，譌。故事。　華恒所定六之。禮，云脱。依漢舊書。及晉已行之制，故彪之多從咸康寧，譌。由此也。　皆彪之所脱。定也。　咸以《通典》下有「爲」字。宜率由舊典。　何琦稽首頓首，再拜承制脱，《通典》有。詔。　正位乎于。內。重申章。舊典。　先臣故脱。安豐太守、關中侯叡之孫。　外出自先臣故尚書左丞孔脱，《通典》有。胄之外曾孫。　洛某官某姓之族脱，《通典》有。女。　窈從「幼」，譌。窕之姿。　以章典毛倒。禮。　寵以典《通典》「豐」。禮。　次「親」字衍。下同。迎版文曰。其珪脱。馬之制。　是因獻就。《通典》「獻」。酒食而有慶語也。　愚謂無直相賀之體。禮。

《通典》「體」。玉以象德而有温脱，《通典》有。潤。以獸豹皮各一具。其，譌。又，「禮」字衍。以尊下「革」字疑衍。其事乎！帝始率羣臣躳射。養三老五更于辟雍。皆祠先聖先師周公、孔子，牲以犬。《續漢・禮儀志》是「犬」字。劉昭注引康成注《儀禮》云：「狗取擇人。」今本俱作「牲以太牢」，誤。齊王每講經通。遍。以太脱。學在水南懸遠。官及百姓皆禊從「衣」，譌。於東流水上，洗濯袚祓。除去宿垢疢。脱，《續漢志》有。下「而」字衍。立流杯水。《通典》「杯」。曲水，延百僚。

魏書禮志第十四中闕一版，其劉芳疏無從考補。下尚有十六字，見《通典》，恰與下文接笱，今并一二字句之訛并校焉。從《通典》居多。

軒轅桴疑「桴」。阮隃之管定十二之律。舊「隃」作「瑜」，「十二」作「小一」，今依官校改。商亂則陂，其臣舊「官」，今從《樂記》改。壞。正聲舊訛「氣」。感人。又有昧任離禁之樂。舊作「韎昧任禁」。案：韎，即昧也，不當複出。又闕「離」字，今依《周官·鞮鞻氏》注補正。或撞之當有「而」字。不令。及諸畏疑「禺」。獸。時司樂上書，《通典》有「陳樂」二字，當補。典章有闕。與之廣修舊倒。器數。彌有殘二字舊脱，依《通典》補。缺。然心喪在躬，未忍聞舊訛「闕」。此。樂府先傳舊脱。正聲。又有《文舊訛「皇」。案：「皇始」在下文。始》、《五行》、《勺舞》。鐘磬、舊訛「聲」。管絃、登歌聲調。湯武所以。下闕一版，今只從《通典》補下首數句。先是，有陳仲儒者自江南歸國，頗閑樂事。下接「請依京房」云云。問：京房準定六十律之舊倒。後，雖有器舊脱。存。但仲儒在江北之日，此下即伸己意。頗授琴文，《通典》作

「頗愛琴」。又，「又」字屬下。嘗《典》作「常」。覽司馬彪所撰《續漢書》。廣量衡舊「權」。歷。經史備存。舊「有」。若尺寸少舊「小」。長。如不練此，必至舊「有」。乖謬。是謂舊「爲」。十二之律。若依舊脱。公孫崇止以十二律聲。中呂爲十二之窮。舊訛「竅」。崇乃以中呂爲宮。舊二字脱。案畫舊訛「盡」。以求其聲。致令攬者望風拱手。《通典》作「攬者迎前拱手」。一分之内，乘爲二千舊訛「十」。分。使入常準舊倒。尺分之内。然舊脱。分數既微。中絃下依數盡疑「畫」。《通志》無此字。出六十律清濁之節。即於中絃案盡疑「畫」。一周之聲。平調以角舊訛「宮」。爲主。出仲儒愚舊訛「所」。思。才非一足。夔一而足，見《風俗通》。蓋非常人能舊「所」。明。博採舊訛「探」。古今。拊搏倒。琴瑟。磬氏爲磬倨句舊闕，依官校補。之法。文舞著舊訛「者」。進賢冠。請以韶舞舊訛「武」。爲崇德。又六代之舞皆舊訛「者」。以大爲名。至於謡舊訛「淫」。俗、四夷。至於古雅，尤多亡失。舊「矣」。收其聲伎。舊訛「役」。

宋史第三十五，孝宗本紀三，明南雍張邦奇校者，脱第八葉，以第九葉升上爲第八葉。其七葉末，「四川制置司應」下徑接「庫錢貼進」，誤也。今據元本補録其文如右。下

又以三十三卷之第十一葉爲此九葉，遂自「措置」至「九月己酉楊存」止四百字，複衍於此。神廟補刊者，復改「楊存」二字爲「地震」，以泯其迹，今當删去。

黎州邊事，隨宜措置。癸卯，詔臨安府承宣旨審奏如故事。甲辰，金遣徒單守素等來賀明年正旦。是月，詔以太上皇明年七十有五，議行慶壽禮，太上皇不允，帝進黄金二千兩爲壽。是歲，江、浙、淮西、湖北旱，蠲租，發廩貸給，趣州縣決獄，募富民振濟補官。故歲雖凶，民無流殍。安南入貢。

八年春正月甲寅，停折知常官汀州居住。丙辰，詔内侍見帶兵官竝與在京宫觀，著爲令。乙亥，詔福建歲撥鹽於邵武軍市軍糧。二月壬午，詔去歲旱傷郡縣，以義倉米日給貧民，至閏三月半止。黎州土丁張百祥等不堪科役爲亂，統領官劉大年引兵逆擊之，土丁潰去，大年坐誅。戊子，禁浙西民因旱置圍田者。裁童子試法。己丑，禁廣西諸州

科賣亭户食鹽。庚寅，詔三省、樞密、六部，置籍，稽考興利除害等事。戊戌，以保康軍節度使士歆爲嗣濮王。三月丁未朔，幸佑聖觀。戊午，以潮州賊沈師爲亂，趣帥、憲捕之。辛未，幸聚景園。閏月辛巳，命諸路帥臣、監司分州郡臧否爲三等，歲終來上。戊子，賜禮部進士黄由以下三百七十有九人及第、出身。庚寅，修揚州城。甲午，幸玉津園。壬寅，減在京及諸路房廊錢什之三，德壽宮所減，月以南……

金史監本第三十三卷，禮志六，第三葉缺，今據舊本補。每葉二十行，每行二十二字。第二葉尾，係「班首降階復位」止。第四葉首，係「於殿上」起。嘉靖八年所梓，業已遺脱。

同執事官再拜訖，退。十五年二月，有司言東京開覺寺藏睿宗皇帝皁衣展裹真容，勑遷本京祖廟奉祀，仍易袍色。明年四月，詔依奉安睿宗禮，奉安世祖御容於衍慶宮。前期，有司備香案、酒果、教坊樂。至日質明，親王宰執率百官公服迎引至衍慶宮，凡用甲騎百人，傘二人，扇十二人，香輿八人，綵輿十六人，從者二十四人，執事官二人，弩手、控鶴各五十人，贊者二人，禮直官二人，六品以下官三十員，公服乘馬前導。奉安訖，百官再拜，禮畢，退立宮門之外，迎駕朝謁。十六年正月，有司奏：「奉勑議世祖皇帝御容當於何處安置。臣等參詳衍慶宮即漢之原廟，每遇太祖皇帝忌辰，百官朝拜。今世祖皇帝擇地修建殿位，庶可副嚴奉之意。」從之。乃勑於聖武殿東西，興建世祖、太宗、睿宗殿位。既而復欲擇地建太宗殿於歸仁館，有司言：「山陵，太祖、太宗、睿宗共一兆域；太廟，世祖、太祖、太宗、睿宗亦同堂異室。今於歸仁館興建太宗殿位，似與山陵、太廟之制不同。」詔從前議，止於衍慶宮各建殿七間、閣五間、三門五間。乃定世祖殿曰廣德，閣曰燕昌；太宗殿曰丕承，閣曰光昭；睿宗殿曰天興，閣曰景福。十九年五月六日，奏告。七日，奉安。執事禮官三人，每位香案一、祭器席一、拜褥二、盥洗一、大勺篚巾全。前一日，太廟令率其屬埽除宮内外，又各設神座。

《金史》監本第七十六卷，太宗諸子傳，第二葉缺。今据舊本補。每葉二十行，每行二十二字。第一葉尾係「宗磐陰相黨與，而宗雋」止，第三葉首係「爲太保右丞相兼中書令」起。

遂爲右丞相，用事。撻懶屬尊，功多，先薦劉豫，立爲齊帝，至是唱議以河南、陝西與宋，使稱臣。熙宗命羣臣議，宗室大臣言其不可。宗磐、宗雋助之，卒以與宋。其後宗磐、宗雋、撻懶謀作亂，宗幹、希尹發其事，熙宗下詔誅之。坐與宴飲者，皆貶削決責有差。赦其弟斛魯補等九人，并赦撻懶，出爲行臺左丞相。皇后生日，宰相諸王妃主命婦入賀。熙宗命去樂，曰：「宗磐等皆近屬，輒構逆謀，情不能樂也。」以黃金合及兩銀鼎獻明德宮太皇太后，并以金合、銀鼎賜宗幹、希尹焉。

宗固本名胡魯。天會十五年爲燕京留守，封豳王。宗雅本名斛魯補，封代王。宗偉本名阿魯補，封虞王。宗英本名斛沙虎，封滕王。宗懿本名阿隣，封薛王。宗本本名阿魯，封原王。鶻懶封翼王。宗美本名胡里甲，封豐王。神土門封鄆王。斛孛束封霍王。斡烈封蔡王。宗哲本名鶻沙，封畢王。皆天眷元年受封。宗順本名阿魯帶，天會二年薨，皇統五年贈金紫光禄大夫，後封徐王。宗磐既誅，熙宗使宗固子京往燕京慰喻宗固。既而翼王鶻懶復與行臺左丞相撻懶謀反伏誅。詔曰：「燕京留守幽王宗固等或謂當絶屬籍，朕所不忍。宗固等但不得稱皇叔，其母妻封號從而降者，審依舊典。」皇統二年，復封宗雅爲代王，宗固爲判大宗正。三年……

資治通鑑序

宋神宗御製。明陳仁錫梓本不載，他本亦未見。余從宋本鈔得之。此一書之冠冕，帝王之盛事，不可闕也。因亟爲傳之。宋本每葉廿行，行十八字。今唯提行處仍之。

資治通鑑序 御製

朕惟君子，多識前言往行，以畜其德，故能剛健篤實，輝光日新。《書》亦曰：「王，人求多聞，時惟建事。」《詩》、《書》、《春秋》，皆所以明乎得失之迹，存王道之正，垂鑑戒於後世者也。漢司馬遷，紬石室金匱之書，據《左氏》、《國語》，推《世本》、《戰國策》、《楚漢春秋》，采經摭傳，罔羅天下，放失舊聞，考之行事，馳騁上下數千載閒，首記軒轅，至于麟止，作爲紀、表、世家、書、傳，後之述者，不能易此體也。惟其是非不謬於聖人，褒貶出於至當，則良史之才矣。若稽古英考，留神載籍，萬機之下，未甞廢卷。甞命龍圖閣直學士司馬光論次歷代君臣事迹，俾就祕閣繙閱，給吏史筆札，起周威烈王，訖于五代。光之志，以爲周積衰，王室微，禮樂征伐自諸侯出。平王東遷，齊、楚、秦、晉始大，桓、文更霸，猶託尊王爲辭，以服天下。威烈王自陪臣命韓、趙、魏爲諸侯，周雖未滅，王制盡矣！此亦古人述作造端立意之所繇也。其所載明君良臣，切摩治道，議論之精語，德刑之善制，天人相與之際，休咎庶證之原，威福盛衰之本，規模利害之効，良將之方略，循吏之條教，斷之以邪正，要之於治忽，辭令淵厚之體，箴諫深切之義，良謂備焉。凡十六代，勒成二百九十六卷，列于户牖之閒，而盡古今之統，博而得其要，簡而周于事，是亦典刑之總會，册牘之淵林矣。荀卿有言：「欲觀聖人之迹，則於其粲然者矣，後王是也。」若夫漢之文、宣，唐之太宗，孔子所謂「吾無閒焉」者。自餘治世盛王，有慘怛之愛，有忠利之教，或知人善任，恭儉勤畏，亦各得聖賢之一體，孟軻所謂「吾於武成，取二三策而已」。至于荒墜顛危，可見前車之失；亂賊姦宄，厥有履霜之漸。《詩》云：「商鑑不遠，在夏后之世。」故賜其書名曰「資治通鑑」，以著朕之志焉耳。

治平四年十月初開經筵，奉聖旨讀《資治通鑑》。其月九日，臣光初進讀，面賜《御製序》，令候書成日寫入。文弨案：英宗以治平四年正月崩。神宗即位，踰年改元，故此仍繫以治平也。據《玉海》，是年十月己酉，四日，初御邇英，即此所云「初開經筵」也。九日，乃甲寅也。英宗命司馬光編集歷代君臣事迹，光先以戰國至秦二世爲八卷，名曰「通志」。進呈，英宗悦之，命續其書。神宗經筵進講者，當即此八卷之書。其合成二百九十四卷，乃元豐七年所上。《序》不應預定卷數，祇當云勒成若干卷。今《序》有卷數者，書成日寫入所加也。

進資治通鑑表陳仁錫本，前有銜名三行。宋本在表後，其前止有此六字。今表已見陳本，可不必重録。有一二字與《傳家集》異同者，亦無甚緊要。如「專取關國家盛衰」，《集》作「興衰」；「及提舉西京嵩山崇福宫」，《集》無「西京」二字；「骸骨癯瘁」，《集》作「筋骸癯瘁」。其表後結銜，陳本無，今依宋本補於左。

端明殿學士兼翰林侍讀學士太中大夫提舉西京嵩山崇福宫上柱國河内郡開國公食邑二千六百户食實封一千户臣司馬光上表

元豐七年十一月進呈

檢閲文字承事郎臣司馬康

同脩奉議郎臣范祖禹

同脩祕書丞臣劉恕

同脩尚書屯田員外郎充集賢校理臣劉攽

編集端明殿學士兼翰林侍讀學士太中大夫臣司馬光

獎諭詔書宋本前有空行，不連表後。

勑司馬光脩《資治通鑑》成事。史學之廢久矣！紀次無法，論議不明，豈足以示懲勸、明久遠哉！卿博學多聞，貫穿今古，上自晚周，下迄五代，發揮綴緝，成一家之書。

褒貶去取，有所據依；省閱以還，良深嘉歎。今賜卿銀絹、對衣、腰帶、鞍、轡、馬，具如别録，至可領也。故兹奬諭，想宜知悉。冬寒，卿比平安好，遣書，指不多及。

十五日陳本在奬諭前，非是。此勑所署日應在後。今一依宋本式。

案：《進通志表》，見《傳家集》，似亦當載入。但行款無從攷矣。附見於此後，其亦可也。

司馬文正公《傳家集》八十卷，文弨亦嘗校訂。乾隆六年，桂林陳公爲江蘇臬使日重雕，比山西舊刻誠爲精緻，然其中亦有移改之失。如《撫納西人詔意》一篇，是隨劄子之後，擬以備用，與實降者不同。蘇本劄子在卷五十一章奏類中，其詔意則移之於卷十六制詔類後，此大欠妥。舉此一事，以見能傳布舊書，固極美事，千萬不可妄改。以愚所見，如《詩》、《書》、《史》、《漢》等書，宋明以來，屢有更張，此甚非也。又如《蔡中郎集》，舊本以《故太尉橋公廟碑》一篇爲首，銘在前，以「光光烈考」爲第一段；「公諱某，字公祖」，至「書以碑陰，以昭光懿此依《水經注》。」爲第二段；「橋氏之先」爲第三段；其後即係以《黄鉞》、《東鼎》、《中鼎》、《西鼎》四銘，其事本相聯屬。明張溥《百三名家》本，於此篇即大移易，後來刻本亦皆依之。蓋止見近代碑誌，其銘皆在後，故改《蔡集》以從今。其如與蔡文中所云不合何，因《拾補》不能盡出，故附見其略於此。

文獻通考經籍

馬氏「經籍」一門，採諸史志傳，及宋朝館閣書目，并諸家序跋。而於鼂公武《讀書志》、陳振孫《直齋書録解題》兩書，幾於備載無遺。此兩家各據所見之書，其卷數或與史志不合，即兩家亦不能盡同，今此二書各有專本行世。海寧陳氏所刻之《讀書志》，多不與《通考》合，蓋鼂《志》元有蜀本、衢本之異，陳氏所刻乃蜀本，《通考》所載乃衢本。馬氏之爲此書，自當加以裁翦。今第舉其脱漏者補之，訛謬甚者正之，其他小疵，不能備舉也。

三　吕微仲《周易古經》十此字誤脱。二卷。案陳氏例當在鼂氏後。　真西山《復卦説》一卷。　吴如愚《準齋易説》一卷。　馮椅《厚齋易學》。凡傳舊書，一切行款，俱當仍其本來，不得意爲紛更。如此三書，舊各自提行，上二書無説，唯馮椅書載《中興藝文志》語，尤不便蟬聯而下。近人專輒改作，而條例又不預先彼此關會。如此三書，初付梓時，本作三行，及其刻成，校者欲與前後一轍，遂以上條陳氏語中增添數字，匀出一行，而以此三書作二行，方得整齊。他皆如此。又如應提行而誤連上文者，勢必改爲提行，則板之當更换者多矣，於是將下文巧爲删改，以泯其迹。噫！作僞如此，豈復有完書哉！世有學人，但取舊本對之，則其妄增妄删之處，自有不可掩者矣。

九　《春秋繁露》十七卷。《程氏演繁露》云云。劍之在左，蒼龍之象也。下脱「刀之在右，白虎之象也；鈎之在前，朱雀之象也」十四字。

十二　《經典釋文》三十卷。後小學類又重出，載鼂氏説。《五經字樣》一卷。案：即前《九經字樣》也，不當分爲兩條。五，或是誤字。

十三　《玉臺新詠》誤作「録」。十卷。此與下《玉臺後集》皆重出總集類中，而不載鼂氏語。

十四　《太常因革禮》。脱「一百卷」三字，下「陳氏曰」誤，當作「鼂氏曰」。《朱文公家禮》。下《自序》：「誠得與同志之士熟講而勉行之。」案語意尚未了，不當截至此住。其下云：庶幾古人脩身齊家之道，謹終追遠之心，猶可以復見，而於國家所以崇化導民之意，亦必有小補云。〔一〕

十六　《埤雅》。脱「二十卷」三字。

十七　《趙氏家塾蒙求》二十五卷。舊連下條，今本誤空。《宗室蒙求》三今誤「二」。卷。案：此兩書自爲一行。陳氏曰：「趙彦絃撰。」舊失引，而今本遂與下一書相連，非是。《幼學須知》五卷，舊別爲行，今誤綴上條下。陳誤「程」。氏曰：餘姚誤「符」。孫應符仲潛撰。

十八　惟《唐志》專立實録一門。案：《唐志》「實録」、「詔令」俱附「起居注」後，竝不別爲一門。

〔一〕《朱文公家禮》，在經籍卷十五。

十九 《後魏書》下陳氏云云。隋文帝命魏澹等更撰《魏書》九十二卷，此下脱二十五字，今補之。以西魏爲正，東爲僞，義例簡要。《唐志》又有張太素《後魏書》一百卷，此上是舊脱者。今皆不同。此云「皆」，則舊本元有明矣。《北史》一百卷。作「八十卷」，誤。

二十 《漢紀》三十卷。下陳氏云云。達道義，章法式，誤「或」。通古今，著功脱。勳，表賢誤「質」。能。又巽巖李氏云云。或又增以子注音切，竝非所當有。案：此自是本書所有。觀《史》、《漢》注中，往往引用，如諱邦之字曰「國」，諱啓之字曰「開」之類。及《史記·文帝紀》「大横庚庚」，《索隱》引荀悦曰「大横，龜兆横理也」，此類非一。李氏不攷，而削去之，故今本遂無注。《編年通載》十五卷。章誤「張」。衡撰。《稽古録》二十卷。朱子云云。末後一表，其言如蓍龜，一一皆驗。案《表》有云「法弊於涼而改爲，官非其人而變置」，殆指此也。《通鑑節文》六十卷。下「鼂氏曰」，當作「陳氏曰」，「鼂」字誤。《續通鑑長編舉要》六十八卷。下乾道四年，禮部郎官李燾上言，云云。共一百八卷投進。文弨案：此一百八卷者，實一百七十五册，即陳氏所云「又有子卷」者是也。旁采異同，補實録、正史之闕略；參求真是，破巧説僞辨之紛紜。益以昭明祖宗之豐功盛德。案：此一段語氣殊不類，求之本疏無此語。但云：「更擇耆儒正直若光者，屬以删削之任，遂勒成我宋大典，垂億萬年。臣之區區小忠，因是亦獲自盡。」其下語尚多，絶無矜張如此者。

二十二 《越絶書》。馬氏引諸説，尚不辨是袁康、吴平所撰。《開天誤「元」。傳信記》

一卷。

二十三　《大和野史》三卷。舊誤作「太和」。案：魏明帝、後魏孝文帝年號是太和，唐文宗年號是大和。當時碑刻，及宋本《新唐書》俱不誤。今碑刻下截亦有爲人鑿一點者，痕迹顯然，不可爲據。下凡唐年號竝倣此。　《濮王申誤「中」。陳》一卷。

二十四　《渡江遭變録》一卷。自此以下共十七書，皆脱「陳氏曰」三字。　《元祐黨籍列傳譜述》一百卷。下陳氏語。史院取其書以修「修」字今增爲「備編輯」三字。《四朝國史》。下今添「採擇時」三字。洪邁奏今添「請」字。乞今添「將龔頤正」四字。甄録，補今作「授」。和州文學。下添「侂胄用事」四字，此皆非舊本所有。

二十五卷　《鑾誤「晉」。書》十卷。下樊誤「懋」。綽撰。脱。　《渚宮故事》五卷。後二百五卷「地理門」有《渚宮舊事》十卷，即此書也。置兩處，誤。　《錦里耆舊傳》八卷《續傳》十卷。此四字脱，當補。下陳氏云云。起咸通九載，迄下脱二十二字。乾德四年，百餘年蜀事大略具矣。《續傳》蜀人張緒所撰，起以上皆所補者。乾德乙丑，迄祥符己酉。

二十六　《魏公語録》一卷。案陳氏云「與《别録》小異而實同」，則不應置《魏公别録》前，當移之於後爲是。　《道鄉語録》一卷。陳氏曰：不知作者。記鄒浩志完語。陳本有此條，在《豐清敏遺事》前，此失載。　《二楊歸朝録》一卷。脱「陳氏曰」三字。　《中興忠義録》。誤作《中興志議忠録》。

二十七　《江南録》十卷。下陳氏云云。湯悦即殷崇義，避宣祖諱下脱五字。及太宗舊名，此所補者。并姓改焉。太宗舊名匡義，故姓名俱改。《外史檮杌》十卷。下鼂氏云云。路振之書未備。治平二字本作「今」字。成此書，以補其遺。案路振《九國志》在後，此書不應置在前。

《雞林志》三十卷。下鼂氏曰：皇朝崇寧中。下又有「王雲編次崇寧中」七字，舊本無。

《海外使程廣記》三卷。案二百六卷「地理門」又重出，此卷内當删去，下兩書亦同。《雲南志》十卷。即前卷之《蠻書》，當併歸一處。《至道雲南録》三卷。案：二百六卷重出，陳氏語尤詳。《諸蕃志》二卷。二百六卷亦重出，此處應删。《晉書指掌》十二卷。鼂氏曰：皇朝劉蘷乃「夔」字之俗體。編。《唐書音訓》四卷。鼂氏曰：皇朝竇苹。誤「鞏」。案：苹，字叔野，汶上人。元豐中爲詳斷官。下吏，爲蔡確笞掠誣服死。

二十八　《政和重脩國朝會要》百十卷。陳氏曰：先是，王禹玉監脩，自建隆至熙寧，凡三百卷。崇寧中重脩，僅成吉禮百十卷。政和進呈，餘四類編治垂成。宣和庚子罷局，遂成散漫。紹興閒，少蓬程俱申請，就知桂州許中家借抄之。許中嘗與崇寧脩書，故存此本，得以備中禁之採録。今重脩本題「淮康軍節度使充禮制局詳議官蔡攸等奉勑重脩」。陳氏有此條，在《續會要》三百卷前，此失載。《尊號録》一卷。此與下共五書俱脱「陳氏曰」三字。　《輔弼名對》四十卷。案：二百二卷「職官門」有此書，載鼂氏語，此似應併入下卷。　蔣魏公《逸史》二十卷。案：一百九十七卷「傳記門」，有其曾孫芾《逸史》，宜併一處。　容齋云云。　大槩辨訂官制之訛誤也。此十字舊是小注，攷《隨筆》本作駁正《逸史》之訛誤者五條。　《西漢會要》七十卷《東漢會要》四十卷。此與下三書，共四條，皆脱「陳氏曰」三字。　鄭夾漈《通志略》。案：馬氏未見《通志》二百卷之全書，故後有疑辭。

二十九　《翰林雜志》一卷。下陳氏曰云云。案：陳氏語當别爲一條，不當附於不題撰人之下。今録其文於此。陳氏曰：《續翰林志》一卷《次續志》一卷，學士承旨梓潼蘇易簡太簡撰，以續唐李肇之書。其子耆，又以其父遭遇恩禮之盛，續於其後。《百官公卿表》一百四十二訛作「五」。後案語作「二」，不誤。卷。公自序云云。所謂官者，乃古之爵也；所謂差遣者，乃古之官也；下脱十字。所謂職者，乃古之加官也。此補。《翰苑訛「林」。羣書》三卷。《續百官公卿表》。案：蔡幼學有《宰輔拜罷録》一卷，并此二書，已見前一百九十七卷中。

三十　《金科類要》二卷。陳氏曰：不著名氏。此失載。案：當在《金科易覽》後。《明刑盡心録》二卷。陳氏曰：丁鋭爲鄂州司理，又集此書。此失載。案：當在《決獄龜鑑》後。《脩城法式條約》二卷。陳氏曰：判軍器監沈括、知監丞吕和卿等所脩敵樓、馬面、團敵式樣，并申明條約，熙寧八年上。此失載，當補卷末。

三十一《燕吴行役記》二卷。脱「二卷」二字。陳氏語「張允伸」，乃張允中。

三十二《鄖誤「鄭」。城志》十二卷。《蜀記》二卷。《唐志》作《益州理亂記》三卷。此當在宋人《蜀記》之前，今誤倒。《嶺表録異》。誤倒作「異録」。

三十三《湘中山水記》三卷。下脱「陳氏曰」。《輦下歲時記》。即前《秦中歲時記》，當併一處。

三十四《米誤「史」。氏譜》一卷。《崇文總目》六十四卷。鼂氏曰：皇朝王堯臣等撰。此下二十字，誤置「康定三年」下，今移正。景祐中，詔張觀、李若谷、宋庠取昭文、史館、集賢、祕閣下接。書刊正訛謬。如此方順。《邯鄲圖書十此字脱，案鼂、陳皆有。志》十卷。《金石録》三卷。陳氏云云。李氏爲下脱。作後序，頗可觀。此六字補。《寶章誤「墨」。待訪録》二卷。

三十五《易元星紀圖》當作「譜」。一卷。

三十六《鹽鐵論》。下六十篇。俱誤「十六篇」。《潛夫論》十卷。鼂氏云云。浮侈誤「僞」。實貢。誤「真實」。《中論》二卷。誤「篇」。

三十七《周子通書》。下朱子云云，又曰云云。案：此下皆朱子語。而今本有「朱子」二字，攷舊本是朱子之名一字，其上空一格。又「嘗録以寄廣漢張敬夫，敬夫以書來曰：二先生」云云，今本少「敬夫」二字，又無「二」字，皆誤脱。　《皇極經世書》十二卷。下鼂氏云云。以元經會，以會經運，此四字補。以運經世云云。又有《觀物篇》繫於後。訛作「後又看繫述敘篇」七字，不可解。《觀物内篇解》脱此字。二卷。《漁樵對問》二字舊誤倒。一卷。鼂氏曰：皇朝張載誤作「邵雍」。撰。案下云「邵氏言其祖之書，當考」，則不應直題邵雍撰。《經學理窟》一卷。案鼂氏曰：「右題金華先生，未詳何人，爲程張氏之學者。」今即係於張載《信聞紀》下，又不載鼂氏語，誤也。《胡子知言》一卷。下陳氏云云。文定公安國之今節去上四字。季子，張又節去「張」字。南軒從之遊。下條《朱子語録》增「有曰」二字。因增「與諸子」三字。論湖湘學者云云。上一行删五字，下一行添五字。所以然者，蓋因《朱子語録》誤不提行，故爲此巧於遷就也。若未上板時對出，焉有此失乎？今本似此者多，不能一一糾正。後再發雕，當考舊本正之。

三十八　王介甫注《老子》二卷王、吕書後有。《陸佃注》二卷《劉仲平注》二卷。今脱。默誤「墨」。希子注《文子》十二卷。

三十九　《管子》。後《崇文總目》。今本首行添「曰」字，次行上添「書」字，下添「已」字，第四行首添「共」字。蓋欲此四行皆升一格，故然。　墨家。首脱「《漢志》六家八十六篇」八字。

四十　《吕氏春秋》二十六脱此字。卷。

四十一　《金樓子》十卷。鼂氏曰：梁元帝繹撰。此二字舊誤倒。　《意林》三卷。下容齋云云。張顯《析言》。《唐志》避諱，作「張明」，其《析言》作《晳論》，疑此誤。又，干子，誤「于子」。《古今注》三卷。陳氏曰：晉太傅丞崔豹正熊撰。

四十二　《資暇集》三卷。《唐志》無「集」字，下卷重出，亦無「集」字。當移鼂氏語於此。《孔氏雜説》下「記」字衍。一卷。鼂氏曰：皇朝孔武仲撰。此條脱，當補於《中華古今注》之前。案：陳氏云清江孔平仲毅父撰。《玉誤「五」。泉筆端》三卷。

四十三　《廣誤「唐」。撰言》十五卷。此何晦撰者。《東齋記事》此字脱。十卷。《搢紳脞説》二十卷。鼂氏曰：皇朝張唐英君房撰。案：張唐英，字次功，是張商英天覺兄，張雲房乃别一人。鼂誤認爲一人，而以《名臣傳》、《蜀檮杌》皆歸之君房，誤甚。

四十五　《荔枝故事》一卷。案：此書陳氏云無名氏。今不載陳氏語，而係於蔡襄書下，誤。《增城荔枝譜》一卷。陳氏曰：亦此字脱。無名氏。案上一書當移此前。《菊譜》一卷。陳氏曰：彭城劉蒙撰。凡三十五品。又一卷，上十三字失載。史正志志道撰。《越中牡丹花品》此字脱。二卷。陳氏曰：僧仲休今作「林」，不知何据。下同。撰。

四十六　《漢志·五行》。後隋、唐、宋《五行》不附此後，而在刑法《漢志》六家之後，殊爲失次。

四十七　《廣古今五行志》三十卷。鼂氏曰：竇遙撰。《唐志》作「竇維鋈」。《靈臺三十六歌》一卷。以下新添閒字甚多。陳氏曰：題。稱武平先生，所撰然。亦不知其爲。何代。

人。《五星六曜約法》一卷。《洞微歌》一卷。《紫宙經》一卷。此三書舊作三行，今改作一行，故添閒字甚多。陳氏曰：以上三種皆無撰著。名氏。亦莫考其所自出。以上凡注出者，皆新添也。《相馬經》二卷。脱「二卷」兩字，後「醫書門」又有一卷。《集馬相書》一卷。「陳氏」誤作「鼂氏」。

四十八 右衍「文」。《漢志》：兵技巧誤「考」。十三家，百九十九篇。此當與前三《漢志》一例頂格。舊誤添「右」字，低二格，非。又，注「蹵鞠」，誤作「就之鞠」。凡兵書五十三家，七百九十九脱此字。篇，圖四十五誤「三」。卷。前「權謀」下，脱「圖十三卷」；「形勢」下，「圖十九卷」誤作「十八」；「此技巧」下，脱「圖三卷」。

四十九 《中藏經》一卷。陳氏曰：漢譙郡華佗元化撰。其序稱應靈洞主少室山鄧處中，自言爲華先生外孫，莫可攷也。此條脱，當補於《脈經》三卷前。《脈訣機要》三卷。《脈要新括》一卷。案上書鼂氏本作「晉太醫令高平王叔和撰，通真子注」，下書方題「通真子撰」。今去王叔和，而以二書皆通真子撰，此馬氏之失也。《運氣論奥》三卷。以上「皇朝」俱改爲「宋朝」，不與前後畫一，下不再出。《本草節要》三卷。《明堂鍼灸經》二卷。此兩書在《膏肓灸法》二卷之前，此脱。《肘後百一方》三卷。陳氏云云，取佛書「人有四大，一大輒有一百一脱「百一」二字。病」之義以名之。案《維摩經》：「是身爲災，百一病惱。一大增損，則百一病生；四大增損，則四百四病同時俱作。」

五十　《傳信誤「道」。適用方》二卷。

五十一　《宋三朝國史志》云云。合爲新録。下「凡四千三百五十九」共八字與上複，當删。《内景二字誤在上條説下。中黄經》二卷。下「陳氏」誤「鼂氏」。《黄庭外景經》三卷。下鼂氏云云。《崇文總目》云：記天皇氏至帝嚳受道得仙事。此本則無之。案：此一段亦鼂氏語。今本凡《崇文總目》皆改爲高一格，遂併此亦誤改之，而不知其爲鼂氏所引用也。《韋誤「章」。《唐志》作「韋」，鼂本不誤。注西昇經》二誤「三」。卷。韋處元亦誤「章」。《太上説魂魄經》一卷。下「崇文題曰」，亦鼂氏語，誤高一格提行。

五十二　《老子四象論》一卷。脱《真仙傳道集》三卷。下二書亦不當連。《遠山崔公入藥鏡》三卷。陳氏曰：不知何人。此失載，當在《逍遥子》前。

五十三　《宋中興志》一百家一百此二字脱。一十部七百七十五卷。

五十四　《華嚴合論法相撮要》一卷。陳氏曰。「曰」字誤在「青谷」下。又，「要義」誤「要人」。《道院集要》三卷。陳氏曰：王右誤「古」。撰。

五十五　《戚苑英華》十卷。案：此本掇取劉揚名之書，不應在其前。《童子此二字鼂本無。洽聞記》三卷。覸下鼂氏語，則此是《洽聞記》。下別題《童子洽聞記》，有撰人。《類要》七十六誤

「六十五」。卷。《侍女小名録》此字脱。一卷。鼂氏曰：王銍誤「經」。纂。《羣誤「郡」，下同。書類句》十四卷。下「葉儀鳳」，脱「葉」字。

五十六　《益州名畫録》三卷。陳氏曰：《中興書目》以爲李畋誤「略」。撰。《增廣射譜》七卷。陳氏語「末亦簡要可觀」，脱下三字。《古今刀劍録》。已見前卷，此應删。《香譜》一卷。舊有，今脱。《香嚴三昧》一誤「十」。卷。《象棊經》此字脱。一卷。下《棊勢》一書鼂無。《打馬格局》一卷。陳氏曰：不知名氏。此失載，當在《打馬圖式》前。

五十七　《龍岡楚辭説》五卷。陳氏云云。登昆侖，歷閬風，指西海，陟陞皇，皆寓言也。世儒不誤作「乃」。下又脱十三字。以爲實，顧獨信其從彭咸葬魚腹此所補者。以爲實者，何哉？《靖節年譜》一卷《年譜辨證》一卷《雜記》一卷。陳氏云云。蜀人二字缺。張縯誤「演」。季長辨證之。又雜記前誤「晉」。賢論靖節之語云云。稱永嘉下脱十二字。示以宋丞相刊定之本。思悦者，此所補者。不知何人也。趙敬夫云：「思悦，宋虎邱寺僧。」《謝宣城集》五卷。下「謝朓」誤作「眺」，「江祏」誤「江祐」，「衰世」誤「襃世」，「鼻無堊」誤「鼻無聖」。《孔德璋集》十舊新《唐志》、《宋志》、陳本書皆同。今誤「一」。卷。《昭明太子集》五卷。陳氏曰：梁太子蕭統德施撰。當在《吴均集》前，此失載。今其集世多有。

五十八　《沈佺期集》五卷。石林葉氏云云。海外逢寒食。案：今集作「嶺外無寒食」，題云：「驪州風土，不作寒食。」據此，則石林可以無譏矣。《杜審言集》一誤「十」。卷。案鼂氏云《集》有詩四十餘篇而已，安得十卷？後二百四十二卷中，又出《杜必簡集》一卷，當歸併於後爲是。《劉長卿集》十卷。此二字脱。

五十九　獨孤及《毗陵集》二十卷。鼂氏云云。觀其大義，不爲誤作「而有」。章句學。下「遏惡」誤「過遏」。《戎昱集》三卷。李蘷，「蘷」乃「夔」之俗體，孫愐《唐韻》始載此字。今又誤作「蘷」，益訛矣。《劉虞部集》十卷。陳氏云云。勳在王誤「三」。府。按：武德功臣有劉文静、誤「靖」。下同。宏基、誤「墓」。下同。政會。《劉賓客文集》。下陳氏云云。夢得自言，此別是一條，本係提行，今誤連陳氏語下。吾友柳儀誤「議」。曹嘗謂吾文雋而膏味無窮，炙誤「炙」。而愈出也。後村劉氏曰：新添「劉賓客」三字。夢得。新添「所作」二字，蓋因後村誤連上條，今改作提行，致有斯贅也。

六十　《陳黯文集》三卷。下鼂氏云云，乃《劉綺莊歌詩》下語，此條闕，今補之。鼂氏曰：唐陳黯撰。黯字希孺，潁川人。十歲能詩，十三袖文謁清源牧，牧面令賦詩，頗稱賞之，由是一時聲名大振。會昌初，就鄉薦，至禮部，輒罷歸。咸通中卒。有羅隱、黄滔序。今本皆缺。《劉綺莊歌詩》四卷。此條脱去，今補。案鼂氏云，有啓、狀等篇，則「歌詩」二字似當作「集」。朱朴誤「抃」。《致理書》十卷。已見二百十四卷中。《唐志》本在「雜家」，不應在「別集類」。鼂氏語兩處不同，此「荆門令」脱「荆」字。　沈顔《聱誤「贅」。書》十卷。　《投知小録》三卷。陳氏曰：唐神策判官郃陽秦韜玉中明撰。田令孜客。中和二年特賜及第。此條失載，當在《鳳策聯華》前。　田霖《四六集》一卷。「陳氏」誤作「鼂氏」，後《扈載集》同。

六十一　《范文正公集》。下東坡刻誤連上，後改作提行，乃删去九字。　蘇氏《集序》曰：「古之君子如止留「曰」字，餘皆删去。　伊尹、太公」，云云。

六十二　《劉公是集》七十五卷。下《朱子刻誤連上，後改作提行，乃删去八字。語録》一字删。曰：劉原父三字改作「敞」。才思極多，下四字删。湧將出來。　曾子固《元誤「南」。豐類稿》五十卷。

六十三　《司馬温公傳家集》八十卷。三字脱。　《范蜀公集》一百二十序作「十二」。卷。

六十四　《豫章集》四十四卷。　《宛邱集》七十五卷。　《後山集》二十卷。　《淮海集》四十六卷。　《濟北集》六十卷。　《濟南集》二十卷。陳氏曰：蜀中刊本。號《蘇門六君子集》。此皆不載，總集亦無之。　《唐子西集》十下「五」字衍。卷。　《浮沚先生集》十六卷。下陳氏云云。　先祖妣，先生之第三女，先君子其自出也。誤作「先君之所自出」。

六十五　《李淇水集》八十卷。陳氏曰：門下侍郎大名李清臣下脱五字。邦直撰。清臣，韓魏公姪此字脱。壻也。《昭德鼂公文集》六十卷。下云云。一再終星。誤「終日」。案：十二年一星終，此言二十餘年也。《邵氏集》二十卷。鼂氏云云。師事崇福十二父。謂詠之也，誤作「十二歲」。

六十六　《空青遺文》十卷。陳氏曰：直寶文閣曾紆公卷。《禮記》「三公一命」，「卷」讀爲「衮」，故曾取以爲字，後二百四十五卷中正作「卷」。今本改作「衮」，非其舊也。

六十八　德此字衍，舊無。洪覺範《筠溪集》十卷。

六十九　《江總集》一卷。陳氏云云。《唐志集》二誤「三」。十卷。《盧綸詩》一卷。下「吉中孚」，脱「吉」字；崔峒，誤「烱」。《羊士諤誤「鶚」。下同。詩》一卷。

七十　《張祜誤「祐」。下同。詩》一卷。趙嘏《渭南詩》三卷。鼂氏曰：唐趙嘏承祐誤「祐」。也。《羅鄴集》一卷。「陳氏」誤作「鼂氏」。《禪誤「竇」。月詩》一卷。《棲誤「柳」。白詩》一卷。

七十一　《林和靖詩》三卷《西湖記逸》一卷。案下一書，「陳氏曰：桑世昌輯」，此失載。《注東坡詩》四十二卷。下脱「陳氏曰」三字。《山谷集》十一乃「三十」之訛。卷。《竹友集》七卷。陳氏曰：謝薖誤「邁」。幼槃撰。《日擇園集》十卷。陳氏云云。公擇誤「祥」。

之從孫。《清虛誤「非」。集》一誤「二」。卷。

七十二 《東萊集》二十卷《外集》一卷。陳氏云云。祖謙之伯此字脱。祖也。《歸叟集》一卷。下「諸名勝」，今改「勝」作「卿」，是不知人亦可稱名勝也。 《澗上丈人詩》二十卷。下是陳氏語。 《天台集》十卷。下「李庚」誤作「李更」。 《雪山集》三卷，陳氏云云。嘗著《詩解》三十卷。《詩總聞》二十卷，今有其書。前一百七十九卷中云「二卷」，皆由未見全書之故。

七十三 《冠柳集》一卷。陳氏曰：王觀誤「冠」。通叟撰。 《大聲集》五卷。陳氏曰：万俟誤「侯」。雅言撰。 《泠誤「冷」。然齋詩餘》一卷。陳氏曰：蘇泂誤「洞」。召叟撰。 《蕭閑詞》一卷。陳氏曰：韓此字脱。瞟子耕撰。

七十四 《唐衍。魏鄭公諫録》五卷。陳氏云云。《館閣書目》作王琳，誤「綝」。誤也。 《富文忠公劄子》十六卷。案：二百三十四卷中有《富文忠劄子集》六卷《奏議》十二卷，載鼂氏語。 《包孝肅奏議》十卷。陳氏曰：樞密副使合肥包拯希仁撰。此失載，當在「吕獻可」前。《吕獻可章奏》誤作「奏章」。二十卷。 《李公擇廬山奏議》十七卷。下「鼂氏」誤作「陳氏」。《傅獻誤「顯」。簡奏議》四卷。 《若溪奏議》一卷。下「劉班」誤作「劉珏」。 《陳國佐奏議》十二卷。下「赤城」下脱「陳」字。

七十五 《唐志》四家四部誤作「四部四家」。 一十八卷。下「皆」字衍。又，「二十二部」誤作

「三十三部」。《古文苑》九卷。陳氏云云。《中興書目》有孔此字脱。宜《文苑》。《續古今誤「文」。詩苑英華集》十卷。《竇氏聯珠集》五卷。陳氏云云。容管經略羣丹誤「州」。列。《斷金集》一卷。前二百四十三卷中已見。案：當歸併於此。「鼂氏」當作「陳氏」。《文苑英華》一千卷。王氏《揮麈録》此三字新删。曰：太平興國此二字删。中，諸降王死，其此二字又删。舊臣或宣怨言。亦是誤連上，後改提行之故。平園周氏云云。諸名士文集，誤「籍」。世九誤「猶」。罕見，云云。「羅隱」下脱「輩」字。元缺一句或數誤「二」。句。惟是元脩書時此字脱。歷年頗此字脱。多。其閒賦用「員來」，誤「字」。非讀《秦誤「泰」。誓正義》，安知今下衍「日」。之「云」字乃「員」之省文。始雕誤「讎」。於嘉泰改元春。深懼來誤「求」。者下衍「之」。莫知其由。《集誤「文」。選目録》二卷。《歲時雜詠》二十卷。

案：前二百六卷中已見，載鼂无咎序，似當歸併於此。

七十六 《皇朝名臣奏議》一百五十卷。自序云云。無所諱誤「違」。忌。植黨干利。誤「於朝」。《天台集》二卷。陳氏云云。《别編》則此二字脱。師箴之子表民所補也。《長樂集》十四卷。陳氏曰：福建提刑吴興俞向誤「尚」。集。《相誤「湘」。江集》三卷。《會稽紀詠》六卷。陳氏云云。嚴陵洪璞。誤「漢」。《文心雕龍》十卷。鼂氏云云。觀其《論説篇》，稱此字脱。《論語》以前，經無「論」字，《六韜》三論，後人追題。是殊不知《書》有「論道經邦」之言，其疎略殆誤「殊」。過於王、杜矣。案：「論道經邦」乃晚出古文，不足爲據。鼂氏遂輕詆彥和，過矣。《風騷旨誤「指」。格》一卷。《擬皎然十九誤「七」。字》一卷。《唐詩主客圖》一卷。陳氏云云。近世詩派之説。誤「詩」。《文章元妙》一卷。陳氏曰：唐任藩撰。此字脱。《琉璃堂墨客誤「家」。圖》一卷。《御製句圖》一卷。陳氏云云。真宗皇帝所選送劉琮詩八聯。誤「篇」。《雜句圖》一卷。陳氏語末，「録」誤「詠」。下同。

大凡傳古人書，必先細看一過，然後發雕，方得無錯。不待刻成之後，始覺其誤，爲之伸縮遷就，以省更换之煩也。至於款式高下疎密，一切當仍其舊，必灼然知其爲誤，然後易之。此書門類題目，亦有紛更。舊凡數書各自爲行，又或作兩排者，今皆改作蟬連，而下僅空一格；其一人數書，舊本直連接者，今又離開空一格。此真所謂庸人自擾也。嘗見宋元舊雕本，字有誤衍者刊去，遂作空白；字有遺脱者，作小字夾寫：雖參差不適觀，而讀者尚得見其元本。今必爲之彌縫整齊，不憚增損本書，使泯然無復痕迹，而真本因之遂失矣。此今人之巧於古人處，正今人之遠不及古人也。因書之，以爲戒。

史通唐劉知幾著。内篇十卷，外篇十卷。舊刻舛譌，經陸儼山、王損仲校正，損仲并爲訓故，近時北平黄崑圃少宰又爲之補版行於世，洵稱善本矣。文弨又得馮己蒼、何義門、錢遵王三家校本，且得華亭朱氏影鈔宋本，其體例較爲古雅。今具著之，以俟尚舊者。而字句之異同疑誤，亦悉辨焉。

史通序録以下皆宋本式。

長安二年。起。　是用職司何疑「思」。案：卷十一亦是「司」字。其憂。　商搉確，譌。後同。史篇。　博采宋「採」。衆議。　仲春之月也。亡。

史通秩上宋本即連序後，至第五卷止。　内篇　劉氏

第一六家第一

第二二體第二　載言第三　本紀第四　世家第五　列傳第六

第三表歷第七　書志第八　并天文志　藝文志　五行志　雜志

第四論贊第九　序例第十　題目第十一　斷限第十二　編次第十三　稱謂第十四

第五採撰第十五　載文第十六　補注第十七　因習上第十八　因習下第十九　亦曰邑里

第六言語第廿　浮詞第廿一　敘事第廿二　簡要　隱晦　妄飾

第七品藻第廿三　直書第廿四　曲筆第廿五　鑒識第廿六　探賾第廿七

第八摸擬第廿八　書事第廿九　人物第卅

第九覈才第卅一　序傳第卅二　煩省第卅三

第十雜述第卅四　辨職第卅五　自敘第卅六

案：宋本目録作：體統第卅六，紕繆第卅七，弛張第卅八。且總結云：「右定凡卅六篇，并前序及志第七篇，共卅八篇。」此語殊不可曉，恐有誤也。故今依本卷作「自敘第卅六」。具「體統」、「紕繆」、「弛張」下，黄本各注一「缺」字。

史通卷第一　内篇　劉氏

六家第一

自古帝王。起。黄本「尚書家」、「春秋家」等俱各標一行，宋本無之。

《尚書》家者。上天垂文爲。即「象」字。此五字句。黄本作「以」字，連下讀，非。上所言下。句。本於號宋本作「号」。下竝同。令。凡爲七十一二，譌。章。自宗周既殞。何「隕」。凡爲廿宋本凡二十俱作「廿」，三十、四十放此。六卷。如言無足紀，語無可述。下竝無脱文。爰逮中葉，宋作「𦯶」，尚是劉氏避諱元本，下放此。模宋「摸」。後同。擬古法。公卿缺宋作「闕」。傳。

《春秋》家者。疏通知遠，《書》之脱，張之象本有。教也。屬辭時，譌。比事，《春秋》之教也。晉羊舌肸。從「兮」，譌。如昔錢改「法」。《春秋》。

《左傳》家者。而丘明授疑「受」，但後亦作「授」。經作傳。傳者，傳平。也。宋本「平」字注「也」字下，今移上。而紀傳互宋「㸦」，後不悉著。出。依附脱，宋有。《左傳》。徐賈。何改「廣」，即撰《晉紀》者。

《國語》家者。以戰國游士爲之脱，宋有。策謀。乃引太史公所紀。宋「記」。司馬彪。宋作「𧆞」。下同。因疑「目」。爲《九州春秋》。爲宋「於」。是《史》、《漢》之體大行。

《史記》家者。採訪家乘。宋作「人」，又見別卷。名之張有「曰」字，不增亦可。《史記》。至梁宋有「世」字。武帝。其書自秦以宋「已」。下放此。上。大抵宋「底」。其體皆如《史記》。其後元魏濟陰王暉，業。是尚書左僕射元暉。王注已糾其誤。其君臣流例。何

「别」。皆以類相脱，宋有。從。每論家國一致。政，譌。此爲其二字從宋乙。體之失者也。時插雜言。下注，宋作：「謂採《國語》、《世本》、《戰國策》等。」而殘缺遽遂，譌。多。《漢書》家者。但宋有。不爲世家。《尚書》記周，句。事終秦繆；句。《春秋》述魯，句。文史，譌。止哀公。《紀年》不殆於魏亡。案：此謂《竹書紀年》也。不殆，不及也。「殆」與「迨」通，書中多同。黄作「下逮」，誤。撰成一家。書，譌。商摧確，譌。下同。千載。而樸宋「朴」。散淳銷。

史通卷第一卷尾皆如此，後不悉著。

史通卷第二　内篇　劉氏

二體第二　載言第三　本紀第四

世家第五　列傳第六此三行皆宋本式，下可類推，不悉著。

二體第二

三、五之代，書有典、墳。文，譌。不可得宋有「而」字，無「得」字。今當但留「得」字。詳。

固已宋「以」。缺如。高才雋宋「儁」。下竝同。德。後生而擢居首帙。宋「袟」。下多同。

載言第三

糾宋「糺」。下同。合同盟。而《尚書》闕記。紀，譌。文辭之宋「入」。記。分其次序。宋「敘」。而宋「唯」。言無獨録。夫能宋無「使」字。史體如是。

本紀第四

而疆里宋「理」。不分。嬴自伯何「柏」。下同。翳至於莊何添「襄」字。下同。王。求之于宋「於」。古。況其名宋「君」。曰西楚，號止伯宋「霸」。王者乎？逮伯起之次《魏書》。脱，宋有。欲使百宋「下」。世之中。惟宋「唯」，下可例求。敘天子一人。

世家第五

疏爲萬宋「万」。下竝同。國。雖名班宋無「爵」字。胙土。實寔，非。同列傳。但近今，譌。古著書。

列傳第六

方之駢拇，胟，譌。難以成編。

史通卷第三

表歷第七

蓋譜之建名，起於周代。宋「氏」。旁行斜宋「邪」。上。夫矣，譌。天子有本紀。何藉宋「籍」。而爲表乎？且其書上自庖羲。犧，譌。自相君長。臣，非。其要爲切宋「功」。者矣。

書志第八并序　天文志　藝文志　五行志　雜志

亦猶楚謂之脱，宋有。檮杌。於其編次，宋無。則有前曰《平准》。唐人每從省。下「析」字作「㭊」，亦俗。凡此皆劉氏本如此。斯則自我作故。書内多如此，不作「古」。宜別標宋有

「篇」字。題。已上《書志序》。○此宋本有，下同。

夫兩曜百星。緊接前起。迄于隋宋「隨」。下同。氏。竊宋「切」。下多同。以國史所書。中台告坼。拆，俗。其閒唯有袁山松。崧，訛。賢於班、馬遠矣。已上《天文志》。

伏羲已降。起。百何疑「有」字。倍前修。唯取當時撰者。何「著」。於宋生得之矣。已上《藝文志》。

夫災祥之作。起。山崩由於朽壤。壞，譌。梟止涼帥京師，譌，依何改。此謝艾事，已見注。之謍。桂樹黃雀。依《漢書》作「爵」。震食崩坼。折，譌。螟螣蟘，譌。傷苗之屬。或毛伯賜何「錫」。命。第四「或」字宋無。昊宋「旻」。穹垂謫。加之以《語録》。《隋書·經籍志》「孔思尚《宋齊語録》十卷」。則知其言脱，宋有。所略。謂王札子脱，宋有。之作亂。注「殺」，宋作「煞」。下竝同。當夫昭代。注「在宣十一年」，宋「在」作「自」。又，夾敖，何俱改「郟敖」。亳都實生桑穀。注「拱生」，宋作「共生」。以君事臣。注「晉厲公誅四大夫，四大夫欲殺厲公」，下接「後莫敢責大夫」。黄本脱十一字。劉駁董説，見《外篇》，亦欠明。負蠜匪中國之蟲。虫，譌。下竝同。董養徵晉亂於蒼鵝。宋「鳥」。成此有宋不作「游」。詞。知之爲知之。脱，宋有。是知宋「智」。也。受嗤千載也。已上《五行志》。

或以爲天文、藝文。起。夫圓首方趾。宋「足」。吉凶形於相貌。宋「皃」。下竝同。

四支六腑。宋「府」。 此養生之九急也。宋無「也」字。 十揆之功。宮，譌。 隋宋「隨」。氏二世。 觀之者擅其博聞，學之者騁其多識。「聞學」二字依宋乙。 則有邛從「卩」，譌。竹傳節，蒟笱，譌，何改。 醬酹，非。 流味，大宛獻宋「輸」。 其善馬。 故周撰《世陸本作「氏」，想劉避諱故，如《索隱》之稱「系本」也。今書中亦有「世」字，疑爲後人所改。本》。 及永嘉東渡。宋「度」。 革夷從夏。夷從華夏，譌，今從宋改。 其閒高門素貴，非。 族。 擇其善而行之。

已上《雜志》。

或問曰。起。 宜各纂宋「纘」。 次。 譜諜宋「諫」。下同。 之作，盛成，非。 於中古。中原有《方思格》。本作「方司殿格」，從宋改。何云：「《方思格》，魏太和中，既定氏族高下，按此以選舉。『殿』字衍。」

史通卷第四

論贊第九

既而班固曰贊。宋「讚」，可不從。 承祚儒懦。 緩不切。 觀過知人。宋本與《後漢書・吴祐傳》同，時本作「仁」。万石君宋「奮」，譌。此乃建也。之爲父浣衣。理小宋「稟」，即「寡」字，不知者改「小」。者則張之以令大。蓋無假暇，譌。於此也。脱，宋有。必備加擊難。何云：「一作『排』。」

序例第十

序者，所以序宋「敘」。下「先序」同。作者之意也。降逮宋「殆」。下「逮華嶠」同。《史》、《漢》。譬如宋「夫」。方朔始爲《客難》。科條一辨。宋「辯」。案唐當本是「皇」字。朝《晉書》例云。人有本行字從宋乙。者。竊宋「切」。下同。惟録皇后者。

題目第十一

孔衍有《漢隋，譌。尚書》。其編年月者謂之紀。記，譌。魚豢、姚察。何改「最」，云《隋志》：「《梁後略》十卷，姚最撰。」如馬遷選，譌。撰皇后傳。寄編篇，譌。漢籍。顧宋「賴」，譌。何删去。後來作者。特宋「持」。載記表名。者，譌。若毋將、蓋、陳、何改「鄭」。衛、衍字。諸葛傳是也。案《漢書》七十七，係《蓋諸葛劉鄭孫毋將何傳》，此誤記。叢細字於標馮「褾」。外。則云僭晉司馬睿。宋「叡」。則云私署置，譌。涼州牧張寔。實，非。僞寧朔今後書倒。王隗囂。皆一二一一。宋本多作「一二」，它書類然。具言，無所不盡者馮增。也。

斷限第十二

豈宜馮「其」。若是？咸習其迷。宋「途」。《隋書》則仰包宋「苞」。下同。梁代。若至，譌。進鴆行弑，然臍宋「齊」。就戮。思欲凌駕宋「架」。前作。非所聞焉。也，非。則吾未之脱，宋有。許也。

編次第十三

不類肖宋「宵」。形，而輒與宋「与」。下同。黔首同科。多附出餘親。此依宋本。黄作「多出附餘」，「觀」字屬下句，譌。地啓列藩。宋「蕃」。昭宋「詔」。案：「昭穆」之「昭」，音「詔」，不當便作「詔」。穆既疏。又自古王室宗，譌。雖微。尚曰書。周王。原宋「考」。其意旨，豈不以和爲梁主王。所立。未宋「寧」。爲格言。下宋不提行。不必從宋乙。相涉。介分，譌。於紀傳之間。枉入《玄成傳》中。終，譌。今略其趙敬夫疑「具」。九甚者耳，故不復一二從宋本。而詳之。

稱謂第十四

又曰：「名不正則言不順。」宋本旁注「云云」二字，當是本來并引下句，後人削去之，而加此二字。力屈者乃成寇賊也。脱，宋有。　加以主王，譌。号。　劉、蕭二明。朝，譌。　齊武成昆季。注「兼」下，宋有「言」字。　至如元氏，起於沙宋「邊」。朔。　楚弑宋「煞」。下多同。　有郟宋「夾」。　敖之主，趙佗宋「他」。下同。　而曰尉佗。　豪傑宋「桀」。　則平林、新市，寇宋「冦」。賊則黄巾、赤眉。　凡此諸名。「萬石」下脱此四字，宋本有。　無復弛宋「㢮」。　張。　及後來作者。宋「所作」。　若王《晉》之《處十，非。士》、《寒儁》。　其撰《魏脱。書》也。　終罕宋「靡」。　傳於諷誦也。　至止，譌。曰隗王得士。下注「其編」下，宋有「目」字，「昭烈」下有「皇」字。　忽揔，譌。　隱其諱，反乃，譌。　呼其名。　文逐韻而便作。注「班固哀紀贊」，何改「贊」爲「述」。宋本「婉」作「宛」。　用舍宋「捨」。　之道，其例無恒。宋下有「但」字。　上才猶且其，譌。若是。

史通卷第五

採撰第十五

此皆宋「竝」。當代雅言。如斯踳踳，譌。駁。霑班、華華，謂華嶠。若范氏，自於下具言，作范名者訛。之寸札。扎，譌。重加誣語。宋作「重以加諸」。遂云宋無「司」字，與下句相儷，省文耳。馬叡出於牛金，注「王劭」，宋作「王邵曰」。又，「收因此」，作「收承此言」。劉駿上淫路氏。注「多有議」，宋作「多有異議」。死遭剖斲。劏斷，譌。或恢何「詼」。諧小辯。唐當作「皇」。朝所撰《晉史》。王、虞之所穅秕，宋俱不从「米」。持以，譌。爲逸史。雖取悦於脱，宋有。小人。潁潁，譌。川八龍。不疑盜嫂。宋「㛐」。自漢來即有此字。《晉書》稱嘔宋「歐」。血而死。沈炯罵宋不作方圍。書。關西謂之刑邵。此書「劭」多作「邵」。

載文第十六

故作者三字宋有。譬以如，譌。女工之有綺縠。夏后失邦。御。有長姦宋「姧」，俗。

下同。詐。皆書諸脱，宋有。列傳。則譌僞，非。謬雷同。四曰自戾。宋「反」。下同。昔宋有。大道爲公。舊主加蒙，非。三恪之禮。此宋有。所謂虚設也。如日月之蝕焉。也，譌。便謂其智昏菽麥。趙云：「檄云：『孫權小子，未辨菽麥。』不謂昭烈也。」猶螳宋「螗」。螂之拒轍。古者國有二字宋有。詔命。蓋宋有。天子無戲言。謂麗萌可以託托，譌。六尺之孤。則比其一作「諸」。斗筲下不，譌。才。同下「取」字宋無。一君之言。至於近古代，非。上亦是「古」字。則不然。而言併吞六合。宋「國」。福不盈眦。宋「背」。則示世，譌。人不信。恒復，譌。不之察。連章疏畢，非。録。若乃歷類，譌。選衆作。未罔，譌。盡機要。捐損，譌。華摭實之義也。持之宋「以」。不刊。其事可與宋「以」。五經齊列。採貞真。實。

補注第十七

夫宋有。傳之時義。惟宋「進」。此二名。若摯虞馮云：「趙岐撰《三輔決録》，摯虞爲注。今本作『趙岐』，便失本意。」之《三輔決録》。楊羊，譌。後稱「蕭楊」，不誤。衒之《洛陽伽藍記》。王邵《齊志》。何云：「案邵傳，撰《平賊記》三卷，當是此書。『齊志』二字，傳寫誤也。」而劉昭採其所捐，以爲補注。案：劉昭所注今唯有司馬彪之《續志》，如劉氏言則亦嘗并注范《書》。

因習上第十八

不呼其上王，譌。曰周王。　載於《高士氏，譌。傳》。　劉隗「録」字宋無。稱其議獄事具《刑法志》。　尋班、馬之爲宋有。列傳。　列宋「歷」。姓名於卷中，而猶又，非。於列傳之下。　是則宋有。鄧禹、寇恂之首。　當標爲將帥師，譌。者矣。　則不異諸華。注中「楚」字何删。　仍乃。成夷夏之隔。　其流别羣書，還依同。阮《録》。　告諸往而知諸來。下「者」字，宋作「斯」，屬下句。

因習下第十九亦曰邑里

逮于太，譌。史公。　施之于今。注中「王氏」、「李氏」，宋俱無「氏」字。又，「也」上有「是」字，「本郡」作「本居」。　是則孔父里于昌平。平昌，譌。　其義無聞。注「纂」，宋作「篹」。又，「琰家」上有「義」字。　言杜則係宋「加」。之京邑。　多與同風。注「原」，宋作「寮」。又，「至它篇」，作「至於他篇」。又，「西」上缺一字，是「隴」字。又，「續謂」下有「之」字。　又近世有班袟不著宋無「姓」字。者。　楚國龔逐。何改「勝」。　可與樂宋「共」。成。　詳其得宋有。失者焉。

史通卷第六

言語第二十

若《尚書》載伊尹立之，非。訓，皋陶矢之，非。謩。宋不作「謨」。周監宋無「於」字。二代。馳説雲湧。宋「踴」。秦宓宋「密」。之酬吴客。此宋不作「比」。之小辨。是以歷選載言。宋無下「而」字。良由用，譌。體質素美。言喜宋「憙」。風流。必諱謂，譌，何改。彼夷音。遂使沮宋「且」。渠、乞伏。見嫫母宋「姆」。多媸。師其模楷。注「樵犂」，宋作「燋梨」。又，「圞」作「欒」。「權聞」二字疑有誤。舉齊，非。目可求。皆依放倣。舊辭。蓋江芈芊，譌。罵商臣曰：「呼！役宋「役」，後同。夫。」夫天地長久。二字從宋乙。苟記事宋「言」。則約附五經。戰國之風，宋「時」。與宋不作「亘」。兩儀而竝存，經千載其而，非。如一。

浮詞第廿一

舳爲逆上。臣，非。　遽相矛盾。宋「楯」。後同。　三説各異。注「李伯藥」，宋作「李百藥」。下竝同。又，「又云」上，有「至收傳論」四字。又，「詆訐奸私」，作「抵訐陰私」。「於尒朱」下，何改云「《文略傳》又云收受文略金，故爲榮傳」云云。　二理不同。注「周書」下，何增「元偉」二字。又，「世至傳稱文如」六字譌。何改作「《文帝紀》則云：渚宫制勝，闔城孥戮；茹茹歸命，盡種誅夷。雖事出於權道」，云云。　夫人有一。宋無「言」字。　此累類，非。　尤多。　則李宋有。　百藥、令狐二字宋有。　德棻是也。注「魏收」二字衍，宋無。　各名，譌。　爲二叟立傳。

敍事第廿二并序簡要、隱晦、妄飾摠三條。

説事者莫辨乎於，非。《書》。　然則意復宋「複」。下同。　深奥。　次云三史。下「故」字宋無。　故《史記》漢，誤。之文。　蓋亦宋無「無」字。　幾矣。　又宋脱，疑是「更」字。　三史之不若。　則《春秋》美詞。宋「辭」。　洎自，非。　秦、漢已下。　而世之人，非。　議者。　書事於士尼干。譌「士于尼」。案《北史》「俟尼于」。何改「俟尼干」。

右敍事篇序宋本如此。

夫國史之美者。起。　恒宋「必」。虚費數行。　至如於，譌。《古文尚書》。　此則記何「紀」。之與傳。　則其費尤廣。注「鳩」，宋作「酖」。又，「獻公曰：奚來」，「曰」作「田」，無「奚」字。又，「以祀」作「已祠」。又，「將食之」上有「君」字。又，「讒」作「跪」，無「吾君之」三字。又，「乎爲君」作「于爲君」。又，「哭之甚哀」下，宋作「歸而語人曰：陽門之介夫死，子罕哭之甚哀，不可伐也。此則既書事迹」云云，至「贊論又載」止。案：此劉所約略，故與今傳記多異。　但自古經史，通多此類。宋大書，今誤入注中，而又別出九字於下，殊爲複衍。此下注，宋作「《公羊》、《穀梁傳》」，今本「羊」、「穀」二字脱。　能獲免者，蓋十無一二。　夫以鈍者稱敏。注宋「解」字上有「注」字。　其有脱，宋有。反於是者。下「公羊」當作「穀梁」。　《漢書·張蒼宋「倉」。傳》云：年老。馮云：「《漢書》本傳無『年老』字，《史記》亦無『年』字，劉不知何据。」　始可言宋有「於」字。史矣。　張其萬罟。宋作「万罝」。　必取宋有。　其所要。　既執而罝釣。何云有誤脱。　則庶幾駢枝宋作「駢胝」，猶言疻痏也，未可謂誤。　盡去。

右敘事之簡要篇黄删去此行，以「簡要」二字標於前，非舊式也。下倣此。

夫飾言者爲文。起。　片何云：「三，一作『片』。」語而洪纖靡漏。　王撫而巡之。何改「王巡而撫之」。　時值植，譌。斯語。　其爲文宋「史」。也。　是以處道承祚，誤。受責于宋「於」。　少期，注《魏書》，當作《魏志》。《鄧哀王傳》下，宋有「曰」字。又，下不重出「容貌姿美」四字。又，「一類」作「一頟」，「敘事」作「敘屬」。　子昇取譏於君懋。注「六」，疑「支」。　亦猶售鐵銕，譌。錢者。

《國》、《晉》已降。注「《晉》，謂《晉書》也」五字宋無。　必定其妍媸。宋「蚩」。下同。　得宋「悦」。　其緒言。

右敘事之隱晦篇

昔文章既作。起。　是以《漢書》立轄。宋「轞」，郭云當作「楷」。又，下「子長」當作「孟堅」。　述受宋無「紇」字。　洛干感恩。　蓋麗宋「瘥」，亦訛，當作「尨」。　降、蒯瞶。　舊事列例，譌。　以三史。　彰於載讖。注「齊志」，宋作「齊記」，末有「也」字。下同。又，下注「圞」，作「欒」。　或去「万紐」宋有。　而留「于」，或止存「狄」扶，譌。　而除「庫」。厚，譌。案：庫，亦音始夜切。　而俗書庫姓多去點。　而今之所作。者，衍。　輕事彫宋「雕」。　彩。

右敘事之妄飾篇宋本脱，今依前例補。

史通卷第七

品藻第廿三

奚必差肩步宋「接」。　武。　三甥宋注在此。　欲宋「請」。　殺之。注「騅甥」當在「聃甥」前。

是則三甥見幾宋「機」。而作。自當宋「可」。高立標格。列在中庸下流下注宋在此。而已哉？其述燕丹宋有。之賓客也。至宋「正」。如董仲舒、揚子雲。可謂識二五而不知十者，衍。也。輒與詞人共編。注，宋作：「《隨書》列王頍在《文苑傳》也。」何云：「今《隋書》王頍在《文學傳》。」曹公則見欺於張宋不作「徐」。邈。事脱，宋有。下尚有脱文。列在方書。裴、王之妙瞽。宋「察」。夫宋「矣」，非。能宋無，闕字。申藻鏡，區，衍。別流品。鬱何「菀」。爲不朽者矣。

直書第廿四

然世多趨趍，譌。邪而棄正，不踐君子之跡，何云脱二字。而行由何云是「曲」字。句。自陷二字宋有。小人何云下又脱二字。案：或是「之塗」。者，何哉？曲如鉤，反封侯。故寧能，譌。順從以保吉。惡名被於千載。古，非。趙盾之爲法受屈。何改「惡」。幸而獲從何乙。全，足是，譌。以驗世途之多隘。蓋近古之遺直者宋有。歟？其斯人「人」字宋作「之謂」。歟？

曲筆第廿五

人倫所同疾宋「嫉」。也。苟其事以宋「已」。彰。稱其宋「之」。懦弱也。已能結客報讎。宋「仇」。或明帝宋「皇」。所定。此事安得宋作「從何」。而書之？逮乎近世。宋「古」。國自稱謂。爲我長。難宋不作「實」。爲妄説。安可言於史耶？此下有一百九十九字，脱在《鑒識》篇中，自「夫史之曲筆誣書」起，至「盜憎主人之甚乎」止。陸儼山校本在此下，何義門亦謂當在此。言多爽實。寔，譌。嗚乎。宋「呼」。

鑒識第廿六

淵源宋「浩」。廣博。烏宋「焉」。足以辯其利害。論才則同恥。體，譌。逮《史》、《漢》從宋乙。繼作。又劣固而優遷。注「多以班」，宋「班」作「固」。末句作「固之不如也」，無「必矣」二字。何於「不如」下添「遷」字，下文有之。遞有宋「聞」。得失。其言之宋「爲」。鄙。歷説諸家宋有。晉史。淪溺空罕，譌，何改。華。其事核。宋「該」，非。必令同蜀本作「刷」。文舉之含異。夫史之曲筆蕪僞，非。郭本作「誣」。書，此段當在上篇，説見上。不過一二，句。語其罪負，從宋乙。爲失已多。固以宋有。知倉頡已以，非。降。六宋「七」。

經之冠冕也。既而梅氏寫獻。狀，非。乃宋有。《老經》撰於周日。

探賾第廿七

或以取捨舍。難明。爲難，非。昔夫子之作宋「刊」。魯史。吾祖厄於陳、蔡，始作《春秋》。四字脱，據《孔叢子》補。因攟苺宋「莓」，通「煤」。而捓詞。指《春秋》厄於陳、蔡時所作，如上文子思之言也。攟煤，見《吕氏春秋·任數》篇。猶復收其瑣宋「璅」。事。非是從宋乙。獨略宋「簡」。胡鄉。蓋明月之珠，不能無考。瑕，非。案《淮南子·氾論訓》「夏后氏之璜不能無考」，考，謂瑕璺也。案史之所於，謡。書也。蓋唯首陽山，衍。之二子而已。下「秦氏」，宋作「秦世」，「升」作「昇」，「常」作「恒」。推爲傳首，宋「始」。若伍子胥。宋「胥」。各分爲卷。宋作「分爲數卷也」。疎魏而親蜀也？注「陛下」上，宋有「伏惟」二字。《豪士》于宋「於」，下「于時」同。焉作賦。且東晉之史，宋、齊之書。宋「書」、「史」二字互易。

史通卷第八

摸擬第廿八

而譙周撰《古史考》。宋有。　師倣宋「放」。孔經。　日似脱「時」字。宋作「但」，亦非。無二君。　春秋諸國，皆用夏正。宋旁注一「征」字。文弨案：春秋時，唯晉用夏正。祝鮀所謂「啓以夏政」是也。魏亦承晉不改。　記其何改「某」。事也。　昔謝承二字衍，宋無。《家語》有云：「蒼梧人娶妻而美，以讓其兄，出《六本》篇，作「蒼梧嬈」。《淮南子》作「蒼梧繞」，亦見《孟子》「非禮之禮」趙岐注。　雖則其，非。爲讓。」　事異則治宋「備」。異。　而宋有。魏然自謂五經再生。　鎔鑄之宋「以」。象物，以此而似也。彼，譌。　栖皇宋「恓惶」。放逐。　有類效顰。宋「斆嚬」。而云：「彭生乘公，當重。薨于車。」　晉歸鍾儀於楚以求平。何「成」。　太子劭使力士排徐湛、省「之」字。江湛僵仆，云云。　其後三年，有徐、江何改「江湛」。案：徐湛亦爲元凶所殺，似何本改作「江、徐」，從當時所稱轉録致誤耳。　爲元凶所殺事。　亦宋「又」。所謂皃異而心同也。有敘人酬宋「詶」。對。　李孝伯問張暢曰。宋有。　子宋有。叔其將死乎？　稱張伯德夢山上挂絲。何云：「案《北齊書》，乃薛琡夢張亮如此。」煩而不整。宋「整」。案：此雖俗字，亦當仍之。記小説載一大官堂食，每云：「來日喫蒸餅。」一人以令嘲之，要一字合爲五聲。先曰：「王白珀石碧。」次云：「來力勑正整。」音與「來日喫蒸餅」同。衆皆大笑。若除此字，則莫知所謂矣。

書事第廿九

但自宋脱，何補「近」字。古作者。則崇勢利而羞賤貧。從宋乙。上知宋「智」。猶其若此。苟目自，譌。前哲之指蹤。於此宋有。數家見之矣。圯橋授受，譌。書於漢相。稾宋「稾」。君、盤瓠。劉邕捞宋「榜」。吏以膳痂。故德彌少而瑞祥。彌多。抑惟常宋「恒」。理。若乃從宋乙。百職遷除。違哲人之準宋「准」。的也。而記宋「紀」。闕其文。載辨黄熊何「能」。之祟。方五經而有殊。殘，譌。

人物第卅

斯竝命世宋「代」。大才。其宋有。事所以見遺者。何楨、禎，譌。許詢，文雅高於揚、豫。宋「預」。乃宗何「守」。道不移。其有脱，宋有。書名竹帛者。若昔，非。《漢傳》宋脱，疑是「書」字。之有傅寬、靳歙。《魏史》之王慷。宋「憓」，《魏書》「憲」，此依《北史》。

書之維宋「唯」。益其累。斯乃賫宋「察」。所不該。姸媸宋「蚩」。靡擇。

史通卷第九

覈才第卅一

若蔡邕、劉峻。作「劉孝標」，非，不應獨舉字。然觀宋有。侏儒一節。孝標持論析宋譌作「誤」，當是「談」。理。直論宋「是」。文章。温子昇九喜宋「工」。複語。江總猖宋「倡」。獼何「蹶」。以沈迷。害霸之道者也。宋有。

序傳第卅二

其流出於中古乎？宋有。施於家譜。宋「誺」。吾日三宋作「每自」。省吾身。昔者吾友。宋作「吾之先友」，無「昔者」二字。或巽宋作「選愞」之「選」。辭以顯其跡。至魏文帝、傅玄、陶梅、二字當乙，見《晉書·祖逖傳》後。葛洪之徒。斯皆不因真律，無假寧楹。此二事未詳。文弨案：或是吹律知姓，及晏子鑿楹納書事，然真寧究無解。

煩省第卅三

又張世偉。禕，譌。年淺近者，撰録多備。注「末已見之矣」，宋「見」下有「覺」字，今當留「覺」去「見」。文弨案：《春秋長歷》及《晉書·律歷志》，皆云《春秋》書日七百七十九，今此注合計止六百八十一，未詳所以不同之故。夫論史之煩省者。宋有。則城濮、鄢宋「隱」。陵之事也。而議者苟嗤沈、蕭之所記。注「蕭景暢子顯」，宋本、郭本俱作「蕭衍，字子顯」，更大誤。案：當作：「蕭子顯，字景陽。」華、謝之所編。注「謝忱」，當作「謝沈」。宋本無此注，上二注似亦出自後人。

史通卷第十

雜述第卅四

王韶《晉安陸當作「帝」。紀》、姚最脱，何補。《梁後略》。陽松玠從宋乙。《談藪》。周斐裴，譌。《汝南先賢》。趙採宋「采」，《玉海》作「來」，俱未詳。《忠臣》。不常宋「恒」。厥所。逸事者，宋有。皆前史所遺。莫不畀之紀宋「記」。録。苟薪構搆。已亡。

則服食鍊宋「練」。氣。街廛、宋「鄽」。郭邑。故一作「於」，皆可省。論榱棟。衆聚，譌。星之明。明王宋「主」。必擇。

辨識第卅五

欲使上無虚授。稱，譌。必於史職求真，其，譌。又衍「若」字。斯乃特宋有。爲難遇者矣。若周之史佚。宋「失」，古通。後同。和士開惣俗「揔」字，宋本多如此，篇中偶失改。知。斯乃九之九二字宋有。者。精懃宋「勤」。不懈若揚子雲。使夫宋有。載言記事。或以干祈致宋「取」。擢。江左以不落樂，譌，何改。爲謡。案《顔氏家訓》引諺云：「上車不落則著作。」而人莫之省知，譌。也。陳壽之爲宋「草」。《志》也。退居清静。浄，非。

自敘第卅六

期宋「朞」。下放此。年而講誦都畢。獲遂宋作「遂其」。本願，旋宋「旅」。遊京洛。皆得諸衿腑。宋「府」。維宋「唯」。東海徐堅。陳留吴兢。競，非。所有揚搉。宋倒。約史記以脩備，非。《春秋》。再入東觀。注「迄今不改」，宋本「改」上有「之」字。長安中宋無。年。傳兹牴牾。宋作「抵捂」，何「捂」改「梧」。知宋「智」。有長短。立身立宋「行」。

事。固宋有。以納諸胷中，曾不蔕宋「蔕」。芥者矣。罪我者《春秋》，知我者《春秋》。五字脱，宋有。故作《解嘲》以詶訓，譌。之。何云：「《解嘲》豈玄之尚白乎！乃指《太玄》，非謂《法言》也。」揚雄少爲范踆、何「逡」，據《漢書》。劉歆所重。則嘲以恐蓋醬瓿。誤從「音」。理難作「難以」，譌。探賾。倘宋「儻」。使平子不出。

史通卷第十已上内篇止

史通秩下宋本缺目録，今依前例補之。　外篇　劉氏

第十一史官建置第一捴十四條

第十二古今正史第二捴十八條

第十三疑古第三捴十一條

第十四惑經第四捴廿條　申左第五捴十一條

第十五點煩第六捴十一條

第十六雜説上篇第七　《春秋》二條　《左氏傳》二條　《公羊》一條　《汲冢紀年》一條　《史記》八條

諸漢史十條

第十七雜説中第八　諸晉史七條　《宋略》一條　《後魏書》三條　北齊諸史二條　《周書》一條　《隋書》二條

第十八雜説下第九　諸史六條　別傳九條　雜説十條

第十九《漢書·五行志》錯誤第十揔二十條　雜駁第十一揔十五條

第廿暗惑第十二揔十四條　忤時第十三

史通卷第十一　外篇　劉氏

史官建置第一揔十四條

若蜉蝣宋「浮游」，與《夏小正》同。之在世，如白駒之過隙。宋「隟」。何者而稱不朽一字宋有。乎？俱宋「但」。一從物化。妍媸宋「蚩」。永滅者矣。爲國家宋有。之要道。倉宋「蒼」。頡、沮誦。有太宋「大」。下同。史、小史。史佚、宋「失」，與前同。倚相。蓋宋有。趙鞅，晉之一大夫尔。鼓瑟、鼓缶。宋「缻」。此則《春秋》「君舉必書」之不當重。義也。而兼掌歷象、日月、陰陽、度宋「管」。數。蓋效効。古者動則左史書之，言則右史書之。六字脱。又楊揚，非。子山。若劉陟、涉。謝昊。吴。宋本皆不誤。亦有，衍。可言者。蜀與西涼二三，非。朝記事。南涼主烏孤。孫，譌。不常宋「恒」。厥職。來直置，譌。史曹。於是以谷纂、郭本作「綦儁」，何從之。山偉。名謚猶名號，宋不加圍。雖易，而班秩宋「袟」。不殊。諸葛穎、潁，非。劉炫宣功何「力」。於大業之世。皆不得預於脩撰。注「竊聞」，宋作「如聞」，「洩漏」作「漏洩」。凡有筆削，畢歸於餘館。「於」字衍，「館」當作「官」，下云「以餘官兼掌」是也。著作郎掌起居集，衍，何删。注。嫻宋「閑」。於述注者脩之。唐氏當作「皇家」。案《因習上》篇云「著魯史者不謂其邦爲魯國，撰周書者不呼其上曰周王」，則知劉氏必不自違其言明矣。書中凡「唐朝」、「唐氏」皆後人所妄改無疑，觀後卷中多稱「皇朝」。因之。則逼堦宋「階」。延首而聽之。朝廷所屬者宋有。也。皆因宋「稱」。之以成功。即，衍。今爲載筆之別曹。又按當從「木」。《詩·邶宋「鄁」。風·静女》之三章。斯豈能措置宋作「錯綜」。時事。而近代趨趍，非。競之士。死則致惑來代。宋「世」。以宋「借」。爲美談。既而自歷行事。至「功賞相副」止，宋作小注。「則所云」，無「所」字。案：此乃「既而書成繕寫」以下一段之異本也，當是後人繫此下，不當入正文。「段」作「叚」，譌。

史通卷第十二

古今正史第二 揔十八條

三五典宋「史」。策。

右説三墳、五典。宋題如此，無前三墳、五典一行，後倣此。

案宋有。堯、舜相承。孔子之末孫曰孔，衍。惠。詔太常使掌故宋「固」。案：固、故通。李善注《文選・兩都賦》正作「掌固」，亦見《唐六典》注。鼂錯受焉。魯恭郭本有「王」字。壞孔子舊宅。司馬屢採宋「訪」。其事。諸儒皆謂之逸書。注首，宋有「謂」字。從「慎宋「昚」。徽」以宋「已」。下。咸以爲非。注「孔叔」，宋作「孔敘」。又，「或合」作「致」，誤。又，「必有粤」，作「首有曰」。又，「何容」下有「合之」二字。元出於姚氏宋有。者焉。

右説《尚書》。

盡宋有。十二公行事。有嚴、顏宋「潁」，非。二家之學。孫詒穀云：「後漢潁容著《春秋左氏條例》，不得與治《公羊》之嚴彭祖竝稱。」

右説《春秋》。

紀宋「記」。録時功。宋不作「政」。下訖麟趾。宋「止」。張晏《漢書注》云十篇遷宋有。殁後亡失，此説非也。此十七字宋係小注。元、成之閒，宋無「會稽」二字。褚先生。

以紏一作「讐」。其繆。

右説《史記》。

又雄、歆僞褒新莽。宋「室」。九宋有。不類本書。遂宋有。與五經相亞。依《左氏傳》體。宋有。經五六宋有。年乃就。

右説《漢書》。

春秋世。蓋「卅」之譌，讀爲三十，建武盡三十一年也。宋無方圍。復令大宋「太」。中大夫邊韶。《儒林列，衍。傳》入崔篆諸人。自永本，譌。初已下闕續。太何「泰」。案：《宋書》中作「太」。始中。著《後漢紀》卅作「十三」，譌。篇。唯袁、范從宋乙。二家而已。

右説《後漢書》。

孚、峻從宋乙。俱非史才。昭、廣從宋乙。先亡。覈表請召宋有。曜、瑩續成前史。

異聞錯宋「閒」。出，其流最宋「甚」。多。

右説《三國志》。

亮給其紙墨。何「筆」。　自宣訖宋「迄」。　慭。　晉江左史官。宋有。　遠則偏編，譌。紀兩帝。　有詔以前後晉宋有。　史十有八家。　採正典與雜宋不作「舊」。　説。　爲紀記，譌。下條同。　十。

右説《晉書》。

爲一家之，衍。　言。　製成新雜，譌，何改。　史。　始宋有。　自義熙肇号。

右説《宋書》。

以爲宋有。　史之所難，宋缺「史」字，疑「之」字乃「史」之訛。　無出於志，故先著十其，譌。《志》，以見其才。　沈約復著《齊紀》二十篇。　下有脱文。何補「梁天監中，蕭子顯啓撰《齊史》，爲」十二字，接下「紀八」。　合成五十九篇。　下何又補「表奏之詔付祕閣」七字。　帝惡其實録，何補。　詬何改「詰」，又補「而」字。　燔之。

右説《齊書》。

兼修宋「知」。　國史。

右説《梁書》。

陳史。起。

右説《陳書》。　當合《梁》、《陳》爲一條。

又令王蘭、陳宴。何「安」。追撰二脱。石事，集爲脱。《鄴都記》、《趙記》宋「紀」。等書。其後申秀、范亨。宋「亭」。下同。撰《漢之宋有。書》十卷。助其經費。宋「始」。以元嘉元年起功。宋作「初」。案：當作「功」，見下文。於真興、承光之宋有。世。王宋「主」。紀曰傳。逮正至，譌。始元年。而以宋有。猶闕蜀事。

右説《十六國春秋》。

始令鄧淵著國記。下宋有「唯」字。鄧穎、晁繼、維，譌。范亨。無隱所宋有。惡。時有校書郎中，衍。劉模。既而崔光、王脱，何補。遵業補續。温子昇復修《孝莊武，譌。紀》。齊天保寶，譌。二年。憑宋「馮」。下同。附得進。下終孝静。宋「靖」。後同。或有脱，宋有。斃于獄中。武書，譌。成嘗訪諸羣臣，猶云不實。寔，譌。

右説《後魏書》。

逮宋「迄」。於齊滅。内史令從宋乙。李德林。至開皇初，又宋有。奉詔續撰。

右説《北齊書》。

仍皆牴牾。宋「抵忤」。

右説《後周書》。

定其何疑「爲」。篇目。

右説《隋書》。相次相與自，譌。立編年體。因其舊作。宋「書」。敬宗又以太子少師。卿，譌。或猥釋宋「飾」。私憾。載言紀宋「記」。事。罕能自遠。郭本作「達」。又與堅、宋有。兢等重修《則天實録》，編爲二宋「三」。十卷。

別本有「右説《唐書》」四字，乃後人所加，宋無。

史通卷第十三

疑古第三 揔十一條

擅名後宋「於」。世。又孔門之著述宋「録」。也。不可使知之。注「可用」，何作「可使用」。因其美以宋「而」。美之。不加宋「之」。下同。毀也。學者不宋作「無」。言湯、武受命，不爲愚。是爲謂，譌，何改。同姓。推者難詳。宋「該」。今故評宋「許」。其疑事。

云「克明峻宋「俊」。下同。德」。但宋「且」。《論語》有云。

讓于宋有。虞舜。　而疑有脱字。《書》云其某，譌。何改。　地有城。案《水經·瓠子河注》，小成陽在成陽西北半里許實中，俗喭以爲囚堯城。　頗以禪授受，譌。爲疑。　觀近古宋有。有姦宋無。　雄奮發。　謂爲，譌。之讓國。

案按，非。下同。　蒼梧者，於楚則川号汨汨，譌。羅。　人風媟劃。案《魏都賦》，風俗以韰媟爲嫿，此「劃」字譌。　如釋重負。宋倒。　趙嘉遷於房陵。馮云：「遷房陵乃王遷，非嘉也。」文弨案：屬文不可疊兩「遷」字，故借用「嘉」字，以熟事讀者易以意會也。然不如依《淮南·泰族訓》作「趙遷流於房陵」爲當。

文王《紀年》作「文丁」，此每誤作「文王」。殺季歷。　夫衍。唯益與伊尹受宋「見」。戮。推宋「摧」。而論之。　仍可覈宋「覆」。也。

戰於宋「于」。下同。　鳴條。　務光遂投清泠冷，譌。之泉而死。　裁成雅語。宋「誥」。

競竟，譌。列紂罪。　安有據婦人臨於，譌。朝！　桀、紂不至於宋「至」作「於」。案：皆當有。是。　生人死，譌。莫二。　含齒載戴，同。髮。　殉宋「徇」。節三監。　生死無慙。句下「于」字衍。　議義，譌。者苟以其功業不成。

殊宋「曾」。無媿畏。　又案某今本「其」，俱譌。書曰：朱雀云云，文王受命稱王云云。

案：劉氏所引出緯候之書，必明著書名，亦斷不略舉其端，而以云云括之之理。此或由後世以緯候爲忌諱，輒改之耳。今考《禮記・文王世子正義》引《尚書・中候我應》云：「周文王爲西伯，季秋之月甲子，赤雀銜丹書，入酆鄗，止於昌户，乃拜稽首，受最，曰：『姬昌，蒼帝子。亡殷者，紂也。』」又，《史記・周本紀正義》引《易緯》云：「文王受命，改正朔，有王號於天下。」劉氏必約此兩書之文。不亦虛爲其説乎？宋「也」。

原夫毁兹玉體。宋「裕」，未詳。又案《春秋》，晉士蔿見宋有。申生之將廢也。夫其何「豈」。不愛。事由誤譏。宋「我」。而周公目自，譌。以不誠。咸，同。誠，譌。與夫漢代之赦宋有「之」字，「赦」作「放」。淮南，明帝之脱，今補。寬阜陵，一宋無，當有。何遠哉！斯則周公於友于之宋「其」。義薄矣。

大抵宋「底」。自《春秋》已前。以相研覆。宋「覈」。故宋「固」。亦向背皆殊。孟子曰：「盡宋無，後卷同。信書不如無書。」《武成》之宋有。篇，吾取其二三宋「一二」。簡。下九字脱，宋有。而爲累文，與近古同焉。沈約之多宋「事」。詐，若斯而已哉。宋「矣」。

史通卷第十四

惑經第四 揔廿條

恨不得親膺洒灑，非。掃。

遂皆書卒？注「昭九年」，乃元年。又，「十年」上脱「哀」字，「楚子」下脱「麇」字，「頑」字上脱「髡」字，俱當改補。

其所未諭一也。宋下注「第一條」。

又案齊荼乞，譌。野幕之弒。宋「戮」。楚靈比，譌。乾谿之弒。宋「縊」。案：後注「乞比」二字誤衍，後人因并誤改正文。

以其君急而好潔。宋「絜」。遂傾瓶水以宋有。沃庭。曷宋「奚」。不書弒乎？末句下注「其二條」。後竝倣此。

妍媸宋「蚩」。必露。虚空宋「室」。之傳響也。

且案汲冢《竹書》與宋「其」。《晉春秋》。「其」字亦似誤，疑當作「即」。下「及」當作「其」。國家之宋有。事無大小。在八條中。

齊納北燕伯于陽。「伯于陽」五字脱，宋有。宋下句亦出「燕」字，衍，今删。者何？公子陽生也。注衍一「唐」字。　夫如是。下宋有「則」字。

蓋當時魯宋「國」。史，它皆倣宋「放」。此。　奚事獨爲疎略？宋「闊」。　而不中規矩宋有「者」字。乎？在十一條中。

莫之宋「知」。指實。　觀汲冢所宋作「墳出」。記。　殺宋「煞」。其大夫曰殺。脱，何增。後注中「唯鄭弃師」，宋無「其」字。　斯又不可得而二字脱，宋作「能而」，何改。殫説矣。　游宋作「子」，是。夏之徒。在十四條中。

以其惡戒。宋「誡」。　羊舌肸肹，譌。習于《春秋》。　本國之弑逐其君者有脱，别本有。七。　而孟宋「荀」。下同。子云。在十六條中。

理殊畫書，譌。一。　爲其切當世之文罔，宋有。而亡，衍。褒諱之辭也。　斯則危行言從宋乙。遜。

其虛美五也。宋「矣」。

衆善焉，宋「之」。必察之。宋「焉」，與《風俗通·正失》篇同。　同堯舜之多美者云。何改「乎」。宋本此下注文宜連後。案：此似出後人所增，意蓋欲與首摠冒一段合成二十條耳。

昔王充設説，譌。論。　是用廣彼宋「破」。舊疑。

申左第五揔十一條

美《左氏》而譏宋「議」。兩《傳》者。各自宋「用」。朋黨。斯則可也。宋「矣」。下無「至」字，案當有。

故使今古疑宋「凝」。案：凝，古亦但作「疑」。滯。故隱其書。宋下有「爲」字，疑「焉」。

皆得周典。注「義」字當重，何增。又，「精」字疑。又，「無他」二字，宋誤作「年」，余疑是「非」字。末「也」上「者」字衍。

南宮敬叔命周人出御書之，何下空三格。疑當有「子服景伯命宰人出禮書」一句。「之」字疑衍。時於何乙。魯文籍最備。莫不畢宋「必」，古通用。下「畢彰」同。覩。而膺授《經》之託。托，譌。

語乃齟齬。宋作「齷齪」。

其語博而奧。注「納帶」，宋作「納狄」。又，下注「行父」，當作「對宣」。宋有「宣」字。徵近代則循環可覆。注「濮」字上，宋有「城」字，「子服」作「魯服」。「晉重耳」，何删「耳」字。指意宋「措思」。深淺，諒非經輕，非。營草創。

重不，譌。述經文。

勝負之理何云下有脱文。爲主。而于宋「於」。下同。内則爲國隱惡。大宋「太」。半失實。

儒者荀譏左氏作《傳》。陸本提行，與十一條相合。隱、桓、昭、襄。疑是「宣昭」。俾後來學者代宋「兀」。成聵瞽者矣。覘其哭于，衍。陽門，介夫乃止。蓋秦繆宋「穆」。居春秋之始。而云其君陪宋「倍」，古通。楚莊王衍。葬馬。而云生在鄭穆之宋「公」。年。而云時當趙簡子之，衍。日。荀宋「孫」。息死於奚齊。累棊碁，俗。申誡。上下翻覆。從宋乙。迄及宋「于」。魏滅。全同《左氏》。注「與左氏同」上，宋有「多」字。於是授《春秋》於丘宋「左」。明。以宋「從」。此而言。

史通卷第十五

點煩第六 揔十一條　案：當作十八條。

賊虜之虛實二字宋作「居」。可知。山川之形勢宋無。易悉。細書側注於其右。注「别注」，宋作「側注」。或回宋「迴」。易數字。非是從宋乙。苟誣前哲。

《家語》曰。末注除廿一字，加三字。

《史記·五帝本紀》曰。謳謌者，皆宋有。不之宋「不謳謌」。丹朱而謳歌舜。舜年廿以孝聞，卅而帝堯問可用者，云云。舜年廿以孝聞，卅此七字宋有，郭本無。堯舉之。除廿九字，加七字。

《夏本紀》曰。宋「鯀」作「骸」。又，「帝顓頊次」，「帝」字無。又，「爲人臣」下有「者」字。注「于」作「於」，「重復」作「重複」。

封于項，故姓項氏。除卅二字，加廿四字。

《吕氏何「后」。本紀》曰。立戚姬子如意。宋重二字。又，注「重」下有「疊」字。

《宋世家》曰。「糾」俱作「糺」。糺之公子特。宋「得」。

《三王世家》曰。臣切宋「竊」。下同。不勝犬馬之心。守尚書令奏未央宮。宋有。臣謹宋有。與中二千石，二千石。三字脱，從《史》補。臣青翟、臣湯等下脱廿二字，宋本有。宜奉義遵職，愚憃不逮事。方今盛夏吉時，臣青翟、臣湯等。請所立國名。除一百八十四字，加一字。今略點廢宋「發」。如此。

凡爲史者。應别爲一條。十分不疑是「僅」。當取其一焉。閒者陰陽錯謬。宋「繆」。朕甚憫宋「閔」。焉。每嘔唱，謌。噱而已。

亦有喜嘉，非。士者矣。下「岩」作「巖」。

止於蕩宋「湯」。陰，不進。方宋有。今唯秦雄天下，此非必宋有。貪邯鄲。前亡四十萬宋「卌万」。之衆於外。非有所求於平原君宋無。者也。魯連「云云」二字不當一左一右。下竝同。梁未覩秦稱帝之害故宋有。也。宋「耳」。亦甚宋「泰」，當作「泰甚」。矣。下「焉能」，宋作「烏能」。擊秦。宋「除」，又有一「秦」字。末注「三百」，作「除二百」。

賈生爲長沙傅三宋「二」。年。賈生既以謫居長沙，長沙宋疊。卑溼。時年卌二宋「三」。矣。

姓淳于氏。宋有。更受師同郡元里公乘陽慶，慶宋作「元里陽公，陽公」六字，與《史》不同。年七十餘。醫藥與《史》作「已」。其病之狀皆何如？具悉以宋「其悉而」。對。喜醫藥從宋乙。方。即宋有。常以爲人診病。臣意年盡卅九也。《史》：「年盡三年，年三十九也。」自言病也。宋「邪」。初云：「襄公嗣位。」宋「立」。

天子即問君何以治渤宋「勃」。海。臣非如宋「知」。此。

尚頃何「傾」。率有勝致。云獲麟于北何改，此依《世說·文學》篇注。野。奚受宋「授」。體于虞者。今于宋「至」。天下之後，便改疑衍。移韻從何「徙」。事。謝安常宋「嘗」。賞其機對辨速。乃祖道於冶治，譌。亭。以何「取」。一扇而授之。

郭禹宋「瑀」。有女始笄。欲覓一快女壻。宋「聟」。吾當壻。宋「婚」。焉。末注除廿二字。今本下又有校三十六字，宋無。

史通第十六　外篇　劉氏

雜説上篇第七《春秋》二條　《左氏傳》二條　《公羊》二條　《汲冢紀年》一條　《史記》八條　諸漢史十條

《春秋》二條

一何乖踳。踳，譌。

《左氏傳》二條

咙吪，譌。聒沸騰。可謂之讜言者宋有。哉？

《公羊傳》二條

斯亦宋有。擬失其流。故宋「致」。使編次不倫。呼宋有。爲菲食。

《汲冢紀年》一條

太甲誅伊尹，共伯名和。四字脱，宋有。向若此宋有。二書不出，學者爲古所惑，宋「欺」。則代成聾瞽。此「代」字宋本亦同，前卷作「元」。

《史記》八條

若《語林》、《世説》、《搜神記》、《幽明録》之類宋「徒」。是也。遺略甚多。注「曹續」，宋「曹纘」。若以古方今，當然二字宋有，疑「當」字衍。則知太，衍。史公亦同其失矣。皆服宋「伏」。下同。其善敘事。《史記·鄧通傳》。何云此宜在下一條。詔宋有。召問其所長。

太史公撰《孔子世家》。宋提行。列于學宫。宋「官」。昔孔子力可翹關。宋提行。則不取游、夏之宋無。下同。文學。司馬遷自，衍。《序傳》云：「爲太史令。」脱，何增。遂宋「以」。寘于刑。比跡春秋。宋「陵」，謂春申、信陵也。由稠何「裯」。父之違子家。章宋「彰」。于宣、厲之年。必如太，衍。史公之議也。或述江左陳氏之亡。注「史溥」，宋「史傳」。下同。

諸漢史十條

自稱富平侯家人。脱，何增。或駿宋「皆」。騎出入。公卿百僚。宋「寮」。積數年矣。宋有。而於方寸宋「尺」。之中。使讀書，衍。者閲文便覩。右脱，宋有。若干品。而輒去「都」字。宋作「去都留信」。曾無更宋「弛」。張。曾無改作。脱，宋有。下「尋」字當屬下句。或改「奪」，非。委瑣宋「曲」。煩碎。正與司馬相如、四字脱，宋有。司馬遷、揚雄傳相類。非人理宋有。所移。有踰班固。宋「氏」。蓋《序傳》之常宋「恒」。例者耳。列在末篇。從宋乙。

史通卷第十七次行如前例，不具録。後皆同。

諸晉史七條

王、檀著者。宋「書」。　雖疆彊，非。宇狹于石虎。　案後石之時。注「田融趙史」，何云：「《隋・經籍志》作『趙書』。」　沙漠當作「涉漠」。　而南。　張勔何改「緬」，云《隋・經籍志》：「《晉書鈔》三十卷，梁豫章内史張緬撰。」抄撮晉史。　求其不求，譌。　異同，而被褐備摘，譌。　皆從宋改。　蓋比其書爲玉，不當仍蒙之以褐也。　此言。　又劉敬叔昇，譌，從何改。《異苑》。　旁取令昇之書。注首，宋有「謂」字。　斯言其得之者，衍。　乎！　近者宋有。　宋臨川王義慶著《世説新語》。宋「書」。　雖與宋「以」。　諸帝同編。　寄出《外戚》篇。　案《外戚》篇。四字脱，宋有。　識事字，譌。　多闕。

《宋略》一條

裴松之《上三宋「注」。國志表》。　豈益宜，譌。　異同。　其事甚末。下，譌。　且所爲藁草。從宋乙。

《後魏書》二條宋作「三條」。

安有黄旗族，譌。之主。乃致宋「反懷」。疑而不納。宋孝王。玉，譌。又崔浩諂事狄君。宋雖不提行，必以此爲又一條，故揔標三條也。

北齊諸史三條

欒盈起于宋「於」。曲沃。差宋「備」。覩其事。音句九㜸。宋「嗤」，蓋與「蚩」同。如今之宋有。所謂者。其爲弘宋有。益宋無「彌」字。多矣。猶有脱，宋有。可識者。

遂令玉石同燼。宋「盡」。

《周書》一條

而令狐不能别求他術。述，同。本亦作「述」。重加潤色。注「其王褒、庾信等」下，宋有「事」字。

《隋書》二條

皆有益於宋「軍」。國。九其謟音「叨」，疑也。陸本作「陷」。惑。夫史宋「人」。載言示後世，衍。者。孰宋「豈」。若遺而不載。而述者注記從宋乙。無涯。

史通卷第十八

諸史六條

觀班氏。宋不提行。寂滅宋「蔑」。無覩。李白藥《齊書》舊作「李齊」，何補三字。於《後主紀》則書幸於侍中穆提婆第，宋「弟」，古通。于宋「於」。下同，不悉著。《孝昭紀》。略大舉宋「存」。小。昔劉勰有云。何另起。必稱典誥。宋不作「麗」。桉《宋書》。提行。愚智所悉。宋「委」。斯不然矣。宋重一句。下「更」字作「又」。則宇文尤甚。注「晉嗣」，當作「音詞」。又，「其鄙甚多」下，宋無「矣」字。「仍因」二字有譌。多依《史》、《漢》。注「梁元帝」下，宋有「而」字，此竝下，無「六」字。「三國志」上有「則」字。亦同於此。注《梁略》，宋作《梁後略》。假有辨宋

「辯」。如鄘叟。假稱宣德之令。注「旬日必至」下，宋有「荆」字。通多此失。注「遜」，宋俱作「讓」。又，「又詔」作「文詔」，又有一「乃」字，「請注」作「請署」。又，「知無」上無「始」字，下有「復」字。又，「隆殺」作「降殺」。又，案此注云「則於禮儀何有者哉」，疑「者」字衍。夫以暴累，譌。易暴，宋亦脱，今補。古人疑衍。以爲嗤。史臣美澹而譏邵者。注「史臣」下，宋有「曰」字。又，「事成」作「成事」。

別傳九條

夏姬再爲夫人，三爲王后。案《列女傳》云：「蓋老而復壯者三，爲王后，七爲夫人。」當於「三」字句絶。諺所云「夏姬得道，雞皮三少」是也。下當云：「一爲王后。」《左氏》雖不言曾入楚宫，而《列女傳》則云：「莊王因巫臣之諫，使壞後垣而出之。」則固曾入楚宫矣。再爲夫人，與七爲夫人，誠爲難驗。或劉向以後世卿大夫之妻通稱夫人，而因以推之。再爲夫人，則御叔、巫臣是已。言七者，或并淫亂者數之乎？未聞其先已有斯事。何云：「晉有四姬，已前此矣。」則晏嬰居宋景之後。注「昔景公」，「昔」下脱一「宋」字。又，末宋有「矣」字。又甘茂謂蘇氏宋「代」。云。乃用宋「因」。蘇氏之説。立宋「失」。言如是。劉勰《文心》已議宋「譏」。之矣。觀其《蜀王主，譌。本紀》。燉何「敦」。煌僻處西域。豈與夫詩賦小技。宋「伎」。稱遇漁漢，譌。父于江渚。宓妃覩于岩宋「巖」。畔。雙禽宋「擒」，注同。蚌鷸。必惟取揄袂緇宋「繡」。帷之林。杜元凱撰宋無「列」字。《女記》。不類西漢人。宋有。遷《史》二字宋此處無，下有。缺而不載，良有以焉。遷何改「通」。《史》編於李傳中，斯爲繆矣。何云：「子卿使還，子長下世久矣，劉氏不應如此善忘。蓋『缺而不載』，正謂班氏《漢書》，下當是《通史》，形誤爲『遷』也。」

雜説十條

談稱宋「講」。多矣。則宋有。偏嫉孟堅。而攻此所宋「之」。短。又宋有。觀世之學者。維宋「唯」。聖人無私。既而揚雄寂宋「宗」。寞。女宋「汝」。爲君子儒。脩宋有。史者固當以好善爲主。又其甚宋「比」。也。至于宋「如」。近代則不然。莫不一一宋「一二」。列名。餓宋有「死」字。于首陽之下。幺幺，非。麽常宋「恒」。事。

史通卷第十九　漢書五行志錯誤第十　雜駁第十一

漢書五行志錯誤第十 揔廿條

牴牾宋「抵忤」。者多。類聚區分。宋「别」。

第一科

則知公是魯公。宋「君」。　其例無常。宋「恒」。　省則都損。宋「捐」。

第二科

既除喪而燕。宋旁注一「宴」字，下「燕」字下又注「音宴」二字，疑皆出後人，可删。　晉女宋「汝」。下同。齊語智伯曰。　侈則將以力斃。宋「弊」。今《左》作「斃」。　諸侯夢得何增「土」字。田。已下弗云成帝宋有「意」字。　悛與不悛。　俱云「大雨雹」而已。宋有。　又此科始宋有。言大雪與雹，繼言殞何「隕」。　霜殺草。　訖宋「終」。　乎漢代。　首尾紛拏。分拏，譌。　肇宋「肈」。　自劉氏。　每歲皆書。注「續」上，宋有「又」字。又，下注「續後云」，作「續復云」。末「也」字上，有「其年」二字，宋誤作「其事」。

第三科

其宋有。　微弱尤甚。　坐貽妖孽，宋「蘖」。下同。　豈宋有。　得謂「人之情僞盡知之矣」宋有。　者乎！　昭不戚而大宋有。　蒐于比蒲。　又曰定公十二，譌。年。　夫以國家常宋「恒」。事。　而方聞響宋「感」。應。　嚴釋父公，譌。何改。讎。　可祈宋「可以歡」。榮降福。　以爲其政弛宋「弛」。慢。　上又憫宋「閔」。恤勤勞。　假貸，衍。與乏困。之因，譌。　用配妖禍者，衍。也。　所謂同姓之，衍。雄者也。　則何以載宋「成」。言者哉？　入北司馬門，上前宋有。殿者。　夫人宋有。入司馬門而上殿，亦由猶，同。從大宋有。司馬而升宋「登」。極。　始末有成宋「恒」。數。　至於宋有。在孕甫尔。　又案班云。宋「志」。　鷁退蜚宋「飛」。於宋都。　輔宋「甫」。申它説。　争私宋「知」。媫諱者也。

第四科

《志》云：「庶徵之恒宋「常」。風。」　劉宋有。歆學《左氏》。　被何「備」。于《尚書》、《春秋》。　識無通鑑宋「鑒」。故也。　在宋「惟」。紀與傳。　此宋有。所謂博引前書。宋公子它。何改「地」。下「佗」同。　此言宋。白黑之祥。　桃李冬花，宋「華」。直敘其災，而不言其應。注「建昭四年」，宋「綏和二年」。又，「凡四十」，作「凡十四」。又，「皇后」，作「呂后」，「武都」下有「道」字，「昭成二」下「年」字衍，「弩」上有「兵」字，末有「也」字。　此皆宋「乃」。魯史之《春秋》。郕宋「成」，通。伯來奔。　諸如此事。宋「比」。

五行志雜駁第十一

射王中從宋乙。肩。　班氏以爲其時王札子從宋乙。下同。殺召伯、毛伯。　又宋有。案陳前後。　爲楚靈王宋有。所滅。　今董生誤以陳次宋有。亡之役。　以爲後楚嚴始，衍。稱王。　鄧盟何「曼」，又云尚有脱文。是懼，荆尸。　亦自宋有。占候失中者矣。陰脇宋「脅」。陽之象見。　年世宋作「世實」。懸殊。　案宋有。鼇十四年。　當以《公羊》爲本爾。宋「耳」。　杞尚在。宋「存」。　後宋臣伊宋有。戾讒太子座宋「痤」。而殺之。而與華，衍。元奔，晉，衍。俱云「先是」。　董仲舒、劉向皆以爲自此前宋有。後，晉爲雞澤之會。　後爲溴不從「臭」。下同。梁之會。　多肆侈宋「奓」。言。　後莫敢復責其，衍。大夫。　又州滿既死。注「續」，譌。宋作「讀」。　皆獲其才。事，譌。　有星孛于宋有。東方。　角、亢，大國之，衍。象。　晉靖宋「靜」。公爲韓、魏、趙所滅。　若宋「共」。相感應。　案自昭十四當作「十五」。年。下「復有七焉」，「七」當作「九」。下同。又，「其六皆載」，「六」當作「八」。　獨不見鄭裨竈之説下脱五字，今從宋補。乎？　裨竈之説斯灾也。　如有應書于國史者。宋有。

暗惑第十二 揔十四條

昔人宋無。有以髮繞炙。誣其太子者。矣，衍。夫髮經炎炙，譌。炭。豈可謂之宋有。雅邪？故窊竄，譌。隆異等。非由倣傚。宋「放効」。曾無疑惑者也？宋「邪」。累年疑「時」。而活。遂宋「須」，譌。使竹帛顯書，古今從宋乙。稱怪。明宋「昭」。然可知。事宋「師」。之如夫子。商瞿年宋有。長無子，母爲取家。譌，《史》作「室」。有若宋「子」。避。《史》有「之」字。宰我，衍。言語，衍。游學。回、賜之宋「非」。類。此乃童兒從宋乙。相戲。所誅皆平生讎忌。宋「仇怨」，下「讐」亦作「仇」。倘宋「儻」。若高祖不問。弃甲仍宋「誠」。衆。於道次迎拜。伋問曰。宋有。諸兒送出宋「至」。郭外。前驅蔽宋「竟」。野。旍棨棨，譌。填咽。居止無常。宋「恒」。訪知宋「諸」。商賈。又《魏志》。另起。匈奴遣使人，衍。來朝。太祖乃追殺使者。宋「云云」，旁寫。昔孟陽臥床。宋「坐牀」。猶恐宋有。虺毒不悛。閭巷謂疑「讕」。言。

安能使宋有。檐瓦皆飛，有踰宋不作「喻」。武安鳴鼓！　焉得歸本一作「恬」。然無害也？宋無。　子威自京都。師，譌。　終不患於貧餒宋「餧」。者。　推之借宋「以食」。箸。　兹流非一。注「貸米」，譌。宋作「貨犬」。　然人自有身安敝宋「弊」。緼。　直謂清白當然，二字宋有。繆矣哉！　飲酒二升。宋「飲二升酒」。然後臨穴。宋「訣」。　識雖宋「惟」。不肖。猶停舂杵宋「相」。之音。　則觔當作「筋」。肉內寬。　醉飽自得。宋「支」。　雖復時一從宋乙。嘔慟。　人疑「又」。以其志操尤異。　凡三十五年。宋「凡卅五年」。　年宋「以」，疑「已」。垂耳順，更加六十六，衍。載。　止可二十宋「年廿」。下同。五六此下宋無「年」字。矣。不加詮宋「銓」。擇。　語曰：信書此處亦無「盡」字，可證前卷爲後人所加。不如無書。

忤時第十三

母媪媢，譌。預政。　在大駕後發，句。因日，譌。逗遛不去。　荀何「謝」。綽裁其《拾遺》。　莫不賾頤，譌。彼泉藪。　貽彼後，衍。來者，何哉？　著本傳作「纂」。述無主。　視聽不該。一作「匪詳」。深何「幽」。居九重。　夫孫盛紀實。宋「實録」。　王劭何從《文粹》及厚齋語，改「韶」。直書。　斯立囊時得失之列。宋「例」。　則云：「必須直辭。」宋「詞」。　竊宋「切」。以史置監修。　創立紀宋「紀編」。年。　勤惰宋「憜」。須等。　某傳某志。宋「某紀某傳」。歷抵詆，譌。羣公。抑又有所未喻。宋「諭」。竝并，譌。門可張羅。以僕鎗鎗何「錚錚」。鉸鉸。陸本「佼佼」。排千于，譌。門。飛沈屬其顧眄。眄，譌。輒宋「輕」。敢方於鄙宗。語宦宋「官」。途。但今者黽勉宋「僶俛」。從事。能不蒂宋「蠆」。芥於心者乎？

何氏堂以朱氏影宋鈔本校張之象本，知張本無大相乖舛者，在郭本之上，顧《曲筆》篇中一段，誤入《鑒識》篇中，得郭本，始得正其違錯。余於張本、郭本皆未蓄，故但勘於黃本上。凡宋本，多可從。然時有別字，自是唐人所習用，篇中偶載一二，不能詳也。

余校勘此書訖，後始見無錫浦氏起龍注釋本，歎其精覈。雖竝不言宋本，凡其作正字大書者，皆宋本也。在前諸刻，殆可廢矣。第閒有管見欲商者，并繫於後，庶幾白璧更免微瑕之憾云。

卷一尚書家《漢魏尚書》。漢指蜀漢，非衍字也。《唐·藝文志》譌作「後」。

卷三五行志 蓋有不知而作之者，我無是也。注「引包曰」一段，宋本有之，係元注，刪之非是，當依黃本補。

卷四稱謂 無復弛張。誤倒。

卷六隱晦　元注「容貌姿美」，裴松之以爲「一類之言分爲三」者，謂容也，姿也，貌也。浦增「有殊於衆」一句，方謂三言有著，似未細會。

安飾　翼犍，道武所諱。改爲「原諱」，古未有此例。

卷七直言　幸而獲全。改「幸獲兩全」，非。

探賾　疎魏而親蜀也？下有元注，删之非是。謂《諸葛集》有誹謗之言，此正明其非親蜀也。

卷九序傳　客遊臨邛。誤「卬」。

卷十雜述　樂資《山陽公不當删。載記》。　姚最《梁後略》。「梁」下不當添「昭」字。

自敘　懼覽之者此依《書序》本文，不當倒作「者之」。不一。

卷十二説《後漢書》《春秋》卅。讀爲三十，古書多如此，改爲《春秋考紀》，非。　雜作《孝穆》、《崇》二皇。孝穆皇，桓帝祖也，孝崇皇，桓帝父也，中間省一「孝」字耳。今乃謂當作「獻穆、孝崇二皇后」，夫獻穆皇后乃獻帝曹皇后也，桓帝何由預知之？而且加於孝崇皇后之上乎？書中惟此條爲大繆。

卷十四惑經　齊荼野幕之戮，事起陽生；楚靈乾谿之縊，禍由常壽。浦改「齊荼」作「齊乞」，「楚靈」作「楚比」，語甚不順。其改「常壽」作「觀從」，尚可通，至移「《春秋》捐其首謀，捨其親殺」下小注於前，頗失劉氏本意。注謂齊陳乞、楚公子比也，正指《春秋》所書者言耳。若上文，是齊乞楚比，其事非難知，顧屑屑爲下注脚乎？黄本小注，但衍「乞比」二字，此更增作：「比，謂公子比也。」《左傳》非僻書，何須費辭如此。

當依宋本正之。

申左尋《春秋》所書實乖斯義。此二語誠亂道，其妄已具見上文，自不可掩。今遽削此八字，與下文亦不合。

卷十八雜説下通多此失。此下小注，脱去後半段，今録以補之云。「又按：北齊文宣帝，將受魏禪，密撰錫讓、勸進、斷表文詔，入奏請署，一時頓盡。則知無復前後節乂，等差降殺也」，共四十二字。黄本有之，但字譌。今以宋本攷正之。

《通史》編於李傳中，斯爲謬矣。宋本「通史」誤作「遷史」，後人不細審，遽移在上文，何義門已正其失。此尚沿俗本，又改「李傳」爲「李集」，則誤而益誤矣。《通史》雖不可見，然此書乃論史，自無暇復及編集之是非。何氏語已載前。

其餘字體之失，不復細正。

新唐書糾謬

二十卷，宋吴縝撰。坊閒所傳本序文首葉乃僞撰。又第二十卷《柳宗元傳》以下，舊本爛脱，復雜取他卷之文以相抵，今據宋本補正。其摘抉過當，與不諳文法之失，不暇論也。

序

史才之難，尚矣！游、夏，聖門之高弟，而不能贊《春秋》一辭。自秦漢迄今，千數百歲，若司馬遷、班固、陳壽、范曄之徒，方其著書之時，豈不欲曲盡其善，而傳之無窮？然終亦未免後人之詆斥。至唐，獨稱劉知幾，能於脩史之外，毅然奮筆，自爲一書，貫穿古今，譏評前載。觀其以史自命之意，殆以爲古今絶倫，及取其嘗所論著，而考其謬戾，則亦無異於前人。由是言之，史才之難，豈不信哉！必也編次事實，詳略取捨，褒貶文采，莫不適當。稽諸前人而不謬，傳之後世而不疑，粲然如日星之明，符節之合，使後學觀之，而莫敢輕議，然後可以號信史。反是，則篇帙愈多，而譏譙愈衆，忝天下後世何？

我宋之興，一祖五宗，重熙累洽，尊儒敬道，儲思藝文，日以崇廣學校、脩纂文史爲事，故名臣綴輯，不絶於時。前朝舊史，如《唐書》洎《五代實録》，皆已脩爲新書，頒於天下。其閒惟《唐書》，自頒行迨今，幾三十載，學者傳習，與遷、固諸史均焉。縝以愚昧，從公之隙，竊嘗尋閲新書，閒有未通，則必反覆參究，或舛駁脱謬，則筆而記之，歲時稍久，事目益衆。深怪此書，牴牾穿穴，亦已太甚，揆之前史，皆未有如是者。推本厥咎，蓋脩書之初，其失有八：一曰責任不專，二曰課程不立，三曰初無義例，四曰終無審覆，五曰多採小説而不精擇，六曰務因舊文而不推考，七曰刊脩者不知刊脩之要而各徇私好，八曰校勘者不舉校勘之職而惟務苟容。何謂責任不專？夫古之脩史，多出一家，故司馬遷、班固、姚思廉、李延壽之徒，皆父子論譔，數十年方成，故通知始末，而事實貫穿不牴牾也。惟後漢東觀羣儒，纂述無統，而前史譏之。況夫唐之爲國，幾三百年，其記事亦已衆矣，其爲功亦已大矣。斯可謂一朝之大典，舉以委人，而不專其責，則宜其功之不立也。今唐史，本一書也，而紀、志、表，則歐陽公主之；傳，則宋公主之。所主既異，而不務通知其事，故紀有失而傳不知，如膠東郡公道彦等，紀書降封縣公，而傳乃郡公之類。傳有誤而紀不見，如朱宣傳，敘天平節度使，止有四人，而紀則有七人之類。豈非責任不專之故歟？何謂課程不立？夫脩一朝之史，其事匪輕，若不限以歲月，責其課程，則未見其可。嘗聞脩《唐書》，自建局至印行罷局，幾二十年。脩書官初無定員，皆兼涖它務，或出領外官。其書既無期會，得以安衍自肆，苟度歲月，如是者將十五年，而書猶未有緒。暨朝廷訝其淹久，屢加督促，往往遣使就官所取之，於是乃倉猝牽課，以書來上。然則是書之不能完整，又何足怪！豈非課程不立之故歟？何謂初無義例？夫史之義例，猶綱之有綱，而匠之繩墨也。故唐脩《晉書》，而敬播、令狐德棻之徒，先爲定例。蓋義例既定，則一史之内，凡秉筆者，皆遵用之。其取捨詳略，褒貶是非，必使後人皆有考焉。今之新書則不然，取彼例以較此例則不同，取前傳以比後傳則不合，詳略不一，如中宗紀前與諸帝紀不同，諸帝紀亦自詳略不同之類。去取未明，如皇太子改名并誕節名及上壽，皆不書，而上尊號則書之類。一史之内，爲體各殊，豈非初無義例之故歟？何謂終無審覆？方新書來上之初，若朝廷付之有司，委官覆定，使詰難糾駁，審定刊脩，然後下朝臣博議，可與未可，施用如此，則初脩者必不敢滅裂，審覆者亦不敢依違，庶乎得爲完書，可以傳久。今其書頒行已久，而踈謬舛駁，於今始見，豈非終無審覆之故歟？何謂多採小説而不精擇？蓋唐人小説，類多虚誕，而脩書之初，但期博取，故其所載，或全篇乖牾，如代宗母吴皇后傳之類。豈非多採小説而不精擇之故歟？何謂務因舊文而不推考？夫唐之史臣，書事任情者多矣，如吴兢書魏齊公事，可以推知，當日史臣，書事與奪，止在其筆端。又如辛雲京自立，而傳止稱其朝命。李德裕執政，增脩其父吉甫美事之類。安可悉依徇而書？今之新書，乃殊不參較，但循舊而已，故其失與唐之史臣無異。如太宗放死囚三百九十人、義陽宣城公主四十不嫁之類。豈非務因舊文而不推考之故歟？何謂刊脩者不知刊脩之要而各徇私好？夫爲史之要有三：一曰事實，二曰褒貶，三曰文采。有是事而如是書，斯謂事實；因事實而寓懲勸，斯謂褒貶；事實褒貶既得矣，必資文采以行之，夫然後成史。至於事得其實矣，而褒貶文采則闕焉，雖未能成書，猶不失爲史之義；若乃事實未明，而徒以褒貶文采爲事，則是既不成書，而又失爲史之意矣。新書之病，正在於此。其始也，不考其虛實有無，不校其彼此同異。脩紀、志者則專以褒貶筆削自任，脩傳者則獨以文辭華采爲先，不相通知，各從所好。其終也，遂合爲一書而上之。故今之新書，其閒或舉以相校，則往往不啻白黑方圓之不同，是蓋不考事實，不相通知之所致也。斯豈非刊脩者不知其要而各徇私好之故歟？何謂校勘者不舉校勘之職而惟務苟容？方新書之來上也，朝廷付裴煜、陳薦、文同、吴申、錢藻，使之校勘，夫以三百年一朝之史，而又脩之幾二十年，將以垂示萬世，則朝廷之意，豈徒然哉？若校勘者止於執卷唱讀，案文讎對，則是二三胥吏足辨其事，何假文館之士乎？然則朝廷委屬之意重矣。受其書而校勘者，安可不思？必也討論擊難，刊削繕完，使成一家之書，乃稱校勘之職。而五人者，曾不聞有所建明，但循故襲常，惟務喑嘿，致其閒訛文謬事，歷歷具存，自是之後，遂頒之天下矣。豈非校勘者不舉其職而惟務苟容之故歟？職是八失，故新書不能全美，以稱朝廷纂脩之意。

愚每感憤歎息，以爲必再加刊脩，乃可貽後。況方從宦巴峽，僻陋寡聞，無他異書可以考證，止以本史自相質正，已見其然。意謂若廣以它書校之，則其穿穴破碎，又當不止此而已也。所記事條，叢雜無次，難於檢閱。方解秩還朝，舟中無事，因取其相類者，略加整比，離爲二十門，列之如左，名曰《新唐書糾謬》，謂擿舉其謬誤而已。庸淺之見，烏足貽之同志？姑投之巾笥，以便尋繹而備遺忘云。元祐四年己巳歲八月望日，夷陵至喜亭，咸林吴縝序。

表不録。

第二十卷尾缺葉，今從嘉定錢詹事大昕所據宋本補於後。宋本一頁廿八行，行廿四格。

柳宗元傳

《柳宗元傳》「貞符」内云：「後之祅淫嚚昏好怪之徒。」

今案：此「囂」字疑是「嚚」字。

又云：「琢斮屠剔，膏流節解之禍不作。」

今案：此「琢」字疑是「椓」字。

盧懷慎及吐蕃等傳

《盧懷慎傳》：「疆場有警。」

《吐蕃傳》：「疆場不定。」又云：「疆場不明。」

今案：此皆合作「埸」。

李晟贊

《李晟傳贊》云：「提孤軍，抗羣賊，身佩安危，而氣不少衰。」

今案：《郭子儀傳贊》曰：「子儀自朔方，提孤軍，轉戰逐北，誼不返顧。」又，《五王贊》曰：「五王提衛兵，誅嬖臣，中興唐室。」蓋「提」之爲言，總勒統御之謂；若乃命之爲

「捉」，於文殊爲不典。今《李晟贊》所謂「捉孤軍」者，即「提」字之誤歟？

韓愈傳

《韓愈傳》：「所要光決于心。」
今案：乃是「先決于心」。
又《贊》云：「無柢捂聖人者。」
今案：當作「抵」。
又云：「以荀況、揚雄爲未淳。」
今案：當作「醇」。

劉武周傳

《劉武周傳》云：「破之于美食川。」
今案：《獨孤懷恩》及《秦瓊傳》皆爲「美良川」，蓋「良」誤爲「食」也。

蘇定方傳

《蘇定方傳》云：「縛賀魯以還。」又云：「遂面縛降。」

今案：其字皆當作「縛」。

此書有海虞趙開美校刻本，序文完全，唯末卷尾缺。向借得元板《新唐書》，案此目求之，妄意補綴。今既得吴氏元本，如《盧懷慎傳》，及《吐蕃傳》、《李晟贊》，余所擬摘與之同，餘不盡合。余所指爲訛字者，今業已改正。唯《柳宗元傳》一條云：「管仲遇盜，升爲功臣。」案：功臣，當爲「公臣」。今官本猶作「功臣」。姑附記於此。

山海經圖讚

晉郭璞注《山海經》，并作《圖讚》，自來刻《山海經》者多遺之。吾鄉吴志伊先生作廣註，多附見，而不全。唯《道藏》本全載於《經》注之後，與《經》文時有異同。今各如其文録之，以明刻《郭宏農集》相參校。後有刻《山海經》者，必并刻此，方成全書。

南山經諸讚竝多失次，今亦悉仍其舊。

桂

桂生南裔，枝華《集》作「拔萃」。岑嶺。廣莫熙葩，凌霜津穎。氣王百藥，森然雲挺。

迷穀

爰有奇樹，産自招摇。厥華流光，上映垂霄。佩之不惑，潛有靈標。

狌狌

狌狌似猴，走立行伏。櫰木挺力，少辛明目。蜚廉迅足，豈食斯肉。

水玉

水玉沐浴，潛映洞淵。赤松是服，靈蛻乘煙。吐納六氣，昇降九天。

白猿

白猿肆巧，由基撫弓。應眄而號，神有先中。數如循環，其妙無窮。

鹿蜀

鹿蜀之獸，馬質虎文。擴此吟鳴，矯足騰羣。佩其皮毛，子孫如雲。

鯥

魚號曰鯥，處不在水。厥狀如牛，鳥翼蛇尾。隨時隱見，倚乎生死。

類

類之爲獸，一體兼二。近取諸身，用不假器。窈窕是佩，不知妬忌。

猼訑

猼訑似羊，眼反在背。視之則奇，推之無怪。若欲不恐，厥皮可佩。

祝茶草旋龜鵸鵂鳥鵸，舊作「鵪」，譌。案：此鳥急性。人之急性者名憋忿，《列子·力命篇》作「憋憨」，與「憋忿」同。鳥之性亦相似，故名相似。

祝茶嘉草，食之不饑。鳥首虺尾，其名旋龜。鵸鵂六足，三翅竝翬。

灌灌鳥赤鱬

厥聲如訶，厥形如鳩。佩之辨惑，出自青丘。赤鱬之物，魚身人頭。

鴸鳥

彗星横天，鯨魚死浪。鴸鳴於邑，賢士見放。厥理至微，言之無況。

猾褢

猾褢之獸，見則興役。膺政而出，匪亂不適。天下有道，幽形匿跡。

長右彘

長右四耳，厥狀如猴。實爲水祥，見則横流。彘虎其身，厥尾如牛。

會稽山

禹徂會稽，爰朝羣臣。不虔是討，乃戮長人。玉匱表夏，玄石勒秦。

患《經》作「䝞」。

有獸無口，其名曰患。害氣不入，厥體無閒。至理之盡，出乎自然。

犀

犀頭如猪，形兼牛質。角則倂三，分身互出。鼓鼻生風，壯氣隘溢。

兕

兕推壯獸，似牛青黑。力無不傾，自焚以革。皮充武備，角助文德。

象

象實魁梧，體巨貌詭。肉兼十牛，目不踰豕。望頭如尾，動若丘徙。

纂雕瞿如鳥虎蛟

纂雕有角，聲若兒號。瞿如三手，厥狀似鵁。魚身蛇尾，是謂虎蛟。

鳳

鳳皇靈鳥，實冠羽羣。八象其體，五德其文。羽翼來儀，應我聖君。

育遂谷

育隧之谷，爰含凱風。青陽既謝，氣應祝融。炎雰是扇，以散鬱隆。

鱄魚顒鳥

顒鳥栖林，鱄魚處淵。俱爲旱徵，災延普天。測之無象，厥數推玄。推，疑「惟」。

白蓉

白蓉睾同「皋」。蘇，其汁如飴。食之辟穀，味有餘滋。逍遥忘勞，窮生盡期。

西山經

羬羊

月氏之羊，其類在野。厥高六尺，尾亦如馬。何以審之，事見《爾雅》。

太華山

華嶽靈峻，削成四方。爰有神女，是挹玉漿。其誰遊之，龍駕雲裳。

肥遺蛇

肥遺爲物，與災合契。鼓翼陽山，以表亢厲。桑林既禱，倏忽潛逝。

螐渠赤鷩鳥文莖木䳋鳥

螐渠已殃，赤鷩辟火。文莖愈聾，是則嘉果。䳋亦衛災，厥形惟麽。

流赭

沙則潛流，亦有運赭。于以求鐵，趨在其下。䠱牛之癘，作采于社。

豪彘

剛鬣之族，號曰豪彘。毛如攢錐，中有激矢。厥體兼資，自爲牝牡。

黄雚草肥遺鳥嚻獸

浴疾之草，厥子赭赤。肥遺似鶉，其肉已疫。嚻獸長臂，爲物好擲。

橐𩇯

有似人面，一脚孤立。性與時反，冬出夏蟄。帶其羽毛，迅雷不入。

桃枝

嶓冢美竹，厥號桃枝。叢薄幽藹，從容鬱猗。簟以安寢，杖以扶危。

杜衡

狌狌犇人，杜衡走馬。理固須因，體亦有假。足駿在感，安事御者。

萆容草谿邊獸櫟鳥

有華無實，萆容之樹。谿邊類狗，皮厭妖蠱。黑文赤翁，鳥愈隱痔。

礜石

稟氣方殊，舛錯理微。礜石殺鼠，蠶食而肥。物性雖反，齊之一歸。

玃如

玃如之獸，鹿狀四角。馬足人手，其尾則白。貌兼三形，攀木緣石。

鸚䳇

鸚䳇慧鳥，青羽赤喙。四指中分，行則以觜。自貽伊籠，見幽坐趾。

數斯鳥㸷獸鸓鳥

數斯人脚，厥狀似鴟。㸷獸大眼，有鳥名鸓。兩頭四足，翔若合飛。

鸞鳥

鸞翔女牀，鳳出丹穴。拊翼相和，以應聖哲。擊石靡詠，韶音其絶。

鳧徯鳥朱厭獸

鳧徯朱厭，見則有兵。類異感同，理不虛行。推之自然，厥數難明。

蠻蠻

比翼之鳥，似鳧青赤。雖云一形，氣同體隔。延頸離鳥，翻飛合翮。

丹木玉膏

丹木煒燁，沸沸玉膏。黄軒是服，遂攀龍豪。眇然升遐，羣下烏號。

瑾瑜玉

鍾山之寶，爰有玉華。光彩流映，氣如虹霞。君子是佩，象德閑邪。

鍾山之子鼓欽䲹

欽䲹及鼓，是殺祖江。帝乃戮之，崑崙之東。二子皆化，矯翼亦同。

鰩魚

見則邑穰，厥名曰鰩。經營二海，矯翼閒霄。唯味之奇，見歎伊庖。

神英招

槐江之山，英招是主。巡遊四海，撫翼雲儛。實惟帝囿，有謂玄圃。

櫾木

櫾惟靈樹，爰生若木。重根增駕，流光旁燭。食之靈化，榮名仙録。

崑崙丘

崑崙月精，水之靈府。惟帝下都，西老之宇。嶸然中峙，號曰天柱。

神陸吾

肩吾得一，以處崑崙。開明是對，司帝之門。吐納靈氣，熊熊魂魂。

土螻獸欽原鳥

土螻食人，四角似羊。原欽類蜂，大如鴛鴦。觸物則斃，其鋭難當。

沙棠

安得沙棠，制爲龍舟。汎彼滄海，眇然遐遊。聊以逍遥，任波去留。《經》中注引銘曰：「安得沙棠，刳以爲舟。汎彼滄海，以遨以遊。」疑古有此銘詞。若即郭氏自作，似不應引入注中。今《贊》大同小異，疑即襲用古銘，然改易處頗不如元文。

鶉鳥沙棠實蕡草

司帝百服，其鳥名鶉。沙棠之實，惟果是珍。爰有奇菜，厥號曰蕡。

神長乘

九德之氣，是生長乘。人狀犳尾，其神則凝。妙物自潛，世無得稱。

西王母

天帝之女，蓬髮虎顔。穆王執贄，賦詩交歡。韻外之事，難以具言。

積石

積石之中，實生重河。夏后是導，石門湧波。珍物斯備，比奇崑阿。

白帝少昊

少昊之帝，號曰金天。磈氏之宫，亦在此山。是司日入，其景則圓。

猙

章莪之山，奇怪所宅。有獸似豹，厥色惟赤。五尾一角，鳴如擊石。

畢方

畢方赤文，離精是炳。旱則高翔，鼓翼陽景。集乃流災，火不炎正。

文貝

先民有作，龜貝爲貨。貴以文彩，賈以小大。簡則易從，資。今從《藏》本。犯而不過。

天狗

乾麻不長，天狗不大。厥質雖小，禳災除害。氣之相王，在乎食帶。

三青鳥

山名三危，青鳥所解。憩。《藏》本「解」，謂解羽也。往來崑崙，王母是隸。穆王西征，旋軫斯地。

江疑獓狥獸鴸鳥

江疑所居，風雲是潛。獸有獓狥，毛如披蓑。韻不叶，或云有「遲」一音，未詳。鴸鳥一頭，厥身則兼。

神耆童

顓頊之子，嗣作火正。鏗鎗鏘。其鳴，聲如鐘磬。處于騩山，唯靈之盛。

帝江

質則混沌，神則旁通。自然靈照，聽不以聰。强爲之名，曰惟帝江。

獂獸鵸鵌鳥獂，《經》作「讙」。

鵸鵌三頭，獂獸三尾。俱禦不祥，消凶辟眯。君子服之，不逢不韙。

當扈

鳥飛以翼，當扈則鬚。廢多任少，沛然有餘。輪運於轂，至用在無。

白狼

矯矯白狼，有道則遊。應符變質，乃銜靈鉤。惟德是適，出殷見周。

白虎

甝甝之虎，仁而有猛。其質載皓，其文載炳。應德而擾，止我交境。

駮

駮惟馬類，實畜之英。騰髦驤首，嘘天雷鳴。氣無不凌，吞虎辟兵。

神魂蠻蠻鬵遺魚

其音如吟，一脚人面。鼠身鼈頭，厥號曰蠻。目如馬耳，食厭妖變。

櫰木

櫰之爲木，厥形似棟。若能長服，拔樹排山。力則有之，壽亦宜然。

鳥鼠同穴山

鵌鼵二蟲，殊類同歸。聚不以方，或走或飛。不然之然，難以理推。

鮆魮魚

形如覆銚，包玉含珠。有而不積，泄以尾閭。闇與道會，可謂奇魚。

丹木

爰有丹木，生彼淯盤。厥實如瓜，其味甘酸。蠲痾辟火，用奇桂蘭。

窮奇獸蠃魚孰湖獸

窮奇如牛，蝟毛自表。濛水之蠃，匪魚伊鳥。孰湖之獸，見人則抱。

鰠魚

物以感應，亦不數動。壯士挺劍，氣激白虹。鰠魚潛淵，出則邑悚。

北山經

水馬

馬寔龍精，爰出水類。渥洼之駿，是靈是瑞。昔在夏后，亦有何駟。

儵魚

汩涸。今從吴改。和損平，莫慘於憂。詩詠萱草，山經與上「詩詠」相對成文。《集》作「帶山」，非。則儵。窒焉遺岱，聊以盤遊。

䑋疏獸鵸鵌鳥何羅魚

厭火之獸，厥名䑋疏。有鳥自化，號曰鵸鵌。一頭十身，何羅之魚。

孟　槐

孟槐似貆，其豪則赤。列象畏獸，凶邪是辟。氣之相勝，莫見其迹。

鰼鰼魚

鼓翮一揮，十翼翩翻。厥鳴如鵲，鱗在羽端。是謂怪魚，食之辟燔。

橐　駝

駝惟奇畜，肉鞍是被。迅騖流沙，顯功絶地。潛識泉源，微乎其智。

耳　鼠

蹠實以足，排虚以羽。翹尾翻飛，奇哉耳鼠。厥皮惟良，百毒是禦。

幽　頞

幽頞似猴，俾愚作智。觸物則笑，見人佯睡。好用小慧，終是嬰繫。

寓鳥孟極足訾獸

鼠而傅翼，厥聲如羊。孟極似豹，或倚無良。見人則呼，號曰足訾。此段似有誤。

鵁鳥

毛如雌雉，朋翔羣下。飛則籠日，集則蔽野。肉驗鍼石，不勞補寫。

諸犍獸白鵺竦斯鳥

諸犍善叱，行則銜尾。白鵺竦斯，厥狀如雉。見人則跳，頭文如繡。疑「黹」或「絺」。

磁石

磁石吸鐵，瑇瑁《藏》同。一作「琥珀」，乃虎魄之俗。取芥。氣有潛感，數亦冥會。物之相投，出乎意外。

旄牛

牛充兵機，兼之者旄。冠于旌鼓，爲軍之標。匪肉致災，亦毛之招。

長蛇

長蛇百尋，厥鬛如燕。飛羣走類，靡不吞噬。極物之惡，盡毒之厲。

山獋

山獋之獸，見人歡謔。厥性善投，行如矢激。是惟氣精，出則風作。

窫窳諸懷獸鱳魚肥遺蛇

窫窳諸懷，是則害人。鱳之爲狀，羊鱗黑文。肥遺之蛇，一頭兩身。

鮆魚

陽鑒動日，土蛇致宵。微哉鮆魚，食則不驕。物在所感，其用無褾。

狍鴞

狍鴞貪惏，其目在腋。食人未盡，還自齦割。圖形妙鼎，是謂不若。

猲聞騂馬獨狢

有獸如豹，厥文惟縟。闇善躍險，騂馬一角。虎狀馬尾，號曰獨狢。

鴛鶻

禦暍之鳥，厥名鴛鶻。昏明是互，晝隱夜覿。物貴應用，安事鸞鵠。

居暨獸囂鳥三桑

居暨豚鳴，如彙赤毛。四翼一目，其名曰囂。三桑無枝，厥樹唯高。

驒獸

驒獸四角，馬尾有距。涉歷歸山，騰嶮躍岨。厥貌惟奇，如是旋舞。

天馬

龍馮雲遊，騰蛇假霧。未若天馬，自然凌翥。有理懸運，天機潛御。

鶌居

鶌居如烏，青身黄足。食之不饑，可以辟穀。内厥唯珍，配彼丹木。

飛鼠

或以尾翔，或以髯凌。飛鼠鼓翰，倏然背騰。用無常所，惟神是馮。

䳒䳒象蛇䱻父魚

有鳥善驚，名曰䳒䳒。象蛇似雉，自生子孫。䱻父魚首，厥體如豚。

酸與

景山有鳥，稟形殊類。厥狀如蛇，脚三舊「二」，據《經》改。翼四。見則邑恐，食之不醉。

鵁鶄黄鳥

鵁鶄之鳥，食之不瞧。爰有黄鳥，其鳴自叫。婦人是服，矯情易操。

精衛

炎帝之女，化爲精衛。沈形東海，靈爽西邁。乃銜木石，以填波害。

羬羬羆九獸大蛇

羬羬似羊，眼在耳後。竅生尾上，號曰羆九。《經》多脱「九」字，《藏》本有之，此更可證。幽都之山，大蛇牛呴。

東山經

鱅鱅魚 獙獙《經》作「從從」。 獸 蚩鼠

魚號鱅鱅，如牛虎駮。獙獙之狀，似狗六脚。蚩鼠如雞，見則旱涸。

絛 蛹

絛蛹蛇狀，振翼灑光。憑波騰逝，出入江湘。見則歲旱，是維火祥。

狪 狪

蚌則含珠，獸胡不可。狪狪如豚，被褐懷禍。患難無由，招之自我。

堪孖魚 軨軨獸

堪孖軨軨，殊氣同占。見則洪水，天下昏墊。豈伊妄降，亦應牒讖。

珠蟞魚

澧水之鮮，形如浮肺。體兼三才，以貨賈害。厥用既多，何以自衛。

犰狳《玉篇》「犰」作「犰」，音「几」。《廣韻》仍作「犰」，音「仇」。

犰狳之獸，見人佯眠。與災協氣，出則無年。此豈能爲，歸之於天。

狸力獸鴷胡鳥

狸力鴷胡，或飛或伏。是惟土祥，出興功築。長城之役，同集秦域。

朱獳

朱獳無奇，見則邑駭。通感靡誠，維數所在。因事而作，未始無待。

獙獙蠪蚔獸絜鉤鳥蚔，《經》作「姪」，疑譌。

獙獙如狐，有翼不飛。九尾虎爪，號曰蠪蚔。絜鉤似鳧，見則民悲。

嵚嵚

治在得賢，亡由失人。嵚嵚之來，乃致狻賓。歸之冥應，誰見其津。

蠵龜

水圓四十，潛源溢沸。靈龜爰處，掉尾養氣。莊生是感，揮竿傲貴。

嬰胡精精獸鮯鮯魚

嬰胡之狀，似麋魚眼。精精如牛，以尾自辨。鮯鮯所潛，厥深無限。

猲狚獸鬿雀

猲狚狻獸，鬿雀惡鳥。或狼其體，或虎其爪。安用甲兵，擾之以道。

芑木

馬維剛駿，塗之芑汁。不勞孫陽，自然閑習。厥術無方，理有潛執。

茈魚薄魚

有魚十身，蘪蕪其臭。食之和體，氣不下溜。薄之躍淵，是維災候。

合窳

豬身人面，號曰合窳。厥性貪殘，物靡舊「爲」，諞。不咀。至陰之精，見則水雨。

當康獸鮹魚

當康如豚，見則歲穰。鮹魚鳥翼，飛乃流光。同出殊應，或災或祥。

蜚

蜚則災獸，跂踵厲深。會所經涉，竭水槁林。禀氣自然，體此殃淫。

中山經

桃　林

桃林之谷，實惟塞野。武王克商，休牛風馬。阸越三塗，作嶮西夏。

鳴　石

金石同類，潛響是韞。擊之雷駭，厥聲遠聞。苟以數通，氣無不運。

旋龜人魚修辟

聲如破木，號曰旋龜。修辟似黽，厥鳴如鴟。人魚類鯑，出于洛伊。

帝臺棋

茫茫帝臺，維靈之貴。爰有石棋，五彩焕蔚。觴禱百神，以和天氣。

若華烏酸草

療瘧之草，厥實如瓜。烏酸之葉，三成黄華。可以爲毒，不畏虮蛇。虮，即「虺」字，作「蚖」，譌。

荅草

荅草黄華，實如菟絲。君子是佩，人服媚之。帝女所化，其理難思。

山膏獸黄棘

山膏如豚，厥性好罵。黄棘是食，匪子疑「字」。匪化。雖無貞操，理同不嫁。

三足龜

造物維均，靡偏靡頗。少不爲短，長不爲多。賁能三足，何異黿鼉。

嘉　榮

霆維天精，動心駭目。曷以禦之，嘉榮是服。所正者神，用口腸腹。

天楄牛傷文獸騰魚

牛傷鎮氣，天楄弭噎。文獸如蜂，枝尾反舌。騰魚青班，處于逵穴。

帝　休

帝休之樹，厥枝交對。竦本少室，曾陰雲霨。君子服之，匪怒伊愛。

泰　室

嵩維岳宗，華岱恒衡。氣通天漢，一作「元漢」。神洞幽明。巍《藏》作「嵬」。然中立，衆山之英。

椅木

爰有嘉樹，厥名曰椅。薄言采之，窈窕是服。君子維歡，家無反目。

蔄草

蔄草赤莖，實如嬰薁。食之益智，忽不自覺。殆齊生知，功奇於學。

鷃鳥

鷃之爲鳥，同羣相爲。畸類被侵，雖死不避。毛飾武士，兼厲以義。

鳴蛇化蛇

鳴化二蛇，同類異狀。拂翼俱遊，騰波漂浪。見則並災，或淫或亢。

赤銅

昆吾之山，名銅所在。切玉如泥，火炙有彩。尸子所歎，驗之汲宰。汲，一作「彼」。

神熏池

泰逢虎尾，武羅人面。熏池之神，厥狀不見。爰有美玉，河林如蒨。

神武羅

有神武羅，細腰白齒。聲如鳴珮，以鐻貫耳。司帝密都，是宜女子。

䳋鳥

䳋鳥似鳬，翠羽朱目。既麗其形，亦奇其肉。婦女是食，子孫繁育。

荀草

荀草赤實，厥狀如菅。婦人服之，練色易顔。夏姬是豔，厥媚三還。如「還童」之「還」。《集》作「遷」，似非。

馬腹獸飛魚

馬腹之物，人面似虎。飛魚如豚，赤文無羽。食之辟兵，不畏雷鼓。

神泰逢

神號泰逢，好遊山陽。濯足九州，出入流光。天氣是動，孔甲迷惶。

葥柏

葥柏白華，厥子如丹。實肥變氣，食之忘寒。物隨所染，墨子所歎。

橘櫾

厥苞橘櫾，奇者維甘。朱實金鮮，葉蒨翠藍。靈均是詠，以爲美談。

蓇蓉

大騩之山，爰有苹草。青華白實，食之無夭。雖不增齡，可以窮老。

鮫魚

魚之別屬，厥號曰鮫。珠皮毒尾，匪鱗匪毛。可以錯角，兼飾劒刀。

鴆鳥

蝮維毒魁，鴆鳥是噉。拂翼鳴林，草瘁木慘。羽行隱戮，厥罰難犯。

椒

椒之灌植，實繁有倫。拂穎霑霜，朱實芬辛。服之不已，洞見通神。

神壘圍計蒙涉壘

涉壘三脚，壘圍虎爪。計蒙龍首，獨稟異表。升降風雨，茫茫渺渺。

岷山

岷山之精，上絡東井。始出一勺，終致淼冥。作紀南夏，天清地静。

夔牛

西南巨牛，出自江岷。體若垂雲，肉盈千鈞。雖有逸力，難以揮輪。

崍山

邛崍峻嶮，其坂九折。王陽逡巡，王尊逞節。殷有三仁，漢稱二哲。

㹢狼雍和猍獸

㹢狼之出，兵不外擊。雍和作恐，猍乃流疫。同惡殊災，氣各有適。

蜼

寓屬之才，莫過于蜼。雨則自懸，塞鼻以尾。厥形雖隨，列象宗彜。

熊穴

熊山有穴，神人是出。與彼石鼓，象殊應一。祥雖先見，厥事非吉。

跂踵

青耕禦疫，跂踵降災。物之相反，各以氣來。見則民咨，實爲病媒。

蛟

匪蛇匪龍，鱗彩炳焕。騰躍波濤，蜿蜒江漢。漢武飲羽，佽飛疊斷。

神耕父

清泠之水，在乎山頂。耕父是游，流光灑景。黔首祀禜，以弭災眚。

九鐘

嶢崩涇竭，麟鬬日薄。九鐘將鳴，凌霜乃落。氣之相應，觸感而作。

嬰勺

支離之山，有鳥似鵲。白身赤眼，厥尾似勺。維彼有斗，不可以酌。

猙

有獸虎爪，厥號曰猙。好自跳撲，鼓甲振奮。若食其肉，不覺風迅。

帝臺漿

帝臺之水，飲蠲心病。靈府是滌，和神養性。食可逍遥，濯髮浴泳。

狙　如

狙如微蟲，厥體無害。見則興師，兩陣交會。物之所感，焉有小大。

帝女桑

爰有洪桑，生濱淪潭。厥圍五丈，枝相交參。園客是採，帝女所蠶。

梁渠㺄即聞猕獸鵸鵌鳥

梁渠致兵，㺄即起災。鵸鵌辟火，物各有能。聞猕之見，大風乃來。

神于兒

于兒如人，蛇頭有兩。常遊江淵，見于洞廣。乍潛乍出，神光惚恍。

神二女

神之二女，爰宅洞庭。游化五江，惚恍一本倒。窈冥。號曰夫人，是維湘靈。

飛蛇

騰蛇配龍，因霧而躍。雖欲登天，雲罷陸莫。材非所任，難以久託。

海外南經

自此山來蟲爲蛇蛇號爲魚

賤無定貴，貴無常珍。物不自物，自物由人。萬事皆然，豈伊蛇鱗。

羽民國

鳥喙長頰，羽生則卵。矯翼而翔，龍飛不遠。人維倮屬，何狀之反。

神人二八

羽民之東，有神司夜。二八連臂，自相羈駕。晝隱宵出，詭時淪化。

讙頭國

讙國鳥喙，行則杖羽。潛于海濱，維食杞柜。實維嘉穀，所謂濡黍。

厭火國

有人獸體，厥狀怪譎。吐絡炎精，火氣隨烈。推之無奇，理有不熱。

三珠樹

三珠所生，赤水之際。翹葉柏竦，美壯若彗。濯彩丹波，自相霞映。疑「蔚」。

載國

不蠶不絲，不稼不穡。百獸率儛，羣鳥拊翼。是號載民，自然衣食。

貫胸交脛支舌國

鑠金洪鑪，灑成萬品。造物無私，各任所禀。歸於曲成，是見兆朕。

不死國

有人爰處，圜丘之上。赤泉駐年，神木養命。禀此遐齡，悠悠無竟。

鑿齒國

鑿齒人類，實有傑牙。猛越九嬰，害過長蛇。堯乃命羿，斃之壽華。

三首國

雖云一氣，呼吸異道。觀則俱見，食則皆飽。物形自周，造化非巧。

焦僥國

羣籟舛吹，氣有萬殊。大人三丈，焦僥尺餘。混之一歸，此亦僑如。

長臂國

雙肱三尺，體如中人。彼曷爲者，長臂之民。修脚是負，捕魚海濱。

狄山帝堯葬于陽帝嚳葬于陰

聖德廣被，物無不懷。爰乃殂落，封墓表哀。異類猶然，矧乃華黎。

視 肉

聚肉有眼，而無腸胃。與彼馬勃，頗相髣髴。奇在不盡，食人薄味。

南方祝融

祝融火神，雲駕龍驂。氣御朱明，正陽是含。作配炎帝，列位于南。

海外西經

夏后啓

筮御飛龍，樂果，譌。儛九代。雲融是揮，玉璜是佩。對揚帝德，稟天靈誨。

三身國 一臂國

品物流行，以散混沌。增不爲多，減不爲損。厥變難原，請尋其本。

奇肱國

妙哉工巧，奇肱之人。因風構思，制爲飛輪。凌頽遂疑「逐」。軌，帝湯是賓。

形夭仍其本文，不改「刑天」。

争神不勝，爲帝所戮。遂厥形夭，臍口乳目。仍揮干戚，雖化不服。

女祭女戚

彼姝者子，誰氏二女。曷爲水閒，操魚持俎。厥儷安在，離羣逸處。

鶩鳥鶬鳥

有鳥青黄，號曰鶬鶩。與妖會合，所集禍至。類則梟鸜，厥狀難媚。

丈夫國

陰有偏化，陽無産理。丈夫之國，王孟是始。感靈所通，桑石無子。

女丑尸

十日竝熯，女丑以斃。暴于山阿，揮袖自翳。彼美誰子，逢天之厲。

巫　咸

羣有十巫，巫咸所統。經技是搜，術藝是綜。採藥靈山，隨時登降。

并封

龍過無頭，并封連載。物狀相乖，如驥分背。數得自通，尋之愈閡。

女子國

簡狄有吞，姜嫄有履。女子之國，浴于黄水。乃娠乃字，生男則死。

軒轅國

軒轅之人，承天之祜。冬不襲衣，夏不扇暑。猶氣之和，家爲彭祖。

乘黄

飛黄奇駿，乘之難老。揣角輕騰，忽若龍矯。實鑒有德，乃集厥皁。

滅蒙鳥大運山雄常樹雄，一本作「雒」者，是。

青質赤尾，號曰滅蒙。大運之山，百仞三重。雄常之樹，應德而通。

龍魚

龍魚一角，似狸處陵。俟時而出，神聖攸乘。飛騖九域，乘雲上昇。

西方蓐收

蓐收金神，白毛虎爪。珥蛇執鉞，專司無道。立號西阿，恭行天討。

海外北經

無脅國

萬物相傳，非子則根。無脊因心，構肉生魂。所以能然，尊形者存。

燭龍《經》作「燭陰」。

天缺西北，龍銜火精。氣爲寒暑，眼作昏明。身長千里，可謂至神。

一目國

蒼四不多，此一不少。子野師曠字，作「于野」，譌。冥瞽，洞見無表。形遊逆旅，所貴維眇。

柔利國

柔利之人，曲脚反肘。子求之容，方此無醜。所貴者神，形於何有。

共工臣相柳

共工之臣，號曰相柳。稟此奇表，蛇身九首。恃力桀暴，終禽夏后。

深目國

深目類胡，但疑，《藏》本字不全。頸絶縮。軒轅道隆，降，譌。款塞歸服。穿胸長脚，同會異族。

聶耳國

聶耳之國，海渚是縣。雕虎斯使，奇物畢見。形有相須，手不離面。

夸父

神哉夸父，難以理尋。傾沙逐日，遯形鄧林。觸類而化，應無常心。

尋木

眇眇尋木，生于河邊。竦枝千里，上干雲天。垂陰四極，下蓋虞淵。

跂踵國

厥形雖大，斯脚則企。跳步雀踴，踵不閡地。應德而臻，款塞歸義。

歐絲野

女子鮫人，體近蠶蚌。出珠匪甲，吐絲匪蛹。化出無方，物豈有種。

無腸國

無腸之人，厥體維洞。心實靈府，餘則外用。得一自全，理無不共。

平丘

兩山之閒，丘號曰平。爰有遺玉，駿馬維青。視肉甘華，奇果所生。

騊駼

騊駼野駿，産自北域。交頸相摩，分背翹陸。雖有孫陽，終不能服。

北方禺彊

禺彊水神，面色黧黑。乘龍踐蛇，凌雲附翼。靈一玄冥，立于北極。

海外東經

君子國

東方氣仁，國有君子。薰華是食，雕虎是使。雅好禮讓，委蛇論理。論、倫同。

天吴

眈眈水伯，號曰谷神。八頭十尾，人面虎身。龍據兩川，威無不震。

九尾狐

青丘奇獸，九尾之狐。有道翔見，出則銜書。作端周文，以標靈符。

豎亥

禹命豎亥，青丘之北。東盡太遠，西窮邠國。步履宇宙，以明靈德。

十日

十日竝出，草木焦枯。羿乃控弦，仰落陽烏。可謂洞感，天人懸符。

毛民國

牢悲海鳥，西子駭麋。或貴穴倮，或尊裳衣。物我相傾，孰了是非。

黑齒國雨師妾玄股國勞民國

陽谷之山，國號黑齒。雨師之妾，以蛇掛耳。玄股食鷗，勞民黑趾。

東方句芒

有神人面，身鳥素服。銜帝之命，錫齡秦穆。皇天無親，行善有福。

海内南經

梟　陽

髴髴怪獸，被髮操竹。獲人則笑，脣蔽其目。終亦號咷，反爲我戮。

狌　狌

狌狌之狀，形乍如犬。厥性識往，爲物警辨。以酒招災，自貽纓罥。

夏后啓臣孟涂

孟涂司巴，聽訟是非。厥理有曲，血乃見衣。所請靈斷，嗚呼神微。

建　木

爰有建木，黄實紫柯。皮如蛇纓，葉有素羅。疑當作「有葉若羅」，見高誘注《墬形訓》。絶蔭弱水，異人則過。

氐人

炎帝之苗，實生氐人。死則復蘇，厥身爲鱗。雲雨南，譌。是託，浮游天津。

巴蛇

象實巨獸，有蛇吞之。越出其骨，三年爲期。厥大如何，屈生是疑。

海内西經

貳負臣危

漢擊磐石，其中則危。劉生是識，羣臣莫知。可謂博物，山海乃奇。

流黄酆氏國

城圍三百，連阿河，謌。比棟。動是塵昏，烝氣霧重。焉得遊之，以敖以縱。

大澤方百里

地號積羽，厥方百里。羣鳥雲集，鼓翅雷起。穆王旋軫，爰策騄耳。

流沙

天限内外，分以流沙。經帶西極，頹溏委蛇。注于黑水，永溺餘波。

木禾

崑崙之陽，鴻鷺之阿。爰有嘉穀，號曰木禾。匪植匪藝，自然靈播。

開明

開明天獸，稟兹金精。虎身人面，表此桀形。瞪視崑山，威慴百靈。

文玉玗琪樹

文玉玗琪，方以類叢。翠葉猗萎，丹柯玲瓏。玉光争焕，彩豔火龍。

不死樹

萬物暫見，人生如寄。不死之樹，壽蔽天地。請藥西姥，烏得如羿。

甘水聖木

醴泉璿木，養齡吴本作「靈」。盡性。增氣之和，袪神之冥。何必生知，然後爲聖。

窫窳

窫窳無罪，見害貳負。帝命羣巫，操藥夾守。遂淪溺淵，變爲龍首。

服常琅玕樹

服常琅玕，崑山奇樹。丹實珠離，緑葉碧布。三頭是伺，遞望遞顧。

海内北經

吉良

金精朱鬣，龍行駿跱。拾節鴻鶩，塵不及起。是謂吉黄，釋聖牖里。

蛇巫山鬼神蜪犬羣帝臺大蜂朱蛾

蜪犬，《説文》作「蚼犬」。

蛇巫之山，有人操杯。鬼神蜪犬，主爲妖災。大蜂朱蛾，羣帝之臺。

闒非據比尸袜戎

袜，疑當作「袜」。

人面獸身，是謂闒非。被髮折頭，據比之尸。戎三其角，袜豎其眉。

騶虞

怪獸五彩，尾參於身。矯足千里，儵忽若神。是謂騶虞，詩歎其仁。

冰　夷

稟華之精，練食石八。乘龍隱淪，往來海若。是謂水仙，號曰河伯。

王予夜尸予，本多作「子」，《藏》本《經》及《贊》皆作「予」。

予夜之尸，體分成七。離不爲疏，合不爲密。苟以神御，形歸於一。

宵明燭光

水有佳人，宵明燭光。流燿河湄，稟此奇祥。維舜二女，别處一方。

列姑射山大蟹陵魚

姑射之山，寔栖神人。大蟹千里，亦有陵鱗。曠哉溟海，含怪藏珍。

蓬萊山

蓬萊之山，玉碧構林。金臺雲館，皜哉獸禽。實維靈府，世主甘心。

海内東經

郁州

南極之山，越處東海。不行而至，不動而改。維神所運，物無常在。

韓鴈始鳩雷澤神瑯琊臺

韓鴈始鳩，在海之州。雷澤之神，鼓腹優遊。瑯琊嶕嶢，邈若雲樓。

竪沙居繇埻端璽㬇國

竪沙居繇，埻端璽㬇。沙漠之鄉，絶地之館。或覊于秦，或賓于漢。

大江北江南江浙江盧淮湘漢濛温潁汝涇渭白沅贛泗鬱肄潢洛汾

沁濟潦虖沱漳水

川瀆交一作「綺」。錯，涣瀾流帶。通潛潤下，經營華外。殊出同歸，混之東會。

補遺

封豕

有物貪婪，號曰封豕。薦食無厭，肆其殘毀。羿乃飲羽，獻帝效伎。

鼯鼠

鼯之爲鼠，食烟棲林。載飛載乳，乍獸乍禽。皮籍孕婦，人爲大任。

弱水

弱出崑山，鴻毛是沈。北淪流沙，南暎火林。惟水之奇，莫測其深。

都廣之野

都廣之野，珍恠所聚。爰有羔穀，鸞歌鳳舞。后稷託終，樂哉斯土。

猩猩

能言之獸，是謂猩猩。厥狀似猴，號音若嚶。自然知往，頗測物情。

若木

若生之木，崑山是濱。朱華電照，碧葉玉津。食之靈知，爲力爲神。

翡翠

翠雀麋鳥，越在南海。羽不供用，肉不足宰。懷璧其罪，賈害以采。

款冬

吹萬不同，陽煦陰蒸。款冬之生，擢穎堅冰。物休所安，焉知涣凝。

鬼草

焉得鬼草，是樹是蓺。服之不憂，樂天儀世。如波疑「彼」。滚舟，任波流滯。

蟒蛇

蠢蠢萬生，咸以類長。惟蛇之君，是謂巨蟒。小則數尋，大或百丈。

枳首蛇

夔稱一足，蛇則二首。少不知無，多不覺有。雖資天然，無異駢拇。

鰈魚

鰈之爲狀，半鳥半鱗。形如雞鯉，食之已疣。《經》亦作「疣」，叶未詳。

飛魚

飛魚如豚，赤文無羽。服之不雷，可以禦兵。疑是「兵可以禦」。

焦堯

焦堯極麽，靖人惟小。四體具足，鬚眉才了。

釋天地圖自此至《芣苢》，舊皆有「讚」字。

祭地肆瘞，郊天致煙。氣升太一，精淪九泉。至敬不文，明德惟鮮。

星圖

茫茫地理，粲爛天文。四靈垂象，萬類羣分。眇觀六沴，咎徵惟君。

炎山

木含陽氣，精構則燃。焚之無盡，是生火山。理見乎微，其妙在傳。

筆

上古結繩，易以書契。經緯天地，錯綜羣藝。日用不知，功蓋萬世。

龜

天生神物，十朋之龜。或游于火，或游于蓍。雖云類殊，象二一歸。亹亹致用，極數盡幾。

蚌

萬物變蜕，其理無方。雀雉之化，含珠懷璫。與月盈虧，協氣晦望。

蟬

蟲之精絜，可貴惟蟬。潛蜕棄穢，飲露恒鮮。萬物皆化，人胡不然。

螢火

熠熠宵行，蟲之微幺。出自腐草，烟若散漂。物之相煦，孰知其陶。

茮萛

車前之草，別名茮萛。王會之云，其實如李。名之相亂，在乎疑似。

杜若

蘼蕪善草，亂之虵牀。不陨其實，自别以芳。佞人似智，巧言如簧。

芙容

芙容麗草，一曰澤芝。泛葉雲布，映波赮熙。伯陽是食，饗比靈期。

麻

草皮之良，莫貴於麻。用無不給，服無不加。至物在邇，求之好遐。

珪

玉作五瑞，辯章有國。君子鳴佩，亦以表德。永觀厥祭，時惟文則。

尺蠖

貴有可賤，賤有可珍。嗟兹尺蠖，體此屈伸。論配龍蛇，見歎聖人。

菊

菊名日精，布華玄月。仙客薄采，何憂華髮。

萍

萍之在水，猶卉植地。靡見其布，漠爾鱗被。物無常託，孰知所寄。

卷施

卷施之草，拔心不死。屈平嘉之，諷詠以比。取類雖邇，興有遠旨。

螳蜋

螳蜋飛蟲，揮斧奮臂。當轍不迴，可踐可避。勇士致斃，厲之以義。

麟

麟惟靈獸，與麐同體。智在隱蹤，仁表不抵。孰爲來哉，宣尼揮涕。

比肩獸

蟨與岠虚，乍兔乍鼠。長短相濟，彼我俱舉。有若自然，同心共膂。

鼎

九牧貢金，鼎出夏后。和味養賢，以無化有。赫赫三事，鑒于覆餗。餗，同。

金　銀

惟金三品，揚越作貢。五材之珍，是謂國用。務經軍農，爰及雕弄。

柚

厥苞橘柚，精者曰甘。實染繁霜，葉鮮翠藍。屈生嘉歎，以爲美談。與前大同小異。

梧桐

桐實嘉木，鳳皇所棲。爰伐琴瑟，八音克諧。歌以永言，噰噰喈喈。

燕

燕燕于飛，瑞娀以卵。玄玉爰發，聖敬日遠。商人是頌，詠之弦管。

馬

馬出明精，祖自天駟。十閑六種，各有名類。三才五御，駑駿異轡。

貔

書稱猛士，如虎如貔。貔蓋豹屬，亦曰執夷。白狐之云，自疑「似」。是而非。

鼮鼠

有鼠豹彩，厥號爲鼮。漢朝莫知，郎中能名。賞以束帛，雅業遂盛。

鼷鼠

小鼠曰鼷，實有螫毒。乃食郊牛，不恭是告。厥譴惟明，徵乎其覺。疑「先覺」。

鼫鼠

五能之鼠，技無所執。應氣而化，翻飛駕集。詩人歌之，無食我粒。

水經注敘

《水經注》有酈道元敘，各本俱缺，新從《永樂大典》中得其全文。武進臧生鏞堂之高祖玉琳先生，嘗借得絳雲樓宋版書對校，與《大典》亦有一二字之異。此敘初出，見者尚少，今故備録以公世，且擇其善者從之。

《易》稱天以一生水，故氣微於北方，而爲物之先也。《玄中記》曰：「天下之多者水也，浮天載地，高下無不至，萬物無不潤。及其氣流届石，精薄膚寸，不崇朝而澤合靈宇者，神莫與竝矣。是以達者莫能測其淵沖，而盡其鴻深也。」昔《大禹經》《大典》作「記」，今從臧本。著山海，周而不備；《地理誌》其所録，簡而不周；《尚書》、《本紀》與《職方》俱略；《都賦》所述，裁不宣意；《水經》雖粗綴津緒，又闕傍通：所謂各言其志，而罕能備其宣導者矣。今尋圖訪蹟《大典》作「贖」，余疑是「蹟」字，今見臧本，果然。者，極聆川域之説；而涉土遊方者，寡能達其津照。縱髣髴前聞，不能不猶深屏營也。余少無尋山之趣，長違問津之性，識絶深經，道淪要博，進無訪一知二之機，退無觀隅反三《大典》作「三反」，當由習讀《論語》者改之。今從臧本，對上「訪一知二」較整。之慧。獨學無聞，古人傷其孤陋；捐喪辭書，達士嗟其面牆。默室求深，閉舟問遠，故亦難矣。然毫管闚天，歷筩時昭，飲河酌海，從性斯畢。竊以多暇，空傾歲月，輒注《大典》作「述」，今從臧本。《水經》，布廣前文。《大傳》曰：「大川相閒，小川相屬，東歸於海。」脈其枝流之吐納，診其沿路之所躔，訪瀆搜渠，緝而綴之。《經》有繆誤者，考以附正文所不載，非經水常源者，不在記注之限。但緜古芒昧，華戎代襲，郭邑空傾，川流戕改，殊名異目，世乃不同。川渠隱顯，書圖自負，疑是「貿」字。或亂流而攝詭號，或直絶而生通稱。枉渚交奇，書中亦每以「奇」爲「岐」。洄湍決復，新本書中多加水旁，作「澓」，舊本止作「復」字，故不從新本。躔絡枝煩，條貫系夥。十二經通，尚或難言，輕流細漾，固難辯究，正可自獻逕見之心，備陳輿徒之説，其所不知，蓋闕如也。所以撰證本《經》，附其枝要者，庶備忘誤之矜，求其尋省之易耳。《大典》無「耳」字，臧本有。

鹽鐵論

《漢書・藝文志》六十篇，《隋志》十卷，漢廬江郡丞桓寬撰，《唐志》亦十卷。明嘉靖閒雲閒張之象有注本，分十二卷，篇數仍同《漢志》。此書世多有之，今以《永樂大典》中所載，及宏治十四年江陰令新淦涂禎梓本，竝取以校張書，知書中古字皆張所改，如「防」作「坊」，「贍」作「澹」，「賑」作「振」，「策」作「册」之類，皆非其舊。今以所正者作大字，其誤字，與或衍或疑及張所改古字，注其下。張本音多土音，後人勿爲所誤。

卷一　本議　防坊。下竝同。淫佚之原。數爲寇脱，涂有。暴於邊鄙。邊用度涂作「費」。不足。將何以贍澹。下竝同。之。甚悖逆脱，涂有。不軌。憂邊用，「憂」字疑誤，或作爲邊用之憂解。損武略。故工不出，則農用乏。乖。《大典》作「乏」。下「農不出」亦作「農用乏」，涂同。養生送終死。之具也。故聖人作爲舟楫之用。二字脱，《大典》有，涂同。是以盤庚莘萃。《大典》「莘」，亦未詳。案《説苑・反質》篇：「盤庚大其先王之室，而遷於殷，茅茨不剪，采椽不斲，以變天下之視。」是亦從儉者也。居。是開利孔爲民罪梯下「者」俱無，後有。也。往來煩難。雜。賤則即。下句同。買，貴則賣。商賈無所牟涂「貿」。利，故命脱，《通考》有。曰平準。農人納其穫，獲。工女女紅。効其織。功。俱依《通典》正。吏恣脱，《通典》、《通考》有。留難。　而行姦賣平，乎。農民重去聲。張平聲，非。苦，女工紅。再稅。　則物騰踊。躍。《通典》「踊」。下同。　力耕王者塞人天。財。新。《通典》改「塞兼并」，非。　通百味疑「末」。之利。　賢聖治家非一室。疑「術」。以虛易蕩。《通典》「易」。其實。　是以贏驢馲馳。張「驢」音「離」，「馲」音「宅」，下「驒騱」音「馱奚」，皆大誤。驢，音「閭」；馲，音「橐」；驒，音「顛」，乃正音也。舉此一端，下不能悉正。　而璧玉、珊瑚、瑠璃。當作「流離」。《詩》曰：「百室盈止，婦子寧止。」十字因上衍。　故君子耕稼田佃。漁。　工則飾致。涂「飾」。罵。疑當作「賈」。故伊尹高逝遊薄。涂本注「亳」，同。　一揖挹，通。而中萬鍾之粟也。　故乃商脫，涂「萬」，謁。賈之富。　雖有以。湊會之要。　通有韓之熒榮。陽。　地廣而饒財。材。　采棺轉尸。當即近世以舊用之棺賣與人者。　昔季文子相魯。涂作「孫叔敖相楚」。　無味疑「末」。利，則本業所疑。出。　百工居肆以致成。涂作「致」。案：《白虎通·辟雍》篇亦作「致」，何允中本改「成」。此「成」字亦張所改。　其事。　男子去本爲末。下「雖」字衍。

卷二　錯幣愚者不更償也。本之事。　制其有餘，四字脫，涂有。　調其不足。　則愚智知。下竝同。　同功。　弊疑「幣」。與世易。　故山澤無征。《大典》作「正」。　山東姦奸。猾。下「姦僞」同。　而專命水衡三衡二。官作。　禁耕縣官設衡立準，而脫。人得從。其脫。所。下「欲」字衍，今依《通典》正。　鐵器者，農夫之死士生。下同。也。　田野闢而則。

五穀熟，五穀熟三字脱，當有。而實路開。人懷敦樸以下「自」字《通典》無。相接。士土。力不同。倨句居局。今從《通典》。之宜。郡中卒脱。踐更者多不勘，責取庸代。四字句。張於「責」字加注，非。鹽鐵煩費。下「邑或以户」四字因上衍。復古今意總一鹽鐵。錢，譌。其輕爲非亦大《大典》作「殆」。矣。今日自。廣進賢之途練揀。擇守尉。坎井之鼃。涂作「鼁」。下同。非鞅故利脱。用不竭。昔蓋。文帝之時。自天地不能兩《通典》「滿」。盈。晝夜之代有。長短也。楚人搔騷。動。文學雖欲脱。無憂。《春秋》曰：末未。言爾，介。祭仲亡也。據《公羊·桓十五年傳》正。⿰亻瓜狐。案《申韓》篇「若隱括輔檠之正弧刺」，狐、弧，皆「⿰亻瓜」之訛。《周禮·夏官·形方氏》「正其封疆，無有華離之地」，注：「華，讀爲⿰亻瓜哨之⿰亻瓜。⿰亻瓜，苦哇切，⿰亻瓜邪不正也。」刺之鑿。此所謂變涂「戀」，誤。朐之智。知。故兵動而割地。疑倒。封之於商安或作「於」，或作「顔」。之地。欺舊交友。以爲功。蘇秦合縱從。連衡。伍員相闔閭以霸。伯。下同。忘禍患之患之禍，譌，今乙。發於外。

卷三

晁錯口誦其文而行不由涂「猶」。其道。刺權人君主。統而守一。之則强。敦孫詒穀疑「散」。樸滋僞。大農鹽鐵丞咸陽、二字脱，涂有。孔僅等上請。鳴鼓巴俞。歈。畢弋戈。捷健。百姓冰釋而懈解。怠。況之此書多以「之」作「其」字用，如《利議》篇「莫知之賈」、《國疾》篇「識之事故」皆是。妻子乎？故周德成而後封子孫，當有「天下」二字。不以爲黨。父公。尊於位。刺復若侯周邵召。下同。而望子高。沈諸梁也。逸於用人。涂「之」。謙卑而不鄰。鄰，與「吝」同。《大戴・子張問入官》篇「不先以身，雖行必鄰也」，注：「鄰，吝。」建鹽鐵策册。下竝同。諸利。上下無疑誤。求，百姓不堪，抏抗。弊而從法。杜周咸減。宣之屬。論儒諸儒侯。諫不從。慎到、捷子子。亡去。士貴成功不必貴。文辭。伊尹之干於。湯。安能變已而從俗化？也。叔肸眄。退而隱處。聞正道不而。行。禮義由孔氏出。涂無。憂邊則爲謂，譌。之不樂。故民流沈溺而弗不。救。内省衣食以卹恤。下同。在外者。若醉而新寤。寐。趙高增脱。累秦法以廣威。

卷四 園池及北邊置任疑衍。田官，以贍諸用，而脱，涂有。猶未不。足。夫男耕女績。織。田野闢。辟。輕重極女工紅。後竝同。之巧。世爲彊疆。下同。國。管仲專於四字脱，涂有。桓公。江充、耕谷之三字衍，《雲谷雜記》引無。等，各以鋒銳，言《雲谷》作「通」。利末之事析秋毫。建達。國用。陽氣盛，則損之乏。下句同。而調陰。富者愈益。下同。富。灸炙。刺稽滯。克獲之賞，以億萬計。四字脱，涂有。中國困於繇賦。役。《大典》、涂本皆作「賦」。未通負檐檐。而行。聞脱，涂有。往者未伐胡越之時。什而藉籍。下同。一。民饉涂作「勤」，下同，非。前《通有》篇云：「富者不獨衍，少者不獨饉。」小以

「饉」對「衍」，蓋饉有歉義。此又涂本之不可全信者也。己不獨衍。樂歲粒米粱糲《大典》、涂本皆

同，義雖未詳，故當仍之。作「狼戾」者後人所改。而寡取之。避匿疑衍。上公疑倒。下同。之事。

以訾貲。涂「訾」，同。徵賦。不敢篤督。涂「篤」，同。後《詔聖》篇「渫篤責而任誅」，亦是「篤」字。

責，故相傚傚，二字脱，涂有。去九甚。上下交讓。疑「義」。故商師若烏，荼。周師若

荼。烏。今立從涂本。孫云《困學紀聞》三亦如此。老者修其唐塘。園。唐園，又見後《孝養》篇。《呂

氏春秋・尊師》篇亦有之。五十以上曰艾老，杖於鄉。涂作「家」。立給繇徭。役。君居。

三年不呼其門。其惟親之喪乎！下脱二十三字。今或僵尸，棄衰絰而從戎事，非所以

子百姓，順孝悌之心也。《大典》、涂本皆有。地廣是以聖王懷四疑「西」。方獨苦。何求

而不默得。下云「此百姓所以囂囂而不默也」，似「默」字是。也？故割斗什。下同。辟之縣。

挾管晏仲。之智者。家不滿檐穡。石者。夫賤不害周，訛。智，貧不妨行。必及。

將以貌舉人。不爲以。下同。窮變節。臨財苟得，不苟。見利反義。貧富夫子貢涂

作「白圭」，誤。之廢著，陶朱公涂作「子貢」，誤。之三至當作「致」。千金。濟江海者因於舟。

下脱十五字。故賢士之立功成名，因資而假物者也。涂有。而不能自爲專屋室。案：書中

「專屋」屢見。狹廬。歐冶能因國君銅鐵，二字脱，涂有。以爲金鑪大鍾。非其志，則不

居也。脱，涂有。趙宣孟之魚食。當從《公羊傳》作「飧」。

卷五

毁學 據萬乘之權。二字脱，涂有。 雖言仁好。義。 若蹈陷。坎穽，食於懸
縣。下同。 門之下，此李斯之所以伏具。 五刑也。 仰脱，涂有。 見鵷雛而嚇。 終身行，
無怨冤，謁。九。 分禄以任養。賢。 天下穰穰，當作「壤壤」。 皆爲利往。 商人不醜
涂「媿」。 恥辱。 鴻鵠華驊。 騮且疑脱「難」字。 同侶，侶。 況跛牂牂。 燕雀之屬乎！ 雖
欲嚇人，其何已當作「以」。 乎！ 孫叔倒，今乙。 敖早見於未萌。 夫郊祭之牛，養食倒，
今從涂。 朞年。 願任重而上止。 峻坂。 車裂制。 於雲陽之市。 褒賢 幣請交。句上疑
有「重」字。 張儀以横衡。 任於秦。 孔子爲疑「危」。 之。 故夫。 香餌非不美也。
遜頭身。 屈遭。 何暇得一以。 笑乎？ 文學涂有「節」字，衍。 高行。 而齊魯儒墨薦
涂「縉」。 紳之徒肆其長衣。下「長衣官之也」五字衍。 蒙恬用治。 兵於外。 絜潔。 言污
行。 以儒術擢涂「推」。 爲上卿，而有姦奸。 利殘忍之心。 其餘無可足。 觀者也？
患在位者之虎飽嗌涂作「鴆」，未詳。 咽，於求覽。 相刺 巧僞爲。 良民。 垂之萬載世。
之後。 子思子原《説苑・雜言》篇作「子庚」，乃泄柳字。 爲之卿。 誦詩。 涂本二字俱有。 書負
笈。 而「不」字衍。 削何可得乎？ 外有膠鬲、棘子。當即箕子。 夫脱，涂有。 言而不
用。 堅據古文人。 以應當世。 何特蟬之不知重疑衍。 雪耶？ 昔趙高無過人之
志。 智，同。 而資涂「姿」。 質足以履行其道。 道行則言稱。 孔、墨。

卷六　殊路可涂作「云」。政事者。宰我秉事。誤以闞止爲宰予。食人之重禄不能更。償也，與「庚」同。宋殤襄，訛。公知孔父之賢。魯莊知季友有，訛。之賢，授之政晚而國脱，涂有。亂。故金玉不琢。當作「瑑」。否則斯廝。養之豐才。干、于。越之鋌不厲。礪。訟賢東疑「乘」。流亦安之乎？子路欲從浮海，故大夫云然。非無遠筋筋，俗。駿才也，非文王、伯樂莫知之賈也。之，猶「其」。或云「知之」二字倒。而見東兩。覩之殃。徼涂「狡」。而以爲知。不避强疆。禦。大臣正，縣令似有脱文。何肯？疑有。不反諸己，而行疑「但」。非於人。惡涂作「無」。其能得乎？遵道諸卿都大府日曰，訛。久矣。無變通疑「道」。之實。聖達而謀小，大。叡智知。下同。而事寡。論誹比《大典》「此」。人本狂，以己爲拭。《大典》「栻」，從「木」。故隄防堤坊。下同。成而民無水菑。趙簡子得叔向當是周舍。而盛青肩眉。詘。相矜於後息。句。君脱。子疾鄙夫之不可與事君。若君。子之爲人吏。孝養故飯蓱當作「蕳」。下同。糲者不可以言孝。有賢子者，衍。當路於世者。食蕳糲者疑衍。菫茹。五伍。被邪逆，而夷三族。

卷七　刺議吾其與聞諸。下「俟」字衍。舉賢良、文學高弟。第。涂「弟」。利議抱明。《意林》作「抱」。枯竹。謂舊簡。計慮利。籌策。文學裦哀，訛。衣博帶。超涂「趨」。還官禄。故季桓子聽政，柳下惠忽然不見。二人不同時，或設言，桓子時士師無柳下其人。國疾大夫曰：嘻！涂本此段屬前篇末。且去夫。小雅非人。懷下「臧之」二字衍。來遠方。文學守死溟涬渣滓。之語，而終不移。賢士之戰場塲。下同。也。然後衍。終於厮役而已。不足以疑脱一字。大議。竊所者。涂「所」。疑當在「以」字下。以聞閭里長老之言。行即負贏。疑「贏縢」之「贏」。楊可勝疑衍。告緡。故百官尚有殘賊疾。之政。

机几。席緝蹀。窮巷蹹蹋。鞠。傅傳。白黛青者衆。富者空藏。涂「減」。故國有嚴不疑衍。急之徵，即生前不足當有「之」字。疾矣。此篇總目作「國疾」，當篇作「國病」，今觀此語作「國疾」爲是。散不足秋風至而聲無者生。譌，且有脱文。今富者逐遂。驅。此段譌字多，難句。浚茈茈。蓼蘇。陶桴復涂「複」。穴。宂。堊垔。夓即「獿」字，訛作「憂」。壁疑「璧」。飾。繭細紬。《大典》「細」。縑練者。大夫士則單複複。木具。銀黄華左搔。當作「蚤」。革鞮皮薦鷹，訛。而已。今富者韉涂「𩋾」。耳銀鑷韉，黄金琅《御覽》作「馬腦」二字。勒，罽繡《御覽》有「馬」字。弇汗。古者汙尊抔坏。飲。即竹行。柳陶匏瓠。而已。折醒疑「析酲」。什疑「升」。半。疑「斗」。戲倡儛舞。隊。聽訑馳。言而幸得。或《意林》「代」。以成業致富。熱疑「熟」。粱粱。和炙。采椁棺。不斲。匹夫無完貌。領。中者祠堂屏閤。閣。而責辨，辦，同。歌舞俳優。至於發廢。屋賣業。諸侯有姪娣姊。九女而已。古者年。凶年不備。臣妾各以其時供共。公職。徐市沛。等入海。非正道不禦疑「御」。於前。陛下《大典》、涂本俱作「宣帝」。建學官。口腹從縱。恣。體極輕薄，疑「燰」。涂本缺。口窮極。《大典》「窮」。甘脃。箴石亦未見其能用箴鍼。下同。石。則恐有盛、胡之累。未詳。除狹莅蒞。下同。一郡之衆。今吏道雜壅。《意林》「雜」。而不選。垂青綬。繩。

卷八 疾貪繇使吏。相遣。後刑刑一惡而萬民悅。說。下同。授時國無窮乏。人。道之二字脱，當有。以德。水旱故循疑「脩」。行於内。或時脱，涂有。貫民。壹一。其賈。多儲則鎮疑「鏑」，與鍬、鏞、銹同。生。疑「坐」。棄膏腴之日。商人二字脱。不耕田而足乎粟米。崇禮執禮以治「下」字衍。天下。舉臨菑。蓄。非恃疑「持」。其衆而歸齊也。邊境爲之不割害。《大典》「割」。也。備胡令氏僰誤分爲二。冉駹。

卷九 執務先王之道，軼久人。而難復。秋行往。春來。今茲往而來歲旋。還。下同。邪氣作，則蟲螟二字《大典》、涂本同。張作「螟蟘」。生，而水旱起。豈能調陰陽而息盜賊也？矣。取下年饑譏。則肆。故餘粱梁。肉者。摶涂作「搏」，似「俱持」之誤。粱齧肥。載戴。安車者。若易易俱不重。然。猥以鹽鐵而，衍。爲不便，且請罷郡國榷沽。酤。賢良、曰，衍。文學既拜，云云。《大典》在下篇首，涂本同。結和藏於記紀。府。閭里耆老或疑「咸」。及其澤。不痛之何，衍。故也。夫以天下之力勤，何不權！疑「摧」。三王所畢必，同。怒也。所以匡難辟避。害。誅秦封嘉潁川，號周子南男。君。夫禮讓爲國者若江湖。海。《大典》「湖」。此當句。昔者，脱，《大典》、涂本皆有。戎狄攻太王於邠。寬徭繇。役。伐功故破走月支，衍。涂無。氏。西域主思臣謀，其往必也。矣。其勢易以脱，俱有。相禽也。故明主知其所無疑倒。利。兵未不。戰而物故過半。將率卒，訛。方赤面而事四夷。世務誥詰。今從《詩攷》。爾人民。《春秋》不與夷狄與三字脱，涂只脱「與」字。中國爲禮。匈奴貪狼。狼。干戈閉蔽。藏而不用。則近者哥歌。涂作「哥」。謳而樂之。

卷十

和親紛挐拏。而不解。誥馳《左》作「皋馳」，《公羊》「浩油」。之會書公。繇役至其抽筋筋，俗。鑿骨。莫不願爲之用。下脱十八字。既而偃兵，搢笏而朝，天下之民莫不願爲之臣。以上《大典》、涂本皆有。《詩》云：「獫狁孔熾，我是用戒。」當作「悈」。《春秋》大譏，譌。戎驪未至而脱。預禦之。事見《公羊・莊十八年傳》。險固故鼂倡涂「猖」，俱難曉。有介。秦帥師。敗崤嶔巖涂「崟」。案：張從《公羊》改，《穀梁》是「巖崟」。是也。今不敢疑衍。取。吴有三江、五湖之險。難。楚有汝淵、滿堂疑「兩棠」，見《呂氏春秋》。之固。兼於有。濟亳。《易》曰：重門擊柘，柝。下同。《溯原》云：「柝、㯙，篆作『柘』。」論勇尺八三尺，譌。案《史記・刺客傳索隱》引作「尺八」，又於《吴世家》云：「匕首長尺八寸。」匕首不足恃也。秦王憚《索隱》作「操」。於不意。　貉谿。無交兵。　鑿池地。而深地池。也。　以道德爲軸。胄，同。　秦王惶恐失守備，脱，俱有。衛者皆懼。　縞鎬，謞。冠千里。　若曹劌之胄疑「胷」。齊桓公。　齊桓公《大典》無。得管仲、甯戚二字俱無。以霸諸侯，秦穆公得百里奚、三字涂無。由余，西戎八國服。

卷十一

論功匈奴無城廓郭，同。之守。　旃席席。《大典》「席」。爲蓋。　桓公之與戎、狄。狐。　法約而易辨。辨。　刻骨卷木。衣。《大典》「木」。　虐《史記》作「虜」。使其民。　秦尚爲戰國，脱，趙敬夫補。固未亡也。　論鄒有大八。瀛海圜其外。　而不知大道之逕。遥。　戰國信嘉言，破亡而泥山。未詳。　論菑故内由。恕以行。　羿、敖奡。涂作「敖」。案《説文》「生敖及豷」，敖即奡。《大典》作「傲」。《書》「無若丹朱傲」，《説文》又作「奡」，亦可通。以功疑衍。力不得其死。　周文、武《大典》「王」。尊賢受諫，敬戒不殆。怠，同。　神祇相況。貺。案：況，賜也。　故陽光先。盛於上。　五互。勝相代生。　厭而不陽。揚。　刑者肩靡摩，同。於道。　始貙膢《大典》、涂本作「蔞」，《風俗通》作「膢」。以順天令。　及反。臻其末。　刑德而況愚民乎！下脱十八字。律令塵蠹於棧閣，吏不能徧覩，而況於愚民乎！俱有。　十千。下同。仞之高。　繳弋涂「矯武」，似訛。飾而加其上。　乘騎脱，涂有。車馬。　盜有臧贓。者罰。　罪與殺之人。同。　御史大夫二字疑衍。曰：執法者。　刑罰者國之維檝也。脱，俱有。　無銜橛而禦疑「御」。駻涂「捍」，疑「悍」。馬也。　卒陷蹈。陷穽。

卷十二

申韓　其所害必俱作「亦」。趙云「必」字是。多矣！　若隱括櫽栝。下同。輔檠之正弧當作「佩」，説見《非鞅》篇。刺也。　是以孔子倡以仁義而民不脱。從風。　周秦子貢曰：與臧文仲不同時，或從後而論之。「民將欺，而況民疑衍。盜乎！」　聞兄弟緩追以逸免。據《公羊傳》改。賊。　莫不震慴悼悚。慄者。　握火蹈陷。刃。　是以務恩《大典》、涂本作「知」。而不務威。　下殺没，譌。其身。

詔聖　故衣弊而革裁。涂「才」，通。　行三章《大典》、涂本作「一卒」，未詳。之令。　澹此字涂同。則争止。　若拙御倒，依涂本乙。此當句。馬，行則頓之。　乾谿之役土崩，句。梁氏疑脱「之民」二字。張即於此下注，誤。內潰，句。下尚脱二字。不能禁，峻法不疑脱「能」字。止。　嚴牆三仞。涂「刃」，下同，與「仞」通用。《詩》云：「不可敢。涂本「可」，與《詩攷》合。暴虎，不敢馮《詩攷》「憑」。河。」　聞當作「閒」。不一期而社稷爲墟。

大論　誦死人之乏。語。　虞夏以質，涂「文」。殷周以文。涂「武」。案：涂本指禪讓征誅言，與表記不同。　治抏抗。弊之民。　殘賊賤。民人而欲治者，非良吏也。　扁鵲攻於湊腠。理，絶邪氣，故痤癰。疽不得成形。　孔子曰：「進見而不以《大典》「以不」。能往者。」　孰令合。有媒？　是以嫫母飾姿而矜夸。涂倒。以下涂本亦多脱誤。

雜論　四方輻

湊。輳。舒六藝之諷，《漢書》公孫賀等傳贊作「風」。論太《漢》「陳治」。平之原。辯者陳《漢》「騁」。其詞，誾誾《漢》「齗齗」。焉，侃侃《漢》「行行」。焉。中山劉子雍《漢》「推」，是。言王道。切而不⿰火索。字無攷。放於利末。《漢》倒。果殞其姓，《漢》「性」，注「生也」，當從之。以及厥宗。車丞相即周、魯《漢》「處伊吕」。之列。若夫羣丞相、御史兩府之士。四字脱，當從《漢》增。阿意苟合。念。何足選涂「算」，《漢》作「選」。哉！

新序

新序隋、唐《志》俱三十卷，劉向所校上。《史記·商君傳索隱》以爲劉歆所撰。案本書卷四末一條，有「臣向愚以《鴻範傳》推之」云云，是則小司馬之説非也。此書今止十卷。常熟陸貽典勑先以宋刻本校改程榮本上，余以何允中本過録。又曾見一本，目録在前，曾子固序在後者，似刻在程本之前。今并兩本及宋校本以相參證，是者大書，其何本脱誤之處，具注於下。有今書所無，見於他書者，隨所見彙鈔於後，以補其逸云。

新序卷第一

陽朔元年二月癸卯護左都水使者光禄大夫臣劉向上宋本作一行寫，後每卷皆如此。似次卷已下皆可省。

雜事宋本此行上低三格，無「第一」、「第二」字，下倣此。

孝後卷五「孝」下有「弟」字，《荀子·儒效篇》亦同。以化之也。魯市氏。之鬻牛馬者。魯之鬻馬牛不豫遇。賈。○王曰：「爲虞丘子。」案《韓詩外傳》二作「沈令尹」。今虞丘子爲相數十年。《列女傳》二作「十數年」。不知，是不智也。不忠不智，此四字據《太平御覽》六百三十一補。安得爲賢乎？孫叔敖相楚。孫詒穀云：「《文選·楊荊州誄》注引：『孫叔敖相楚，國富兵彊。』今本脱四字。」○吾《大戴禮·保傅》篇作「吾生」。不能進蘧伯玉。寤當與「遻」通。然失位。衞國以治。此下《大戴》云「史鰌之力也」，今此本作「史鰌，字子魚」云云，疑後人附益。○楚共王有疾。《呂氏春秋·長見》篇、《説苑·君道》篇俱作「文王」，是也。常侍筦蘇。《説苑》作「筦饒」。○羣臣莫能逮朝，《荀子·堯問篇》、《呂氏·驕恣》篇俱作「退朝」。而有喜色。吳起《呂氏》作「李悝」。進曰。諸侯自擇師者王。此三句《荀子》、《呂氏》俱作仲虺之言。○若困民之性，乏神之祀。襄十四年《左氏傳》作「困民之主，匱神乏祀」，其文似不若此。○君既以已，訛。聞爲人臣而侮其主者之罪矣。乃罷羣臣下「不」字衍。推車。○衆人之唯唯。《外傳》七作「諾諾」。吾未嘗聞吾訛「君」，今從《外傳》。過也。○次至翟黃。《呂氏·自知》篇「翟黃」作「任座」，下「任座」作「翟黃」。《御覽》四百二十八亦同。文侯下「大」字衍。怒。○唯患車之「之」字舊脱，據《御覽》六百廿七補。不足也。則民怨謗《御覽》無此字。詛矣。○臣舊脱此字，據《御覽》六百廿一補。不知也。此欲觀吾國之舊脱，《御覽》有。得失而圖之，不在寶器，在賢臣。《御覽》作「國之寶器在於賢臣」，當從之。夫舊脱，《御覽》有。珠玉玩好之物，非國所二字舊脱，《御覽》有。寶重者。請就上位東面之壇。二字舊脱，據《禮記·大學正義》補。大太，訛。宗子敖宋本《正義》作「大宗子牧」，章懷注《後漢書·李膺傳》引作「太宰子方」，《御覽》亦作「子方」。次之。司馬子發舊作「反」，今從《正義》所引。次之。所使皆趨湯火。《御覽》作「使赴湯火」，此衍二字。出萬死不顧。下「一生之難」四字，章懷注及《御覽》皆無。若舊無，章懷有。懷霸王之餘議，章懷作「義」。攝章懷作「獵」。治亂之遺風。○晉平公《説苑・尊賢》篇作「趙簡子」，《御覽》四百七十五云《新序》稱「晉平公」。暮食日，訛。不足。不知君之食客。《御覽》引此句下有「三千餘人」，此脱。抑腹背之一本有「毛」字。毳也？○楚威王。《文選》作「襄王」。其爲陽陵採薇。《文選》作「陽阿薤露」。引商刻角。《文選》作「羽」。故鳥有鳳而魚有鯨。《文選》作「鯤」。下同。夫糞田之鴳，《文選》作「藩籬之鷃」。豈能與之斷疑「鐖」，《文選》作「絶」。天地之高哉！夫聖人瑰意奇《文選》作「琦」。行。

卷第二 此父用之，子不用，其事可見矣。一作「也」。是賢者之所以鬲俗本作「隔」。蔽也。魏龐恭《魏策》作「蔥」。與太子質於邯鄲。遂不得見。開，訛。甘茂既約魏，魏許。「魏」字宋本疊。昔者，曾參之處鄭。俗訛「鄭」。孫云：「《秦策》及《史記・甘茂傳》俱作『費』，通作『鄪』，《史記・周公世家》以汶陽鄪封季友。」頃然。《策》作「有頃焉」，《史》作「頃之」。樗里子、名疾。公孫子《策》名「衍」，《史》名「奭」。二人。○楚王《楚策》「荆宣王」。問羣臣。○故庖有肥魚。「故」下舊注一有「廚」字，此四字可删。○昔者，燕相得罪於君。《齊策》作「管燕得罪齊王，其對者爲田需」，語大同小異。○寡人聞之，《賈子・春秋》篇有「天子夢惡則修道」一句。諸侯夢惡則修德，《賈》作「修政」。大夫夢惡則修官，士《賈》作「庶人」。夢惡則修身。下五罪《賈子》文不同。○晝見星而天舊無「天」字，依《吕氏・慎大》篇補。雨血。○則必有羅網從宋本乙。鈞射之憂。○

諸侯厭衆而亡其國。《御覽》三百九十作：「諸侯之居也，厭衆而遠遊，故亡其國。」　君放不歸，人將君之。一作「居之」。○扁鵲見齊桓侯。此同《史記》。孫云：「《文選・養生論》注引《新序》作『晉桓侯』，《韓非・喻老》篇又作『蔡桓侯』，故李善云此桓侯竟不知何國也。」　不治將深。《韓非》作「將益深」，下句同，是也。○從新安君。《楚策》作「輦從鄢陵君」，一本作「安陵君」。　仰奮陵衡，《策》作「仰齧蔆蘅」。　修《策》作「奮」。　其六翮，而陵清風，麃《策》作「飃」。　搖高翔。　彉音「郭」，張弩滿。　谿子。弩名。　淫衍侈靡。糜，訛。　窴塡，同。訛作「寘」。　之以黽厄，而投之乎黽塞之外。舊注一有「而」字，可删。　乃封莊辛爲成《策》作「陽」。　陵君。○魏文侯出游。當提行。　若不知其裏盡，而毛無所恃《御覽》六百廿七作「植」。下同。　邪？　此非俗本脱。　所以賀我也。○士非我無逌義當與「由」同。　貴富。　顧相國與諸俗本衍「侯士」二字，《後漢書・桓譚傳》注無。　大夫共定國是。○士慶《史記・楚世家》作「伍舉」，《吕氏・重言》篇作「成公」，《賈》文不甚同。《史・滑稽傳》又以爲淳于髡説齊威王語。　問左右羣臣曰。○臣願一言。《齊策》作「臣請二言而已矣」，是以一言爲一字也，此一言則一句也。○衒家此「家」即「嫁」也。孫云：「婦人謂嫁曰歸，所謂女子生而願爲之有家。」不售。

南有强宋本竝作「彊」。　楚之讎。下「弛」作「陁」。　邪僞立於本朝。廟，訛。

卷第三　梁惠王齊宣王之，訛。　謂孟子曰。　當兩本皆無此字。　是時。下「周祜對于」，俗本皆訛。○上得天時，下得地利。《荀子・議兵篇》有「觀敵之變動」五字，下文方可接。　凡戰，用兵之術。《荀》作「凡用兵攻戰之術」。　弓矢不調，羿不能以中。《荀》下有「微」字，下文「御遠」作「致遠」。又，「勝」上有「必」字。　落單《荀》作「露亶」，楊倞以「露袒」解之。者也。　渙《荀》作「滑」。然有離德者也。若《荀》作「故」。以桀詐桀。　若以指繞《荀》作「撓」，當從之。沸，若羽蹈烈火。《荀》作「赴水火」。　觸之者隴種而退耳。宋本《荀子》楊倞注引《新序》作「隴鍾」。元刻與今本同。○昔者，秦魏爲與國。當提行。　秦王懼。與「瞿」通，此徑改作「瞿」，非。○以雪先王之醜。以「醜」代「恥」字，《賈子》書亦多如此。　先生王，訛。視可者得身事之。　士卒樂軼《燕策》作「佚」。輕戰。○田單不能詐也，欲去之。兩本俱作「欲法之」，疑誤。　是時齊閔王公，訛。已死。敢謁《燕策》作「端」。　其願而君勿肎聽也。　君誠諭之。《策》作「君試論之」。　然恐君之未盡厚也。宋作「矣」。　仁者不危軀《策》作「人」。　以要名。　今君厚受德於先王以舊作「之」，訛。成尊。　且世有厚薄，故施異；行有得失，故患同。《策》作：「且世有薄而故厚施，行有失而故惠用。」　於爲君擇《策》有「之也」二字。　無所取。《策》有「之」字。　然不內盡《策》作「蓋」。寡人。　故自衍。　前業不忘。　國人不知，而議寡人者徧舊脱，應從《策》補。　天下。　寡人意君之衍。曰。意，讀與「抑」同。《策》作「抑君曰」。　○樂毅使人獻書燕王。另提行。「燕王」上一有「報」字。　先舊脱，從《策》補。　王曰：「善。」　顧反。《史記·樂毅傳》下有「命」字。　順庶孽。宋本此下注云：「《史》作：『餘教未衰，執政任事之臣，修法令，慎庶孽。』」　賜之鴟夷，沈《策》與《史》竝作

「浮」。之江。子胥不蚤見王《策》與《史》竝作「主」。之不同量也。離虧《史》作「毀」。辱之誹，《史》有「謗」字。墮先王之明。《史》作「名」。○今臣盡忠竭謁，訛。誠，畢義《文選》作「議」。願知。恐遭此變《漢書·鄒陽傳》及《文選》俱作「患」。也。無使臣爲箕子、接輿所歎。《漢書》、《文選》作「笑」。諺曰：「有白頭而新，傾蓋而故。」「有」字與《漢書》同，「而」與「如」古通用。中山人惡之於魏文侯，「文侯」當重。投《漢書》作「文侯賜」。以夜光之璧。居《漢書》、《文選》作「入」。宮見妒。昔者，宋有「者」字，與《文選》同。司馬喜臏《漢書》、《文選》有「腳」字。於宋。挾孤狐，訛。獨之交。是以申徒狄蹈流《漢書》、《文選》作「雍」，於用切，顔師古「於龍切」。於之河。豈藉宦兩本俱作「官」。《漢書》、《文選》作「素宦」。於朝。公聽共《漢書》、《文選》作「竝」。觀，垂名《漢書》、《文選》作「明」。當世。欲善無猒俗作「厭」也。無變《漢書》、《文選》作「愛」，李善注：「於士所求，無所愛惜也。」於士。然則荆軻「之」字衍。沈七族。臣聞二字何本脱。明月之珠。衆無不按劒相眄盻，訛。下同。者。秖足以結怨而不見德。兩本作「得」，古通。故有人先游。遊，俗。下竝同。能不牽乎卑亂《漢書》、《文選》作「辭」。之言。安有盡精神《漢書》、《文選》作「忠信」。而趨闕下者哉！

卷第四　○夫墾田刱邑。《韓非·外儲説左下》作「墾草仞邑」，注：「仞，入也。」則臣不若甯戚，《吕氏·勿躬》篇作「甯遬」，古「戚」、「速」同音。請置以爲田官。《韓》、《吕》俱作「大田」。請置以爲《吕》有「大」字。諫臣。平原廣囿。《吕》作「域」。○有司請吏。古「事」字，《吕氏·任數》篇作「事」，俗本訛「吏」。曷爲其何誤倒。不易也。○友曰翟黄。《吕氏·舉難》篇作「璜」。下同。君若置相，則問樂商《吕》作「騰」。下同。與王孫苟端孰賢。○而君不食。何誤「入」。○晉文公伐原，與大夫期五日。僖廿五年《左傳》作「三日」，《吕氏·爲欲》篇作「七日」，《韓非·外儲説左上》作「十日」。○左執旄宣十二年《公羊傳》作「茅」，《韓詩外傳》六同。旌。是以使君王昧《公羊》、《外傳》俱作「沛」。焉，辱到弊邑。還《公羊》、《外傳》作「退」。舍七里。斯《公羊》、《外傳》作「廝」。案：《易·旅·初六》「斯其所取災」，注「斯賤之役」，則作「斯」字爲古。役死者數百人。無乃失民《公羊》、《外傳》下有「臣之」二字。力乎？古者孟《公羊》、《外傳》作「杅」。不穿。○是寡人《御覽》四百廿三作「是孤」。之過也。○趙衰言所以勝鄭。《吕氏·不苟》篇有「之術」二字。則臣聞之郄虎。《吕》作「郄子虎」。案：韋昭注《晉語》一云：「叔虎，晉大夫郤芮之父郤豹也。」○構怨《賈子·退讓》篇有「召」字。禍之道也。勿何作「弗」，兩本皆作「勿」。令知也。楚亭旦而行讀如「行縣」之「行」，胡孟切。瓜。徵《賈》作「微」。搔瓜者。衍，《賈》無。此《賈》作「説」。梁之陰讓也。楚王時則稱説，舊作「時稱則祝」，訛。今從《賈子》改正。梁王以爲信。○牆薄則亟壞。壞，訛。○不可謂舊脱，《賈子·春秋》篇有。不察也。○桓公辟兩本同。席再拜。○吾子一本亦作「其」。復之。○長於何訛「乎」。婦人之手。孔子就席曰。下「然」字衍。《荀子·哀公篇》、《家語・五儀解》皆無。○桓公歸，以語管仲，當疊「管仲」二字。曰：「其人爲誰？」○遇一老夫而問焉。兩本作「曰」。○是其何訛「以」。無私德也。○葉公《北堂書鈔》九十七有「沈」字。諸梁問樂王鮒曰。○先王之所以拱揖指揮，而四海《外傳》六有「來」字。賓者。○齊侯使祝禳宋本作「穰」，乃「攘」之訛。下竝同。之。若德之穢，禳之何損？宋本作「損」，與昭廿六年《左傳》同，何作「益」，訛。下「彗」訛「慧」。○臣請伏於陛下，以司之。司，古「伺」字，各本皆同。何作「伺」，非。○有爵生鸇《宋策》作「鷈」。於城之陬。曰：「威下「嚴」字衍，《策》及《賈子・春秋》篇俱無。伏天地鬼神。」爲無頭之棺，《賈》同，《策》作「無顔之冠」。以示有《策》無「有」字。勇。王乃逃兒《策》作「倪」，《賈》作「郳」，竝同。侯之館，遂得病《策》及《賈》無「病」字。而死。

卷第五以上皆雜事。○臣聞黃帝學乎大真，《荀子・大略篇》楊倞注引此作「大填」，與《古今人表》同。顓頊學乎緑《荀》作「録」。圖。堯學乎尹《荀》作「君」。壽，舜學乎務成跗。《荀》作「昭」。湯學乎威成。子伯。○呂子曰：此出《呂氏・尊師》篇。「神農學悉老，《呂》作「諸」。黃帝學大真。」《呂》作「撓」。帝堯學州支文，訛。父。《呂》作「子州父」，其《貴生》篇作「子州支父」，與《表》同。禹學大成執。《呂》作「贄」。楚莊王學孫叔敖、沈尹竺。《呂・尊師》篇作「沈申巫」，《察傳》篇作「沈尹筮」，《贊能》篇作「沈尹莖」，《當染》篇作「沈尹蒸」。其言則不若喑。《呂》作「爽」。○皆離俗作「罹」，此從宋本。吾綱。今之人循序。《賈子・諭誠》篇作「循緒」，《呂氏・異用》篇作「學紓」。○公子糾當一例作「糾」。何本「糺」、「糾」雜出，不可從。奔魯。○賃車《淮南·道應訓》作「將任車」。以適齊。辟賃車者執火甚盛。《淮南》作「辟任車爝火甚盛」。桓公聞之，撫宋本作「撫」，《淮南》及《吕氏·舉難》篇皆同。何作「執」，非。其僕之手。説桓公以合《吕》作「治」。境内。○萬乘之主，見舊脱，據《吕氏·下賢》篇補。布衣之士。一日三至何有「而」字，兩本無。不得見。桓公其以各本俱作「恤」。之矣。○未嘗肎以己易寡人《御覽》四百七十四有「之貴」二字。也，吾安敢高《吕氏·期賢》篇作「驕」。之？司馬唐且。《吕氏》無「且」字，《淮南·脩務訓》注云：「庚，秦大夫也，或作唐。」然則「且」字後人誤加也。唐且是魏人，此在秦者非其人也。《古今人表》有「司馬庚」。而攻已成。《吕》作「其功已成」，「攻」與「功」同。塵氣充各本同，與《吕氏》合。何作「沖」，非。天。扶傷舉當從《吕氏》作「輿」。死。與「屍」同。○人主用之，則進在本朝；《荀子·儒效篇》作「埶在本朝而宜」。置而不用，則退編百姓，而敵《荀》作「慤」。必爲順下矣。叫《荀》作「嗚」。呼而莫之能應。布《荀》作「必蚤」。正以待之也。罔罟分。《荀》作「罔不必分」，「必」與「畢」同。前卷一「罔罟」作「畋漁」。其爲人《荀》有「上」字，當補入。也。若《荀》作「此君」。義信乎人矣。則天下下「之外」二字衍，《荀子》無。應之而懷之。此三字《荀》作「如讙」。遠者竭走《荀》作「蹶」。而趨之。何謂「爲」字誤。其無益《荀》有「於」字。人之國乎？○田贊衣儒《吕氏·順説》篇作「補」。衣而見荆王。○聖人伏匿。《家語·正論解》此下有

「愚者擅權」四字，當補入。○其馬將失。佚，同。　趣駕請《荀子·哀公篇》、《外傳》二、《家語·顏回》篇「請」俱作「召」。顏淵。　善哉，東野畢之舊脱，《外傳》有。御也。　不識君《荀》作「吾」，《家語》同。子何以知之也？　舜不窮下「於」字衍。其民。　御《荀子》、《家語》作「銜」。體正矣。鳥窮則啄。喙，訛。○吳君丞「吝」之俗體。《御覽》六百二十作「悋」，亦俗字。而不忍。　有罪不下「能」字衍。罰。○近臣畏罰。《説苑》篇作「罪」，是。○楚人有善相人。《呂氏·貴當》篇、《外傳》九俱有「者」字。　身必日安。《呂》作「榮」。　官《呂氏》、《外傳》作「觀」。事君者也，其交皆誠信，有《呂氏》、《外傳》有「行」字。好善。　官職日進。「益」字訛，據《呂氏》、《外傳》改。　皆敢分疑「力」字。《呂氏》、《外傳》作「交」。爭正《呂氏》作「証」。諫。　天下日富。《呂氏》作「服」。　謂公玉程本作「王」，音「肅」。下同。丹曰。　王故尚未之知舊誤倒。耶？　因相兩本無。與合兵而攻王。　丹知寡人。《呂氏》「寡人」重。　悲夫！閔王。公，訛。　先是，靖郭君殘賊其百姓。案《賈子·先醒》篇所載虢君事，與此略同。「郭」與「虢」通用，若靖郭君乃齊孟嘗君之父田嬰，也不聞有死亡事。疑「靖」字乃後人妄加之。○宋昭公王，訛。出亡。當提行。　發政舉吏。古「事」字，俗訛「吏」。《賈子》作「事」。　蓋俗本脱，宋本、程本有。得反國云。○何爲謂，訛。至於此？○使之遥見而指屬。屬，讀曰「注」。《外傳》七作「注」。○處勢世，訛。不便故也。○不慎其前，而悔其後。從，訛。　適彼樂土。疊一句，《外傳》二同。○於是天夫，訛。龍聞而降兩本同，何作「下」。之。

○逐麋鹿而搏虎豹宋本倒。乎？ ○齊有閭丘卬。邛，訛。 由此宋有「而」字，可省。 觀之。擊石不缺。何作「闕」。 使之與管稾從「木」者訛。下同。 決目出眯。○天下刑「之」字衍。者衆矣，子獨何作「刑」，今從宋本作「獨」。 何哭之悲也？ 斷者不可屬。何作「續」，今從宋本、程本。

卷第六刺奢○伊尹知大舊作「天」，《尚書大傳》、《外傳》二俱作「大」。 命之至。《外傳》「至」作「將去」。

桀拍然而作，啞然而笑。《外傳》「作」作「抃」，「啞」作「嗑」，《大傳》作「啞」。 於是接履而趣。《外傳》作「趨」。 故伊尹去官《大傳》作「夏」。 入殷。○許綰負虆舊脱，從《意林》補。 操鍤。《意林》作「畚」。 材林，訛。 木之積。 倉廩何作「稟」。 之儲。○履決不苴。「苴」亦補也。 賈誼云：「冠雖弊，不以苴履。」《呂氏·分職》篇作「組」。 ○香居《呂氏·驕恣》篇作「春居」。 問宣王曰。遂召尚《呂氏》作「掌」。 書曰：「書之。」○南家之牆，擁《呂氏·召類》篇作「犨」，注：「猶出也。」 於前而不直。 吾恃爲輓，已《呂氏》作「以」。 食三世矣。○韓舊脱。 李善注《西京賦》有，《御覽》四百七十二同。 宣子兩書俱有「止而」二字。 觴之。 孰與我家《御覽》無。 富？ 以畜俗作「養」，今從兩書。 賢爲富。 孟獻子之富。《御覽》有「也」字。

卷第七節士○禹趨就下位《莊子·天地》篇、《呂氏·長利》篇俱作「風」。 而問焉。 以是野處俗本倒，今從宋本。 也。 無留《莊》作「落」，《呂》作「慮」。 吾事。○末之命矣夫。宋本「末之念矣夫」，似非。〇曹公子喜時。此本《公羊》、《左傳》作「欣時」。下不失節。成十五年《左傳》無「不」字。　曹人數請。當有「於晉」二字，脱耳。〇今若是迮俗本訛「作」字，今從《公羊傳》改。　而與季子。　天若有吾當作「吳」。國，必疾有禍予俗本「於」，今從宋本。身。　僚者，長兄之庶子也。俗本作「長子之庶兄也」，訛。　我宜當二字衍一。立者也。　吾受授，訛。爾國。　終身，衍。無已也。〇致使於晉，顧李善注謝靈運《廬陵王墓下》詩，及《重荅秣陵劉沼書》引皆作「顧」。俗作「故」，訛。反。〇魯宣公者，魯文公之弟當是「子」。也。〇衛俗本作「晉」，今據《論衡・異虚篇》改。下同。獻公太子之至靈臺。　太子遂不下。舊作「行」，今從《論衡》改。　盡和順於舊脱，《論衡》有。君。　聞得國而拜其孽。舊訛「聲」，今據下文改。〇逮吳之何脱，別本皆有。未定。　當宋無。　世以事君。〇齊攻魯，求岑鼎。《吕氏・審己》篇所載同。　猶輿之有舊脱，宋本有。輗軏也。〇子贛何作「貢」。下竝同。聞之。　衽《外傳》一作「振」。襟則肘見。　仁義之慝。《外傳》作「匿」，當從之。〇吾於子猶未可邪？何作「也」。　觀行者不幾《晏子・雜上》篇、《吕氏・觀世》篇俱作「譏」。辭。〇子列子圉何作「禦」，此從宋本。寇。　子陽令官遺之粟數十乘。《吕氏・觀世》篇作「秉」。　且子列子内有飢寒之憂。何作「色」，訛。〇上及令尹子闌。《楚辭》、《史記》皆作「蘭」。　不忍見汙於，訛。世。　吾獨衍。聞之。　更事世之一作「汶汶」。嘿嘿者哉？〇於是廷《史記・循吏傳》、《外傳》二皆作「道」。有殺人者。　君《外傳》有「欲」。赦之。〇失生即生，失殺即死。《外傳》作：「法失則刑，刑失則死。」〇不救溺人，可乎？宋作「也」，與「邪」通。　非無舊脱，據《外傳》一補。　聖智也。〇以待餓何作「飢」。　者而食之。〇東方有士曰袁族《列子・説符》篇作「旌」。　目，將有所適，而飢何訛「饑」。　於道。　我狐父之盜《列》無。案：不當有。　丘人也。　以吾不食也。《列》作「吾義不食子之食也」。〇水狹《外傳》一作「徑」。　則不深，行特《外傳》「礁」。　者其德不厚，志與天地疑讀爲「擬」，《外傳》作「擬」。　者，其爲人不祥。　適至而止《外傳》作「於是」。　矣。〇故《春秋》責貴，訛。　之。　偏偏，訛。　告諸將曰。　猶爲賊首。各本俱作「首賊」。　夫自中行《史》無「行」字。下同。　衍皆嬴姓也。　而叔帶帝，訛。　去周。　於是召趙武。　氏，訛。　春秋祠何作「祀」。　之。〇君子不以安肆志，五字舊脱，據《御覽》四百十補。　不爲危易行。〇以爲栘移，訛。　中監。　雖有鈇鐵，訛。　鉞湯鑊之誅而不懼也。

卷第八 義勇〇故雖盟，不以此二字疑。　父母之死。〇陳恒弑君，使勇士六人刼子淵棲。　昭廿六年《左傳》有「子淵捷」。古「捷」、「接」多通用，此「棲」疑「接」之訛。〇與舊作「宋」，據莊十二年《公羊傳》，當作「與」，《外傳》八同。　閔公博。　博，與「搏」通。《詩・小旻傳》「徒博曰暴虎」，《釋文》：「博，音搏。」　姤，因兩書作「其」，當從之。　言曰。　趨趍，訛。下同。　而至。　攜《公羊》作「手」。　劍而叱之，萬臂擊《公羊》作「掇」。　仇牧而殺之。　趨君臣，訛。　之難。〇盟者皆視之。《外傳》一作「視足」，較勝。　授綏而乘。　舊訛「垂」，據《呂氏・知分》篇改。　按之《外傳》作「安行」，當從之。　成節。○田卑，中牟之邑人也。此八字宋本作注，别本亦同。《説苑》作「田基」，《水經注》作「田英」。辭賞徙從，訛。下云「南之楚」，作「徙」是。處。○屈舊脱。盧曰：「《詩》有之，曰：『莫莫葛虆，施于條枚。愷悌君子，求福不回。』今以上二十一字舊脱。子殺子舊脱。叔父，而求福於盧也，可乎？且舊脱。吾聞之。」舊脱。以上皆孫詒穀據《後漢書·黄琬傳》注補，《御覽》四百三十八同。○以絜，潔，非。其行也。○楚人有莊善《渚宮舊事》注云：「《新序》作『莊義之』。」者。○芋舊訛「芊」，據《古今人表》改。尹文者。 載旗，旗之，訛。長拽拖，訛。地。《渚宮舊事》作「旗長拽地」，今從之。齊諸軾。軫，訛。或作「角」。下同。 臣以君旗拽地故也。王者之旗拽於地。七字舊脱，《渚宮舊事》有。案《廣雅》：「天子十二斿至地，諸侯九斿至軫，卿大夫九斿至軹。」○冬《後漢書》班固、崔駰等傳俱作「齊」，當從之。與魯戰。 三北已舊訛「又」，據《崔駰傳》注改，《外傳》同。 塞責，滅世斷宗，舊訛「家」，亦據《崔駰傳》注、《外傳》改。又，下「不」作「未」。 於孝不終也。

卷第九善謀

○貫澤何訛「津」。之盟。○天子降心以迎《左傳》作「逆」。公。 欑何訛「攢」。茅之田。○秦伯何訛「兵」。説。○君有惠。昭四年《左傳》句上有「日」字。 以歲之不易。程、何訛「芻」。 天其或者欲盈《左傳》作「逞」，二字亦通用。 其心。 荆山終南。《左傳》作「中南」。 務《左傳》有「修」字。 德音以享《左》作「亨」。 神人，不聞其務險與馬也，鄰國之難不可虞也。八字舊脱，據《左傳》補，下方可接。 晉有里克《左》作「里丕」。之難。 衛、邢無難，狄

《左》作「敵」，孫云邢非狄滅。亦喪之。有讀爲「又」，《左》作「又」。何能濟。○大之甚，勇之甚。舊脱，據定公四年《穀梁傳》補。○臣何訛「兩」。聞之法古無過。殷夏《史》作「夏殷」。之滅也不易禮。秦項舊訛「夏」。嚴暴而亡。○塞什谷之口。《秦策》作「塞轘轅緱氏之口」。而戎狄之倫《策》作「長」，《春秋後語》作「倫」。也。今各本皆無，唯何有，當去之。臣聞争名者於朝。顧争於戎何訛「夷」。狄。利盡西《策》作「四」。海。劫天子，《策》疊一句，是。惡名也。齊，韓《策》下有「周」字。之與國也。以鼎予楚，以地予魏，《策》二句不重，「予」作「與」，宋本同，下竝作「與」。王不能止，正，訛。此北，訛。臣所謂危也。而使陳叔《策》作「莊」。相蜀。○楚頃項，訛。襄王東徙。兩虎相與鬭。《秦策》不重。偏《策》作「半」。天下，有其二垂。未嘗有也。下《策》有「先帝文王、武王，王之身，三世而不接地於齊，以絶從親之要」共二十三字，《史記·春申君傳》亦有，但數字不同。今王使盛《策》作「成」。下同。橋守事於韓，盛橋以其《策》無。地《策》作「北」。入秦。《策》作「燕」。而得《策》作「出」。百里之地也。王又舉甲《策》有「兵」字。而《策》而攻魏。拔攻，訛。燕、酸棗、虚、桃，入《策》作「人」。邢，魏《策》作「楚燕」。之兵。作「然後」，《史》作「而後」。復之，有又，同。取滿、《策》及《史》作「蒲」。衍、首、垣，以臨仁、平丘、《策》有「小」字。黄、濟陽、甄《策》、《史》作「嬰」。城，而魏氏服，《策》有「矣」字。王又割濮、歷《策》、《史》作「磿」，音同。之北，注之《策》作「屬之燕」，下又有「斷」字。齊、秦何倒。之要，《史》作「注齊秦之要」。絶楚、趙《策》作「魏」。之脊。挾戰功《策》作「省攻伐」，《史》作「絀攻取」。之心，而肥仁義之地。《策》作「誠」。而不知干遂《策》、《史》作「隧」。之敗。還舊無，《策》、《史》有。爲越人《策》、《史》作「王」。所禽於三渚《策》作「江」。之浦。下「知伯」作「智伯」，下竝同。《詩》曰：「躍躍毚兔，遇犬獲之。」此與《史》俱在「他人有心」二句前，唯《策》與今《詩》同。今王齎資，同。之與攻楚。出兵《策》倒。之日，而王憂其不反及，訛。也。王若不藉。何作「借」，宋本「藉」。必攻隨水《策》作「陽」。右壤。宋本疊「隨水右壤」四字。齊人南面。《史》有「攻楚」二字。而《策》有「王」字。使《策》有「之」字。獨攻。足以校舊作「枝」，宋本「校」，《策》同。於秦。《策》有「矣」字，下又有「而」字。其於禁楚，訛。王之爲帝有餘矣。出《策》作「絀」。令韓、魏歸帝重《策》有「於」字。齊。韓必拱手，《策》作「授首」。王施之二字《策》作「襟」。以山東舊倒，今從宋本。之險，帶以曲河《策》倒。之利，則韓必爲關内之侯，《策》作「候」。下同。高誘注：「爲秦察諸侯動靜也。」若是而王以十萬伐《策》、《史》作「戍」。鄭。而關内兩萬乘之王。《策》作「主」。一桎《策》、《史》作「經」。兩海，要約《策》作「絶」。天下。○尉係《趙策》作「復」死。不如發重寶《策》無。使而爲構。必且破何倒，誤。趙軍。必不救王。《策》下有「秦知天下不救王」七字，當補入。則構不可得也。王又以攻，訛，今從《策》。其力之所不能取《策》作「攻」。以送《策》作「資」。之。王以虞卿之言告趙郝。「趙郝」當重，《策》作「樓緩」。下竝同。誠知秦力之所不進。《策》作「誠知秦力之不至」，吴師道改作「誠不知秦力之所至」。復攻於衍，《策》無。王。請《策》作「誠」。聽子割矣。我以五縣《史記·虞卿傳》作「六城」。收天下。其兵，訛。計固不止矣。王舊無，《策》有。亦聞夫公父文伯母乎？女子爲自殺於房中者二人。《策》作「八」，下作「爲死者十六人」。趙見《策》、《史》作「且」。亡。獨不言《策》作「是不亦大」四字。示天下弱乎？○對曰：「王過。」《策》作「王亦過矣」。臣故曰王過，魏亦過。《策》作「魏過王亦過」，是。

卷第十善謀○入至南陽守戰，當作「與戰」。又，當有「破之」二字。南陽守齮保宛城。宋本校云：「《史》作『與南陽守齮戰犨東，破之。南陽守齮走，保城守宛』。」注此下。○漢王既用滕公、蕭何之言。當另起。大王自爲斷宋本注：《史》作「料」。勇宋本注：《史》有「悍」字。仁悍宋本删。强。項王喑噁別本作「啞」，《史》同。叱咤。言語呴呴。《史》「嘔嘔」，《漢》「姁姁」。印刓綬《史》、《漢》無。弊。且三秦王爲秦將，《史》重一「將」字。秦子弟舊誤倒，從《史》、《漢》改。數歲。與秦民舊脱，從《史》補。約法三章。秦民歸漢。下當重一「漢」字。○且以長少宋作「少長」。○令適適，讀曰「謫」，舊本改作「謫」。又，衍一「過」字，「過」乃「適」之訛，「謫」乃後人所注耳。卒分守成皋。據敖何作「厫」，俗。下同。倉之粟。○酈生説漢王曰。當提行。今田横當作「廣」，下同。據千里之齊，田閒案劉攽云是「田解」。據二十萬之衆。舊脱。豪桀何「傑」。賢才。

殺義帝之實。《史》作「負」。　非項氏莫得能，訛。用事。○項羽急圍漢王滎榮，訛。陽。畢授印已。《史記・留侯世家》作「畢已授印」。　計橈何作「撓」。下同。楚權者。　以示不復輸糧。宋本注云：「《史》作：『放牛桃林之陰，示天下不復輸積。』」各本「糧」作「粮」。下同。　楚雖無彊。何本「雖」作「惟」。　宋本於末注云：「楚雖無彊，《史》作『楚唯無彊』。」○睢陽以北至後脱，當補。縠城。末句宋本作「子房之謀也」，注云：「一作張子房之謀也。」○雍齒與我有故。宋本注云：「《漢書音義》曰：『未起時，有故怨。』」○虞將軍入人，訛。言上。　而欲比北，訛。隆成康。　後卒爲建信侯。宋本有「封之二千户」五字。○留侯張子房。當提行。　角宋本作「甪」。下同。里先生。　義宋本作「議」。　不爲漢臣。　我爲，訛。欲易之。○臣聞母愛者子抱。舊倒，誤。　趙王常抱居上前。舊訛。　吾惟豎竪，俗。子。　此四公子孫云：「『子』疑衍。」之謀也。○齊悼惠王者，孝惠皇帝兄也。舊脱此二字。○匈奴不敢輕慢侵，訛。也。　天下何訛「子」。同任，遣子弟。　至今爲五兩本無。世利。　孝文皇帝嘗一屯天下之精兵於常嘗，訛。谿。《漢書・韓安國傳》作「廣武常谿」。　夫以天下末未，訛。力，厭事之民。　自三代氏，訛。之盛。　不牧收，訛。之民。　來若風雨。《漢書》作「猋風」。　其勢不權。何「難」，訛。《漢書》作：「其勢不相權也。」　昔者，秦繆公都雍郊。疑是「郄」。　積木爲塞。寨，俗。　必不留行矣。宋本注：《史》有「若是」。　深入二字《漢書》無。伐國墮城。宋本注云：「《漢史》作：『以飽待飢，正治以待其亂，定舍以待其勞，故按兵覆衆，伐國墮城。』」 正遺人獲也。宋本注云：「《漢史》作：不至千里，人馬乏食。兵法曰：『遺人獲也。』」 務在禁苛舊脱。暴。○實封《漢書》作「分」。其國。

逸篇

齊王問墨子曰：「古之學者爲己，今之學者爲人，何如？」對曰：「古之學者得一善言，以附其身；今之學者得一善言，務以悦人。」《北堂書鈔》八十三 《太平御覽》六百七

臧孫行猛政，子貢非之曰：「夫政，猶張琴瑟也，大絃急，則小絃絶矣。是以位尊者德不可以薄，官大者治不可以小，地廣者制不可以狹，民衆者政不可以苛。獨不聞子産相鄭乎？ 其掄材惟賢，抑惡而揚善，故有大略者不問其所短，有德厚者不非其小疵。其牧民之道，養之以仁，教之以禮，因其所欲而與之，從其所好而勸之，賞之疑者從重，罰之疑者從輕。」《藝文類聚》五十二

子産相鄭，七年而教宣風行，國無刑人。《北堂書鈔》三十五「風俗和平，囹圄空虚」注引。

李斯問荀卿曰：「當今之時，爲秦柰何？」孫卿曰：「力術止，義術行，秦之謂也。」《荀子·强國篇》楊倞注引。

子産決鄧析教民之難，約：「大獄袍衣，小獄襦袴。」民之獻袍衣、襦袴者不可勝數。以非爲是，以是爲非，鄭國大亂，民口讙譁。子産患之，於是討鄧析而僇之，民乃服，是非乃定。《荀子·正名篇》注引。

梁車新爲鄴令，其姊往見之。值暮，廓門閉，遂踰廓而入。梁車新因刖其足。趙成侯以爲不慈，遂奪璽免官。《御覽》五百十七

魯哀公爲室而大，公儀子《淮南·人閒訓》作「公宣子」。諫曰：「室大，衆與人處則譁，少與人處則悲。卑，訛，今從《淮南》。願公適也。」曰：「聞命矣。」築室不輟。明日，又諫：當有「曰」字。「國小室大，百姓必怨吾君，諸侯聞之，必輕吾國。」公曰：「聞命矣。」築室不輟。明日，又諫曰：「左昭右穆，爲室而大，以臨二先君，無乃害於孝乎？」於是哀公毀室而止。《御覽》百七十四

齊景公遊于牛山之上，而北望齊曰：「美哉國乎！使古無死者，則寡人將去期如之何？」乃泣沾襟。高子曰：「然賴君之賜，蔬食惡肉，可得而食也。駑馬棧車，可得而乘也。且不欲死，而況吾君乎？」俯而垂泣。晏子拊手而笑曰：「樂哉今日嬰之遊也！見怯君一而諛臣二。使古之無死者，則太公、丁公至今猶存。吾君方爲被蓑笠而立乎畎畝之中，唯事之恤，何暇念死乎？」景公慙焉。《御覽》四百廿八　今見《韓詩外傳》十。

周昌者，沛人，以軍功封汾陰侯、御史大夫。高帝欲廢惠帝，立戚夫人子如意。羣臣固争莫能得，昌廷争之强。上問其説，昌爲人吃，曰：「臣口不能言，臣則疑當作「期期」。知其不可也。陛下欲廢太子，臣期期不奉詔。」《御覽》七百四十

齊有田巴先生者，行修於内，智明於外。王聞其賢，聘之，將問政焉。田巴先生改製新衣，拂飾冠帶，顧謂其妾，妾曰：「姣。」將出門，問其從者，從者曰：「姣。」過於淄水，自照視，醜惡甚焉。遂見齊王。齊王問政，對曰：「政在正身，正身之本在於羣臣。大王召臣，臣改制鬌飾，問於臣妾曰：『奚若？』妾愛臣，諛臣曰：『姣。』問從者，從者畏臣，諛臣曰：『姣。』臣據臨淄水而觀影，然後自知醜惡也。今齊之臣妾諛王者，非特二人，王如臨淄水，見己之惡，過而自改，斯齊國治矣。」《御覽》六十三　又三百八十二

孔子見宋榮啓期，老，白首，衣弊服，鼓琴自樂。孔子問曰：「先生老而窮，何樂也？」啓期曰：「吾有三樂：天生萬物，以人爲貴，吾得爲人，一樂也；人生以男爲貴，吾得爲男，二樂也；人生命有傷夭，吾年九十歲，是三樂也。貧者士之常，死者人之終，居常以守終，何不樂乎？」《御覽》三百八十三

崔杼弑莊公，申蒯漁於海而後至，將入死之。其御止之曰：「君之無道，聞於天下，不可死也。」申蒯曰：「告我晚，下「子不早告我」五字似複。吾安得食亂君之禄，而死治君之

事乎？子免之，無死。」其御曰：「子有亂主，猶死之；我有治長，柰何勿死？」申蒯至門曰：「申蒯聞君死，請入弔。」門者以告崔杼，杼令勿内。申蒯曰：「汝疑我乎？吾與汝臂。」乃斷其左臂以與門者，門者以示崔杼。杼陳八列，令其入。申蒯拔劍呼天，三踊乃鬭，殺七列，未及崔子一列而死。其御亦死之門外。君子聞之曰：「蒯可謂守節死義矣。」《御覽》三百六十九　又四百十七　又四百三十八　又有「申鳴」一條，今見《説苑》，疑誤作《新序》，今不録。

孫武、樂毅之徒，皆前世之賢將也。久遠深奥，其事難知。至於吴漢，近時人耳。起於販馬，立爲良將，垂名竹帛，天下歸德，此可慕也。《御覽》二百七十六

昔子奇年十八，齊君使之治阿。既行矣，悔之，使使追之，曰：「未至阿及之，還之；已至，勿還也。」使者及之而不還。君問其故，對曰：「臣見使與共載者，白首也。夫以老者之智，以少者之決，必能治阿矣。是以不還。」《御覽》二百六十八

齊景公遊海上，樂之，六月不歸。令左右，敢言歸者死。顔歜諫曰：「君樂治海上，不樂治國，儻有治國者，君且安得樂出海也？」公摅戟將斫之。歜撫衣而待之曰：「君奚不斫也？昔桀殺關龍逢，紂殺王子比干，君奚不斫？以臣參此二人，不亦可乎？」公遂歸。《御覽》三百五十三

昌邑王治側，鑄《續漢志》作「注」。冠十枚，以冠賜師友儒者。後以冠冠奴。龔遂免冠，歸之曰：「王賜儒者冠，下至臣。今以餘冠冠奴，是大王奴虜畜臣也。」《御覽》五百

昌邑王徵爲天子，到營陽，置積竹刺杖二枚。龔遂諫曰：「積竹刺杖者，驕蹇少年杖也。大王奉大喪，當柱竹杖。」《御覽》七百十

昌邑王取侯王二千石墨綬黄綬，與左右佩之。龔遂諫曰：「高皇帝造花綬五等，陛下取之而與賤人，臣以爲不可，願陛下收之。」《御覽》六百八十二

上古之時，其民敦朴，故三皇教而不誅，無師而威，故善爲者不師，三皇之德也。至於五帝，有師旅之備而無用，故善師者不陣，五帝之謂也。湯伐桀、文王伐崇、武工伐紂，皆陣而不戰，故善陣者不戰，三王之謂也。及夏后氏之伐有扈、殷高宗之討鬼方、周宣王之征熏鬻，而不血刃，皆仁聖之惠，時化之風也。至齊桓侵蔡而蔡潰，伐楚而楚服，而彊楚以致苞茅之貢於周室，北伐山戎，使奉朝覲，三存亡，一繼絶，九合諸侯，一匡天下，衣裳之會十有一，嘗大戰，亦不血刃。至晉文公，設虎皮之威，陳曳柴之僞，以破楚師而安中國，故曰善戰者不死，晉文公之謂也。楚昭王遭闔閭之禍，國滅，昭王出亡，父老迎而哭之，昭王曰：「寡人不仁，不能守社稷，父老反矣。何憂無君？寡人且從此入海矣。」父老曰：「有君若此，其賢也。」及申包胥請救，哭秦庭七日，秦君憐而救之。秦

楚同心，遂走吴師，昭王反國。故善死者不亡，昭王之謂也。是故自晉文公已下，至戰國，而暴兵始衆。於是以彊并弱，以大吞小，故彊國務攻，弱國備守，合從連衡，羣相征伐，故戰則稱孫吴，守則稱墨翟，至秦而以兵并天下，窮兵極武而亡。及項羽尚暴而滅，漢以寬仁而興，故能掃除秦之苛暴矣。孝武皇帝攘服四夷，其後天下安然，故世之爲兵者，其行事略可覩也。《御覽》二百七十一　下條有「曹操破袁紹」云云，必非劉向書，故不録。

湯居亳七十里，地與葛伯爲鄰。葛伯放淫不祀。湯使人遺之牛羊，葛伯食之，又不以祀。湯又使人問曰：「何爲不祀？」曰：「無以供粢盛也。」湯又使亳衆往爲之耕，老弱饋食。葛伯率其民，要其有酒食黍稻者奪之，不與者殺之。有一童子以黍肉餉，殺而奪之。《書》曰「葛伯仇餉」，此之謂也。爲其殺是童子而征之，四海之内皆曰：「非富天下也，爲匹夫匹婦復讎也。」《御覽》三百五

公孫敖問伯象先生曰：「今先生收天下之術，博觀四方之日久矣，未能裨世主之治，明君臣之義，是則未有異於府庫之藏金玉，筐篋之囊簡書也。」《御覽》八百十一

公孫敖曰：「夫玉石金鐵，猶可琢磨以爲器用，而況於人！」《御覽》八百十三

紂王天下，熊羹不熟，而殺庖人。《御覽》八百六十一

平公問叔向曰：「齊桓公九合諸侯，一匡天下。如是，君不如臣力，何也？」師曠

侍，曰：「臣請以喻五味。管仲善斷割之，隰朋善煎熬之，賓須無善齊和之，羹已熟矣。奉而進之，而君不食，誰能彊之？亦君之力也。」同上。

趙簡子使使者聘孔子於魯，以胖牛肉迎於河上。使者謂船人曰：「孔子即上船，中河安流而殺之。」孔子至，使者致命，進胖牛之肉。孔子仰天而歎曰：「美哉水乎！洋洋也。使丘不濟此水者，命也夫！」《御覽》八百六十三

楚王使謁者徐光迎方與，盲人吹竽者也。龔遂乃去。《御覽》五百八十一

禹南濟于江，黃龍負舟，舟中之人皆失色。禹仰天而歎曰：「吾受命于天，死生，命也！」龍俯首而逝。《御覽》六十

勇士一呼，三軍皆辟易，士之誠也。此三句有。大勇士孟賁，水行不避蛟龍，陸行不避虎狼，發怒吐氣，聲嚮響同。動天。至其死矣，頭身斷絶。夫不用仁而用武，當時雖快，身必無後，是以孔子勤勤行仁。《御覽》四百三十七

齊遣淳于髡到楚。髡爲人短小，楚王甚薄之，謂曰：「齊無人耶？而使子來，子何長也？」對曰：「臣無所長，腰中七尺之劍，欲斬無壯士。疑。」王曰：「止，吾但戲子耳。」與髡共飲。同上。

秦王以五百里地易鄢陵，鄢陵君辭不受，使唐且謝秦王。王忿然變色，怒曰：「亦

向見天子之怒乎？」且曰：「臣未嘗見。」王曰：「夫天子之怒，伏尸百萬，流血千里。」且曰：「大王亦嘗見布衣韋帶士之怒乎？」王曰：「布衣韋帶士之怒，解冠徒跣，以頭搶地耳，何難知者？」且曰：「此乃庸夫庶人之怒耳，非布衣韋帶士之怒也。夫專諸刺王僚，彗星襲日，奔星晝出。要離刺王子慶忌，倉鷹擊於臺上。聶政刺韓王，白虹貫日。此三者，皆布衣怒也，與臣將四。士無怒則已，一怒伏尸二人，流血五步。」即案其匕首，起視秦王曰：「今將是矣！」王色變，跪曰：「先生就坐，寡人喻矣，鄢陵獨以五十里在者，徒用先生故乎！」同上。

林既衣韋圍，誤。衣而朝齊景公，景公曰：「此君子之服耶？小人之服耶？」林既作色曰：「夫服事何足以揣士行乎？昔荆爲長劍危冠，令尹子西出焉。齊桓短衣而遂之溝冠，管仲、隰朋出焉。越文身翦髮，范蠡、大夫種亦出焉。西戎左衽而椎結，由余亦出焉。如君言，衣犬裘者當犬號，衣羊裘者當呼鳴。今君衣狐裘而朝，得無爲變乎？」景公曰：「子自以爲勇悍乎？」曰：「登高臨危，而目不眴，而足不凌者，此工匠之勇悍也。入深泉，取蛟龍，拘黿而出者，此漁夫之勇悍也。入深山，刺虎豹，抱熊而出者，此獵夫之勇悍也。夫不難斷頭裂腹，暴骨流血中野者，此武士之勇悍也。今臣居廣廷，作色而辨，以犯主君之怒，前雖有乘軒之賞，未爲之動也；後雖有斧鑕之威，未爲之恐也。

此既之所以爲勇捍也。」同上。

周昌者，沛人，以軍功封汾陰侯、御史大夫。高帝欲廢惠帝，立戚夫人子如意。羣臣固争莫能得，昌廷争之强，上問其説。昌爲人吃，曰：「臣口不能言，臣期期知其不可也。陛下欲廢太子，臣期期不奉詔。」《御覽》七百四十

文王之葬枯骨，無益衆庶。衆庶悦之，恩義動人也。《御覽》三百七十五

挾泰山以超北海。《御覽》三十九

諸侯牆有黑堊之色，無丹青之彩。《御覽》一百八十七

賤之如虺豕。楊倞注《荀子·王霸篇》

子奇年十八，齊君使之化阿。至阿，鑄其庫兵以爲耕器，出倉廩以賑貧窮，阿縣大化。《後漢書·順帝紀》章懷注

桓公與管仲、鮑叔、甯戚飲。桓公謂鮑叔曰：「姑爲寡人祝乎？」鮑叔奉酒而起，祝曰：「吾君無忘出莒也，使管子無忘束縛從魯也，使甯戚無忘其飯牛於車下也。」《隗囂傳》注

齊桓公與管仲飲酒酣，管仲上壽曰：「願君無忘出奔於莒也，臣亦無忘束縛於魯也。」《馮異傳》注

伊尹蒙恥辱，負鼎俎以干湯。《崔駰傳》注

臧孫，魯大夫，行猛政。子貢非之曰：「夫政，猶張琴瑟也，大絃急，則小絃絶矣。故曰罰得則姦邪止，賞得則下歡悦，子之賊心見矣。獨不聞子産之相鄭乎？推賢舉能，抑惡揚善。有大略者，不問其短；有厚德者，不非小疵。家給人足，囹圄空虚。子産卒，國人皆叩心流涕，三月不聞竽琴之音。其生也見愛，死也可悲。故曰德莫大於仁，禍莫大於刻。今子病而人賀，子愈而人相懼，曰：『嗟乎，何命之不善！子又不死。』」臧孫慙而避位，終身不出。《陳寵傳》注　已上皆《後漢書》。

子貢曰：「子産死，國人聞之，皆叩心流涕曰：『子産已死，吾將安歸？』皆巷哭。」李善《文選》注三十七

營，度也。《文選》注三

孫叔敖曰：「筐篋之橐簡書。」二十三

楚王載繁弱之弓，忘歸之矢，以射兕於雲夢。二十四

公孫龍謂平原君曰：「臣居魯則聞下風，高先生之知，悦先生之行。」三十九

孔子曰：「聖人雖生異世，相襲若規矩。」四十三

趙良謂商君曰：「君亡，可翹足而待也。」四十四

大王亶父止於岐下，百姓扶老攜幼，隨而歸之。一年成邑，二年成都，三年五倍其初。四十九

及定王，王室遂卑矣。五十三

劉向曰：先王之所以指麾而四海賓服者，誠德之至也。五十六

晉襄公之孫周，爲晉國休戚，不倍本也。五十六　已上皆《文選》注。

説苑二十卷漢劉向定。

今卷數與《隋書・經籍志》合，《唐書・藝文志》作三十卷，或轉寫之誤。宋本前有劉向奏，又《復恩》篇内多「木門子高」一條。又有元時坊本，脱落甚多，然閒有是處。又有明楚府本亦可參攷。但章懷注《後漢書》，及《困學紀聞》等書所引尚有出於今本之外者。攷《唐志》，劉貺有《續説苑》，似不必皆出中壘。今但取語意相近者略繫數條於後。吾鄉孫侍御詒穀有校訂《新序》、《説苑》本，甚精細。今取之以校程榮本，正字大書，注其訛字於下，他書有可參攷者亦注之。

護左都水使者光禄大夫臣向言：所校中書《説苑雜事》，及臣向書民閒書誣案：《論語》「焉可誣也」，《漢書・薛宣傳》作「可憮」。蘇林曰：「憮，同也，兼也。」晉灼曰：「憮，音誣。」疑此「誣」亦與「憮」同義。校讎，其事類衆多，章句相溷，或上下謬亂，難分別次序，除去與《新序》復重者，案：尚有未除盡者。其餘者疑衍。淺薄不中義理，別集以爲百家後。疑有脱文。今以類相從，一一條別篇目，更以造新事十萬言以上，凡二十篇，七百八十四章，號曰《新苑》，皆可觀。臣向昧死。當有「謹上」二字。

目録皆與程本同，今不録。元本則目録在前，奏在後。

卷一君道　不固《太平御覽》六百二十作「溷」。溺於流俗。　順德疑「聽」。規諫。　蹲元本作「撙」，「蹲」與「撙」同，亦見《荀子》。今從宋本。節安靜以藉元本「籍」。之。博采采。其辭。○「爲《家語・五儀解》有「其兼」二字。行惡道也。」哀公懼焉。即「瞿然」。亦既見止，亦既覯止，我心則說。《詩攷》引作「既見君子，我心則悦」，疑王伯厚以「覯」字嫌諱，故改之。其「說」字，宋、元本皆作「悦」。○有一人當作「民」。寒。德博而化廣。孫云：《賈子・脩政語上》「廣」作「富」；下「先恕而後教」，「教」作「行」。大《魏策》「文」。山在其南，殿《魏策》「衡」。山在其北。《韓詩外傳》三作：「衡山在南，岐山在北。」○「以定我王」，此之謂矣。楚府本作「也」。○功成而不利於人。《賈子》「民」。○余一《呂氏春秋・重言》篇有「人」字，可省。與虞戲也。一稱而《呂》有「令」字。成王益重言。○當堯之時。元本提行。是故知人者主工。宋、元本竝作「主」。下同。道也。○王者何以選賢？當别爲一條。罷元本「愚」。者退而勞力。○民衣食足乎？宋本作「民足衣食乎」。擅國權元本「権」。命。賢智來求。處。故長爲百川之主。當作「王」。○刑罰不中，則弦章侍。孫云：「弦章，景公時人，此是弦寧，見《新序》。」則東郭元本「廓」，古通用，下多同。牙侍。特禄進。仕之臣也。○寡人地狹人《御覽》四百五作「民」。寡，齊人取薊俗本作「削取」，今從《史記・樂毅傳正義》引。八城。恐危《御覽》「亡」。社稷。霸元本「伯」。下同。者之臣。樂毅聞之，從趙《史記》、《新序》、《通鑑前編》俱作「魏」。孫云：「本書《尊賢》篇亦云『燕昭王得郭隗，而鄒衍、樂毅以齊、趙至』，蓋毅先由趙適魏，即謂從趙歸燕亦可也。」歸燕。○聖知不在乎身，自惜不肖。《賈子·先醒》篇作「聖智在身，而自錯不肖」，語尤明。○兼有九《外傳》七作「南」，是。夷。聞吾過而不告者其罪刑。疑「刖」。燒其軍。《外傳》「草」。○殆所謂之衍，《晏子》無。不祥也。○其疑脱「入」字。榛藂刺虎豹者。其攫犀搏搏。兕者。○湯之時，大旱七年。宋、元本皆提行。於是使人持三足鼎，祝《御覽》八百七十九作「祀」。山川。使人《荀子·大略篇》作「民」，《御覽》同。疾邪？讒夫昌《荀子》「興」。邪？宫室榮元本「營」，今從宋本，與《荀子》、《董子》、《公羊》皆合。邪？女《荀子》、《公羊》作「婦」。謁盛邪？何不雨之極《御覽》「甚」。也。嚮之效宋、元本作「効」。聲者也。○殷太戊時，有桑穀生於庭。此與《書序》同，下一條「以爲武丁」，與《尚書大傳》、《漢書·五行志》同。○刑法違犯。後《敬慎》篇作「刑法弛」。明養老。《大傳》有「之禮」二字。三年之後，蠻夷重譯而朝者七宋本「十」，元本「七」。案《敬慎》篇及《大傳》、《孔子集語》竝作「六」，《家語·五儀解》作「十有六」。國。○江、漢、睢、睢。漳。昭王可謂知天《左氏·哀六年傳》、《家語·正論解》俱作「大」，此訛。道矣。○使人乘馹驛。東而問諸太史州黎。由猶，同。身之有匈脇也。○天生蒸烝。民。○故藥食脱，元本有。嘗乎卑。是以明王元本「上」。案《賈子·脩正語上》篇亦作「上」。一作「主」。此「王」乃「主」字之訛。之言。《賈》作「之於言也」。必自他《賈》作「也」，下竝同。此似誤。聽之。《賈》無「必自他聞之，必自他取之」二句，似此衍。以數施之萬物《賈》作「姓」。爲藏。○筦饒《新序》一作「筦蘇」，《呂氏·長見》篇作「莧譆」。犯我以義。

○趙簡子與欒激《吕氏·驕恣》篇作「鸞徼」。遊。是進《吕氏》「長」。吾過而黜《吕氏》「絀」。吾善也。○吾謂疑「爲」。是諾。○子亦知吾君。今從楚府本。好田獵也。○魏文侯起儛。舞。○齊景公遊於蔓。《晏子·外篇》作「菑」。駟驛。而驅之，自以爲遲。《晏》作：「公乘侈輿服繁駔驅之，而因爲遲。」行哭而往矣。《晏》無「矣」字。○君其猶有諂謟。下同。人言乎？公以五十乘賜弦章二字當重。歸。○夫天之生人也。宋、元本俱提行。○司城子罕相宋。此又一子罕，非樂喜。國家之危定。《外傳》七作「安危」。夫賞賜讓與《韓非·外儲説右下》作「慶賞賜予」，《淮南·道應訓》「慶」作「爵」，餘同《韓》。者。大臣親之，也。百姓附《外傳》「畏」。之。國之利器，不可以借《老子》作「示」，《外傳》、《淮南》竝同。人。

卷二臣術

預禁乎不《北堂書鈔》二十九無「乎」字，「不」作「未」。然之前。數稱「於」字衍。往古之德行事，衍。以厲主意，庶幾有益，衍。以安國家。社稷宗廟，衍。凡衍文皆不古，當從《初學記》十七所引删。如此者，智《北堂》「知」。臣也。五曰守文《北堂》「公」。奉法。不受贈《北堂》「賂」。遺。如此者，貞《北堂》「正」，或避諱。臣也。外《北堂》有「則」字。妬亂朝廷。持招宋本、楚府本「抔」，當訓爲「取」。元本譌「抷」。國事。諂《北堂》「讒」。言以邪。伺候可推，因而俗本二字倒，此從宋、元本乙正。附然。○言之《北堂》「達」。於世，不害於身。凡此四者，明王臣而不名。臣。下同。《白虎通》及《公羊·桓四年》何注俱云：「不名者五，有上大夫。」○三公者，所以參王五。事也。○魏文侯且置相。宋、元本提行。置於季《外傳》三、《史記·魏世家》竝作「魏」。下同。成子與翟觸。翟黄之名也。願「與」字衍。先生臨事「而」字衍。勿辭。《外傳》作「先生臨事勿讓」。君不察故也，可知矣。一作「也」。案：三字疑衍。過翟黄。《通鑑》「璜」。子之言，三字脱，依《外傳》三補。我於子之君也。無使傅其子，吾進屈侯附。《史記·古今人表》「鮒」，《通鑑》同，《外傳》作「趙蒼」。季成子食菜采。宋、元俱作「菜」，古通用。千鍾。○子宋本「于」。義獲天下之至憂也。鴟夷子皮日曰。侍於屈春。○戴載。華蓋。時以閒暇祖宋本「祖」，疑。之曠野。○從車羅騎綺。甚衆。赦其死臯。罪。忌舉北郭刀刁。宋、元本俱作「刀」，讀爲「貂」。勃子爲大士。○趙簡主宋、元本、楚府本俱作「主」，不作「子」。從晉陽之邯鄲。○晏子侍於景公，朝寒請進熱《意林》作「煖」。食。《御覽》八百四十九作：「景公曰：『朝寒，請子進煖食於寡人。』」○吾疑「君」。有難不死。○晏子朝乘弊敝。宋、元本及《晏子·雜篇下》俱作「弊」。下同。車。何乘不任《御覽》七百七十四作「佼」，古巧切。之甚也？臣脱，《晏子》有。節其衣服飲食之養。○臣聞古之賢臣，《晏子》作「君」。案下云「則過之」，自指君言，「君」字當補「臣」字之上。有受厚賜而不顧其國《晏子》「困」。族，則過之。若夫弊車駑馬以朝，主《晏子》「意」，屬下句，是。者非臣之罪也？《晏子》「乎」。國之簡士元本作「國中之士」。待臣而後元本無。舉火者數百家。○從命利君謂爲。下句同。之順。○簡子有臣尹綽、赦厥。

《吕氏・達鬱》篇注作「尹鐸、趙厥」。面訾不面脱，宋有。譽也。宋無。○高繚《晏子・外篇》作「紖」。仕於晏子。○生人《荀子・堯問篇》、《外傳》七俱作「則」。下句同。立焉，死人入焉，多其功而不言。《荀》作「息」。○公叔文子問於史臾叟。下同。曰。○以疑於衍。衆者殺也。此段疑文不全。○子路爲蒲令。當提行。使子貢復之。《集語》引作「覆之」，《家語・致思》篇作「止之。」

卷三建本

夫本不正者末必陭。倚。○思君疑「民」。之利。○治政有理矣，而能《家語・六本》篇作「農」。爲本。生才《家語》、《集語》俱作「財」。有時矣，而力爲本。聞記不言。《家語》「記聞而言」。○天之所生。當提行。趣當作「趨」。走進退。子者親之本宋訛「財」。案下云「父以子爲本，子以父爲本」，「本」字自可通。也。棄其本者，脱，宋、元皆有。榮華槁矣。○與子《御覽》四百二有「往」字。見之。橋《御覽》「仰」。者，父道也。梓《御覽》「俯」。者，子道也。○有頃《北堂書鈔》百六引有「乃」字，《家語・六本》篇同。蘇。小箠則待。《藝文類聚》作「受」。立體《外傳》八作「拱立」。而不去。又居孔氏子。之門。○伯俞《類聚》、《御覽》六百四十九俱作「韓伯瑜」，《宋書・樂志》載陳思王《靈芝篇》亦作「伯瑜」。有過。今母之力衰，据《御覽》補。是以泣。《類聚》下有「也」。○禁於其未發之曰預。當作「豫」。相觀於善之曰磨，《學記》作「摩」。學不陵節而施之曰馴。《學記》作「孫」。案：《書》「五品不遜」，《史記・殷本紀》作「五品不馴」，義與「遜」同。雜施而不遜。亦當作「馴」。有昭辟雍云云。似逸詩。末「而相從執質有族以文」九字有舛誤，疑是「族而相從，質有以文」，其「執」字衍。○孟子曰：人皆知以食愈飢，云云。今見《外書・性善辨》。覽物元本作「無」，宋本「物」。外之境。詩書壁辟。立。《中庸》曰：「好問《漢書・公孫宏傳》引亦同。近乎智。」《詩》云：「如切如瑳。」與「磋」同。《荀子・天論篇》「日切瑳而不舍」。○今夫晚世之惡人，反非儒者。《墨子》有《非儒》篇。○孟子曰：人知糞其田，云云。亦見《性善辨》。○子思曰：學所以益才也，云云。《大戴・勸學》篇作「孔子曰」。○可以與人《外傳》六作「言」。終日而不倦者，其惟學乎！然而可以開《家語・致思》篇作「聞」，《外傳》同。下又有「於」字。四方。《詩》曰：不僣不亡。元本「忘」。○見人《家語》作「其容」。不可以不飾，《家語》「飭」，古通用。不飾則無根，無根則失理，《家語》「親」。云云。《大戴・勸學》篇作：「不飾無貌，無貌不敬，不敬無禮，無禮不立。」菅莞，同。蒲生之，從上觀之，誰脱，據《大戴》及《尚書大傳略説》補。知其非源《略説》有「水」字。也。○盲臣安敢戲其衍。君乎？衍。○學三二。十年則可以達矣。吾將不休。當作「吾不敢休」，與下句法同。十五三。歲學而周威公師之。○謂請。以汝之所能，加之以學。士無教友交。則失德。○請釋古之學《家語・六本》篇作「道」。而行由之意，可乎？蒼梧之弟《家語》作「蒼梧嬈」，《淮南・氾論訓》作「蒼梧繞」。娶妻而美好，請與兄易，忠《家語》「讓」。下同。則忠矣。庸知子當有「不」字。

用非爲是，用是爲非乎！《家語》作：「庸知子意不以是爲非，以非爲是乎？」不順《家語》「慎」，古通用。其初。○樹本淺，根核垓。宋本「核」。《漢書·五行志》「孕毓根核」，師古曰：「核，亦『荄』字。」不深，未必撅橛。今從《外傳》二。也。指而《外傳》作「迫然」。禍至。○王者何貴？《御覽》二有「對」字。曰：「貴天。」○子貢「冉有」之誤。問爲政，孔子曰：「富之。」○夫世下「太」字衍。子者。○先君愛而仕之翟。案《左氏·文六年傳》，欒在陳，故趙孟曰：「陳小而遠，無援。」非翟也。○處十元本作「一」。月。

卷四 立節

不以立節行誼，而以妄死非疑當作「求」。名。倚一作「億」，安也。於節理而不議死地。非有勇斷，孰能行之？已上是小序，下當提行起。○子路曰：「不能《御覽》四百二十一有「甘」字。勤苦。」比干將死而諫逾元本「愈」。下同。忠。○王子比干殺身以成其忠，當別爲一條。尾生殺身以成其信。此句脱，宋本有。《外傳》一「尾生」作「柳下惠」，非。此四元本「三」，同《外傳》。今從宋本。子者。○子路《外傳》一作「子貢問」。曰：「禮過三人則下車。」忠而不死，不廉。《外傳》一作「亡而不死非勇也」。○景公致廩丘以爲養。《御覽》四百二十六作「餼」。今説景公，景公未之行。《家語·六本》篇作：「今吾言於齊君，齊君未之有行。」○曾子衣弊衣以耕。宋本提行。○子思居於衛。宋、元本皆提行。二當作「三」，陶詩用之。旬而九食。○公子目《御覽》五百十六作「莫」。下竝同。夷。臣爲之相下「兄」字衍。以佐之。彊以請公，衍，《御覽》無。公許之。使人召茲父，《御覽》有「曰」字。若不來。○諸侯孰肎内納。之？遂伏劒死。此本《穀梁》，《吕氏·上德》篇亦同。○狐突辭於諸大夫曰。云云。時《左氏》未盛行，故事多不相合。○王召奮揚，《左氏》二字重，此不重，則下「使」字似屬王，然與「而敢來」語不合。使城父人執之《傳》作「己」。以至。○使鉏之彌《左氏·宣二年傳》作「鉏麑」，《吕氏·過理》篇作「沮麛」。賊之。○契絶也，苦計、苦結二切。領於庭，以遂吾行。○楚有士申鳴者。《御覽》四百十七全引此文，作《新序》。今既去父子。《御覽》同。今從宋本。事君。吾與子分楚國。宋本有「之半」二字，《御覽》無。○而杞梁、華舟《左傳》「周」，古通用。獨不與焉。此非所以起也。「非」字疑「琴曲」二字之誤。案：琴操有《芑梁妻歎》，「芑」與「杞」通。○楚人將與吴人戰。宋、元本皆提行。皆入《吕氏·高義》篇作「依」。不利之名而效臣遁。○信士不惰疑「憧」。下同。行。○佛肸肹。用中牟之縣畔。不與我者衍「其」字，《御覽》四百二十一無。亰。佛肸播而下脱一字。《御覽》無「播而」二字，有「止」字。之。如此而《御覽》作「如基」。受中牟之功。遂脱，《御覽》有。襁負其母，南徙於楚。○邢蒯蒯。下同。瞶《外傳》八作「荆蒯芮」。使晉而反。善能《外傳》作「善哉而」。言也。○别君而黨異。從《御覽》四百二十一改。友。不枉義以從邪。死。亦從《御覽》改。○莒穆公有臣曰朱厲附。《列子·説符》、《吕氏·恃君》篇俱作「柱厲叔事莒敖公」，叔亦作「尗」，與「附」形近致誤。冬處於山林食杼《列》作「橡」，《御覽》九百五十八同。栗。

今君死而我不死，是果衍「不」字。知我也。《列子》作「今死是果不知我也」，今此文與《吕氏》略同，不當有「不」字。○射科雉《吕氏·至忠》篇作「隨兕」。得之，中公子倍《吕》「培」。下同。攻而奪之。人之有功也，賞於車下。《御覽》四百十七引《吕氏》作：「人之有功也，於軍旅；臣兄之有功也，於車下。」今《吕氏·至忠》篇亦有脱文。王命發平乎。府而視之，於《吕氏》一有「故」字。記果有焉。

卷五貴德

饑《初學記》「餒」。者則食之。故歌詠楚府本倒。之。「吾於甘棠，見宗廟之敬也。」甚《家語·好生》篇下云：「……矣。思其人，必愛其樹。」尊其人，必敬其位。《家語》下云「道也」，無以下語。○仁人之德教也。當别爲一條。使民生於疑衍。全育。○聖王布德施惠。宋本提行。《周頌》曰：豐年多黍多稌。當别爲一條。以其舛疑。之爲不樂也。○修政不仁，而脱，《御覽》四百二十八有，與上句相配。湯放之。殷紂之國，左孟門而右太行。《魏策》「右漳釜」。○憎其人者，惡其餘胥。即儲胥。《尚書大傳·武成》篇作「不愛人者及其胥餘」。○殺一無罪。宋本「辜」。符里、即付里乙。鄧析。豎刀、刁，俗。宋、元本皆作「刀」。下竝同。易牙。宗廟大太。寧。善推其所有元本「爲」，與《孟》合。而已。○燕君逆宋本「迎」。而出境。○覩長年負薪而有饑元本「飢」，下可類推。色。論宋本「諭」。而供秩焉。○見家人猶言民家。有年老而自養者。不亦小矣。元本「乎」。令國丈夫三元本「二」。十而室。○守廷尉史。吏。《漢書》作「史」，宋本同。正始受《漢書》有「命」字。之統。以應天德。《漢書》

「意」。好奸。武勇。謁《漢書》「過」。過謂之妖言。斷《漢書》「㡭」，古「絶」字。者不可屬。皆欲入《漢書》「人」。死。則鍛鍊煉。而周内之。是以獄吏專爲深刻，殘賊而無理。《漢書》「極」。臣聞烏鷇《漢書》「烏鳶」。之卵不毁。福《漢書》「永」。履和樂。後卒於宋、元本作「爲」。臨淮太守。○我以臺爲急，不如疑「知」。民之急也。○鄭子産死，云云。《北堂書鈔》三十五引：「子産相鄭而死，婦人捨簪珥，良人弛琴瑟。」又引：「子産死，處女泣於室，農人哭於野。」斯宋本「計」。民之生也。○孔子之楚，有漁者獻魚甚强。二字《御覽》四百七十八無。天暑市遠。舊倒，從《御覽》及《家語·致思》篇、《集語》乙正。思欲二字《御覽》作「慮」。棄之。務施而不腐餘財者，聖《家語》「仁」。人也。○衆人善喜。據《後漢書·樊宏傳》注及《初學記》十八、《御覽》四百七十二改。之。楚元本無。王曰：「善。」○東海下邳人。《漢書》作「郯人」。天立大天。雨。○孟簡子相梁并衛。與下筦仲皆非春秋時人，事勢俱不合。○周天子使家父毛伯求金於諸侯。此當連上條。濟當作「僭」。上而行八佾。案《春秋》，隱五年初獻六羽，是隱之前僭用八佾，至隱始改用六佾，此所言非也。故其五元，訛。年始書螟。○行須臾之怒而鬬，句。終身之禍，《荀子·榮辱篇》作：「行其少頃之怒，而喪終身之軀。」然乃《荀》作「且」。下同。爲之。君上之所致惡。《荀》有「也」字，無上「致」字。凡鬬者皆自以爲是，而以他人爲非。《荀》有「也」字，是。是人之《荀》作「也」。所謂以狐白補犬羊，身塗其炭。《荀》作「所謂以狐父之戈钃牛矢也」，無下句。以爲榮乎，則辱莫大焉。《荀》「乎」皆作「邪」。此下尚有「以爲安邪，則危莫大焉」二句。《詩》云「式號式呼」云云。引用不切，《荀》無。○善，吾古。下同。者固以善之。寇暴以仁圍。當作「圉」。鄭注《周官・司右》引《司馬法》云：「弓矢圍，殳矛守，戈戟助圍。」亦「圍」字之誤。「圉」與「禦」同。今《司馬法》作「禦」。○中山縣懸。以後竝同。其子示樂羊。又將能忍君吾。案上稱太子，則此從宋本作「君」是。《韓非・説林上》作「吾」，上文是「其子」。子乎？○今主一謀《晉語》「宴」。而媿人《晉語》「而恥人之」。君相。○高山浚源。《晉語》「峻原」。

卷六復恩　故《易》曰：「勞而不怨。」本作「伐」。逮迨，同。臣有不測之功。北《爾雅》「西」。方有獸，其名曰蟨。其愛蛩蛩巨《爾雅》作「岠」，《穆天子傳》、《呂氏・不廣》篇作「距」。虚也。而憚行刑。賞者。○高赫《呂氏・義賞》篇作「赦」，《史記・趙世家》作「共」，孫云：「竝『赫』之譌。」《韓非・難一》、《淮南・氾論》、《人閒訓》、《漢書・人表》皆作「赫」，《史記》徐廣亦作「赫」。無功而受上賞。仲尼聞之，曰：云云。王厚齋云趙襄子事在孔子後，孔鮒已辨其妄。○行三《外傳》二倒。下同。賞而不及陶叔狐。孫云：「《呂氏・當賞》篇作『陶狐』，《史記・晉世家》作『壺叔』，《外傳》與此同。」暴浣《當賞》篇作「變化」。我行。吾脱，《御覽》六百三十三有。豈敢忘亦當有「是」字。子哉！周内史叔輿趙敬夫云當從《呂氏》作「興」。聞之。《詩》云：「率禮履。宋、元本及《御覽》竝作「禮」，《漢書・宣帝紀》亦作「禮」，《詩攷》載之。不越。」○不與咎舅，同。氏同之者，有如白水。

介子推曰。似當别爲章。　有龍矯矯，云云。《吕氏·介立》篇、《史記·晉世家》、《新序·節士》篇、《淮南·説山訓》注各不同。○文公瞿《御覽》百九十八作「懼」，本書卷一有之，音義同。然曰：「子欲爵邪？請待旦日之期。」《御覽》「朝」。　文公求之不得，云云。案：舟之僑以城濮之役先歸見殺，此蓋因介推事誤記。○將使人加紳《漢書》「紼」。而封之。○北面而衍。再拜。○封其父爲孝《御覽》二百一作「李」。侯。○居二三。年，晉與楚戰。《外傳》七作「吴興師伐楚」。　五合五奮，《御覽》四百七十九「奮」作「獲甲」二字，當連下首字爲文。首却敵，卒得勝之。　王隱忍不暴而二字脱，宋本有。加宋本無。誅也。臣終不敢以蔭《御覽》「陰」。蔽之德而不顯報王也。　遂斥敗。晉軍。○臣宦居。宋本「官」。今依《左傳》定爲「宦」。於絳。　羞行乞而憎自取。致。不敢下當有「盡」字。食。　子斯食之。斯，盡也，見《詩·皇矣》箋。　一人追疾，先既。及宣孟，見向。宣孟之面曰：「吁！今。固是君邪！」　反及，訛。走是。且對曰。　還遂。鬭而死。　利出施。者福反。報。○盎乃敬《漢書》「驚」。謝對。曰：「公有見。親。」　從醉卒徒，訛。宋本作「醉從」，亦誤倒。卒道出，分背令皆。去。案：《漢書》作「道從醉卒直出」，此無買醇醪醉守卒事，略欠明。○襄主執報。而問之曰。　襄子曰：下當有脱文。「非義也？」　水漿毋入口者三日。姚宏《國策續》注引作「不入口三日」。○末官當作「宦」。事韓。○管仲舉上衽袵。而哭之。　鮑子嘗與我有所説王疑「主」。者，趙疑「王者」二字衍。而三不見聽。○初趙盾在時。脱，宋、元、楚府本皆有。已而咲。《漢書》有「笑」字，此亦同「笑」。至子趙朔，《史記·趙世家》作「至孫趙將」。世益衰。乃治靈公之賊以致趙盾。元本下有「之」字，疑尚脱「誅」字。是非先君之意而衍「後」字。妄誅。獨滅衍「之」字，《史記》無。趙宗。夫有恩於此，故攻，訛。復於彼。○「北郭騷」前宋本尚有一條，當補入。蘧伯玉得罪於衛君，走而之晉。晉大夫有木門子高者，蘧伯玉舍其家。居二年，衛君赦其罪而反之，木門子高使其子送之。至於境，蘧伯玉曰：「鄙夫之下尚有脱文。子反矣。」木門子高後得罪於晉君，歸蘧伯玉。伯玉言之衛君曰：「晉之賢大夫木門子高得罪於晉君，願君禮之。」於是衛君郊迎之，竟以爲卿。○乘騆馳，訛。據《吕氏·士節》篇改。而自追晏子。晏子不得已而反。衍「之」字，《吕氏》無。大太。息而歎難。曰：「嬰不肖，罪過當作「適」，「讁」同。固其所也。」○吴赤市即「黻」字，不作「市」。使於智氏。甯文子。《戰國·衛策》載「南文子」，此《權謀》篇亦作「南」，疑「甯」字誤。且敬太宋、元本作「大」。甚。○以奩後八卷中又載此事，亦作「奩」，疑即「甌」字。元本竟改作「甌」。飯與一鮒魚。蟹《御覽》三百九十一作「雞」，注云：「雞肝黑土。」堁者宜禾。○陽虎得罪於衛，北比。見簡子。《外傳》七作：「魏文侯之時，子質仕而獲罪焉。」今夫疑衍。堂上之人，親却疑「郤」，與「隙」同。臣於君；朝廷之吏，親危臣於衆；《御覽》九百九十七作「法」。邊境之士，親劫臣於兵。《御覽》作「外」。今子之所樹者，蒺藜也。《御覽》有「非桃李也」四字。擇人而樹。

《御覽》有「之」字。○寡人受令《御覽》三百二十七「命」。矣。○東閭子嘗富貴而後乞。宋本此條在上「魏文侯與田子方語」之前。　未嘗薦宋本「貴」。一人也。○與邴歜《史記·齊世家》作「丙戎」。之父争田。　奪庸織《左氏·文十八年傳》作「閻職」，《史記》作「庸職」。之妻。

卷七　政理

則非王者之所得已二字宋本作「貴」。也。　政橛機謂門内也。之禮。○治國有二機。當别爲一條。　善不勸下當有「惡不懼」三字。而能以行化乎天下者。《書》曰「畢力協。今從宋、元本，與《尚書大傳》、《史記》竝同。賞罰」。○岸竦則必阤。陁。○有聲之聲。當别爲一條。○衛靈公謂孔子曰。《吕氏·先己》篇作「魯哀公問」。○若何而毋畏？元本作「吾何以毋畏」。○慧楚府本作「惠」，古通用。士可與辨物。　是故民不可稍而掌也。未詳。○斷當作「𢇍」，古「絶」字。者不可屬也。　昔禹誤以「啓」爲「禹」，《吕氏·先己》篇又誤以爲「相」，「相」乃「伯啓」之訛。見《御覽》八十二。與有扈氏戰。○見一老公《御覽》八百九十九作「父」。而問之。○不孝者不教三字脱，據《集語》補。而誅之。　訟獄俗本倒，依宋本乙。不治。　是以威厲而不至。《荀子·宥坐篇》、《家語·始誅》篇竝作「試」。○魯哀公問政於孔子。二字當重。對曰。《詩》云：「凱宋本「愷」，足利、古本《毛詩》同。悌君子。」○聞其飢饑。寒爲之哀。○上無婬媱。慝。○仲尼見梁《家語·賢君》篇作「宋」，是。君。　吾欲使官府治。《家語》有「理」字，下同，亦叶韻。　未嘗有如衍「主」字。君問某之術《家語》「悉」。也。　兩君《家語》作「鄰國」。相親。

善爲刑罰。《家語》作「崇道貴德」。尚賢使能。《家語》作「任能黜否」。○政在於諭《尚書大傳》「略説作論」。下同。臣。内比周衍「公」字，《大傳》、《韓非》、《家語》、《集語》皆無。以惑其君，外鄣障。距諸侯賓客。相《詩攷》失載。亂蔑資。○子産之從政也。元本提行。子太叔善決《左氏・襄卅一年傳》作「美秀」。而文。而辨於其大夫之族姓、變衍「而」字。立。衍「至」字。惠定宇云「變立」即古文「班位」。然則「而至」二字乃後人妄增也，「傳班位」下又有「貴賤能否」四字。○宓當作「虙」，今多不辨。子賤治單父。任力者固《吕氏・察賢》篇作「故」。下同。勞。佚四枝。肢。弊性《吕》作「生」。事情，《吕》作「精」。勞《吕》有「手足」二字。煩教詔。○不齊也，衍，《家語・辨政》篇無。所父事者三人。可以教學《家語》「舉善」矣。欲《家語》、《集語》皆無。其大者，乃於此在矣。務來賢人。《家語》作「務求賢以自輔」。夫衍「舉」字。賢者，百福之宗也，而神明之主也。下《家語》、《外傳》八皆有「惜乎」二字，屬下句。其與宋本無。堯、舜繼矣。○宓子賤爲單父宰，過於陽晝。此又一章。夫投扳。《御覽》八百二十四又九百三十七俱作「投」。綸錯餌。其爲魚《御覽》有「也」字。薄而不美。○孔子兄弟。子有孔蔑者。奉禄少鬻，鬻乃「鬻」之譌，「鬻」即「饘」字。下同。《家語・子路初見》篇作「饘粥」，古今字耳。不足及親戚。魯無君子也，元本「者」。斯焉取斯？○民無飢饑。下同。者。今臣後之舊倒，今從宋本乙。治東阿也。○力之順之，因天子，訛。之時。《家語・辨政》篇作「勤之慎之，奉天子之時」，亦衍「子」字。

賜少日宋本「而」。事君子。　夫以不肖伐依《家語》當是「代」。下同。賢，是謂奪也；以賢代不肖，是謂伐也。孫云：「此似有訛，以賢代不肖，安得謂之伐乎？《家語》作：『以賢代賢，是謂之奪；以不肖代賢，是謂之伐。』」　奉法《家語》有「以」字。利民。　此皆《家語》無。怨之所由生《家語》無。也。○臨官莫如平。四句當别爲一條。○匿人之善者。此又一條。○楊朱曰：「臣當作「誠」。有之。」○吾聞良吏居元本「君」。之三月而溝渠脩。○爲國如何？元本「何如」。○不進善言，當作「不善言進」。則善無由入矣。○晉文公時。宋、元本皆提行。封郭注《海内經》引作「蓬」。狐文豹。　於是列裂，同。地以分民，散財以賑《廣韻》云與「振」通。貧。○三月朔，《左氏·昭七年》經、傳俱作「夏四月甲辰朔」。日有蝕之。　故《傳》有「政」字。不可不慎也。○田畝荒穢而不休。當作「茠」，與「薅」同，除艸也。○對曰：親親者。衍。○孔子見季康王肅注《家語·子路初見》篇云當作「桓」。子。　今吾子之見司寇也少數矣。《家語》作：「今夫子之於司寇也日少。」注：「謂在司寇官日淺。」謂夫子爲司寇也。此以季孫爲司寇，誤。魯之司寇，臧氏世居之，夫子時蓋爲小司寇也。　聘我者孰大乎？衍，《家語》無。於是。當作「是于」，見楊倞注《荀子·富國篇》引。　可衍「以」字。不先自爲《家語》「遠」。刑罰乎？　孔子謂弟子《家語》作「宰予」。曰：「違山十里，蟪蛄之聲猶尚存耳，《家語》作「猶在於耳」，又有「故」字。政事無如膺《家語》「應」。之矣。」宋歐陽士秀《孔子世家補》以此連上文爲一條，言民知畏刑罰，則先聲之在人耳也，動斯應之矣。○古之魯俗。當别爲一條。○婚姻之道《經解》作「禮」。廢。亦當别爲條，然此與上條似皆非全文。

卷八 尊賢

是故游《初學記》十七、《御覽》四百二俱作「絶」，《吕氏·知度》篇同。江海者託於船。 是故吕尚聘而天下知商將亡，而周之王也。《吕氏·尊師》篇作：「小臣、吕尚聽，而天下知殷、周之王也。」高誘注：「小臣，謂伊尹。」案《吕氏》句法與下一例。下文「别有知其亡」語，疑此亦本同《吕氏》，而後人改之。 桀用干千。莘。孫云：「《墨子·所染》篇、《吕氏·慎大》篇、《困學紀聞》引《古今人表》、《抱朴子·良規》篇俱作『干辛』，《韓非·説疑》、《吕氏·當染》、《知度》兩篇皆作『羊辛』。今本《人表》譌作『于莘』，此作『千莘』。『于』、『千』皆『干』之誤。」 譬其《吕氏》「之」。苦若。夏至之日而欲夜之長也。○吴用延州來萊。季子。 至於脱，元本有。簡公。 故其惟宋「維」。五始之要。將疑「特」。乞師於楚以取全耳。舊注或作「身」，非是。《春秋繁露·玉英》篇作「直乞師楚耳」。○管仲故成元本「城」，《御覽》四百七十四同。 陰之狗盜也。 百里奚乞食道之，從《御覽》改。於路。 桓公任之脱，《御覽》有。以國。○眉睫之微，接而形乎于。色；聲音之而。風，感而動乎心。 堯、舜相是見。今從宋本。不違桑陰。○趙武靈王年五十而餓宋、元本俱無「死」字。於沙丘，任李兑充。故也。 齊脱，《大戴·保傅》篇有。桓公得管仲。 一人之身，榮辱俱《大戴》「具」。 施焉，《大戴》有「者」字。 在所任也。 夫知惡往古之所以二字《大戴》無。危亡。○

將謂桓公清潔乎？云云。此事誣。　蟲流出户。户。　則任宋本「士」，元本「仕」。佐急矣。宋本下疑當别爲行。○雖有賢者而無《吕氏·本味》篇有「禮」字。以接之。○君不聞夫楚乎？宋本已誤作「平」，連下作「平王」。《困學紀聞》以城濮之戰在楚成王時，以爲平王謬。孫云：「平」乃「乎」之誤，「王有士」云云屬下讀，下文有「士曰苗賁皇」云云，皆歷舉楚事，前後異時，不得專屬之平王。今改正。○毋取拑《荀子·哀公篇》作「詌」，《家語·五儀解》作「鉗」。者，毋無。取健楊倞注《荀子》引作「捷」，《家語》同，《荀子》及《外傳》四作「健」。者毋取口鋭《荀》注引作「叡」，《荀子》作「哼」，《外傳》作「讒」。者。　健者必欲《荀》注引無。兼人，不可以《荀》注引無。爲法。○教士者《荀子·堯問篇》注引無「者」字。千人，官《荀》注引無。朝者萬人。○九九下「何」字衍，《御覽》百七十一又四百七十四俱無，《外傳》三亦無。足以見乎？　以脱，《御覽》有。君天下賢君也。　皆自以下「論而」二字衍，《外傳》無。《御覽》「以」作「謂」。不及君。　況賢於九九《御覽》有「者」字，《外傳》同。乎？　詢于芻蕘。蕘。○趙簡子《外傳》六作「晉平公」，《新序》一同。　游於西脱，《御覽》四百七十五、《後漢書·班彪傳》、《循吏傳》注皆有。　河而樂之。　舟人古乘。《新序》作「固桑」，《循吏傳》注作「古桑」，《班彪傳》注作「吉桑」，《古今人表》作「古來」。師古曰：「即固乘。」今案：「古」、「固」通，「吉」字訛，「乘」亦疑訛。《外傳》六又作「盍胥」。　不知門下左右客千人者，亦脱，《御覽》有，《彪傳》注同。　有六翮之用乎？○淳于髡曰：「古者所好四，而王所好三焉。」《齊策》以爲王斗語，云：「昔先君所好者五，今王有四焉。」

古者脱「有」字。騹騮騏驥。○宗衛相齊，遇逐。《齊策》作「管燕」。何士大夫二字疑衍。下
同。之易得而難用也！○當今之時，君子誰賢？《家語・賢君》篇作：「當今之君，孰爲最賢？」
又有士曰王《家語》無「王」字，柳宗元對有。林國。國有大事，則進《家語》「則必起」。而治
之。○介子推行年十五而相荆。孫云：「《家語・六本》篇『荆公子年十五而攝相事』，此蓋楚之公子，
非晉之介子推明矣。」○以衆攻寡而無不消《家語・賢君》篇作「剋」。也。昔在元本「者」。周公
旦。欲得士之故元本「用」。也。○隨會不扶。隨會當靈景之時，此與《吕氏・當染》篇謂在文侯
時俱誤。○齊將軍田瞶瞶。下同。出將。○今汝欲官則相至。《吕氏・下賢》篇作「位」，下「賞」作
「賓」。○孔子之郯，遭程《外傳》二有「本」字。子於塗。取束帛一《御覽》四百二無「一」字。下
同。《家語・致思》篇同。以贈先生。又顧謂脱，《御覽》有。曰。士不中閒脱，《御覽》有。而
見。《家語》無「而」字，注云：「中閒，謂紹介也。」零露溥溥。兮。清陽揚。宋本及《御覽》竝作
「陽」。婉兮。於是不贈，終身不見。《御覽》「弗見也」。○楊因《意林》作「回」，《御覽》四百七十
四同。見趙簡主曰。今君有士見過八矣。未詳。○應侯與賈午宋本「于」。下同。子坐。
張急舊倒，從宋本乙。者，良材也。○十三年，諸侯舉兵以伐齊。《史記・滑稽傳》作「齊威王
八年」，本書第六卷亦載此事。三問，二字脱，宋本有。三笑不應。先生以寡人語前卷作「國」。
下同。爲戲乎？○齊使眄疑「盼」。下同。子將。○文侯喟焉然。宋本「焉」。歎曰。嚼醻，

同，見《漢書·游俠郭解傳》，此書《善説》篇同。而不讓。○吾欲得范中行氏之脱，宋本有。良臣。曰：「臣君。以爲無良臣故也。」不能匡相元本無。其君。死而後止，何曰孫云當作「由」。以來。○景昭，誤。《御覽》三百二十三作「景」。下同。公將許之。

卷九正諫　二曰降《御覽》四百五十五「譎」。諫。○顏燭趨進諫。《韓非·十過》篇以爲諫田成子，「燭趨」作「涿聚」，與《左傳》同。《史記》及《古今人表》俱作「濁鄒」。○蘇從《類聚》「縱」。下同。曰。立鼓鐘《類聚》及《渚宮舊事》俱「鍾鼓」。下宋、元本竝同。之閒。右擁越《宋本》「成」，《類聚》同。姬，左裯衽。宋、元本「衽」。下同。右抽陰宋本「金」，《類聚》「佩」。刀。○晉平公好樂，多衍「其」字，從《書鈔》四十一刪。賦斂，下《御覽》六百二十七「不」。治城郭。有咎犯此又一人。者。隱臣竊顧疑「願」。昧死御。便游赭盡。疑「晝」。遠臣不得敢。達。○賓客諫之百通，則疑衍。不聽也。○過衍「於」字，宋本無。淄水上。○子來何苦《初學記》二作「露」。沾衣如此？對曰：「園中有樹。」《初學記》三十作「榆」，《御覽》四百五十六同。螳螂委身曲附。《御覽》十二作「跗」，方無反。而不知彈丸在其下也！孫云：「此下《初學記》二尚有：『臣欲彈雀，又不知傍有坑而墜也。』《御覽》四百五十六作：『臣欲彈雀，不知露沾衣。』疑今本有脱，但與下文『此三者』不相應。或增在『而不顧其後之有患也』下，或『三』字爲『四』字之訛。」文弨案：《初學記》三十，文與今本同，引至「而不顧其後患」止，《御覽》十二亦有「臣欲捕其黃雀，不知露沾衣」二句，疑所見本異。○王所以多得獸者，馬也，衍「而」字，元本無。王之脱，元本有。國亡，王之馬豈可得哉？○始皇乃取毐四支肢。下同。車裂之。取皇太后遷之于萯陽宮。舊注云：「一本作『棫陽』。」今案：《史記·始皇紀》迎太后於雍，則作「棫陽宮」爲是。萯陽在鄠縣。從蒺藜蔾。下同。其脊肉，幹四支而積之闕下。口正沫元本「沬」，今從宋本。出。乃立焦爲仲父，《始皇紀集解》引「立茅焦爲傅」，下句首有「又」字。爵之宋、元本有「爲」字，《御覽》四百四十五同。上卿。○楚莊王築層臺，《初學記》二十四作「五仞之臺」。延石千重。《類聚》同，宋、元本及《御覽》四百四十五竝作「里」。下同。大臣二字《類聚》無，《御覽》有。諫者七十二人皆死矣。有諸御己已，非。下同。者。若與予子。同耕則比力也。民之釁咎有「高」音，因通「膏」。血成於通塗。陳不用子家羈而楚并之。《類聚》引無此句。梁仲子云：「魯昭薨後出奔，豈在陳邪？或以莊廿四年曹羈出奔陳，《公羊》以爲羈三諫曹君，不聽而去，殆即其人。然時已遠，非也。」萊不用子猛《荀子·堯問篇》作「馬」，楊倞注引此作「猛」。而齊并之。桀殺關龍逢逄。宋、元本「逄」，《類聚》、《御覽》同。而湯得之。明日令曰。《類聚》作「出令」。遂解《類聚》作「廢」。層臺而罷民。○公子糾宋本「糺」。在上位而不讓。壇場塲。之上，詘於一劒。寡人有過乎？幸記之。《御覽》「乎」作「子」，下作「幸教寡人」。○左洞庭之波。元本「陂」，《御覽》四百六十八同。下臨方淮。邊讓《遊章華臺賦》云「前方淮之水」，與此合。《魏策》作「彷徨」，吴師道補注云《藝文類聚》引作「彷徨」，又引作「方湟」。王曰：「弟「第」字俗，今從元本。言之。」　未嘗有持鐘鼓管絃之樂而游於父祖脱，一本有。之墓上者也。○荆文王得如《吕氏·直諫》篇作「茹」。下同。　黄之狗，箘簬《吕》「宛路」。下同。　之矰。　得舟舊注一作「丹」。案：《吕》作「丹」。下同。　之姬。　保《吕》作「葆」。下同。　申諫曰。　兼國三十。《吕》下有「九」字。○晉平公使叔嚮向。今從宋本。下同。　聘於吳。○臣有宿夙。宋本「宿」，《御覽》兩引竝同。　笑。於是罷《御覽》三見，皆作「還」。　師而歸。○景公好弋，使燭雛《外傳》九作「顔鄧聚」。孫云：「此篇首有『顔燭趨』，《晏子》作『燭鄒』，《古今人表》作『顔濁鄒』，汲古閣本作『燭雛』，與此同。諸書若《左傳》、《韓非》、《史記》，作『涿聚』者多，《淮南·氾論訓》作『顔喙聚』。『喙』與『鄧』皆字訛，實一人也。」主鳥而亡之。○刖跪擊其此上句「其」字當有，下文公自述，「其」字衍，《御覽》四百五十五無。　馬而反之。　上有無。　隱君。《御覽》「惡」。　於是令刖跪倍資無正。征，同。○國家得微有故《御覽》四百五十一「事」。　乎？○吴以伍子胥。宋、元本皆提行。○越王勾踐乃以兵五千人。舊注「一作入」，三字當删。　越王爲人能耐，同。　辛苦。　盤庚曰：「其舊作「古人」二字，訛，今依《左氏·哀十一年傳》改。下有脱文，亦據補。　有顛越不恭，則劓殄無遺育，無俾易種于兹邑。」以上十三字補。○齊簡景。　公有臣曰諸御鞅。　相攻雖叛而危之。　語不明。案：《吕氏·慎勢》篇作：「相攻唯固，則危上矣。」○梁孝王中郎。《漢書》倒。○聾喑則非害治國家如而，同。　何也？　且合菽粟之微《類聚》二十四作「升斗之穀」，《初學記》二十五作「升斗之微」。　以滿倉廩。

卷十 敬慎　夫自損者益，自益者缺。《家語・六本》篇：「自益者必有決之。」孫云：「《序卦》：『益而不已必決，故受之以夬。』此缺字亦當爲『決』。」　天之道，成者《御覽》六百十六作「成而必變」。未嘗得久也。　虛靜以待下，《家語》作「克讓以接下」。　故百載以《御覽》「而」。　逾盛。　吾戒之，故曰下「天下之善言不得入其耳矣」十一字因上文衍。　日中則昃，月盈則食。　○孔子觀於周廟。《荀子・宥坐篇》、《淮南・道應訓》、《家語・三恕》篇皆作「魯桓公之廟」。　蓋爲右《外傳》三作「宥」，《荀子》、《家語》竝同。　坐之器。　○常縱本或從「木」。　有疾。　無以復語子哉！當作「矣」。　○日夜愼之，則無害災。　與上「時財」協韻，舊倒，從宋本乙。　○雖無能，君子務益。《大戴》作「然而君子之務蓋有之矣」，此似訛。　君子苟無以利害身。《大戴》作「義」。　○二曰女厲。《御覽》三十四「廣」。　致福則貸。　讀「忒」。　○歸求黨與。　下「助」疑衍。　斬當作「斮」。　逢宋本「逄」。　丑父，於是戄當作「懼」。　然大恐。　可謂能詘免疑「俛」。　變化以致之。　○於是子贛參三。　偶則式。　○今以無能之脱，據《秦策》補。　如耳、魏齊。　魏宣子御，韓康子爲驂乘。《策》作「韓康子御魏宣子驂乘」，鮑彪改「宣」爲「桓」。　下同。　○還師夫去，非。　穀陽之進酒也。　○好戰之臣。　宋本提行。　○富有天下。　楊倞注《荀子・議兵篇》引作「四海」。　其臣有左師觸龍者。《荀子》「曹觸龍斷於軍」，楊倞注云：「此云紂臣，當是《說苑》誤。」　諂諛不正。　止。　今從《荀子》注。　○誠不《家語・觀周》篇無。　下「禍」字作「福」，似勝此。　能愼之，禍之根也；曰宋本「口」，《家語》、《集語》竝同。　是何傷，禍之門也。　君子知天下之不可蓋也，云云。《家語》作：「君子知天下之不可上也，故下之；知衆人之不可先也，故後之。温恭慎德，使人慕之；執雌持下，人莫踰之。」此似訛。　衆人惑惑，《家語》作「或之」。案：或，古「惑」字。　我獨不徙。從。據《家語》改。　内藏我知，不與人論技。《家語》作「不示人技」。　我雖尊高，人莫我害。舊倒，從《家語》乙。案：徙、技、害皆與「彼」韻協。　○丘吾《御覽》七百六十四作「吾丘」，注：「吾，一曰『虞』。」子也。　事君奢驕，云云。此以下《御覽》七百六十四所引不同，云：「『……素尚高節，不事庸君，臣節不遂，二失也。少擇交遊，寡於親友，老而無託，是三失也。請從此辭。』投水而死。」似《御覽》所載是。末「十三人」作「十有二三」。　○孔子論《家語・賢君》篇作「讀」。《詩》至於《正月》之六章。　○汙辱難湔洒。灑。　○怨生於不報。當别爲一條。　○恭則免於衆。《家語・賢君》篇作「遠於患」。　○魯有恭士，名曰机氾，《古今人表》有「仇氾」，《初學記》十七引《魯國先賢傳》作「氾」。　市次不敢不行疑訛。　參，行必隨。　一食之間，三起不差。羞。疑「不差」二字亦衍，「起」與下句「禮」爲韻。

卷十一　善説　歡欣忻。　憤滿即憤盈。　以送之。　傳傅，訛。　曰：「唯君子爲能貴其所貴也。」○願請先生爲相。《御覽》六百三十三此下有「先生曰：臣願足矣，焉用相乎」十一字，前頗多改竄。　○東郭民《文選》注兩引作「氏」，當由避唐諱。　有祖朝者。　大王稱晉獻公爲大王，不倫之甚。　獨不聞古之將曰桓司馬者。　三日與語，無復複，同。下「憂」字衍。　者。　○見菟兔。下同。

而指屬。望見《御覽》六百三十二作「兔」。而放狗。君子誠能刑形，同。於內。著之以髮，舊作「著之髮毛」，今從《荀子·勸學篇》楊倞注引改。建之女工不能爲也。《御覽》九百二十三「葦苕」下，作「鴻毛著之，臨危建之，工女不能爲也」，文句與此異。復屬之齊，《御覽》有「王」字。齊王《御覽》作「王遂」。使爲相。○甯戚飯牛，康衢擊車輻而歌《碩鼠》。舊訛「顧見」。孫云：「案《後漢書·馬融傳》注引作『擊車輻而歌《碩鼠》』。」梁云：「高誘注《吕覽·舉難》篇『擊牛角疾歌』，云：『歌《碩鼠》也。』」今據改正。○林既《御覽》六百八十九作「齊林既者」，無下兩「齊」字。衣韋衣而朝齊景公。林既逡循巡，同。今從宋本。而作色曰：「夫服事何足以端《御覽》四百三十七引此條，作「《新序》」，「端」作「揣」。又四百六十四同。士行乎？」齊短衣而遂偞之冠。《御覽》作「遂之溝冠」。○帶玉瑑脱，據《北堂書鈔》百六、《御覽》五百七十二補。劍，履縞《書鈔》「蹻」。舄，立于《御覽》「乎」。流遊，據《書鈔》、《御覽》改。水之上，大夫擁鍾錘。鍾。襄成君忿然脱，《書鈔》、《御覽》有。作色而不言。君獨不聞夫鄂君子晳予晳。之汎舟於新《初學記》二十五「澌」。波之中也？極䓣芘，未詳。䓣，讀若「蠻」。張翠《御覽》有「羽之」二字。蓋而擒檢。犀尾，班麗袿衽，桂社。濫兮抃草云云。有「㭹」字，無攷。搴中洲《御覽》作「舟中」，《書鈔》無「洲」字。流。知得郭茂倩《樂府》倒。王子。於是鄂君子晳乃揄㯓。今據郭《樂府》改。脩袂。今君令尹。何以踰於鄂君子晳。○適遭暴亂，無道之主。士。詘折儐擯，同。程本未刻。厭。無怨而生任。

離。憂慼蹙。盈匈。迭進而諂謟。下可類推。諛。激楚之切功，訛。風，練綵。色以淫目。野遊則馳騁弋戈。獵乎平原廣囿。臣之所爲足下悲者一脫。事也。夫聲敵帝而困秦者君也。之。曲池既以塹，漸。據《御覽》五百七十九改。墳墓既以平。下從《御覽》改。又，「而青廷矣」四字當誤衍。嬰兒豎子樵採宋本「菜」。薪蕘者。孟嘗君涕浪汗。與「琅玕」同，猶闌干也。舊「浪汙」，訛。令文立脫。若破國亡忘。邑之人也。○王造然曰。造然，變色之皃。《韓非・難二》篇：「景公造然變色。」又，《忠孝》篇：「舜見瞽瞍，其容造焉。」當與「蹵」、「慽」音同。墮平王生。之墓。釁蚠黃即「苗賁皇」。釁，讀爲「門」，與「苗」聲相近。生於楚。○叔向之弟羊舌虎善欒逞。欒達，訛。「逞」與「盈」同。下同。乃往見范桓當作「宣」。下同。見《左氏・襄廿一年傳》。子而說之。○願君爲吾爲丈疑「咫」。尺之書，寄我於與，訛。秦王。○莊周貧者，《初學記》六無「者」字。往貸粟《記》無。於魏文侯，《莊子》作「監河侯」，《御覽》八百四十作「高平王貸粟」，文多不同，今不録。文侯二字脫，《記》有，《御覽》六十一同。曰。大太。息謂周。今吾命在瓮盆，同。《記》訛「瓫」。甕之中耳，汝則求《記》「索」。我《記》有「於」字。枯魚之肆矣。○欲有諫者。下九字文訛。《新序》五作：「欲進善言，謁者不通，罪當死。」○有二人先登。登。踰邑梯城者將舍宋本「赦」。之。未朽者辜疈也。其尸。○無少長愚智皆知高，《御覽》二無「高」字，有「若問其」三字，連下句。高幾何？○建天下之鳴鐘，而撞之以挺。《意林》作「梃然」，當從

《漢書·東方朔傳》作「莛」。莛，艸莖也，音「亭」，又音「挺」。○智不知其士。下「衆」字衍。

卷十二奉使　公子下衍一「子」字。結擅生事。○顧謂楚君似當作「臣」。曰。○秦王以五百里地易鄢宋本「隝」。下同。陵。使唐且。《書鈔》百二十作「唐侯」。下同。主王。臣未曾見也。主臣皇恐也。《魏策》作「臣未之聞也」，無「主」字。以頭顙頓。宋本「顙」，《策》作「搶」，顙、搶同。地耳。士含怒未發，祲搢。厲於天。下「下」字衍。一怒伏尸二一。人。○於是以楊幹麻筋俗字，當作「筋」。《御覽》三百四十七訛「觚」。之弓六往。○爲人父，三年不問子。《御覽》四百三十二作「不聞子問」。鴻鳩。彼晨風。太子迎起。據《御覽》六百八十九改。拜，受賜。趣早《御覽》四百三十二作「具」。駕。遂西至謁文侯。二字當重。大喜。鳳皇凰。下卷同。于飛。○梁王贅會，聚也，與「屬」同。其羣臣空格，無闕字。而議其過。寡人所謂飢饑。而求黍稷。吾視若魯君類吾國。八字誤衍，《繹史》删。刳羊而《書鈔》四十作「相」。約曰：「自後子孫敢有相《書鈔》「鬬」。攻者，令其罪若此刳羊矣。」○越則殺王已當作「以」。降漢。今王衆不過數十《陸賈傳》無。萬，皆蠻夷，踦䠞崎嶇，同。山海之閒。○師《御覽》七百七十九有「雖」字。升宋城。諸大夫懼瞿。然。○假令大國之使，時過弊敝。下同。邑。意而《禮記·禮運正義》云《説苑》「能」字皆爲「而」。案：書中殊不多見。此「而」字通「如」，亦可與「能」通。安之。被披。據《書鈔》四十改。衣出，以見諸發，乃令。據《書鈔》改。逐韓子。○

寡人得寄僻陋處。蠻夷之鄉。晏子憱然避位矣。疑衍，或「吴」字之訛。王曰。野以暴。此字板脱。此臣之所以仕任。也。〇臣請縛縛。下同。一人過王而行。齊人固《晏子·雜下》篇有「善」字。盜乎？江南有橘，齊王使人取之而「之」字衍。案《外傳》十無此七字。樹之於江北。〇儐者更道脱，「導」同。從大門入。〇秦楚轂當與「構」同。兵。非古之通議當作「誼」，與「義」同。也。〇公孫差《御覽》七百七十九「羌」。格死於龍門。定《御覽》「宣」。獲乎琅邪。吴脱。引師入郢。〇端以此人試誠。寡人乎？〇六月日。而後反。

羣者衆象，訛。也。〇魏文侯使舍人毋母。下同。擇。

卷十三 權謀

白屋之士。土。《傳》傳。曰：衆人之智。〇趙簡子曰：「晉有澤鳴、犢犨。」案：《史記·孔子世家》作「竇鳴犢舜華」，徐廣曰：「或作『鳴犢竇犨』。」《索隱》引《家語》「竇犨鳴犢及舜華」，則竇犨，字鳴犢，是一人。又案《孔叢》、《古今人表》竝是二人。《新序》作：「趙有犢犨，晉有鐸鳴。」各不同。此「澤」字疑亦「鐸」之訛。〇桓公歎曰：「歎！」《呂氏·重言》篇作「譆」。少焉，東郭垂《呂》作「牙」。至。勃宋本「教」。下同。然充滿者，此兵革之色也。君吁《呂》作「呿」。而不吟。《呂》作「唫」。〇晉大史屠餘。《呂氏·先識》篇作「黍」。見晉平高誘注《呂氏》作「出」。公之驕而無德義也。是不知所以存，《呂》無此三字。所以亡。男女切踦。《呂》作「倚」。求國之長者，得錡疇、《呂》作「義蒔」。田邑而禮之，又得史理、《呂》作「驎」。趙巽《呂》作「駢」。以爲諫臣。威公薨，《吕》有「殔」字。九月不得葬。○絺《國策》作「郄」，姚宏續注引《元和姓纂》同。今案：郄，疑當作「郗」。疵謂智伯曰。○公索氏比及三年《家語·好生》篇作「不及二年」。必亡矣。○蔡言疑「支」。地計衆。○人問其辭。《吕氏·先識》篇作「故」。○屈建曰：「白公其爲亂乎？」孫云：「屈建與白公不同時，此記訛。」○韓昭侯造作《御覽》二百八十三無「作」字。案：「造」字衍，「作」字當留。高門。昭侯卒，竟不出此門。《御覽》有「矣」字。○田宋本「丑」。子顔自大術至乎平陵城下。○楚莊王欲伐陳。宋本提行。其國寧也。《吕氏·似順》篇無「其國寧」三字，下「王曰」作「寧國曰」，是以爲人名。○出人入。之右，人必害之。○不可以不進周公之廟。下「乎」字衍。○智伯請地於魏宣《國策》作「桓」，《通鑑》同。孫云：「前《敬慎》篇亦作『宣』，《韓非·説林》及《難三》兩篇，《淮南·人閒訓》竝同，疑有二謚。」子，宣子不予，任增《國策》、《通鑑》竝作「章」，《淮南》作「登」。曰：「何爲不予？」○懼諸侯之畏《御覽》百七十七作「攻」。己也。近者入賓。一作「貢」。○在軍，食熟者半《左氏·哀元年傳》作「熟食者分」。而後食。大差《傳》無。先自敗也已。○以不利魯國而容其求焉。《左氏·定九年傳》作「而求容焉」，此誤。○彼尚猶字複，《左傳》亦有此。能起九夷之師。○過水坼折。《御覽》八十四作「坼」，其十作「沈」。舟。○服《吕氏·義賞》篇作「繁」。下同。義《吕》作「禮」。之君，不足於信；《吕》作「文」。服戰之君，不足於詐。《吕》下有「君亦」二字。雍季之言，百世之謀《吕氏》「利」。也；咎犯之言，一時之權《吕氏》「務」。

也，寡人既行之矣。句不明。《吕》作：「焉有以一時之務先百世之利乎？」○卜戰龜熸，是荆人疑「火」。也。○四水進諫曰。《吕氏·長攻》篇「王召范蠡而謀，范蠡」云云。吾聞義兵不攻脱，元本有。服，仁者食饑餓，今服而攻之。舊作「仁人不以餓饑而攻之」，今從元本。○與衛靈公盟於鄟元本「鄠」，與《左氏·定八年傳》同。澤，靈公未喋血，盟。成何、涉他挍靈公之手而撙樽。之。

王孫商《左傳》「賈」。曰。○君之臣乃君之有也，云云。語不可曉。○孔子問漆雕馬人二字疑「馮」之訛。《家語·好生》篇作「漆雕憑」，《左氏·襄廿三年正義》引《家語》作「平」。曰。○顒委質宋本「智」。於先生。安陵纏乃逡遁巡。今從宋本。而却。○叔向之殺萇宏也。孫云：「案《韓非·内儲説下》篇亦云叔向讒萇宏，全謝山云是時叔向之死久矣。」○楚公子午使於秦。宋本提行。○

趙簡子使人以明白之乘六。此與卷六智伯遺衛事相類。○今客之寢安，殆非會脱。封者脱，俱據《御覽》百九十八補。也。其僕接淅浙。而載之。○「今日必傅得。案：傅，音「附」，薄也。大垣。」公子慮《列子·説符》篇作「鋤」。俛而笑之。與《正諫》篇「公盧諫趙簡子攻齊」語正同。

卷十四至公

去天下若遺躧。屣，同。○吴王壽夢有四子，長曰謁。與《公》、《穀》同。《左氏春秋》、《國策》、《新序》、《古今人表》俱作「遏」。○諸侯之義死社稷。元本提行。皆興仁義趣本一作「趨」。上之事。○秦始皇帝既吞《御覽》四百二十八作「有」。天下。天下官，則禪讓。今從《御覽》。賢是也。吾德出于《御覽》「乎」。五帝。築臺干千。雲。建千石之鍾，《御覽》有「立」字。萬石之虡。○此餧「餒」本字。而死。寡人之無德也，亦何。《御覽》五百四十八作「亦」。甚矣。○孔子於衛主雍睢。從「目」，訛。下同。○秦晉戰交敵。《左氏·文十二年傳》作「綏」，此似誤。三軍之士皆未息。《左》作：「兩軍之士皆未憖也。」趙盾當從《左》作「穿」。曰：「死傷未收從「爿」，訛。而弃之。」請待。《左》作「乃止」。○昭王反復。疑倒，或「復」當作「國」。○尸禄素餐。飱。秀羸《御覽》四百二十九又四百四十四俱作「才」。多能。賜虞丘脱，《御覽》四百二十九有。子菜采。今從宋本。元本訛「蕃」。地三百。○趙宣子之車干千。行。○今君公之子之《御覽》九百七十六無。搏而奪吾畚。吾聞之羣臣恐。似當作「羣臣恐君聞之」。謝之軍門之外耳。疑衍。○將以司犯王令而察觸國法《御覽》四百二十九有「者」字。也。今弃法而疑衍。背令而釋犯法者。○是臣棄《韓非·外儲説右上》作「乘」，是。下同。君，下陵上也。吾何以遺子？《御覽》有「孫」字。○太子車立疑「止」。於茅門之内。○然後君子即孔子。進。某子曰云云。辯徧，同。矣。○衛之君臣亂。《家語·致思》篇作：「俄而，衛有蒯聵之亂。」子羔曰：「君子不遂。」《家語》「隧」。

卷十五 指武

吴起爲苑當作「宛」，即南陽也。守。屈公曰：「不可。」吴起曰：「起之爲人謀。」此十三字衍，《淮南子·道應訓》無。○造父王良不能以弊敝。下多同。車不作之馬，趨疾而致遠；羿逢逄。宋、元本皆作「逄」。蒙不能以枉矢弱弓，射遠中微。○十《齊策》作

「七」。里之郭。攻翟不能《北堂書鈔》百五十無。下，壘於《策》無。梧《策》作「枯」。丘。歸何黨所也。矣。將《御覽》三百十八有「軍」字，《策》同。有死之心。今將軍東有掖《策》作「夜」。邑之封，西有淄上之寶，《策》作「虞」，「娱」同。金銀《策》作「黄金」。横黄。帶。士者將之枝肢。下同。體也。○乃去之耳。衍。○立威武之戰，以畢卑。其衆。○孝昭當作「武」。皇帝時。不立剛武之心，勇猛之意。《漢書・胡建傳》作「節」。臣聞黄元本「皇」，古通。帝理《漢書》「李」，古通。法曰。○昒當與「沕」同。穆無竆。如尨庬。之守户。○上下有《家語・五儀解》作「和」。親。○攻疑「賊」。下同。禮者爲賊。○蔑從「竹」，譌。侮父兄。○甲列同「裂」。壘壞。○大天。卒閒外士在内矣。○文王伐崇。下「崇」字疑衍。○吴王闔廬與荆人戰於柏舉。宋、元本皆提行。五疑脱「人」字。將鍥頭。○田成子常與宰我此闞止也，字子我。争。○齊桓公北伐山戎氏。事已見《權謀》篇，語九詳。○昔堯誅四凶以懲惡。當連上文，不應提行。《易》曰：不威小，不懲大。語欠明，當從今《易》文「小懲而大誡」語爲順。○志愚《荀子・宥坐篇》作「記醜」。而博。昔者湯誅蠋沐，《荀》及《家語・始誅》篇作「尹諧」。太公誅潘阯，《荀子》：「文王誅潘止，大公誅華仕。」管仲誅史附里，《荀》作「付里乙」，《家語》作「附乙」。子産誅鄧析，《荀》作「鄧析、史付」，《家語》作「誅史何」。此五上文止四，尚少一。《荀子》有周公誅管叔，爲七子。子未有不誅也。○齊人王滿生《吕氏・精諭》篇作「勝書」。見周公。

卷十六 談叢

俗本目作「叢談」，當卷作「説叢」，今從元本。

凡吏勝其職。當別爲一條。○或好浮游。遊。○鸞設於鑣。鑣。○蛟龍雖神。又一條。○婦人之口。又一條。○不修其身。宋、元本皆分段。是謂大太。廢。○重載而危之。又一條。○邦君將昌。宋、元本皆分段。○義士不欺心，當分段，此下當分七段。仁人不害生。宋本「主」。愚者行閭閒，訛。而益固。○貞良而亡。此與下當分三段。○智而用私。此與下當分四段。○衣雖弊，此與下當分三段。○孝於父母。當分段。○草木秋死。此與下當分八段。○天地無親。此與下當分五段。○位高道大者從。宋、元本皆提行。○言疑者無犯。此與下當分二段。○謀先事則昌。當分段。○喜怒不當。元本分段。○一言而非。元本分段。一言而不。急。○順風而飛。當分段。○蓬生枲中。當分段。○勞而不休。當分段。○無不爲者，無不當作「一」。下句同。能成也。○衆正之積。當分段。禍無不逮見。也。○力勝貧。元本分段。○爲善者天報以德。當分段。○君子得時如水。當分段。○謗道己者。宋本提行。○心之得。此與下當分十九段。慮之必不。早。盲人亦當有「日夜」二字。不忘視。○衣食足。此與下當分二段。○循流而下。此與下當分十六段。河水崩。《文子·上德》篇、《淮南·説林訓》俱作「深」，下「懷」作「壤」。存之疑「亡」。上似脱一句。所由也。○河以委蛇故能遠。此與下當分三段。痛於矛柔。戟。○德義在前。此與下當分三段。○小忠，大忠之賊也。此與下當分五段。不疑誤。毀爲聲。

○不困在於早慮。此與下當分二段。○明者視於冥冥。此與下當分二段。○淫亂之漸。此與下當分二段。○聖人以心導耳目。當分段。○人知糞田。此與下當分二段。○廣大在好利。本提行。○因時易以爲仁。此與下當分二段。○欲貴賢，訛。者莫如下人。○父不能愛無益之子。此與下當分三段。○相勸以禮。當分段。○人而不愛。此與下當分五段。○近市無賈。此與下當分二段。○義勝患則吉。此與下當分四段。○官尊者憂深。此與下當分二段。○負石赴淵。當分段。　盜跖凶貪。《荀子·不苟篇》作「吟口」，《外傳》三同。○朝不坐，燕不議。案《禮記·雜記下》所云五恥，無此二語。其《檀弓下》有「朝不坐，燕不與」之語，與恥無當。《記》末云：「衆寡均而倍焉，君子恥之。」疑此爲誤。○君子之學也。此與下當分四段。○君子不以愧食。此與下當分三段。
○夫智者不妄爲。當分段。○事君不得進其言。此與下當分四段。

卷十七 雜言

適足元本有「以」字。　明主之暴耳。○以順夫差之志而伐齊。吳，訛。

昔者費仲、下云「四子」，則此下當有飛廉。惡來革。○祁射子《呂氏·去宥》篇作「謝子」，無「祁」字。古「射」、「謝」通。見秦惠王。　於是唐姑《呂》有「果」字。　讒之。　復見惠王，《呂》有「王因」二字。此或當重「惠王」。或以「復見」爲句，此「惠王」屬下讀，非。　懷怒以待之。○舜耕之時不能利其鄰都。人。○自南宮頃《家語·致思》篇作「敬」，是。　叔之乘我車也，而道加行。　有勢執。而後行。○曾子駕宋本「架」。羊。○子居船楫檝。下同。之閒而困。　子居艘楫。《御覽》三百九十六作「廣艘長楫」。○今子持楫乘扁宋本「偏」。舟。○甘戊《御覽》六十一作「茂」。下同。使於齊。子亦不如戊《御覽》「我」。矣。○聖人獨疑「猶」。見疑，而況於賢者乎！諂諂。諛常興也。○人有三死而非命也，《御覽》五百四十八無下「者」字。人自取之。《御覽》有「也」字。案：《文子·符言》篇載老子之言略同。○援授，訛。干而舞。是何言脱，《集語》有。也？○意者尚有遺行乎？元本「也」，與「邪」通。奚居之脱，據《外傳》七、《家語·在厄》篇補。隱也。子《家語》作「女」。以夫知者爲無不知乎？故舜耕歷山而陶逃。於河畔。伯氏牧羊。《外傳》七作「爲秦伯牧羊」。憂而志二字脱，據《外傳》補。不衰也，先此據《外傳》改。知禍福之始而心不惑也。○士慎三者，無累於人。《家語·困誓》篇：「士慎此三者，則無累於身矣。」○東郭子惠《尚書大傳略説》作「思」，《荀子·法行篇》作「南郭惠子」。問於子貢曰。夫隱括兩書皆作「檃栝」。之旁多枉木。○昔者南瑕《外傳》七作「假」。子過程本太。下同。子，本子爲烹鯢《外傳》作「鱺」。魚。比於善，自進之階也；比九字脱，據《外傳》補。於惡，自退之原也。○圜環，同。流九十里。○由，是襜襜《荀子·子道篇》作「裾裾」，《家語·三恕》篇作「倨倨」，《外傳》三作「疏疏」。者何也？蓋自《外傳》作「揖」，又一作「攝」。如也。《荀》作「蓋猶若也」。行之至《外傳》作「要」。也。行要《荀子》、《家語》作「至」。今此作「要」，與《外傳》上文合。則仁。○鼓瑟《列子·天瑞》篇作「琴」。而歌。○子路《家語·困誓》篇有「將」字。行。○吾聞君子贈人以財。《晏子・雜上》篇作「軒」。今夫蘭本三年，《晏》有「而成」二字。湛漸，同，子廉反。之以鹿醢，既成則易以匹馬。《荀子・勸學篇》：「蘭槐之根是爲芷，其漸之滫，君子不近，庶人不服。」是言質美而習惡，爲人所棄也。此則言質本美而又加以陶染，爲人之所貴重。然鹿醢匹馬之説，亦殊難曉。故不可不慎宋本「惟」。也。○是以尊位疑倒。則必危。○小人不可不閑閉。也。○馬趼蚿，同。折宋本「斬」，疑當爲「斷」，古「斷」字。而復行者何？以輔足衆也。○綽綿。楊倞注《荀子・宥坐篇》引正作「綽」。弱《家語・三恕》篇作「約」。而微達。鮮絜潔。楊倞注引作「絜」。以出。主至。當從《荀》作「主」。楊倞云讀爲「注」。量必平，似正。《荀》作「法」。盈不求槩，似度。《荀》作「正」。其萬楊注引無。折必東，似志。意。《大戴》同。今從《荀子》、《家語》改。○此皆所以治身法《御覽》八百九十一作「輔其身」。也。○凡善之生也。當别爲一條。○夫仁者好合人。亦當别爲條。○不直王肅注《家語・六本》篇云：「宜爲『植』。」地，衣蓑《家語》「穰」。提執《家語》「贄」。精氣，以問事君子脱，據《家語》補。之道。待人《家語》作「施仁」。無倦。行不敏，禮不合。《家語》「脩」。

卷十八 辨物

《易》曰：「仰以觀於天文。」元本提行，宋本在上二句提行起。其在宿運外内者以官宫。名。可以種穀。《尚書大傳》作「稷」。可以斬伐田獵《大傳》有「收斂」二字。蓋藏。○星茀大太。下同。角。山林淪亡。二字脱，宋、元本、《御覽》六皆有。○濟河南。閒曰兗州。○陽溢而壯，陰《周語上》作「陽失而在陰」。源必塞。《語》下有「源塞」二字。不過《語》

有「其」字。紀。○爲施甚大。《初學記》六「德美」下引作「爲德甚美」。○公曰：「然。《晏子》二有「有」字。梟昔夜也。嗚者，舊倒，據《御覽》百七十七乙。其聲無不爲也。」亦能益寡人之脱，宋本有。壽乎？惟以政與德而脱，宋本有。當與「能」同。順乎神，爲可以益壽。然則福兆名，訛。有見乎？毋無。費民，且無脱，宋本有。令君知之。○夫水旱俱天衍「下」字，或當作「地」。陰陽所爲也。春秋乃正天下疑亦「地」字。之位。○齊大旱之《晏子》一作「適」。時。百川將脱，《御覽》八百七十九引《晏子》有，今從之。竭。彼獨不用《晏》作「欲」。雨乎？於是景公出野。《晏》有「居」字。○夫天地有衍「德」字，《外傳》一無。合，則生氣有精矣。時得而化矣。句。疑衍。故三月達眼《大戴·本命》篇作「徹眗」。而後能見，八七。月生齒而後能食。三年顋當作「顖」。合而後能言。故《外傳》無。反施亂化。精化填盈《外傳》作「闐溢」。而脱，《外傳》有。後，傷時之不可過遇。從《外傳》改。也。乃陳情欲以歌。《外傳》有「道義」二字。○度量權衡以黍《續漢·律歷志》注引作「粟」。下竝同。生之《志》注有「十粟」二字，《御覽》八百三十又八百四十皆同。爲一分。十六黍爲一豆，六豆爲一銖，《志》注：「十粟重一圭，十圭重一銖。」《御覽》八百三十作：「十粟重一豆，六豆重一銖。」十斗爲一石。《志》注作「斛」。○黄帝即位，惟聖恩承天，明道一脩。《外傳》八作：「施惠承天，一道脩德。」維《外傳》作「惟」。思影像，夙寐夜。據《外傳》改。晨興。鳳像儀。何如？鸛顙鶴植。鴛衍「鴦」字。思，下「麗化枯折所志」六字衍。龍文龜背，身。燕喙《外傳》「頷」。《詩・卷阿正義》同。雞噣。往則有文，來則有嘉。《外傳》作：「往即文始，來即嘉成。」五光宋本「色」。備舉，光興《外傳》「明動」。八風，氣降《外傳》「應」。時雨。通隨。天祉。達五音。于道。西面啓《外傳》「稽」。首曰：「皇天降祉，兹。從《外傳》改。敢不承命？」靈龜文五色，宋本連上。似玉似金。二字《御覽》九百三十一無。蛇頭龍頸。翅。能知存亡吉凶舊「吉凶存亡」，今從宋、元本。之變。○故重三《尚書大傳》作「九」。譯而來朝也。○其亡也，回禄信於亭《周語上》作「聆」。隧。夫一神《周語》作「神壹」。韋昭注：「神一心依馮於人。」不遠徙遷。道而得神，是謂豐《周語》作「逢」。福。王使太宰己《周語》作「忌」。父率傅氏及祝，奉犧牲玉觴《周語》作「鬯」。此「觴」或「暢」之訛。往獻焉。離民怒神衍「怨」字。而求利焉。○吴伐越。走。禹致羣臣《魯語下》作「神」。韋昭注：「羣神，謂主山川之君，爲神之主，故謂之羣神。」會稽山。使者曰：「誰爲神？」《魯語》：「敢問誰守爲神？」社稷《魯語》有「之守」二字，《家語・辨物》篇同。爲公侯，山川之祀爲諸侯。《魯語》無下句，《家語》有。其神爲釐《史記》同。《魯語》、《家語》作「漆」。姓。長者不過十。《魯語》、《史記》下皆有「之」字。○矢長尺有而。下同。咫。陳侯《魯語》、《家語》皆以爲惠公，《史記索隱》以爲非，乃湣公也。使問孔子。思《魯語》作「使」。無忘職業。以勞《魯語》作「分」。大姬。分別《魯語》、《家語》俱作「異」。姓以遠方職貢。○木石脱，《魯語》、《家語》皆有。韋昭云：

「木石，山也。」之怪夔罔兩。　土之怪羵《御覽》百八十九「棼」，《語》作「墳」。　羊也。○大如拳。《集語》引作「斗」，上文正作「斗」。○神曰：「無走！」帝命曰：今日，訛，從《晉語》二改。「使晉襲于爾門。」　舟之僑告其諸族侯，訛。《晉語》「告諸其族」。　曰。　大國下「無」字衍，從《晉語》删。　道，小國襲焉，曰服。　韋昭注此「襲」字云「入也」，則不作掩取解。上注宏治本作：「襲，取也。」兩義不同，故此重注。

三《晉語》作「六」。　年號乃亡。○晉平公作虒祁之臺。　室，訛。○猬食駿䮊。《御覽》八百九十二作「駿䮊」，下云「駿䮊食駮，駮食虎」，無「食豹豹」三字。駿䮊食豹誠可疑，但「䮊」字亦不見字書。《西山經》：「中曲之山有獸焉，其狀如馬，而白身黑尾，一角，虎牙爪，音如鼓，其名曰駮，是食虎豹。」　憎烏鳥。　而愛狐。　布蔟藜宋、元本俱作「蔾」。下同。　於階上。　憂夫肉自生蟲，而還自食失。　亦足以亡忘。國矣！　宦當與「盲」通。　也。○趙簡子問於翟封荼。《御覽》八百七十四作「餘」。　風之所飄也。　其百官肆斷而無告，《御覽》作「常」。　其政令不竟《御覽》作「常」。　而數化。《御覽》作「改」。○諸請。　扶而來者，舉舉，訛。　而來者，《外傳》十作「諸扶輿而來者」。　皆平復如故。　東肓盲，訛。　莫。《史記》作「揲荒爪幕」。　此肓莫即荒幕。幕，膜也。　所窺者甚大，所見者甚少。《外傳》作：「所窺者大，所見者小，所刺者巨，所中者少。」此似脱兩句。　物故有味昧。　揥而中蚊蛟。　頭。　揥，當爲「擿」，與「摘」同。　昧揥，暗投也。《外傳》作「昧投而中蝨頭」，蝨、蚊同。　太子股陰當温。　溼。　元本「温」，與《外傳》合。　先生幸而有《外傳》作「治」。　之。下「先生不有之」作「先生弗治」。八成之湯。《史記》作「八減之齊」。子容《外傳》作「同」。擣從「木」，非。藥，云云。《外傳》作：「子明灸陽，子游按摩，子儀反神，子越扶形。」特使死。夫當生者活耳。○孔子出，而弟子有吒叱。者。似完《家語・顔回》篇、《顔氏家訓・文章篇》俱作「桓」，此疑南宋人改之。山之鳥。○子貢問孔子：「人死舊倒，從《御覽》五百四十八引乙。有知無知也？」欲言無知，《御覽》「吾欲言死人無知也」。恐不孝子孫棄不《御覽》作「親之」二字。葬也。

卷十九脩文

商者，常也。當別爲一條。如矩之三雜，規之三雜。高誘注《淮南・詮言訓》云：「雜，匝也。」○辨然否脱，據《白虎通・爵》篇補。通古今之道謂之士。○《詩》曰：「左之左之。」當別爲一條。○貌者若。男子之所以恭敬。○知天道者冠鉥，當與「術」同。術氏冠，見《續漢・輿服志》。術，又本作「鷸」，《漢書・五行志》中之上師古注引《逸周書》曰：「知天文者冠鷸冠。」知地道者履蹻。《續志》作「絇」，是。能射御者佩韘。韘。負繩而準宋本「准」。下。故望五玉。貌而行能有所定矣。○達而勿多也。《大戴・公冠》篇句上有「辭」字。使王近於民，《續漢・禮儀志上》注有「遠於年，近於義」二句。遠於佞。任《大戴》作「親」。賢使能。《家語・冠頌》篇作「親賢而任能」。其禮與士上。從《大戴》改。同。加子《士冠禮記》作「始加」。元服。順爾成德。《記》有「壽考維祺，介爾景福」二句。○大夫下文有「士」字，此脱。庶人以屨二兩。使寡人當云「使某」，此訛。奉不珍之琮。《昏禮》「辭無不腆」，此云「不珍」，非禮。授夫乎一作「于」。

户。　拜諸母于大當作「祭」，見《穀梁・桓三年傳》。門。○繼體君世世不可居高祖之寢，故有高疑「路」。寢，名曰疑「也」。高也。疑「寢」。路寢其立柰何？《春秋》曰：云云。此十八字非此處語，疑脱誤。　繼體守文之君之寢，曰左右下「之」字，舊注一作「大」。然則當作「大寢」，下「路」字或是衍文。鄭注《月令》云：「大寢，路寢。」路寢。○士疑衍。一適鄭注《尚書大傳》云：「適，猶得也。」謂之《大傳》有「攸」字。好德。　命諸侯者。下當有「得專征」三字。　孽弑《尚書大傳》作「伐」。其宗。　然後天子比年秩官之無文疑「效」。者而黜之。○古者必有命民。本提行。　居《外傳》六同，《大傳》作「舉」。事力者。　命然後得乘飾飭。輿《大傳》作「飾車」。《攷工記・輿人職》云「飾車欲侈」。　駢馬。　是虞所以興象二字《外傳》作「象典」。刑。○志淫好僻。衍「者」字，《禮記・王制》無。○《傳》曰：「春曰衍「蒐夏曰」三字。苗，秋曰蒐，獮，誤。冬曰狩。」此所引傳乃《公羊・桓四年》之文也。孫云：「下文『蒐』在『苗』後，又云『夏不田』，是用《公羊》之説，後人乃誤據《周禮》、《左傳》以改此文，而不知其前後反成差互矣。今悉删正。」　秋春，誤。蒐者。　不抵《賈子》同，《廣雅》作「題」，蓋即《穀梁》不面傷之義。　禽。　此苗衍「獮」字。下同。蒐狩之義也。　其謂之田畋，訛。何？○天子殺則下大緌。《王制》作「綏」，鄭注云當作「緌」。下同。　大夫殺則止佐畢。《干制》作「車」。　昆蟲不《王制》作「未」。　蟄不以火田。　不麛不卵，《王制》有「不殺胎」三字，此脱。　不殀夭。舊倒，從《王制》乙。　南撫交趾、北大。據《史記・五帝紀》改。　發，西析柝。　支。　東至長夷、島《史記》作「鳥」。夷。○贈死不及柩尸。當別爲一條，《荀子・大略篇》「贈」作「送」。諸侯玄三纁二，各三疑「四」。下云「二三四五之數，本之天地」，則此當作「四」。「本」字舊作「取」，宋本作「本」。十尺。○不隱三年《公羊傳》有「得」字。必其時也。○既葬，《禮記・檀弓下》有「而」字。封壙墳《記》作「廣輪」。掩坎，其高可隱也。○子夏三年之喪畢，云云。此與《檀弓上》所記不同，彼云：「子夏……哀未忘，……子張……不敢不至。」○童子擊鼓苣束葦燒也。別作「炬」，非。火。○齋者思其居處也。本提行。○冬祭曰蒸。烝，通。聖王主，訛。將祭。㥔㥔當與「顒」同。憧憧。○未有不快當與「懀」同，會福祭也。用者也。舟中水而運。回旋，則其勢將沒。○則貪欲宋、元本俱作「慾」。之心不來。○又以正人宋、元本俱無「大」字。矣哉！○黃帝詔泠伶。下同。倫作爲音律。劉向《別録》「《樂記》第十六《説律》」，其即此乎？乃之崑崙案：此文與《呂氏春秋・古樂》篇同。此「崑崙」，《呂氏》作「阮隃」，疑後人又用《漢書》之文改之，下多類此。之陰，取竹於解嶰。谷。其長九寸，《呂》作「三寸九分」。而吹之以爲黃鍾之宮。曰日。含少。以崑崙《呂》作「以之阮隃」。之下，聽鳳《呂》有「皇」字。之鳴。黃鍾之宮，皆可《呂》有「以」字。生之。是故黃鍾生林鍾，此下與《呂氏・音律》篇多互異。攷之《晉書》、《宋書・律志》，多與《呂氏》合，然則此文又爲後人所淆亂也。今當悉據《呂氏》以正之。林鍾生太蔟，大呂，誤。太蔟生南呂，南呂生沽姑。宋本「沽」。下同。洗，沽洗生應鍾，應鍾生蕤賓，蕤賓生大呂，大呂生夷則，夷則生夾鍾，太蔟，訛。夾鍾生無射，無射生仲呂。沽洗，訛。《御覽》五百六十五所引《呂氏》即同《説苑》訛本。日至則日行《呂》作「月鍾」。其風以生十二律，故仲冬日脱，據《呂》補。短至則生黃鍾。仲夏日長至則四字脱，據《呂》補。生蕤賓。天地之風氣正，《呂》有「則」字。十二律至也。《呂》作「定矣」。○此所以獻酢《樂記》與下「酬」字互易。酳酬也。此可《樂記》作「所」。以示後世有尊卑長幼之序也。○鼓鞞之聲懽。《樂記》作「讙」。下同。○夫民有血氣心知之性。上是樂施章，此是樂言章，當提行。○嘽諧宋、元本皆作「奔」。慢易。柔氣不懾。攝。使親疏疎。貴賤。感滌蕩《記》作「條暢」。之氣。墮惰。慢邪僻之氣。使耳目鼻口心智知。宋、元本「智」。百體。代《記》作「迭」，義同。相爲經。君子之動本，樂其象也，後治其飾。《記》作：「君子動其本，樂其象，然後治其飾。」復亂以飭宋本「飾」。歸。小人以飭下「聽」字，後人以《樂記》之文注此下，今當爲衍文。過。○樂之可密者。四句《樂記》所無，閒雜於中，頗不倫。○凡人之有患禍者。本提行。○凡從外入者。元本連上。案：當别爲一條。○暴厲淫荒之動不存在。乎體。夫殺者乃亂亡《御覽》五百六十九作「世」。之風。小人不能。以下《御覽》無，但云：「後果不得其死焉。」由之改過下似脱一字。矣。《家語・辨樂解》：「夫子曰：『過而能改，其進矣乎！』」

卷二十反質

吾思夫也。質素。○而幸安之全。「全」字誤，當在「幸」字下。蓋重禮不貴物牲。也。○歷山之田者。本提行。○是以苦窳之器。下疑脱一字。○《詩》云：「尸鳩在桑。」當提行。○負缶《御覽》七百六十一作「壺在壺門」，《初學記》作「缶」。而入井。命曰橋。《初學記》「桔槔」。○黼脱，《御覽》八百二十有。黻無所用。二王者以下「化」字衍。身先于天下。且夫錦繡綉。下同。絺紵。長去聲，賸也。無用，好末淫。○治衍「大」字，《史記·始皇紀》無。或「大」字在「治」字上。馳道。渭南上山。林苑中。周《史記》有「馳」字。爲閣道。自殿《史》有「下」字。直抵南山《史》有「表南山」三字。之巔嶺。以爲闕，爲復複。道。以象天極閣閤。道。齊客《本紀》稱燕人。盧生。下懾伏以慢《史》作「謾」。欺而取容。乃使御史悉上《史》「悉案問」。諸生。不然無冀異。也。○生於姦奸。下同。邪淫泆佚。下同。之行。○秦穆公衍「閑」字。問由余曰。啜於土瓶。與「鉶」同，作「瓶」訛。乃以女樂三九《秦本紀》作「二八」，是也，古舞皆以八爲列。遺戎王。由余歸諫，《外傳》九作「數」。諫不聽。問其兵孰。孰。兼國十二，孫云：「此與《秦本紀》、《韓子·十過》篇皆同，然非其實也。《史記·李斯傳》言『并國二十』，《文選·斯上始皇書》作『三十』，《漢書·韓安國傳》作『十四』，竝非。惟《匈奴傳》言『八國服秦』近之。」穆公王。奢主。○百姓戴上。舊倒。《御覽》百四十六作「戴上」，又兩引皆同。慫宋本「慫」。然而起。杜門不出。下「傳死」二字誤，當爲衍文。○乃命左右曰：可省。「去車！」○今已復辟孫疑「殿」字之訛。矣。○大太。白之冠。○仲孫它《魯語上》同。宋本注云：「它、他，本皆作『忌』。」案：「忌」字訛。諫曰。○趙簡子乘弊車瘦，元本「瘦」，《御覽》七百七十三作「癯」，音

「衢」。衣羖羊裘。《御覽》作「衣羖羊之裘」。狐白之裘温且輕。《御覽》六百九十四有「君宜服之」四字。今脱，《御覽》七百七十三有。我以自備。○無囿尚可。衍「乎」字，《左氏·昭九年傳》無。○衛叔《御覽》五百三十一無。孫文子問於王孫夏。《御覽》「賈」。○無以聲樂妨政。正。其不王者猶由，同。無佐也。○以其家貧善《晏子·雜上》作「貨養」。寡人。○且夫死者終生之化，而物之歸者。《漢書》本傳有「也」字。厚葬以隔嬌，訛。《漢書》作「鬲」。真。是使物各失其然《漢書》作「所」。也。謂衍，《漢書》無。今費財而厚葬。○盛之土鉶《家語·致思》篇作「型」。之器。以其食美而思我親也。親，疑衍。《家語》作「而我思焉」。○斷疑「斲」，《晏子·雜上》作「鑿」。楹内書焉。楹也語。《晏》作「楹語也」。竆乎？竆乎？竆也！《晏》作：「國不可竆，竆不可竊也。」○委質以求脱，《家語·觀周》篇有。當世之君。夫説者流於辯，脱，《家語》有。聽言《家語》無。者亂於辭。○請投吾詩，師。以學於子。○叱吒叱。之聲未嘗至於犬馬。曾子參。避席謝之曰。

逸篇

閔子騫兄弟二人，母死，其父更娶，復有二子。子騫爲其父御車，失轡，父持其手，子。今汝欺我，去無留！」子騫前曰：「母在一子單，母去四子寒。」其父默然。故曰：孝哉，閔子騫。一言其母還，再言三子温。《藝文類聚》二十

晉靈公驕奢，造九層之臺，費用千億。謂左右曰：「敢有諫者，斬！」孫息聞之，求見。公曰：「子何能？」孫息曰：「臣能累十二博棊，加九雞子於其上。」公曰：「吾少學，未嘗見也。子爲寡人作之。」孫息即正顔色，定志意，一作「氣」。以棊子置於下，而加九雞子於其上。左右屏一作「慴」。息，靈公扶一作「俯」。伏，氣息不續。公曰：「危哉！危哉！」孫息曰：「臣謂是不危也，復有危此者。」公曰：「願見之。」孫息曰：「公爲九層之臺，三年不成，男不得耕，女不得織，國用空虚，户口減少，吏民叛亡，鄰國謀議將興兵。社稷一滅，君何所望！」靈公曰：「寡人之過，乃至於此。」即壞九層之臺。《類聚》二十四 又七十四 《太平御覽》七百五十八

孫息學悲歌，引琴作鄭衛之音。靈公大感，故作衛公之曲，歌而和之。《北堂書鈔》一百六

齊王起九重之臺，募國中有能畫者者〔一〕，賜之錢。有一作「狂卒」。敬君，居常飢寒，其妻妙色。一作「端正」。敬君工畫，貪賜畫臺，去家日久，思憶一作「念」。其妻，遂畫其像，向之憙一作「而」。笑。旁人瞻疑「覘」。見之，以白王。王召問之，對曰：「有妻如此，去家日久，心常念之，竊畫其像，以慰離心，不悟上聞。」王即設酒，與敬君相樂，謂敬君曰：「國中獻女無好者，以錢百萬請妻，可乎？不者，殺汝。」敬君惶聽許。《類聚》三十二《御覽》三百八十一　又七百五十

呂望年七十，釣於渭渚，三日三夜，魚無食者。望即忿，脱其衣冠。上有農人者，古之異人一作「老賢人」。也，謂望曰：「子姑復釣，必細其綸，芳其餌，徐徐而投之，無令魚駭。」望如其言，初下得鮒，次得鯉，刳魚腹得書，書文曰：「呂望封於齊。」望知其異。一作「當貴」。《類聚》六十六　《史記·齊太公世家索隱》

齊遣淳于髡到楚。髡爲人短小，楚王甚薄之，謂曰：「齊無人耶，而使子來，子何長也？」對曰：「臣無所長，腰中七尺劍，欲斬無狀《新序》誤「壯」。王。」王曰：「止，吾但戲子耳。」即與髡共飲酒，謂髡曰：「吾有讎在吴國，子寧能爲吾報之乎？」對曰：「臣來，見

〔一〕衍一「者」字，《藝文類聚》、《太平御覽》均無。

道傍野民，持一頭魚，上田祝曰：『高得萬束，下得千斛。』臣竊笑之，以爲禮薄而望多也。王今與吾半日之樂，而委以吴王，非其計。」楚王嘿然。《類聚》九十六　《書鈔》四十　《御覽》二百四十三　又三百七十八　又七百三十六　前數句，又引作《新序》。

晉文公伐楚，歸國行賞，狐偃爲首。或曰：「城濮之事，先軫之謀。」文公曰：「城濮之事，偃説我無失信，不背三舍之約。先軫所謀軍事，吾用之以勝。然此一時之説，偃言萬世之功，柰何以一時之利，而加萬世功乎？是以先之。」衆人悦服。《御覽》二百七十九　與《權謀》篇不同。

中行獻子將伐鄭，范文子曰：「不可。得志於鄭，諸侯讎我，憂必滋長。」郄至又曰：「得鄭是兼國也，則王者固多憂乎。」《御覽》三百五

秦急圍邯鄲，邯鄲傳舍吏子李談謂平原曰：「邯鄲之民，炊骨易子而食之，而君之後宫婢妾，荷綺縠，餘粱肉。士民兵盡，或剡木爲矛戟，而君之器物鍾磬自恣。」《御覽》三百五十三

梁君出獵，見白鴈羣。梁君下車，彀弓欲射之。道有行者觀，梁君謂行者止。行者不止，鴈羣駭。梁君怒，欲殺行者。其御公孫龍下車對曰：「昔者齊景公之時，天旱三年，卜之，曰：『必以人祠乃雨。』景公曰：『吾所以求雨者，爲吾民也。今以人祠乃雨，寡人將自當之。』言未卒，天大雨，方千里。今主君以白鴈故而欲殺之，無異於狼虎。」梁

君援其手，與上車，歸。入郭門，呼萬歲，曰：「樂哉今日獵也，獨得善言。」《御覽》三百九十　見《新序》二，作「公孫襲」。

齊遣兵攻魯，見一婦人，將兩小兒走，抱小而挈大，顧見大軍且至，抱大而挈小。使者甚怪，問之，婦人曰：「大者妾夫兄之子，小者妾之子。夫兄子者，公義也；妾之子者，私愛也。寧濟公而廢私耶。」使者悵然，賢其辭，即罷軍還，對齊王説之，曰：「魯未可攻也，匹婦之義尚如此，何況朝廷之臣乎？」《御覽》四百二十二　見《列女傳·節義》篇同。

魯有賢女，次室之子，年適二十，明曉經書。常侍立而吟，《列女傳》作「倚柱而嘯」。涕泣如雨。有識謂之曰：「汝欲嫁耶，何悲之甚？」對曰：「魯君年老，太子尚小，憂其姦臣起矣。」《御覽》四百六十九

趙襄子問王離曰：「國之所以亡者，何也？」對曰：「君惔而能忍，是以亡爾。」襄子曰：「何以爲然也？」曰：「惔則不能賞賢，忍則不能罰罪。賢者不賞，罪者不罰，不亡何也？」《御覽》六百三十三

蘇秦至齊，齊王厚待之。諸大夫嫉之，使人刺秦而不死。齊王出珍寶募求賊，不得。蘇秦垂死，謂齊王曰：「王誠能爲臣求賊者，臣死後，請車裂臣屍於市，詢之曰：『蘇秦爲燕欲亂齊，今日其死，寡人甚喜，故裂之。』如此，刺臣

者必出矣。」齊王從其言，裂屍而詢之，刺蘇秦者果出求賞。《御覽》六百三十三

北塞上之人，其馬亡入胡中，人皆弔之，其父曰：「此何詎知不爲福？」居數月，其馬將胡駿馬而歸，人皆賀之，其父曰：「此何詎知不爲禍？」家富馬良，其子好騎，墮而折髀，人皆弔之，其父曰：「此何詎知不爲福？」居一年，胡夷大出虜，丁壯者皆控弦而戰，塞上之人死者十九。此子獨以跛故，父子相保。《御覽》八百九十六　本《淮南子》，文全同。

晉平公問趙武曰：「中牟，三國之股肱，邯鄲之肩髀也，寡人欲其良令也，其令空，誰使而可？」趙武曰：「邢子可。」公曰：「邢子非子之讎邪？」對曰：「私讎不入公門。」又問曰：「中府之令空，誰使而可？」趙武曰：「臣子可。」故外舉不避讎，内舉不避子。《類聚》五十

黿千歲，能與人言。《類聚》九十六

鼓法天，鐘法地。《書鈔》百八

楚文侯曰：「邑中豪好蔽善而揚惡，可親問之。」《文選》注三

勇士孟賁，水行不避蛟龍，陸行不避虎狼。八　又十八

聲樂易良，而合於歌，情盡舞意。十七

蓬生枲中，不扶自直也。《後漢書・徐穉傳》注

晉靈公造九層之臺。云云。孫息求見。靈公張弩操矢見之，謂之曰：「子欲諫邪？」孫息曰：「臣不敢諫也。臣能累十二博棊。」云云。《呂布傳》注，餘同前。

子奇年十八，齊君使主東阿，東阿大化。《胡廣傳》注

晉平公時，赤地千里。《臧宫傳》注

羣書拾補

（下）

〔清〕盧文弨　撰
程惠新
陳東輝　校點

浙江大學出版社
ZHEJIANG UNIVERSITY PRESS

申鑒

有程榮本、何允中本、黄省曾注本。今參用三本，摘其譌脱如左。其《後漢書·荀悦傳》所載異同不具列。

政體篇 治世之臣，所貴乎順者三：一曰心順，二曰職順，三曰道順。衰世之臣，所貴乎順者亦三：一曰體順，二曰亂順，三曰事順。「衰世之臣」以下二十三字，舊本缺，今用黄氏說補。 好惡毀譽賞罰，參相福也。案：李善注《西京賦》「仰福帝居」云：「福，同也。」《匡謬正俗》云：「福，古副貳字。」又，《東京賦》「順時服而設福」，亦見顔籀書。今本改「福」爲「副」。徐鍇云：「仰福之福，從衣。」此「福」字舊本皆作「福」，誤也。

時事篇 或問復讎，曰古義也。「曰」字舊本皆脱。 公禄貶則私利生，「禄」字舊本作「生」，誤。 私利生則廉者匱。「生」字舊本作「禄」，誤。 收遠輸之京師。「收」字舊本作「牧」，誤。 古有《洪範傳》云：「六沴作見，若是共御。」共御，舊本作「王都」，誤。今據《尚書大傳》改正。 掌陰禮之官。舊本「陰」字下有「陽之」二字，係誤衍。案《周禮·内宰》「以陰禮教六宮，以陰禮教九嬪」，注：「陰禮，婦人之禮也。」今據此删去。 或曰至德要道約爾，典籍甚富，如而博之以求約也。

「如而」二字疑當作「如何」。又，下當有「曰」字。曰權宜弗之絶也。「曰權」下舊本又有一「曰」字，係誤衍。下及士庶，苟有茂異。舊本作「等各有異」，誤。今據《北堂書鈔》五十五所引改正，與本傳文同。故先王重之，以副賞罰。「副」字舊本作「嗣」，誤，亦據《書鈔》改正。宜於今者，備置史官。官以其日，各書其事，歲盡，則集之於尚書。史官掌典文，紀其行事，不書詭常。舊本作：「宜於今者，官以其日，各書其盡，則集之於尚書。若史官，使掌典其事，不書詭常。」案：此文有訛脱。《漢書》作：「宜於今者，備置史官。掌其典文，紀其行事。每於歲盡，舉之尚書。」云云。今參酌爲之改正。

俗嫌篇

或問日時羣忌。「日」字舊本作「曰」，誤。曰：「否。元日元辰，先王所用也。」「日」字舊本作「曰」，誤。或問神何以格，曰：「一誠所感，自然應也。故精神以底之，犧牲玉帛以昭之，禱祈告愬以通之。」舊本作：「或曰：祈請者，誠以接神，自然應也。故精以底之，犧牲玉帛以昭，祈請吉朔以通之。」案：此文有訛脱，今據《北堂書鈔》九十所引改正。捷言羌亥。案：「羌」古與「慶」同音，此謂慶忌也。亥謂章亥。猷犬羊之肉以造馬牛。「猷」字無攷，疑是「敹」字之誤。

襍言上篇

學而知之者衆矣。「衆」字舊本作「寡」，誤。先哲之言，不輟於耳。「耳」字舊本作「身」，誤。有聞必有入之者矣。黄氏疑「有聞」上下皆缺一字。今案：無缺。膏肓純白，二豎不生。「肓」字舊本作「盲」，誤。下同。損益之符。當提行。此知益爲損，損之爲益者也。此知伸爲屈，屈之爲伸者也。舊本「損」字、「屈」字皆不重，脱耳。□□□域重譯而獻珍。「域」字舊本作「城」，誤。以下文例之，當指荒絶之域耳。所缺僅三字，舊本謂缺五字，亦誤。

襍言下篇 雖可兼取矣。「雖可兼取」下當脱「亦弗之兼」四字。君子四省其身，怒不亂德，喜不舊注缺一字。義也。「四」字疑當作「日」，否則「喜不」字下所缺尚多。

列子張湛注

世所傳諸子，多是世德堂本，有不標堂名者，後來刊去耳。此本用晉張湛注，又以唐殷敬順釋文，及宋陳景元語參廁其中，不加識別，頗爲淆混。近人引用，多誤認釋文爲注。職此之由，今專校張注。其音義易辯，及有圈隔，了知非張注者，置之；有相疑似者，乃著之。其殷氏釋文，《道藏》本彙編全書之後。俗閒本脱誤甚多，今不暇兼舉。倘後有重梓此書者，宜依《道藏》本，使各自爲書。蓋殷所見本，與張注本亦時有異同云。

列子序此下細注即是釋文　父咸予《道藏》本是「子」字。已下凡似此者，但注當改正之字，庶省筆墨之煩。集。　比亂。下脱一「定」字。　元互。示旨指。歸。

天瑞第一　居鄭圃。「鄭有圃田」四字是注。　注列子之謙者疑「言」。也。　注存亡復往。此二字倒，當依後文。　注不生之主。生。　不化者往復。下句當疊「往復」二字。　注本自無主。生。　是謂玄牝。毗忍反。「之」下方是注。　注謂之生者，則不死。無。　易無形埒。釋文作「埒」，《乾鑿度》作「畔」。　注究，下有「者」字。　窮也。　注領其都會。下有「也」字。　注此蓋明變化往復下有「而」字。　無窮極。　注方圓員。下同。　靜躁。　注無爲之本，則無留當。於一象。　注有之爲有，待恃。　無以生。　攓蓬而指。「攓，拔也」，三字是注。　注此相合而生下有「者」字。　也。此文上下音切，及引司馬彪、郭璞之説，皆非張注。　注羭，牝牡。羊也。　注亶，音蟬。此段皆是注，「其狀如狸而有髮」，「髮」是「髦」字。注大《藏》有「此」字。腰，黽鼈之類也。下皆是注。注日臼。出水。臼水出。羊奚比乎不荀。筍。注死不永滅。下有「而」字，注末無「也」字。注而無不生下當有「於」字。有。注進當爲盡。此段及下段皆是注。晝張本作「盡」，注：「盡，亡也。」其終。注偏偏。積之一氣。注無時蹔暫。下竝同。停。處常得《說苑·雜言》篇作「待」。終。注收刈後田中棄穀拾釋文作「捃」，音「居運切」。之也。故下有「能」字。樂若此。睪。睾。《荀子·大略篇》作「皋」。注太大。塊載我以形。有人鍾賢世。下八字注。注而竝不免於溺當作「弱」，語見《莊子》。下同。喪也。注故物下有「所」字。以全者，皆由虛靜。粥熊。下是釋文。注固非耳目下有「之」字。所瞻釋文作「矚」。察。注形色髮膚有精。之。句。麁麤。者，新故相換。長盧釋文作「盧」。子。注有形之必敗。壞。舜問乎烝。釋文云：「丞，一本作『烝』。」此段注末《藏》本有「也」字。注凡方。土出下有「所」字。有也。注不得私而有之。不得不私有之。認仞，注同。釋文：「仞，音刃。」案：仞，古「認」字，見《淮南子·人閒訓》及《漢書·儒林·孟喜傳》。而有之。注飭飾。愛色貌。注吾所以有大患，下有「者」字。爲吾下當有「有」字。身。又，下「太虛」作「大虛」。注自然而已，四字不疊。何所歷厝。其公私之名？

黃帝第二　養正命。下四字注。凡類此者，皆是注。舍官疑「宮」。寢。注痟癢，此字衍。酸痟當作「削」。也。悟釋文作「怡」。然自得。太大。山稽。「三人黃帝相也」是注。不偎不愛。前段是釋文，後段是注。注仙，下有「者」字，「聖」下亦同。壽考之稱。注愆，蹇之乏。也。注冷泠。然善。注章戴，尹生下有「之」字。名。注不猶踰於已匿。而不顯哉？注令當作「今」。形凝神廢。列子問關尹。下是釋文，「不空者」下方是注。魚語女。「魚」當作「吾」，四字是注。注造音下當有「造」字。作。注氣壹德純。此段是注。末「造，音操」下有「字」字。猶象人也。非注。足二分垂。下非注。注郭象云：「揮斥，猶放縱也。」下「又曰」七字非注。《藏》本「放縱」倒。口所偏肥。下「音鄙。肥，薄也」五字是注。疑本是「音鄙，薄」，「肥」字乃衍文。攩捝挨抌。音俱非注。注水底潛行曰泳。臯昉同疑。「昉，始也」三字注。下「誕，欺也」同。吾誠之《太平御覽》四百三十作「信」。無二心。唯恐誠之之《御覽》不重。下同。不至。周宣王之牧正。下非注，「孶尾」下亦同。注所以害物，下有「而」字，疑當作「由」。逆其心故。下有「也」字。注必能不懼釋文作「權」，無「不」字。舟也。則未嘗見舟而謖操之者無「者」字。也。注亡水忘水者。則無矜畏之心。下有「也」字。注神明所居下有「者」。故謂之舍。下有「也」。注互有所投者曰。摳。前「瓦摳」等皆非注。凡重外者拱拙。內。孔子觀於呂梁。下數條皆非注，至「故猶素也」下方是注。見痀僂傴。者承蜩。用志不紛，乃疑凝。《莊子》同。於神。文侯大說。「天下有能之」云云是注。注則處水火而不燋焦。

溺，涉水石而不悸挂。駭。硋。注履危險而無巔顛。墜。注斯言不輕。經。以告壺丘子。下四字非注。吾與汝無既。案注似「無」字是，然《莊子》亦作「既」。其文。注向秀曰：元當作「亢」。其一方。罪乎不誫不止。《莊子·應帝王》作「萌乎不震不正」。「向秀」下是注。注便爲謂。之有生。坐不齋。「向秀」下是注。「管」作「筦」。又，「故以」下當有「爲」字。注皓浩。然泊心。鯢旋釋文作「桓」。之潘爲淵。此「九水名」云云方是注。注向秀曰：汎然無所係。下有「者也」。故逃也。「向秀」下是注。注向秀曰：無適。下有「也」。注雕瑑琢。之文。注「戎」或作「哉」。下有「字」。遇伯昏瞀《莊子·列御寇》篇從「目」，此下亦同。人。而整當作「整」。其所患。注歸之果衆。注豫出而異者。也。注皆下有「是」。摇本之徒，不皆能。相啓悟下有「者」。也。注厚自藏疑「尊」。異。亦不暇假。智於人也。注是生四別本依《左氏》改「三」。子。注百獸率舞是也。注接悟之速。迅。注志忘。勝負矣。

周穆王第三

注視瞬釋文作「瞚」。而滅。右服䯄騙。釋文又作「騙」。騮。下「白𣽃」作「白犠」。注《山海經》云：「崑崙山有五色水也。」別日升下有「于」字。崑崙之上。下兩段皆非注。注西王母。并下三條皆是注。注自此已上。注知世事無常。下條亦注。注注下有「見」。篇目已詳其義。注以成氷水。頊。澒。注因恐㤔怖。而夢。注夫變化云爲。注言誠。成當作「識」。所由。注火性猛烈。注此以物類下有「而」。致感。下有

「也」。注夢爲鳥而厲戾。於天。注此亦寓言以明怪理。也。注即今四海之内。注未足相跨釋文作「咵」。也。注恂，下有「者」。信也。注情慝釋文作「匿」。可假象數而尋。注疾疢。痾結於府藏。注蓋亂辭。有左右耳。注有過下有「乎」。史巫者。須臾之亡，當作「忘」。可復得乎？顧謂顔回紀記。之。常嘗。甘以爲苦。注榮，下有「者」。棄也。

仲尼第四

注回不言欲宣旨。問。汝之意失釋文作「夾」，音「狹」。矣。注豈能無可無不可歟？哉。注既悟至理，則亡忘。餘事。叔孫下有「氏」。曰。注賈逵《姓氏英覽》。段若膺云：「此必賈執《姓氏英賢譜》耳，見《隋書·經籍志》。」注稱爲七士。族。注不怪仲尼之凡用。形，不而。怪耳目之易任。注汎然無心者。商太大。下同。宰。下非注。注孔某子。之博學。注故不可亂也。「也」字無。注惟推。此是足。喻而終莫悟。注欺魄上土。人也。此段注末有「矣」字。末行者無「者」字。與言。鼻如口口，衍一。無不同。前卷下有「也」。注則明。無幽而不照。觀之別本作「其」。所變。游乎游乎。注末有「矣」字。注内足於己。注諸侯下有「所」字。下二句同。不能得友。注隸下有「者」。猶羣輩也。注爽，下有「者」。差也。注既合則離下有「辯」。別。下有「也」。注焦朽下有「者」。有節之氣。注僵，下有「者」。仆也。注與人下有「之」。理亦然。鄭之圃澤多賢。下是注。　注鄧析，鄭國辯智之士。下作「竹書」，《藏》本亦同，《左傳》是「竹刑」。　注非不能應，機譏。而不應。　注機，下有「者」。巧也。　注巧偏偏。而智敵者。　注懦，下有「者」。弱也。下四字非注。　吾之力者。無「者」字。　注未能令名迹不顯下有「者」。也。　注猶愈。免於矜，故能致稱。「稱」作「此也」二字。　注公子牟，下有「者」。文侯下有「之」。子。　注雖才辯而不合理也。　注而無下有「一」。定下有「之」。家。　注《莊子》云桓國。釋文作「團」。注辯者之固。囿。　注孔穿，孔子之孫。下有「也」。　注同發後。發於前發。　注近世有人擲五木者，百。擲百盧者。　注此論見存在。多有辯之者。　注負，下有「者」。猶背也。類，下有「者」。同也。　注《墨子》曰：日。「影不移，説在改爲也。」見《墨子·經説下》，「移」作「從」。　注此語近於鄙，不可解。下有「也」。　子以公孫龍之於。鳴皆條也。注。言謂。龍之言無異於鳴。馬。　注而不可理論。論。　注夫道治洽。於物者。　注蒸，下有「者」。衆也。　誰釋文作「咢」。教爾爲此言？　問大夫。《藏》無此三字。　形物其箸。案：此古「著」字。　注形物下有「者」。猶事理也。　注順水物。而物。下有「者」。　故若水也。　注應而不藏。下有「者」。下「不唱」同。　知而忘亡。情。　聚瑰塊。也。

湯問第五

注今下有「之」。所以有物，由古下有「之」。有物故。下有「也」。　注然後於。視聽。　猶齊州也。下四條皆非注。　注蓋其嘗掌。握耳。　注以開視聽之所閡。閡。　注以謂調。和陰陽。注顓頊，下有「是」。黄帝下有「之」。孫。八統紘。九野之水。「方壺蓬萊」下皆非注。注兩山閒相去十七。萬里。下「乃可得數」，「乃」作「不」。注若此之山猶浮於無「於」字。海上。帝怒恐。流於西極，失羣仙。聖之居。下「《大荒經》曰」，又「《離騷》曰」是注。名曰諍人，長九尺。寸。下是注。其體稱焉。下是注。注衆之無「之」字。所疑。禹。焉。弗見其形。下是注。注夏革無緣得下有「而」。稱之。居空峒桐。之上。地氣然也。下是注。即叩。石墾壤。何苦本作「若」，一本作「苦」。而不平？自此異冀。之南。注億代爲曠瞬。息。其物其異。形。注壽夭咸下有「得」。盡其分也。注故寄言迷謬也。耳。注距，去至。也。注故管仲駭孩。之也。案：「孩之」當本《老子》。祝被。釋文作「祝」。髮而裸。有輒木《意林》作「沐」。之國。則鮮而食之。案：「鮮」與「析」一聲之轉，故「析支」亦作「鮮支」。《墨子》亦作「鮮」。不可以與。同居處。楚之南有炎案：《墨子・節葬》篇作「啖」。人之國。⿰歹丂其肉而棄。有「之」字。注或玄互。相起子予。也。剖粒粒。爲餌，引盈車之魚，下是注。於百認之淵。案：認、仞多通用。此以「認」爲「仞」。《天瑞》篇「仞而有之」，又《周穆王》篇「室人又謂夢仞人鹿」，又以「仞」爲「認」。注瓠巴，古下有「之」。善鼓琴人也。柱指鉤鈞。弦。注遺弦聲。下亦作「弦聲」。注心、手、器三者玄互。應。灃灃，與「醴」同。泉涌。注無「之也」二字。注北方有地，美。上非注。注韓國善歌謳。者也。

注中道有國獻此工考巧。之人也。皆傳傳。會革、木、膠、漆。內則肝、膽、心、肺。肺。注至於巧極下二字倒。則機幾。乎造化。注豈謂物無神主也？邪。注牽挺，機躡。疑「纙」。注纔得安御。脚。注言其照也。夜。匣柙。而藏之。注因由，同「猶」。此二物。

力命第六 顏淵之才不出衆人之下，而壽十四。八。注是以聖人兩情存。而不辨。注或有矯天真以殖殉。名者。而皆謂與子予。立。北公宮。子以德厚自愧。下句「矣」字《藏》本無。注小白，糾之次弟。注非人理力。所制也。仲父之病疾病。矣。其爲人下有「也」。潔廉善士也。注竹刑，簡法。疑當作「竹簡刑法」。注此下有「章」。義例。注似由報應，若出智力。下有「也」。注而威之而以。死。末句「也」上有「者」字。注而威之於以。死。注故曰天罰。無「也」字。注豈智之所必？如。注無際無分。下有「者」。又，下「自運」下同。注不能詐其真。正也。二曰下衍一「曰」字。俞氏。愛之亦或。不厚。孰能無「能」字。知其故？都無「此」字。亡所不信。亦不謂爲。衆人之不觀。注此皆默詐輕發迂緩急速之貌。注婩斫，不解悟之貌。勇敢、怯疑。注眠娗，不開通之貌。諈諉，煩重之貌。此十三字今本缺。注惑其以似。成敗而不能辯。注言冥昧下有「而」。難分耳。則不駭。釋文作「駴」。注此明用智計之不如若。自然也。注亦未必然。下有「也」。注在任。智之所知也。若何滴滴。滴滴。寡人將去斯而之何？《韓詩外傳》作「何之」，下「怒馬」作「駑馬」。吾君方將被蓑苙。笠。吾常當作「嘗」。無子。

楊朱第七

注是不達乎生生之極趣。也。注夫事爲無已。下有「者」。注言不重專。美惡於己。注此推惡於君也。注爲善不以爲名。下「名」字作「而」。注爲僞。名則得利者也。注不僞下「則」字無。不足以招利。痛疾《意林》作「疾病」。哀苦。故不爲形刑。所及。注鼻通曰顫。誤閒於釋文之中，故出之。謂之閼往。性。注唯取其奢儉之異也。乎。聚酒千鐘。鍾。密造釋文作「速」，故云：「本作造。」今於張本「造」下注「本作『造』」，不可通矣。鄧析而謀之。僑《藏》作「喬」。下同。爲國則治矣。注太逕挺釋文作「逕廷」。案：《莊子》作「逕庭」，又作「俓侹」。抑抗。賓客在庭者日百住。張本作「往」。此天人下有「之」。窟毒者也。舜荷菙箠。而隨之。注出曲。意求通。筋節㟨腃。急。案：《淮南·脩務訓》「啳睽哆噅」，此釋文音「急」爲「喟」，蓋亦讀若「睽」。常衣緼黂。注亂麻。案：黂，當作「黂」。注非但累正其。身。

説符第八

注此語以似。壺子荅。注珠，富之末。下有「也」。注率爾自中。注則前期命矣。當作「矢」。注不專己知。智。齊侯納之。下有「以」。使君若。博如孔某。注勝欲報。令尹子西、司馬子期伐鄭。注喻其微言下有「人」。不可能。覺。白公不得已。《淮南》作「也」。使遽人下有「來」。謁之。無所施於積。《吕氏》無「施」字，《淮南》并無「於」字。注勁，下有「者」。力也。拓，下有「者」。舉也。注不有其態能。也。注凡人物不知生出者主。謂之蘭也。注謂先僑人。案：郭璞注《山海經·長股國》云：「今伎家喬人蓋象此。」僑、喬通用。此比。其於馬。案：比，發語辭。孟子「比天之所以與我者」，賈誼「比物此志也」，皆同。色物、《御覽》八百九十六作「物色」。牝牡。注視下有「其」。所宜視者。注信鬼神與機機。祥。注用棊十二，故。枚。無下「法」字。戮勠。力一志。見而下壺餐。飧。胡爲而食餐。我？自下有「去」。爲不知己者。下有「去」。注有殺身以成仁。無下「也」。而弱溺。死者幾半。夫子沓之僻？辟。將扑朴。下同。之。注而厚專。責於人。注未有處名利二字倒。之衡。中。下有「而」。臨死以訣決。喻其子。注同生是二字倒。類，但自貴而自相。賤。非疑「豈」。天本爲蚊蚋生人。作動二字倒。態度。注意所偏感，惑。則隨念想二字倒。而轉易。注豈外物之下有「所能」。變？下有「乎」。注慮下有「者」。猶度也。下句末有「者」。頭頤。之忘，將何所不忘哉？注豈下有「因」。萬物疑衍。動之所能亂者乎？

韓非子

是書有明馮舒己蒼據宋本、《道藏》本以校張鼎文本外，又有明凌瀛初本、黄策大字本，今并以校明神廟十年趙用賢二十卷全本，而以是者大書，其異同作小字注於下。此書注，乃元人何犿删舊李瓚注而爲之者，亦甚略，且鄙謬者亦未刊去。明孫月峯評點本并無注，兹不取在所校本中。

卷一

初見秦此篇見《秦策》，作張儀説，誤也。　言而不當，《策》作「言不審」。凡小小異同，及辭多寡，不具著。亦當死。　收《策》有「餘」字。韓而《策》無。成從將西面以與秦强《策》無，此倒。爲難。世有二注同，宋本「二二」。吴師道補注《國策》亦云《韓子》作「二二」。亡，而天下得之，天下得亡之形也。舊注「知二亡者得天下」，謬甚。其此之謂乎！臣聞之曰：「以亂攻治者亡，以邪攻正者亡。」《策》又有「以逆攻順者亡」一句，故上作「三亡」。　共頡頓。據《國策》補注引改正。《説文》：「頡，直項也。」「頓」字無理。　首戴羽爲將軍，斷死於前不至千人，皆以言死。此二十字《策》無。有功無功相事也。今《策》作：「不攻耳，無相攻事也。」生未嘗見寇耳。當句。《策》作「也」。夫斷死與斷生也者。今從《藏》本。張本《策》同。不同。此無異故，其可省，《策》無。謀臣皆不盡其忠也。一戰不剋而無不。今從《藏》本。張本《策》同。齊。且聞之曰：「削跡迹。無遺根。」《策》作「削株掘根」。取洞庭、五湖、《策》作「都」，一作「渚」。江南。東服《策》作「伏」，古通。於陳。中以淩張本「陵」，下同。《策》同。三晉。趙危而荆狐疑。《策》作「荆孤」，是。下不《策》作「上」，非。能盡其民力。筦山東河閒。《策》作「完河閒」，無「山東」二字。踰華絳《策》作「踰羊腸降代」。上黨。代四《策》作「三」，疑是。十六縣，上黨七十《策》「十七」，是。縣。以淩本無，《策》同。代、上黨不戰而畢爲秦矣。東以弱齊、衍「强」字，淩本無，《策》同。燕。決白馬之口以沃《策》作「流」。魏氏。天下偏高誘注《國策》本同。吴本作「編」，云：「以繩次物曰編。」張本、淩本此亦作「編」字。隨而伏。地曾《策》作「尊」。不可得。棄甲兵負。張本作「兵」，吴注同。弩，《策》作「怒」。戰竦而却。軍乃引而退一本作「復」，乃「復」之譌。并於李吴注《韓》作「乎」。下，大王又并軍而至，《策》作「致」。與戰。運罷而去。《策》作「又交罷却」，或改「運」作「軍」。幾不難能。案注是「難」字。《策》作「豈其難」。矣。注曰「不難矣」上有「故」字。左飲於淇溪，《策》作「谷」。右飲於洹谿。《策》作「水」。戰一日，夜。《藏》本作「日」，《策》同。而破紂之國。決水而灌之三月，《秦策》、《趙策》俱作「三年」。城且拔矣。襄主鑽龜筮《策》作「錯龜數策」。此「筮」上疑脱一字。占兆，以視利害。以復襄主之初。《策》「以成襄子之功」。以脱，一本有。《策》同。此與天下，天下可兼而脱，《藏》本有。《策》同。有也。大王誠《策》作「試」。聽其説。大王斬臣以徇國，以爲爲舊少一「爲」字，今據吴注引增。上「爲」如字，下去聲。王謀不忠者張本有「戒」字。也。《策》作：「以主不忠於國者。」

存韓 今下「日」字衍，張本無。臣竊聞貴臣之計。懃張本「勤」。於野戰。均如貴臣人。張本「臣」。之計。陛下雖以金石相弊。馮云：「言其時之久也。注『弊，盡也，盡以召士』，此解謬，石何可以召士？」今賤臣之進一本無。愚計。則轉韓。《藏》本作「轉」，是。上已云從韓而伐趙，則不待再收韓明矣。可以移書定也。爲計而使諸侯有意伐張本、凌本作「我」。趙敬夫云：「意秦之伐之也，不必作『我』。」之心，至殆也。見二疏。疎。今從《藏》本。夫脱，張、凌本皆有。攻伐而使從者閩一作「閒」。焉。下臣斯。臣斯舊本不重，一本有。甚以爲不然。若人之有腹心舊本倒，今從《藏》本。張本與下同。之病也。虚處則㤥然，注「㤥，音艾」，凌本音「改」。案：《説文》：「苦也，胡概切。」《玉篇》：「恨苦也。」使來入見。大王凌本二字重。張本不重，是。見，因内其身而勿遣。以嚮秦軍於關。闕。今從《藏》本。下云：「先爲鴈行以攻關。」聽姦人張本作「臣」。之浮説。使人來借道，言欲伐秦，欲伐秦，舊不重。今依張、凌本補。其勢必先韓而後秦。則反腋之寇反於腋下，言内變將作也。注迂晦。必襲城矣。

難言 言順比滑澤。順比，不拂逆也。注「言順於慎，比於班」，轉難解。凌本「澤」作「瀉」，誤。

激急意。張本「急」。親近，探一作「深」。知人情，則見以爲譖凌本作「僭」。而不讓。纖張本作「家」。計小談。以質性信。張、凌本皆作「性」。言。伯里子道乞。即百里奚亡秦走宛事。吴起收疑是「抆」字。泣於岸門。見《吕氏春秋·長見》篇。尹子穽於棘。張本有。注云：「投之於穽棘中。」故君子難言《藏》本作「不少」。也。

愛臣 人臣太貴，必易主位。一作「人臣太擅，必易主命」，與韻不叶，非也。

主道 臣自將二字疑倒，當與下文一例。雕琢。羣臣竦懼於乎。《藏》本「於」。下。賢者敕一作「效」。其材。故君「子」字衍。不窮於名。不智而爲衍「上」字，張、凌本俱無。智者正。道在不可見。張本不提行。函下「掩」字疑是注，凌本無。其跡，匿其端。絶其望，能。注云「則人意望絶」，張本作「絶其能望」，亦衍「能」字。破其意。臣不得脱，《藏》本有。陳言而不當。赦罰則姦臣張本「人」。易爲非。

卷 二

有度 奉法者强則國强。注「爲」字當作「謂」。取地河東。注「河東，故南燕國所在」，凌、張本作「故南燕之地」，無下「河東」二字。「德之」誤作「得之」。荆軍老而走。注「師久爲老」，作「而老」，誤。安盭王脱，《藏》本有。死而魏以亡。故有荆莊、齊桓，衍「公」字。則荆、齊可以霸。加於以。羣臣之上。注「授之以政」，「授」誤作「受」。忠臣「之所以」三字衍，一本無。危死而不以其罪。不壹一。張本「壹」。下同。至主之廷。而實託於羣臣之家也。注「下移」誤「不移」。能者不可弊。一作「蔽」，疑是。朝廷不敢辭賤。二句注「鞅」譌作「缺」。士，《藏》本作「事」。鏌鋣傅體，不敢不弗。《藏》本「不」。搏。臣不謂智。注「伺危以恐主」，「恐」誤作「怨」。先王之法所簡也。簡，弃也。注非。險陰。躁不得關其佞。法所以淩過遊外二字一本作「滅」。私也。必以先王之法爲比。注「君知」，《藏》本作「君智」。

二柄　所惡則能得之其主而罪之。注「罪之」誤「罪也」。下注「其恩」誤「之恩」。歸其臣而去其君矣。注「去其君」，各本俱無「其」字。子罕謂宋君。此别一人，非春秋之樂喜。○言衍「不」字，《藏》本無。與異，譌。事也。○燕子噲好賢，故子之明不受國。趙敬夫云：「此即《燕策》鹿毛壽謂燕王，王以國讓相子之，子之必不敢受是也，注非。」桓公蟲流出户尸。《藏》本「户」。而不葬。

揚搉孫詒穀云：「《文選·蜀都賦》『請爲左右揚搉而陳之』，劉逵注云：『《韓非》有《揚搉》篇。』今本作『楊權』，誤。」案：注依「權」字作解，誤，可删。甘口而病疾。形。説注中作「悦」。情而損捐。孫云：《意林》及《文選·七發》注皆作「損」，注同。精。行之不已。注「俱」字衍。用一之道，以名爲首。注「其唯」誤倒。　不見其采，下故素正。注訓「采」、「故」皆爲「事」，非也。趙本云：「不見其采，是聖人静以自居，韜匿光采，臣下以故守素而趨於正。」此説是也。　凡上人。張本「上」。　之患，必同其端。　上下和調也。一無「也」字，是。　○以賞者賞，以刑者刑。注「閉内扃」下脱「謂」字，張本有。　毋專信一人而失其都國焉。注「勢」上脱「形」字，張本有。又，「都」下當有「國」字。　腓大於股，難以趨疑「趨」。走。　爲主而無臣，奚國之有？注末張本有「臣無則國亡，故曰奚國之有」二句。　法刑苟誤作「狗」。信，虎化爲人。　假仇一本作「讎」。人斧。　故上失扶誤從「牛」，旁注同。寸，下得尋常。《意林》作「下失尋常」，又有「君不可不慎」句，不可從。　厚者虧之，薄者靡之。當與《易》「我有好爵，吾與爾靡之」之「靡」同。　枝將害心。注「以增其威」下張本有「重」字。　宗室憂唫。注「大宗」，「大」誤作「太」。　掘其根本，或云當倒作「本根」，與韻合。　木乃不神。注「喻雖族和」，「雖」字非誤即衍。

八姦　此必聽之術也。注「由」字衍。　必使以罰任於後。任，謂保任。舊注非。　○令臣以外爲張本作「而」。制於内。　而亡亟於不聽。注「傾國猶不足」上張本有「其」字。案：其，當作「則」。　羣臣知不聽，則不外市脱，一本有。諸侯。

卷三

十過 豎豎，俗。 穀陽。《呂氏·權勳》篇、《淮南·人閒訓》俱作「陽穀」。 不穀無與脱，《藏》本有。《呂氏》、《淮南》皆有，後《飾邪》篇亦有。 復戰矣。 ○愛小利而不虞慮。《藏》本「虞」。 其害。 ○昔者楚靈王爲申之會。「命」字譌。 昔者桀爲有戎《左氏·昭四年傳》作「仍」。 之會，而有緡叛之；紂爲黎丘《史記·楚世家》作「山」，《左》但云「黎」。 之蒐，而戎狄《左傳》、《史記》俱作「東夷」。 叛之。 居末期年。 案：靈王死乾谿在昭十三年。 ○晉平公觴之於施夷之臺。 似即《左傳》所云「虒祁之宮」。 援琴鼓撫。《藏》本「鼓」。 之。 寡人所好者音也。《藏》本無。 願試黃本作「示」。 聽之。 集於郎廊，同。 門之垝。 與《禮記·喪大記》中「屋履危」之「危」同。 再奏之而《風俗通·聲音》篇有「成」字。 列。 反坐脱，《藏》本、凌本皆有。 而問曰。 昔者黃《藏》本、張本作「皇」，《文選·赭白馬賦》注引亦作「皇」，古通用。 帝合鬼神於泰山之上。 騰《藏》本「螣」。 蛇伏地。 一奏之。而。《藏》本「之」。 平公之身遂瘙「癃」字之譌。宋本作「癃」。 病。 ○好利而鶩鶩。愎。 陽親規。 而陰疏。 令將衍「軍」字。 車騎先至晉陽。 有奇人者。 句上「遺」字《藏》本無。 其堅則雖箘菌，訛。 幹簵。《藏》本、凌本俱作「幹」。 之勁弗能過也。 君失《策》作「釋」。

此計者。　謀出二君之口而入臣《藏》本、張本皆無「之」字。耳。　以報二君三本俱作「三軍」。之反於襄子。　必不侵當作「我」。欺。　今旦暮將拔之而嚮饗，通。其利。　大敗智氏伯。《藏》本「氏」。之軍而禽擒。知伯。〇昔者戎王宋本作「主」。下同。使由余聘於秦。　而國之不服亡。者五十三。〇柰臣《藏》本「人」。有圖國者何？　而聞國人有不納田成子子成，誤倒。下同。者矣。〇即不幸而不起。凌本無「此病」二字。　夫脱，各本皆有。鮑叔牙爲人剛愎而上悍。《藏》本「捍」。下同。　其心不懼。《藏》本、張本作「具」。　然則衛脱，各本有。公子開方何如？〇乃脱。　盛黄金於壺，充之以餐。當作「飧」。下同。

卷四

孤憤　是智法之士。注「所以相仇也」，衍一「存」字。　同《藏》本有「乎」字。好惡。　智不類越，而不知各本俱作「智」。案：「智」與「知」通，此上「智」字義亦當爲「知」。不類其國。　其修士且以精絜潔。《藏》本、張本俱作「絜」。下同。固身。　而相室剖符。注「得專授人官」，「授」誤作「投」。　必不從重人臣。《藏》本、張本俱作「人」。矣。

説難　又非吾辯之《史記·韓非傳》有「難」字，衍。能明吾意之難也，注「所以則爲難也」，「則」

當作「明」。又非吾改橫失《史記索隱》云：「《韓子》『橫失』作『橫佚』。」此疑後人依《史記》改之。而能盡之難也。可以吾說當之。注「唱」字誤從「卩」。又，下兩節注「爲己」皆當作「謂己」。則陰用其言顯弃其身矣。注「私用其言」上有「則」字，脱。夫事以密成，語《史》作「而」。以泄敗。彼顯有所出事。此下，《史》作：「迺自以爲也，故説者與知焉，則身危。」此注「既所出，入知所爲」，當作：「既知所出，又知所爲。」規異事而當。《史》無此條。說行而有功，則德忘。《史》作「亡」。《索隱》引此作「見忘」，并云：「勝於德亡。」說不行而有敗，則見疑，如此者身危。注「若不行有敗，則羞始生焉」，「始」疑是「妒」之誤，若袁紹之於田豐是也。如此者脱，凌本有。身危。彊以其所不能爲。注「不討」，或是「不忖」之誤。有謂當是「不計」，猶言失計也。則以爲嘗己也。注「則謂爲試己含怒之深淺」，「試己」下衍「也」字。則以爲不智而詘拙。之；《史》作「則不知而屈之」，「智」本與「知」通，此加「以爲」字，疑非也。米鹽博辯，則以爲多而交之。《史》作：「汎濫博文，則多而久之。」略《史》作「順」。事陳意，則曰怯懦而不盡。注「有所畏懼」，「所」字脱，《藏》本有。而滅其所恥。注「順旨」，張本作「順指」。彼有私急也。此以下五段《史》無。有欲所。各本俱作「欲」。矜以智能。自勇其之。斷，則毋無。《藏》本「毋」。以其謫《史》作「敵」。怒之。大意《史》作「忠」。無所拂忤，辭《史》「辭」字在上句，「悟」字在下句。案：「悟」與「忤」通。《索隱》、《正義》所見《史記》尚不倒。言無所擊摩。擊縻。各本俱作「擊摩」，注同。《史》作「擊排」。加各本俱無。如此共汚也。此非能仕

「仕」與「士」通。《索隱》云《韓子》作「士」。 之所恥也。 故繞朝之言當矣，其爲聖人於晉，而爲戮於秦也。 案：繞朝贈士會以策，曰：「子無謂秦無人，吾謀適不用也。」則朝當已言於秦君，留士會不遣，而秦君不用其謀，故云然。 此注乃云「後秦竟以言戮之」，此不知出何書，殆因非之言傅會耳。 人閒往李善注《文選·陸韓卿〈中山王孺子妾歌〉》引作「人聞」，無「往」字。《史》作「人聞往」。 夜告彌子。 爲母之故，忘其刖罪。《選》注引作「犯跀罪」。 跀，古「刖」字。 案：此書《外儲説左下》「跀危生子皋」，作「跀」字。此與上文「罪刖」，亦當本作「跀」，後人改之。《史》作「而犯刖罪」。 而以前之所以見賢而後獲罪者。《史》作「前見賢而後獲罪者」，此多賸字。 夫龍之爲蟲虫。 也，柔《文選·袁彦伯〈三國名臣序贊〉》注引，「柔」上有「擾」字。《史》無「柔」字，有「擾」字，在下句「可」字下。 可狎而騎也，然其喉下有逆鱗徑尺。《選》注作「徑寸之處」，非。

和氏 奉而獻之厲王。 孫云：「案《楚世家》無『厲王』，《後漢書·孔融傳》注引作『武王』、『文王』『成王』，是也。 疑今本誤。」 王以和爲誑而《後漢》注作「謾己」。 刖其左足。 泣淚。《藏》本「泣」，《後漢》注同。 盡而繼之以血。 未爲王主。《藏》本「王」。 之害也。 此貧貪。 國弱兵之道也。 絶滅二字疑當作「滅」。 百吏之祿秩。

姦劫弒臣 人主非所。 有術數以御之也。 故以私爲重人《藏》本「臣」。 者衆。 得效於于。下同。 前。 恃人之以愛爲脱，凌本有。《藏》本、張本倒作「爲愛」，譌。 我危矣。 目必二字疑衍。下「耳必」《藏》本、張本皆無。不任其數。而無死亡係繫。《藏》本、張本「係」。虜之患。此夫智士所以至死《藏》本無「而」字。不顯於世者也。從是觀之，《藏》本有「夫」字。父之愛子也，猶可以毀脱，凌本有。而害也。夫施與脱，一本有。貧困者。而欲《藏》本無。霸王之功亦不可幾也。則可以水永，譌。絶江河之難。立爲卿相之功。處。凌本「功」。故有忠臣脱，凌本有。者。豫讓乃自黚黔。《藏》本、張本作「黚」。本當作「鉗」。劓。若此臣者。脱，凌本有。○諺曰：「厲憐王。」《藏》本提行。此段見《楚策》及《韓詩外傳》。人主脱，凌本有。無法術以御其臣，雖長年而材美。美材。《藏》本、張本作「材美」。故弒《外傳》「捨」。賢長而立幼弱，廢正適的，譌。而立不義。而莊公王，譌。通之。近之《外傳》「世」。所見。下比於近世。勢臣。《藏》本、張本作「近世」。必甚於脱，《藏》本、張本有，《外傳》同。厲矣。

卷五

亡徵　小民右仗凌本作「内困」。者，可亡也。不以衆言參驗。聽以爵不待參驗。今從一本作。喜淫刑脱，凌本有。而不周於法。佷狠。《藏》本「佷」。剛而不和。知有「謂」字衍，凌本無。可斷而弗敢行者。無地一本倒。固。偏一作「孿」。徧而心急。貴人臣。各本皆作「人」。相妒。暴慠傲。《藏》本「慠」。下張本多同。其鄰者。非曰必亡。一本有「也」字。

三守 壹一。張本「壹」。心同辭。三劫止塞者止。張本「止塞」，別本多同。則王矣。

備内 是故明主王。《藏》本「主」。不舉不參之事。以審外内倒，今從張本、凌本。之失。偶參三。凌本「參」。伍之驗。衆端以參觀。注，張本作「皆相觀而參之」，舊脱「皆」字、「之」字。殺必當，凌本有「罪有」二字。罪不赦。然而釜鬲鬵。張本「鬲」。下同。閒之。未嘗不從尊貴之臣也。衍「然」字，張、凌本無。而法令之所以備。

南面 夫脱，凌本有。不信者有罪，「事」字衍，凌本無。有功者必賞。使人臣有必倒，張本作「有必」，凌本作「知有」。言之責。必問其取舍以爲之責。資。張本「責」。是以愚戇窳墮惰。之民。下多不可曉，疑有脱誤。

飾邪 龐援即龐煖，亦作龐涓。揄兵而南。地利。凌本「地」。削兵辱。此非豐隆、五行、太一。乙。《藏》本「一」。身臣疑衍。入宧官。張、凌本「宧」。于吴。舍法律而言先王以脱，凌本有。明古君。凌本「古」。之功者。主過予則臣人。張本「臣」。偷幸。則臣下脱，張、凌本皆有。飾於智能。禹朝諸侯之君二字凌本無。會稽之上。以法爲非，「者」

字衍。以邪爲智。是邪以智，譌，今從凌本。注「凡臣下之情，皆欲過公法立私智也」，「臣下」舊作「官」，又，「公」作「功」，皆從凌本改。　明禁。凌本「明」。主之道。　害富。《意林》作「害」。國而利臣，《意林》作「身」。君不行也。

卷六

解老此及下篇當依《老子》各章分段。　無功則生於有。《藏》本、張、凌本皆作「於」，凌并無「則」字。德。　不德則在疑衍。有德。　虛者，謂其意所無疑倒。制也。　義者，君臣上下之禮。事。凌本「禮」。　臣事君宜，下懷上宜。脱。　禮者，所以貌情倒，今從張本。下同。也。　禮者，外節凌本「飾」。之所以諭內也。　故曰：失道而後下「失」字衍。凡「而後」下俱不當有「失」字。德。　禮爲情貌者也。當提行。此爲情貌，與前文自别。　其禮樸而不明。《藏》本、凌本俱作「具禮而不明」。○人有禍則心畏恐。當分段。　全壽富貴脱，張本有。之謂福。自天地之剖判以至于張本無。今，故曰：「人之迷也，其日凌本無。故以久矣。」　所謂方者，內外凌本倒。相應也。　義必公正。下「立」字凌本無。　不以誹張本「非」。謗窮墮。雖義異。張本「義」。　端不黨。　廉而不劌。穢。○聰明睿智。當分段。　嗇之爲謂。張本

「爲」。術也。　未見禍患張、凌本倒。之形。　故曰：「夫惟謂。張本「惟」。嗇，是謂以。張本「謂」。蚤服。」凌本作「復」，上下句皆同。王弼本作「復」。《釋文》：「復，音服。」　唯天夫。張本「天」。能令人不見其事極，不見其脱，張本有。事極者爲能脱，張本有。保其身、有其國，故曰：「莫知其極。」下複四字，疑衍。○工人數變業。當分段。　其神不傷人脱，張、凌本皆有。也。魂魄不去則而。凌本「則」。精神不亂。○有道之君。當分段。　人君張、凌本有「者」字。無道。邪心勝，則事經張本「輕」。下同。絶。　疾嬰内則痛，禍薄外複四字，張本無。則苦。「痛雜於腸胃之閒」七字衍。　苦痛雜於腸胃之閒，則傷人也憯。○道者，萬物之所然也。當分段。萬事物。　得之以敗，得之以成。　道譬諸之。若水。　故理定而後物脱，張、凌本有。可得道也。　至天地之消散也不死不衰者謂常。下「者」字衍，張、凌本俱無。　無定理，非在於常。下「所」字衍，張、凌本俱無。　故曰：「道下「之」字凌本無。可道，非常道也。」○人始於生而卒於死。當分段。　故曰生之徒下「也」字一本無。十有三。下「者」字衍。　皆爲死下「死」字衍，凌本不重。地也。　動皆之死地，亦之，譌。十有三。　故曰：「入軍不被備。張、凌本「被」。甲兵。」○愛子者慈於子。當分段。　務致其福，四字舊不重，張、凌本皆重。○《書》之所謂「大道也」者。當分段。　故曰「資《老子》作「財」。貨有餘」。　而資貨舊倒，今從張、凌本。有餘者。○人無愚智。當分段。　治家者，脱，馮校增。無用之物不能動其計。　故曰：「修之家，其德有《老子》作「乃」，當據改，與上下一例。餘。」

卷七《藏》本連六卷中。

喻老 夫治國者凌、張本下有「則」字，下「以城與池」上亦同。以名號爲罪。身死高梁凌本「良」。之東。○楚莊王既勝。凌本提行，是。○制在己曰重。本分段。○起事於無刑。當分段。故曰：「圖難張有「乎」字，下「爲大」下同。於其易也。」扁鵲見秦桓侯。不分段。寡人無疾。脱，《新序》、《史記·扁鵲傳》皆有。下同。在腸胃，火齊《新序》作「大劑」。之所及也；在骨髓，司命所屬，《新序》無。無柰何也。○昔晉公子重耳出亡。當分段。不厚待之，二字張、凌本無。不若殺之。○昔者紂爲象箸而箕子怖。當分段。怖，《史記》、《淮南》作「唏」，凌本同。此自作「怖」，後同。則脱，張、凌本皆有。必旄象豹胎。勾踐入官張本「宦」，與前同。此下云「不病官」，又作「官」字。於吴。文王見詈於王古「玉」字。門。○宋之鄙人。下二條皆當連。臧藏。獲不能惡也。○空竅者。當分段，至「不爲而成」止。俄而與子於。期逐。倒杖而策鋭貫頓。字無攴。《列子·説符》作「頤」，此疑亦「頤」之譌。將何爲《列子》作「不」，當從之。忘哉！○楚莊王莅政三年。當分段。凌本提行。右司馬御坐。座。張、凌本「坐」。○

楚莊王欲伐越。連下爲一段。臣「愚」字衍，張、凌本無。患智之舊倒，譌。如目也。而脱，張、凌本皆有。欲伐越。○周有玉版。又一條。雖知大太。迷。

說林上《藏》本卷七起。君已。張、凌本「君」。已見孔子，凌本不重。亦將視子之。《藏》本、凌本「子」。猶蚤虱也。○則智氏伯。張、凌本「氏」。之命不長矣。○荆人輟輒。行。○人必脱。以我爲神君也。○而孫云衍。《康誥》曰：「毋彝酒。」彝酒者，舊誤在上「彝酒」下，孫移正。常酒也。○嚴遂不善周君，二字當重。患之。○居一月，君自，譌。問張譴曰。○紂爲象箸而脱，張、凌本有。箕子怖，以爲象箸爲脱，凌本有。前作「必」。不盛羹於土簋。○則凌本「即」，二字通。毋生楊矣。脱，凌本有。夫至。凌本「夫」。以十人之衆。○夫田成子將有大事。二字張作「事事大」。○其子所以自脱，張、凌本有。反者。○公孫友當作「支」。自刖而尊百里，豎刀自刑而諂謟。後多同。桓公。其所以脱，張、凌本有。自刑之爲則異。慧惠，同。子曰：「狂往，譌。者東走。」

卷八

說林下　鳥有翢翢者。《文選·阮嗣宗〈詠懷詩〉》「周周尚銜羽」，李善注引此亦作「周周」。○爲其「不」字衍。可復者也。○因曰：「臣能撽音「竅」，旁擊也。鹿。」○蟲有螝，「蚘」、「虮」皆非。據《顏氏家訓·勉學篇》改正。一身兩口，争食脱，《顏》有，張本同。相齕，也，衍。遂相「食因自」三字衍。殺也。俱依《顏》改。下「蚘」字當併改。○是其貫將滿也，下「遂去之，或曰勿之矣」八字據凌本删。子姑待之。遂去之。脱，張、凌本有。○今荆將以欲。張、凌本「以」。女上「女來卜乎」同。鼙鼓。吴使臣人。凌本「臣」。來也，固視將軍。「怒」字衍。○不如起師與以。張、凌本「與」。分吴。○乃輟「不」字衍，《齊策》無。城薛。○以鍊金百溢鎰。遺晉。

觀行《藏》本卷八起。故以有脱，張、凌本有。餘補不足。○故勢世。凌本「勢」。有不可得。賢聖舊倒，今從張、凌本。之樸撲。淺深矣。烏獲之脱，張、凌本有。不能自舉。

安危 不重死，則令不行也。凌本無。○故社稷長常。張、凌本作「長」。立。若飢饑。下同。而食。先王寄凌本有「治」字。理於竹帛。今使人飢寒去衣食。舊作「今使人去飢寒」，從凌本增改。則雖。張、凌本「則」。上不能安。○而幸其臣身。盡如比干。○故齊故脱，張、凌本有。萬乘也。故臣得奪主殺天子凌本作「以成其簒弒」。也。○失之近正凌本「而」。不亡於遠者無有。

守道 其備足以必凌本無，非。完。句。法疑衍。治世之臣。守道者皆出。張、凌本「皆」。懷金石之心。○而無瞋瞑。張、凌本作「瞋」。目切齒傾取之患。而無扼捥腕，同。

聚脣嗟唶之禍。不獨凌本無。恃比干之死節。恃凌本「持」。怯士之所能服。明於尊位必法。賞。凌本「法」。

用人 外無馬凌本作「鎷」。服之患。使人不同功，故莫争。下「訟」字秦本無。

功名 故得天時則不脱，凌本有。務而自生。○則凌本作「而下」。臨千十。張、凌本「千」。仞之谿。非千鈞金。《藏》本「鈞」。輕錙銖重也。故忠以尊主。以尊舊無此二字，馮添。主御忠臣，則長樂生而功名成。名實相持張本「待」。而成。則名不稱實者張、凌本無。也。此堯之所以南面而守名。功。張本「名」。

大體 古之全孫云《文選·四子講德論》注引作「古之人君」。大體者。操鉤，鈞。凌本「鉤」。視規矩。故天下少凌本作「無」。不治。○上下交樸。凌本「順」。

卷九

内儲説上七術 觀聽不參。本提行。聽有門户則臣壅雍。後凡「擁」字皆本作「壅」。塞。與惠子之言亡其半也。注「半疑」下衍「有半」二字。○將行去樂池。注「將行」下一本有「官名」二字。成歡後作「讙」。《荀子·解蔽篇》作「戴讙」。以太仁弱齊國，卜皮以慈惠亡魏王。

注「知其必亡其身也」，上「其」字本無。○與「吹竽」。注「混商」當是「混同」。其患在申子之以趙紹、韓沓爲嘗試。注「申子爲」下脱「趙」字。故公子氾議割河東。注「韓王欲」下脱「割」字。○挾智而問，則不智者至。注非。趙本云：「言挾己之智而問，則自多其智，故不智者反得以爲用。」卜皮事庶子注「陰情」譌「陰懼」。西門豹詳遺轄。注「詳」譌作「謀」。○一凌本作「傳一」。下竝倣此。臣之夢踐賤。凌本「踐」。矣。人君兼燭一國。下「人」字凌本無。今或者一本無。一人有煬君者乎？注「乎」字譌，本作「也」。○猶張有「之」字。不免於亂也。一曰晏嬰凌本無。子聘魯。○乃脱，張本有。爲壇場大水之上。○因不食而餓殺。一本作「死」。○江乞《楚策》作「乙」。爲魏王使荆。○愛世《荀子・王制篇》注引作「泄」。姬。乃貴薄疑以敵衍「之」字。凌本無。如耳。下必坐上。凌本作「下偪上」，但注不如此。則是益樹壅塞之臣也。注「兩愛共謀」，「愛」譌「受」。○此以盡敵之無姦也。注「所以」，「以」字衍。○山中澗深。孫云：《文選・永明九年策秀才文》注引作「深澗」。又，下「癡聾」作「盲聾」。董閼于喟然大太。息曰。使吾法治。張、凌本「法」。之無赦。何爲不治？選。注句上有「又」字，無下「之」字。○水形懦，故脱，《藏》本有。人多溺。故衍。子産死，游吉不忍行舊「不肎」，今從張、凌本。嚴刑。處於萑澤。今《左傳》作「萑苻之澤」，唐石經初刻「萑」本作「雚」，李義山詩「直是滅雚蒲」，「萑」乃「雚」之省文。○而況於人君《藏》本倒。乎？○彼不善者我得能。張本「得」。以斬其首。○知必死，則凌本「則」

字作「雖予之」三字，疑以意改。天下不爲也。○請徒行罰。賞。馮改。○政亂於内。外。○子聞寡人之聲聞。《藏》本「問」。○夫以一都買一脱，《藏》本有。胥靡，可乎？○越王問於大夫文凌本無。種曰。比降北舊倒，張本「降北」。之罪。被濡衣而走張、凌本作「赴」。火者。○不去，則甚害田者；注「政當去之」，「政」或是「故」。去之，則不足以徵甲兵。《藏》本倒。○況士人之脱，《藏》本有。有勇者乎！臨戰而使人絶頭一本作「頸」。刳腹而無顧心者。末小注「但」下脱「君」字。○鱣似蛇。已見前《説林下》，此重出。○而恐君之下「欲」字張、凌本皆無。疑已外市也。○三國兵至，韓王謂樓緩曰。此見《秦策》「三國攻秦，入函谷，秦王謂樓緩曰」云云。下「公子汜」作「公子池」。王必大悔，下「王」字衍。曰：「不獻三城也。」注「三國」下脱「入」字，「悔曰」下脱「吾」字。凌本皆有。王曰：「爲我《策》作「鈞吾」。悔也，寧亡三城而悔，無舊倒，譌。危乃悔。○以至無姦。注「復」字，《藏》本作「反」，凌本作「返」。○「吾聞數夜有乘輼《荀子·解蔽篇》注引作「輜」。下同。車至李史門者，謹爲我伺《荀》注作「司」，古字。之。」使人《荀》注作「者」。報曰。○昭侯以此脱，張本有。察左右之誠臣。《藏》本「誠」。不。下「誠」字衍。○昭侯問《藏》本有「之」字。曰。○卜皮乃使少庶子佯愛之。注「佯愛御吏」下似當有「之妾」二字。○乃僞謗樛豎以知之。注「令」當作「今」。○淖齒聞齊《藏》本有「文」字，或「湣」作「汶」而脱其旁。王之惡己也。○到倒。後十一卷中作「到」，乃古字。此亦當同。其言以告而知之。○因事關市以金，《意林》作「因以金與關吏」，乃翦截成文。下「與」字衍。關吏《荀子・王制篇》注引作「市」，後亦同。乃舍之。嗣公謂爲。關吏後作「市」。曰。與女汝。下同。金，而女因《荀》注作「回」。遺之。」關市吏。《藏》本「市」。乃大恐。

卷十

内儲説下六微

是以人主久語而左右鬻懷尉。《藏》本「刷」，凌同。案：《北齊書・顔之推傳》：「《觀我生賦》云：祇夜語之見疑，寧懷㕞之足恃。」「夜語」當亦本此。今此作「久語」，未定孰是。「刷」本作「㕞」，則「尉」字爲誤明矣。○其説在衛人之夫妻舊倒，今從張本，與後文同。禱祝也。大成牛《韓策》、《史記・趙世家》、《漢書・古今人表》俱作「大成午」，此「牛」字譌。後同。教申不害。○佯遺書而萇宏脱，張本有。死，用雞猳而鄶桀傑。張本「桀」，後同。盡。○廟攻七。此承上「參疑廢置」爲言，故不在六微中。○賞罰者。凌本連上，是。○與故舊倒，譌。人久語。○晉厲公之時。本提行。○取五姓一作「牲」。《藏》本「性」，似「牲」之譌。之矢浴之。○叔孫氏之御者張、凌本皆無。曰。○使齊韓約而攻魏。衛。《藏》本「魏」。○翟黄。璜。《藏》本「黄」，與前同。○常嘗。以中山之謀微告趙王。○呂倉。凌本別爲條。○宋石，魏衛。張本「魏」。將也。○齊中大夫有夷射者。此即《左傳・定二年》邾莊公夷射姑事，而傳譌耳。○對曰：「不已疑衍。知也。」○君殆，當作「急」。《吴越春秋》作「王急去之」，王，謂平王。去之！○有燒倉廥穽疑「窌」。者。○乃謂爲。其傳潘崇曰。○令之諫凌本「閒」。案：《顔氏家訓・音辭篇》、《穆天子傳》音「諫」爲「閒」。蓋《穆天子傳》「道里悠遠，山川諫之」下郭璞注也。今本乃改正文作「閒」，注作「閒，音諫」，殊誤。此書亦是以「諫」爲「閒」。凌本遽改作「閒」，其誤亦同。紂而亂其心。○黎且孫云：「《後漢書・馮衍傳》注引作『犁鉏』。」謂景公曰。君何不迎之以重禄高位，遺哀譌。公女樂。《後漢》注引：「君何不遺魯君以女樂？」此在定公時，云哀公皆誤。諫《後漢》注引有「而不聽」三字。必輕絶於魯。乃令黎且以女樂六《意林》亦作「六」，疑皆「二八」兩字之誤。《太平御覽》五百七十一引《家語》作「好女子二八」，今《家語》作「八十人」，疑後人以《史記》之文改之。八十人太多，六人太少，即非二八，亦是八人方成舞列。下晉遺虞亦同。遺哀公。○今亡疑「忘」。下同。之秦。○晉獻公伐虞、虢。一本作「欲伐虞」。案：《經》是「虞虢」。○爲萇宏書，爲書曰萇宏，誤，今從凌本删乙。謂叔向是時向死久矣。曰。乃誅萇宏而殺之。凌本無此三字。○盡與張本無。其名姓。舊無「其」字，下作「姓名」，今從凌本。因爲設壇場郭門之外而埋理。之。○而先言之魏王，魏王舊不重，張、凌本皆重。備之。

卷十一

外儲説左上

築社杜，譌。之諺。　卜子妻為爲。凌本作「寫」，俱譌。後作「象」。今定爲「為」，為即古「象」字，謂仿象也。　弊袴也。○晉國之辭仕託，托，譌。慕者國之錘。　不禮則周當是「害」之譌。　主上之法。　故明王當作「主」。　論李疵視中山也。○患在尊疑衍。　厲王擊警鼓。○吾脱，張本有。　不如爲車輗者巧也。○知其入而已已疑一衍，或下當作「己」。　疾也。○臣爲脱，張本有。　削者也。　難以治棘刺之端。凌本無此一句。　謂衛人曰：客爲棘。此下多脱文。孫云：「《文選·魏都賦》注引：『王曰：客爲棘刺之端，何以理之？』『理』必本是『治』字。今此下即接『削之』二字，誤，當删。」曰：「以削。」王曰：二字脱，《選》注有。　「吾欲觀見之。」《選》注引：「吾欲觀客之削也。」○則羿、逢《藏》本無。　蒙以五寸爲巧。○鄭人有相與爭年者。其一人曰：「我與堯同年。」其一人曰：九字脱，據《意林》補。　「我與黄帝之兄《意林》作「兄弟」。　同年。」訟此而不訣。《藏》本同，張、凌本作「決」。　○客有爲周君畫筴莢，譌。下同。前作「策」，策、筴同。　者。○旦暮罄案：《詩·大明》「俔天之妹」，《韓詩》作「磬」，是磬、俔同義。《説文》「俔」，一訓「聞見」，蓋俔從「見」，是有見義。罄、磬本同以俔爲義，當爲朝夕見於前也。　於前。○齊有居士田仲者，即陳仲子。

宋人屈穀《文選・七命》注引作「轂」，下有「往」字。見之，《選》注有「謂之」二字。曰。不恃仰疑衍，下《選》注引無。人而食。厚而無竅。此下不同，云：「……而效之先生。」田仲曰：「堅如石，不可剖而斲；厚而無竅，不可以受水漿。吾無用此瓠以爲也。」屈轂曰：「然其棄物乎？」曰：「然。」「今先生雖不恃人之食，亦無益人之國矣，猶可棄之瓠也。」田仲若有所失，慙而不對。○虞慶爲屋。下三條宜連。屋太尊。嫌其太崇也。《藏》本「太」作「大」。此宜卑。下「虞慶曰：不然」五字依《藏》本已移前，此處當删。以脱，張本有。直椽任輕塗。《吕氏春秋・别類》篇亦載此事，作「高陽應」。○且張弓范且曰。今從張本。不然。○而心調疑「周」。於用者。○掘握。深池。余來脱，張本有。爲民誅之。○因脱，張本有。遂滅之。故必有爲脱，張、凌本有。天子誅之名。○傷者之母立疑衍。泣。○刻疎此即「疋」之異文。疋，足也。下「人迹」二字當本是注，誤入正文。其上。○令孫云：「《文選・鮑明遠〈東武吟〉》注引有『曰』字，可省。」簻豆《藏》本作「筥」。下同。捐之。意《選》注有「者」字。不欲寡人反國邪？簻豆所以食也。《選》注有「而君捐之」四字，下「捐」作「棄」。勞有《選》注倒。功者也，而君後之。今臣「有」字衍，《選》注無。與在後中。○《書》曰：既雕既琢。當提行，連下文。○燕相白王，王舊脱其一。大説。○王《吕氏・知度》篇作「任」。登爲中牟令。中章、二字《吕》作「瞻」。胥己者。非晉臣《吕》作「國」。之意。《吕》作「故」。是耳目人絶《吕》作「終」。無已也。○國之錘錘。張本「錘」，與前同，語難解。矣。○雖國小。舊倒，今從張本。

○寡人聞君子下「曰」字《藏》本無。不重傷。　公傷股，三日而死。《春秋》襄公之卒在次年五月。○法度甚不脱。易行也。　一曰張本作「日」。申子請仕其從兄官。○今令。返而御。○使人止之脱。曰。

卷十二

外儲說左下　故渾軒梁處素云：「即渾罕，非子產者。古『軒』、『罕』通。《左傳》『罕虎』、『罕達』，《公羊》竝作『軒』。」非文公。　哀公問一足。注「然所以免禍者」下當有「信」字，此等見後，本可不注。則文王自履而矜。注「文王理解」當作「繫解」。　則季孫終身莊而遇賊。注「朝當莊，燕當舒，今季孫一之」，舊衍一「堂」字，脱「當舒今」三字，今依張本。○則爵不足以勸觀。張本作「勸」。賞。解狐之公。注「二人」譌「三人」。○武子之用杖。注「夫直言者」，「夫」譌作「失」。　子國譙怒。注「必離羣臣」，「離」字脱。　梁車用法而成侯收璽。注「其姊」譌「其妹」。○是子報仇怨脱，《藏》本有。之時也。　然方公之獄欲。《藏》本「獄」。治臣也。○且脱，張本有。伐之，臣薦樂羊而中山拔。○君因專屬之張有「以」字。國柄焉。以管仲之脱，張、凌本有。能。○皆其所侮也。注「材輕且侮」，「且」疑「見」之誤。○南宮敬子。此條當連上。○哀公《家語·子路初見》篇有「曰」

字。請用。○不誅必爲殷患。張本「禍」。　今西伯張本「戎」。昌。　人或改「夫」。人欲以其賢爲其主。○博者脱，張本有。　貴梟。　寧使民諂上。注「尊敬」，張本作「卑敬」。○鉅詎。張本「鉅」。　者，齊之居士。○吾父之裘獨有尾。　狗盜象狗以入人家，故後有尾。注非。　危子曰：「吾父獨冬不失袴。」廢疾之人，上給其袴，故云然。注亦非。○名爲與。張本「爲」。　多與之。○桓公問置吏於管仲。二字當重，凌本有。　夷吾不如弦商。《新序·雜事四》作「寧」，《吕氏春秋·勿射》篇誤作「章」。　臣不如甯武。「戚」字之譌，《新序》作「戚」。○晉凌本無。　無衣帛之妾。　夫爵禄旗旂。《藏》本「旗」。　章。　獻伯之儉也可與？　注亂譌辭，「故可與也」，文有脱誤。當云：「可與，言不可也。」○夫脱，張本有。　樹橘柚者。○邢刑。　伯子可。　趙武所薦四十六人。　當連上。張、凌本俱連。○向曰：二字脱，當有。　「武立如不勝衣。」　皆令脱，《藏》本有。　得其意。令士得其意，皆可以盡其材也。注謬難曉。○解狐薦其讎於簡主。《韓詩外傳》九又云魏文侯，竝譌。

擁當作「擁」。　汝於吾君。○非徒危己也，又且危父。下「矣」字張本無。○梁車新前後俱無「新」字。　爲鄴令。　暮而後門。下「閉」字後人所增，當刪去。蓋後門即是門已閉也。

卷十三

外儲説右上　故與二欒疑「孌」。後同。博。　説在畜馬。焉。○則一本無。其除之。○師曠侍坐。張本下有「始坐」二字。　已張本作「不」。與二弟争民。《藏》本無。　公子尾走晉。案：子尾無出亡事，其子高彊昭十年奔魯，遂奔晉。○澤之魚鹽龜鼈嬴蚌，蚌，譌。不加脱。貴於海。　謳乎，其已乎！　苞乎，其往歸田成子乎！　孫云：「案《史記・田敬仲世家》：『齊人歌之曰：嫗乎采芑，歸乎田成子。』此疑有譌。」○而必德厚以與天下齊行以争民。名。○有漸而張本有「以」字。至矣。○子路爲郈令。《家語・致思》篇作「蒲宰」。○使吏執而脱，楊倞注《荀子・宥坐篇》引有。殺之。　雖臧獲不託足以旋凌本「施」。其軫也。○乃輟不殺客而脱，張本〔一〕。大禮之。○柰何其脱，張本有。不謹稟也？　然則爲天下何以異張本作「爲」。此稟？○左右引王之説之，以曰。秦本「以」。先告客。○衍下「其」字一本無。人臣「者」字一本無。也。見脱，一本有。郎中皆曰：「兵秋起攻韓。」　於是月日，譌。也。○今有千金之玉卮下「通」

〔一〕疑脱「有」字。

字衍。而無當。 雖有下「乎」字凌本無。 千金之玉卮，至貴而無當，漏不可盛乘。《藏》本「盛」。水。 今爲人「之」字衍，張本無。 主而漏其羣臣之語。〇然而著然。孫云：「《文選・與滿公琰書》注引作『然而』。」不售。 問其所知閭脱，《選》注有，《意林》同。 長者。 汝狗猛耶？下「曰」字《藏》本、張本皆無。 懷其術而欲以輔明。《選》注作「輔」。 萬乘之主。 迎而齕齕。 之。〇是臣乘君而下尚上，同。 校疑當作「陵」。《説苑・至公》篇作「下陵上」。 也。 後有儲主而不屬。《説苑》作「少君在後而不豫」。下「矜矣」二字衍，凌本無。〇乃更脱，張本有。 請決之。〇於是遂興兵張本有「東」字。 伐原。 遂成城，譌。 衡雍之義。

卷十四

外儲説右下 以造父、於期。注「又能忍渴」，「渴」誤「得」。〇則正賞罰而非仁下不仁。《藏》本作「仁下」。 也。 而公儀辭魚。注「以爲違法受魚則失魚，故不受」，「違」誤作「達」，脱「故」字。〇人主鑒於士上。 張本「士」。 也。 人主無所覺寤。悟。 明主之道。注「平陽君之目」，「目」譌「自」。〇是以説在椎鍛鍜，譌。 後同。 平夷。〇成竅攦欐。孫云：「《文選・琴賦》注引作『攦』。」下。 人主又安能與其脱。 臣共勢以成功乎？〇故子罕爲出彘以奪其君國。注「用威懼馬」，「馬」譌「焉」。○而田成恒以仁厚爲圃池也。注「猶」，張作「由」，與上注同。　譖不能止正。秦本作「止」。　也。　而田成恒常。　爲圃池也。○夫非令而擅禱者。脱，張本有。○今發五苑之蔬果張本作「草」。　者。○此必不能下「自給」二字張本無。　致我魚。○一曰：潘壽，隱《藏》本、張本作「闞」。　者。　人主之所以自羽翼張本作「淺娋」，未詳。　者。　奪褫褫，譌。　之資。皆効之子之，子之舊不重，張本有。　遂重。○左右以菟與虎而輟，觀之。張本「輟」字下，作小注「輟而觀之」四字。○身雖處脱，張本有。　勞。　又致《藏》本「制」。　帝王之功也。○淖齒之用齊也。當連上。○則身雖絶力致張本「至」。　死。○下令於民曰。也。張本「曰」。○延陵卓子乘蒼龍桃挑，譌。　文之乘。　進策，譌。　則引之。　造父見之而脱，張本有。　泣。

卷十五

難一　詐敵，萬世之利下「而」字《藏》本、張本無。　已。張作「也」。　文公之霸也，脱，《藏》本有。　不亦宜乎？　此二句乃述仲尼之語。○非舜官也。張本注：「非大人之事。」○舜又何德之而。張本「之」。　化？　天下過無有已。已者。張本作「有已」，《藏》本「以已」。○而脱，張本有。　桓公弗行。○管仲將不弗。張本「不」。　用也。　是欲脱。　君去忠臣也。○穴《藏》本「曰」。　竈生蠹，《藏》本「軀」。而民無反心。○左右請除當作「涂」。《淮南・齊俗訓》作「欲塗」。之。○故平公之迹不可明行。《藏》本、張本作「明」。下同。馮云宜作「明」。也。○若非罪人，而勸之以徇。殉，譌。下竝同。　而郄子脱，《藏》本有。且後至也。　則民絶望於上矣。張本有注：「君上同惡，更何所望也。」○當世之行事都丞。注「都丞，宦官之卑者也」，脱「宦」字。○而身手，譌。死乎東廟。　兩用則争凌本不重。事而外市。

難二　猶北下「且」字《藏》本無。不止。○此非《意林》無。有國之耻也。○則是桓公行義下「非」字衍。爲遺冠也？○昔者文王侵孟、克堯。張、凌本「克」。莒、舉酆。○不識臣之力也？　孫云：「《文選・四子講德論》注引作：『臣之力邪？君之力邪？』此脱四字。」　亦君之力也。○脱，張本有。○且蹇叔處于《藏》本、張本同。或改作「虞」。下同。而于亡。　此有君與或改「而」。○無臣也。　昔者晉文公慕於齊女而忘亡。張本「忘」。歸，咎犯極諫，故使得脱，一本有。反晉國。○非周公旦「未」字衍。可知也。　蟲流出尸下「而」字衍。不葬。○人事、天功。張本作「工」。○犀楯、犀櫓，《呂氏春秋・貴直》篇作「犀蔽屏櫓」。立於矢石之所不脱。及。注「脅」，疑「楯」。又，「臥」字譌。○而道乎百無一失，譌。人之行。

卷十六

難三　獻公子。張本「公」。使寺人披攻之蒲城。　余何有焉？注「無臣之分」，「之」，馮改「主」。○以《藏》本在下句「事」字上。不忠之臣事不明之君。且寺人之言也，直飾。注「非誠言也」，「誠」譌「識」。　死君復後，譌。生，臣不愧，而後爲貞。注「不皆死」，「不」疑「必」。○桓公不能射。對。《藏》本「射」。○夫處勢世。張本「勢」。而不能用其有。　必借人成勢而勿使脱，張本有。侵害己。○内比周而以愚其於。張本「其」。君。　一朝而以三百乘之家賜者三。注「謂以大夫之業也」，「業也」當作「菜地」。又，「賜與爲寢也」，「也」當作「者」。○葉恐。張本「葉」。民有倍心。　不咎紹。凌本「咎」。葉公之明。　而使與天下二字《藏》本作「不」。行惠以争民。　故習張本「疾」。功利於業。　此言太上之下張無「民」字。無説也。　知下之謂也。此末一句張本有注云：「韓子以齊桓侈於桀紂，猶未虧德，形於翰墨，著以爲教，一何逆理之甚。其不得死秦獄，未必不由此也。」○過東張本「東」。匠之閭。○智不足以偏知物，故張本句下有「則」字。因物以治物。　一雀過羿，凌本重。必得之。○孰與曩之孟常、張本「嘗」。下同。芒卯？○則不肖如如脱，凌本重。耳、魏齊，及韓、魏。　自曰，譌。恃其不可侵。　而圖以水灌滅人其，謁。國。　其未畏。凌本、秦本「未」。有水人之患也。乎。凌、秦本「也」。　其曰「甚然」，句。則諛也。

難四　無下「救」字衍。下同。赦之謂嚴。○而立公子亶《左傳》作「亹」，疑此因形近而謁。下「公子圉」，《傳》作「達」，亦然。也。○故曰張本無。「知所惡」，以見其無權也。○怒其秦本「之」。當罪，而誅不逆人心。不亦可乎哉！脱，張本有。○衛靈公脱，張本有。之時。臣之夢踐淺，謁。矣。　吾聞見脱。人主者夢「見」誤在此。日。○今不加誅而使賢者煬己。主，非。○非賢而賢脱，《藏》本有。用之。　衛奚獨詎距，非。然哉？則侏儒之未下「可」字，凌、秦本無。見也。　日曰。《藏》本「日」。不加知而使賢者煬己則必危。

卷十七

難勢　故脱，張本有。賢人而詘於不肖者。　而勢位足以任《藏》本作「缶」，疑「𤴓」之謁。𤴓，古「正」字，《墨子》往往用此。賢者也。○夫釋擇。賢而專任勢。　龍蛇之材美下「之」字凌本無。也。　何心異桀之勢，亂天下者一本無。也。　則是以勢亂天下者多矣。一本無。桀紂得成乘。《藏》本、張本「成」。肆行者。　夫待越人之善海疑衍。游遊。者。　兩未未。張、凌本「末」。之議也。

問辯 則羿逢蒙以五寸的爲巧。功，非。不以功公。用爲之的彀。

問田 今令，非。陽城義渠。○今先生先，譌。立法術。何以効效。《藏》本「効」。之？知明而不見民萌之資下「夫」字凌本無。利下「身」字凌本無。者。先生王，譌。有幸臣之意。

定法 而罰加乎姦馮改「姧」。令者也。○利在二字衍。故新相反。成城。《藏》本「成」。其汝南之封。法不或改「雖」。勤飾於官。○申子未盡於術法，譌。也。是不脱，《藏》本有，張同。謂過也。邪，同。

説疑 有皁《藏》本作「萃」。辱之名。此十二人脱，凌本有。者。則如師徒之勢。爲秦本「合」。若夫齊田倒，張本「齊田」。恒。周單荼。荼，譌。舅犯、趙衰。襄，譌。其疑倒。下同。臣也。荆芋芊，譌。尹申亥。吴王孫頟。當作「雒」。或在囹圄縲紲纏當作「纆」。索之中。内外之於二字或删去。左右。外攎攄。張本「攎」，前作「接」。巷族。隱正道。張本作「敦適」。其臣弑君而脱，張本有。取國者衆矣。全衆傳《藏》本「傅」，張同。國。則雖畢罼。張本「畢」。弋馳騁。召張本「邵」。公奭之後也。

詭使 夫上之所貴嘗脱，秦本有。疑當作「常」。與其所以爲治相反也。用心一張本

「壹」。者則謂之「寠」。閑閒。張本「閑」。靜安居。出則不便一作「使」。也。凡上脱，一本有。所治者，刑罰也。所以厲脱。戰士下「卒」字衍。也。所以脱，張本有。擅制《藏》本「剬」。下也。夫卑名危脱，秦本有。位者。有二心「無」字衍。私學。與凌本無。誹謗法令。

卷十八

六反 而世尊之曰「任譽疑是「俠」。之士」。○雖有弁髮，必爲之。下「愛」字《藏》本不重。○是求人主之過於脱，馮增。父母之親也，此不熟於論恩。思。張本「恩」。官治則國富，國張本無。富則兵强。爵禄致張本「至」。而富貴之業成矣。○父令之行於子者一作「也」。十母。吏用脱，張本有。威嚴而民聽從。親以厚愛關或作「開」。子於安利而不聽。○今令。張本「今」。家人之治産也，相忍以飢饑。張本「飢」。案：下「饑饉天」，「饑」作「飢」，非。寒。罰重，則所惡惠，非。之禁也急。民不以小利蒙加。張本「蒙」。大罪。○則用不足而下恐疑是「怨」。上。夫富當，譌。家之愛子，財貨張本倒。下同。足用。上治懦舊倒，依下文改。則肆於爲非。夫民之不及神農、曾、史亦已脱，張本有。明矣。○而桀未必以下「爲」字張本無。天子爲足也。

八説　人主之所脱，依下文當有。察，智士下「能」字張本無。盡其辯焉；人主之所尊，能士張本又有「能」字，馮去之。盡其行焉。〇登降周旋，不逮日中奏百。《荀子·議兵篇》：「魏之武卒，日中而趨百里。」故有珧銚而推當作「椎」。下同。車者。《藏》本注作：「珧蜃，以蜃爲銚也，即椎輪也，上古摩蜃而鎒之。」案：今本字譌且衍，當從《藏》本，然「即椎輪也」四字不應閒在中。當云：「椎車，即椎輪也。」移置於末始得。皆推當作「椎」。下同。政也。非下「也」字張本無。聖人之治也。故智者不乘椎車，聖人不行椎政。下有「難」字，衍。張、凌本作「也」，亦可省。〇法所以制事。當分段。故聖人不求無害之言，而務無易益。張本「易」。之事。〇人之不事衡石者。當提行。〇不爲能舊倒，今從《藏》本，下亦當同。活餓者也。〇故智慮下「力勞」二字凌本無。不用而國治也。〇則廚人輕君而重於張本下兩句皆無「於」字，此亦當衍。宰尹矣。〇有土上。張、凌本「土」。之君。

八經「第四十」下脱「八」字。不如用一國。注「用君」下「之」字衍。又，「不知」當作「不如」。是以言陳之日。由。《藏》本「日」。〇以異《藏》本無。爲同者劫。權藉籍。張本下作「藉」，此亦當同。不失。則大臣不擁。當從「土」旁。翳緊。秦本「翳」。曰詭，詭《藏》本不重。曰易。見功易均。張本「易功」亦譌。而賞。是故張本作「故其」。國治而敵亂。即亂亡《藏》本「之」。

之道。○行參以折。必拆。今從《藏》本。張本亦作「折」，下同。折之微張本「徵」。足以知多寡。其徵在比周而賞異，下「也」字衍。誅罰《藏》本「罰」作「毋謁」二字。而罪同。縣令，張本「吏」，非。約其辟吏。○怒見則《藏》本「其」。威分。○今疑「令」。符言於後以知謾誠。○故下肆很凌本「狠」。觸而榮於輕君之俗。末一行脫「主威」二字。

卷十九

五蠹 古者丈夫不耕。似當分段。 堯之王天下也。亦當分段。 股無胈。肢，譌。穰饟。張本「穰」。歲之秋，疏《意林》作「過」。客必食。 多少之實《意林》作「心」。異也。是以古之張本「人」。易財。 古者文大，譌。 王處豐、鎬之閒。似當分段。 荊文王怒其害己也，舉兵伐徐。案：徐偃王當周穆王時，與楚文王相去遠，譙周據此以駁《史》失之不考。 鐵銛短距。張本「短」。者及乎敵。○則民視舊倒。君脫，俱依張本補正。如父母。 父母二字脫。皆見愛而未必治也，君脫。雖厚愛，下「矣」字《藏》本無。奚遽不亂？ 而爲張本無。仁義者一人。法莫如一而固。張本「故」，二字通。 今則不然。當有「以」字，與下同。其有功也爵之。以其犯禁也脫，張、凌本有，與上二句同。罪之。 儒以文亂法。似當分段。 而諸先生王。張本「生」。以文學取。自環者謂之私。《説文》引作「自營爲厶」，「營」、「環」本通用，「私」當作「厶」。下同。無爵而顯榮。下「爲」字凌本無。且世之所謂賢者。似當分段。今人主之於言也。當分段。從者，合衆弱强，譌。以攻一强弱，譌。也。而交大未必不「有」字似不必增。疏。人主之「於其」二字衍。聽説也，衍，凌本皆無。於其臣。是人君不明乎張本「於」。公私之利。民之故張本「政」。計，皆就安利如皆。張本「如」，與「而」同。辟危窮。似當分段。趣本務而外趨，譌，舊人改。末作。聚斂倍農而致尊過三字舊作「不貴」，今從張本。耕戰之士。其近《藏》本、張本作「患」，疑是「串」字。《爾雅》：「串，習也。」此猶言近習。御者積於私門。

顯學 有仲良張本「梁」。氏之儒。服喪三月，《墨子·公孟》篇作「三日」，《淮南·齊俗》篇與此同。世主脱，據下文補。以爲儉而禮之。今世之學士。當分段。無饑饉、疾疫、疚，舊人改。禍罪之殃。且夫人主之聽於《藏》本倒。學也，若是其言，宜布之官而舊倒，今從張本。用其身。澹臺子羽。當分段。與處久《藏》本無。下同。而行不稱其貌。而有長平年。張、凌本「平」。之禍。磐石千里。當分段。象人或指偶言。《韓詩外傳》四作「愚民」。百萬。故敵國之君王。似當分段。夫聖人之治國。當分段。千歲世。張本「歲」。無輪矣。今或謂人曰。當分段。是以智與壽説人脱，一本有。也。故善毛嬙、《藏》本「廧」。西施之美。「使若千秋歲，譌。下同。萬歲。」千秋萬歲之聲聒括。《藏》本「聒」。耳。

不道仁義。下「者」字舊人删。　今不知治者。當分段。　境内教戰陣閱士卒。張本作「境内必知介而無私解」，此七字雖難曉，然似是元本如此。　而民不知悦也。凌本作「知之而不悦也」，并注云：「謂民不悦也。」

卷二十

忠孝　是以有弑亂。《藏》本「弑」。　君。　湯、武爲脱，《藏》本有。　人臣而弑其主。　孔子本未末。張、凌本「未」。　知孝悌忠順之道也。　然則有道者，進不得脱，張、凌本有。下同。　爲臣主，退不得爲父子耶？　豈得利焉哉？　舊倒。張本作「焉哉」。　教數。張本「教」。　出於無用者。　非其親者知謂之舊作「知其」，今從《藏》本。　不孝。　古者黔首悗密蠢愚。當分段。　此二三。《藏》本「二二」，蓋唯指許由、盜跖言。　者殆物也。　不可以下「爲」字張本無。　刑禁也。

人主　左右太威戚。張本「威」。　也。　當而。張本「當」。　使虎豹失其爪牙。　昔關龍逢説桀而傷其四支。肢。張本「支」。

飭張本「飾」，古通用。　令　案按。　兵不攻。　罪重而刑輕。張本倒，下同。

心度 世知二字舊無，張本有。維之以刑則從。

制分 有持異以舊倒，今從張本。爲分。其務令之相闚規。張本「闚」。其情者也。不用譽而得人之情。張本作「不用譽則無過」。過刑舊校改「形」，本通用。之於言者難見也。如此則刑賞安得不容其貳？二。實故舊倒，《藏》本「實故」。有所至，而理失其量。

晏子春秋

劉向《敘録》云：「定著八篇二百一十五章。」余所見者明吴勉學本，止七篇二百三章。今陽湖孫氏星衍得沈啓南、吴懷保本校梓者，分八篇，多十二章，與《敘録》之數適合。孫氏自爲《音義》二卷，從前之譌脱者已一一補正之，今可無庸複出。亦有一二可備參酌者，聊著於此，以足成孫氏之本。正字大書，舊譌及以他書參訂者作旁注。

内篇諫上第一 凡二十五章

莊公奮乎勇力，不顧於「於」與「于」舊多參錯，新本一例作「于」矣。行義。《音義》作「仁義」，云：「一作『行』，一作『行義』，非。」但正文自作「行義」，不相應何也？《太平御覽》四百三十六「義」字作「尚」，屬下句，下文亦同。勇力之士，無忌於國。威戮無罪，《御覽》無此句。崇尚勇力。《御覽》作「專行威力」。○禽獸以矣。力爲政，彊者犯弱，故日易主。《國策》「寧爲雞口」，一云當爲雞尸，尸，即主也。禽獸以强者爲主，更有强者則易主矣。雞尤人之所常見者也。○弦章諫。《吕氏春秋·勿躬》篇、《説苑·君道》篇皆以弦章在桓公時。《韓非·外儲説左下》作「弦商」，當即弦章。唯《新序·雜事四》，在桓公時者，乃弦寧，《後問上》作「弦甯」，實一字，據此則弦章正事景公者。○三保之妾。三保蓋阿保之流。令趣與「促」同。駕追晏子其家，不及。句。夫子倍與「背」同。棄不援。人待三，士待四。

當是與以三日四日之限。○君夜發，《詩》「明發不寐」，此謂夜不寐也。不可以朝。舊脱。梁丘據下「扃」疑衍。入歌人虞。○隱情奄掩，同。惡。○翟王子羨臣于景公似當有「干景公」三字。以重駕。嬰子不説，公因曰，譌。不説。今君不思元刻作「免」，疑是「克」誤。成城之求。○田氏殺讀「弑」。下竝同。君荼。○召會譴。即《左傳》之裔款，《外篇》所載與《傳》同。使史固與祝佗。《左傳》作「祝固、史嚚」，《外篇》同。○出以易諸侯于外，不仁。言我不信，而使外諸侯信之，是之謂易。故下「曰」字衍。送楚巫于東，東濱海，不與外諸侯鄰。○寡人欲少賦斂以祠《御覽》八百七十九作「招」。案《周禮・男巫》：「旁招以茅，招四方之所望祭者。」他卷亦或作「祠」、作「祀」。靈山，可乎？水《御覽》有。泉將下，百川將《御覽》有。竭。○艾《列子》「史」。《釋文》仍作「艾」，五蓋切。孔。○盛君之行不能進焉。言不能有加也。○湯質《論衡・死僞篇》無，因下「晳」字誤衍。晳而長，顏《論衡》「頤」。以髯，兑《論衡》「鋭」。下同。上豐下。○夫子何遽乎？國家無有故乎？《韓詩外傳》十：「夫子何遽乎？得無有急乎？」泰士子牛。《外傳》以下「行人子羽」作「子牛」，而此爲「子幾」。爲國家之有餘不足「聘」字衍。乎？○晏子止《御覽》四百五十六下有「之」字。而問于公曰。下有「古者」二字。臣爲君殺之，使下有「自」字。知其罪。又殺君之所最善《御覽》無「最」字，「善」作「愛」。馬。使下有「公」字。怨積於百姓。

内篇諫下第二凡二十五章

景公藉重藉，即藉斂。而獄多。　君將使嬰勑其功乎？勑，通「勅」。功，謂功效也。下云「勑其意」，謂革民之心也。　夫民無欲殘其家室之生以奉暴上之僻者，則君使吏比而焚之而已矣。此正言民意之不從上也。不從上，則比户可誅，故云「比而焚之」，非焚其讞也。觀下景公曰「勑其意」，則「比焚如」是比焚如之刑也。「焚如」之刑，殺其親之刑也，見《周禮・秋官》「掌戮」疏引鄭康成《易》注。○傷之《列女傳》、《御覽》作「槐」字。者死。　且《御覽》作「將」。加罪焉。　猶自治魚鼈者也，去其腥臊者而已。此與下「昧墨……教人危坐」兩喻，俱不甚可了。或以去其腥臊，則於魚鼈無傷也。昧墨，猶言黑暗，黑暗之中教人危坐，人其從之乎？言人不能從也。　威嚴擬乎君。言一玩好之物耳，而其威嚴乃擬乎君，犯之則有罪也。《列女傳》作「嚴威令」，下同，似非。　以羨餒食之具。《列女傳》作「以美飲食之具」。○公以車逐。《初學記》有「之」字。　公日曰。　自莅之。○是師殺元刻作「殺師」，是。之半也。○涷餒之疑衍。者鄉有焉。　皆有蓋音「盍」。廬，以避燥溼。濕。下皆同。案：此以宋子罕事傳會之耳。　君爲壹臺。句上《御覽》有「令」字，「壹」作「一」。○楚靈王作頃元刻作「傾」。宫。　斬板而去之。鄭氏《檀弓》注：「板，蓋廣二尺，長六尺。斬板，謂斷其縮也。」今本作「莫縮」，誤。宋本是「其縮」。縮，謂縮板之繩。○臣將逝遊，謁。　矣。○且古者嘗有紩衣攣領而王天下者。攣領，即「卷領」，亦云「句領」。《淮南子・氾論訓》：「古有鍪而綣領以王天下者矣。」《荀子・哀公篇》楊注引《尚書大傳》「古之人，衣上有冒而句領者」，注云：「古之人，三皇時也。句領，繞頸也。」○帶球玉而冠貝。

且。〇聖人之服中，侻而不䭯。當與「組」同。不可以導衆。下「民」字衍。〇下無言，則吾元刻無，《説苑・正諫》篇亦無。下竝同。謂之瘖。聾瘖，非害國家如而，同。舊本衍一「而」字，乃舊人旁注誤入正文，《説苑》無。何也？以成帷元刻「帏」，似「幃」字。幕。夫治二字脱，當據《説苑》補。天下者，非用一士之言也。〇足元刻有「乎」字。以便生。〇景公與晏子登《御覽》四百九十二有「路」字。寢而望。〇服牛死，夫婦笑。《御覽》作「夫婦共哭」，牛死則失其利，故哭。下云「非骨肉之親」，明是「哭」字，故云爾。酒醴酸酢，脱，《御覽》有。不勝飲也；菽府。《御覽》「菽」。粟鬱積，而。《御覽》「積」。不勝食也。脱，從《御覽》補。又厚藉斂於百姓，而不以分餧餒。《御覽》「餧」，乃本字。民。《御覽》作：「人也，下有欲代之延不亦難乎！」無「夫藏財」以下語。案：《御覽》似依唐本。〇願請下「命」字衍。合骨。夫君子則有以，如我者儕小人，文有脱誤。吾將左手擁格，杙也。右手梱心。梱，當爲「捆」，叩椓也。子亦嘗聞請合脱，從《北堂書鈔》九十二補。葬人主之宮者乎？故未嘗聞下「諸」字衍，《書鈔》無。請葬人主之宮者也。遂葬其母《書鈔》有「於」字。路寢之《書鈔》有「臺」字。牖牖，譌。下。玄冠茈紫，同。武。〇而維據盡力以愛君。疑脱一「乎」字。〇亦細物也。物，猶事也。〇少餽當作「饋」。之二桃。接一搏特舊脱，從《爾雅・釋水疏》補。狷，而《爾雅疏》無。再搏乳虎。吾杖舊譌「伏」，改「仗」亦俗。兵而卻三軍者再。治專其元刻無。桃而宜。

内篇問上第三凡三十章

倍仁義而貪名實者，不能服天下。三字脱。案：以上文例之，當有。下云「威當世而服天下者」云云，別爲句。○左右多過，獄讞不中，則弦甯暱侍。甯，與「寧」同。《新序》作「弦寧」，説已見前。孫本即改「章」。○故以臣觀之舊誤倒，今從上文改。也。○景公問于元刻無。晏子曰：「寡人意氣衰。」○古之盛君，其行何如？元刻倒。○上下無所縻。元刻「靡」。民有如疑。利。故臣聞義謀之法以元刻「者」。民事之本也。○則民與君若。矣。○麄苴當與「麤」、「粗」同，上倉胡切，下才古切，猶鹵莽也。詳見余《札記》。學者詘。○下無謟諂。元刻「謟」。德。不事驕行而尚司。疑「同」。《墨子》有《上同》篇。○景公問於晏子曰：《論衡·定賢篇》作「齊詹問」，「詹」疑「侯」字誤。但下作「詹曰」，又似非誤。「忠臣之事《論衡》及《説苑·臣術》篇下皆有「其」字。君也，何若？」公不悦，曰：《論衡》但作「詹曰」，上無「齊」字。「君《論衡》、《説苑》俱無。裂《論衡》「列」。地而封之。」謀《論衡》「諫」。而見從，終身不出。俱作「亡」。若言不俱有「見」字。下同。用。謀俱作「諫」。而不從。故忠臣也俱無。者，能納《論衡》「進」。善於君，不能與君《論衡》無。陷於難。○求君逼邇。元刻「爾」。積豐義當作「羨」。之養。○今民聞公令如當有「逃」字，下篇有。寇讎。○吾欲和臣民。元刻「臣」，是。親下。

内篇問下第四凡三十章

稱事受授。禄，不爲苟得。○景行行下「止」字衍。之者其人也。案：今《詩》作「景行行止」，而古來所引每作「行之」。王伯厚《詩攷》引《史記・孔子世家》作「行之」，今《史記》改作「行止」矣。《禮記・表記釋文》又云：「行止，《詩》作『行之』。」又互異也。此書必本作「行之」，後人以今《詩》「止」字注其旁，遂誤入正文耳。○貨竭謁。從《説苑・權謀》篇改。于晉。○晏子巡當作「逡」，下文正作「逡」。遁而對曰。○今吾以魯一國下「迷」字衍，當從《韓非・内儲説上》刪。慮之，不免于亂。撟犒，譌。《文選・勸進表》注引作「矯」。此「撟」與「矯」同，《韓非》作「舉」，義同。魯國化而爲一心。○既静矣。下「晏以」二字衍。昔君吾，譌。先君得衆若何？臣不敢下「不」字衍。知也。○而老少元刻「小」。凍餒。或燠休讀爲「嫗煦」。之。狐續、孤績。慶伯。○治唐園，考菲履。《吕氏春秋・尊師》篇「治唐圃，織萉屨」，「萉」，枲也，舊本譌作「葩」。此云「菲」，當與「屝」同。不愧行。《荀子・非十二子篇》楊倞注引下句作「傀行」，則此句亦當同。○莊敬而不狡。「狡」與「佼」同，言非務爲美好也。○事親孝，無悔往行；事親之行，後無悔也。悔，謂其不可復者是也。事君忠，無悔往辭。言於君者，後無悔也。事親事君，與下「和兄弟信朋友」，文正相連接。○執一李本作「一」，當從之。浩灢，譌。裾，浩裾，又見《外篇》。則不取也。

内篇雜上第五凡三十章

戟拘《御覽》兩引皆作「鉤」。其頸。授《吕氏春秋・知分》篇同。《意林》所載《吕氏》作「援」，當從之。綏而乘。嬰命有繫《御覽》兩引皆作「有所縣」。矣。○景公使晏子爲《御覽》二百六十六又四百二十四皆無「東」字。阿宰。決獄不避貴强，而當補。貴强二字孫補。惡之。是以脱，當補。三邪譽乎外。○蠶桑豢牧收，譌。之處不足。言民皆勤於事也。勤事者衆，而地不足，故下云「絲蠶於燕，牧馬於魯」。然則「豢牧」當作「豢養牧放」解明矣。○晏子令吏重其賃，遠其兆，徐其日，《荀子·王霸篇》楊倞注引作「重其績，遠其涂，佻其日」，皆是也。佻，緩也。而不趨。○蚤歲溜「淄」字之譌。淄水在齊，與「菑」同，以下文「入廣門」云云，當爲「淄」字明矣。水至，入廣門。○今君愛老，而恩無《説苑》無「所」字，是。不逮。○是無歸矣！《説苑》作「夫」。○昔者君正晝。晝，譌。○以其家貨養《説苑》作「貧善」。寡人。○陰水厥陽。《文選·海賦》注引作「陰冰凝陽」，《御覽》「水」亦作「冰」。○嬰聞兩楹檻，譌。元刻作「楹」。之閒。○去藏也。其二肩。下所以云「藏餘不分」。○不若本或作「者」。以言。吾請以言乎？之。以軒乎？○反裘負芻。所謂惜其毛也。

内篇雜下第六凡三十章

猶懸牛首於門，而賣《御覽》作「鬻」，此「賣」當作「賣」，與「鬻」同。馬肉於内《御覽》作「市」，似非。也。踰《御覽》作「不逾」。月，而國人脱，《御覽》有。莫之《御覽》脱。服。○有梟昔者鳴，「者」字衍。昔鳴，夜鳴也。《説苑·辨物》篇下句首有「其」字。聲無不爲也。臣請禳而去之。脱，《説苑》有。爲置白茅焉。脱，《説苑》有。若此其明也。脱，《説苑》有。騫辭曰：「爲禳君鴞而殺之。」《説苑》作：「辭曰：『鶱爲君禳梟而殺之。』」此文誤。　嘻，亦善矣！脱，《説苑》有。　○齊之二字今本無，《御覽》兩引皆有。　臨淄三百閭。　○禄莫重《説苑·臣術》篇作「厚」。　于子。　君之賜當乙，從上文。　卿位以尊《説苑》「顯」。　其身。　寵以《説苑》「之」，同上文。　百萬。　臣聞古之賢君舊本「君」字竝不誤。下云「則過之」，乃君過其臣也，但此下當補一「臣」字。　臣，舊脱。　有受厚賜而不顧其困《説苑》作「國」。　案：「困」字似亦可通。　族，則過之。　○晏子對曰：「先人有言曰：『無功之賞，不義之富，禍之媒也。』夫離治元刻空一字。　求富，禍也，慶氏知而不行，是以失之，我非惡富也。　諺曰：『前車覆，後車戒。』吾恐失富，不敢孫謅「放」。　受之也。」此段在「何獨弗欲」下，是《晏子》本文。《文選·六代論》、《五等論》兩注竝引諺曰「前車覆，後車戒也」，可知唐時本如是。　後人輒以《左傳》「慶氏之邑足欲」以下竄易之，元刻不知此爲本文，而但注於「所謂幅也」之下，云「或作云云」，沈啟南本亦同。　然猶幸有此注，今得攷而復之，進爲大字，而以《左傳》之文作注，庶乎不失其舊。《傳》文「夫民生厚」，各本俱脱「民」字。　○晏子使魯，今本「晏子使晉」至「迺許之」，皆《左傳》之文，亦非元本，今依元刻及沈啟南本所注進爲大字，以復其舊。　唯此下衍「比其反」三字，删。　景公爲毁其鄰以益其宅。　晏子反，聞之，待於郊，使人復於公曰：「臣之貪貧，謅。　頑而好大室也，乃通於君，故君大其居，臣之罪大矣。」公曰：「夫子之鄉惡而居小，故爲夫子爲之，欲夫子居之以慊寡人也。」晏子對曰：「先人有言曰：『毋卜其居，而卜其鄰舍。』今得意於君者慊於君，則毋卜已，没氏之先人卜與臣鄰，吉。臣可以廢没氏之卜乎？夫大居而逆鄰歸之心，臣不願也。請辭。」○飾其容正，以待承令。《御覽》無「以」字、「承」字。○炙三弋、五卵。弋，見《夏小正傳》：「弋也者，禽也。」卵，前作「卯」，疑「卵」是，即雞子也。○豈以其不肖父爲其，譌，依前文改。不肖子。○夫子無欲言乎？下「子曰」上當有「晏」字。

外篇第七

自此已下，吴本有缺篇，且篇次不與孫本同。今故具列孫本次第，使可案而補焉。凡二十七篇。

景公飲酒一○景公置酒於泰山之陽二，缺。寡人將去此堂堂國《御覽》無「者」字。而死乎！《御覽》作「邪」。臣吾，譌。《御覽》作「臣」。細人也。○景公瞢見彗星三，缺。○景公飲酒樂四○景公至自畋五○齊有彗星六○景公疥遂痁七○景公賞賜及後宫八○景公登箐室而望九 此當作「比」。見斷之。○景公坐于路寢十，缺。公曰：脱。「然則柰何？」○景公宿於路寢之宫十一 寡人夜者者，乃「昔」之譌，「夜」字衍。聞西方有男子哭者，聲甚哀。盆成造适，譌。據《禮記·檀弓上正義》改。也。身老子⿰禾禹。小弱也，疑與「穤」同。《玉篇》音「矩」，孤也。因問其偏柎何所在？此不必與《左傳》之「楄柎」同。偏，謂偏親。柎，即上文所云「柎柩」。公因其有恐不能合祔之語，故使問其偏親之柩何所在，語意自明。上文「柎柩」不當改作「祔柩」，柎，即「楄柎」，若以應祔葬之柩而言祔柩，恐非辭。下文「偏之所在」，亦當作「偏柎所在」。女子髮疑「髽」。笄者以百數。五子不滿隅。馬端臨《文獻通考序》有「三孱不足以滿隅」語，未知即出此否。○景公築長庲之臺十二〇景公好弋十三　使燭鄒《御覽》四百五十五引《説苑》亦作「燭鄒」。主鳥而亡之。　以吾君重鳥以《韓詩外傳》九、《説苑·正諫》篇俱作「而」。輕士。〇景公問晏子曰治國之患十四　則奚曾爲國常上文作「長」。患乎？　臣何敢槁亦「撟」之譌。也！　此難得其疑「具」。知也。　然則夫子扐孫本改「助」，而《音義》仍作「扐」，亦疑而未定也。寡人止之。〇景公與晏子立曲潢之上十五　民不懈，貨不移。《左氏·昭廿六年傳》作「民不遷，農不移」。〇晏子聘於吴十六〇晏子使吴十七〇司馬子期問晏子十八〇高子問晏子曰十九〇晏子治東阿二十　景公許。《説苑·政理》篇有「之」字。　民無飢者。脱，《説苑》有。今臣後之治脱，《説苑》有。東阿也。　再拜，便辟。僻，譌。〇景公問太卜曰廿一　恐子之死舊誤倒。也。〇晏子相景公廿二〇晏子使高糺廿三〇景公謂晏子曰昔吾先君桓公廿四　寡人不足以辱而先君。三字疑。〇景公賜晏子狐之白疑倒。裘廿五〇晏子相景公布衣鹿裘以朝廿六，缺。〇仲尼曰靈公汙廿七，缺。　莊公壯。《孔叢·詰墨》篇作「怯」。案：《左傳》「齊侯既伐晉而懼」，則「怯」字亦非誤。

外篇第八凡十八篇，吴本不分。

仲尼之齊廿八　不可使脱。守職。　而儒傳，譌。者無其外。〇景公上路寢廿九〇仲尼游齊卅〇仲尼之齊見景公卅一〇景公出田寒卅二〇仲尼相魯卅三　必驕魯而有齊。

有，猶恃也。○景公問晏子曰有臣而强卅四，缺。此與下六章，元刻本、沈啓南、吳懷保本皆有。○景公遊于牛山卅五，缺。○景公爲大鐘卅六，缺。○田無宇見晏子卅七，缺。《韓詩外傳》九非晏子之妻，乃其妻之使人爲近理。○有工女託於晏子之家焉者卅八，缺。　乃今《御覽》無「日」字。而後。　僕必色見而三字《御覽》無。行無廉《御覽》作「清」。也。○景公蓋姣卅九，缺。○景公謂晏子曰東海之中四十，缺。　吾詳問子何爲？二字疑衍。○景公問晏子曰天下有極大乎四十一○莊公闔門而圖莒四十二○景公游於菑四十三　百姓將誰告夫！《説苑・君道》篇作「矣」，是。○晏子死四十四○晏子没十有七年四十五，缺。　昔晏子辭賞黨。以正君。「公曰章」已下，元刻缺。有本不缺，注云：「據《太平御覽》增。」今案：《御覽》九百三十五云：「弦章入，公曰：『吾失晏子，未嘗聞吾不善。』章曰：『臣聞君好臣服，君嗜臣食，尺蠖食黄身黄，食蒼身蒼，君其食諂人言乎？』公曰：『善。』賜弦章魚五十乘。弦章歸，魚車塞途。章撫其僕曰：『曩之唱善者，皆欲此魚也。』固辭不受。」與此所增者亦不同。

余校《晏子》將竣，吳槎客示余元人刻本，其每卷首有總目，又各標於當篇。今本皆缺目録，當以此補之。

晏子春秋内篇諫上第一

莊公矜勇力不顧行義晏子諫第一
景公飲酒酣願諸大夫無爲禮晏子諫第二
景公飲酒酲三日而後發晏子諫第三
景公飲酒七日不納弦章之言晏子諫第四
景公飲酒不恤天災致能歌者晏子諫第五
景公夜聽新樂而不朝晏子諫第六
景公燕賞無功而罪有司晏子諫第七
景公信用讒佞賞罰失中晏子諫第八
景公愛嬖妾隨其所欲晏子諫第九
景公敕五子之傅而失言晏子諫第十
景公欲廢適子陽生而立荼晏子諫第十一
景公病久不愈欲誅祝史目謝晏子諫第十二
景公怒封人之祝不遜晏子諫第十三
景公欲使楚巫致五帝目明悳晏子諫第十四
景公欲祠靈山河伯目禱雨晏子諫第十五

晏子春秋内篇諫下第二

景公冬起大臺之役晏子諫第五
景公爲長庲欲美之晏子諫第六
景公爲鄒之長塗晏子諫第七
景公春夏游獵興役晏子諫第八
景公獵休坐地晏子席而諫第九
景公獵逢蛇虎以爲不祥晏子諫第十
景公爲臺成又欲爲鐘晏子諫第十一
景公爲泰吕成將以燕饗晏子諫第十二
景公爲履飾以金玉晏子諫第十三
景公欲以聖王之居服而致諸侯晏子諫第十四
景公自矜冠裳遊處之貴晏子諫第十五
景公爲巨冠長衣以聽朝晏子諫第十六
景公朝居嚴下不言晏子諫第十七
景公登路寢臺不終不悦晏子諫第十八
景公登路寢臺望國而歎晏子諫第十九

景公路寢臺成逢於何願合葬晏子諫而許第二十

景公嬖妾死守之三日不斂晏子諫第二十一

景公欲厚葬梁丘據晏子諫第二十二

景公欲以人禮葬走狗晏子諫第二十三

景公養勇士三人無君臣之義晏子諫第二十四

景公登射思得勇力士與之圖國晏子諫第二十五

晏子春秋内篇問上第三

莊公問威當世服天下時耶晏子對曰行也第一

莊公問伐晉晏子對以不可若不濟國之福第二

景公問伐魯晏子對以不若修政待其亂第三

景公伐斄勝之問所當賞晏子對以謀勝禄臣第四

景公問聖王其行若何晏子對以衰世而諷第五

景公問欲善齊國之政以干霸王晏子對以官未具第六

景公問欲如桓公用管仲以成霸業晏子對以不能第七

景公問莒魯孰先亡晏子對以魯後莒先第八

景公問治國何患晏子對以社鼠猛狗第九
景公問欲令祝史求福晏子對以當辭罪而無求第十
景公問古之盛君其行如何晏子對以問道者更正第十一
景公問謀必得事必成何術晏子對以度義因民第十二
景公問善爲國家者何如晏子對以舉賢官能第十三
景公問君臣身尊而榮難乎晏子對以易第十四
景公問天下之所以存亡晏子對以六説第十五
景公問君子常行曷若晏子對以三者第十六
景公問賢君治國若何晏子對以任賢愛民第十七
景公問明王之教民何若晏子對以先行義第十八
景公問忠臣之事君何若晏子對以不與君陷於難第十九
景公問忠臣之行何如晏子對以不與君行邪第二十
景公問佞人之事君何如晏子對目愚君所信也第二十一
景公問聖人之不得意何如晏子對以不與世陷乎邪第二十二
景公問古者君民用國不危弱晏子對以文王第二十三

晏子春秋内篇問下第四

晏子春秋内篇雜上第五

晏子春秋内篇雜下第六

景公欲更晏子宅晏子辭㠯近市得求諷公省刑第二十一
景公毁晏子鄰以益其宅晏子因陳桓子㠯辭第二十二
景公欲爲晏子築室於宫内晏子稱是㠯遠之而辭第二十三
景公㠯晏子妻老且惡欲内愛女晏子再拜以辭第二十四
景公㠯晏子乘弊車駑馬使梁丘據遺之三返不受第二十五
景公睹晏子之食菲薄而嗟其貧晏子稱其參士之食第二十六
梁丘據自患不及晏子晏子勉據㠯常爲常行第二十七
晏子老辭邑景公不許致車一乘而後止第二十八
晏子病將死妻問所欲言云毋變爾俗第二十九
晏子病將死鑿楹納書命子壯示之第三十

晏子春秋外篇重而異者第七凡二十七章

景公飲酒命晏子去禮晏子諫第一末注云：「此章與『景公酒酣願無爲禮晏子諫』大旨同，但辭有詳略爾，故著於此篇。」

景公置酒泰山四望而泣晏子諫第二末注云：「此章與『景公登牛山而悲登公阜睹彗星而感』旨同而辭少異爾，故著於此篇。」

景公瞢見彗星使人占之晏子諫第三末注云：「此章與『景公登公阜見彗星使禳之晏子諫』辭旨同，而此特言『瞢見』爲異爾，故著於此篇。」

景公問古而無死其樂若何晏子諫第四末注云：「此章與『景公謂梁丘據與己和』、『景公使祝史禳彗星』，皆出於『景公游公阜一日而有三過言』，但析爲章，而辭少異，皆著於此篇。」

景公謂梁丘據與己和晏子諫第五

景公使祝史禳彗星晏子諫第六末注云：「此章與『景公登公阜見彗星』章旨同，故著於此篇。」

景公有疾梁丘據裔款請誅祝史晏子諫第七末注云：「此章與『景公病久欲誅祝史㠯謝』事悉旨同，但述辭有首末之異，故著於此篇。」

景公見道殣自慙無德晏子諫第八末注云：「此章與『景公遊寒塗不䘏死胔』辭如相反，而其旨實同，故著於此篇。」

景公欲誅斷所愛橚者晏子諫第九末注云：「此章與『景公欲殺犯槐者』、『景公逐得斬竹』事悉同，但辭少異耳，故著於此篇。」

景公坐路寢曰誰將有此晏子諫第十末注云：「此章與『景公登路寢而嘆』、『景公問後世有齊者』、『叔向問齊國之治何若』辭旨畧同而小異，故著於此篇。」

景公臺成盆成适願合葬其母晏子諫而許第十一末注云：「此章與『逢於何請合葬』正同，而辭少異，故著於此篇。」

景公築長庲臺晏子舞而諫第十二末注云：「此章與『景公爲長庲欲美之』、『景公冬起大臺之役』辭旨同而小異，故著於此篇。」

景公使燭鄒主鳥而亡之公怒將加誅晏子諫第十三末注云：「此章與『景公欲誅野人』、『景公欲殺圉人』章旨同而辭少異，故著於此篇。」

景公問治國之患晏子對曰佞人讒夫在君側第十四末注云：「此章與『景公問佞人之事君何如』、『景公問治國何患』三章大旨同而辭少異，故著於此篇。」

景公問後世孰將踐有齊者晏子對以田氏第十五末注云：「此章與『景公坐路寢問誰將有此』、『景公問魯莒孰先亡因問後世孰有齊國』、『晉叔向問齊國若何』三章畣旨同而辭異，故著於此篇。」

晏子使吴吴王問君子之行晏子對曰不與亂國俱滅第十六末注云：「此章與『吴王問可處可去』事旨既同，但辭有詳畧之異，故著於此篇。」

吴王問齊君侵暴吾子何容焉晏子對曰豈能曰道食人第十七末注云：「此章與『景公問天下之所以存亡』、『魯君問何事回曲之君』三章，或事異而辭同，或旨同而辭異，故著於此篇。」

司馬子期問有不干君不恤民取名者乎晏子對曰不仁也第十八末注云：「此章與『叔向問徒處之義』章旨同而有詳畧之異，故著於此篇。」

高子問子事靈公莊公景公皆敬子晏子對以一心第十九末注云：「此章與『梁丘據問事三君不同心』、『孔子之齊不見晏子』旨同而辭少異，故著於此篇。」

晏子再治東阿上計景公迎賀晏子辭第二十末注云：「此章與『晏子再治阿而見信景公任以國政』章旨同而述辭少異，故著於此篇。」

太卜紿景公能動地晏子知其妄使卜自曉公第二十一末注云：「此章與『柏常騫禳梟死將爲公請壽晏子識其妄』章旨同而辭異，故著於此篇。」

有獻書譖晏子退畊而國不治復召晏子第二十二末注云：「此章與『景公惡故人晏子退』章旨同，敘事少異，故著於此篇。」

晏子使高糾治家三年而未嘗弼過逐之第二十三末注云：「此章與『景公欲見高糾』章旨同而辭少異，故著於此篇。」

景公稱桓公之封管仲益晏子邑辭不受第二十四末注云：「此章與『景公致千金而晏子固不受』、『使田無宇致封邑晏子辭』章旨悉同而辭少異，故著於此篇。」

景公使梁丘據致千金之裘晏子固辭不受第二十五末注云：「此章與『景公使梁丘據遺之車馬三返不受』章旨同而事少異，故著於此篇。」

晏子衣鹿裘以朝景公嗟其貧晏子稱有飾第二十六末注云：「此章與『陳無宇請浮晏子』、『景公睹晏子之食而嗟其貧』章旨同而辭少異，故著於此篇。」

仲尼稱晏子行補三君而不有果君子也第二十七末注云：「此章與『仲尼之齊不見晏子』、『魯君問何事回曲之君』章旨同而述辭少異，故著於此篇。」

晏子春秋篇不合經術者第八凡十八章

仲尼見景公景公欲封之晏子以爲不可第一末注云：「此并下五章，皆毁詆孔子，殊不合經術，故著於此篇。」

景公上路寢聞哭聲問梁丘據晏子對第二

仲尼見景公景公曰先生奚不見寡人宰乎第三

仲尼之齊見景公而不見晏子子貢致問第四

景公出田顧問晏子若人之衆有孔子乎第五

仲尼相魯景公患之晏子對以勿憂第六末注云：「此上五章皆毁詆孔子，而此章復稱爲聖相，設相齊以困孔子，似非平仲之所宜，故著於此篇。」

景公問有臣有兄弟而强足恃乎晏子對不足恃第七末注云：「此章與『景公問臣并兄弟之强而晏子對以湯桀』，無以垂訓，故著於此篇。」

景公遊牛山少樂請晏子一願第八末注云：「此章載晏子之願如此，無以垂訓，故著於此篇。」

景公爲大鐘晏子與仲尼柏常騫知將毁第九末注云：「此章與『景公爲泰吕成將燕饗晏子諫』章旨同而尤近怪，故著於此篇。」

田無宇非晏子有老妻晏子對以去老謂之亂第十末注云：「此章與『景公以晏子妻老欲納女』

旨同而事異。陳無宇雖至凡品，亦未應目是誚晏子。設非晏子者，將納其説，見棄妻乎？無目垂訓，故著於此篇。」

工女欲入身於晏子晏子辭不受第十一末注云：「此章與『犯傷槐之令者女求入晏子家』事同而辭略，且無因而至，故著於此篇。」

景公欲誅羽人晏子以爲法不宜殺第十二末注云：「此章不典，無以垂訓，故著於此篇。」

景公謂晏子東海之中有水而赤晏子詳對第十三末注云：「此并下一章語類俳而義無所取，故著於此篇。」

景公問天下有極大極細晏子對第十四

莊公圖莒國人擾給以晏子在迺止第十五末注云：「此章特以晏子而給國人，故著於此篇。」

晏子死景公馳往哭哀畢而去第十六末注云：「此并下二章皆晏子歿後景公追懷之言，故著於此篇。」

晏子死景公哭之稱莫復陳告吾過第十七

晏子没左右諛弦章諫景公賜之魚第十八

風俗通義

隋、唐《志》皆三十一卷《録》一卷，至宋始作十卷，蓋亡其二十一篇矣。今尚有僅刻四卷者，得十卷，即爲足本。余所蓄乃明胡文焕本，脱誤甚多，略以程榮本少爲補綴。後又得元人刻本相校，殊無大異。乃攷百家傳記，互相參訂，又得多聞强識之友相助疏剔，始較勝於俗本，然去古久遠，斷不能盡無遺憾也。至於遺文，尚多散見。嘉定錢詹事搜輯頗富，又經仁和孫侍御覆審，屬爲付梓。余因以所校本書先焉，倘有疎舛，更望直友惠以教言，使得改正是幸。

應劭自序

凡三十一卷。今多作「凡一十卷」，乃妄人所改。地形有險易。《御覽》作「陰陽」。遺輶軒之使，求孫云：「《文選·顔延年〈曲水詩序〉》注引此作『采』，《七命》注作『採』，《意林》同。」異代方言。林閭翁孺。《華陽國志》：「林閭，字翁孺，臨邛人，揚雄師也。」

目録脱漏顛倒處自可尋文改正。

皇霸第一

董其是非而綜其詳矣。疑。墨翟悲於練程作「絲」。素者也。設《御覽》「謹」。言而民不違。開陰下「陽」字《御覽》無。布綱，剛。據《御覽》改。上合含。《御覽》「合」。皇極。遂燧，非。上亦當改。人始鑽木取火。令人無「復」字衍，《初學記》、《御覽》皆無。腹疾。火，《御覽》無「太」字，是。陽也。神農以地紀，本無此三字，今《大傳略説》有，與上文一例，兹補入。悉地力，種穀即「穀」字，但「禾」居左居中小異耳。各本上从「殸」，下从「木」，如《論衡·偶會篇》、高誘注《吕氏春秋·季秋紀》、《齊民要術》引《海内經》皆同，乃後來轉寫之誤。字書唯《篇海》獨从「禾」，今并上正之。疏。《御覽》上作「植穀」，無「疏」字。天地人《大傳》有「之」字。道備。以佃元本「田」，是。以漁。文明文一作「大」。見。《大傳》之義。德施脱，《御覽》有。四季。頊者，信也，慤也。二字脱，《御覽》有。言其承文易舊倒。之以質，使天下蒙《御覽》「遵」。化。舜者，准推。《御覽》

「淮」，乃「准」之誤。准，音近「舜」。也，循《意林》「脩」，譌。也。言其准行道德，循堯緒也。舊本「准行道德」誤在「舜者」上，今依《御覽》乙正。虎賁八百人。孫云：「案《書序》『虎賁三百人』，《孟子》言三千人，本書卷二引《書》亦同。此云『八百』，譌。」自堯以上王者。「也」字衍。子孫據國而起，功德浸盛，故造美溢。論。雖復制謚，更制。不如知。俱據《御覽》改。名著。天下熾昌。盛。能制割當作「能專利害」，此三句本范睢語，見《秦策》。之謂士。五伯。霸。下同。不脩循，非。民事。復菁青，譌。程本「包」。茅之貢。孔子稱「民到於元本「于」。今受其賜」。置戍戎。而去。言把持天子政令。《意林》作「言其把持天下之政」，元刻「子」亦作「下」。案：《左傳正義》載康成説云「言把持王者之政教」，則作「天子」是。是謂女潰。潰，譌。《古今人表》、《水經注》皆作「潰」，《大戴禮》作「隤」，《世本》作「嬇」。三人又疑衍。出焉。是與「氏」同。爲芈。懷王當有「信任」字。佞臣上官子蘭。簡，譌。案：蘭與椒明見《離騷》，不合有異名，今從程本。自投汨羅水。程本作「王」，屬下句，是。因爲張儀所欺。重爲「所」字衍。煩勞。止於棠樹之下。《文選·修楚元王墓教》注引作「止甘棠之下」。建違。程嬰之義。子叔帶始去生。周事晉。公孫支書而藏之，秦策《史記》「讖」。於是出夫。《史記》「矣」。而襄公下「之」字衍。敗秦師於殽。病必閒，閒必二字脱，《史記》有。有言也。廣樂下「於」字衍。九奏。有一熊欲援我，帝命我三字脱，《史記》有。射之。帝脱，《史記》有。下同。屬我一脱，《史記》有，下亦有。

翟犬。七十，謁。今從《史記》。世而亡。董安于於。受言而藏之。以扁鵲之言告簡子。《史記》重「簡子」二字，屬下句。從者怒，將刃之。脱，《史記》有。吾欲有舊倒。謁於主君。帝令主君脱。滅二卿。襄子奔，下「之」字衍。保晉陽。自帶以上可見，自帶以下六字脱。不可見。曰脱。爲我以是遺趙無恤。以告襄子。《史記》二字重。余霍太山《史記》重。陽侯大吏。《史記》「天使也」。反及。滅智氏。亦立我三《史記》無，下亦無「三」字。百邑，余將使《史記》無。賜若林胡之地。龍面鳥噣。屬。脩下而馮上，《史》無。左任《史》「袵」。介乘，奄有河宗，室。至於休《史記》「林」。溷諸狢。《史記》「貉」。乃以《史記》「引」。汾水灌其城。南并知氏。山。殺其良將李牧而任趙括。錢云：「括與牧不同時，此應氏誤。」厲公爲蔡所「滅」字衍。殺。公脱。曰：「以火。」《左傳》有「繼之」二字。言周天子及諸侯，請立《史記》有「齊相」二字。田和爲諸侯，七字脱，約《史記》文補。列「言」字衍。於周室。秦兵平步二字《史》作「卒」。入臨菑。亡《史》作「住」。建共者客耶？秦無一《史》作「亡」。矢遺鏃之費。高祖踐祚。當作「阼」。下竝同。世宗攘夷疑脱一「辟」字。境。

正失第二

夔能和之，以脱，《吕氏·察傳》篇有。平天下，若夔者脱。一而脱，俱據《吕》補。足矣。故曰「夔一足」，非一足行。《吕氏》、《韓非子》皆作「也」。喜而告人。之。因到脱，《初學記》有，《意林》作「倒」。讀曰八十。裁《史記·封禪書索隱》引作「財」。有兆朕。亦殺去之。似當作「故殺之」。於是有龍垂胡鬚，俗。髯。歲二月至于於。岱宗。所以必於岱宗者，宗者，二字脱。長也。脱。案：《續漢書·祭祀志》引：「岱者，胎也。宗者，長也。」此當在《山澤》篇，「胎」亦「始」字之誤。此處唯據《御覽》校。萬物之長，宗。陰陽交代，一作「之交」。雲脱，《山澤》篇有。觸石而出。不崇朝而偏雨脱，元刻有。天下，其脱。唯泰山乎？封者立石高一丈二赤，尺，同。剋刻，同。此書多作「剋」。之曰。四守《續漢書》作「海」，《意林》作「方」。之内，莫不爲郡縣。《續志》同，《意林》作「莫不帥服」，與韻協，是也。與天「下」字衍。無極。著己《意林》作「功」。績也。或曰金泥銀繩，封之以印璽。舊作「印之璽」，譌。今依《白虎通》改。亭亭名山。下多譌。梁脱。者信，父者子。疑。其下有玉牒書祕。下「書」字衍，否則上「書」字句。下「祕書」當作「書祕」，別爲句。其贊脱，據《史記·封禪書》補。饗曰。皇帝敬拜泰壹。靈，譌。奉車子侯驂乘上疑衍。下臣。悼愓愓。程本「愓」，當與「傷」通。無已。此明非帝殺之，上下亦必有脱文。數經聘。祈祀。祠。依《意林》改正。《春秋》以爲傳聞文。舊刻「聞」。不如親見。下當作「親見之人」。《論語》自曰。錢改。古皆没。從後倒，據《御覽》乙。撥殺。每月朔常《藝文類聚》有「自縣」二字。詣臺朝。帝怪其來脱，《類聚》、《御覽》皆有。數而無車騎。常有雙鳧從東脱，《類聚》、《御覽》皆有。南飛來。舉羅張之，二字脱，《類聚》有。但得一隻雙。兩書皆作「隻」。舄耳。詔脱，《太平寰宇記》引有。使尚方識《寰宇記》「診」。視。下《類聚》有「乃」字。葉門下脱，兩書有。鼓不擊自鳴。後天下一玉棺於聽廳。事前。宿昔夜。《御覽》「昔」。葬於城東，土自成墳。下《北堂書鈔》九十二有「其夕」二字。而人無知《類聚》下有「之」字。者。百姓爲立祠。五字脱，《御覽》有。略無音聲，但云「葉」。錢云：「三字衍，《後漢書·方術傳》云：『略無復聲焉。』」殺脱。子西、子期。日日《左傳》作「日月」，語寬，作「日日」是。以幾。其亦無《左傳》「夫」。有奮心。無有，言無不有也，古人語往往有之，不必以《左氏》爲是，此爲譌。乃免胄而進，「之」字衍。與國人攻白公。下脱「白公」二字，當補。女聲清，《逸周書》下有「汗」字。女《逸周書》「火」。色不壽。靈臺位國之陽，又本作「之安」二字，譌。似當作「又」。别在宫中。燕太子丹仰歎，二字脱，據《御覽》八百四十補。天爲雨粟。廚中杵生肉。舊作「廚人生害足」，譌，據《御覽》七百六十二改正。《御覽》下有「是數然也」四字，疑誤。於是遣建。使歸國。燕太子丹留與。秦。飭當爲「飾」。成之耳。閑間。習朝廷儀體。粟《初學記》「米」。斗升。《初學記》「斗」，下同。一錢，有此事不？即「否」字。向同。對曰：「皆不然。」錢云：「下『謹案』云云皆述向説，似不應跳行。」華榱璧璧。璫。故文帝宜因錢疑倒。脩秦餘政教，輕刑事少。亦倒。躳勸農下「耕」字衍。桑。轉輪駱驛。絡繹。元本皆從「馬」旁。因以年歲錢云下「穀」字衍。不登。大風壞都。當指淮南吴楚。似不及中太。錢、孫皆云當作「中」。宗之世。皆所謂悔悋俗「吝」字。小疵耶。疑「耳」。召責讓唐。下當疊一「唐」字。頓首陳疑「謝」。言：「聞之於祖父，道廉頗、二字衍，頗未嘗爲邊將。李牧爲邊將。」日擊牛灑與「釃」通。酒，勞賜士大夫，賞異有。下疑脱。此人必有脱。以臣欺國者。及太中大夫鄧通以佞幸吮癰。下「瘍癰汁」三字疑妄增。通私家之富，侔於王者、封君。下二字亦妄增。文帝代服衣罽。罽。不稱其舉。與。孫改。及太中大夫賈誼亦數陳當作「諫」。止遊獵。人皆言脱，錢云當有。無道如桀、紂。此亦通程本「過」。人難及。常居明光倒，依前乙。宮。或疑「余」。以爲前皆非是。十四朔。本傳有「學」字。擊劍，十六誦詩。傳有「書」字。朔之逢占古。射覆。作鴻寶賓。苑祕。諸所與謀皆收取。舊刻「收」。夷。遂傳行形。元刻「行」。耳。《漢書》「曰」字衍。説王陽。及遷徙，下「去處」二字衍，《御覽》無。所載。欺於徐市音「黻」，非「市」字。之屬。通同道，程本「求神仙」，係妄改。隱形體，弦詩程自謂亦妄改。想蓬萊。　茲滋，通。益迷謬。　劾劾。向大辟，繫獄須冬。舊「獄」字誤在「須冬」下。亦能幾所。許，通。《御覽》作「何」。　宋當作「宗」。均。何氏焯校《後漢書》云：「《黨錮傳》引謝承《書》云：『宗資，字叔都，南陽安衆人也。家代爲漢將相名臣。祖父均，自有傳。』又，《南蠻傳》敘受降事，正作『謁者宗均』，可參校定之。」　祖父名京。原。《御覽》「京」。下同。《後漢書・袁閎傳》注正引作「京」。　臨嚴凡行禮，有司奏中嚴，謂莊嚴也。《後漢書》注引作「臨莊」，此尚避明帝諱。　垂出。　予爲蕭令，本傳不言。周旋謁辭故司空宣伯應。孫云：「伯應，名酆，桓帝延熹九年爲司空。」　君體博元刻「將」。雅。齊、楚錢改「越」。之事。　何爲過聆晉語。疑。

愆禮第三

帥率。元刻「帥」。由舊章。　九江太守武陵陳子二字脱，孫補。威。　見是。元刻「見」。一老母。　子威少失慈母，此謂親母，與下「慈母如母」不同。姓陳。此二字當在「子威」下語較順。謂繼父之室，此謂繼母。慈愛己者脱，當有，補之。此謂慈母。皆有母道。　請喪夫子如喪脱，錢補。父而無服。　羣居則絰，出則三字舊脱。否。　然宣度涼梁。舊刻「涼」。州知名士。澄灑酒似脱一「漿」字。以養姑舅。　何有死喪之感。似當作「慼」。　太尉山陽王龔。龔，孫改。下同。范《書》有龔傳。王公諸子魏疑「猥」。杖。道於澠池，聞間。瓊蕘。太尉鄧伯條錢云：「當是鄧盛，《靈帝紀》注云字伯能。」舉旹孟直方正。河南尹太山羊翩祖。錢云：「《黨錮傳》：『羊陟，字嗣祖，太山梁父人，拜河南尹。』當即其人。『翩』疑字誤。」子衡四從子曼舅，舊刻「曼」。下同。慈。士大夫用此行疑脱「服」字。者數百人。時與疑「於」。太尉府自劾歸家。謂「君不爲謂。舊刻「爲」。子衡作吏」。今反相歷疑。令子失禮，僕豫下疑脱「有」字。愆。定，大爲同作疑「行」。所非。曾過姊娣。飯。語：「願車馬衣輕錢云：「《論語》古本無『輕』字，此疑後人所增。」裘，與朋友共，弊敝。元本「弊」，與皇侃本同。之，句。而無憾。」受而不距。拒。舊刻「距」。唯祭飯似當作「肉」。然後拜之。孔子食於省「少」字。施氏。南陽張伯大，鄧子敬疑有脱文，否亦當重「子敬」二字。小伯大三年。言常疑當有「稱」字。恐。往而不能反。友。今二子屑屑，遠大失矣！如以失其遠者大者解，亦可通。余疑當是「遠丈夫矣」，與上「女而不婦」文意更相承。公車徵士汝南袁脱，孫補。夏甫。爲司徒掾，傳不載。人閒之事，無所關舊刻「闕」。也。再拜朝其母。當重。念，時誤重。往就之。子亦不得見，復踰錢云：「當本是『隃』字，與『遥』同。」拜耳。孫云：「范《書・袁閎傳》云：『母思閎，時往就之。母去，便自掩門。』較此所言猶爲近理。」食止壃錢云：「當是『薑』字，文壞。」菜。諭譬也。程本作「踰」。若異域。露路，古通用。後卷舊刻亦作「路」。首草舍。由訊胡本作「由譏」，別本又作「猶止」，今從元本。此書「由」、「猶」多互用。下元本作「訑」。案：訑，亦作「訙」，脱一畫耳。子路。鯉趨而此字當亦熟《論語》者所加。過庭。負算算，舊譌作「筃廾」二字。錢云：「是『算』字之誤。《史記·汲鄭列傳》：『其餽遺人，不過算器食。』徐廣云：『算，竹器。』《士冠禮》：『爵弁、皮弁、緇布冠各一匴。』注：『匴，竹器。』古文『匴』爲『篹』。算，即『匴』之省。《説文》：『匴，淥米籔也。』匴本竹器，或以淥米，或以盛食物，或以貯衣冠，隨人所用。則徐孺子所負者，疑即此物矣。下文『涉齎』之『涉』，亦當作『步』。」步齎一盤。二字疑後人所加。遺瓊門生茅季瑋茅容，字季偉，見范《書·郭太傳》。「瑋」字雖異，當即其人。追退。請。昔黔敖傲。忽於嗟來。孝子寢伏苦塊。下當云宜有慰問，今不知脱幾字。

過譽第四

朋黨搆舊刻從「木」。姦。故入則造膝，《公羊傳》是「辟」字，而後來承用皆作「膝」。出則詭辭，《文選·求贈劉前軍》注引下二句上有「禮曰」二字。善則稱君，過則稱己。三哲與「誓」同。《逸周書·商誓解》「哲王」作「誓王」。而去者過半。養老復敬疑「教」。化之。或有脱字。而脱，元刻有。政在陪隸也。太守葛脱，孫據《韓稜傳》補。興。不素湌餐。元刻「湌」。兮。少爲鄉卿。孫改。佐《續漢書·百官志》：「鄉佐，屬鄉，主民收賦税。」發黨過。殆令今。先祖不復血食。　茂不入宛城，引車到城東，爲友人衛修母拜，到州。此下敘次舛錯，甚不明白。今欲稍加改易，未必盡如元文，但略使情事分明而已。此數語先敘茂之本意如此，然後到州也。修恟，似譌。先是茂客，仕蒼梧還，茂舊脱。到修家，此方正敘，故知上是先探茂之本意，不然，複矣。見修母婦，云云。　南陽士大夫謂茂恟，似譌。能救解修。　南陽疾茂惡，似譌。殺修。　衛修有事，陳茂活治，譌。「活」與「殺」協。之。　孰使毁之？云云。文有譌誤。　欲退避弟。范《書》譌「第」，注亦謬解。依此書作「弟」爲是。　規縞素舊倒。到卜亭。　當及范《書》作「急」。舉奏。臣前薦故太常張焕。范《書》作「故大司農張奐」。奐由大司農轉太常，規薦以自代之，時奐爲中郎將。朝廷比辟公三字疑衍。旰食。　而如，同。徒闒茸。　彊疆。推轂之。　霍去病治第弟。程本「第」。舍。　其於及己。此下文有譌脱。　憂難於前作「與」。處。　《大太。元刻「大」。誓》有云。　人之所忌，炎惔，同。自取之。　蓋、指寬饒。嚴、當謂嚴助，然其死，不因言事。　楊惲。　殺決可也。規之罪不至此，何言之太易耶！　南陽五五姓乃五子胥之後。世公。遼叔大太。子名舊，才操鹵魯，同。鈍。　貫魚之次。刺。　遺詣生交。疑。　經傳無以疑「文」。也。　魯有后右。《左傳》作「厚」。成叔聘衛，右宰穀《吕氏春秋·觀表》篇有「臣」字。留而觴之。　酒酣而下「不飲」二字衍。送之脱。以璧。下有脱文，今約《吕氏》及《孔叢·陳士義》篇兩書之文補之。　及甯喜之難作，右宰穀亦去「臣」字。死之，后成叔使人迎以上補十七字。其妻孥，隭兩書皆作「隔」，「隭」疑字誤。宅而居之。其子長，乃反其二字脱，兩書有。壁。辟。在者無闕二字。之，闕一字。嚴于鈇本作「在者寡慇勤之誼」，疑以意足成之耳。亡者無顧覆之施。凡讓財者，類與子脱。弟，子弟尚幼，恩情下脱一字。注。宗家猶有羸羸。田廬田，可身首，譌。粥力粥身，又見下卷，乃勤力之意。者耳。爲其似倒。飾僞，良亦昭晰。力范《書》作「包」，乃孟嘗之名。上「薛」字下或當有「包」字。不能止，因固。乃聽之。我少時所作買。范《書》作「吾少時所理」。弟子舊倒。無幾盡之。畏人下「而」字衍。不知。况若幼起，仍疑。斯不足貴矣。垂有起居。言垂即有動静相聞耳。一本「垂」作「乘」，誤。爲大將軍梁冀從事中郎。下「將」字衍，《御覽》無。舊章不可無傳作「亡」。也。俱譌，疑是「伺」。諜吏民。《論語》：「升車，下「必正立執綏不」六字定後人妄增。正立執綏，於此義無所當，何故引之？《魯論語》無「不」字，漢人引用多從《魯》。內顧。」不掩不備，不見人短。下「見」字衍。《禮記》：「户本有「外」字。有二屨不入。」古既待放，須起二字疑譌。乃逝。傲很從「彳」，俗。天常。未必須冬日之暖也。下「利不體皆此也」六字當爲衍文。其俗士大夫本矜。當有一「夸」字。

十反第五

楊朱一毛而不爲。或是「應」字協韻。　夷吾朱紘紘。以三歸。　桑脱。扈徒步而裸形。　叔脱，據范《書》補。父字叔遼。　太尉徐防。孫云范《書》作「朱寵」。　俱合疑「含」。純懿。　郡常欲疑脱「使」字。爲察授。下「之」字衍。　然無聲響。嚮。　太尉掾圓圍誤在此下，當移三字之上。《文選·王文憲集序》注引：「太尉范滂，辨於持論。」蓋脱一「掾」字。汝南范滂孟博。禮不言事辨，即「辦」字。辯，非。此當句。　杖而起。　老父夫。年尊。　越常舊刻「裳」，通。　重九譯。　凡兄。在他姓。　流貨賄財。元刻「賄」。　於權嬖。　巴郡太守太山但孫云：「《御覽》四百廿一作『任』。」望伯門，《御覽》作「闓」。　爲司徒掾，同産弟舊無，《御覽》有，然可省。　子作客殺人脱。　繫獄。脱。　數日二字《御覽》無。　歸，趨《御覽》作「便道」。　詣府，露元刻「路」，古通用，見前。　首肉袒。　太尉李固，請謝。與相見。　無《御覽》作「望失」二字，是。　義方之教。　息自。　男國。穿。　以上皆本《御覽》改。　李公達於原度，即活出之。《御覽》：「李公於是原活出之。」高唐令欒安周糾。范《書》作「璆」。　叔牙爲慶父殺般，閔公。叔牙欲弑而未成，即爲季子酖死，其弑二君皆慶父也，此誤記。　秦西巴違蜀，因連「巴」字而誤寫，非有形聲可求。程本强改作「屬」，義何取乎？今定作「違」。命放麑。獸。下云「麑猶不忍」，明當作「麑」字。爲太守脱。李張所舉，函封未發。蓬斆梁處素疑「敎」字。墳柏。周乘當止者。下「莫逮郎君盡其哀惻」，語不明了，上下必有脱文。某官與祈相反。此句又有譌脱。公士大夫衆臣士。爲其君。河内太守下「府」字疑衍。廬江周景仲嚮。范《書》本傳作「饗」。贈以衣齊。資，同。於之何有。《吴志·周瑜傳》注亦同，范《書》云：「臣子同貫，若之何不厚。」潁川韓演張璠《漢紀》作「縯」。伯南。闢門開窻。與「聰」通用。安定太守汝南胡伊伯、建下疑有脱字。平長樊紹孟建。然疑脱「不」字。彈糾。宗正南陽劉祖奉「祖」是其名，「奉」必是其字，或上或下必有脱文。爲郡屬曹吏。以爲御。下「史」疑衍。敢充人乏。之。他出，奉車都尉御。脱。或在甽甽。畝。子乎。豈可然。公子疑「孫」。遂偃蹇不使。聘士彭城姜肱伯雅。孫云：「范《書》肱本傳，字伯淮，以其弟字仲海、季江例之，是『淮』非『雅』明矣。」冀翼。於是起家姜。元刻「家」。肱爲犍爲太守。肱告其友。人。鮮能疑衍。不及矣。爲冀州刺史阮脱，據《御覽》六百四十補。況所奏。統聞下「知」字衍。之。相程本「統」，下同，不當從。久忝重任。實上程本「至」。願也。帝脱。曰：「君大聰明，刺史《御覽》有「下」字。侵君耳。」脱。臣補。經術淺末。誠竊切。怪之，臣補。誠懣憤。親賢納忠，推誠疑脱四字，二字屬上句，又二字當是「天之」。應人。天威與「畏」通。棐匪。今從程本。忱。何下「能」字衍。乃發忿。維訖二字疑。匡陳。蜀郡太守劉勝季陵。范《書》作「林」。雖自枝葉，莫疑脱「爲致」二字。力。殘記括疑「聒」。屬。冷澀比於寒蜒。范《書》作「蟬」。冤疑動賢，成陳之罪，所折疑有譌脱。而密啓之。

聲音第六

武，言以武脱，《意林》有。功定天下也。韶，繼堯也。《意林》作：「韶者紹，紹堯也。」遂以闕忘。似當作「亡」。昔皇與「黄」通，此條當提行起。帝使伶倫。以爲黄鍾鐘。之管。《漢書》、《吕覽》皆作「宫」。角聲繆謬。者則其民怨。夏宫冬律，雨雹電。必降。壎，燒土爲之二字脱，《北堂書鈔》有。也。不知誰所作《御覽》「造」，《宋書·樂志》同。也。萬物皆脱，《初學記》、《御覽》俱有。郭《初學記》作「鼓」。此同《御覽》。《方言》云「張小使大謂之廓」，「郭」與「廓」通。下「皮」字衍，從《初學記》去之。甲而出。雷鼓八面，靈鼓六面，四字脱。路鼓四面，鼖鼓、二字脱。睾《周禮》作「鼛」。鼓，晉鼓皆二面。象脱，《書鈔》、《御覽》皆有。物貫地而牙。零陵文學奚景，《文選·閒居賦》注引多一「仲」字。於泠冷。道舜祠下得笙生。《初學記》「笙」。白玉管。宓當依首卷作「虙」。羲作瑟，長二字脱，當有。八尺一寸。進於廊《韓非·十過》篇作「郎」，乃古字。門之扈。當作「危」。《韓》作「垝」，注：「棟端也。」三奏之則延頸鷄。而鳴。昔黃帝駕象車，六脱。交《韓》「蛟」。龍。虎狼《韓》多「在前鬼神」四字。在後，螣虫。蛇伏地。《韓》有「鳳皇覆上」四字。凡《韓》無。坐者散走。身遂疾痛。《韓》作「癃病」。故曰：不務德《韓》作「聽」。治而好五音。鐘聲磬。依《周語》改。不可以知和。中有椎，上疑「止」字，當云「止，其名也」，文有脱誤。案：《爾雅》：「所以鼓柷，謂之止。」郭注：「止者，其椎名也。」當依此補之。用柷止音爲節。聲所以《御覽》有「有」字，下句亦同。五者。雅《初學記》、《類聚》引無。案：當有。琴者，樂之統也，《類聚》同。與《初學記》作「輿」，無上「統也」二字。八音竝行，然君子所常御者。此七字《初學記》作「君臣以相御」，《類聚》多一「也」字，《北堂書鈔》亦與兩書同。非必陳設於宗廟鄉黨，非若鐘鼓羅列於虡懸也。此二句《御覽》作：「非若鐘鼓陳於宗廟，列於虡懸也。」大聲不諠譁諠人。《初學記》校改。而流漫。感人《初學記》「發」。善心。以杍抒，同。程本「舒」，是後人所改。其意。好禮不下脱一字。以暢其意也。樂道而不失《宋世家集解》引作「改」。其操者也。

今琴長四尺五寸者。脱，《御覽》有。下「法七星也」下，又有「大絃爲君，小絃爲臣，文王武王加二絃，以合君臣之恩」二十一字，與「君臣以相御」義合。空侯。注「一曰坎侯」，《初學記》亦有，《類聚》「曰」作「名」。此亦正文，不當旁注。依琴作坎侯，作坎坎之樂，謌。言其坎坎應節奏，衍，俱據《初學記》、《書鈔》、《類聚》刪正。也。箏脱。五絃，筑身也。《宋書·樂志》引：「箏，筑身而瑟絃。」錢案《通鑑》

注卷六十引云：「箏，秦聲。五絃，筑身。箏者，上圓，象天；下平，像地；中空，象六合；弦柱十二，擬十二月，乃仁智之器也。」下接「今并涼」云云。爲變徵之聲。爲濮上音，譌，以《史記》校改。士皆垂髮《史》「淚」。涕泣，復後。爲羽聲，慷慨士皆而索。瞋目。仗癢《文選・射雉賦》注作「養乃正體」。不能毋脱，《選》注有。《顔氏家訓》作「無」。出言。一坐稱善。美。乃退，出其脱。裝匣中筑。使擊筑而脱。歌，無不涕泣《史》作「流涕」。而去者。宋子傳客舊倒。之。漸離乃以鉛置筑木，衍。中，復後。進得近，舉筑朴扑。始皇。所以盛酒脱，《書鈔》有。漿。左右欲刃相如，當重。張目叱之，皆靡。

謹桉《禮脱，下同。樂記》：「武帝時《書鈔》有「工人」二字。丘仲之所作也。」長一二。《初學記》、《書鈔》皆作「一」，《類聚》無。尺四寸。羌人伐竹未木。及已，龍鳴水中不見已，截後「載」。竹吹之音相似。材裁，同。以當檛便易持，易脱。京君明賢，衍。識音律。是謂商聲五音畢。脱。批把。《釋名》皆從「木」。不知誰也。《初學記》「不知所起」，《御覽》同。

謹桉《禮樂記》：「竽管。三十六簧也。」籥，樂之，衍。器。箎。程本注：「䶵、箎同。」胡本：「箎，與池同。」譌。十管，長一尺。《類聚》「長三尺」，《御覽》「長尺二寸」，與《初學記》「頌簫」同。

萩，荻，譌。下同。筩也。《説文》：「篍，吹筩也。」

窮通第七

南北「國」之誤，似非異文。之紀。　孔子困於陳、蔡之閒。舊提行。　以遭亂世性。據《吕氏・慎人》篇改。下同。之患，其所也，二字補。何窮之爲？《吕》「謂」。故内省而脱。不疚於道。　昔者，桓公得之莒。晉，衍。《吕》無。　孫況。當提行。　尊寵之。脱。　年十五，《史》作「五十」，以所當之世攷之，似此是。始來遊學。　齊尚循《史》作「脩」，劉向《序録》同。列大夫之缺。　齊人或讒孫卿，孫卿脱，不重，《史》重。乃適楚。　亡脱，《史》有。國亂君危《史》無。相屬，不遵《史記》、劉向皆作「遂」。大道。　孫卿二字闕，劉向有。下「隨」作「退」。隨而笑之。　必不以其道亡。士。程本「仕」，今從劉向。　以遺春申君，此下依劉向補十一字。春申君恨，復固謝孫卿，孫卿因不得已乃行。　三見卒平。《史記・范睢傳》作「卒」。受相印，封脱，《史》有。萬户侯。　魏齊聞間。信陵君之初重見之。　孟嘗君逐於齊，當提行。見反，譚《齊策》有「拾」字。子迎於澧。當作「澅」。翟晴江云：「《水經注・淄水》云：『澅水出時水，東去臨淄城十八里。』《困學紀聞》傳寫作『澧』，字書未嘗有『澧』字也，此即『孟子宿於畫』之『畫』，今本亦誤作『晝』。」　俛出首。元刻「出」。跨下。　公等可《漢書》「足」。與治乎！　屏平。居藍田南山中，射獵，嘗夜從走。一騎。冀妻兄孫禮范《書・劉矩傳》作「祉」。爲沛相。司徒中山祝恬。當提行，下「字」衍。著距矩。程本「拒」，元刻「距」。不通。手自拉摸。收模。今從元刻。俱入解傳。猶「廨舍」。迎之於杼秋，相得。疑當有「甚懽」二字。不宜深下「入」字衍。以介意。及乃，非。臨中台。何謂疑「爲」。乃欲相及？蕃本召陵，疑脱「人」字。父梁父令，别仕平輿。或當有「因家焉」三字。歲時往祠。嗣。何欲疑。召陵令哉？不但爲諸家疑「詣冢」。故耶！子興以贓臧。疾似誤。見彈。是以隋「隨」省，如「周隨之」亦省爲「隋」也。會圖其身而不遺其友。友疑「交」。猶父子。博、育復隙其終，當本是「末」字。「張陳凶其終，蕭朱隙其末」，是王丹語。後人誤以「博育復隙」爲句，因改「末」爲「終」，以與下「始」字連文耳。始以交爲難。鄭當、省一「時」字，如晉重耳之言「晉重」。汲黯。合禮中乎。平，謁。

祀典第八

非是族也，不在祀典禮矣。孫云：「『禮』字似在下文『又曰』中閒，脱在此。但下卷所引亦同，或二字皆衍文。」至平帝地。時。今民閒名曰官田。舊倒。佐顓頊，能平九《記》作「水」。土。周棄亦以《記》無。爲稷，下衍八字。自商以來祀之。則祭稷穀，不得稷米，稷反自食也。此文有譌，當云：「若稷是穀神，祭之用稷，反自食也。」「也」與「耶」通。應氏以社稷是人神，駮《孝經》説，其實上所引出《援神契》，文不全。《通典》亦引其説云：「稷乃原隰之中能生五穀之祇。」原隰之祇，祭穀何害？　未「米」字譌。之神爲稷。　歐歐。爵簸揚。　再拜受神。范《書》「慶」字，是。　興衛尉，鮦陽侯。家凡二侯。孫云：「案陰興卒於光武世，未嘗封侯。永平初，乃封興子慶爲鮦陽侯；興弟就，新陽侯；慶弟博，灈强侯。凡侯者四人，不止二侯也。」　以䄏柳。元刻「䄏」，即「禉」字。《説文》以爲「槱」之重文。此下亦仍作「槱」。　燎祀風師。　《春秋左氏傳》説：「共工之子，爲玄冥師。」案《左氏·昭元年傳》：「昔金天氏有裔子曰昧，爲玄冥師。」又《廿九年傳》云：「少皞氏有四叔，脩及熙爲玄冥。」説者謂昧當是脩、熙之後。金天氏，少皞也，非共工。共工有子曰句龍，爲后土，亦見《傳》，此疑誤説。　鄭大夫子産禳於玄冥。二字當重。　雨師也。《意林》作：「雨師玄冥也。」此下脱文甚多，當由脱去一葉。今依程本録之，并爲校正。下「謹桉」提行起，後竝同。　謹桉：《周禮》：「以槱燎祀雨師。」雨師者，畢星也。《詩》云：「月離于畢，俾滂沲矣。」《易·師卦》：「師者，衆也。」「卦」譌作「封也」二字。下四字脱在「莫若水」下，又倒作「衆者，師也」，今乙正移此。土中之衆者莫若水，雷震百里，風亦如之。至於太山，不崇朝而徧雨天下，異於雷風，其德散大，故雨獨稱師也。丑之神爲雨師，故以己丑日祀雨師於東北，土勝水，爲火相也。　桃梗　葦茭　畫虎此六字作一行，與前後題目同。　謹桉：《黄帝書》：「上古之時，有神脱，《文選·東京賦》注有，《御覽》同。荼與鬱壘《路史・餘論》謂獨《風俗通》作「鬱律」。案：高誘注《國策》作「鬱雷」。昆弟二人，性能執《御覽》「伏」。鬼。度朔山上有桃樹，二人坐樹四字脱，《御覽》有。下，簡閲百鬼，《御覽》重。無道理，妄爲人禍害，《御覽》「者」。荼與鬱壘縛以葦索，執以食虎。於是縣官常以臘除夕，飾桃人，垂葦茭，畫虎於門，皆追效於前事，冀以禦衛。凶也。桃梗，梗者，更也，歲終更始，受介祉也。《戰國策》：齊下「語」衍。孟嘗君將西入秦，諫者千數而弗聽。蘇秦欲止之，曰：「臣之來也，過於湽即「淄」字，作「澅」，譌。上，有土偶人焉，與桃梗相與語。桃梗二字脱，《策》有，《御覽》同。謂土偶人曰：『子，西岸之土也，埏子以爲人，至歲八月，天霖雨，湽水至，則子殘矣。』曰：『不然。吾西岸之土也，殘則復西岸耳。今子東國桃以上皆闕，今補。木也，削子以爲人，隆《策》作「降」。雨下，湽水至，泆《策》作「流」。子而去。脱，《策》有。則布幣帛。也。能執搏挫鋭，噬食鬼魅，《續漢志》注：「能擊鷙牲，食魑魅者也。」今人卒得惡下「遇」疑衍。悟，忤，同，本脱在「燒」字下，今乙轉。燒虎皮飲之，擊《御覽》「繫」。其爪。《御覽》作「其衣服」。《青史子》書。可不提行。太史丞舊本皆提行，似亦不必。鄧平説：「臘者，所以迎刑送德也。」似誤。下云「謝刑德」，此當是「送刑德」，《御覽》十三引《獨斷》云：「臘但送不迎。」況春氣將至，何反言迎刑乎？其誤明矣。魯郊祀常以丹雞，祝曰：視日，譌。以斯鶾音其朝聲，譌，皆錢以《説文》校改。赤羽。以傅傳。其心上。作雞散治之。二字脱，《御覽》有。不欲使死物見於生門，故。下因胡本舛譌割去一葉，依程本録之，今所校程本也。抑金使不害春時之舊倒，今乙。所生。一句讀。《太史公記》：秦德公。可不提行。膢臘而遺買。案：《韓子》作「相遺以水」，今據改。《續漢・禮儀志》注作「寘」，亦譌。水。楚俗常以十《説文》無，《禮儀志》注有。二月《玉篇》、《廣韻》皆云：「冀州八月，楚俗二月。」今案：當作「十二月」，《説文》脱「十」字，後皆承其誤耳。下云「嘗新」，即指八月言。曰膢臘，臘非十二月而何？祭飲食也。又曰：「嘗新始殺，下「也」字據《續志》删。食新《續志》無。曰貙膢。膢。」謹案：《禮傳》：夏曰嘉平，殷曰清祀。此與今所傳《獨斷》合。《初學記》引作：「夏曰清祀，殷曰嘉平。」與《禮記・月令正義》引蔡邕説同，《御覽》亦同。漢改爲臘。《正義》引「秦曰臘」，《御覽》作「漢曰臘」。言因田。《正義》、《初學記》、《御覽》皆作「因」。獵取獸。新故交接狎獵，二字舊作「故」，今從《御覽》。大祭以報功也。漢家火行衰於戌，故此脱。日曰。俱據《類聚》補正。臘也。《御覽》作：「故以戌爲臘也。」共工氏脱，據《續志》補。之子曰脩。漢家火行，二字脱，《續志》有。盛於午。以祓除釁浴。見《周禮》。《續漢・禮儀志》注作「疾病」，《文選・顔延年〈曲水詩序〉》注同，《初學記》、《御覽》皆同。言人解析也。二字脱，據《禮儀志》注、《文選》注補，下尚有脱文。療生疾之時，故於水上釁《御覽》「盥」。潔之也。此下有脱文，當言「日用上巳」，下方可承。巳乃十干之「己」。者，祉也，邪疾已去，祈介分。祉也。《周禮》：「以脱。槱燎祀脱。司中司命。」司中，二字脱。文昌第五星三字脱。也。司命，中。文昌第四譌「上六」。星也。

行形。者檐一作「置」。篋中，居者別作小屋，齊下「天」字衍。地。汝南諸餘。郡亦多有，皆祠以賭。豬，同。舊譌「腊」。

怪神第九

遇賊蔿《左傳》作「寪」，此從《史記》。氏。荀罃不從桑林之禜。祟。厥咎嚮響，通。作「饗」譌。此從元刻。應。謹桉：《管子書》：齊公出於澤，案：此事今《管子書》無之，唯《莊子·達生》篇文多與此同，「齊公」作「桓公」，此脫「桓」字。又，「出」作「田」。見衣紫衣。此下《莊》有「而朱冠」三字。有皇士《莊》作「皇子告敖」。者，見公語，驚「公語」下，當有「之」字，否則「語驚」二字衍。曰。

予之祖父郴，《禮》云：「臨文不諱。」今人作父祖行狀，空其名，請他人填諱，出於近世，非古也。或遂有不填者，本欲揚名，而反深沒其名，即竝世人尚有不盡知者，況後世乎？此甚不可也。然劭屢斥祖父名，亦所未安。爲汲令，以夏至日詣見主簿杜宣，賜酒。此文似倒，當云：「主簿杜宣詣見，因賜之酒。」文亦有脫也。照於杯中，其二字脫，《類聚》有。形如蛇。使《晏子》有「人」字。以車迎下「召」字《晏》無。占夢者。公病將已。下文脫，今約《晏子》文補五字。占者以是對。且賜占夢者，占夢者三字舊不重，據《晏子》補。曰：「此非臣之功《晏》作「力」。也。」占夢者以占臣，非。

《晏》作「占」。之言對，故有益也。晏子不爲二字似倒。奪人之功。深耕廣《漢書》「穊」。種。造飾五二千石車。造二千石車五兩也，故下云「商人次第爲之」，其非一車明矣。《魏志·太祖紀》注引《魏書》云：「賈人或假二千石輿服導從，作倡樂。」文各不同。其譴問禍福立歷。應。靡財切。妨農。莫之徵懲，同。耳。今條下丸。禁。九江逡前後《漢志》俱作「浚」。遒有唐、居當補「二」字。山，《宗均傳》作「唐、后二山」，下「名」字疑是「各」之誤，作「二山」是。各名。有神。歲歲改二字脱，依《宗均傳》補。易。給聘男下「子」字衍。女。至竟言不敢食牛肉。害，譌。犯，或一字句。尉以下坐。下「祀」字疑衍。有屠生，疑「牛」。輒行罰。或接祝倫。《傳》作「祝詛」。妄言。念其不事。《抱朴子》作「猶念取之不事」。因爲起祀疑「祠」。舍。見李核。《抱朴子》作「栽」。石賢士神。傳，譌。彭氏墓路頭立一石人。《御覽》作「墓近大道有一石人」。時客適會，句。問疑脱「何」字。因有是餌。他處於此。二字疑有譌脱。帷帳絳天。二字見《封燕然山銘》，舊作「絳縉」，譌。所脱，舊刻有。説良是。言：我病痛。以下俱據元刻改。死。挂屋柴。後楮昔。上，傅傳。子方送我五百錢，在北牖墉。中，皆忘亡。取之。又買脱。李幼一頭牛。女新從聟「壻」之俗體，蓋「胥」字本或作「冐」，後屢變而「月」遂從「耳」。漢《唐公防碑》「壻」作「聟」，今又變而從「工」，從「几」，然自是本來如此，非後來所改也。家來，非其所及。脱。家受。人哀傷。椎結衰絰到來。迎喪。與諸生十餘人相隨。追。由猶，同。未晚也。　予子。以爲桀、紂所殺。　猶此又以「猶」爲「由」。死者無知審者，衍。矣。　然衆疑謁，或「衆」當作「免」。得咎殃。　汝南韋李。《類聚》「韋」。叔堅，少時爲州脱，《意林》有，《類聚》無。從事，在家，狗人立而脱。行，家人脱。言當殺之。　家大驚愕。時。凡變怪多有脱字，或是「由」字。婦女下賤。　丈文。人亦不證察。　邪氣乘承。虚。心固於金石。四字此本重，誤。刑罰慄剋。慘刻，通。乃於清「圊」本字。中糞下啼。　言家當有老青狗。下「物」字疑衍。汝南汝陽西門孫云：「《御覽》九百十二有『習武』二字。」亭。賓客宿止，多有。死亡。　其後，郡待侍。元刻「待」。奉掾。　奇初難之。下似有脱文。吏卒檄，疑「復」。白：「樓不可上。」奇脱。云：「我不惡也。」　與婦人接棲。宿。　到南新。　頓利陽亭。　西平郅到，謁。伯夷。見《續搜神記》。　長沙太守郅君到若，錢改。章范《書》有郅惲傳，字君章。孫也。　勑前導人。下「便留」二字疑當繫此。　樓鐙，有脱文。階下復有火。　走至柱屋，因覆伯夷，二字當重。持被掩足。　《楚辭》云。此一段似當在上條「樓遂無敢復上」之後，上當有「謹桉」二字提行起，今脱在此，誤。　有赤汁三字脱，《御覽》五百九十二有。六七斗血。出。　客驚怖，歸以脱。　其具。事白叔高，叔高二字脱。大怒曰。脱。　叔高使先斫其枝葉，上。有一空處，見脱。白頭公。　叔脱。高乃逆格之。　其年「同」字衍，程本作「應」，亦臆改。司空辟高爲二字脱，依《太平廣記》補。侍御史。　可長三二。《類聚》「三」。尺。

許季山孫字寧方。孫云：「范《書·方術傳》，許曼祖父峻，字季山。寧方蓋曼字也。」控地東北。四五千脱，以《御覽》九百三十四補正。里。此吉祥也。脱。鴻卿意下「威名」二字疑衍。解。手抆收。摸莫。之。其探賾頤。索隱。遷北，比。行郡。到六月九日未明，太尉楊秉暴薨。錢云案《桓紀》，秉以延熹八年五月丙戌薨。橋本傳不云爲鉅鹿太守，皆與史不合。

山澤第十

泰山，山之四字脱，以《續漢·祭祀志》補，下多同。尊者。一二字脱。曰岱宗。岱者，始也。宗者，四字脱。《書·舜典正義》、《左·昭四年傳正義》引皆有。長也。十月曰日。下皆同。合凍。皆太守潔齋，親三字脱。自下二十一字皆謬，今依《續志》改正。執事，作脯廣一尺，長五寸，既祀訖，取泰山君夫人坐前以上皆從《續志》。脯三十朐，太守拜章，四字脱。縣次驛馬，二字脱，皆從《續志》補。傳送京師。四嶽皆同王舊倒。禮。一名霍山。脱。西方崋舊刻同，下竝同。山，崋者，變華。《書》、《左傳正義》皆作「變」。也，萬物滋然，二字《左正義》作「成」。變由華。於《書》無，《左》有。西方也。嵩者，高也。《爾雅疏》下有「言高大也」四字。東后，下當有「東方」二字。諸侯也。狩者，守當作「牧」，說見所校《白虎通》。也。恐遠近脱，《類聚》有。不同化。故親自舊倒，今依《白虎通》乙。行之也。嶽者捔埆。考功舊倒，據《書》、《左正義》、《爾雅疏》乙正。德，黜陟幽明三書皆無此二字。也。江出蜀郡湔「流」字衍。氏互。道脱。徼外。濟出常山房子贊皇山。此非四瀆之「濟」，酈道元已議其誤。案：四瀆之「濟」本作「沛」字。《説文》：「沛，沇也。」《漢書・地理志》：「河東垣縣，王屋山在東北，沇水所出。」「沛」亦作「泲」，後人與「濟」混用無别，故致斯誤。謹桉：《尚書大傳》。太傳。江者，貢也，所出二字脱，以《水經注》校補。下同。珍物可貢獻也。河者，播也。二字脱，今補。淮者，均，《水經注》引：「淮，均也。」此不加「也」字亦可，書中自有此文法。下「濟者，齊」同。均其務《水經注》引《春秋説題辭》作「勢」。也。禮祀將至疑是「禮將祀」三字，「至」字當爲衍文。《禮器》本作「齊人將有事於泰山」，此或約省其文也。程本改「祀」爲「記」，書中無此例。泰山。林，樹木之所藂聚。生也。《國語》：「周單子會晉厲公於加陵。」即柯陵，見《周語下》，宋庠《補音》：「柯陵，或作『加陵』。」案《淮南・人閒訓》亦作「嘉陵」。陵有天生性。《水經・渭水注》引作「生」。自然者，《水經注》有「也」字。今王公墳壟，各稱陵也。《水經注》無「各」字「也」字。故丠丘。之字，二人立一上。姚墟在濟陰城《漢志》作「成」，他紀傳亦作「城」。陽縣。培。當作「部」，疑與下「培塿」皆近人所改。部婁無松柏。見《襄廿四年傳》。此作「培塿」，非。觀下文兩「部」字猶不改，可證本皆作「部」字，《御覽》「部」皆改作「培塿」，不可從。魯有大泰。下句同。野。周有焦漢，衍。濩。在虒虎。縣東。攷《漢・地理志》，奚養在琅邪長廣縣，《周禮》注同。此云「虒縣」，當即《續漢・郡國志》之傂奚縣，屬漁陽。前《志》作「厗奚」，厗，音「題」，疑形近而誤。在鄔鄡。縣北。沉。當從《説文》作「沆」。下竝同。沆者，莽《水經・巨馬水注》引作「沆漭」，無「者」字。也，言其平望莽莽《水經注》作：「言乎淫淫漭漭。」無涯《水經注》「崖」。際也。斥鹵之類《水經注》「謂」。也。謹桉：《尚書》、此或引《大傳》，有脱文，今《大傳》亦無攷。《春秋公羊傳》：「齊桓景，非，此見《僖四年》。公循海而東。」《左氏傳》：見《昭卅年》。「齊景公脱。田于沛。」范蠡乘扁舟於《類聚》「如」。五湖。湖者，都也，二字脱，以《初學記》補。下同。言流瀆四面所隈猥。都脱。也。今廬江臨湖，脱。丹陽蕪湖縣是也。陂者，繁也。錢云：「古讀『繁』如『婆』，與『陂』音近。」今汝南富陂《漢志》「波」，《水經注》「陂」。縣是也。衣食京師，數百萬口。《漢書》「億萬之口」。謹桉：《周禮》：「溝者，溝也。」此無義理，當依《匠人》作「九夫爲井，井閒廣四尺、深四尺，謂之溝」，與下一例。故衍。謂之洫。

宋本跋

余在餘杭，借本於會稽陳正卿，正卿蓋得于中書徐淵子，譌舛已甚，殆不可讀，愛其近古，鈔録藏之。攜至中都，得館中本，及孔復君寺丞本，互加參攷，始可句讀，今刻之夔子。好古者或得善本，從而增改，是所望云。嘉定十三年秋七月庚子，東徐丁黼書。

元本跋

上行下傚謂之風，衆心安定謂之俗，移風易俗，在則人，亡則書，此應劭《風俗通》所由作也。然漢世有其書，後人著述，多引以爲證，今罕見全本。錫學比刊《白虎通》矣，《風俗通》一體書也，尚缺焉。三衢毛希聖挈來《横經》，錫守劉平父一見，以此勉之，遂繡梓於學。客有自錫山來者，道廣文此意，徵予跋語。余深嘉至教之浹洽，異書迭出，可爲斯道賀，敬因其請，而題於篇首云。大德丁未中和節，太中〔二〕大夫行都水監李晦〔三〕題。

豐城雙劍，張華謂「天生神物終當合」，古劍、古書，一也。《白虎通》與《風俗通》二書，竝行於一千年前，不復見久矣。余觀風西浙，至無錫，有耆儒李顯翁晦來訪，云：

〔二〕此處底本原文空一字，據王鳴盛《十七史商榷》等補「中」字。

〔三〕王鳴盛《十七史商榷》卷三十六、錢大昕《十駕齋養新録》卷十四，著録爲「李果」。

「魯齋許文正公之門人劉平父世常，來守吾邦，嘗刊《白虎通》於學，參政恪齋嚴公，題於卷首，方慮未得《風俗通》以完二書。未幾，某之子元昭，録吴泮，得之於館下生以歸，郡博士遂抄之，將併刻於學，願求著語。」余曰：「神物終合之論信然。」喜而爲〔一〕。三陽月〔二〕中議〔三〕浙西道肅政廉訪副使謝居仁顯卿題。

篇中云元刻者即此本，書賈去此二跋即充宋槧矣。其中譌字，如「彊」加「土」，「潁」從「示」，「怪」旁作「在」，及餘脱誤亦多與近刻同。余所校乃胡文焕本，更脱去一葉，然其中亦有是處，而他刻反誤者，不及并正矣。

此書多經後人竄易，傳寫又復脱誤，今雖細加審正，亦尚有不能通曉處。然其中一二古字古音，未盡泯滅。至如「猶」、「由」，「如」、「而」等互用，讀者自可意會，故不一一具疏。

武進臧生鏞堂、顧生明，覆校余所舉正，有當篇未載者，坿見於此。

皇霸　遂人，當在首見下著校語。令人無腹疾。舊本因已注明，憚於改易矣。

〔一〕底本脱一「序」字。
〔二〕《新編諸子集成續編》本《風俗通義校注》作「大德乙巳陽月」。
〔三〕此處底本空缺，當補「大夫」二字。

「復」、「腹」二字，必本來止一，「復」字古與「腹」通用，《吕覽·季冬紀》可證。後人記「腹」字於旁，遂誤并寫入，當删「腹」留「復」。「腹」字易曉，故不從其説，然此亦學者所當知也，仍著之。

愆禮　「袁閎人間之事無所關也」，當依舊刻作「無所闕」。余初亦以「闕」字是，及細閲本傳，閎少即苦身修節，不應徵舉，從父饋之皆不受，是早於世間事不復相關矣。此姑俟後人定之。

聲音　籟，三孔籥也，大者謂之産，其中謂之仲，小者謂之箹。説與《爾雅》同。案：《説文》「籟」字下云：「大者謂之笙，其中謂之籟。」「産」字似譌。又，「籟」是目，何以反遺之？此當從《説文》。疑後人誤依《爾雅》改之。

窮通　亡國亂君危相屬。舊無「亡」字，可不補。《史》作「亡國亂君」，此作「國亂君危」，不可合爲一。《屈原傳》作：「亡國亂君相隨屬。」　《伐木》有鳥鳴之刺，此三家説，蔡邕《正交論》亦有斯語。

祀典　天之三辰所昭仰也。祭法是瞻仰，此與《漢書·郊祀志》同。　鬱壘，《續漢·禮儀志中》注引作「鬱儡」。　虎者陽物，百獸之長者。下「者」字衍。　言因獵取獸。據李善注《閒居賦》引作「言獵取禽獸」，《一切經音義》十四引亦有「禽」字，當補入。　《周禮》「以槱燎祀司中司命」下，今依康成説改。《續漢·祭祀志》注所引，亦止云：「文昌上六星也。」　禊者，潔也。《續漢志》、《文選》注所引俱作「絜」字，當從之。

風俗通義逸文

此十卷外之所遺也，嘉定錢詹事曉徵采集頗富，仁和孫侍御詒穀復因其本重加訂補，縱不能盡復舊觀，然碎金斷璧，終可寶愛，嗜古者所不忍遺也。

《易》説天先春而後秋，地先生而後凋，日月先光而後幽。是以王者則之，亦先教而後刑。三皇結繩，五帝畫象，三王肉刑，五霸黠巧，二字疑。此言步驟稍有優劣也。《太平御覽》七十七

傳曰：后稷冬墾田，流汗而種。田不生者，人力非不至，天時不與。《御覽》三百八十七

俗説：天地開闢，未有人民。女媧摶黄土作人，務劇，力不暇供，力，一作「劣」。乃引繩於泥中，舉以爲人。故富貴者黄土人，貧賤凡庸者絙人也。《御覽》七十八　又三百六十

上古之時，艸居露宿。冬則山南，夏則山北。《意林》　錢云：「『上古』二句亦見後『無恙』條。」然馬氏先引此條，後引「無恙」云云，不相連屬，故别出之。

大禹闕疑。百品之羞，而菲庖廚；殷湯寐寢黄屋，駕而乘露輿。《御覽》四百三十一

孝文身履革舄而衣弋綈。《御覽》六百九十七

秦政并吞六國，苞宇宙之弘敞。《文選·齊敬皇后哀策文》注

秦相趙高，指鹿爲馬，束蒲爲脯，二世不覺。《文選·西征賦》注

不舉併生三子。俗說：生子至於三，似六畜，言其妨父母，故不舉之也。謹案：《春秋國語》：「越王句踐，令民生二子者，與之餼；生三子者，與之乳母。」三子力不能獨養，故與乳母。所以人民繁息，卒滅强吴，雪會稽之恥，行霸於中國也。古陸終氏娶於鬼方，謂之女嬇，是生六子，皆爲諸侯。今人多生三子，子悉成長，父母完安，豈有天所孕育而害其父母兄弟者哉？《意林》《御覽》三百六十一

不舉寤生子。俗說：兒墮地便能開目視者，謂之寤生，舉寤生子，妨父母。謹案：《春秋左氏傳》：「鄭武公娶於申，曰武姜，生莊公及共叔段。莊公寤生，驚姜氏，因名寤生。」武公老終天年，姜氏亦然，安有妨其父母乎？《御覽》三百六十一

不舉父同月子。俗云：妨父也。謹案：《左氏傳》，桓公之子，與父同月生，因名子同。漢明帝亦與光武同月生。《意林》《御覽》三百六十一

不舉生鬢鬚子。俗說：人十四五，乃當生鬢鬚，今生而有之，妨害父母也。謹案：《周書》，靈王生而有髭，王甚神聖，亦克修其職，諸侯服享，二世休和。安在其有害乎？《御覽》三百七十四

不宜歸生。俗云：令人衰。案：婦人好以女易他男，故不許歸。《意林》 文弨案：句末疑脱一「生」字。

宅不西益。俗説：西者爲上，上益宅者，妨家長也。原其所以西上者，《禮記》：「南向北向，西方爲上。」《爾雅》曰：「西南隅謂之奥。」尊長之處也。不西益者，難一作「恐」。動摇之耳。審西益有害，增廣三面，豈能獨吉乎？《類聚》六十四 《御覽》一百八十

無恙。俗説：恙，病也。凡人相見及通書問，皆曰：「無恙。」謹案：《易傳》：「上古之世，艸居露宿。」恙，噬人蟲也，善食人心，故俗相勞問者云「無恙」，非爲病也。《匡謬正俗》八 《類聚》七十五 《史記·刺客列傳索隱》 《意林》 《御覽》三百七十六 又七百三十九

菟髕。俗説：臘正旦一作「祖」。食得菟髕者，名之曰「幸」，賞以寒酒。幸者，善祥，令人吉利也。或説：食菟髕者，令人面免生髕，露見醜惡。今覺得之，嘉不爲己疾也。謹案：《尚書》，夏禹始作肉刑。則天象而慎其過，故穿踰盜竊者髕。髕者，去膝蓋骨也。「髕者去膝蓋」五字舊脱，依《漢書·武帝紀》注補之，語方完。逮至暴秦，亂獄紛紛，烹俎車裂，「車裂」下一有「抽脅」二字。黔首窮愁，飲泣永歎。凡人食得菟髕，以爲佳瑞，物類相感，冀全己之髕也。《類聚》五 《初學記》二十九 《御覽》三十三 又六百四十八 又九百七

俗説：臨日月薄蝕而飲，令人蝕口。謹案：日，太陽之精，君之象也。日有蝕之，

天子不舉樂。里語：「不救蝕者，出行遇雨。」恐有安坐飲食，重慎也。《御覽》八百四十九

雷不作醬。俗説：令人腹内雷鳴。謹案：子路感雷精而生，尚剛好勇。死，衛人醢之，孔子覆醢，每聞雷，心惻怛耳。《北堂書鈔》百四十六　《御覽》八百六十五

堪輿書云：「上朔會客，必鬭争。」案：劉君陽爲南陽牧，嘗上朔設盛饌，了無鬭者。《御覽》八百四十九

俗云：五月到官，至免似「死」字，或「老」字。不遷。今年有茂才除蕭令，五月到官，破日入舍，視事五月，四府所表，遷武陵令。余爲營陵令，正觸太歲，主簿令余東北上，余不從，在事五月，遷太山守。《意林》

俗説：二人共澡手，令人鬭争。良無異器，共當澡者，其祝曰：「人相愛，狗相齧。」言狗鬭時，洒之以水，便自解也。《御覽》四百九十六

坐不移罇。俗説：凡宴飲者，移轉罇酒，令人鬭争。一作「訟諍」。《御覽》四百九十六　又七百六十一

俗説：帷帳不可作衣，令人病癘。《書鈔》百三十二　《御覽》七百

俗説：臥枕户砌，鬼陷疑「蹈」。其頭，案：《淮南・氾論訓》云：「枕户橉而臥者，鬼神蹠其首。」蹠、蹈義同。令人病顛。《御覽》七百三十九

五月蓋屋，令人頭禿。《初學記》四 《御覽》三十一

諸郭皆諱禿。《顔氏家訓·書證篇》下云：「當是前代人有姓郭而病禿者。」

雞伏鴨卵，雛成入水，雞母隨岸呼之，雛出而隨母。鴨雞異類，能相隨也。《御覽》九百十八 孫補。

呼雞曰「朱朱」。俗説：雞本朱公一作「朱氏翁」。化而爲之，今呼雞皆「朱朱」也。謹案：《説文解字》：「喌，二口爲讙，州其聲也，讀若祝。」祝者，誘致禽畜和順之意，「喌」與「朱」音相似耳。《初學記》三十 《御覽》九百十八

呼虎爲李耳。俗説：虎本南郡中廬李氏公所化爲，呼李耳因喜，呼班便怒。《御覽》八百九十一

肅肅，蝦蟇掉尾。俗説：蝦蟇一跳八尺，再跳丈六，從春至冬，袒裸相逐，無它所作，掉尾肅肅。謹案：蝦蟇既處水中，其尾又短，正使能掉之，豈能肅肅乎？原其所以，當言夏馬。夏馬患蠅蚋，掉尾振擊，一作「擊之」。常肅肅也。蝦蟇、夏馬音相似。《類聚》九十三 《御覽》九百四十九

户律：漢中、巴蜀、廣漢，自擇伏日。俗説：漢中、巴蜀、廣漢，土地温暑，艸木早生晚枯，氣異中國，夷狄畜之，故令自擇伏日也。謹案：《漢書》：高帝分四郡之衆，用良、

平之策，還定三秦，席卷天下，蓋君子所因者本也。諸公定封，加以金帛，重復寵異，令自擇伏日，不同於風俗也。《類聚》五　《御覽》三十一

赤春。俗説：赤春從人假貸，皆自乏之時。謹案：《詩》曰：「春日載陽，有鳴鶬鶊。」《月令》：「衣青衣，服蒼玉。」又《爾雅》：「春曰青陽。」凡三春時不得服赤也。今里語曰「相斥角牛」，原其所以，言牛不當斥角，春不當從人求索也。「斥」與「赤」音相似。《御覽》二十

夏至著五綵，辟兵，題曰「游光厲鬼」，知其名者無温疾。五綵，辟五兵也。案：人取新斷織繫户，亦此類也。謹案：織取新斷二三寸帛，綴著衣衿，以己織維疑「縑」。告成於諸姑也。後世彌文，易以五綵。又永建中，京師人疫，云厲鬼字野重、游光。亦但流言，無指見之者。其後歲歲有病，人情愁怖，復增題之，冀以脱禍。今家人織新縑，皆取著後縑絹二寸許，繫户上，此其驗一作「義」。也。《御覽》二十三　又八百十四

五月五日，賜五色續命絲，一作縷。俗説以益人命。《類聚》四　《初學記》四　《御覽》八百十四

五月五日，以五綵絲繫臂者，辟兵及鬼，令人不病温。又曰亦因屈原。《類聚》四　《初學記》四　《御覽》三十一

五月五日，集五色繒，辟兵。余問服君，服君曰：「青赤白黑以爲四方，黄爲中央，襞方綴于胸前，以示婦人蠶一作「訖」。功文弨案：「訖」字當在此下。也。織麥䴷懸於門，以示農工成。傳即「轉」字。聲以襞爲辟兵耳。」《御覽》三十一注云：「䴷，麥莖也。」

織女七夕當渡河，使鵲爲橋。《歲華紀麗》

俗説：高祖與項羽一作「籍」。戰，敗於京、索閒，遁叢薄中。羽追求之，時鳩正鳴其上，追者以爲必無人，一作「追者不疑」，一云「追者以鳥在無人」。遂得脱。及即位，異此鳥，故作鳩杖以賜老人也。謹案：少皞五鳩。鳩民者，聚民也。《周禮》羅氏獻鳩養老，漢無羅氏，故作鳩杖以扶老。《水經注》七　《類聚》九十二　《御覽》七百十　又九百二十一　《太平寰宇記》五十二

禹入裸國，欣起而解裳。俗説：禹治洪水，乃播入裸國。君子入俗，不改其恒，於是欣然而解裳也。原其所以，當言皆裳。裸國，今吴郡是也，被髮文身，裸以爲飾，蓋正朔所不及也。猥見大聖之君，悦禹文德，欣然皆著衣裳矣。《御覽》六百九十六

衆口鑠金。俗説：有美金于此，衆人咸共詆訾，言其不純。賣金者欲其售，因取鍛燒以見真，此謂衆口鑠金。《御覽》八百十一

衆心成城。俗説：衆人同心者，可共築起一城。同心共飲，雒陽酒可盡也。《類聚》

錢刀。俗説：害中有利，利旁有刀。言人治下，皁多得錢財者，必有刀劍之禍也。《御覽》八百三十六

燒穰殺瓠。俗説：家人燒黍穰，則使田中瓠枯死也。《御覽》九百七十九　孫補。

城門失火，禍及池中魚。俗説：池中魚，中，讀曰「仲」。人姓字，居近城。城門失火，延及其家，仲魚燒死。謹案：《百家書》：宋城門失火，因汲取池中水以沃灌之，池中空竭，魚悉露見，一作「死」，無下句。但就取一作「把」。之。喻惡之滋，并中傷良謹一作「善類」。也。《類聚》八十　又九十六　《意林》　《御覽》八百七十　又九百三十五　《通鑑注·梁紀》十六

兩袒。俗説：齊人有女，二人求之。東家子醜而富，西家子好而貧，父母疑不能決，問其女：「定所欲適，難指斥言者，偏袒令我知之。」女便兩袒。問其故，云：「欲東家食，西家宿。」此爲兩袒者也。《類聚》四十　《御覽》三百八十二引云：齊有一女，二家求之。其家語其女曰：「汝欲東家則左袒，欲西家則右袒。」其女兩袒。父母問其故，對曰：「願東家食而西家息。」以東家富而醜，西家貧而美也。

夜糴。俗説：市買者當清旦而行，日中交易所有，夕時便罷。今乃夜糴穀，明其癡騃不足也。凡靳不施惠者曰夜糴。《御覽》四百九十　又七百三十九　又八百二十八多末一句。

徒不上墓。俗説：新遭刑罪原解者，不可以上墓祠祀，令人死亡。謹案：《孝經》：「身體髮膚，受之父母。」曾子病困，啓手足以歸全也。遭刑者髡首剔髮，身被加笞，新出狴犴，臭穢不潔。凡祭祀者，孝子致齋貴馨香，如親存時也。見子被刑，心有惻愴，緣生事死，恐神明不歆，家疑誤，或是「故」字。當不疑倒。上墓耳。《御覽》六百四十二

俗説：亡人魂氣飛揚，故作魌頭以存之，言頭體魌魌然盛大也。或謂魌頭爲觸壙，殊方語也。《御覽》五百五十二

墓上樹柏，路頭石虎。《周禮》方相氏入壙，敺魍象。魍象好食亡者肝腦。人家不能常令方相立于墓側以禁禦之，而魍象畏虎與柏。《御覽》九百五十四

俗説：齊人有空車行，魯人有負釜者，便持釜置車中。行三一作「二」。百里，臨别取釜，各不相問爲誰，亦不謝。後車者一作「家」。繫獄當死，釜主徑往篡之，一作「募人取之」，譌。穿壁未達，曰：「極哉！」一無此三字。車者怒，不肎出，釜主慙，欲與俱死。明日，主者以事白齊君，齊君義而原之。《御覽》四百二十一　又七百五十七

案：劉向《别録》：「讎校，一人讀書，校其上下，得謬誤爲校；一人持本，一人讀書，若怨同「寃」。家相對爲讎。」《文選·魏都賦》注

殺青，書可繕寫。謹案：劉向《别録》曰：「殺青者，直治竹作簡，書之耳。」新竹有

汗，善朽蠹，凡作簡者，皆於火上炙乾之。陳、楚閒謂之汗。汗者，去其汗也。吴、越曰殺，殺亦治也。劉向爲孝成皇帝典校書籍二十餘年，皆先書竹，爲易刊定，可繕寫者，以上素也。由是言之，殺青者竹，斯爲明矣。今《東觀書》「竹素」也。《初學記》二十八　《御覽》六百六　《文選·張景陽〈雜詩〉》注

光武中興以來，五曹詔書，題鄉亭壁，歲補正，多有闕誤。永建中，兖州刺史過翔箋撰卷别，改著板上，一勞而久逸。《御覽》五百九十三

俗説：有功得賜金者，皆黄金也。謹案：《孫子兵書》「日費千金」，千金，百萬錢也。陳平諫即「閒」字，古通用。楚千金，贈一作「賜」。二疏五十斤，竝黄金也。或云：一金亦是一萬錢也。《意林》　《御覽》六百三十三

鹹如炭。俗説：鹹亦與熱正等，炭火不可以入口，人食得大鹹，亦吐之。謹案：東海朐人，曉知鹽法者，云：「欖鹽木多日，每燋黑如炭，非謂竈中火炭也。」《御覽》八百六十五

酢如蓂莢。謹案：《孝經》説：古太平，蓂莢生階，其味酸，王者取以調味，後以醯醢代之。《御覽》八百六十六　又八百七十三

俗説：騏馬啖賓客。宴食已闋，主意未盡，欲復飲酒，餘無所施，更一作「便」。出脯

鮓，椒薑鹽豉。言其速疾如騏馬之傳命。《書鈔》百四十二　《御覽》八百四十九

案：《方言》：「豚，豬子也。」今人相罵曰「孤豚之子」是也。《文選·答客難》注

馬一匹。俗説：相馬比君子，與人相匹。或曰：馬夜行，目明照前四丈，故曰一匹。或説：度馬縱横，適得一匹。或説：馬死賣得一匹帛。或云：《春秋左氏》説：諸侯相贈，乘馬束帛。束帛爲匹，與馬相匹耳。《類聚》九十三　《御覽》八百九十七　《文心雕龍·指瑕》篇云：「《周禮》井賦，舊有匹馬，而應劭釋『匹』，或量首數蹄，斯豈辯物之要哉？原夫古之正名，車『兩』而馬『匹』，『匹』『兩』稱自以竝耦爲用。蓋車貳佐乘，馬儷驂服，服乘不隻，故名號必雙。名號一正，則雖單爲『匹』矣。匹夫匹婦，亦配義也。夫車馬小義，而歷代莫悟……況鑽灼經典，能不謬哉？」

車一兩，謂兩兩相與爲體也。原其所以言「兩」者，箱轅及輪，兩兩而耦，故稱兩耳。《類聚》七十一　《御覽》七百七十三　又七百七十六　《通鑑注·漢紀》三十三

鹿車，窄小裁容一鹿也。或云樂車。乘牛馬者，剉斬飲飼達曙，今乘此，雖爲勞極，然入傳舍，偃臥無憂，故曰樂車。無牛馬而能行者，獨一人所致耳。《御覽》七百七十五　《後漢書·趙熹傳》注　《通鑑注·晉紀》二十

俗説：大餓不在一有「一」字。車飯。謂正得一車飯，不復活也。或曰：輔車上飯，小小不足濟也。案：吴郡名酒杯爲「榼盄」，字見《方言》、《廣雅》，曹憲音「又章反」。言大餓人得一

㰐飯，無所益也。寧相六，不守熟。案：蒸飯更泥疑當從《説文》作「氣流」。謂之餾，音與六孫補。相似也。《御覽》四百八十六　又八百五十

疲馬不能度繩。俗説：馬羸不能度繩索。或云：不能度種菜畦塍也。謹案：齊有繩水，裁廣三四步，言馬之疲，乃不能度此水耳。《類聚》九十三　《御覽》八百九十七

殺君馬者，路旁兒也。俗説：長吏食重禄，芻稾豐美，馬肥希出，路旁小兒觀之，却驚致死。案：長吏馬肥，觀者快之。乘者喜其言，《御覽》作「觀者快馬之走驟也，騎者」云云，今從《類聚》。驅馳不已，至於瘠死。《類聚》九十三　《御覽》八百九十七

賣牛勿握角，令不售。案：恐觸人，人不敢取也。《御覽》八百九十七

《周禮》：「五黨爲州。」州，疇也。州有長，使之相周足一作「是」。也。《類聚》六　《御覽》百五十七

周制：天子方千里，分爲百縣，縣有四郡。郡者，羣也。故《左氏傳》曰：「上大夫受縣，下大夫受郡。」至秦始皇，初置三十六郡以監縣。縣，平也。《意林》《史記·秦始皇本紀正義》《類聚》六　《御覽》百五十七

《周禮》：「百里曰同。」所以奬王室，協風俗，總名爲縣。縣，玄也，首也，從「系」倒首，舉首易偏矣。言當玄静，平徭役也。《水經注》二　《御覽》百五十七　文弨案：首也，疑當從

《意林》作「平也」。「玄」與「平」，皆與「縣」聲相諧合。下方云「倒首」，上必不以首爲正釋，且「從系」亦當作「從玄」，與《説文》自别。下云「玄静平傜役」，正申説玄也平也之義。「首也」之訓，殊無意理。

《周禮》：「五家爲鄰，四鄰爲里。」《春秋國語》：「五家爲軌，十軌爲里。」里者，止也。里有司，司五十家，共居止，同事春秋，通其所也。《續漢書·百官志》注　《廣韻·六止》　《御覽》百五十七

國家制度，大率十里一鄉。《續漢書·百官志》注

謹案：《春秋國語》：「畺有寓望。」謂今亭也，民所安定也。亭有樓，從「高」省，「丁」聲也。漢家因秦，大率十里一亭。亭，留也。今語有亭待，蓋行旅宿食之所館也。亭亦平也，訟諍，吏留辨處，勿失其正也。亭吏舊名負弩，改爲亭脱，當有。長，或謂亭父。《御覽》百九十四　《續漢書·百官志》注

中人城北四十里有左人亭，鮮虞故邑。《御覽》百六十一

鯀作城郭。城，盛也，從「土」，「成」聲。郭，大也。《意林》　《水經注》二

郭亦謂之郛。郛者，亦大也。《初學記》二十四　《御覽》百九十三

《論語》：「夫子宫牆數仞。」《禮記》：「季武子入宫，不敢哭。」由是言之，宫、室，一也。秦、漢已來，尊者以宫爲常號，下乃避之云室耳。《弟子職》曰「室中握手」，《論語》

曰「譬如宮牆」，由此言之，宫其外，室其内也。《御覽》百七十四

魯昭公設兩觀於門，是謂之闕，從「門」，「欮」聲。《水經注》十六

殿堂象東井形，刻作荷蔆。荷蔆，水物也，所以厭火。《類聚》六十三　《初學記》七　《廣韻・三十二霰》《御覽》百七十五　又百八十八

屋，止也。《廣韻・一屋》

案：天子有外屏，令臣下「屏」[一]氣息。《意林》

屏，卿大夫以帷，士以簾，稍有弟古「第」字。以自鄣蔽也。示臣臨見，自整屏風處也。《廣韻・四十静》《御覽》百八十五

門户鋪首。謹案：《百家書》云：公輸般見水上蠡，音「螺」。謂之曰：「開汝匣，一作「頭」。見汝形。」蠡適出頭，般以足畫圖之，蠡引閉其户，終不可得開。般遂施一作「設」。之門户，欲使閉藏當如此周密也。《類聚》七十四　《御覽》百八十八　又七百五十

鑰施懸魚。魚翳伏淵源，疑「深淵」。欲令楗閉如此。《御覽》百八十四

府，聚也。公卿牧守，道德之所聚也。《廣韻・九麌》《通鑑注・漢紀》七　《衆經音義》十

[一]《意林》有「屏」字，此處疑脱。

作：「公卿牧守，文書財賄所聚也。」

廷，正也。言縣廷、郡廷、朝廷，皆取平均正直也。《後漢書·郭太傳》注　《通鑑注·周紀》二

寺，司也。諸官府所止皆曰寺。《後漢書·光武紀》注　《通鑑注·漢紀》三十五　寺者，嗣也。理事之吏，嗣續於其中也。《後漢書·和帝紀》注　《通鑑注·漢紀》三十五　今尚書、侍御史、謁者所止皆曰寺。《文選·吴都賦》注　又劉楨《贈徐幹》詩注　又應瑒《與岑文瑜書》注

京師有長壽街、萬歲街、士馬，孫云：「疑脱一『街』字。」若此非一。街者，攜也，離也。四出一作「通」。之路，攜離而別也。《御覽》百九十五　《廣韻·十三佳》

閈，城外郭内里門也。《御覽》百八十二

市，恃也。養贍老少，一作「言交易而退」。恃以不匱也。亦謂之市井。俗説：市井，謂至市鬻賣者，當於井上洗濯，其物香潔，及自嚴飾，乃到市也。一作：「洗濯，令鮮潔，然後市。」謹案：《春秋井田記》：人年三十，受田百畝，以食五口。五口爲一户，父母妻子也。公田十畝，廬舍五畝，成田一頃十五畝。八家而九頃二十畝，共爲一井。廬舍在内，貴人也；公田次之，重公也；私田在外，賤私也。井田之義：一曰無泄地氣，二曰無費一家，三曰同風俗，四曰合巧拙，五曰通財貨。因井爲市，交易而退，故稱市井也。《詩·陳風正

義》《後漢書·劉寵傳》注　《初學記》二十四　《御覽》百九十一　又八百二十七

漢改郵爲置。置者，度其遠近之閒置之也。《後漢書·郭太傳》注　今吏郵書掾府督郵職掌此。《續漢書·輿服志》注

傳舍。案：諸侯及使者有傳信，乃得舍於傳耳。《意林》無「諸侯及」三字。今刺史行部車號傳車，從事督郵。《文選·范雲〈贈張徐州〉》詩注　又任昉《哭范僕射》詩注

南北曰阡，東西曰陌。河南以東西爲阡，南北爲陌。《史記·秦本紀索隱》《意林》《初學記》二十四　《文選·籍田賦》注　《御覽》百九十五　《困學紀聞》十六

里語云：越陌度阡，更爲客主。《文選·魏武帝〈短歌行〉》注，孫補。

苑，與「苑」同。蘊也。言薪蒸所蘊積也。《意林》《初學記》二十四　《御覽》百九十六

囿者，畜魚鼈之處也。囿，猶有也。《御覽》百九十六

園，援也，從「囗」，「袁」聲。四皓園公，亦本園者。《御覽》八百二十四

圃，補也，從「囗」，「甫」聲。同上。

井，法也，節也。言法制居人，令節其飲食，無窮竭也。《初學記》七　《御覽》八百十九

《孫子》云：「金城湯池而無粟者，太公、墨翟不能守之。」《意林》

《孫子》有金城湯池之説，後人因此開地爲池，以養魚鼈。《初學記》七

海，一云朝夕池。《初學記》六下云：「一云天池，亦云大壑、巨壑。出《老子》及《風俗通》。」孫補。

丞者，承也。相者，助也。《類聚》四十五

漢武帝諱徹，改曰通侯，或曰列侯。秦時，六國未平，將帥皆家關中，故稱關内侯。通侯，言其功大，通於王室。列者，言其功德列箸，古「著」字。乃饗爵也。《御覽》百九十八

牧守長不宜數易。案：《尚書》有考績。孔子曰：「如有用我者，期月而已，三年有成。」鄭子産從政三年，民乃歌之。賢聖尚須漸進，況中才乎？數易，豈不紛錯道路也？《意林》

尚書、御史臺，皆以官倉頭爲史，主賦舍，凡守其門户。《續漢書·百官志》注

有秩，則田閒大夫，言其官裁有秩耳。《續漢書·百官志》注　《通鑑注·周紀》五

嗇者，省也。夫，賦也。言消息百姓，均其役賦。《續漢書·百官志》注

古制本無奴婢，奴婢皆是犯事者，或原之。奴者，劣。婢者，卑陋。《意林》臧者，被臧罪，没入爲官奴婢。獲者，逃亡獲得，爲奴婢也。《類聚》三十五　《初學記》十九

《易》云：「利見大人。」大人與聖人，其義一也。《意林》

《論語》云：「君子上達。」臧孫紇曰：「後有達者，將在孔丘乎？」同上。

儒者，區也，言其區別古今。居則翫聖哲之詞，動則行典籍之道，援先王之制，立當

時之事，綱紀國體，原本要化，此通儒也。若能納而不能出，能言而不能行，講誦而已，無能往來，此俗儒也。《後漢書・杜林傳》注　又《賈逵傳》注

章帝時，以賈逵爲通儒。時人語曰：「問事不休賈長頭。」《意林》

《禮》云：「羣居五人，長者必異席。」今呼權貴作長者，非也。同上。

《管子》云：「先生施教，弟子則之。」非知古之道，是師者之稱。此二語疑有譌，大意謂古者以先生爲師之稱也。　諸生弟子，學者非一，故曰諸。先生者當如醒，學者譬如醉，言生俱醉，獨有醒者。同上。

祭酒，《禮》云：「飲酒必祭，尊其先也。」孫卿在齊，最是老師，《道藏》本作「師老」，誤。故三稱祭酒。同上。

士，《詩》云：「殷士膚敏。」髦士俊秀，雅士博達，列士有不易之分，處士隱居放言。同上。　孫云：「《文選・曹子建〈雜詩〉》注引『烈士者有不易之分』，又《鸚鵡賦》注引『處士者，隱居放言也』。」

《易》曰：「師貞，丈人吉。」非徒尊老，須德行先人也。《傳》云「杖德莫如信」，言其恩德可信杖也。同上。　文弨案：《左傳》無「德」字，此所說亦別解。

《禮》云「十尺曰丈」，成人之長也。夫者，膚也，言其智膚敏宏教也，故曰丈夫。同上。

《論語》云「匹夫匹婦」，傳云：「一晝一夜成一日，一男一女成一室。」案：古人男女作衣用二匹，今人單衣，故言匹夫。同上。

夫人當龍變周孝廉勤補云：「疑脱『雲』字。《漢書·敘傳》：『云起龍襄，化爲侯王。』」起，不繫鄉里，若止繫風俗，見善不徙，故謂之俗人。同上。

《禮》言「簡不肖」。案：生子鄙陋，不似父母，曰不肖。今人謙辭，亦曰不肖。同上。孫云：「《文選·報任少卿書》注引：『生子不似父母曰不肖。』」

《方言》：人不事事而放蕩，謂之無賴，不可恃賴也。猶高祖謂太上皇云：「大人以臣無賴也。」同上。

采女。案：采者，擇也。以歲八月雒陽民，遣中大夫與掖廷丞、相工，閱視童女。年十三以上，二十以下，長壯妖潔有法相者，載入後宫。《文選·皇后紀論》注

漢以八月算人，后家以金帛賂遺主者，以求入也。《後漢書·皇后紀》注　孫補。

列侯尚公主，國人尚翁主，以妻制夫，陽屈于陰爾。《初學記》十　《御覽》百五十四

《易》稱：「帝乙歸妹，以祉元吉。」婦人謂嫁娶之禮曰歸，歸其妹於諸侯，亨享，同。終吉也。《初學記》十

延熹中，中常侍單超、左悺、徐璜、具瑗、唐衡，在帝左右，縱其姦慝。時人爲之語

曰：「左迴天，徐轉日，具獨坐，唐應聲。」言其信用甚於轉圓也。《御覽》三百九十三　又四百九十六

禮，臣子無爵謚君父之義也，故羣臣累其功美。葬日，遣太尉於南郊告天而謚之。《後漢書·明帝紀》注

天子一作「皇帝」。新崩，未有一有「定」字。謚，故且稱一作「總其名曰」。大行皇帝。《後漢書·安帝紀》注　《文選·元皇后哀策文》注

宫車晏駕。謹案：《史記》曰：王稽謂范雎曰：「夫事有不可知者，有不可柰何者。一旦宫車晏駕，是事不可知也。君雖恨於臣，是無可奈何。」謂秦昭王以天年終也。昔周康王一旦晏起，詩人以爲深刺。天子當夜寢早作，身省萬機，如今一作「今忽」。崩殞，則爲晏駕矣。《文選·竟陵王行狀》注　又《恨賦》注

梓宫者，禮，天子斂以梓器，宫者，存時所居，緣生事亡，因以爲名。凡人呼棺，呼，一作「之」。亦爲宫也。《後漢書·明帝紀》注　《文選·齊敬皇后哀策文》注　《御覽》五百五十

葬之郭北北首，求諸幽之道。《文選·詠懷詩》注

案：秦昭王太后始臨朝也。《意林》

十月謂之應鍾何？應者，應也。鍾者，動也。言萬物應陽而動，不藏也。《御覽》二

十七

十二月律謂之大呂何？大者，太也；旅，拒也。言陽氣欲出，陰不許也。呂之言拒也，依即疑「抑」。拒難之也。《御覽》二十七

月與星竝無光，日照之，乃光耳。如以鏡光照日，則影見壁。月初見西方，月望後光見東北，一照也。《御覽》六

吴牛望月則喘，彼之苦於日，見月怖，亦喘之矣。《御覽》四

風或清明來久長，不摇樹木枝葉，離地三二丈者，此有龍德在其下。風或清明不及二三尺者，此君子之風也。《類聚》一　《御覽》九

猛風曰飅，涼風曰瀏，微風曰飉，小風曰颼，小風從孔來曰颰。《初學記》一　《御覽》九

積冰曰凌，壯冰曰凍，冰流曰澌，冰解曰泮。《初學記》七　《御覽》六十八

醬成於鹽而鹹於鹽，夫物之變，有時而重。《類聚》七十二　《御覽》八百六十五

五月有落梅風，江、淮以爲信風。又其霖霔，號爲梅雨，沾衣服，皆敗黦。《御覽》九百七十

夫火者，南方陽，光輝爲明。聖人嚮之而治，取其象也。《初學記》二十五

言人清高，如冰之潔。《文選・漢高祖功臣頌》注　孫補。

南陽酈縣有甘谷，谷中水甘美。云其山上大有菊華，水從山上流下，得其滋液。谷中三十餘家，不復穿井，仰飲此水，上壽者百二三十，中者百餘歲，七八十者，名之爲夭。菊華輕身益氣，令人堅强故也。司空王暢、太尉劉寬、太傅袁隗爲南陽太守，聞有此事，令酈縣月送水三十斛，用之飲食。諸公多患風眩，皆得瘳。一作：「用飲食、澡浴，終然無益。」《類聚》八十一　《初學記》二十七　《御覽》五十四　又九百九十六

案：《明帝起居注》：上東巡泰山，到滎陽，有烏飛鳴乘輿上。虎賁王吉射中之，作辭曰：「烏烏啞啞，引弓射，洞左腋，陛下壽萬歲，臣爲二千石。」帝賜錢二百萬，令亭壁悉畫爲烏也。《初學記》三十　《御覽》七百三十六　又九百二十

梧桐生於嶧山陽巖石之上，采東南孫枝爲琴，聲甚雅。《御覽》九百五十九

柘材爲弓，彈而放快。《御覽》九百五十八

橙皮可以爲醬虀。《御覽》九百七十一

菖蒲放花，人得食之，長年。《御覽》九百九十九

謹案：《詩》曰「手如柔荑」。荑者，茅始熟中穰也，既白且滑。《御覽》九百九十六

蓬生麻中，不扶自植。《類聚》八十五　《御覽》九百九十五

桑車榆轂，聞聲疑脱「知」字。之。《類聚》八十八

荆鼈令死，尸隨水上，荆人求之，不得也。鼈令至岷山下，已復生，起見蜀望帝。帝使鼈令鑿巫山，然後蜀得陸處。望帝自以德不如，以國禪與鼈令，爲蜀王，號曰開明。《御覽》五十六　案：《怪神》篇雖有鼈令事，而語不詳，當別爲一條。

秦昭王遣李冰爲蜀郡太守，開成都兩江，溉田萬頃。江水有神，歲取童女二人以爲婦，不然，爲水災。主者白出錢百萬以行聘，冰曰：「不須，吾自有女。」到時，裝飾其女，當以沈江水。徑至神祠，上神坐，舉酒酹曰：「今得傅九族，江君大神，當見尊顔，相爲進酒。」冰先投杯，但澹淡不耗，冰厲聲曰：「江君相輕，當相伐耳。」拔劍，忽然不見。良久，有兩蒼牛鬬於岸旁。有閒，冰還，流汗，謂官屬曰：「吾鬬大極，當相助也。若欲知我，南向腰中正白者，我綬也。」主簿乃刺殺北面者，江神遂死。蜀人慕其氣決，凡壯健者，因名一作「名之」，又一作「名子曰」。冰兒。《水經注》三十三　《類聚》九十四　《史記·河渠書正義》《御覽》二百六十一　又六百八十二　又八百八十二

潁川張欽孟孝，吴、楚反，與亞夫常爲前鋒。陷陳潰圍，傍人觀曰：「壯哉此君！」欽聞自矜，遂死軍。《御覽》三百八十六

張仲春，武帝時人也，善雅歌，與李延年同時。每奏新歌，莫不稱善。然不知休息，終至於敗亡。以諭人之進退，當有節奏。《御覽》五百七十二

汝南周勃，辟太尉清詔，使荆州。《後漢書·第五種傳》注

袁湯時年八十六，有子十二人。《後漢書·袁安傳》注

光禄華肸上戴就爲主事。《後漢書·獨行傳》注

太山巖石松樹，鬱鬱蒼蒼如雲中。《文選·謝朓〈之宣城〉》詩注

謹案：自郊貙膢，春秋饗射，天子射麑掩雉，獻諸宗廟，扶陽發滯，養老致敬，化之至也。《御覽》三十三

謹案：禮，臣有大喪，三年不呼其門。《御覽》五百四十六

武帝廣開獻書之路，立五經博士，開弟子員，設科射策，勸以官禄。訖於元始，百有餘年，書積如丘山，傳業浸衆，枝葉繁滋，經説百萬言，蓋禄利之路然也。《御覽》六百八

光武車駕徙都洛陽，載素簡紙經，凡二千兩。董卓盪覆王室，天子西移，中外倉卒，所載書七十車，於道遇雨，分半投棄。卓又燒焫觀閣，經籍盡作灰燼，《御覽》云：「即於處燒燔，麋爲灰穢。」所有餘者，或作囊帳。先王之道，幾煙滅矣。《意林》《御覽》六百十九

今宴飲大會，皆先黍臛。《御覽》八百五十

昭帝時，大官上食，羹中有髮，切中有土，令、丞坐不謹敬，皆論死。《御覽》八百六十一

牛乃耕農之本，百姓所仰，爲用最大，國家之爲强弱也。建武之初，軍役亟動，牛亦

損耗，農業頽廢，米石萬錢。天愛斯民，扶助聖主，事有徵應，於是旅穀彌望，野繭被山。

《類聚》八十五　《御覽》八百三十七

光武中興以來，五曹詔書，題鄉亭壁，歲補正，多有闕誤。永建中，兖州刺史過翔箋撰卷別，改著板上，一勞而久逸。《御覽》五百九十三　此條誤重。

鈐柄施懸魚。魚者，欲君臣沈静，如魚之入水，不可復得聞見耳。《御覽》三百三十八

彭祖壽年八百歲，猶恨唾遠。《御覽》三百八十七

趙王好大眉，人閒半額。一本「人」作「民」，「閒」作「闊」。楚王好廣領，國人没頸。齊王好細腰，後宫有餓死者。《御覽》三百八十九　又四百九十六

東海王景興議曰：「晏平仲以齊君奢，故澣其朝冠，振其鹿裘。」《御覽》八百二十六

吴王夫差大敗齊于艾陵。還，誅子胥，取其身流之江，抉其目東門，曰：「使汝視越之入吴也。」《匡謬正俗》八

潁川黄子廉者，每飲馬，投錢于水中。《御覽》四百二十六　又八百三十六　案：《愆禮》卷載太原郝子廉事，絶相類，此云潁川黄子廉，唯姓不同耳。豈本一事，而傳者異與？

汝南陳伯敬，行必矩舉，謁。步，坐必儼然，目有所見，不知其肉。《御覽》三百九十三　又八百六十二　大昕案：《後漢書·郭躬傳》云：「司徒河南吴雄，少時家貧，喪母，營人所不封土者，擇葬其

中，喪事趣辦，不問時日。醫巫皆言當族滅，而雄不顧。司隸校尉下邳趙興，亦不恤諱忌，每入官舍，輒更繕修館宇，移穿改築，故犯妖禁，而家人爵禄，益用豐熾。汝南陳伯敬者，行必矩步，坐必端䣛，呵叱狗馬，終不言死，目有所見，不食其肉，行路聞凶，便解駕留止，還觸歸忌，則寄宿鄉亭，年老寢滯，不過舉孝廉。後坐女婿亡吏，太守邵夔怒而殺之。時人罔忌禁者，多談爲證焉。」此條疑《風俗通》之文，《御覽》所引，即是此事，而詞意未完。

伯魚之生，適有饋孔子魚者，嘉以爲瑞，故名鯉，字伯魚。《御覽》九百三十五

丁壯小犢，跳梁弄角，飲水數石，生芻十束，當風路露，通。夜，至死不曲。《御覽》八百九十九

俗云：亂如蕴者，糞除不潔，艸介集，众疑。火就燒之，謂之蕴。言其烟氣緼緼，取其希有淆亂。《御覽》八百七十一

鎌刀自疑「刈」。芟，積芻蕘之效。《御覽》七百六十四

案：里語：「厚哉鮑、管，探腸案腹。」不清净，同。然尚不盥，蓋言不以不潔爲嫌也。何共財而生喜怒也。《御覽》三百九十五

刻葦傷盜爲槍。《御覽》三百五十四

耳珠曰璫。《書鈔》百三十五　《御覽》七百十八

火斗曰尉。《廣韻·八未》

織毛褥謂之氍毹。《廣韻・十虞》

丸毛謂之踘。《御覽》七百五十四　以上四條，疑出服虔《通俗文》。

笈，學士所以負書箱，如冠籍箱也。《御覽》七百十一　題云「《風俗記》」。

顏色厚，取顧眄，所以親密。《文選・嵇叔夜〈贈秀才入軍〉》詩注　孫補。

汝南主簿應劭議，宜爲舊君諱。論者皆互有異同。《三國・吳志七》注云：「事在《風俗通》。」

彭城孝廉張子矯議云：「若君臣不得相襲作名，周穆王諱滿，至定王時，有王孫滿。厲王諱胡，莊王之子名胡。」《意林》

謹案：律者，法也。《皋陶謨》虞始造律，蕭何成以九章，此關諸二字疑，《書鈔》四十五無。百王不易之道也。時所制曰令，《漢書》「著于甲令」。夫吏者，治也。當先自正，然後正人，故文書下「如律令」，言當履繩墨，動不失律令也。《文選・陳琳〈檄豫州〉》文注　《類聚》五十四　《御覽》六百三十八作：「故承憲履繩，動不失律令也。」

《易・噬嗑》爲獄，十月之卦，從「犬」，「言」聲，二犬亦所以守也。《意林》云：「獄字，二犬守言，無情狀，犬亦得之。」與此所引小異。　廷者，陽也，陽尚生長。　獄者，陰也，陰主刑殺。　故獄皆在廷北，順其位。《詩》云：「宜犴宜獄。」犴，司空也。《周禮》：凡萬民之有罪過，

未離於法者，桎梏以上，坐諸嘉石，役諸司空。令平易道路也。《御覽》六百四十三

《周禮》三王始作獄。夏曰夏臺，言不害人，若游觀之臺，桀拘湯是也。殷曰羑里，言不害人，若於閭里，紂拘文王是也。周曰囹圄。囹，令；圄，舉也。言令人幽閉思愆，改惡爲善，因原之也。今縣官録囚，皆舉也。《意林》《御覽》六百四十三

自辛爲辠，令其辛苦憂之也。秦皇謂「辠」字似「皇」，故改爲「罪」。《意林》《御覽》六百四十一　孫補。

囚，遒也，言辭窮情得，以罪誅遒也。禮，罪人寘諸圜土。故囚罪人，置諸圓土，故囚字爲囗中人，此其象也。《意林》《初學記》二十《御覽》六百四十二

械，戒也，所以警戒，使爲善也。桎，實也，言其下垂至地，然後吐情首實。《御覽》六百四十四

頃者，廷尉多牆面，而苟充兹位。治書侍御史不復平議，讞當紏紛，豈一事哉！里語曰：「縣官漫漫，冤《意林》作「怨」。死者半。」《御覽》二百二十六　又四百九十六　昔在清平之世，使明恕君子哀矜折獄，尚有怨言，況在今時耶！《意林》上承「里語」三句。

百里奚爲秦相，堂上作樂，所賃澣婦自言知音，呼之，搏髀援琴，撫絃而歌者三。其一曰：「百里奚，五羊皮。憶别時，烹伏雌，炊扊扅。今日富貴忘我爲！」其二曰：「百

里奚，初娶我時五羊皮，臨當別時烹乳雞。今適富貴忘我爲！」其三曰：「百里奚，百里奚，母已死，葬南谿，墳以瓦，覆以柴。舂黄藜，搤伏雞，西入秦，五羖皮。今日富貴捐我爲！」問之，乃其故妻，還爲夫婦也。《樂府解題》《書鈔》百二十八《古詩紀》

司農黄昌爲蜀郡太守，得所失婦，使爲正室，使後婦下之。《通典·禮四十九》虞眕議引

河南平陰一作「南陽」，無「平陰」字。龐儉，本魏郡鄴人，遭倉卒之世，失亡其父，時儉三歲，弟纔繈抱耳。流轉客居廬里中，鑿井，得錢千餘萬，遂温富。儉作府吏，躬親家事，行求老蒼頭謹信屬任者，年六十餘，直二萬錢，使主牛馬耕種。有賓婚大會，母在堂上，酒酣，陳樂歌笑。奴在竈下助廚，竊言：「堂上母，我婦也。」客罷，婢語次，説：「老奴無狀，爲妄語，所説不可道也。」竊詰其由，母謂婢試問其形狀，奴曰：「家居鄴時，在富樂里宛西，婦艾氏女，字阿横，大兒字阿嶷，小兒曰越子。時爲縣吏，爲人所略賣。阿横右足下有黑子，右腋下赤誌如半櫛。」母曰：「是汝公也。」因下堂相對啼泣：「兒婦前，爲汝公拜。」即洗浴身，見衣被，遂爲夫婦如初。儉子歷二千石刺史七八人。時人爲之語曰：「廬里諸龐，鑿井得銅，買奴得公。」子孫羞之，言：「我先人初居廬里者兄弟二人，家買奴，得公爾。」《類聚》三十五　《御覽》百八十九　又四百七十二　又五百

蜀郡任嘉，年三四歲時，父騰，爲諸生，於漢中就師。有盜賊，道路斷絶，蜀亦覆没，

轉客長沙，爲州郡吏。後嘉爲長沙太守，騰爲奏曹掾，默知嘉實其子也。嘉母語次，謂嘉曰：「奏曹任掾，則汝父也，但差老耳。」嘉曰：「天下豈獨蜀有一任，夫人何以老更生邪意？」母曰：「咄，我守養汝數十年，無嫌譏，豈以垂没更失計哉？顧實真父，不可棄捐。」後嘉問掾：「聲音何類太守？何州里邪？」掾曰：「本犍爲武陽人，蓬轉流宕到此。」母察審諦，又識左車一作「耳」。前贅，因出抱持，對之流涕。嘉自拔㯓，歔欷哽咽。《御覽》二百五十九

陳留太守泰山吴文章，少孤，遭憂衰之世，與兄伯武相失。别二十年後，相會下邳市中，争計共鬭。伯武毆文章，文章欲報擊之，心中悽愴，手不能舉，大自怪也，因投杖於地，觀者咸笑之。更相借問，乃親兄也，相持涕泣。觀者復曰：「兄校弟，不得報兄。向者所笑，乃其義也。」《御覽》五百十六　又八百二十七

汝南周霸，字翁仲，爲太尉掾。婦於乳舍生女，自毒無男，時屠婦比卧得男，因相與私貨易，裨錢數萬。後翁仲爲北海相，吏周光能見鬼，署爲主簿，使還致敬於本郡縣，因告光曰：「事訖，臘日可與小兒俱上冢。」去家經十二年，不䑦烝嘗。主簿微察知，相先君寧息，會同飲食忻娱否。」往到於冢上，郎君沃酹，主簿俛伏在後，但見屠者弊衣蠡結，即「螺髻」。踞神坐，持刀割肉。有五時衣帶青墨綬數人，彷徨陰堂東西廂，不敢來前。

光怪其故。還至，引見，問之，乞屏左右，起造於膝前，白事狀如此。翁仲曰：「主簿出，勿言。」因持劍上堂，問嫗：「女何以養此子？」嫗大怒曰：「君常言兒體質聲氣喜學似我，老公欲死，爲作狂語！」翁仲具告之，曰：「祀祭如此，不具服，子母立截。」嫗辭窮情竭，泣涕具陳其故。時子年已十八，呼與辭決曰：「凡有子者，欲以承先祖，先祖不享血食，無可奈何。」自以衣裘僮僕車馬迎取其女。女嫁爲賣𫗧子婦，後適安平李文思，文思官至南陽太守。翁仲便養從弟子熙，爲高邑令。神不歆非類明矣，安得養他人子乎？《意林》　《御覽》三百六十一　又八百八十三

將作大匠陳國公孫志節，有蒼頭地餘，年十七，情性聰惠，儀狀端正，工書疏。志節爲户曹史，令地餘歸取資用，因持車馬亡去。到丹陽，自云姓王名斌，字文高，遂留爲諸曹史。志節拜揚州刺史，郡選曹，衣冠子弟，皆出斌下，乃用之。斌乞屏左右，叩頭涕洟，曰：「斌即明使君地餘也。」斌後爲蒼梧太守。《類聚》三十五　《初學記》十九　《御覽》五百

楊範，字文端，齊人。齊、宋之亂，母在賊中，採椹藏於地，夜取之進母，如是非一。忽於地中得米十斛，上有字云：「米十斛，賜孝子楊範，以資給母。」《御覽》四百十一

汝南王叔漢，父子方，出游二十餘年不還。叔漢作尚書郎，有人告子方死於汝南，即遣兄伯三往迎喪，叔漢即發哀，詔書賻錢二十萬。既而子方從蒼梧還，叔漢詣闕，乞

納賻錢，受虛妄罪。靈帝詔將相大夫會議之，博士任敏議云：「凡人中壽七十，視父同儕亡，可製服也。子方在遠，人指其處，不可驗也。罪不可加焉。」詔書還錢，復本官。《意林》

濟北李登，爲從事史，病，得假歸家，延期。後被召，登自嫌不甚羸瘦，謂雙生弟寧曰：「我兄弟相似，人不能别，汝差類病者，代我至府。」寧曰：「府君大嚴，得毋不可。」登曰：「我新吏耳，無能識者，我自行見主，必死。」寧詣府，主不辨。後爲人所言，事發覺，遂殺登。《御覽》六百三十四

陳留一作「陳國」。張伯喈，一作「階」。弟仲喈婦炊於竈下，至井上，謂伯喈曰：「我今日妝寧好不？」伯喈曰：「我伯喈也。」婦大慙愧。其夕時，伯喈到更衣，婦復牽伯喈一作「婦復遂牽其背」。曰：「今旦大誤，謂伯喈爲卿。」答曰：「我故伯喈也。」蓋親密無過夫婦，然尚如此，況於初未相見，而責先識之乎？《御覽》三百九十六　又四百九十二　《類聚》三十二云：有張伯偕、仲偕兄弟，形貌絶相類。仲偕妻新妝竟，忽伯偕至，乃戲問曰：「今日妝飾好否？」伯偕應之曰：「我伯偕也。」妻乃趨避之。須臾，又見伯偕，猶以爲仲偕，告云向大錯誤。伯偕曰：「我故伯偕也。」

陳留有富室公，年九十無子，取田家女爲妾，一交接即氣絶。後生得男，其女誣其淫泆有兒，曰：「我父死時年尊，何一夕便有子？」争財數年不能決。丞相邴吉出，上

殿決獄，云：「吾聞老公子不耐寒，又無影。」時歲八月，取同歲小兒，俱解衣裸之，此兒獨言寒。復令竝行日中，獨無影。大小歎息，因以財與兒。一作「因與其財」。《意林》《御覽》三百八十八　又八百三十六

沛郡有富家公，資二千餘萬。小婦子年裁數歲，頃失其母，又無親近。其大婦女甚不賢。公病困，思念惡聟争其財，兒判不全，因呼族人爲遺令云：「悉以財屬女，但遺一劒與兒，年十五，以還付之。」其後兒大，姊不肎與劒，男乃詣郡自言求劒。謹案：時太守，大司空何武也。得其辭，因録女及聟，省其手書，顧謂掾史曰：「女性强梁，聟復貪鄙，其父畏賊害其兒，又計小兒正得此財，不能全護，故且俾與女，内實寄之耳，不當以劒與之乎？夫劒者，亦所以決斷也。限年十五者，智力足以自活。度此女聟必不復還其劒，當聞縣官，縣官或能證察，得以見伸展也。凡庸何能思一作「用」。慮强遠如是哉！」悉奪取財以與子，曰：「弊女惡聟，温飽十五歲，亦以幸矣。」於是論者乃服，謂武原情度事得其理。《御覽》六百三十九　又八百三十六

南郡讞：女子何侍，爲許遠妻。侍父何陽，素酗酒，從遠假求，不悉如意，陽數駡詈。遠謂侍：「汝公一作「翁」。下同。復駡者，吾必揣之。」侍曰：「類作夫妻，柰何相辱？揣我公者，搏若母矣。」其後陽復駡遠，遠遂揣之。侍因上搏姑耳再三下。司徒鮑宣決

事曰：「夫妻，當作「婦」。所以養姑者也。今遠自辱其父，非姑所使。君子之於凡庸，尚不遷怒，況所尊重乎？當減死論。」《御覽》六百四十

陳留有趙佑者，酒後自相署，或稱亭長、督郵。佑復於外騎馬，將絳幡，云：「我使者也。」司徒鮑宣決獄云：「騎馬將幡，起於戲耳，無它惡意。」《御覽》八百四十六

汝南張妙會杜士。士家娶婦，酒後相戲。張妙縛杜士，捶二十下，又懸足指，士遂至死。鮑昱決事云：「酒後相戲，原其本心，無賊害之意，宜減死。」《意林》　《御覽》八百四十六

臨淮有一人，持一匹縑，到市賣之。道遇雨被戴，後人求共庇蔭，因與一頭之地。雨霽當別，因共爭鬭，各云：「我縑。」詣府自言。太守丞相薛宣劾實，兩人莫肎首服。宣曰：「縑直數百錢耳，何足紛紛，自致縣官。」呼騎吏中斷縑，各與半，使追聽之。後人曰：「受恩。」前撮之。縑主稱怨《意林》作「冤」。不已。宣曰：「然，固知當爾也。」因詰責之，具服，俾悉還本主。《意林》　《御覽》四百九十六　又六百三十九　又八百十八

汝南陳公思爲五官掾，王子祐爲兵曹，行會食下亭。子祐曾以縣官事考殺公思叔父斌。斌無子，公思欲爲報仇，不能得。卒見子祐，不勝憤怒，便格殺之，還府歸死。時太守太傅胡廣，以爲陳公思追念叔父，仁勇憤發，手刃仇敵，自歸司敗，便原遣之。《御

覽》四百八十二

潁川有富室，兄弟同居，兩婦皆懷任一作「孕」。數月。長婦胎傷，因閉匿之。産期至，同到乳舍，弟婦生男，夜因盜取之。争訟三年，州郡一作「縣」。不能決。丞相黄霸出坐殿前，令卒抱兒，去兩婦各十餘步，叱婦曰：一無「曰」字。「自往取之。」長婦抱持甚急，兒大啼叫。弟婦恐傷害之，因乃放與，而心甚自悽愴，長婦甚喜。霸曰：「此弟婦子也。」責問大婦，乃伏。《意林》《御覽》三百六十一　又六百三十九

平原郡讞：胡譚取周碧爲妻，譚陰陽不屬，令碧與李方、張少姦通，冀得其子。《類聚》三十五

巴郡宋遷，母名静，往阿奴家飲酒。遷母坐上失氣，奴謂遷曰：「汝母在坐上，何無宜適！」遷曰：「腸痛，誤耳。人各有氣，豈止我母！」遷罵奴，奴乃持木枕擊遷，遂死。《御覽》八百四十六

扶風蘇不韋，父爲司隸李暠所逮。暠遷司農，不韋穿府北垣，徑上聽事，斫暠臥具。暠一宿數遷。《御覽》七百八

《王制》云：「東方曰夷。」夷者，柢也。言仁而好生，萬物柢地而出。《後漢書・東夷傳》文，注云：「見《風俗通》。」

羌，本西戎卑賤者也。主牧羊，故羌字從「羊」，人因以爲號。無君臣上下，健者爲豪，不能相一。種別部分，强者陵弱，轉相抄盜。男子戰死以爲吉，病終者送之凶。《御覽》七百九十四

氐，言抵冒貪饕，至死好利。樂在谿，本西南夷，又別種，號曰白馬。孝武帝遣中郎將郭昌等引兵征之，降，復以爲武都郡。《御覽》七百九十四

貊者，謹案：《春秋傳》「大貊、小貊」。貊，略也，薄也。不知送往勞來，無宗廟粢盛，賦斂薄也。《御覽》七百八十　孫補。

胡者，謹案：《漢書》山戎之別種。又胡者，互也，言其被髮左衽，言語贄幣，事殊互也。《御覽》七百九十九　殷時曰獯粥，改曰匈奴。《史記·匈奴傳索隱》

昔高辛氏有犬戎之寇，帝患其侵暴，而征伐不剋。乃訪募天下，有能得犬戎之將吴將軍頭者，購黄金千鎰，邑萬家，又妻以少女。時帝有畜狗，其毛五采，名曰槃瓠。下令之後，槃瓠遂銜人頭，造闕下。羣臣怪而診之，乃吴將軍首也。帝大喜，而計槃瓠不可妻之以女，又無封爵之道，議欲有報，而未知所宜。女聞之，以爲帝皇下令，不可違信，因請行。帝不得已，乃以女配槃瓠。槃瓠得，負而走，入南山，止石室中。所處險絶，人跡不至。於是女解去衣裳，爲僕鑒之結，著獨力之衣。帝悲思之，遣使尋求，輒遇風雨

震晦，使者不得進。經三年，生子一十二人，六男六女。槃瓠死後，因自相夫妻，織績木皮，染以草實，好五色衣服，製裁皆有尾形。其母後歸，以狀白帝，於是使迎致諸子。衣服斑蘭，語言侏離，好入山壑，不樂平曠。帝順其意，賜以名山廣澤。其後滋蔓，號曰蠻夷。外癡内黠，安土樂舊。以先父有功，母帝之女，田作賈販，無關梁符傳、租税之賦。有邑君長，皆賜印綬，冠用獺皮。名渠帥曰精夫，相呼爲姎徒。《後漢書・南蠻傳》文，注云：「已上竝見《風俗通》。」

哀牢夷者，其先有婦人名沙壹，居於牢山。嘗捕魚水中，觸沈木，若有感，因懷妊十月，産子男十人。後沈木化爲龍，出水上。沙壹忽聞龍語曰：「若爲我生子，今悉何在？」九子見龍驚走，獨小子不能去，背龍而坐，龍因舐之。其母鳥語，謂背爲九，謂坐爲隆，因名子曰九隆。及後長大，諸兄以九隆能爲父所舐而黠，遂共推以爲王。後牢山下有一夫一婦，復生十女子，九隆兄弟皆娶以爲妻，後漸相滋長。種人皆刻畫其身，象龍文，衣背著尾。《後漢書・西南夷傳》文，注云：「以上竝見《風俗通》。」

巴有賨人，剽勇。高帝爲漢王時，閬中人范目説高祖募取賨人定三秦。封目爲閬中慈鳧鄉侯，并復除目所發賨人盧、朴、沓、鄂、度、夕、龔七姓，不供租賦。閬中有渝水，賨人左右居，鋭氣善舞。高祖樂其猛鋭，數觀其舞，後令樂府習之。《文選・蜀都賦》注

槃瓠之後，輸布一匹二丈，是謂賨布。廩君之巴氏，出幏布八丈。《文選·魏都賦》注

秦始皇遣蒙恬築長城，徒士犯罪，止依鮮卑山，後遂緐息。今皆髡頭衣赭，亡徒之明效也。《御覽》六百九十七

東方曰夷。東方仁，好生，萬物觝觸地而出。夷者，觝也。其類有九。南方曰蠻。君臣同川而浴，極爲簡慢。蠻者，慢也。其類有八。西方曰戎。斬伐殺生，不得其中。戎者，兇也。其類有六。北方曰狄。父子嫂叔，同穴無别。狄者，辟也。其行邪辟，其類有五。《通鑑注·漢紀》二十五

音聲逸文

相，拊也，所以輔相於樂。奏樂之時，先擊相。《御覽》五百八十四

雅，形如漆筩，有椎。《禮》云「訊疾以雅」是也。同上。

論數《御覽》引《風俗通·論數》曰：「踦者，奇也。」「論數」當是篇名。

十十謂之百，十百謂之千，十千謂之萬，十萬謂之億，十億謂之兆，十兆謂之經，十經謂之垓，十垓謂之秭，本譌「捕」，下同，案《孫子筭經》改，但下云「京生秭，秭生垓」又不同。十秭謂之選，十選謂之載，十載謂之極。有物有事者，紀於此矣。過此往者，則其數可紀，其名未之或聞也。夫數，一爲特、偫、疑。奇、隻，句。二爲再、偶、兩、雙，句。三爲參，四爲乘。《御覽》七百五十

千生万，万生億，億生兆，兆生京，京生秭，秭生垓，垓生壤，壤生溝，溝生澗，澗生正，正生載。載，地不能載也。《廣韻·五旨》

步始於足，足率長十寸，十寸則尺。一躍三尺，法天地人，再躍則步。《文選·四子講德論》注

踦者，奇也，履舄之一也。《御覽》六百九十七

斛者，角也。庾，三斛四斗。秉，二十四斛。《御覽》八百三十

氏姓《廣韻·十二齊》部云「氏姓篇」。《史記·荀卿列傳集解》引應劭《氏姓》亦即此篇。《困學紀聞》引宋景文説云「姓氏篇」。

萬類之中，惟人爲貴。《春秋左氏傳》：「官有世功，則有官族，邑亦如之。」《公羊》譏衛滅邢，《論語》貶昭公娶於吴，諱同姓也。蓋姓有九：或氏於號，或氏於謚，或氏於爵，或氏於國，或氏於官，或氏於字，或氏於居，或氏於事，或氏於職。以號，唐、虞、夏、殷也；以謚，戴、武、宣、穆也；以爵，王、公、侯、伯也；以國，齊、一作「曹」。魯、宋、衛也；以官，司馬、司徒、司寇、司空、司城也；以字，伯、仲、叔、季也；以居，城、郭、園、池也；以事，巫、卜、陶、匠也；以職，三烏、五鹿、青牛、白馬也。《御覽》三百六十二 《廣韻》引《氏姓篇序云》：「凡氏之興九事，一氏於號，唐、虞、夏、殷是也。」「四氏於國，齊、魯、宋、衛是也。」又云：「凡氏於謚，戴、武、宣、穆是也。」「凡氏於字，伯、仲、叔、季是也。」又云：「氏於事，巫、卜、陶、匠是也。」「氏於居者，城、郭、園、池是也。」「氏於職焉，三烏、五鹿是也。」《北史·高構傳》引《風俗通》：「姓有九種，或氏於爵，或氏所居。」

僮氏，漢有交阯刺史僮尹。《廣韻·一東》 《通鑑注·漢紀》五十四

中氏，漢有少府卿中京。《廣韻·一東》

蒙氏，東蒙主以蒙山爲氏。秦有將軍蒙驁，驁生武，武生恬，皆仕秦。《通志·氏族略》

農氏，神農之後。《廣韻·二冬》

重氏，顓帝重黎之後。少昊時，重爲南正，司天之事；黎爲北正，司地之事。《通志·氏族略》

爲氏，漢有南郡太守爲昆。《廣韻·五支》《容齋五筆》

隨氏，隨侯之後。漢有博士隨何。《廣韻·五支》

羲氏，堯卿羲仲之後。

池氏，漢有中牟令池瑗。俱同上。

移氏，齊公子雍食采於移，其後氏焉。《後漢書·楊震傳》注《路史·國名紀》《通鑑注·漢紀》四十二　漢有恒農太守移良。《廣韻·五支》《容齋五筆》

卑氏，鄭大夫卑諶之後。漢有北平太守卑躬。《後漢書·皇后紀》注《容齋五筆》

離氏，離婁，孟子門人。漢有中庶子離常之。《通志·氏族略》

訾氏，帝嚳妃，訾娵氏女。

皮氏，周卿士樊仲皮之後。漢有皮尚。俱同上。

邳氏，奚仲爲夏車正，自薛封邳，其後爲氏。漢有信都邳肜。《廣韻·六脂》《通志·氏

族略》《通鑑注・漢紀》三十一

纍氏，纍祖之後。《通志・氏族略》

資氏，資成，陳留人。

師氏，師，樂人瞽者之稱。晉有師曠，魯有師乙，鄭有師悝、師觸、師蠲、師成。

尸氏，其先封尸鄉，因以爲氏。齊相有尸臣。

旗氏，齊卿公孫竈之孫欒施，字子旗，子孫以王父字爲氏。俱同上。

非氏，非子，伯益之後。《廣韻・八微》

威氏，齊威王之後，以田氏始王，故其後以爲氏。《廣韻・八微》《通志・氏族略》

肥氏，漢有肥詔，英布將肥赫。《通志・氏族略》孫云：「肥赫即下條之『賁赫』。」

賁氏，秦非子之後。《通志・氏族略》漢有賁赫。《晉書音義》

魚氏，宋桓公子目夷，字子魚，賢而有謀，子孫以字爲族。《廣韻・九魚》《通志・氏族略》《通鑑注・晉紀》二十云：「宋公子魚之後，以王父字爲氏。」

余氏，秦由余之後。《廣韻・九魚》《通志・氏族略》《通鑑注・唐紀》七十三

諸氏，漢有雒陽令諸於。《廣韻・九魚》《容齋五筆》

儲氏，齊大夫儲子之後也。《後漢書・鮑永傳》注

沮氏，黄帝時史官沮誦之後。《後漢書·獻帝紀》注

巫氏，商有巫咸、巫賢，漢有冀州刺史巫捷。《廣韻·十虞》《通志·氏族略》

須氏，太昊之後。《史記》魏有須賈。《廣韻·十虞》《通鑑注·周紀》五

蒲氏，漢有詹事蒲昌。《廣韻·十一模》

壺氏，漢有諫議大夫壺遂。同上。

塗氏，塗山氏之後。漢有諫議大夫塗惲。《後漢書·賈逵傳》注　《廣韻·十一模》《通志·氏族略》

黎氏，九黎之後。《通志·氏族略》

鞮氏，晉銅鞮伯華之後。

稽氏，稽黄，秦賢人也。俱同上。

洼氏，漢有大鴻臚洼丹。洼音「圭」。《後漢書·儒林傳》注　《廣韻·十二齊》

枚氏，六國有賢人枚被。《通鑑注·漢紀》九

裴氏，伯益之後。《後漢書·桓帝紀》注

臺氏，金天氏裔孫曰臺駘，其後氏焉。《後漢書·獻帝紀》注

哀氏，魯哀公之後，因謚以爲姓。《後漢書·劉聖公傳》注

來氏，楚有來英。《通志·氏族略》

真氏，漢有太尉真祐。《廣韻·十七真》《通志·氏族略》

神氏，神農之後。漢有騎都尉神曜。《廣韻·十七真》

頻氏，漢有酒泉太守頻暢。《廣韻·十七真》《容齋五筆》《通志·氏族略》

倫氏，黄帝樂人伶倫氏之後。《廣韻·十八諄》《通志·氏族略》

鈞氏，楚大夫元鈞之後。漢有侍中鈞喜。《廣韻·十八諄》《通志·氏族略》作「御史鈞喜」。

春氏，楚相黄歇春申君之後。《通志·氏族略》

文氏，周文王支庶，以謚爲氏。越大夫文種。

芬氏，晉大夫芬賢。

勤氏，魯有大夫勤成。俱同上。

垣，秦邑也，因以爲姓。秦始皇有將垣齮。《後漢書·公孫述傳》注　大昕案：今本《史記》作「桓齮」。

尊氏，尊盧氏之後。《廣韻·二十三魂》

賁氏，魯有賁浦。《通志·氏族略》《通鑑注·漢紀》四

恩氏，陳大夫成仲不恩之後。《廣韻·二十四痕》

丹氏，晉有大夫丹木。《廣韻·二十五寒》

安氏，漢有安成，爲太守。《廣韻·二十五寒》《通志·氏族略》《通鑑注·晉紀》二十八

莞蘇，楚大夫，見《呂氏春秋》。漢有莞路，爲御史中丞。《宋景文公筆記》 文弨案：莞路，見《漢書·儒林·顔安樂傳》中，宋所見本是「艸」下「完」，故引爲證。蕭該音「丸」，又音「官」，與師古云「亦管字」異。但《呂氏春秋·長見》篇作「莧譆」，「莧」或「莞」字之誤歟？莞蘇，見《新序》，一作「筦蘇」。

冠氏，古賢者鶡冠子之後。《廣韻·二十六桓》《通志·氏族略》

瞞氏，荆蠻之後。本姓蠻，其枝裔隨音變改爲瞞氏。《廣韻·二十六桓》

闕氏，闕令尹喜之後。《廣韻·二十七删》《通志·氏族略》《通鑑注·漢紀》二十八

班氏，楚令尹鬬班之後。《廣韻·二十七删》

山氏，列山氏之後。晉大夫山祈，漢有武都太守山昱。《通志·氏族略》

弦氏，弦子後。《廣韻·一先》

玄氏，玄都，古諸侯國也，子孫以國爲氏。《通志·氏族略》《通鑑注·晉紀》二十二

縣氏，縣成父，孔子門人。漢有甘陵相縣芝。《通志·氏族略》

虔氏，黄帝之後。《莊子》有虔天根。同上。《路史》云：「虔氏出黄帝。」

宣氏，宋宣公之後。《通志·氏族略》

圈氏，楚鬻熊之後。同上。

騫氏，仲尼弟子閔子騫之後。《廣韻·二仙》《通志·氏族略》

蕭氏，宋樂叔以討南宫萬立御説之功，受封於蕭，列附庸之國。漢相國蕭何即其後氏也。《廣韻·三蕭》

刀音「雕」。氏，齊大夫豎刀之後。戰國時有刀勃。漢有刀閒，齊人，以富聞，子孫居勃海。《廣韻·三蕭》《通志·氏族略》

毛氏，毛伯，文王子也，見《左傳》。漢有毛樗之，爲壽張令。《宋景文公筆記》

聊氏，聊蒼，爲漢侍中，著子書。《廣韻·三蕭》《通志·氏族略》云：「漢侍中聊蒼，著書，號《聊子》。」

鼂氏，衛大夫史鼂之後。漢有鼂錯。《廣韻·四宵》《通鑑注·漢紀》七

饒氏，漢有饒斌，爲漁陽太守。《廣韻·四宵》

苗氏，楚大夫伯棼之後。賁皇奔晉，食采於苗，因而氏焉。《廣韻·四宵》《通鑑注·漢紀》二十九

傜《廣韻》作「摇」。氏，東越王傜，句踐之後，其後以傜爲姓。《後漢書·岑彭傳》注

僑氏，黄帝孫僑極之後。《通志·氏族略》

皋氏，漢有司徒長史皋誨。同上。

阿氏，阿衡，伊尹號，其後氏焉。《廣韻・七歌》《通志・氏族略》

朝那，東夷也，其後單姓那氏。《通志・氏族略》

過國，夏諸侯，後因爲氏。漢有兗州刺史過栩。《廣韻・八戈》

麻氏，齊大夫麻嬰之後。漢有麻達，注《論語》。《廣韻・九麻》《路史》《通鑑注・晉紀》十七又有麻光，爲御史大夫。《通志・氏族略》

家氏，漢有家羨，爲劇令。《廣韻・九麻》

牙氏，周大司徒君牙之後。《廣韻・九麻》《通志・氏族略》

嘗氏，齊孟嘗君之後。《廣韻・十陽》

匡，魯邑也，句須爲之宰，其後氏焉。漢有匡衡。《廣韻・十陽》《通鑑注・漢紀》二十

芳氏，漢有幽州刺史芳乘。乘，一作「垂」。《廣韻・十陽》《通志・氏族略》《通鑑注・漢紀》三十三

方氏，方雷氏之後。《通志・氏族略》

穰氏，田穰苴，諸田之族。穰，所食之邑，因以氏焉。同上。

襄氏，楚大夫襄老之後。《後漢書・襄楷傳》注

彊氏，晉有大夫彊劍，漢有彊華。《通鑑注·漢紀》三一二

昌氏，黄帝子昌意之後。《通志·氏族略》

堂，楚邑，大夫五尚爲之，五，即「伍」字。其後氏焉。《廣韻·十一唐》

蒼氏，八凱蒼舒之後。漢有江夏太守蒼英，子孫遂爲江夏人。《通志·氏族略》

皇氏，三皇之後，因氏焉。《左傳》，鄭大夫皇頡、皇辰。宋有皇氏，世爲上卿，本皇父充石之後，以字爲氏。漢有琅邪相皇運。同上。

横氏，韓王子成，號横陽君，其後一作「子孫」。爲氏。《廣韻·十二庚》《通志·氏族略》

京氏，鄭武公子段，封於京，號京城太叔，其後氏焉。漢有京房。《廣韻·十二庚》《通鑑注·漢紀》二十

卿氏，趙相虞卿之後。《廣韻·十二庚》戰國有卿秦，爲魏將。或云項羽將卿子冠軍宋義之後。《通志·氏族略》

甥氏，晉大夫吕甥之後。《廣韻·十二庚》

行氏，漢有行祐，爲趙相。《後漢書·光武紀》注

衡氏，伊尹爲湯阿衡，子孫以衡爲氏。一云魯公子衡之後，以王父字爲氏。《通志·氏族略》《廣韻·十二庚》引云：「阿衡，伊尹之後。又公衡，魯公子，後乃氏焉。」

荆氏，漢有九江太守荆修。《容齋五筆》

營氏，周成王卿士營伯之後。漢有京兆尹營郃。《廣韻・十四清》《通志・氏族略》

嬰氏，晉大夫季嬰之後。《廣韻・十四清》《通志》作「趙嬰齊」。

靈氏，齊靈公之後，或云宋公子靈圍龜之後。晉有餓者靈輒。《廣韻・十五青》

冥氏，漢有冥都，爲丞相史。同上。本脱「史」字，今攷增。

瓶氏，漢有太子少傅瓶守。同上。

泠氏，黄帝時典樂泠倫之後。《通志・氏族略》

恒氏，楚大夫恒思公之後。漢有東安長恒裴，子孫因居之。

弘氏，衛大夫弘演之後。漢有宦者弘恭，爲中書令。

乘氏，楚大夫子乘之後，以王父字爲氏。俱同上。

牛氏，漢有牛崇，爲隴西主簿，馬文淵爲太守，羊喜爲功曹，涼部云：「三牲備具。」《廣韻・十九〔一〕九》

犨氏，晉大夫郤犨之後。同上。

〔一〕九，當爲「八」。

邱氏，魯左邱明之後。又齊太公封于營邱，支孫以地爲氏，世居扶風。漢末，邱俊持節江淮，屬王莽篡位，遂留江左，居吴興也。《廣韻·十八九》《通鑑注·魏紀》十　又《隋紀》四

謀氏，周卿士祭公謀父之後。《廣韻·十八九》《通志·氏族略》

牟子國，祝融之後，後因氏焉。漢有太尉牟融。《廣韻·十八九》《通志·氏族略》《通鑑注·漢紀》三十七

州氏，晉有州綽、州賓，其先食采于州，因以爲氏。《通志·氏族略》《通鑑注·魏紀》七

疇氏，摯疇，古之諸侯。後有摯疇氏、摯氏、疇氏。《路史·國名紀》

由余，秦相也，見《史記》。漢有由章，至長沙太傅。《宋景文公筆記》

猷氏，衛有猷康。《通志·氏族略》

區氏，歐冶子之後，轉爲區氏。王莽時有郎中區博。

婁氏，邾婁之國，子孫或以婁爲氏，或以邾婁爲氏。俱同上。

林氏，林放之後。《廣韻·二十一侵》

箴氏，衛大夫箴莊子。同上。

陰氏，陰康氏之後。周有陰不佞。《通志·氏族略》　管修自齊適楚，爲陰大夫，其後

氏焉。《廣韻·二十一侵》《通鑑注·漢紀》三十二

岑氏，古岑子國之後，漢有岑彭。《廣韻·二十一侵》

堪氏，八元仲堪之後。《廣韻·二十二覃》

聃氏，周文王第十子聃季載之後。《通志·氏族略》

奄氏，奄，國號，即商奄也，魯地。衛祝佗曰：「因商奄之民，以命伯禽。」今兖州有奄城。秦大夫奄息，其後也。

兼氏，衛公子兼之後。俱同上。

委氏，漢太原太守委進。《廣韻·四紙》

李氏，李伯陽之後。《廣韻·六止》

俟氏，有俟子，古賢人，著書。同上。《通志》云「六國賢人」。

幾氏，宋大夫仲幾之後，以王父字爲氏。《通志·氏族略》

禹氏，禹支庶，以爲氏。《路史·夏后紀下》

處氏，《史記》趙有辨士處子，故有處姓也。《後漢書·酷吏傳》注。漢有北海相處興。《廣韻·八語》《容齋五筆》作「北海太守」。

旅氏，周大夫子旅之後。漢高功臣昌平侯旅卿，傳封六代。《通志·氏族略》

所氏，宋大夫華所事之後。《後漢書·獨行傳》注、《困學紀聞》七 《通志·氏族略》引作「所華」。漢有諫議大夫所忠。《史記·司馬相如傳正義》

甫氏，甫侯之後。《廣韻·九麌》

府氏，漢有司徒掾府悝。同上。《通志·氏族略》

武氏，宋武公之後。 漢有武臣。《廣韻·九麌》

虎氏，漢有合浦太守虎旗，其先八元伯虎之後。《廣韻·十姥》 《容齋五筆》

扈氏，趙有扈輒。《廣韻·十姥》

古氏，周有古公亶父，其後氏焉。《後漢書·東平王蒼傳》注 《通志·氏族略》

邸氏，漢有上郡太守邸杜。《廣韻·十一薺》 《容齋五筆》 《通志》「杜」作「社」。

采氏，漢有度遼將軍采皓。《廣韻·十五海》

蹇氏，漢有蹇蘭，爲交阯刺史。《通志·氏族略》

滿氏，荆蠻有瞞氏，音舛變爲滿。 漢有滿昌。《廣韻·二十四緩》 《通志·氏族略》 《通鑑注·漢紀》二十六

管夷吾，齊桓佐也，見《論語》。 漢有管虢，爲西河太守。《宋景文公筆記》

顯氏，顯甫，爲周卿。《廣韻·二十七銑》

典氏，漢有校尉典韋。《通志・氏族略》

衍氏，宋微仲衍之後。同上。

驕氏，晉大夫驕父之後。《後漢書・逸民傳》注

昊氏，昊英氏之後，一云少昊之後。《通志・氏族略》

老氏，顓帝子老童之後。同上。

蔣氏，周公之裔。《廣韻・三十六養》

廣氏，廣成子之後。《通志・氏族略》

丙氏，齊有大夫丙歜。《廣韻・三十八梗》

靖氏，單靖公之後，以謚爲氏。一云齊田氏之族靖郭君之後。《廣韻・四十静》《通志・氏族略》

有氏，有巢氏之後。仲尼弟子有若，魯人。漢有有禄。《通志・氏族略》

魗氏，漢有魗宗，爲嬴長。《廣韻・四十四有》《通志・氏族略》

壽氏，吴王壽夢之後。壽於姚，吴大夫。《後漢書・方術傳》注《通志・氏族略》《通鑑注・宋紀》十二云又有大夫壽越。

耦氏，宋卿華耦之後。漢有侍中耦嘉。《廣韻・四十五厚》《通志・氏族略》

仲氏，湯左相有仲虺。《廣韻·一送》上文見前。

用氏，古有用國。漢有高唐令用虯。《路史·國名紀》《容齋五筆》《通志·氏族略》

雍氏，文王子雍伯之後。《廣韻·三用》

被氏，漢有牂柯太守被條。《通志·氏族略》

備氏，宋封人備之後。《廣韻·六至》

利氏，漢有利乾，爲中山相。同上。

摯氏，摯疇，古諸侯國也。周有摯荒，或言帝嚳之後。《通志·氏族略》

遂，虞後，商人寘之遂。《路史·國名紀》

懿氏，齊懿公之後。《通志·氏族略》

肆氏，宋大夫肆臣之後。同上。

食我，韓公子也，見《戰國策》。漢有食子公，爲博士。食音「嗣」。《宋景文公筆記》《廣韻·二十四職》引云：「漢有博士食于公，河内人。」《通志》作：「食子通，河南人。」

嗣氏，衛嗣君後。《廣韻·七志》

忌氏，周公忌父之後。《廣韻·七志》《通志·氏族略》

貴氏，陸終之後。漢有貴遷，爲廬江太守。《廣韻·八未》《容齋五筆》《通志·氏族略》

既氏，吴夫槩王之後，因避仇，改爲既氏。漢有長安長既良。《通志·氏族略》

遇氏，漢有遇沖，爲河内太守。《廣韻·十遇》《容齋五筆》《通志·氏族略》

鑄氏，鑄國，堯後。《通志·氏族略》

露氏，漢有上黨郡尉露平。《廣韻·十一暮》《通志·氏族略》

庫氏，古守庫大夫之後，以官爲氏。漢有輔義侯庫鈞。《廣韻·十一暮》

布氏，趙有布子，善相馬。《通志·氏族略》

桂氏，漢有揚州刺史桂褒。同上。

世氏，戰國時有秦大夫世鈞。《廣韻·十三祭》

厲氏，齊厲公之後。漢有魏郡太守美陽侯厲温。《通志·氏族略》

艾氏，龐儉母艾氏。《廣韻·十四泰》《通鑑注·晉紀》二十四

賴氏，漢有交阯太守賴光。《廣韻·十四泰》《容齋五筆》《通鑑注·漢紀》五十八

大氏，大庭氏之後。《通志·氏族略》

蒯氏，晉大夫蒯得之後。同上。

載氏，姬姓之後。《廣韻·十九代》《路史·國名紀》

信氏，魏公子信陵君之後。《通志·氏族略》

鬲氏，夏時侯國，子孫氏焉。《路史·國名紀》《通志·氏族略》

慎氏，慎到，爲韓大夫，著《慎子》三十篇。《通志·氏族略》

獻氏，晉獻公之後。戰國時有秦大夫獻則。《廣韻·二十五願》《通志·氏族略》

建氏，楚太子建之後。《通志·氏族略》

段氏，段干木之後，《廣韻·二十九换》姓段，名干木。《路史·國名紀》《齊東野語》云：「恐或失之。」

灌氏，斟灌氏之後。《通鑑注·漢紀》一

諫氏，《周禮》有司諫氏，因以爲氏。漢有治書侍史諫忠。《廣韻·三十諫》《通志·氏族略》

賤氏，漢有右北平太守賤瓊。《廣韻·三十三線》《容齋五筆》《通志·氏族略》

孝氏，齊孝公之後。《廣韻·三十六效》

豹氏，八元叔豹之後。同上。

到氏，漢有東平太守到質。《容齋五筆》

暴氏，暴辛公，周諸侯也。秦有將軍暴鳶，作「薦」誤，孫改正。漢御史大夫暴勝之。《通志·氏族略》

播氏，播鞉武，商末賢人。

耷氏，新鄭人，揚耷邨，在縣西二十五里。耷，音「嗄」。

匠氏，古有匠石。

望氏，齊太公望之後。俱同上。

伉氏，漢有伉喜，爲漢中大夫。《廣韻・四十二宕》《後漢書・桓帝紀》注引云：「抗氏，衛大夫三抗之後。漢有抗喜，爲漢中太守。」則字當從「手」旁，「大夫」亦當爲「太守」也。

曠氏，師曠之後。《通志・氏族略》

敬氏，陳敬仲之後。《廣韻・四十三映》《通鑑注・隋紀》六

令氏，楚令尹子文之後。《通鑑注・漢紀》七《史記・孝文本紀索隱》

救氏，漢有諫議大夫救仁。《廣韻・四十九宥》《通志》「仁」作「乂」。

晝氏，齊大夫食邑於晝，後因氏焉。《路史・國名紀》《通志・氏族略》《廣韻》云：「晝邑大夫之後。」

廖氏，古有廖叔安，《左傳》作「飂」，蓋其後也。漢有廖覬，爲鉅鹿太守。《通志・氏族略》《通鑑注・漢紀》三十

竇氏，夏后相遭有窮氏之難，其妃方娠，逃出自竇，而生少康，其後氏焉。《廣韻・五

十候》《通鑑注·漢紀》五

監氏，衛康叔爲連屬之監，其後氏焉。《廣韻·五十九鑑》《通志·氏族略》

鹿氏，漢有巴郡太守鹿旗。《廣韻·一屋》《容齋五筆》《通鑑注·晉紀》二十

沐氏，漢有東平太守沐寵。《廣韻·一屋》《容齋五筆》《通鑑注·漢紀》四十六

鞠氏，漢有尚書令平原鞠譚。《廣韻·一屋》或爲麴氏，音之譌也。《通志·氏族略》

宿氏，漢有鴈門太守宿詳。《廣韻·一屋》《容齋五筆》《通鑑注·魏紀》四

牧氏，漢有越巂太守牧稂。《廣韻·一屋》

郚氏，漢有東海太守郚熙。《容齋五筆》

禄氏，紂子武庚字禄父，其後以字爲氏。《通志·氏族略》

沃氏，太甲子沃丁之後。《廣韻·二沃》《通志·氏族略》

督氏，宋大夫華父督之後。晉有督戎，漢有五原太守督瓚。瓚，一作「瓒」。《廣韻·二沃》《容齋五筆》《通志·氏族略》

僕氏，漢有渾梁侯僕多。《廣韻·二沃》

蓐氏，蓐收之後。《路史·國名紀》《通志·氏族略》

逯，秦邑也，其大夫氏焉。《後漢書·郅惲傳》注 漢有大司空逯竝。《廣韻·三燭》《通志》

「空」作「馬」。

翟氏，翟輯之後。《廣韻·四覺》

郅氏，郅，商時侯國也，見《毛詩》。漢有濟南太守郅都。《路史·國名紀》《通志·氏族略》《通鑑注·漢紀》八

述氏，魯大夫仲述之後。《廣韻·六術》

謁氏，古有謁者官，因以爲氏。漢有汝南太守謁渙，一作「瓊」。又張湯小吏謁居。

闕氏，承闕黨童子之後。縱横家有闕子，著書。《後漢書·獻帝紀》注《通鑑注·漢紀》五《廣韻·十月》《容齋五筆》《通志·氏族略》

十二漢有荆州刺史闕翊。《通志·氏族略》

勃氏，宋左師勃之後也。晉有寺人勃鞮。《通志·氏族略》

葛氏，葛天氏之裔。同上。

滑氏，漢有詹事滑典。《廣韻·十四黠》

頡氏，蒼頡，古之賢人。《通志·氏族略》頡衛，古之賢者。《廣韻·十六屑》

鐸氏，漢有廷尉鐸政。《通志·氏族略》

幕氏，舜祖幕之後。

落氏，皋落氏，翟國也，此赤翟别種。俱同上。

作氏，周公之子胙侯，子孫因避地改焉。漢有涿郡太守作顯。《通志·氏族略》《容齋五筆》

博氏，漢有博子勞，善相馬。《通志·氏族略》《廣韻》云：「古有博勞。」

薄氏，衛賢臣薄疑。漢高帝薄夫人，生文帝。夫人弟昭，封軹侯，官至車騎將軍，子戎奴嗣。《通志·氏族略》《通鑑·周紀》四

柏氏，柏皇氏之裔。《通志·氏族略》

笮氏，楚有笮倫。《通鑑注·漢紀》六十一

獲氏，宋大夫猛獲之後。《通志·氏族略》

昔氏，周大夫封昔，因氏焉。漢有昔登，爲烏傷令。《路史·國名紀》《容齋五筆》《通志·氏族略》

赤氏，帝嚳師赤松子之後。《通志·氏族略》

析氏，齊大夫析歸父。《廣韻·二十三錫》

職氏，漢有山陽令職洪。《廣韻·二十四職》《容齋五筆》

嗇氏，古嗇氏，子孫因氏焉。《通志·氏族略》

即氏，漢有單父令即賁。《廣韻·二十四職》《容齋五筆》《通志》「賁」作「費」。其先食采即墨，因以命氏。《通志·氏族略》

習氏，習，國名。漢有習響，爲陳相。《通志·氏族略》《通鑑注·魏紀》四

集氏，漢有外黄令集一。《廣韻·二十六緝》《容齋五筆》《通鑑注·魏紀》九「集」作「習」，疑彼誤。

汲氏，衛宣公太子伋之後，居汲，因以爲氏。《通志·氏族略》

葉氏，楚沈尹戌生諸梁，食采於葉，因氏焉。

捷氏，邾公子捷菑之後。《漢·藝文志》有《捷子》二篇，六國時人。

輒氏，衛出公輒之後。漢有輒終古。

莢氏，莢成僖子，晉大夫，見《世本》。

甲氏，太甲之後，一云鄭大夫石甲之後。俱同上。

鄴氏，漢有梁令鄴風。《廣韻·三十三業》

東郭氏，東郭牙，齊大夫。咸陽，其後也。《史記·平準書索隱》

東陵氏，東陵侯邵平，子孫氏焉。《通志·氏族略》

東方氏，伏羲之後。帝出於震，位東方，子孫因氏焉。《通志·氏族略》《能改齋漫録》

《通鑑注·漢紀》九。平原厭次漢太中大夫東方朔。《能改齋漫録》

公乘，姓也。《晉書音義》

公賓氏，魯大夫公賓庚之後。《後漢書·劉聖公傳》注 《通鑑注·漢紀》三十一

公族氏，晉成公立嫡子爲公族大夫，韓無忌號公族穆子。《後漢書·黨錮傳》注

公玉氏，齊湣王臣有公玉冉，其後也。《史記·封禪書索隱》

中壘氏，劉向爲中壘校尉，支孫氏焉。《通志·氏族略》

終黎氏。《史記·秦本紀集解》

終古氏，終古，紂内史也，因氏焉。《通志·氏族略》

龍邱氏，漢有高士龍邱萇。同上。

司寇氏，蘇忿生爲武王司寇，後以官爲氏。《禮記》司寇惠子，魯大夫。《廣韻·五十候》《通志·氏族略》

司鴻氏，古有司鴻苟，著書。漢中大夫司鴻儀。《通志·氏族略》

鴟夷氏，本范蠡也。

綦毋氏，漢有廷尉綦毋參。俱同上。

期思氏，有期思國。《廣韻·七之》。

威王氏，漢有中郎威王弼，出自楚威王後。《廣韻・十陽》。

諸葛氏，葛嬰爲陳涉將軍，有功而誅，孝文帝追録，封其孫諸縣侯，因并氏焉。《吴志・諸葛瑾傳》注

渠邱氏，晉有渠邱公。《路史・國名紀》晉，疑「莒」之譌。《通志・氏族略》《通鑑注・漢紀》二十

於陵氏，陳仲子，齊世家，辭爵灌園于於陵，因氏焉。《通志・氏族略》

夫餘氏，吴公子夫槩奔楚，餘一作「其」。子在吴，一作「國」。以夫餘爲氏。《廣韻・九魚》《通志・氏族略》

毋車氏，樂安毋車伯奇，爲下邳相，有主簿步邵南，時人稱毋車府君步主簿。《廣韻・十虞》

胡毋氏，本陳胡公之後也。公子完奔齊，遂有齊國。齊宣王母弟別封毋鄉，遠本胡公，近取毋邑，故曰胡毋氏也。《後漢書・獻帝紀》注《通鑑注・漢紀》四十八

西鄉氏，宋大夫西鄉錯之後。《通志・氏族略》《路史・高辛紀下》注

申徒氏，隨音改爲申屠氏。申徒狄，夏賢人也，湯以天下授之，恥以不義聞己，自投於河。《莊子》「申徒，兀者」，鄭人也。漢有西平將軍申徒建。《通志・氏族略》勝屠，即申徒也。《史記・酷吏傳索隱》

新垣氏，魏將新垣衍，畢公高之後。《漢書》，文帝時，新垣平善望氣。《通志・氏族略》

淳于，小國也，桓五年，不復其國，子孫以國爲氏。同上。

聞人氏，少正卯，魯之聞人也，其後氏焉。《後漢書・靈帝紀》注　《通志・氏族略》　《通鑑注・漢紀》四十八

軒轅氏，軒轅，即黄帝也，姓公孫，或言姓姬。《通志・氏族略》

盆成氏，盆成括，仕齊，孟軻知其必死，其子逃難，改氏成焉。《廣韻・二十三魂》

根牟子，古賢者，著書。《廣韻・二十四痕》

邯鄲氏，因國爲姓。漢有衛尉邯鄲義。《廣韻・二十五寒》

鮮于氏，武王封箕子於朝鮮，其子食采於朝鮮，因氏焉。《後漢書・第五倫傳》注　案《通鑑注》引《姓譜》云：「武王封箕子於朝鮮，支子仲，食采於于，因以鮮于爲氏。」此稱食采朝鮮，疑譌。

高堂氏，齊卿高敬仲，食采於高堂，因氏焉。《通志・氏族略》　《通鑑注・魏紀》五

陽成氏，陽成胥渠，舊作「梁」，譌。晉隱士也。漢有諫議大夫陽成公衡。《通志・氏族略》

將作氏，漢官有將作少府，因官爲氏。

王人氏，王人子突之後，因氏焉。漢有安平太守王人宰公。

王史氏，周先王太史，號王史氏。俱同上。

棠谿氏，吴夫槩王奔楚，封棠谿，因以爲氏。《後漢書·延篤傳》注

青烏氏，漢有青烏子，善數術。《廣韻·十五青》

青陽氏，青陽，黄帝子也，始得姓焉。《通志·氏族略》

丁若氏，齊丁公子懿伯食采于若，因氏焉。同上。

周生，姓也。《後漢書·馮衍傳》注

投壺氏，晉中行穆子相投壺，因以氏焉。《廣韻·十九侯》

侯史氏，董狐爲晉侯史官，因氏焉。《通志·氏族略》

斟灌氏，夏諸侯也，子孫氏焉。

三烏氏，有三烏大夫，因氏焉。

澹臺氏，澹臺滅明，字子羽，武城人。漢有博士澹臺恭。

子仲氏，魯宣公子仲之後。

子獻氏，齊大夫子獻之後也。楚文王之時，子獻遼爲大夫。俱同上。

鬼谷氏，鬼谷先生，六國時縱横家。《通鑑注·周紀》二

武强氏，漢武强侯王梁，其後因封爲氏。《廣韻·九麌》

武成氏，趙平原君勝，封武成君，因氏焉。《通志·氏族略》

五鹿氏，五鹿，衛邑也，晉公子重耳封舅犯於五鹿，支孫氏焉。漢有少府五鹿充宗。

五王氏，齊自威、宣、湣、襄至建五王，因以爲氏。

古成氏，苦成之後，後隨音改焉。漢有廣漢都尉古成雲。俱同上。

混沌氏，少昊之良佐。漢有屯莫如，爲常山太守。《宋景文公筆記》引蕭該《漢書音義》

《困學紀聞》十二

浩羊氏，齊大夫浩羊嘉。《通志·氏族略》

社南氏，其先齊倡，徙居社南，因以爲氏。《廣韻·三十五馬》

社北氏，與社南皆齊倡。《通志·氏族略》

義渠氏，狄國爲秦所滅，因氏焉。

御龍氏，陶唐氏之後。有劉累學擾龍，事夏孔甲，賜氏曰御龍氏。

庫成氏，本苦成，方言音變爲庫成。俱同上。

帝疇氏。《路史》四

第八氏，亦齊諸田之後。田廣弟田英，爲第八門，因氏焉。王莽時有講學大夫第八矯。《通志·氏族略》　案《後漢書·第五倫傳》云：「其先齊諸田徙園陵者多，故以次第爲氏。」

内史氏，周内史叔興之後也。周又有内史過。《通志·氏族略》

信都氏，張敖尚漢魯元公主，封於信都，因氏焉。

謝邱氏，周宣王支子，食采謝邱。

祝其氏，宋戴公之子公子祝其爲大司寇，因氏焉。漢有清河都尉祝其承先。俱同上。

牧師氏。《廣韻·六脂》

窒中，姓。《史記·高祖功臣表索隱》

屈侯氏，魏賢人屈侯鮒，漢有郎中令屈侯豫。《通志·氏族略》《路史》注

褐冠氏，賨人，以褐冠爲姓。褐冠子著書。《通志·氏族略》

列僊氏。《路史》四

櫟陽氏，漢景丹封櫟陽侯，丹曾孫分避亂櫟陽，因封爲氏焉。《通志·氏族略》

白馬氏，微子乘白馬朝周，因氏焉。

白象氏，白象先生，古隱者。

白鹿氏，白鹿先生，古賢人，著書。

柏成氏，柏成子高，堯時諸侯也。

百里氏，秦大夫百里奚之後。其先虞人，家於百里，因氏焉。

息夫氏，息公子邊爲大夫，因氏焉。漢有光禄大夫息夫躬。

墨夷氏，宋大夫有墨夷須、墨夷皋。俱同上。

災異《續漢書·五行志》：「故泰山太守應劭、給事中董巴、散騎常侍譙周，竝撰《建武以來災異》。」故知當有《災異》一篇。

順帝之末，京師謡曰：「直如弦，如，一作「於」。死道邊；曲如鉤，反一作「乃」。封侯。」《文選·袁淑〈白馬篇〉》注　《御覽》七百六十七

桓帝元嘉中，京師婦人作愁眉、啼妝、墮馬髻、折腰步、齲齒笑。愁眉者，細而曲折。啼妝者，薄拭目下若啼痕。墮馬髻者，側在一邊。折腰步者，足不任體。齲齒笑者，若齒痛不忻忻。始自梁冀家所爲，京師翕然皆放效之。天戒若曰：將收捕冀，婦女憂愁，踧眉將啼也。《後漢書·梁冀傳》注　《御覽》三百六十五　又四百八十八　錢案：「天戒」以下，語意未完。《續五行志》云：「天戒若曰：兵馬將往收捕，婦女憂愁，踧眉啼泣，吏卒掣頓，折其腰脊，令髻傾斜，雖强語笑，無復氣味也。」

延熹中，京師長者皆著木屐。婦女始嫁至，作漆畫屐，五采爲系。謹案：黨事始

發，傳詣黄門北寺，臨時惶恐，不能信天任命，多有逃亡不就考者，九族拘繫，及所過歷，長幼婦女皆被桎梏，應木屐像矣。《御覽》六百四十四　又六百九十八

桓帝初，京師童謡曰：「車班班，入河閒。」言徵靈帝者，輪班擁節，入河閒也。《續漢書·五行志》注

京師童謡曰：「嚼復嚼，今年尚可後年磽。」

京師謡歌曰：「烏臘，烏臘。」案：逆臣董卓，滔天虐民，窮凶極惡。關東舉兵，欲共誅之，轉相顧望，莫肎先進，處處停兵數十萬，若烏臘蟲相隨，横取之矣。

中平中，京師歌《董逃》。董卓以《董逃》之歌，主爲己發，大禁絶之，死者千數。俱同上。

孝靈帝建寧中，京師長者皆以葦辟疑衍。方笥爲妝。其時有識者竊言：「葦方笥，郡國讞篋也。今珍用之，天下皆當有罪，讞於理官也。」後黨錮皆讞廷尉，人名悉入葦方笥中。斯爲驗矣。《書鈔》百三十五　《御覽》七百十一

靈帝時，京師賓婚嘉會，皆作魁櫑，酒酣之後，續以挽歌。魁櫑，喪家之樂。挽歌，執紼相偶和之者。天戒若曰：國家當急殄悴，諸貴樂皆死亡也。自靈帝崩後，京師壞滅，户有兼屍，蟲而相食。魁櫑挽歌，斯之效乎！《續漢書·五行志》注

靈帝數以車騎將軍過拜蘖臣内孽，又贈亡人，顯號加於頑凶，印綬汙於腐屍。昔辛

有睹被髮之祥，知其爲戎，今假號雲集，不亦宜乎！同上。

靈帝於西園宮中，駕四白驢，躬自操轡，驅馳周旋，以爲大樂。於是公卿貴戚轉相倣，至乘軒以爲騎從，價與馬齊。凡人相罵曰死驢，醜惡之稱也。董卓陵虐王室，執政皆死。驢者，服重致遠，上下山谷，野人之所用耳，何有帝王君子而驂駕之者乎？天意若曰：國有大亂，賢愚倒植，凡執政者，皆如驢也。《御覽》九百一

靈帝好胡服、胡帳、胡牀，京師皆競爲之。後董卓擁胡兵，掠宮掖。《御覽》六百九十九又七百六

光和元年，司徒長史馮巡馬生胡子。問養馬胡蒼頭，乃姦此馬以生子。《續漢書·五行志》注

光和中，雒陽男子夜龍，從兄陽求臘錢，龍假取繇數，頗厭患之。陽與錢千，龍意不滿，欲破陽家，因持弓矢射玄武東闕，三發，吏士呵縛，首服。因是遣中常侍、尚書、御史中丞、直事御史、謁者、衛尉、司隸、河南尹、雒陽令，悉會發所。劭時爲太尉議曹掾，白公鄧盛：「夫禮設闕觀，所以飾門，章於至尊，懸諸象魏，示民禮法也。故車過者下，步過者趨。今龍乃敢射闕，意慢事醜，次於大逆。宜遣主者參問變狀。」公曰：「府不主盜賊，當與諸府相候。」劭曰：「丞相邴吉以爲道路死傷，既往之事，京兆、長安，職所窮追，

而住車問牛喘吐舌者，豈輕人而貴畜哉？頗念陰陽不和，必有所害。掾史爾乃悦服，《漢書》嘉其達大體。今龍所犯，然中外奔波，邴吉防患太豫，況於已形昭晰者哉？明公既處宰相大任，加掌兵戎之職，凡在荒裔，謂之大事，何有近目下而致逆節之萌者？孔子攝魯司寇，非常卿也。折僭溢之端，消纖介之漸，從政三月，惡人走境，邑門不闔，一作「閉」。外收强齊侵地，内虧三桓之威。區區小國，尚於趣舍，大漢之朝，焉可無乎？明公恬然謂非己。「己」下當脱一字。《詩》云：『儀刑文王，萬國作孚。』當爲人制法，何必取法於人。」於是公意大悟，遣令史謝，申以鈴下規應掾自行之，還具條奏。時靈帝詔報，惡惡止其身，龍以重論之，陽不坐。其後，車騎將軍何苗與兄大將軍進部兵相攻擊，戰於闕下。苗死兵敗，殺數千人。龍者，陽類，君之象也；夜者，不明之應也。此其象也。同上。

熹平二年六月，雒陽民譌言，虎賁寺東壁中有黄人，形容鬚眉良是，觀者數萬，省内悉出。劭時爲郎，故往視之，何在其有人也！走漏汙處，膩赭流漉，壁有他剥數寸曲折耳。謹案：季夏土黄，中行用事，又在壁中，壁亦土也。以見於虎賁寺者，虎賁，國之祕兵，扞難禦侮。必示於東，東者，動也，言當出師，行將天下摇動也。天之以類告人，甚於影響也。同上。

光和四年四月，南宮中黄門寺有一男子，長九尺，服白衣。中黄門解步呵問：「汝何等人？白衣妄入宮掖！」曰：「我梁伯，夏後，天使我爲天子。」步欲前收取，因忽不見。謹案：《尚書》、《春秋左傳》曰：伯益佐禹治水，封於梁。飂叔安有裔子曰董父，實甚好龍，龍多歸之，帝舜嘉之，賜姓董氏。董氏之祖，與梁同焉。到光熹元年，董卓白外入，因閒乘釁，廢帝殺后，百官總己，號令自由，殺戮決前，威重於主。梁本安定，而卓隴西人，俱涼州也。天戒若曰：卓不當專制奪矯，如白衣無宜蘭入宮也。白衣見黄門寺，一云：「白衣見中黄門寺曹騰之家。」及卓之末，中黄門誅滅之際，事類如此，可謂無乎？同上。

靈帝之末，禮樂崩壞，賞刑失中，毁譽無驗，競飾僞服，以盪典制，遠近翕然，咸名後生放聲者爲時人。「放聲」二字疑譌。有識者竊言：「舊曰世人，次曰俗人，今更曰時人，此天促其期也。」其閒無幾，天下大壞也。同上。

熹平中，有兩樗，一宿長丈餘，作人狀，頭目宛然。《御覽》九百五十九

夏禹廟中有梅梁，忽一春本有「而」字。生枝葉。《御覽》九百七十

靈帝光和七年，《五行志》作「中平元年」。陳留、濟陰諸郡，西及成皋、陽武，城郭路邊，艸生作人狀，操持矛弩，牛馬萬狀備具。《五行志》注有「非但彷彿，類良熟然也」二句。後關東義兵先起於宋、衛之郊。東郡太守橋瑁負衆怙亂，陵蔑同盟，忿嫉同類，以殞厥命。陳留、濟陰迎助，謂爲離德，棄好即戎，吏民殲殘。艸妖之異，豈不或信！《續漢書·五行志》注

《御覽》九百九十四

中平中，懷陵上有雀萬餘，亂鬭殺，頭懸著樹也。《御覽》九百二十二

新論十卷，唐播州録事參軍袁孝政注，其序云：「劉晝孔昭撰。」晁公武《讀書志》云齊時人。今俗閒所行本題「梁東莞劉勰著」，殆以文筆與《雕龍》相似而傅會也。或疑即袁孝政所作，此大不然。此書豐腴秀整，而注極淺陋，書中用典故處，孝政尚不能備知，況能爲如是之文乎？《道藏》本作《劉子》，《書録解題》亦同。向以程榮本校何允中本，大略相似，後以《道藏》本校對，正訛補脱，庶稱善本，其注則不復置論云。

卷一

防慾第二 口貪滋味，命曰腐腸之藥；鼻悦芳馨，命曰燻喉之煙。俗本脱中閒兩句。將收情慾，必在脆微。脆，誤「危」。

去情第三 飄瓦擊人，虚舟觸己，雖有忮心而不怒者，以彼無情於擊觸也。脱下十六字。

韜光第四　是故翠以羽自殘。脱「是」字。　免斧斤之害誤「人」。者。

崇學第五　雕《藏》本作「絲」，疑「緣」。以文藻。　不游六藝，不知智之深。《藏》作「源」。遠而光華者飾誤「節」。也。　鐃誤「饒」。舌如指。　終能穿石。《藏》作「穴石」，義雖相似，下云「然而斷穿者」，不若《藏》作「斷穴」爲便於讀。　有子惡臥，自焠其掌。焠，誤「碎」，事見《荀子》。矧伊傭人。「伊」字脱，「傭」同「庸」。

專學第六　固俗作「故」。其宜也。　夫蟬之俗本脱。難取，而黏之如掇；卷耳易採，而不盈傾筐：專與不專也。五字脱。

卷二

辨樂第七　使其音調倫俗誤「輪」。而不詭。　帝脱。嚳曰《六英》。　齊滑誤「泯」。願未寒之服。作山木誤「水」。之謳。　今怨誤「悲」。思之聲。　聽其脱。音者。

履信第八　是適郢者俗「土」。而首冥山。　炎不信則卉俗「草」。下同。木不長。氣候脱。不信。　曰：誤「魯」。「使季路要我，吾誤「君」。無盟矣。」　夫商鞅，秦之柱俗「貴」。臣。　終身見脱。九。

思順俗「慎」。**第九**　非遠誤「達」。於廣澤。　天下之攻工，同。擊脱。劒者也。　后稷雖脱。善播植。　鑿山脱。穴川。　雖愚惷從程本。可以立名。

慎獨第十　冀缺耕於坰誤「駉」。野。

貴農第十一《藏》此下卷三。　民終衍「爲」字。無害也。

卷三

愛民第十二　天生萬民，而樹俗「立」。之以脱。君。君者，俗「則」。民之天也。天之養物，以治陰陽爲大。俗「本」。　大絃急，則小絃絶；小絃絶，脱三字。大絃閼《藏》作「閈」。矣。

從化第十三　國人咸冠鷁俗「鶂」。冠。　鷁非冠飾。誤「飭」。　可比家俗作「屋」，非，下有「接屋」對。而封。　齊景大奢，而晏嬰鮐儉。誤「倫」。　不得拘文以害意俗「義」。也。

法術第十四　爲治之樞機脱。也。

賞罰第十五　國以法教爲治。誤「才」。　事俗「用」。寡而功衆也。　矧復張厚賞以餌俗「施」。下。　逆於己，而便俗「而有勞」。於國者。

審民第十六 言以譯俗「繹」。理。轉白似俗「成」。黑，則不類矣。轉俗「專」。以類推。虚信脱。傳説。下「者」字衍。堯漿、禹粮。以上下文例之，當有「謂之飲食」四字。

鄙名第十七《藏》卷四起。晉仇誤「讎」。以怨偶。漢后誤「後」。夜遁。莊里誤「公」。有人。

卷四

知人第十八 知己未顧。誤「願」。自非神機二字脱。洞明，莫能分也。絶塵掣俗「滅」。影。水截蛟龍。訛「輕羽」。謂之鷫誤「龍」。鵄。亦作「鷫鴟」，見《爾雅》「狂茅鴟」郭注。故知人之君《藏》作「難」。未易遇也。俟生，夷門抱關之隸。俗「吏」。豫子，范中行亡虜也，脱。蒙異《藏》「知」。於智伯。漆身趙郊。俗「地」。顧爲賞俗「君」。者授命。

薦賢第十九 必招賢聘俗「搜」。隱。腐智俗作「毁跡」。於柴車。拔奇於囚誤「困」。虜。排誤「非」。賢爲不肖。臧文仲不進《藏》「顯」。展禽。

因顯第二十 願誤「今」。子一顧。未誤「求」。有爲之顧眄者也。爲無因而至，故也脱。若物無所衍「以」字。因，則脱。良馬勞於駔闠。若誤「名」。有所因而至。樟俗「槃」。木光於紫殿。

託附第二十一《藏》卷五起。以茂凌雲之蘂。俗「葉」。以俗「與」。夫此書多用「以夫」。鳥獸蟲卉之智。奚《藏》「何」。況於人。爛若綬俗「綾」。紋。雖女工誤「子」。運巧。

心隱第二十二 不能隱誤「限」。其跡。情伏於裹。誤「衷」。難於知二字誤倒。天。外誤「内」。之於内。魯之聞誤「文」。人也。賜也還，脱。非爾所及也！

卷五

通塞第二十三 不專膚蔽。《藏》作「敏」，亦可疑。遇苟俗「必」。屬通。萬仞之捷。俗「捷」。快誤「漂」。若輕鴻誤「鴟」。之汎長風，誤「波」。沛若巨魚俗作「呑舟」。之縱誤「颺」。大壑。非爲俗「謂」。昔愚而今賢。動蹇以隄，則波縚注云：「與『韜』同。」俗本「紐」或「紐」。而氣腐。雖有朽骸爛胔，誤「卉」。不能污也。

遇不遇第二十四 典冠俱訛「官」。下同。加之衣。鉼水鉼，與「瓶」通，俗誤「鉼冰」。沃地。

命相第二十五　或感五行誤「帝」。三光，或應《藏》「感」。龍跡氣夢。即鬼神不能改移。二字俗倒。　大任俗「太姙」。夢見長人。　張良感弧誤「狐」。星。　猶風胡之別劍。俗「刃」。　湯臂俗「肩」。二肘。　禹之俗作「句踐」。長頸烏喙，猶龍俗「虵」。有蛇俗「龍」。之一鱗，而不可謂之蛇俗「龍」。也。　后誤「後」。來而産。　而妄覬於多貪。俗「分願」。

妄瑕第二十六《藏》卷六起。　管仲有僭誤「愆」。上之名。　七曜。俗「耀」。　宇宙儒誤「庸」。流，奚脱。能自免於怨謗。　是書俗「晝」。空而尋跡，披水而覓俗「見」。路。　李克。《藏》竝作「尅」。　臣進奇與本傳同，俗誤「策」。謀之士。　高祖棄陳平之小僣。俗上從「保」。　雖有小過。《藏》「疵」。　樊灌俗「噲」。　屠販之豎。　蕭曹斗《藏》「㪷」。筲之吏。其質則將相脱。才也。　小節下衍「不」字。申而大節屈也。　義下衍「以」字。不爲孤竹之嗣。　蹈白刃而建誤「達」。功名乎？此可以爲百代之鎔軌。疑「範」。

適才第二十七　黶誤「壓」。　菅蒼蒯，編以蓑笠。誤「芒」。　非無俗誤倒。《激楚》之音。　長脛者使之蹋鍤。誤「鍾」。　苟有一誤「士」。術。　美其摯誤「藝」。而有別也。

卷六

文武第二十八　出百死以績俗「續」。一生。　而文武遞俗「遽」。爲雄雌。　隨務引俗「用」。才也。

均任第二十九　即脫。小非大之量。　騕裹俱作「驤」。一驁。誤「鶩」。　夫《藏》無。藿蠋脫。與螟蛉，俱蟲也。　藿蠋脫。大越雞脫。小也。

慎言第三十　地文失，必俗「則」。下同。有崩竭之災。　言非誤「出」。不可復追。

貴言第三十一《藏》卷七起。　假俗「誤」。櫛之功也。　己手不能製。脫。　趙孟誤「盈」。佩九言之箴。　遺惡如去讎。俗作「讎敵」。

傷讒第三十二　宣惡出於情妒。誤「妬」。下同。性美以成物俗「德」。爲恒。　則譽誤「舉」。者寂寞。　故有誤「在」。四畏。　烏之曲頸鉒俗「喙鈘」。距者，羽類畏之。　人之利誤「言」。口。　第五倫三娶孤女，而世人譖其撾三字俗作「謂笞」。婦翁。下衍「妐如」二字。悖情下「而」衍。倒理。　人惡其上誤「讒」。耶？　故讒者但脫。知害嫉於他人。　後代二字俗作「世」。之君子。

慎隟第三十三　故其來也不可誤「自」。悔，其成也下「怨」衍。不可防。　能敗舟軸俗「車」。者，積多之所致也。　劒之毀折，皆由于璺。誤「瑩」。下同。禍之所延。誤「言」。魏后下衍「曹操」。泄張繡之讎。　代誤「伐」。之闇者。

卷七

誡盈第三十四　財聚必誤「則」。散。　此下衍「人」。之恒情也。　則踐盈滿《藏》「泛」。之危。　未有挹損誤「謙尊」。而不光。　周公一沐而三握。下「髮」衍。

明謙第三十五　是以大壯往則復。疑當作「无往不復」。　以高從俗「下」。卑。　不伐在於有功不矜，句。下衍「在於」二字。有德不言。句。上文以「謙」承《易》詞，此「不伐」亦承《老子》語而申明之。　故欲誤「能」。以善勝人。　故夏禹昌言，明稱伐當作「我」。功；咎誤「啓」。繇陳謨，云説我惠。

大質第三十六　大熱烜誤「煊」。赫。　懷貞誤「真」。直之操。　不可以利害移誤「趨」。其情矣。

辯施第三十七《藏》卷八起。　不賑朋戚，人之惡行；脱。惠及四鄰，人之善義。誤

「蓋」。

和性第三十八　董安于誤「於」。性緩，帶絲絃以俗「而」。自急。攻其所短也。脱。故陰陽調，天地和也；脱。剛柔均，人之俗「事」。和也。剛柔不均，則强懦俗「弱」。乖政。　未聞迕誤作「誤」。物而有悔吝俗「恡」。者也。

殊好第三十九　五韺六誙。何本脱，誤。　軒皇愛嫫母之魗俗「醜」。案《説文》：「魗，醜也。」貌。《噭同「激」。楚》、《採菱》。　佩蕕下衍「蒜」。當薰。

卷八

兵術第四十　世薄時脱二字，「時」誤「淳」。澆，則争起而戰鬭俗「萌」。生焉。　堯戰丹水。下注「未詳」二字可删。案《吕氏春秋》：「堯戰於丹水之浦，以服南蠻。」　故智者，變通之源。二字脱。　故謀能舊「制」。制敵者，將也。　不及朧月者。脱。　胥靡者，臨危下衍「難」。而不懼，履冰而不慄，以其將刑而不憂生也。　今士搶白刃而不顧，赴水「冰」下脱二十二字。火而如歸。　軍井通而俗「然」。後敢飲。　單《藏》「醇」、俗「醰」，皆誤。高誘注《吕氏春秋·察微》篇作「單」。　醪注流，軍下俗「士」。通醉；温辭俗「詞」。一灑，師人挾纊。

閲武第四十一　亟戰即俗「則」。民彫。俗「凋」。下同。劍刃誤「皆」。加肩，流血不下衍「肯」。止。　覆逸俗「迭」。是懼。　今以練卒與不練卒争俗「交」。鋒。

明權第四十二　平則俗「而」。行之。　若唐《藏》「棠」。棣之華，反而更合也。　若虞舜之放弟象。下衍「傲」。　猶介俗「甲」，下亦作「介」。胄之衛體也。　莫能處矣。俗「也」。

貴速第四十三《藏》卷九起。

觀量第四十四　是以脱。　蹄窪之内。　秤誤「枿」。　薪而爨。　智伯庖人亡炙一篋。《藏》注：「七葉切。」俗作「筪」。案《説苑·雜言》篇作「籩」。　加以蒲苴本作「且」。之巧。　豫章俗皆誤從「木」。之植。　豈非質小者而疑衍。　枝條蔗之，而二字疑衍。　體大者節目疎乎？

卷九

隨時第四十五　不如與之橡菽。誤「芢」。　非橡粳誤「梗」。之貴。　一壺俗「瓠」。千金。　今王奚不去梁乎？此段失於不考。　玉笄所以飾首，而秃嫗以之挂誤「桂」。杙。　徐偃下「公」疑衍。行仁而亡。

風俗第四十六　楚誤「是」。越之風好勇。　越之東有輒誤「軫」。沐之國。見《列子》。

坼誤「折」。其肉而埋其骨。

利害第四十七　小俗作「則細」。害至巨害除也。　礬誤「樊」。石止齒齲之痛而朽牙根，躁痛雖弭，誤「餌」。必生後害。俗「必至生害」。　以鈹俗「破」。斫之患下當有「甚於」二字。疾盤也。

禍福第四十八　八紘誤「宏」。之内。

貪愛第四十九　出府庫脱。之寶以賜《藏》「賦」。人。　蜀侯之貪石牛。《藏》「迎秦牛」。　白公之據誤「貪」。財。《老子》曰：俗「云」。「多藏必厚亡。」誤「人」。程本誤「忘」。

類感第五十　感動俗「應」。必類。　故日誤「曰」。夏至而鹿角解，月虧而蚌蛤消。誤「胎」。　蠶誤「蚕」。含絲而商絃絶，新穀登誤「祭」。而舊穀缺。　方珠運握而少陰誤「陽」。水。　纖塵不動，而鴍日誤「自」，今從《藏》本。鴍日，鳩也。鳴。　干戈且誤「戢」。興。　螣蛇俗「騰蚫」。雄鳴於上風。　而化成形。誤「刑」。

卷十

正賞第五十一　評賞誤「正」。而俱誤「賞」。翻。　揚《藏》从「木」。子雲之才非爲劣俗

「亞」。於董仲舒。由於美誤「矣」。惡混糅。誤「揉」。越人臛蛇，以饗秦客。下脱「秦客」二字。宋人得燕石。誤倒。各誤「客」。曰：「爾來入吾目中。」非苟誤「好」。相反。目誤「自」。改變也。目亂而脱。心惑也。而求簪者不上樹，脱。求俗「亡」。犬者不往呼。子游裼誤「揚」。裘而諺，唁，同。曾參揮指何本倒。而哂。可謂千載一遇誤「選」。也。

激通第五十二　臨浚誤「峻」。谷者必欲窺墟。衝飆之激則折木。誤「水」。身不危者，下衍「其」。志不廣也。終建西域之績。誤「蹟」。

惜時第五十三　山亦時時移矣。《藏》「夫」，屬下同〔一〕。驃褭俗「裊」。迅足，下衍「神馬」。弗能追也。冠挂誤倒。而不顧。皆行其德義，《藏》「行」。拯世救俗「危」。溺，立功垂模。俗「楷」。今人退俱誤「進」。不知下衍「退」。臭腐榮華。進俱誤「退」。不能被俗「披」。策樹勳。則寒蟬抱樹而長下衍「叫」。吟，下衍「烈悲」。酸瑟於落日之際。

言苑第五十四　其俗「則」。猶玉屑盈匣。謂牧圉以俗「似」。桀紂。事可以誤「不」。必誠。不誤「入」。以生死移情。故日之出入俱誤「懼」。明。冬冰俗「木」。可

〔一〕《叢書集成初編》本作「句」，是。

折。故簪珥何誤「小」。英華。山抱玉，則俗「故」。鑿之。神能衛物。誤「人」。靈蛇以神見曝。誤「爆」。情發於衷，《藏》「中」。而形於聲。故雷震何誤「霆」。必塞耳。賢下衍「於」。盜跖而鄙仲尼。二子俗作「聖賢」。甘之。家有十誤「千」。下同。金之犬，而無十金之豺。

九流第五十五　儒者。《道藏》本以「道者」一段置首，而「儒」次之，細核下文，乃元本如是，此轉出後人所移易耳。敬授誤「受」。民時。其道正誤「主」。名。下「正名分」同。不怒、非誤「俳」。鬭，然而薄者，其道大轂。俗「鬻」。麗愋。當作「煖」。明陰陽，本誤「通」。道德。又誤「若」。使王侯與庶人竝耕於野。偝俱誤「偕」。僑形反。古今乖舛，則政教宜誤「宣」。隔。

潛虚

宋司馬温公撰，明范欽所訂《二十種奇書》内有此書。余借得馮彦淵影抄大字宋本，校於《唐宋叢書》内，凡范《書》及《叢書》之譌，皆攷正焉。正字大書，以兩本譌字注其下。宋本「無」字皆作「无」，且多古字，蓋温公熟於小學故也。

潛虚 次行題「故太師温國公司馬光撰」。

名者事之分也。 「分」與上「府」、「户」、「具」、「賦」及下「務」、「遇」韻皆不協，余疑當是「布」字。

體圖 此圖後半第七層至第十層，宋本與范本全不符，乃後來傳寫信意紛亂之失，以行圖證之，宋本爲是。今故具列全圖，毋使復爲坊本所淆焉。宋本亦閒有脱句譌字，乃寫者漏略，非異同所繫，不具著。

王	丨丨 原原 左右									
公	丨‖ 原熒 左右	‖‖ 熒熒 左右								
岳	丨Ⅲ 原本 左右	‖Ⅲ 熒本 左右	ⅢⅢ 本本 左右							
牧	丨𝍣 原卝 左右	‖𝍣 熒卝 左右	Ⅲ𝍣 本卝 左右	𝍣𝍣 卝卝 左右						
率	丨× 原丌 左右	‖× 熒丌 左右	Ⅲ× 本丌 左右	𝍣× 卝丌 左右	×× 丌丌 左右					
侯	丨⊤ 原委 左右	‖⊤ 熒委 左右	Ⅲ⊤ 本委 左右	𝍣⊤ 卝委 左右	×⊤ 丌委 左右	⊤⊤ 委委 左右				
卿	𝍦丨 緜原 左右	‖𝍦 熒緜 左右	Ⅲ𝍨 本刃 左右	𝍣𝍦 卝緜 左右	×𝍦 丌緜 左右	⊤𝍦 委緜 左右	𝍦𝍦 緜緜 左右			
大夫	𝍧丨 末原 左右	𝍧‖ 末熒 左右	Ⅲ𝍧 本末 左右	𝍣𝍧 卝末 左右	×𝍧 丌緜 左右	⊤𝍧 委末 左右	𝍦𝍧 緜末 左右	𝍧𝍧 末末 左右		
士	𝍨丨 刃原 左右	𝍨‖ 刃熒 左右	𝍨Ⅲ 刃本 左右	𝍣𝍨 卝刃 左右	×𝍨 丌刃 左右	⊤𝍨 委刃 左右	𝍦𝍨 緜刃 左右	𝍧𝍨 末刃 左右	𝍨𝍨 刃刃 左右	
庶人	十丨 冡原 左右	十‖ 冡熒 左右	十Ⅲ 冡本 左右	十𝍣 冡卝 左右	×十 丌冡 左右	⊤十 委冡 左右	𝍦十 緜冡 左右	𝍧十 末冡 左右	𝍨十 刃冡 左右	十十 冡冡 左右

丌，古「基」字，宋本於圖内「基」皆作「丌」字，從省文，今亦從之。

性圖　十純既浹。此即《周禮》「浹日」之「浹」，作「洽」譌。

名圖　虢通。今《淮南・天文訓》作「號通」。《藏》本作「虢通」，脱兩筆，得此正之。　常陽。《天文訓》作「常羊」，義與「徜徉」同。　土。「西南」當「范」字上，「西北」當「績育聲興痛」五字上，「東南」當「卻庸妥」三字上，「東北」當「昭」字上。

臭臭。**至之氣**　人之生本於虚，當重。然逡後。下竝同。形。　《繇》、《憒》、歲西。《得》、《罹》、厲。《耽》，都含。情之詠也。　《敦》、敜。《理》。圖内作「乂」，疑。在宋當避「乂」字，此作「理」爲得之。　治之，故人賴以乂當作「成」，與韻叶。也。　是以功成而名白譌「自立」二字。也。　而祈有功名，宋本「者」。可得乎！

元元，始也，當頂格，今空二字，非。

哀　二解善以道羣可。也。　上解聚極必分脱。也。

柔　初解馬牛分。服役。　六傾榱攘。脱輻。　六解任重力微脱。也。

剛　君子，衍。之守也。　四歷險降。不覆。

雍　通而俗本誤倒。行之，其在和乎！　二解惠和不流也。脱。　四搏搏，譌。沙雜礫。

昧 二徯徯。于東方。 二解德日。未耀也。 上解以昧其上。疑當作「居上」。

言 六解其利博溥。也。

慮 不能言幾。機。 五解出天入塵，無不轃宋本「轃」。也。 六解謀利忘寢，思不遠宋作「利」，疑竝有譌。也。 上孔子縱從。解同。心，不踰矩。案：《論語》古本皆作「縱心」。

聆 學者非禮不勿。聽。下「勿視」，宋亦作「不視」。 初否不若聾。聵。

覿 初粉澤之暉。輝。 四其心潭潭。譚譚。解同。 六因微宋倒。知著。 上同門。仁一視。

繇 二涉步。於幽榛。 上飾喜之具。其。

懠 三鯸鮔鮭。之浮，烏鳥。鳶之求。 六解逌乃。免難也。

得 官爵財利，僕隸之志。忌。 三聖人循宋作「徇」。理。 六惟飲食、牝牡俗本倒。之嗜。

罹 五嫠婺。婦之悴。 五解嫠不恤息。緯。 上解憂万萬。世也。

湛 惑戚。而不樂。 情有七而虛其五。當作「二」，謂愛、惡也，然哀、懼亦未見，或以罹當之乎？「湛」訓爲樂，亦不在七情中。 四解以禮自飭防。也。 上王用燕宴。下同。于鎬京。

苒 險途冒進，或至於踣。踣。 五主人三宿，速。解同。 日中必暴。暴。 五解征往。勿問也。

卻 三叱嗟吒。不縮。 六勿須其飫。沃。

庸 三嶽岳。解同。鎮之巍。

妥 三窟瀆黷。解同。之腐。

蠢 三跳梁仆俯。仰。 四解去或得岐。歧。 上解以存神仁。也。

訒 人無惻隱。心。 初解牽牛心。惻心。 四解斷以誼宜。也。 五丈文。人濡足。

宜 知宜而通，惟誼義。之功。闇宜而執，亦誼乂。之賊。 五李傕案：傕爲董卓之黨，至不足道，宋本作「李瓘」，當考。殺身，無所成名。 上手足無愛。宋本下衍「惟心所安」一句。

忱 上彊疆。隄堤。解同。遏一作「竭」。水。

喆 心閑閒。事濟。詐以爲姦。奸。下竝同。 五金玉石。其命。

戛 國不用閑。禮。 初解名位判辨。也。 六斐如煌蝗。解同。如。

特 上枯楊腸。生華，夫。老夫得其女妃。妻。蛇入燕巢，惟雛二字脱。之悲。

偶 地實以，衍。下同。終之。 所以《咸》先於《恒》。宋作「常」。 初不知沈酣。醉。末未。或成蟒。莽。解同。 初解不早可。辨也。 六康文。王晏宴。起。

暱 初九族咸序。敍。 上萬國興仁。亡。 上解大成仁脱。也。

續 祀夏宋作「夏祖」。配天。 二子終孫。厥畝。 三鬻罄。解同。子滿腹。 六酒饍膳。紛如。 上體完不隳。饔。 祖考之暉。輝。

考 能盡二尊親。者。 初老牛年。舐犢。 初解教之其。飛也。 五囊金篋宋「匣」。玉。 六薪火不滅，錫蕩。汝圭槷，執。貽汝如。聖喆。此兩句今本倒，從宋本改轉。

范 郯剡。子之陋。漏。

徒 四解天才木。異也。 五中人不墮。惰。解同。 六惟材林。之辱。 上三傳不習。疑「謵」。

醜 初素絲皜宋「縞」。如。

林 夫民之所資者，道也。此一段不與上文連屬，當如前「湛之情有七」一段相類。 初解性命繫係。也。 二循宋「遁」，解同。迹不失。

禋 五瓦登登。匏爵。 六祀淫祭黷。瀆。解同。

準 用御。众衆。無法。 三徽嶲。解同。逃鮰繫。 四禽擒。解同。虎于穴。 四解儡儡。案：「儡」本《説文》。暴類戾。也。 五解明不可息息。也。

資 食貨惟爲。先。 五隋璞宋倒。之富。

賓 三蕆其塗。途。解同。

戎 闕缺。一不可。所以樂有舞干，燕必脱。有射。飲，衍。 六伐亂除凶。兇。

上戢戈櫜櫜。矢。

斁 風流倒。不絶。 初去母從宋衍「其」字。父。 三解擇宋亦有，「其」字衍。師長也。

立其規，示軌執。物也。 四幾亡婁范作「屢」，同。宋本作「幾」。續。

乂 初刀斧椓㧘。器。 四欲罔之其。張。 五量形制製。解同。衣。 六解得民宋

下空一字。也。

績 用兵不在多勝。務。 時底底。隆平。 四有鱣亶。悦珠，人口之腴。腴。解同。

上漢宣笄傚。效。 上解日月。漓我醇。

育 君一其法。宋本作「君陳一法」。 初井渫勿冪，幕。 遐邇俗倒。之汲。

聲 人聞而至。廣。 初擊磬宋作「罄」，同。撞鐘。 三蔽葉之蜩。鵰。 六四方是

之。聞。

興 二撤木無工。功。 三揞擠。歁補缺。 四器弊敝。得倕。 五或爲楝材。宋作

「才」。 六困勎而憩。憇。 上左右在有。己。

痛 三齒拔兒鬼。傷。 上膏肓盲。解同。不治。

泯 初祲綻。衣絮衾。 四廟夷隴龍。滅。

造 三成艱宋「難」，解同。毀疾。 五田作言范本脱，「言」字疑妄補。一。 五解匪自弃棄。也。 六方力。春不犂。婦子號悲。倒。

隆 初日昇升。于雲。 上功勿。虧一簣。

餘 是宋無。故天地無餘，則不能變化矣。

蹏五 四 三譌「二」。 六 二

妥二 四 五 六 三譌「五」。

偶四 六 五 二譌「一」。 三

乂四宋「乂」作「理」，前不盡然。

五行相乘。 宋本前空二行。

《玄》以《準》易。 宋本前空一行。

春渚紀聞

宋浦城何薳著，十卷。宋刻每葉十八行，行十八字。明虞山毛氏有刻本，其九卷中脱去一葉，其後人斧季得見全本，未及補梓，今據其影鈔者補録於此。此條係南皮二臺遺瓦研，薳銘之曰：「方峥嶸焕弈於一時之盛兮，詎知夫隆棟必傾而華榱終折。洎毁擲埋委於千載之下兮，孰期乎澡澤薦藉而參夫文。」下缺。

房四寶之列。蓋物之顯晦也有時，而事之興廢也常迭。遺材良而質美者，雖亘千古兮，不隨衆物而湮滅。

端石蓮葉研

余過嘉禾王悟静處士，坐閒有客，懷出蓮葉研，端石也。青紫色，有二碧眼，活潤可愛，形製復甚精妙，正如芳蓮脱葉狀，其薄如五六重紙，大如掌。磨之，索索有聲，而寶光可鑒也。其人甚惜，不可得。特記其精製，喻研工，終不能爲也。

風字晉研

風字研，石色正青紫相參，無眼，甚薄，研心磨已窪下，背緑皴剥，殆非近代物。與墨爲入，光瀲如漆。王天誘見之，以爲晉研。後易銅鑪於章序臣，序臣攜至行朝，爲一嗜研貴人力取去。其人所蓄數百枚，而此研爲之冠也。

烏銅提研

烏銅提研，余於錢唐得之。製作非近世所爲，柄容墨漿，可半升許。亦爲章序臣易去，闕子東見下接「之，而銘之曰」。

嘯堂集古録

近來印者，前李邴序脱前一葉，共闕二百四十五字，後干文傳後序全闕，今皆依初印本補之。中閒有異同及脱誤，俱依新安汪稚川孝廉肇瀧校本增正，惜銘中誤筆不能得善篆者并正之。

秦李斯以新意變古科斗書，後世相沿，益復精好，自漢唐以來，能者不可概舉。唯鐘鼎文，閒見於士大夫家，謂如《洗玉池銘》、《讀書堂帖》，字既不多，往往後人依倣爲之，殆無古意。青社趙公、東平劉公、廬陵歐陽公三家，收金石遺文最號詳備，獨鼎器款識絶少，字畫復多漫滅，不可考證。及得吕大臨、趙九城二家《考古圖》，雖略有典刑，辨識不容無舛。晚見《宣和博古圖》，然後愛玩不能釋手。蓋其款識，悉自鼎器，移爲墨本，無毫髮差，然流傳人閒者，纔一二見而已。近年好事者，亦刊鼎文於石，從而辨識，字既失真，而立説疎略，殊可怪笑。予方恨近時字學不脩，秦漢書法，尢爲壞散，人皆出意增損，取美一時，略無古人渾厚之氣。

一日，予故人開國長孺之子王俅子弁見過，出書二巨編，皆類鐘鼎字，甚富，名《嘯堂集古録》。且謂予曰：「俅不揆，留意於此久矣。自幼至今，每得一器款識，必模本而投之篋。積三十餘年，凡得數篋，則又芟夷剪截，獨留善者編次之，其志猶以謂未足也。他日再獲古文奇字，即續於卷末，將示子孫，永爲家寶。」予與長孺同師、同舍、同鄉關，又爲同年進士，兩家契故甚密。子弁幼警悟，不類常兒，長年好學工文，鄉先生皆稱異之，又精於古字，四方人士，以綃素相求者，門無虛日。予既喜故人之有子，復熟觀此二編，大慰平昔所願欲而不得者。子弁欲予文，傳信將來，予欣然爲敘卷首，而歸其書云。

雲龕小隱李邴漢老序。

十一頁陽漢汾陰宫鼎十十枝。《鐘鼎款識》作「杈」。十九頁陽孫持刀形。脱「刀」字。廿六頁陰析子孫。「析」誤「折」。四十八頁陽合孫。「合」誤「令」。五十頁陽二字未詳。「二」字脱。五十一頁陰周𩰪敦。第五行銘中「子」字左多二畫，「孫」字左少二畫，釋文「孫」下亦缺二。五十三頁陽周毀敦。毀。《款識》作「毁」，與「毀」同。縞文中作「[illegible]」，今脱。必韠，同。彤侯矢。汪云：「《博古圖》釋文止作『彤矢』，無『侯』字，蓋由不識『[illegible]』是兩字也，與後《宰辟父敦》同。」五全謁作「金」。欽《款識》竝作「敬」。下同。乃夙夜。陰周姜敦。當在前，不宜間仲駒父之中。五十五頁陽炂篆本作「[illegible]」。谷。曰雜。「曰」謁「旧」，下「傒曰」又謁「田」。五十七頁陰元衣。乑，謁，當如前作「乑」。六十頁陽雁《博古圖》釋文作「應」。侯。六十二頁陰京叔作饗。下「饗」字衍。六十四頁陽子父脱。乙。六十五頁陽孔夫。當是「孫兹」。七十五頁陽汝小心畏《款識》作「愧」。忌汝不侫。

《款識》作「墜」。七十九頁陽竝同。　于朕三軍綴。《圖》及《款識》作「肅」。下竝同。　陰軍徒。〇是衕字雩乃行師，慎中乃《款識》作「于」。罰。　七十六頁陽朕諸家作「胤」。嫠作「爵」。其縣譌「系」。三《款識》作「二」。百。　陶《款識》作「造」。國。　能乃九《圖》及《款識》竝作「有」。下同。事。陰不錫。《圖》作「易」。下同。　七十七頁陽虢重文作二，此缺。成唐。　七十八頁陽穀《圖》作「穀」。擇吉金。　八十二頁陽丁亥既望兮此作「噱」。召純釐。　其安台樂娛奉。　陰其台鼓之夙暮不夅。以上元作圈，凡九處，俱從《繹史》補。　八十六頁陽之脱。里。　九十一頁陽楚鐘。下有「識闕」二字。案《款識》有釋文，可補。　九十三頁陰識闕。本有。　九十四頁陽司空。工，譌。　九十八頁陰周文王命癘鼎。脱。　九十九頁陰齊匜楚侯姬寳。汪云：「《博古録》云：『先是，得楚姬匜，銘曰：齊侯作楚姬寳匜。』似即謂此，此疑有脱誤。」今本又脱「寳」字。

曾機後序　日趨趍。便簡。　自商迄及。秦紊二纍纍。凡數百章。　而古意之未亡忘。也。

干後序

景春沈君，居樂圃坊，與余同里閈，且嘗同游可村賀先生之門。一日，過景春所居，出《嘯堂集古録》見示。嘗試觀之，由秦以前，三代之器，若敦、槃、尊、彝、鼎、鐘、甬、權之屬，無所不有。每列一器，必模其款識，而以楷書辨之，刻畫甚精，殆不類刊本。讀之者，文從字順，如游商周之庭而寓目焉，可謂奇矣。坐客皆啨啨稱歎。余謂景春，平生寡嗜慾，唯酷好收書。有别業在閶門西，去城僅數里，景春昔嘗居之。人有挾書求售者，至必勞來之，飲食之，酬之善賈，於是奇書多歸沈氏，《集古録》，其一也。昔人有以千金市馬者，得駿骨，予五百金，逾年而千里馬至者二。今景春嗜書，與昔之嗜馬者何以異哉！吴中多好古博雅君子，將見載酒殽、問奇字者，踵門而來，景春不寂寞矣。客曰：「然。請書之。」元統改元十一月廿又六日，吴郡干文傳題。

鮑照集

前明有《鮑參軍集》刻本，字不甚工楷，世亦不多見。余向借得一影鈔宋本，凡八卷，其字異者，即度於明太倉張天如《百三名家》本上。今即據此，而以宋本校正之，正字大書，訛字及異同注其下。

鮑照集序 張本闕。

散騎侍郎虞炎奉教撰

鮑照，字明遠，本上黨人，家世貧賤，少有文思。宋臨川王愛其才，以爲國侍郎。王薨，始興王濬又引爲侍郎。孝武初，除海虞令，遷太學博士兼中書舍人，一本云：「時主多忌以文自高，趨侍左右，深達風旨，以此賦述，不復盡其才思。」出爲秣陵令，又轉永嘉令。大明五年，除前軍行參軍，侍臨海王鎮荆州，掌知内命，尋遷前軍刑獄參軍事。宋明帝初，江外拒命，及義嘉敗，荆土震擾。江陵人宋景，因亂掠城，爲景所殺，時年五十餘。身既遇難，篇章無遺，流遷人間者，往往見在。儲皇博採羣言，遊好文藝，片辭隻韻，罔不收集。照所賦述，雖乏精典，而有超麗，爰命陪趨，備加研訪，年代稍遠，零落者多，今所存者，儻能半焉。

鮑氏集卷第一

宋本即連《序》後，今并其舊式著焉。

舞鶴賦

蕪城賦

芙蓉賦

遊思賦

飛蛾賦

舞鶴賦以上皆宋本式，餘卷放此。今姑依張本次序校正，而以宋本之次序分注各題下。

遊思賦　宋在一之四。涼煙兮冒江。虹。波沄沄茫茫。兮無底。○觀漏賦并序　宋二之二。○傷逝賦　宋二之四。獨嬰哀衰。於逝䑠。○蕪城賦登廣陵城作　宋一之二。○芙蓉賦　宋一之三。散菡萏之輕柯。荷。濯曜。繡羽而以。晨過。起榜妾之吴江。歌。被瑶一作「碧」。塘之周流。排訛從「木」。積霧而揚雰。葉折水而不。爲珠。紛湘蕊而下不。傾。對妝敉。則色姝。殊。笑咲。夏女之光髮。○園葵賦　宋二之五。士冒昌。泉動。賓惟非。二仲。◯舞鶴賦　宋一之首。頓修趾之鴻洪。娉。離綱網。別赴。更惆惕李善作「悵」。而以。《選》同。驚思。◯野鵝賦并序　宋二之三。恨悵。高繳之樊縈。超煙鶩霧。而風行，跨日月而以。遥逝。貌纖殺而含一作「悆」。悴。亦避翮以而。排雲。宛拔喙啄。而掩眥。◯尺蠖賦　宋二之首。當静泉渟。《太平御覽》作「直静泉亭」，是。起軒軀以曠莽。跨。逢嶮蹙跡。蹐。常佇景而翻路。露。◯飛蛾賦　宋一之五。詭態欲。齊生。覩生齊齊生。而態欲。詭，各會性住。以憑方。拔一作「託」。身幽草下，畢命君子在此。今從《御覽》。堂。本輕死以邀得。《御覽》作「觸額」。豈學南山山南。之文豹。◯爲柳令謝驃騎表　宋九之首。左佐。輪不殷。捨弛。擔丹轂。◯謝秣陵令表時爲中書舍人　宋九之三。今便衹抵。召。◯解褐謝侍郎表　宋九之二，表末有「臣云云」三字。◯謝解禁止表　宋九之十二。謹詣拜疏表。以聞。◯皇孫誕育上疏　宋九之十七。謹詣閤閣。上疏表。以聞。◯征北世子誕育上疏　宋九之十五。◯侍郎上疏　宋九之十一。末未。識微船，猥能及此。◯侍郎滿辭閤疏　宋九之十三。身弱涓氂。⿱敄毛。案：涓氂，喻微細，猶涓塵。墾瞜眇。剿芿。復抱相如消宋作「痟」。渴之疾。哀宥有。弗及。◯轉常侍上疏　宋九之十四。◯謝隨恩被原表　宋九之十六。由繇，明本避諱改。下同。臣悴賤。澤泊泊。翾走。◯論國制啓　宋九之六。當今世問疑。政睦。愚謂宜令掌固。與「故」同。李善注《文選·兩都賦序》引《漢書》「孔安國射策爲掌固」，又見《唐六典》「掌固」下注。　臣忝充兗。直員。◯謝上除啓　宋九之七。冒乞停不止。上除。◯謝賜藥啓　宋九之四。疢即「疹」字，作「瘝」誤。同山嶽。◯謝永安令解禁止啓　宋九之五。茸鮮洪決。沼。◯通世子自解啓　宋九之八。◯重與世子啓　宋九之九。餐稟風凬。徽。微。重致干啓。日。◯請假啓二首　宋九之十。干于。啓復追。孤苦夙凬。丁。雨。進退口罔。蹟。

◯奉始興王白紵舞曲啓　宋在三之三十二，詩前題云：「代白紵舞歌詞四首。」下注：「奉始興王命作并啓。」「啓」之後另行低四格，標一「詞」字。◯登大雷岸與妹書　宋九之十八。渡泝沂。無邊。北則陂波。池潛演。　氣盡宋作「甚」。金光。　散渙長鶩。鶩。◯河清頌并序　宋十之首。朴牛大文。螾。　含生阜熙。《宋書》作「上下含熙」。　傾御鉅。邸橋。之粟。《宋書》亦作「鉅橋」。案：於本朝不當用，從宋本是。　優游鯁直。《宋書》作「據正」。　故不勞杖仗。斧之臣。　木禾六刃，脱。案：「刃」與「仞」同，從《宋書》舊本補。　秀銅池，發膏畝。下衍「腴」字。　宜以謁薦郊廟，和協律吕。「謁薦」二句《宋書》互易。　月亶猶轉也，《宋書》作「蹍」。　蒼陸。　束穎象絳。《宋書》同。闕。　鳴鳥禽。躍魚。　金輪豹約。飾。　菲非。躬簡法。　嬰耄兼粱。梁。　青清。綺高詠。　澄波崐岳。海嶽。　天竦竦。聽密。　訏許。暮布簡。◯佛影頌　宋十之二。形生麤麗。宋作「麄」。　怪。◯凌煙樓銘并序　宋臨川王起　宋十之三。垂一作「乘」。波鑒景。　合一作「含」。綵煙塗。◯飛白書勢銘　宋十之五。◯藥奩銘　宋十之四。◯石帆銘　宋十之七。雲族旌。

未起。◯瓜步山楬文　宋十之六。南曬矖。炎國。駛駃。視四遐。疣痝。贅丘岳。嶽。遺金椎堆。璧之奇。◯採桑　宋五之十三。工女事蠶作。一本下有「明鏡浄分桂，光顔畢茗蕚」二句。藹藹霧洒滿。閨。巢蜂拾花藥。蕚。抽琴試杼抒，通。思。◯代蒿里行　宋三之七。◯代挽歌　宋七之十。◯代東門行　宋三之四。傷禽惡弦驚。一作「驚弦」。野風吹秋草。木。◯代放歌行　宋三之八。◯代陳思王京洛篇　宋三之廿九。◯代門有車馬客行　宋三之廿四。慊慊增下理。一作「俚」。顧爾駕一作「篤」。行李。◯代櫂歌行　宋三之廿六。泠泠篠脩。疏潭。◯代白頭吟　宋三之六。◯代東武吟　宋三之首。◯代別鶴操　宋三之十。◯代出自薊北門行　宋三之二。徵師騎。屯廣武。簫鼓流漢思。颸。◯代陸平原君子有所思行　宋三之三十。西出上。登雀臺。服理辨昭昧。晰。◯代悲哉行　宋三之廿五。羇人感淑景。節。翔鳴尚疇儔。偶。◯代陳思王白馬篇　宋三之廿八。埋身守漢節。境。罷棄。別中國愛。單卑。賤生所鍾。◯代昇天行　宋三之九。◯松柏篇　宋八之二。知舊先借傳傳。玄集。開衺，袤。適見樂府詩。鴪鴃。若晨風悲。南郊廓。悦籍短。壙隧墜。亦已開。一朝放捨擒。去。明發靡怡念。愉，同。愈，非。輟撤。宴式酒濡。空林響二。鳴蜩。◯代苦熱行　宋三之五。焦煙起石圻。一作「磯」。生軀蹈陷。死地。◯代朗月行　宋三之二十。靚妝粧。坐帳帷。裏。◯代堂上歌行　宋三之廿一。◯代結客少年場行　宋三之二。昇升。下同。高臨四關。九塗衢。平若水。○扶風歌　宋無。寒煙空徘徊。訛從「彳」。下同。○代少年時至衰老行　宋三之十八。歌唱青琴齊。女。○代陽春登荆山行　荆，一作「京」。宋三之十九。曰氣氛。映山浦。桑柘盈一作「緐」。平疇。○代貧賤苦愁行　宋三之廿二。○代邊居行　宋三之廿三。少年遠京一作「荆」。陽，遥遥萬里方。行。○代邽街行　一本作「去邪行」。宋三之廿七。人生隨時事。變。○詠蕭史　宋六之十七。蕭史愛少長。年。○王昭君　宋七之十八。○吴歌三首　宋無前一首，七之二十。魯曹。公却月樓。○採菱歌七首　宋六之十九。含傷拾捨。泉花。○幽蘭五首　宋四之七。抱梁輒乖互。忤。怯與君劃畫。期。○中興歌十首　宋七之十九。萬夜見視。朝日。綵墀池。散蘭麝。遥治冶。在上京。願君松訟。柏心。○代白紵舞歌詞四首　宋有注有啓，俱在此，三之卅二。蘭膏明燭承夜暉。輝。朱爵文牕韜碧綺。疏。三星差池參差。露霑溼。凝華結綵藻。久延立。非君之故豈妄安。集。琴高乘去飛騰。上天。恩思。厚德深君厚德。委如山。○代白紵曲二首　宋三之卅一。洛陽少童一作「年」。邯鄲女。含桃紅萼蘭紫牙。芽。○代鳴鴈行　宋三之十四。齊行命侶旅。入雲漢。○擬行路難十八首　宋八之首。博轉。山，千斲復萬鏤。春燕差池參差。風散梅。寫瀉。水置平地。但見松柏園，衍。荆棘鬱摶摶。蹲蹲。飛走樹間逐啄。蟲蟻。不忍見此之。益愁思。君不見舜薤。華不終朝，須臾淹奄。冉零落銷。

亦云朝悲悲朝。泣閒房。　直得須。優游卒一歲。○梅花落　宋七之十二。○代淮南王二首　宋三之十二。服食練鍊。氣讀仙經。琉璃藥作。盌牙作盤。　朱城九門門九閨。提行起。○代雉朝飛　宋三之十一。○代北風涼行　宋三之十六。京洛女兒多嚴妍。妝。　問君得何。行何當歸。　情易遠，復。恨難追。○代空城雀　宋三之十三。○代夜坐吟　宋三之十五。○代春日行　宋三之十七。桃柳。始青。　風微微風。起。○侍宴覆舟山二首　宋八之三。⿰木玄疑「桂」。苑含靈羣。　謬從雲雨浮。遊，與「游」複。○從拜陵登京峴　宋五之十九。○蒜山被始興王命作　宋八之六。丹鳥烏，訛。《夏小正》：「丹鳥羞白鳥。」還養羞。　高薄符一作「浮」。妙好。蒨。一作「清」。　升嶠眺日軌。軏。　芳醴豔。洽歡柔。　飛翰瀚。灑嗚球。○登廬山二首　宋八之四，下一首併此。紛純亂。襲前名。洞閒澗。窺地脈。○從登香爐峰　宋七之二。霜崖滅減。土膏。○從庾中郎遊園山石室　宋六之五。雲崖隱靈一作「虛」。室。○登翻車峴　宋六之二。淖坡坂。既馬領。　昇升。岑望原陸。　知新新知。有客慰。○登黄鶴磯　宋七之六。淚竹行。感湘別。○登雲陽九里埭　宋六之七。○自礪山東望震澤　宋六之六。○三日遊南苑　宋八之十七。勝騰。蒨溢林疏。　花薄緑緣。綺紋。○贈故人馬子喬六首　宋六之十八。從此忽遂。分形。○荅客　宋五之八。聲交一作「交友」。稍希歇。○和王丞　宋五之十。夜聽橫黄。石波，朝望宿嵓巖。煙。○日落望江贈荀丞　宋五之六。○秋日示休上人　宋八之九。○荅休

上人　宋八之十一。　此首前有休上人詩，題亦上空四字，詩頂格。　贈鮑侍郎釋惠休　玳枝兮金英，緑葉兮紫莖。不入君玉杯，低彩還自榮。想君不相豔，酒上視塵生。當令芳意重，無使盛年傾。爲君愧慨。此秋。◯吴興黄浦亭庾中郎别　宋六之九。◯與伍侍郎别　宋六之八。◯送别王宣城　宋六之十。◯送從弟道秀别　宋六之十一。躑躅行思疑。悲。疑一作「悲」。思戀光景。◯贈傅都曹别　宋六之十二。◯和傅大農與僚故别　宋六之十三。◯送盛侍郎餞候亭　宋六之十四。◯與荀中書别　宋六之十五。思君哥吟。涉淯。◯從過舊宫　宋五之十八。宫陛留前一作「昔」。制。◯從臨海王上荆初發新渚　宋七之四。◯還都道中三首　宋五之二。◯潯陽還都道中　宋五之首。◯還都至三山望石頭城　宋五之四。◯還都口號　宋五之三。◯行京口至竹里　宋六之首。◯發後渚　宋五之十五。◯岐陽守風　宋七之七。掩映一作「藹」。瑶井没。◯發長松遇雪　宋八之五。出土。牛既送寒，奠陵一作「冥陸」。方浹馳。◯詠史　宋六之四。◯蜀四賢詠　宋八之八。蟲篆散憂憂散。樂。◯擬古八首　宋四之首。設罝置。守毚兔。衰暮反及。輕年。秋蓋螢。扶户吟。寶瑶。琴生網羅。君勿慙一作「輕」。素誠。◯紹古辭七首　宋四之六。春霧朝菴藹。晻靄。◯學古　一作《北風雪》。宋四之八。◯古辭　宋七之十三。◯擬青青陵上柏　宋四之二。孚愉即「敷愉」。鸞閣上，窈從「幻」，訛。窕鳳楹前。◯學劉公幹體五首　宋四之三。◯擬阮公夜中不能寐　宋四之四。◯學陶彭澤體奉和王義興　宋四之五。◯數詩　宋五之十六。◯建除詩　宋五之十七。執戟戈。無暫頓。◯白雲　宋五之九。龍駕渡戾。蓬山。◯臨川王服竟還田里　宋五之二十。事居君。慙懦薄。◯行藥至城東橋　宋五之七。含合。綵吝驚春。◯園中秋散　宋八之十九。◯觀圃人藝植　宋五之十二。當鑪壚。信珠服。◯遇銅山掘黃精　宋五之五。豈愧懷。梁鄭客。◯見賣玉器者并序　宋七之首。◯懷遠人　宋八之十三。屬期眇已起。遠。◯夢歸鄉　宋七之三。◯春羈　宋八之十四。露濃條旖旎。二字脱。嘶聲召宋無「一作」。邊堅。◯歲暮悲　宋八之十八。◯在江陵歎年傷老　宋七之八。園援楥。美花草。◯夜聽妓二首　宋七之十一。澄愴澄。入閨景。◯翫月城西門廨中　宋七之九。末未。映東北墀。徘徊入帷。户中。◯喜雨奉敕作　宋六之十六。◯苦雨　宋八之十六。◯詠白雪　宋八之廿三。◯三日　宋八之十五。心愛愛心。煙未開。◯詠秋　宋八之二十。豐景將遂逐。淪。◯秋夕　宋八之廿一。◯秋夜二首　宋五之十一。貿貨。農棲寂寞。◯和王護軍秋夕　宋八之十二。◯和王義興七夕　宋八之十。◯冬至　宋六之三。長河結《御覽》作「夜」。闌干。瓓玕。哀哀古一作「故」。老容，慘慘顔。愁歲宴。◯冬日　宋六之三。嚴雲風。亂山起。懷賢孰敦。爲利。寫瀉。海有歸潮。◯望水　宋八之廿二。東歸難忖測。惻。◯望孤石　宋七之五。◯山行見孤桐　宋六之二十。上倚崩峯岸。勢。◯詠雙燕二首　宋五之十四。當一作「復」。儆野人機。◯酒後　宋七之十六。◯講易　宋七之十七。横蓋招逸益。人。◯可愛　宋七之十四。風帷闟閃。珠帶。◯夜聽聲　宋七之十五。◯咏老　春咏　二首宋皆無。◯字謎三首　宋七之廿四。二形二一。體。　四八二一。八。　右面負兩刃。办。◯贈顧墨曹　宋無。◯在荆州與張使君李居士連句　宋七之廿二。橋磴支古吾。轍。◯與謝尚書莊三連句　宋七之廿一。晻掩。映晨物綵。◯月下登樓連句　宋七之廿三。疎瀾道瀛潯。尋。

韋蘇州集

余家所蓄，乃下邳余懷本，十卷。今以宋本，補其闕遺，正其脱譌，是者正書，譌字旁書。凡云「一作某者」，皆宋本所有。其同時酬和之作，時本皆缺，宋本有之，與《集》中詩皆平寫，今悉依倣補入。

韋蘇州集序

此與《傳》，宋本載《集》前。

韋蘇州，《唐史》不載其行事。林寶《姓纂》云：「周逍遥公敻之後，左僕射扶陽公待價生司門郎中令儀，令儀生鑾，鑾生應物，應物生監察御史河東節度掌書記慶復。」李肇《國史補》云：「爲性高潔，鮮食寡欲，所居焚香掃地而坐。其爲詩，馳驟建安已還，各得風韻，詳其《集》中詩。天寶時，扈從遊幸，疑爲三衛。永泰中，任洛陽丞、京兆府功曹。大歷十四年，自鄠縣令制除櫟陽令，以疾辭，歸善福精舍。建中二年，由前資除比部員外郎，出爲滁州刺史，改刺江州。追赴闕，改左司郎中。貞元初，又歷蘇州，罷守，寓居永定精舍。其後事迹，究尋無所見。」肇又云：「開元以後，位卑而著名者，李北海、王江寧、李館陶、鄭廣文、元魯山、蕭功曹、張長史、獨孤常州、崔比部、梁補闕、韋蘇州。」以《集》中事，及時人所稱，考其仕宦本末，得非遂止於蘇邪？案白居易《蘇州荅劉禹錫》詩云：「敢有文章替左司。」左司，蓋謂應物也，官稱亦止此。有《集》十卷，而綴敘猥并，非舊次矣。今取諸本校定，仍所部居，去其雜廁，分十五總類，合五百七十一篇，題曰《韋蘇州集》，舊或云《古風集》，別號《灃上西齋吟藁》者，又數卷。可以繕寫。嘉祐元年十二月二十二日，太原王欽臣記。文弨案：并賦數之，衹十四類，合新舊校添，共詩五百五十六首。疑宋本已有遺脱矣。

韋刺史傳

宋沈明遠作喆補撰

韋應物，京兆長安縣人也。其家世，自宇文周時，孝寬以功名爲將相，而其兄夐，高尚不仕，號爲逍遥公。夐之孫待價，仕隋，爲左僕射，封扶陽公。案《新唐書·宰相世系表》云：夐第七子沖，隋户部尚書。沖生挺，象州刺史。挺生待價。待價生令儀，爲唐司門郎中。令儀生鑾，鑾生應物。

少游太學，當開元、天寶閒，宿衛仗内，親近帷幄，行幸畢從，頗任俠負氣。洎漁陽兵亂後，流落失職，乃更折節讀書，屏居武功之上方。復返灃上，園廬蕪没，貧無以自業。客遊江淮閒，所與交結，皆一時名士。因從事河陽，去爲京兆功曹，攝高陵令。永泰中，遷洛陽丞。兩軍騎士倚中貴人勢，驕横爲民害，應物疾之，痛繩以法，被訟，弗爲屈。棄官，養疾同德精舍，起爲鄠令。大歷十四年，除櫟陽令，復以疾謝去，歸寓西郊，擇勝隱於善福祠，從諸生學問，澹如也。建中二年，拜尚書比部員外郎。明年，出爲滁州刺史。滁山川清遠，山中多隱君子，應物風流豈弟，與其人覽觀賦詩，郡以無事，人安樂之。四年十月，德宗幸奉天，應物自郡遣使閒道奔問行在所。明年興元甲子，使還，詔嘉其忠。終更貧，不能歸，留居郡之南嵒。俄擢江州刺史，居二歲，召至京師。貞元二年，由左司郎中補外，得蘇州刺史。在郡延禮其秀民，撫其惸嫠甚恩。久之，白居易自中書舍人出守吴門，應物罷郡，寓於郡之永定佛寺。大和中，以太僕少卿兼御史中丞，爲諸道鹽鐵轉運江淮留後，年九十餘矣，不知其所終。有子曰慶復，爲監察御史河東節度掌書記。

應物性高潔，善爲詩，氣質閑妙，渾然天成，初若不用工，而近世詩人莫及也。白居易嘗語元稹曰：「韋蘇州歌行，才麗之外，深得諷諫之意。而五言尤爲高遠雅淡，自成一家。」其爲時人推重如此！浮屠皎然者，頗工近體詩，嘗擬應物體格，得數解爲贄，應物弗善也。明日，録舊贄以見，始被領略，曰：「人各有能，有不能，蓋自天分，學力有限，子而欲爲我，且失其故步矣。但以所詣，自名可也。」皎然心服焉。應物鮮食寡欲，所居焚香掃地而坐。爲吴門時，年已老矣，而詩益造微，世亦莫能知之也。子沈子曰：「予讀韋蘇州詩，超然閒遠，有正始之風，所謂朱絲疏絃（當是「朱弦疏越」）。一唱三歎。」

昔應物當開元、天寶，宿衛仗内，爲郎、刺史於建中，以迄貞元。而文宗大和中，劉禹錫乃以故官舉之。計其年九十餘，而猶領轉輸劇職，應物何壽而康也！然自吴郡以後，不復有詩文見於録者，豈亡之邪？使應物而無死，其所爲當不止此，以應物爲終於吴郡之後，則禹錫之所舉，老猶無恙也，蓋不可得而考也。《新唐書·文藝傳》稱應物有文在人閒，史逸其傳，故不録。予既愛其詩，因考次其生平、行義、官伐，皆有憑藉，始終可概見如此。恨史官編摩疎陋耳。

嗟夫！應物崎嶇，身閲盛衰之變，晚折節學問，今其詩往往及治道，而造理精深。士固有悔而能復、厄而後奇者如應物，而以自表見於後世，豈偶然哉！

卷第一　古賦一首〇冰賦（宋本卷首載此篇。《賦彙》卷三十有之，可據鈔入。唯「觀其力足以淒一室」，宋本「力」作「劣」，當從之。劣，纔也，僅也，不當作「力」。）〇雜擬二十一首〇（擬古詩其二）馳謝如驚飍。舊注：「音彪，一音休。」其十二芳樹正自。姸鬱。芳。○雜體五首　宋本凡數首皆標明。坐使姸蚩媸。惑。○效何水部二首夕漏起遥恨。怨。○燕集二十一首○大梁亭相將與。樂佳辰。○淮上何因不北。歸去。○揚州忽怪鬢中絲。絣，譌。下同。○晦日處士林始萌動新煦。照。鐏鐏。酒遺形迹。○南塘泛舟寧用計訴。華觴。○郡齋雨中豈曰財賦疆。舊注一作「彊」。

後有顧況和作。

奉同郎中使君齋雨中宴集之什

州民朝議郎行饒州司士參軍員外置同正員顧況

好鳥依嘉樹，飛雨灑高城。況與數一作「古」。君子，列坐分兩楹。一作「公南楹」。文雅一何麗，一作「盛」。林堂含餘清。我公未歸朝，遊子不待晴。白雲帝鄉遠，滄江楓葉鳴。拜手欲無言，零淚如一作「和」。酒傾。寸心已摧折，别離方骨驚。安得凌風翰，肅肅賓天京。

卷第二　寄贈上詩六十二首○城中臥疾人生羇羈。寓旅。時。○聽嘉陵江水聲貽之道門友。舊。○高陵書情兵凶互久。相踐。○示從子祇戀府廷延。恩。○趨府可憐同宦官。者。○寄馮著士士。壤日已疎。○寄盧庾垢衣思一浣。舊注：「協韻。」涴，譌。○淮上即事前舟已渺渺，眇眇。欲渡度。誰相待。　風波離思滿。一作「遠」。○寄洪州猶使發。故林榮。○經少林精舍暮磬一作「鶴」。空雲煙。○同長源策駕復誰隨。遊，入門無與晤。一作「出入亦無晤」。○同德精舍緘書問間。所如。一云「所知」。○同德寺雨後岧嶤青蓮界。一作「宇」。○贈令狐士曹　宋本「沙季」作「涉季」，「而待」作「而不相待」。○對雨閑居興方澹。淡。○寄子西託鄰素多欲。一作「願」。○朝請後尊酒且具。歡樂。　閉閤閣。寡諠訟。○澧上西齋　「澧」字譌。開襟納遠飆。飈。　効朱妨方。負樵。○秋集罷君侯枉杜。高鑒。　而忘倦與飢。饑。下可意會。○寺居獨夜幽人寂不一作「無」。寐。　流螢度渡。高閣。○九日澧上作川寒流未刻。逾迅。○西郊養疾窗夕一作「户」。含澗涼。○澧上忽從徙。東齋起。○善福精舍法妙一作「泛如」。不知歸。○澧上醉題西郊已獨還。遊。○西郊澗樹一云「林澗」。落殘花。○還闕首途晨起正一作「整」。朝冠。　攬轡遵東路。一作「登前路」。

卷第三　寄贈下六十二首○寄柳州達一作「遠」。識與味機。　歡一作「新」。遊事皆屏。○寄大梁諸友但見山川馳。驅。○郊園聞蟬餘悲散秋景。一作「餘聲發秋嶺」。○寄中書想在掖一。垣中。○郡齋感秋池水晚澄清。一作「明」。　是月天氣晴。一作「清」。　曉露田中一作「野」。行。○冬至夜子一作「玄」。月生一氣。　私燕席一作「夕」。云罷。　邃幕沈空宇。一作「月」。○寄職方一夕一作「旦」。南宮遇。　羣列慕一作「器」。英聲。○寄楊協律　後有楊一首。

奉酬滁州寄示　楊淩

淮陽一作「南」。爲郡暇，坐惜流芳歇。散懷累榭風，清暑澄潭月。陪燕辭三楚，戒塗綿百越。非當遠別離，雅奏何由發。

寄暢當昔爲瓊樹枝。一作「姿」。○寄李儋聞道欲來求。相問訊。○京師叛亂心憶故園一作「里」。行。○寄恒璨思問楞伽字。子。○簡郡中藥園日蕪没。漫。○寄全椒澗底束一作「采」。荆薪。○寄裴處士一問清泠冷。子。○寄廬山棲衣居士○因省風俗我尚向。山水行。○秋夜寄邱二十二員外　後有邱詩。

奉訓寄示　丘丹

露滴梧葉鳴，風秋桂花發。中有學仙侶，吹簫弄山月。

贈邱員外二首未真具。南宮拜。

奉訓　　丘丹

久作煙霞侶，暫將簪組親。還同褚伯玉，入館忝州人。

寄皎然上人鳴鐘驚巖壑。宋馬永卿《嬾真子》作「清磬落巖谷」。叨馬作「夙」。慕端成舊。茂苑文馬作「繁」。華地，流水古馬作「野」。僧居。◯和李主簿請舊注：「去聲。」報淮陰客，春帆浪作舊注：「音佐。」期。

卷第四　送別六十六首◯送章八元秀才擢第◯送張侍御芸一作「蓬」。閣已觀書。晨餐亦可薦。一作「潔」。◯賦得浮雲起離色秋生峯尚高。奇。◯送鄭長源少年一相見。一作「得」。◯送李儋行遊一作「役」。非所樂，端憂道未通。一作「端處道未豐」。◯賦得暮雨送李胄　舊注：「二作渭。」◯留別單車我當前。一作「去」。◯天長寺　注宋本「庫」作「康」。攜手戀一作「念」。兹晨。別樹遶一作「盈」。通津。◯送別覃孝廉不宋作「下」。第未蹉跎。門前芳草一作「流水」。多。◯送顏司議軺駕一封急。一作「傳」。◯贈別河南聿一作「揭」。來自東山。千里及芳菲。扉。◯送五經寒原正蕪漫。一作「没」。◯宴別幼遐乖闕意方弭。一作「乖闊意云弭」。原野滿春光。一作「芳」。◯送宣州但覩年運駛。駃。◯謝櫟陽令結髮仕一作「事」。州縣。

馳觴一作「驅馳」。忽云宴。　遊步清都郡。宮。◯送姚孫　舊注：「一作系。」◯送蘇評事紛思終難整。一作「罄」。◯自尚書郎効效。愚方此始。愴悢悢。昆友情。◯送楊氏女自小闕内訓。舊注：「言早失恃。」　資從豈待一作「在」。周。◯送中弟　舊注：「一云『送崔肅懿』。」秋風一作「氣」。入疎户。◯寄別李儋名在相公幕。一作「府」。◯送邱員外遼鶴委一作「匪」。池鶩。下有邱詩。

奉詶使君送歸山之作　　丘丹

側聞郡守至，偶乘黃犢出。不別桃源人，一見經累日。蟬鳴念秋稼，蘭酌動離瑟。臨水降麾幢，野艇纔容膝。參差碧山路，日一作「目」。送江帆疾。涉海得驪珠，棲梧慙鳳質。媿非鄭公里，歸掃蒙蘢室。

奉酬重送歸山　此在重送詩後。

賣藥有時至，自知往來疎。遽辭池上酌，新得山中書。步出芙蓉府，歸乘觳觫車。猥蒙招隱作，豈媿班生廬。

送鄭端公清觴方對酌。一作「笑燕」。◯聽江笛　此後有邱作。

同前　　丘丹

離樽聞夜笛，寥亮入寒城。月落車馬散，悽惻主人情。

送豆盧策歲交冰未一作「始」。泮。爲一作「已」。酌離亭罇。◯送雷監焉得久又。踟躕。攀餞誠愴恨。一作「悴」。

卷第五◯任洛陽丞告歸應一作「今」。未得。◯酬盧嵩勞君千里一作「萬」。思。坐見林木榮。一作「坐損經濟策」。　攜手當此時。元注盧詩有「歲晏以爲期」之句。◯詶韓質淒清孤景凝。一作「澄」。◯李博士　下「鑒」作「覽」。◯荅貢士茂等一作「才」。方上達。公門但一作「役」。驅馳。　不見心尚密。一作「微密」。◯荅韓庫部協才大命有一作「爲」。通。◯荅徐秀才豈如白玉仙。一作「仙山鶴」。　懷書思武陵。一云「懷書且茂陵」。◯荅東林道士　詩末句注一作「欲向西山尋暮鐘」。◯荅長寧令茂一作「芳」。樹擢華滋。◯清都觀泠泠如玉音。一作「響」。踈松抗一作「枕」。高殿。◯善福精舍閟閟舊注：「平聲。」獨爲愚。◯荅庫部而我豈高一作「能」。

致。○荅暢校書當園林一作「種園」。養愚蒙。下「澧」作「灃」，下可例推。彩色發我庸。一作「蒙」。方一作「歷」。春已徂冬。○荅崔都水不遇無爲化。一作「法」。○澧上精舍如何小子伉。一作「弟」。獻詩合一作「全」。雅音。荅趙氏外生伉○荅王郎中歸當列盛朝。一作「明」。○荅移都水常緘素札去。一作「問」。不知爲時來。一作「何爲來」。責逋甘首免。一作「追」。

顧十二左遷過韋蘇州房杭州韋睦州三使君皆有郡中燕集詩辭章高麗鄙夫之所仰慕顧生既至留連笑語因亦成篇以繼三君子之風焉

信州刺史劉太真上

寵至乃不驚，罪及非無由。奔迸歷畏途，緬邈赴偏一作「荒」。陬。牧此彫弊甿，屬當賦斂秋。夙興誎無補，旬暇疑當作「假」。焉敢休。前日懷友生，獨登城上樓。迢迢西北望，遠思不可收。今日車騎來，曠然銷人憂。晨迎東齋飯，晚度南溪遊。以我碧流水，泊君青翰舟。莫將遷客程，不爲勝境留。飛札謝三守，斯篇希見詶。後接《詶劉侍郎使君》詩，劉元倡在前，此古法也，今人則必移韋詩後矣。下令狐詩亦在《荅令狐侍郎》詩前。

硤州旅舍奉懷蘇州韋郎中 公頃有尺書，頗積離鄉之思。

令狐峘上

儒服學從政，遂爲塵事嬰。銜命東復西，孰堪異鄉情。懷禄且懷恩，策名敢逃名。羨彼農畝人，白首親友并。江山入秋氣，草木凋晚榮。方塘寒露凝，旅館涼飇生。懿交守東吴，夢想聞頌聲。雲水方浩浩，離憂何時平。

詶張協律方君今。臥病年。麗思阻文一作「交」。宴。勿藥疾當痊。一作「當自痊」。馳慰子忡冲。然後接秦系詩。

即事奉呈郎中使君

東海釣客試祕書省校書郎秦系

久臥雲間已息機，青袍忽著狎鷗飛。詩興到來無一事，郡中今有謝元暉。後接《荅秦十四校書》詩。「魚鬚」作「魚須」。

荅鄭騎曹青橘絶句　舊注：「一作『故人重九日求橘書中戲贈』。」○和吴舍人伯侍仲言歸。一作「伯仲待言歸」。幽禽響未轉。一作「好鳥幽未轉」。心已遺一作「遺」。塵機。○逢遇七首○長安遇馮著問客何爲來。一作「來何爲」。冥冥花正開。一作「滿」。◯廣陵我來君欲一作「獨」。還。一作「又旋」。◯逢楊開府立在一作「登」。白玉墀。

卷第六 懷思十九首◯暮相思微鐘坐來歇。來，一作「未」。◯夏夜人生無間閑。日。◯春思閶闔曉開凝换。碧樹。◯池上幽山。居捐世事。◯立夏日還當惜徂一作「光」。景。◯曉至園中景清神已澄。一作「謐」。◯雲陽館暫遊恨卑喧。諠。◯行旅十首◯經函谷關炎靈詎距。西駕。◯經武功舊宅徘徊一作「彷徨」。結心曲。◯往雲門郊居「洄」作「迴」。◯乘月悵恨。恨乖幽素。◯感歎三十二首◯除日梅援一作「梢」。還飄素。◯過昭德里故第鳥還一作「啼」。山光夕。◯林園晚霽落日照林園。誤倒。山多一作「夕」。烟鳥亂。蕭散在琴樽。言。◯秋意之二霜露已淒淒。漫。驚鴻千里川。來。◯東林精舍精思長懸一作「懷」。世。

卷第七 登眺十五首◯登高舟通一作「盈」。南越貢。兵戈若一作「久」。雲屯。至損當一作「方」。受益。◯登寶意寺坐聽微一作「巖」。鐘記往年。◯登樂遊廟作百世同一傷。一作「場」。◯登西南岡紆曲直。水分野。雲水成一作「交」。陰澹。適自戀佳賞。一作「自愜心賞」，一作「幽賞」。◯臺上遲客高臺一悄望。一作「聊望」。◯善福寺閣蕭灑洒。此幽襟。◯樓中月夜清輝愴已休。一作「收」。◯西樓烟塵擁一作「在」。函谷。◯登重玄寺始見吴都一作「郡」。大。◯遊覽五十八首◯觀早朝禁旅下成城。列。濟濟行音「航」。俊賢。◯遊龍門香山泉碧泉更一作「交」。幽絶，賞愛未一作「不」。能去。繚繞帶一作「對」。佳樹。仙一作「山」。源不知處。○龍門遊眺精舍遶一作「繚」。層阿，千龕鄰一作「鱗」。峭壁。末注一作：「徘徊悵還駕，城闕多物役。」○莊嚴精舍新林一作「秋」。汎景光。幸與一作「得」。高士俱。○府舍月遊官舍一作「寺」。耿深夜。○任鄠令恨心。無理人術。○西郊遊矚陂水淡已緑。一作「淥」。杳香。靄春山曲。○月溪寂寂流鶯歇。一作「鶯初歇」。○觀澧水漲澧漲一作「流」。暮渾渾。○春遊南亭○再遊西山種果一作「藥」。結茅廬。○遊靈巖寺清景一作「澹」。期杪秋。○遊開元精舍緑陰生晝静。一作「寂」。○襄武館四望盡田一作「平」。疇。還希習池賞。一作「還喜曲池賞」。○秋景悟言一作「方愛」。緇衣子，蕭瀟。灑中林行。○雨夜如彼役。籠中禽。○秋郊作旭日照林臨。初。○行寬禪師院斜扉映一作「掩」。叢竹。○澄秀上座院○至西峯下翫觀。潭中魚。○曇智禪師院門徑一作「接」。衆草生。○遊瑯琊山寺鳴騶響幽澗。一作「苔」。○簡寂觀淙一作「深」。流絶壁散。○西亭簾牖牖。散暄風。下「扶援」宋作「扶樹」。○夏景園廬北窻涼氣風。多。○夏至於焉灑洒。煩抱。○題從姪棲身齒一作「始」。多暮。每肆芳辰晨。眺。採栗藥。玄猿窟。雖甘巷北單。一作「簞」。欲同一作「求」。朱輪載。○同元錫磴臨懸一作「玄」。壑絶。嶔一作「嶺」。駭風雨區。無爲厭車一作「歸」。轍。○題鄭拾遺草堂陰一作「涼」。井夕蟲亂。

卷第八　雜興八十九首案：只七十五首，宋本多一首，亦只七十六首。○詠玉　下一首宋本有。○詠露珠秋荷一滴露，清夜墜玄天。將來玉盤上，不定始知圓。○詠瑠璃有色同寒冰。水。○仙人祠　宋本在卷末。○詠聲萬物自生一作「此」。聽。還從一作「應」。靜中起。○任洛陽丞揆材才。各有用。○縣齋決決泱泱。水泉動。○晚出府舍忘身緣所一作「明」。晤。○夜直省中輕一作「爐」。煙浮夕香。○郡內閒居心與一作「知」。廬山緇。○幽居自當安蹇劣。一作「拙」。○郊居言志頹志一作「思」。亦何攀。○始至郡溢城古雄郡。一作「鎮」。洪流蕩一作「薄」。北阯。○新理西齋護藥鋤穢一作「荒」。蕪。○曉坐西齋寢齋有單綈。一作「茅」。道心寧易一作「異」。處。○永定寺夜叩竹付。林寺。○野居捕魚緣石赤。澗。○招國里第暗識啼烏鳥。與別鶴。○野次聽元昌奏横吹○樓中響迴迴。憑高閣。○秋夜披衣露更一作「轉」。寒。○對雜花朝紅爭景新。一作「鮮」。○西澗種柳生條在陽一作「王」。春。○種瓜直以春窘捃。迫。○滁州西澗獨憐幽一作「芳」。草澗邊生。一作「行」。○上方寺今年一作「來」。三十年。○煙際鐘蕭散逐一作「入」。煙微。秋野寂云一作「方」。晦。○射雉頭一作「頸」。弛錦鞘懸。○述園鹿麑麑。斑始力直，麑舊不成字。角已蒼然。○子規啼我獨展轉何時明。一作「何爲情」。○始建射侯男子本懸弧。孤。　下「熊侯」作「熊侯」。

卷第九　歌行上二十二首○行路難　舊注：「一云連環歌。」○横塘行玉盤的歷雙矢。白魚。○酒肆行百斛須臾一壺一作「囊」。費。○燕銜泥尾涎涎。涎涎。○温泉行今來蕭瑟一作「索」。萬井空。○王母歌 舊注：「一名玉女歌。」羽蓋隨雲雷。起。○馬明生中有玉堂一作「牀」。鋪玉簟。海上摘來朝露霞，謂。凝。頷之使去隋煙升。一作「使隨玄煙升」。○寶觀主爾自三山來。舊注：「音鼇。」

卷第十 歌行下二十首○驪山行下元昧爽漏一作「編」。恒秩。憑高覽古一作「一望」。嗟寰宇。英豪雄。共理天下晏。○漢武帝由來在道一作「德」。豈在藥。其二金莖孤峙兮淩紫煙。別提起。獨有淡泊薄。之水能益人。○椶櫚蠅拂歌青蠅掩一作「撩」。亂飛四壁。○信州録事彫螭一作「蟲」。刻篆相錯蟠。勸君鍊丹永求。壽考。○凌霧行溶溶迷朗一作「朝」。日。稍視一作「似」。霑衣密。○采玉行哀哀一作「田荒」。舍南哭。

韋蘇州集拾遺 以下悉依宋本鈔補。

蘇州刺史韋應物

熙寧丙辰校本添四首

荅暢參軍一首

南池宴錢子辛賦得科斗一首

詠徐正字畫青蠅一首

虞獲子鹿一首并序

陪王郎中尋孔徵君一首

紹興壬子校本添三首

送宫人入道一首

和晉陵陸丞早春遊望一首

乾道辛卯校本添一首

九日

答暢參軍

秉筆振芳步，少年且吏遊。官閒高興生，夜直河漢秋。念與清賞遇，方抱沈疾憂。嘉言忽見贈，良藥同所瘳。高樹起栖鴉，晨鍾滿皇州。淒清露華動，曠朗景氣浮。偶宦心非累，處喧道自幽。空虚爲世薄，子獨意綢繆。

南池宴錢子辛賦得科斗

臨池見科斗，美爾樂有餘。不憂網與鉤，幸得免爲魚。且願充文字，登君尺素書。

詠徐正字畫青蠅

誤點能成物，迷真許一時。筆端來已久，座上去何遲。顧白曾無變，聽雞不復疑。詎勞才子賞，爲入國人詩。

虞獲子鹿 并序

虞獲子鹿，憫園鹿也。遭虞之機張，見畜於人，不得遂其天性焉。

虞獲子鹿，畜之城陬。園有美草，池有清流。但見麀麀，亦聞呦呦。誰知其思，巖谷云游。一作「之游」。

陪王郎中尋孔徵君

俗吏閒居少，同人會面難。偶隨香署客，來訪竹林觀。暮館花微落，春城雨暫寒。甕間聊共酌，莫使宦情闌。

送宫人入道

捨寵求仙畏色衰，辭天素面立天墀。金丹擬駐千年貌，寶鏡休匀八字眉。公主與收珠翠後，君王看戴角冠時。從來宫女皆相妒，説著瑶臺總淚垂。

和晉陵陸丞早春遊望 此見《杜審言集》。

獨有宦遊人，偏驚物候新。雲霞出海曙，梅柳渡江春。淑氣催黄鳥，晴光照緑蘋。忽聞歌苦調，歸思欲霑巾。

九日

一爲吴郡守，不覺菊花開。始有故園思，且喜衆賓來。

元微之文集

世所通行本，乃明神廟閒馬元調所刻，名《元氏長慶集》。其前有嘉靖壬子東吴董氏本，係依乾道四年洪景伯本重雕者。但董、馬二本雖皆云由宋本出，然宋本脱爛處，輒以意妄爲補綴，有極不通可笑者。董本每卷前皆有目，如《文選》之式，馬本删去之。明末有人於燕都得宋殘本，其所闕乃完然無恙。近鮑君以文復見宋刻全本，以相參校，真元氏元本也。首題「新刊元微之文集」，今當去其「新刊」二字，其每卷之目當仍宋刻爲是。今以宋刻校馬氏本，凡是者皆作大字，而注所妄改者於其下，其訛字易知者不悉著。馬本又增添音注，時復錯謬，今於元有音注者著之，其繫時事者，皆馬氏所爲也。

卷一

○思歸樂山我。中作。思歸樂。應緣此山寄。路。跡。我無不。失鄉情。尋丈可寄形。身。一始。到對。長安城。移鎮廣值。與江。荆。陵。長人。安生。一如。晝夜。況我三十二，餘。百年。年来。未半程。久聞欲。峴登。山斯。亭。開釀。門酒。待賓客。身外皆無。委所。順。求。誰能求苟。苟求。榮。不朝。畏野。權已。勢傾。況復人性至。靈。珠金。碎埋。無土色。我可因爲俘。下三字未刻。此誠患不至，立。誠雖。至困。道亦亨。○春鳩猶知化造。工物。意。○古社夜隨風馬長。奔。飛壯。聲鼓鼙震。狐死魅人醒。滅。農收村落盛。下二字未刻。○松樹華山高憧憧。幢幢。　枝葉但俱。冥蒙。　使種。之搖清風。◯芳樹可憐團團圓。葉。念爾有生涯。疑「有生」倒。◯桐花不語山嵚崟。岑。◯大觜烏音聲甚吰呋。喟。文弨疑「吰」乃「吱」之俗。張參《五經文字》云：「呋、吱，上《說文》，下《字林》。」　呪況。爾烏何者。◯四皓廟椎本訛「推」。　碎屬車輪。　惠帝竟競。不嗣。

卷二　◯青雲嶺瑚璉雜并。象犀。　安能復久稽。棲。攀路。援途。信不易，風雨正淒淒。淒淒。　纔歸。及家。青塵。雲霧。驛。黯。　忽遇蓬蒿篙。棲。妻。逡巡吏來。來敘。謁。別。　共捨拾。藿與藜。宋作「梨」，似非。乘我牂柯本作「牂牱」，似非。馬。　昔游蜀門關。下。◯陽城驛湧如波數。薦萬。舟。　不天。異旱呈。地天。虬。　公方云。伯自。夷挺。操。　利柄扼其如。韝。　辭祠。曹諱羊祜。◯苦雨又提精別本作「旌」。陽劍。◯種竹昔公憐我有。直。◯和樂天贈樊著作疑信言。相竝傳。　虧則飢饑。與寒。馬本每改「飢」爲「饑」，後不悉著。◯和樂天感鶴既可習爲鮑，飽。亦可薰爲荃。筌。◯論賓次首魚貫衆。蛙哇。同穴。　用之有乃。施設。　璧固充。充傳。傳國。璽。　千本訛「木」。尋豫樟幹。　凡于。今盡凡耳，不爲君不陳。說。◯說劍更酌舞。亦更壽。　疑是干訛作「十」。將偶。鬬。　蛟龍遶逐。身奮。走。我何。爲人。奉爲。之鑄。泣，之。此干。劍將。別來久。鑄時堇近。山破。　幽匣質。獄底中。埋。　本用是。泥稽滓，果非雷煥涣。

有。　寒光射林莽。藪。文弨案：「莽」有「某」音，自叶。　自茲失所在，往。　豪英共爲詬。本有「音茍」二字。　既非古風胡。宋作「壺」，似「胡」是。　勸君慎所用。寶。　勿但防驚。妄婦。○書異騾若鼓。隨轟。雷霆。　通夕宵。曾莫停。　跳趫井蛙哇。喜。　飛蚋奔未不。死。　薦用百品馨。珍。　神其安焉。得靈。　仲冬雷雨若。苦。○和樂天折劍頭風雲會劍。一合。　雷迸震。山嶽碎。　莫但保寶。劍頭，劍頭。頭非此比。

卷三　○松鶴無心眄盼。烏宋訛「鳥」。鳶。　虞韶亦冥漠。寞。鶱宋訛「騫」。翻勿重留，幸宋作「半」。及鈞天作。○競渡萬物羅亦以。繁。○訓別致用那言反返。爲遇。　君今虎在柙。匣。　未敢深自非。悲。○竹部枯形燒本注：「去聲。」餘木。○茅舍佛廟青鴛瓦。本注：「去聲。」馬刪。○後湖問荆。案：「問」疑是「聞」。　有涽泥。濘水。　鄭公理三載。注本有。○八駿圖詩夫車行三萬里，而無毀輪壞轅之患，蓋神車也。宋本脱「也」字，有一「者」字。文弨案：下云「三神」，而各本止有「神車」、「神人」二神而已，詳《序》與詩，竝是三神，當有「御者」一段，而宋本亦脱去，今竊爲補之云：「御者日行三萬里，而無絶靷委轡之患，蓋神御也；乘者日行三萬里，而無喪精褫魄之患，亦神人也。」共增二十一字，去一「之」字。　御者輓腕。不移。○遣興之一始見梨花黄。房。其二君看寒已又。暖。　其四池枯難遂遽。呈。涼霄宵。露華重。　其五炎夏火乃再。代。伏。　其八上入。山摧椎。虎狼。　一日風雲雨。會，横行金。歸故鄉。其十注本有。

○野節鞭緊緦字書無此字，案：《墨子·天志下》篇「發其緦處」，亦作此字，疑當與「紖」同。野節鞭。此鞭未不。容易。 龍青。 虵坼生石。 決撻怪本注：「平聲。」龍睡。借惜。令寸寸折。願疑「顧」。我遲似攣。

卷四 ○旱災自咎貽七縣宰本注「同州」二字。○蟲豸詩 本雙行注「七首并序」，下皆放此。案：宋本凡題皆上空四格，小目亦然。馬本題皆上空三格，而於總目又升上一格，改「七首」爲「七篇」，作大字，皆非舊也。因爲《有鳥》二十章以自達。疑「遣」。又數年，司馬通川州。郡。 蒸烝。瘴陰鬱，焰爲蟲虵。宋本「蟲」下空十格，今案：無闕文。 蝱、蟆。本注：「音莫。」不知者，毒遭。輒死。○巴蛇用雄黃烟破被。其腦。 其二武都西隱陷。戎。○蛒蜂其二堪笑清都月。本注：「蜂京多梨花。」案：當作「京多梨花蜂」，今本多「開元觀」三字。○蜘蛛身運邊。數寸。○蟻子拾粒苦嚳⿰言寧。本注：「平聲。」 其二吥嚼。食困蛟鯨。 其三焉得有蝝蚳。本注：「蟻卵。」○浮塵子仍害及仁人。疑「人人」。○楚歌其一縱有明君在。在。下。 其三平王生。漸昏惑。

卷五案：宋本卷五至卷八係樂府詩，此古體詩，在卷九以後，董本始易其次，而馬亦仍之。○清都夜境悠悠車馬上。上。馬。○含風夕悵望牽牛。牛斗。星。 詎無深秋稠。夜。景。感此乍年。流易。 循環切中腸，感。感念今。追往昔。○秋堂夕堯舜去事。已遠。○臺中鞫獄至四十韻似以。我文章卷。 亦願訪放。羸孱。 蠻民詀本注：「竹感反。」詀訴。 猶兒金油本

注：「去聲。」鐶。 月請公主俸。封。 坐臥摩綿疑「錦」。褥。 寒臥支體痛。音本有。◯劉氏館至晦之道人話昇升。騰。

卷六宋本卷第十。◯寄吴士矩至五十韻事業在若。盃盤。 香醅膩如織。疑「膩」。未解能。媿生獰。 亂布鬬分明。朋。 酒聲頻餩餩。本注：「愛墨反。」 忽復憂愛。稼穡。昨來陜郊郟。會。 豈無新相知。知。者。◯酬樂天書懷見寄 注本有。◯酬樂天勸醉不必悟楞伽。加。◯春月南有居士巖。儼。◯月臨花 本注：「林檎花。」啼蹄。珠墜還結。◯紅芍藥酡顔醉後泣。竝。◯送王十一南行晚暘依映。 遥宋作「岸」。村。 楓槐。樹摇去魂。 驟歸。若苦。移復。寒温。◯三歎 下馬本加「三首」二字，贅甚。 其二非無鴛鷺鸞。侶。 其三哀猿緣。噴風斷，鶡渴。旦且。含霜啼。◯周先生泠泠冷冷，訛。風松林。流雲月，訛。垂鱗光。

卷七宋本卷第十一。◯遣春鷺聲深。餘霧中。 其三烟光委垂。繁碧。草。 其七摧殘戀芳房。蘂。◯表夏煙疑「楝」。花雲幕重。 其五非言念誰將。謔。 其六烟泛繡被。 籠香。悵恨。望堦前立。 合今。昏春。行已及。◯解秋 宋本第二首、第六首，與今本互易。其四絲忽。微成網羅。 其六 宋本以首二句作末句，不可從。 憑買□家。家麴。 其十微微楓風。樹烟。◯遺病 其三憶作疑「昨」。孩稚初。 其五「過」下音宋本有。◯遺病本注：「自此通州後作。」◯感夢夜久燈火低。底。良藥固易宜。擠。相君不我言。注五字本有。謂我若。識天真。不覺淚歔欷。本注：「去聲。」身分從此始。治。◯和東川至十二韻顥氣陵爽。天涯。靈物神所何。作「呵」非。時與天籟合。本注「音閣」二字，下卷「不然合身棄」同。

卷八 宋本卷第十二。◯酬東川李相公十六韻次用本韻并啓　宋本題如此，馬本刪去「次用本韻」四字，而移次首題下注「此後至和樂天三首，竝用本韻」十二字於此題下，誤甚。若注於此，則是四首，非三首矣。宋本「并啓」二字亦大字，馬改作小字，又於「竝」字下添「次」字。◯酬劉猛見送江流初滿槽。本注：「江槽，楚語。」◯酬樂天至三首滿地羅網。網羅。設。◯夜池荷葉團團圓。莖削削。高屋無人風張本注：「去聲」。幕。◯酬楊司業　注本無圈。◯順宗　題下注本有。下同。其三轀輅輅。轉城闉。◯憲宗詩中注本有。其三風傳宮監臨。別本作「漏」。苦。◯哭呂衡六首之二江文別本作「鵬心」。駕風遠。◯僧如展　題内「滿壁人名後復稀」，別本「復」作「會」。

卷九 宋本卷第十三。◯夜閑　馬本凡舊「閑」字皆改「閒」。◯「初寒夜寄盧子蒙」下六字是小注。◯三遣悲懷　馬本作「遣悲懷三首」。◯聽庾及之彈烏夜啼引我傳樂府解本注：「去聲。」古題。◯夢井化作瓶相警。憬。◯江陵三夢　馬本作「江陵夢三首」，非。網羅方生。縶維。◯六年春遣懷八首其三殘絃猶迸細別作「鈿」。箜篌。其六我隨楚澤波中梗。水。◯哭女樊四十韻香花祇抵。浪擎。醫僧媿娩。似酲。和蠻歌字拗。本注：「乙教反。」未容誇誘。伎倆。◯感逝誰令蘭夢感哀哀。翁。　鷰雛新去舊夜。巢空。

卷十宋本卷第十四。◯代曲江老人百韻琳瑯鋪銷。柱礎。　杞梓無遺遭。用。　珪瑜。璋璉。冐雜稱。珉。　措理。刑非苟簡。　詩亡遠聘聽。申。雄繼。推黜。三虎彪。賈，秀羣。擢八龍荀。　儒林精一。闐同。奥，異。流冠。品履。重盡。清淳。　卑宫官。休力役，蠲賤。賦職。免少。艱辛。　風俗厚闐闠。諄諄。暇秋。日耕耘足。　酎酹。金光照耀。　集靈撞石玉。磬。　蒐畋田。過渭濱。　龍眼弊敵。甌閩。　繡錦。韉薦。被覆。花駰。　掣坐。肘射。取迴鶉。　猗倚，誤。頓數牛金。犉。銀。蘿蔬。鬬鬩。冬中韭。　五酘醶。未稱醇。曲水閑流。銷觴。日，倡樓優。醉度旬。　共謂長之安。泰。斗枋柄。侵妖彗。　背貸。恩欺歎。乃祖。　王師纔方。業業。　語舊若苦。諄諄。

◯開元觀至三十韻　宋本下注云：「中有問行藏求藥物之意，十八時作。」馬本移十字於「行藏我詎兼」下，非是。祕籙捧金朱。籤。　醮起彤廷焰。燭。　赤城誠。祈皓鶴。　惟欣祿未恬。一作「拈」。　判應。嗤食蓼甜。　求藥意何謙。宋本注云：「來句有：『永慙沾藥犬，多謝出囊錐。』」董本留七格未刻。　行藏我詎兼。宋本、董本皆無注。

◯黃明府詩因饋酒一樽。槽。　則曰下衍「又」字。　褒姒所奔之域在其左，諸葛所征之路次其右。「姒」下十四字從《紀事》補。　花凝一作「疑」。　褎褒。女笑。

◯酬翰林學士至一百韻會予家信居。至。　且置別未刻。書。　前古書。韻未刻。耳，可。不謂。足寔。難之。逸驥初調翻。步，新韉。鷹忽暫。斷脱。羈。慚當古井詩。注「皎皎」誤「皎彼」。光陰聽話移。注「樂天每與予游從，無不書名屋壁，又」共六十四字止，下脱三葉，今依宋本備鈔於左，庶覽者差易云。

嘗於新昌宅説《一枝花話》，自寅至巳，猶未畢詞也。綠袍因醉典，烏帽逆風遺。暗插輕籌箸，仍提小屈卮。予有蕭萁草、籌箸、小盞、酒胡之輩，當時常在書囊，以供飲備。本絃纔一舉，下口已三遲。逃席衝門出，歸倡借去聲。馬騎。狂歌繁節亂，醉舞半衫垂。散漫紛長薄，邀遮守隘岐。幾遭朝士笑，兼任巷童隨。苟務形骸達，渾將性命推。何曾愛官序，不省記家資。忽悟成虛擲，翻然歎未宜。便迴耽樂事，堅赴策賢時。寢食都忘倦，園廬遂絶窺。勞神甘慼慼，攻短過孜孜。葉怯穿楊箭，囊藏透穎錐。超遥望雲雨，擺落占泉坻。略削荒凉苑，搜求激直詞。那能作牛後，更擬助鴻基。舊説：制策皆以惡訐取容爲美。予與樂天，指病危言，不顧成敗，意在決求高等。初就業時，今裴相公戒予：「慎勿以策苑爲美。」予深佩其言，然而怪其多大，擬取有可取，遂切求潛覽，功費累月，無所獲。先是，穆員、盧景亮同年應制，俱以詞直見黜。予求獲其策，皆手自寫之，置在筐篋。樂天、損之輩，常詛予篋中有不第之祥，而又哂予決求高等之僭也。唱第聽雞集，趨朝忘馬疲。內人輿御案，朝景麗神旗。首被呼名姓，多慚冠等衰。千官容眷盼，五色照離披。鴛侶從兹洽，鷗情轉自縻。分張殊品命，中外却驅馳。出入稱金籍，東西侍碧墀。闘班雲洶湧，開扇雉參差。切愧尋常質，親瞻咫尺姿。日輪光照耀，龍服瑞葳蕤。誓欲通愚謇，生憎效喔咿。佞存真妾婦，諫死是男兒。便殿承偏召，權臣懼撓私。廟堂雖稷契，城社有狐狸。似錦言應巧，如弦數易欺。敢嗟身暫黜，所恨政無毗。予元和元年任拾遺八十三日，延英對，九月十日貶授河南尉。謬辱良由此，昇騰亦在斯。再令陪憲禁，依舊履阽危。使蜀常緜遠，分臺更嶮巇。匿姦勞發掘，破黨惡持疑。斧刃迎皆碎，盤牙老未萎。乍能還帝笏，詎忍折音「浙」。吾支。虎尾原來險，圭文却類疵。浮榮齊壤芥，閑氣詠江蘺。闕下殷勤拜，樽前笑傲辭。飄沈委蓬梗，忠信敵蠻夷。戲誚青雲驛，譏題皓髮祠。予途中作《青雲驛》詩，病其雲泥一致；作《四皓廟》詩，譏其出處不常。貪過谷隱寺，留讀峴山碑。寺在亭側。草没章臺阯，隄横楚澤湄。野蓮侵稻隴，亞柳壓城陴。遇物傷凋换，登樓思漫瀰。金攢嫩橙子，璺泛遠鸕鷀。仰竹藤纏屋，苫茅荻補籬。南人以大竹爲瓦，用荻爲籬也。麫梨通蔕朽，火米帶芒炊。麫梨軟爛無味，火米粗糲不精。葦筍針筒束，鯾魚箭羽鬐。芋羹真底可，鱸鱠漫勞思。北渚消魂望，南風著骨吹。度梅衣色漬，食稗馬蹄羸。南方衣服經夏，謂之度梅，顏色盡黦。馬食瓜蔣，蓋北地稊稗之屬。院榷和泥醶，官酤小麴醨。訛音煩繳繞，輕去聲。俗醜威儀。樹罕貞心柏，畦豐衛足葵。坳窪饒尰矮，游惰壓庸緇。病賽烏稱鬼，巫占瓦代龜。南人染病，競賽烏鬼，楚巫列肆，悉賣瓦卜。連陰蠅張王，瘴瘧雪治醫。雨中井作蛙池，終冬往往無雪。我正窮於是，君寧念及兹。一篇從日下，雙鯉送天涯。坐捧迷前席，行吟忘結綦。匡牀鋪錯繡，几案踴靈芝。形影同初合，參商喻此離。扇因秋棄置，鏡異月盈虧。壯志誠難奪，良辰豈復追。甯牛終夜永，潘鬢去年衰。余今年始三十二，去歲已生白髮。溟勃深那測，穹蒼意在誰。馭方輕騕裹，車肎重辛夷。臥轍希濡沫，低頭受頷頤。世情焉足怪，自省固堪悲。溷鼠虛求潔，籠禽方訝飢。猶勝憶黃犬，幸得早圖之。

元微之文集卷第十四以上俱依宋本補。

卷十一宋本卷第十五。〇紀懷至五十韻公卿碧墀雞。會。榮班聯張。錦繡，諫紙路。賜戕藤。竦疎，誤。足良安分。夢聽鼓鼙鼙。本注：「他勝反。」〇荅姨兄至五十韻胡靈之下衍一「之」字。輩。相宅盡本注：「兹引反。」吾兄。題頭筠管緑。緌。磬本注有「音茆」二字，蓋與「麞」同，董本但有「音」字，而「茆」字未刻，馬本竟删去之矣。牛獸面纓。媚子舞卿卿。注空一格，是「軍」字。又「相撓」，董、馬改作「綱紀」，非。樓夢古秦嬴。本注云：「弄玉樓，在鳳翔城北角。」糟漿聞暫漸。足。正躭幽趨疑「趣」。樂。我髯鬣。鬣數寸。未擬變平生。注八字本有，疑亦有訛。〇送崔侍御至二十韻蕭何歸舊印。本汻：「自江陵士曹拜。」緌珮繡縿縿。本注：「音衫。」〇酬竇校書二十韻看雪璧相常。連。〇泛江翫月十二韻王文仲司同。録。自府城之南橋，淮。乘攀。月泛舟。因朋。依儕。多士子，參畫量。晝敦厖。共將船載繫。酒，泊。同況。泛是。月臨江。海客話神瀧。龍。勝事他年憶，盡。愁雄。心此夜降。○痁臥至三十韻道情憂易釋。適。眼暗動助。昏霾。殘菊半枯荄。本注：「音皆。」三省詎行怪。平聲。宋本「怪」作「恢」，無音。案《集》中多以「怪」作「乖」用，此似不當從宋本。藏本注：「去聲。」衰謀計拙。鋃銀。翰屈朋儕。杯投。盤止罰哐。先須遣癘痎。本注止「瘴瘧之徒」四字，下句注四字亦有。○酬友封至十二韻開張圖卷軸。圖卷，宋作「開巷」，訛。但「圖」字亦可疑。贈踏。我馬。筆如飛。○送王協律遊杭越十韻山經秦帝望。葬。荊南無抵疑「底」。物。

卷十二宋本卷第十六。

○酬樂天至一百韻予時病瘧。瘧。病。三十二章皆畢。異。坐痛筋骸惜。潛。董作「憯」。雨蒸蟲重。沸渭。微俸封本注：「去聲。」漁租。泥本注：「去聲。」浦喧撈蛤。鼉炙本注：「之夜反。」漫塗蘇。鑹文弨案：此字當讀「竄」平聲，《集》中又有「黃家賊用鑹刀利，白水郎行旱地稀」之句。刀代轆轤。滎路昔惜，訛。同趨。耳不刮亂。齊竽。高唱軋軌，訛。吴歈。方甘馬作「欣」，陳作「看」，皆非。佐伍符。便許到皇都。注「予召」二字似倒。連鑠責本注：「音債。」逋誅。投分刻肌膚。注中「澧州李十一」訛作「澧」，又脱「一」字。燕蒯受揶揄。訛從「木」，末句注中宋無「足下」二字。○和樂天至二十韻規外布星辰。注「浸低」訛「淩低」。猩猩置屐馴。注中「罵」訛「[illegible]」，不成字，又訛作「詈」。又「吾既就擒矣」，「既」似當作

「綫」。　貢兼鮫蛟。　女絹。　黃家訾注十字本有。　起塵。　風默馬訛「黓」，音「戲」，董作「默」，亦訛。《集》中有「青衫經夏黕」之句，當音「耽」上聲。　秋茅葉。　◯獻滎陽公詩五十韻某稹。　亦謬容末席。　諸生帖帖怗怗。　竦竦。　止詠公之詞業力疑「文」字，或「才」字。　翰。　儉仁慈董脱，馬補。　愛被親戚。　大凡愛受。　褊狹者。　清機登突本注：「於弔反。」奥。　自傷魂慘怛。沮。

喜倒到。　樽罍側。　漫勞誠成。　懇懇。

卷十三宋本卷第十七。　◯酬樂天至三十韻亦纔。　從魚裏得。　四十已中年。　本注：「諸葛亮云：『揚州萬里，潯陽向餘五千，僕今年忽已四十。』」董本作「四十一」，宋無「一」字，馬刪本注作「時公年四十一」，殊失其舊。「向」當作「尚」。　◯酬樂天早春至贈耳山腰虹本注：「音降。」下兩注皆本有。　似巾。　◯江邊四十韻　注中「卒」字，宋本作「率」，又本無圈隔。　琅玕褱衰。　翠梢。　脩椽掾。　郢匠鉋。　圓囷收故。　薄禄，廚敞敝。　備嘉肴。　材未刻。　賸宋作「勝」，疑。　架青鴳。　製榻容筐坐，篚。　施關拒斗筲。　梢。　密室待投持。　膠。　庭草傭工薙，莥。　園蔬稚子掊。　培。　瓜壼拾蝦搬。　蚤。　蝥。　築宋作「築」，疑。　垛閲弓弰。　◯春六十韻　撩摘本注：「音剔。」　芳情遍。　斜臨絶幕漠。　戎。　南巡曖宋作「暖」。　珠樹。　蠶役提投。　筐妾。　宿霧露。　清餘靄。　罯畫〔一〕畫。委高籠。　麴蘖蘖，訛。調神力，空格。鵷鸞竭至志。忠。歌鍾聲。齊錫宴。俊造欣興。時用。　倡樓妝歌。燿燿，細細。農野緑麥。芃芃。殊恩赦赫。鄧通。魯願浴沂童。公。　籬栽栽。備幼沖。　晴和鶴一沖。此「沖」與「衝」同，與「幼沖」義異，不爲複。〇月三十韻膹涼。魄潭空洞。　岑寂隱思。幈幃。　懇款墮雲祈。圻。　司存委卿鄉。士，親新。拜出郊畿。　漸減姮嫦。娥面。〇度門寺北祖三禪寺。地。〇大雲寺二十韻迷方心。尚有云。〇和友封至十韻魔女捧香花。嬌。

卷十四宋本卷第十八。〇賦得春雪映早梅一枝方漸笑。秀。〇賦得玉卮無當　本注：「韻取卮字。」〇賦得九月盡　本注「秋」字。〇山竹枝　注「自感化寺」，一本倒作「化感」。〇悟禪三首寄胡杲　一本作「果」。〇劉頗詩分勢。不支。〇誚盧戡至而不行乘興無拘羈。束。

卷十五宋本卷第十九。〇贈熊士登那他。鄉值故人。〇日高睡　案詩與題不合，疑有脱誤。〇遺行十首之一慘切風雨夕。多。　蠶蟬。是每年聲。暗類淚。深相感。〇生春　注：「丁酉歲，凡二十章。」　其三水涷霜威在。庇。　其八春生水冰。岸中。　其十香乞本注：「音氣。」擬來風。　其十五注「一本傍人驚屢魘，魂入牡丹叢」，一本「魘」皆訛「壓」。　其十七梅香蜜宋亦訛「密」。

〔一〕《白氏長慶集》此字作「晝」。

氣融。　其十八天暖養癢，訛。　頭風。

卷十六宋本卷第二十。◯杏園　宋本注：「此後竝校書郎已前詩。」◯「貞元二十年正月」云云是小注，題爲「華嶽寺」三字。又下一首題爲「天壇上境」，其「貞元二十年五月」云云亦是注。詩中注云「上有洞，周萬里」，宋本作「周[illegible]王」，「王」上一字模糊不可辨。◯病醉　下注宋本是「立度」。◯勸醉顧顧。我共君俱寂寞。◯同醉　下注宋本「社」作「杜」，「歸」作「常」，「同隱客」下又有「同」字。◯定僧禪野。僧偶向花前定。◯送劉太白古堤提。愁樹隔中橋。

卷十七宋本卷第二十一。◯駱口驛二首我到東川宋作「平」。恰相半。◯亞枝紅還向萬莖竿。深竹裏。◯漢江上笛　馬本脱「上」字，注末宋本有「一本作有懷」五字。◯嘉陵驛二首　下四字是注。◯嘉陵江二首可憐如練遶晴明。窻。一還。◯貶江陵途中寄杓直樂天　二本皆脱「杓直」二字，注末「李建，字杓直」，馬上圈隔，倒作「杓直，李建字」。◯渡漢江　下注舊作大字。

卷十八宋本卷第二十二。◯送友封二首之一遍爲拈姑。將惱大巫。◯重送友封　二本脱「重」字。窈娘隄提。抱古天津。◯酬孝甫見贈十首　下八字是注。　其四曾經倬綽。立侍丹墀。　其五柏葉莎紗，訛。羅雜豆黃。◯盧頭陀詩　序中注宋無。

卷十九宋本卷第二十三。◯宿石磯　脱「磯」字。◯張校書元夫書來稠疊頗相於。吟。◯西

歸絶句十二首　凡注皆在篇末，馬本移之當句，失之。◯「題藍橋驛」四字，宋本是題下注。燒本注：「去聲。」煙餘煖有春遊。◯灃西别樂天博載樊宗憲李景信兩秀才姪谷三月三十日相餞送　題共二十六字，馬本唯首五字，謬甚。灃，宋作「澧」，疑非。◯寄曇嵩寂三上人長學對治死思。苦處。

卷二十宋本卷第二十四。◯聞樂天授江州司馬垂死病中仍驚。悵坐。望。起。◯憑李忠州寄書樂天却憑沿冰。峽寄江州。◯别李十一五絶　宋本四絶，無次首。　其四虎驚虵伏本注：「一作亂。」是通州。

卷二十一宋本卷第二十五。◯酬樂天春寄微之醉尋江岸笑哭。東風。◯酬樂天見寄　詩中注馬所加。◯和樂天尋郭道士不遇　宋本注無「道士」二字。又，「常」當作「嘗」。◯酬樂天至四首之末章渴熱。暴枯鱗失水魚。◯酬樂天歎損傷見寄起因行花。藥暫扶牀。函關氣紫索。迷真侶。◯别毅郎　注「此後」下本有「三首」二字。

卷二十二宋本卷第二十六。◯酬樂天喜鄰郡火點照。紅妝不待春。◯重贈　注「商」字本作「高」。◯戲贈樂天復言　詩中注本有。◯酬樂天至六韻之作直詞三道共經綸。注「樂天與予同應制科，並求前輩切直詞策，以盡經邦之術，其事已具之字詩註中爾」，馬本脱。◯酬復言至見寄　篇末音宋本無。◯寄浙西李大夫四首之二　末注：「網索，在太液池上，學士候對歇於此。」馬本缺。◯爲樂天自勘詩集　宋本無「爲」字，又「不復聚寐」，「寐」作「寢」。

卷二十三宋本卷第五。○樂府古題序丁酉　宋本如此。　劉補闕云。之。　齊牘沐當作「沐犢」，亦作「牧犢」。作《雉朝飛》。　與友人白今缺。樂天。○夢上天　注「此後十首竝和劉猛」，馬本删此八字，而於前别添一行，非其舊也。　千慙萬謝喚厭馬缺。案：即「魘」字。人。○將進酒推本注：「他雷反」。　椎主母牽下堂。○織婦詞變繅緝。案：《西京雜記》：「五絲爲繅。」撩機苦難織。○田家詞牛吒吒。本注：「許角反。」又下「趵趵」下本注：「音剥。」　歸來收攸。得牛兩角。○君莫非　注「此後九首和李餘」，亦無前一行。○田野狐兔行鷹犬相盡。本注：「兹引反。」○人道短聖唐。謚作玄元皇闕。帝。　天能夭天。人命。○苦樂相倚曲漢成聘眼。幣瞥。飛燕時。　白首宫官。人前再拜，願將日月相揮輝。解。○出門行雩夏下，訛。鐘鼓繁。○估客樂交關少但。交假。本産。上聲，二本作：「生，上聲。」　所費百錢必。本。　採玉珠。上荆衡。　市卒酒醉。肉臭。

卷二十四宋本卷第六。○連昌宫詞春嬌滿眼淚睡。紅綃。○望雲騅馬歌蹄懸四跑本注：「或作矩。」案：「跑」字無攷，馬本作「踻」。　腦顆方。　驤盼盼。驢騾少顔色。　御馬齊登擬用槽。「廄中號乘輿之副曰擬用槽」，二本「副」訛作「馬」。　空盡本注：「兹引反」。天年御槽活。當時鄙鄰。諺已有言。○上陽白髮人　注三段本有。○華原磬　注本有，下亦同。○五絃彈　詩中「掇」字本注「蘇雷反」。○西涼伎　詩中注「其實就盈數矣」，二本「實」字闕，又「數」訛作「故」。○法曲漢祖過歌，誤。沛亦有歌。伎進胡音務胡樂。音「洛」，馬本誤音「岳」。◯馴犀理國其如視指。諸掌。◯立部伎 下注「退入雅樂」下，當有「部則雅樂」四字。宋晉鄭女友。歌聲發。元廟千門虜塵涴。注「太常卿」以下，宋本有，二本「卿」作「丞」。姦奸，俗。聲入耳佞入人，訛。心。◯胡旋女旋得明皇王。不覺迷，妖胡奄至到。長生殿。下「虹」字、「笪」字音本有。玄宗始悟坤維轉。注首本有「緯書云」三字。◯蠻子朝 宋本止有題下注。◯縛戎人供進腋腋本注：「音夜。」御叱般。◯陰山道綽立花磚塼。鵷鳳行。

卷二十五宋本卷第七。◯有鳥二十章之二疽腸暗著本注：「一作把。」鵷雛啄。其四飛飛漸向上。高高閣。其七世人謂爲。爾毛羽。羽毛。全。其八偏偏。啄鄧林求一蟲。其十隨珠彈盡聲轉驕。嬌。其十九鷄雞。小鵰癡俊無匹。◯有酒十章之一澒洞浩汗真無名，當重二字。胡不終渾成。其二胡爲闕。山高屹崒海泓澄。其四無乃在乎昭昭乎日與夫月日。星。幽妖倏閃忽。兮。其五君今闕。獨醒誰與言。精衛銜蘆塞海溢。闕。其六霜霰過兮復無。奈何。

卷二十六宋本卷第八◯紫躑躅今年夏見青山曲。注四字本有。◯山枇杷花似牡丹殷。本注：「烏閒反。」又，「解」字下亦本注。緊摶搏。紅袖欲支頤。◯琵琶歌纏本注：「去聲。」絃不敢彈羊皮。◯小胡笳引潺湲疑是鴈疑。鸊鵜。◯去杭州翻風駕浪指拍。何處。◯何滿子歌碧袖欿歌。垂翻鶴卵。　整頓衣裳事頗。閑散。◯通州至三首其一青燈風灩灩。本注：「以陝反。」◯酬鄭從事至舊韻　詩中段注皆本有。　舟船騈比本注：「毗必反。」馬本不載。案：《香山集》押排比在入聲韻者甚多，不得疑此音爲誤。　有宗侶。

卷二十七◯奉制試樂爲御賦引重任者御之爲先，播盛德者樂之爲本。二本「之爲」倒。◯善歌如貫珠賦狀纍纍而以。　相成。◯鎮圭賦安八荒於術度。　內。◯觀兵部馬射賦引滿雷碎。砰。　觀校俘埒。　百夫之禦。◯郊天日五色祥雲賦可以與四靈而宋下有「爲」字，衍。別本一作「爲」。　五。　繁五稼而以。　除五賊。

卷二十八◯才識兼茂至一道皇帝若曰。　宋本俱頂格。又「制」後另行有一「對」字。　厥後相杞。循。　在陛下下「悠悠」二字宋本無。　懲之、戒之。　以漢元文。　尚儒闕。　學而衰盛業。亦所以殖植。　舜禹。　禹舜。　而種皋陶也。　達於末未。　隸闕。　在朝省宋無。　者。　行不加知。　於人。　陛下又乃。　執左契以御之，握揔。　樞極宋無。　以正之。　此臣之所以汲汲於私闕。　心也。者。

卷二十九◯論教本書而胡亥固宋亦闕，以史補。　已自幽於深宮矣。　無所以。　自明。天質資。　甚美。　則不能虞處。　簒弑矣。　用闕。　至於母武。　后臨朝。　而令匠近。胡安金藏剖腹以明之。　夫以匹士夫。　之愛其子者。　近制，宮官。　僚之外。◯與史館

韓郎中書　二本作「侍郎」。　郎侍。　中郎。　退之足下。

卷三十〇敘詩寄樂天書生生之備稱是。之。　五、六年下衍「之」字。　閒。　及通宋無注。行，盡置。〇誨姪等書能不皇自。　懼？　鑽仰沈研。吟。　汝因使便。　録吾此書。

卷三十一〇代論淮西書去奉。　十月十九日。　容易於授闕。　鄉卿。　長。　奉先人之冢家。　嗣。　而李義等成伐。　封侯之利。〇上門下裴相公書以文皇勅初。　起居郎。　是以秉國政。　不累月。　密勿津建。　梁之地。　備將相公「公」作「號名」二字。　卿者。　至王。化方行。　各心肝。髓。　對上以河南掾縣。　尉非貶官。　次有以廣閤下賞好。　善救人之道。

卷三十二〇敘奏　馬改作「表奏」，有序。　其讓疑「攘」。　也，非道也。　章武皇帝本無注，下同。　分外。　莅東都。　河南尉叛判。　官。　宰相素以劾叛判。　官事相疑。銜。〇獻事表其小人擇竦。　利而言曰。　其小人擇利而喜言。　曰。

卷三十三〇論追制表臣聞令之必於行。　行於下。　者，信也。〇論諫職表發一言，則王魏詳善。　之而後出。〇論西戎表掠方萬。　人。〇同州刺史謝上表辜負聖明。　朝。　豈謂宜。　尚忝官榮？　年二十四，登吏部二字闕。　乙科。　獨立性成。　成。性。　臣本待辨明未亦。　了。

卷三十四〇代李中丞謝官表無任懇款屏營之至。下六字宋本有。〇爲嚴司空謝招討使表此誠仁人孝子快決。憤激忠之日也。〇兩省供奉官諫駕幸温湯狀右，臣等。宋本別提行。官曹盡復於田萊。萊，訛。曲回面。天眷。

卷三十五〇辨日旁瑞氣狀臣所引占書，悉皆明期。驗。特宣宜。手勅。〇謝御札狀飛龍顧眄盻。於縑緗。〇進田宏正碑文狀伏聽候。勅旨。〇進詩狀或以悲傷歡。自遣。〇進西北邊圖狀咫尺。尺寸。無遺。陛下便合可。坐觀處所。宣示其疑「共」。遣，道。辨別精粗。其《聖唐西北極。圖》三本。事須面自陳論。闕。〇進雙雞等狀皆云二十年前。闕。

卷三十六〇賀降誕日德音狀萬歲傳呼。聲。〇中書省至鑄錢等狀榷酤、酒。鹽利等。一則厚斂取。疲人。〇中書省議舉縣令狀「元和十五年」至「元稹」。五十七字宋本無，當有。又云：見任官。宋本三「又云」俱提行。以前數件。提行。

卷三十七〇彈奏劍南東川節度使狀亦不具事賊闕。職名。至今見闕。被使司收管。永爲使。疲人重困。案典趙明志。之。擅收没。凡名銜宋本作一行，下放此。都計。宋本上低三格，下同。草七萬五千九百五十一二三。束。榮州刺史陳當。三行，宋本在「邵膺」三行後。中書門下牒御史臺。提起八字，另作一行。一一分析，二字闕，宋本「析」作

「柝」。分付本主。◯彈奏山南西道兩稅外草狀諸道兩稅外榷摧。率。　明加禁斷其四字闕。
州府長吏。　今分。勘責得實。

卷三十八◯論浙西至縣令事狀　凡題下皆有「狀」字，二本闕。行有。此乖越。◯論轉牒事狀二本「轉」訛「傳」。以右。前件。謹具如前。宋本提行起。以例勵。將來。◯爲河南府百姓訴車狀時估八百文。里。　折當實錢四千五百。已來。二字闕。　別載沿緣。路糧草。　實恐虛成其弊。敝。

卷三十九◯論當州至率錢狀一斗三升九三。合。　謹具分析柝。以在。前件，狀如前。
◯浙東論罷進海味狀海蚶一石五斗。「每十里置遞夫二十四人」，注十字馬本闕。

卷四十◯制誥序　題止三字。苟務文刓。飾。　初束約。束不暇。◯文武孝德皇帝册宋本題如此，無注，文首有「門下」二字。思文祖憲考之道以自勤。勖。　夫又。何愛焉？◯處分幽州德音　文首有「勑」字，下篇同。得無懽悽。怍。亦抑。又何知？◯戒勵風俗德音光武不以能。單辭據行。　律有慝疑「匿」。名之禁。　罪有歸而賞當有。事也。　同安底。於道。

卷四十一◯招討鎮州制式誡。謂亂常。　將朝之魁梧骨鯁，自持而莫我念耶？也。
◯批宰臣至第三表蒙列聖掃寢。清漬。之澤。◯批宰臣至第四表覩聲明名。文物之盛。　殷憂於丕闕。纘。下衍「復」字。有切竊。於顯榮。〇幽州平告太廟祝文孝曾孫下注宋本在文之後。「順宗室」、「憲宗一室」、「餘竝同」，皆大書；「孝孫嗣皇帝」、「孝子嗣皇帝」皆小注。其「一」字疑衍。嗣皇帝臣諱。下不當空。電霆。駭波委。五紀懸逆。疣。命。〇秋分日祭百神文丁李。某。

卷四十二〇授王播至兼鹽鐵使制　馬本改作「使職如故制」。案：宋本總目凡題下俱無「制」字，今卷中前數卷有，後數卷無，似不若盡去之。子疑「予」。將兼之。開聞。吾所。未開。聞。爾則其。西被備。戎、羌。〇加裴度至招撫使制爲人闕。之君親。中夕夜。有得：國老有。尚元。在。老。〇授劉總至節度使制勿修徇。巢由之獨行。〇許劉總出家制勅二本作「門下」，非。尚想高縱。蹤，同。勿忘香火之念。願。

卷四十三〇授李愿至節度使制何憚吝。恩積於一門？〇授劉悟檢校至節度使制常以紫騮自騁。聘，訛。檢校尚書左右。僕射。〇授劉悟昭義軍節度使制　馬本改，非。其政和方。睦。〇起復田布至等使制誓擒元彼。惡。

卷四十四〇授楊元卿涇原節度使制　下皆放此。士所之。捐妻子。〇授牛元翼深冀等州節度使制駟驛。騎四馳。〇授牛元翼成德軍節度使制我有長晝。某官某。不著銜名。莫不風飛靡。雨散。〇授韓臯吏部尚書制　案：一制數人者，宋本題只載首一人，下倣此。頗近延。頤養。〇授趙宗儒尚書左僕射制用可。是用。比是。類？比。顧予朕。沖昧。

卷四十五〇沈傳師授中書舍人制名自俱。道勝。〇崔稜授尚書户部侍郎制 下俱姓名，在「授」字前。傳傅。置甚繁。 俊亦二字闕。 善於其職。〇李拭授宗正卿等制 凡「可」字皆作「授」。不可敢。虛位。

卷四十六〇盧士玫權知京兆尹制亦極既。不撓。〇劉士涇授太僕卿制且則。曰亞下衍「諸」字。卿之閒，嘗有闕。年宋作「十」，乃「年」之訛，一本作「十年」。矣。〇裴堪至致仕制式示加知。恩。 禆朕闕厥。德。〇邵同授太府少卿充蕃使制〇元宗簡授京兆少尹制 案：「制」字上或當加「等」字，餘放此。〇劉師老授右司郎中制 案：「授」字下當依馬本有「尚書」字。〇楊嗣復授尚書兵部郎中制〇鄭涵至刑部郎中制僉曰：鄭闕。涵。 馮闕。宿，思無邪，可以盡哀矜。敬。〇高允恭至知雜事制在監察宋無「御史」二字。時。

卷四十七〇高釴授起居郎制勑行而不見息。者時也。〇獨孤朗授尚書都官員外郎制〇范季睦至員外郎制出給納。必吝。〇楊汝士授右補闕 宋本自此以下俱無「制」字，總目則全無也。命乃爾。司聰之榮。 無悼後害。悔。〇唐慶授萬年縣令 宋本凡「可」字只作「授」字，亦無「守」字。下竝同。〇裴注授侍御史 宋本無「等」字。〇李翊監察御史〇李從易宗正寺丞〇顏峴 已下并無「授」字。〇荆浦 末「可」字宋無，似當作「可依前件」。

卷四十八〇崔宏禮鄭州刺史 此卷題皆無「可」字、「制」字。而羣盜之氣自潛。消。〇元佑洋州刺史此吾有虞望。於爾矣。〇袁重光至大理寺丞勑盧山國。郡貫平羌。〇齊㬐至澧州刺史馬本「澧」俱誤「灃」。〇元嶼杭州刺史等盤牙當作「互」。不解。可依前件。三字依宋補。〇韓察明州刺史等勑：朕子育兆黎。人，民。懍保。乎懼混。一物之不至。昔嘗奉詔條。闕。或歷居郊甸。侍。懦鶻。則姦生。沔當津泄。會。〇論倚忻州刺史有吏美。姚能。泌。不終其功。任。忻人通。懷理。之。於。遂仍其命。故，爾。以便復。於忻。勉居舊而。邦，伸。無之。替前効。〇王元琬銀州刺史勑：夏、守。綏、衛。銀等州節度都觀。虞察。候。使。河朔入。之省。閒。寺。内爾。附能。諸當。夷。事。吏二千石已非。上，少。不皆。能拊循，競致侵剥，削。藉難。其蹄、踦。角、齒、毛之異，廉者半價悍。而獨。買。俾。近以戎三字脱。臣。〇趙真長户部郎中兼侍御史等〇王沂河南永寧縣令等〇駱怡壽州長史〇李歸仙　題無「兼」字。〇齊煦華州定縣令盡蓋一。專之闕。於令長也。矣。〇韋珩京兆府美原縣令　無「獨不在數」四字。〇裴詡檢校尚書庫部郎中充江南節度判官可依前件。四字脱，下《常亮元》、《崔蒇》同。〇蔡少卿兼監察御史　文末有「可」字，下《李立則》、《杜載》同。〇常亮元權知橋陵臺令〇杜載監察御史侵掠坑。縣道。〇崔蒇檢校至侍御史先帝賚于當作「予」。以保衡者。度無「亦」字。齊慄祇畏。乃闕。慎簡其屬。

卷四十九〇范傳式河南府壽安縣令於薄簿。責而何逭？盡改以。前奏。却。宋本末有

「可」字。◯王炅兼侍御史庸以二字闕。憲署。末有「可依前件」。◯高端婺州長史斯亦賞勞之典意。也。以會其宜。時。咸竭聽。肺腑之語。◯李昆滑州司馬是宜遷加。秩。末有「可權知滑州司馬兼監察御史」。◯劉頗　題無「可」字，文末有。求可才。以綏懷控壓之者。常參軍謀。於淮汝之師。河西近邑。邊。◯王迪貶永州司馬言事闕。者。儀議。同遷。郡佐。◯王悅昭武校尉行千牛備身　下倣此。佩玉觿。有趨蹌之度。勉學奉。我朝廷之儀。末有「可依前件」。下條同。◯崔適翊麾至備身以期無誨。疑「悔」。◯姚文壽右監門至内侍省事以其忠厚愿。謹信。威亦而。不侮。可冠軍大將軍、行右監門衛將軍、知内侍省事，封賜如故。末宋有此二十二字。◯徐智岌右監門衛將軍端謹介。而不失人心。末有「可雲麾將軍右監門衛將軍知内侍省事，餘如故」十九字。◯邵常政内侍省内謁者監可依前件。末宋有。◯宋常春等内僕局令　文中「常春」在「全寶」後。◯青州道渤海授金吾將軍放還蕃　末有「可依前件」。下條同。◯青州道渤海等授諸衛將軍放還蕃◯蕭俛等加封爵　文末有「可依前件」。下條同。◯李光顔加階五原居宥有。夏靈慶之中。宜加膺。茂典。◯郭釗等轉勳　下二條亦有「等」字。◯崔元略等加階且優致仕政。之老。◯胡証授定遠將軍　文末有「可依前件」，《劍南》一條同。◯劍南　題無「史憲等」三字。◯鄭氏封才人　文末有「可才人」。◯七女封公主　文末有：「可依前件，主者施行。」◯王承宗母一條，文末有：「可封齊國太夫人。」

卷五十〇贈田宏正父廷玠等念羣臣有所宋作「祈」，疑。天之感。田宏正無「亡」字。父。〇贈烏重胤父承玭等以光示。幽顯。〇贈韓愈父仲卿尚書吏部侍郎 案：下亦當有「等」字。〇贈韋審規父漸等〇贈田宏正母鄭氏等〇追封孔戣母韋氏等〇追封李遜母崔氏博陵郡太君〇追封王璠母李氏等〇贈鄭餘慶太保追書保養之名。榮。〇贈王承宗侍中〇贈裴行立左散騎常侍〇贈楚繼吾等爲人毆毆。攘。其帥旻具代。宋有「旻」字，二本作「具上其功伐」。旻言。亦念。云亡。竝特。追有土之榮。〇贈于頔謚秖當作「祇」。奉三朝。〇追封宋若華 無下五字。〇入朝至二十五人授官階制 此與下二條又有「制」字，後付雕宜畫一。

卷五十一〇白氏長慶集序樂天始未闕，依《唐文粹》增。言。 擢秀闕。上第。同校祕書之名。《文粹》作「同祕書前後」。 牛平。童馬走之口。苟求是自。董本作「是」。售。競相闕。習詩。注皆本有。〇永福寺石壁法華經記又立成。二石。湖州刺史崔玄元。亮。鮮闕。不附於經石之列。予俱闕，當有。不當爲僧言。

卷五十二〇沂國公魏博德政碑文銘傳其闕。兄子悅。洗此汝。痕穢。至於郡邑宋無「吏」字。之廢置。褒殛誅似當作「誅褒殛」。之不以法者。進收鄆之陽谷。當作「穀」。海內悉承。平。〇唐故開府至碑文銘以渦之衆盡奔棄。去。故南當有「陽」字。韓晉公之所教訓。錡衆潰壞。散。在昔徐帥。師，譌。渦闕。俾爲防。愔童盡。必狷。

狷甚則蹶。五字闕。　不佷假。不狂。　一日叛誕，肆其三字闕。昏荒。

處置。　出入封似脱一字。無所詰。　不下三二。十年。　諸子洎泊，訛。伯季。

卷五十三○唐故越州至碑文銘隨人。人便安。　揚善根政。者少。　人亦不莫。能知

公之所以理。○故中書令至墓誌銘　一旦萬衆相鼓叫。譟。　度支支度。下竝同。　營田觀察

卷五十四○有唐贈至墓誌銘公諱倰，字某。字德長。　迺廼。明經。　一見以。自得。

觀察使崔衍。某。　不可等度。級。　莫敢禁遽。止者。　一旦命負檐擔。下同。案：

檐、擔通。者三四宋空一格。人。　皆傳疑「傅」。下同。二本作「筆」。於書。　而降至。於千

百者。　莫敢有隱。語匿。者。　轉運判使。官。　使使者往往返。凡數輩。　不受

讒言。闕。　食於府闕。者同一斛，食於省者盈一一二，疑「二」。焉，公乃歲以六十四萬

斛就其二字闕。盈。　得請於二字闕。上。　輒以所加之俸管於軍，庫。其府闕。吏以

下。　仍因。著令。　言訖者。歎憤，多出涕。　卒吏無敢過入。其門。　拜户部尚

書以遂之。志。　心膽體既。强。　公之方。氣性剛方。　乞換一五散。品致仕官。

至於親戚朋僚。友聞。　亦以是起。畏避之。　讋勇。怯聲佞。　我用以。其勁。

○唐故中大夫至墓誌銘其七書。皆則。馳他人書。　公不肎與姑息語。時。　司直詹給。

事府。　恕即日就公乞求。自貳。　公力争不果可。意。　始命由文由課部。而仕

者。凡宋作「九」，疑。成否之狀。上疏明之，白。出知澧澧。州。不選。用多薦説者。權於吏部官郎。衆品。而沓貪有才者并皆。容進。之。終始肎。延薦人。薨没。之日。

卷五十五○唐故福建至墓誌銘辛少穆李堯一。闕。始給。官司所有粗陳之。刺史郢卒宋「平」，疑。以上下考詶之，仍初。狀請。驢車芻粟。粟。芻。○故金紫至行狀觀察度支。支度。等使。待下愈謙。謹。梅悔。緑將軍。聞鼓金。鼙鼓。震動。伏。下「其在江陵也」，宋本無。乞降于下。公。而全王。師濟漢。公之大略。槩。而同奉朝請者可知也。矣。而窺怠墮之容者。矣。武戎。旅賴我以安全。天府付。郡符。

卷五十六○唐故使持節至墓誌銘指羸羸。下同。輸之白四足者。報君知之。人。案：「之」字、「思」字古韻與「真」、「文」通。○唐故工部至墓係銘「并序」二字亦大書。歌頌、賦諷。諷。賦。古傍别本作「言奪」。蘇李，氣奪别作「吞」。曹劉。予嘗欲件析拆，訛。其文。

卷五十七○唐故朝議郎至墓誌銘遭丁。滎陽太君憂。雖帚疑「埽」。除薪水。是歲貨婢闕。足食之一日也。先府君違闕。養之歲。君乃闕。跪言於先太君曰。掘宋「握」。盤牙。知叔、季之可以教姪侄。也。○唐故建州浦城縣尉元君墓誌銘舊作「蒲城」，訛。吾有爾兄養吾闕。足矣。　公慶盡闕。襄其事。　夭於闕。君前累月。

兄。　然而不貴二字闕。不壽，夭闕。也。嗚呼！享年三十有五。一。　歸闕。窆葬。事

卷五十八○夏陽縣令至墓誌銘余闕。陸氏姊。　善伯仲闕。以悌達，事夫如四字闕。事

於河南洛口日，訛。二本作「陽」。縣闕。之清風鄉。郡。　我闕。繫始。祖有魏昭成皇帝，

後嗣闕。失國。　以諫廢。闕。　以闕。忠中。進。闕。　當乾元、至廣。德之閒。　董

方芳。書奏議者凡八轉。人。　用者。屈我府君。　至則懸車息無闕。宴，浩闕。如也。

由是闕。懼夫百氏之徒。　故世不莫。得傳。嗚呼！盛德大五字闕。業。　我外祖

睦州刺史滎四字闕。陽鄭公。　諸子婦三字闕。以惘默罰婢僕傭保，以莊厲勵。爲鞭苔

用，至於兒稚不能名櫝二字闕。楚。　於人有加二字闕。矣。　兼右宰。相敦闕。信之玄

孫，臨汝令泌秘。之元子。　及魏太。夫人之沈痼也。　曾闕。閔之，養其親也。　克

哀敬以終無闕。之。　不數日而疊疊，訛。作。　吾幼也辭家。闕。　夫人兄泝。沂。

從父季廙。闕。　我闕。尊夫人闕。有命。○唐左千牛至墓誌銘命主視闕。之。　然而不

怨不偪。德。　合今。僕射喪益不失，非夫闕。盛勳列之後。　無遺訓誡。誡。　且切。

以始終於敬疑。爲託焉。　今日之誌其將終。俱可疑。乎。　貴必有因。因。人。　懷其

仁。句中疑脱一字。　仁莫之報，没没疑衍其一。而有云。○葬安氏誌約爲闕。浙行。　己子

二字闕。不得以尊卑長幼之序加於人。以居其闕。身。無盈丈餘。之帛。無完帛。裹之衾。彼不言，而予不察耳。闕。幸而二字闕。立，則不能使不知其卒葬。

卷五十九○告贈皇考皇妣文越七月二宋無。十八日。以給餔脯，訛。旦。始亡闕。兄某。集。粗有准常。闕。豐亹，訛。罪不死，重羅疑「罹」。纓裳。號慕罔闕。及，痛毒闕。肝心。○告贈皇祖祖妣文選建諫。賢善。户部纘績。紹。一日秉朝燭吉。二字闕，「吉」疑「者」。歲時與會聚集。者。○告祀曾祖文禮稱礿祀禘。蒸嘗。冒幸華。官榮。今謹依約廟則。疑「制」。○告畲三陽神文維元和十三年歲次戊戌十一月辛巳朔，越十日庚寅，通州司馬元稹。闕十九字。政失式。不虔。綱罔。天軸地。原濕疑「隰」。生出。自喪守侯。後。附旁防。風俗。乃勸居州。人。若受鞭扶。秩。導上無闕。祥闕。百來。有神斯之。吉。○告畲竹山神文虺本作「蚘」，疑「蛇」。蜥虎豹。豺。且邇邑屋，而挾扶。道途，然而不斫砟。不穫。率攸屬。屬攸。置酒肴以告于畲闕。神。○報三陽神文維元和十三年九月十五日。闕七字。昭以。報于三陽神之靈。幽妖靈虵不克亂。闕。○祈雨九龍神文積始以闕。長慶二年。求念人闕。隱。罔識攸咎。由。大闕。凡天降疵厲。

卷六十○祭淮瀆文昭告禱。于淮瀆長源公之靈。左右方萬。國。赴越。海貢誠。卒乘桓桓。二字闕。柔叛誘闕。衷，取順拾疑「捨」。逆。不赦殄。渠魁。○祭翰林白學士太夫人文情以義敦。殷。既宋無。不得爲達識者所顧。堅誼。同金石。喘息未將。盡。問訊殘疢。疾。何闕。澤畔之云幾。晨鍾坐鳴。驚。仁莫之。之莫。報。是闕。太夫人以猶在。族茂姬姜。二字闕。故寸葱方剸。判。豈無闕。因地而德。疑「得」。方闕。將期於萬石。我實艱辛，二字闕。亦疢。有萌陷。漸。○祭禮部庚侍郎太夫人文外孫女壻。甥。祁祁騫騫。字當從「鳥」。心上無闕。焉闕。獨得。戒歌二字闕。以義。令婦執笲。笲，訛。封崇燔。茅社。神不可恃。闕。燎上不闕。火闕。宵燼。○祭亡妻韋氏文故聖人有無知。宋亦下空二格。塊疑「媿」。日疑「目」。前之戚戚。○祭亡友文紫綬縈榮。身。亦又有。何貴。檻圈。束檻。豺狼。忽奠莫。陳於喪次。灑泗。終天之別淚。

集外文章宋本標如此，止有《春遊》一首，及《上令狐相公詩啓》一篇。○上令狐相公詩啓 注：「時爲膳部郎中，此一篇見《長慶小集》及《舊唐書》列傳。」馬本《補遺》卷二少此注。某啓：二字宋無。某宋作「稹」。下竝同。初不好文，無「章」字。徒以仕無他歧。不作「技」。塵穢黷。尊重。稹無「始」字。自御史府謫官，於無「外」字。今十餘年矣。遂專用。力於詩章。可備矇朦。瞽之諷無「達」字。者。罪九戾。是懼。江湖不作「湘」。間。皆目自。下「謂」字無。爲元和詩體。

右《元微之集》六十卷。微之以長慶癸卯鎮越，大和己酉召還，坐嘯是邦，閲六寒暑。今種山之喬木數十百章，豈亦有甘棠存其閒乎？横空傑閣，蓋一城偉觀，扁表所書，則其州宅之卒章也。微之以文章鼓行當時，謂之「元和體」。在越則有詩人入幕府，故鏡湖、秦望之奇益傳，所謂「蘭亭絶唱」，陳迹猶可想。

《唐志》著録有《長慶集》一百卷、《小集》十卷，傳于今者惟閩、蜀刻本，爲六十卷。三館所藏，獨有《小集》，其文蓋已雜之六十卷中矣。微之嘗彙其詩爲十體，曰：旨意可觀，詞近古往者，爲古諷；流在樂府者，爲樂諷；詞雖近古，而止於吟寫性情者，爲古體；詞實樂流，而止於模象物色者，爲新題樂府；聲勢沿順、屬對穩切者，爲律詩，以七言、五言爲兩體；稍存寄興，與諷爲流及，爲律諷；撫存感往者，取潘子悼亡爲題；暈眉約鬢，匹配色澤，劇婦人之怪豔者，爲豔詩，今、古兩體：其自叙如此。今之所編，頗又律吕乖次。惜矣，舊規之不能存也。元、白才名相埒，樂天守吴財歲餘，吴郡屢刊其文；微之留郡許久，其書獨闕可乎？予來踵後塵，蓋相去三百三十餘年矣。乃求而刻之，略能讎正脱誤之一二，不暇復爲公次也。書成，寘之蓬萊閣。

乾道四年歲在戊子二月二十四日，觀文殿學士左通奉大夫知紹興府兩浙東路安撫使鄱陽郡公洪适景伯書。

白氏文集

今所傳詩三十七卷、詩賦一卷、文三十三卷，共七十一卷。明馬元調與《微之集》合刻者，亦名《白氏長慶集》。其前尚有蘇州錢應龍梓本，名《白氏文集》，分爲十帙，但有總目，不載每篇之題。馬本目録二卷，具載篇題，然脱誤甚多，今衹就當卷改正。此兩本卷中脱誤亦略同。今得海虞葛氏依宋本影鈔者，以校馬氏之本，亦如《元集》之例，文是者皆大寫，而注所脱誤於其下。其小注皆本有，唯音切係馬氏所增，本集閒有一二，則具著焉。卷首本無銜名，宋本亦多俗字，馬本易以正體，而尚有未盡，今姑仍之。其典雅之語爲妄人改去者，兩本相同，今以宋本正之，庶復其舊。凡題只標首數字。舊本誤處，即隨筆改正。

卷一 ○賀雨殷勤告制。萬邦。 己責宋作「責己」，誤，今從汪立名本。汪本是處多，但次第多移易，又文僅見一二於詩中，故不據以爲本。 寬三農。 皆出由。自宸衷。○讀張籍古樂府九書内每誤作「猶」，此易辨，不悉著。工樂府詩。○哭孔戡形骸隨衆人。心。○夢仙朝湌飧。雲母飯。○題海圖屏風贔屭宋作「屓贔」，不必從。牽不動。○羸駿輸渝。彼軍廄中。○廢琴不稱今人日。情。○月夜登閣避暑旱暑。久炎氣甚，中本注一「去」字，《楚辭》「中人」，如字讀，而本集音「去」，姑仍之。人若燔燒。 意神。泰神意。飄飄。○贈元稹咫尺有無。波瀾。○讀漢書終令陷禍機。小注本有。○蜀路石婦無記復亦。無銘。○酬元九曾會。將秋竹下舊脱二十字。竿，比君孤且直。中心一以合，外事紛無極。共保秋竹心。見竹長常。下同。相憶。◯春雪寒銷春茫蒼，此二字本各注一「上」字。氣變風凜冽。從「水」，誤。綠凍楊枝柳。折。物生性。皆夭閼。◯白牡丹君看入時眼。者。◯贈内何必膏嘗。梁膏。珍。◯寄唐生◯注皆元有。瑟琴。淡音聲希。亦任親朋譏。饑。寄君五三。十章。◯傷唐衢五十著青衫。衣。散在京索洛。閒，何人爲收得。拾。◯次首注本有。◯悲哉行暮有倡娼。後並同。樓期。平封本注一「去」字。還酒債。◯鸎詩示劉叟◯「叟有愛子」云云本注題下，無「并序」二字，「叟少年」下有「時」字，序末有「矣」字，可省。須臾十千。來往。◯初入太行路太行峯蒼莽。本注一「上」字。◯諭友窮通各問有。命。推此自豁豁。裕裕。◯蝦蟇可何。獨瑶瑟前。◯東林寺白蓮秋房芳。結纔成。

卷二◯重賦本意在憂愛。人。悲端喘。與寒氣。◯傷宅寒暑不能忓。干。◯傷友◯末注「任公叔」，「叔」誤作「孫」。◯立碑攀轅不得歸。去。◯買花旁織巴笆。籬護。此歎無人喻。諭。◯贈友之四待君贊彌絲。綸。◯寓意詩之一挺高二百尺。丈。◯其三莫將山下上。松。◯和荅詩序率有興比。比。興。遽能開足下聰明，使之然耶？也。稍删其煩。繁。◯和思歸樂峽猿亦無何。意。何慮復亦。何營。經霜識失。松貞。尚達生死。死生。觀。◯和陽城驛鏘鏗。若金和絲。但於使。國史上。◯荅桐花居者悉黎泯。民。爲君下舊脱二十字。布緑陰，當暑覆軒楹。沈沈緑滿地，桃李不敢爭。爲君發清韻，風來泠泠。如叩瓊。泠泠風來。聲滿耳。◯和人觜烏云此是。非凡鳥。神聖靈。占知風。羣雛又成長。長。成。得食將哺母。母。哺。◯荅四皓廟去出。入冥冥飛。皤皤皓皓。四先生。◯荅箭鏃精在則。利其鏃。◯和古社歲媚少年。年少。客。雷霹劈。社壇開。◯有木詩序欲亦。徼後代爾。◯其一峩峩白雪花。毛。◯其二引鳥潛自。來去。◯其四狐媚倒。言語巧，鳥夭。妖鳥。聲音惡。◯其五爲我連根枝。拔。◯歎魯蟲獸尚如是。此。◯反鮑明遠火不熱疑「爇」。貞玉。◯青塚唯時。有陰怨氣，時常。生墳左右。異類數。爲配偶。◯雜感立教圖固。如此。

卷三此及下卷別有正德年閒海寧衛指揮嚴震克承梓本，名《白氏諷諫》，頗出諸本之右，毛斧季以宋本校，頗多未是，今所改依嚴本居多云。諷諭三。凡二十首。新樂府。并序，元和四年爲左拾遺時作。是曰諷諫。馬但作「序曰」。首句標其目，下嚴多七字改二字。《古十九首》之例也，是非卒章。顯其志，《詩三百篇》脱。之義也。使來者之傳有徵。使采之者傳信也。其體順而律。肆。唐元和壬辰冬長至日，左拾遺兼翰林學士白居易序。序末別行二十一字，嚴本有。◯七德舞第一美撥亂陳王業也。「武德中，天下始作秦王破陣樂」云云。◯此嚴本式也，下俱倣此。錢本凡小序彙置本卷首，小注乃在當篇之下。嚴本注，「歌」下有「舞」字，「初」作「中」，「制」作「製」，「舞圖」二字作「曲」，無

「歌」字，「名」上有「因」字。　曲樂。　終稽首陳其事。　亡卒遺骸散帛收，貞觀初，詔天下陣亡者，致祭之，又散金帛而葬埋之。　饑人賣子分金贖。貞觀年中，大饑，人有賣男女者，詔出内府金帛，盡贖之，以還父母。　魏徵嚴作「證」，尚避宋諱。下同。　夢見子天。　夜子。　泣，注「故御」下嚴作「製碑文云」。　張謹哀聞辰日哭。　注「有司」下，嚴作：「奏曰：『陰陽所忌，辰日不哭。』太宗曰：『君臣義重，猶父子也。』」云云。又，「遂」作「乃」。　怨女三千放出宮，注「常」作「嘗」，又下至末作「於禁掖庭西門録放出三千人」。　死囚四百來歸獄。　注：「三百九十人放歸於家。」又，「畢至」作「而至」。　李勣嗚咽思殺身。　李勣疾亟，醫云：「鬚爲可療。」太宗自剪賜之，勣服而愈。　思摩奮呼乞効死。　李思摩嘗中弩，太宗親爲之吮血。則知二字宋有。　不獨善戰善乘時。　◯法曲第二美列聖，正華音也。　玄宗雜夷歌，不能無所刺焉。　◯依嚴本改一字，增十一字。　永徽之人舞而詠。　永徽之時，有貞觀之遺風，製《一戎衣大定》樂曲。　唐祚中興萬萬葉。　注「有堂堂之音」，宋本「音」作「曲」，又有「再言之者」四字。　明年胡塵犯宮闕。　注「始詔」下，嚴無「諸」字，「新聲」作「雜聲」，末句作「及明年安禄山反也」。　◯二王後第三刺亡國，明祖宗之意也。　◯序首三字嚴有。　◯立部伎第五刺輕雅樂也。　◯華原磬第六注嚴無「始」字，「故老」作「長老」，又「調之」無「之」字，又無「考之，由是不改」六字。　華原磬。　嚴不重，下「泗濱石」同。　古今。　人今古。　人何不同？　知有新聲不知如。　古。　立辯致死能聲。　感人。　元宮。　宗懸。　爲一。　聽華原磬，石。　君因。　心兹。　遂忘封疆臣。　豈獨聽。　鏗鏘而已矣。　清濁兩音聲。　誰得知？◯上陽白髮人第七愍怨曠也。「天寶五年，楊貴妃得選，入於後宮，上陽無復進幸，六宮有華色者潛配別所」云云。末句「尚」下有「有」字。上陽人。嚴重。六綠。宮衣。監使守宮門，一閉上陽來多。幾少。春。同時採摘擇。百餘人，零落年多深。殘此身。憶昔含吞。悲別親族，扶入車中不敢教。哭。未容得君。見王。君得。王見。面，早已。被楊妃遥側目。宿空房，嚴有。秋夜長。耿耿殘燈背照。壁背。影，瀟瀟蕭蕭。夜暗。雨洒打。牕聲。梁燕雙飛栖。老休妬。春去往。秋來不記年。大家齊遥。賜尚書號。青黛畫點。眉眉細長。天寶年末。中年。時樣世。妝。粧，俗。君不見昔時吕向尚。《美人賦》，嚴無注。又不見今日《上陽宮人二字嚴有。白髮歌》！◯胡旋女。詩中嚴不重。迴風雪。飄颻飄。轉蓬舞。絃人。催閒。鼓物。促類。曲無。欲可。遍。比。梨園花。宮園。中册作妃。從兹地軸天關維。轉。◯折臂翁嚴無「新豐」二字。頭鬢鬚眉。眉鬚。皆似雪。慣聽驪梨。宮園。歌吹管。聲，不識槍旗。旗槍。與弓箭。點得驅向將。何處去？遂偷。把將。大石搥鎚。折臂。從此兹。始免征雲南。下二句嚴倒轉。臂此。折臂。來折。來六十年。下「陰寒」作「淒寒」。身死魂孤飛。骨不收。萬人塚上哭呦呦。嚴注止有首六字，宋本無末四字，有「也」字。君不見聞。開元宰相宋開府。下句注：「開元初，突厥數犯邊。郝靈荃出使迴紇部落，遂斬默啜，獻首于闕下，自謂不世之功。宋璟爲相，以天子年少好武，恐儌功生事，痛抑之。逾年，始授官，止與郝靈荃郎將，遂慟哭嘔血而死。」 請問新豐折臂翁！嚴注亦有訛，今參用他本云。天寶末，楊國忠爲相，重構閣羅鳳之役，募人討之，無功，前後三十萬衆，去無返者。後遣犯人連枷赴役，人不聊生。故禄山得乘人心而亂天下。元和初，惟折臂翁猶存也。◯太行路嚴無「之不終」三字。 若比人君。下兩「君」字宋亦俱作「人」。心是坦途。 爲君盛嚴作「事」。容飾，君看金珠。翠無顔色。 行路難，行路難，俗本不疊。不在水，不在山，只在人心情。反覆閒。◯司天臺嚴本「儌」作「證」。 光耀。芒動角射三台。下「壽星見」作「現」，「兩如斯」作「固若斯」，「臺高」作「高臺」。◯捕蝗興元兵革後。傷陰陽。 河南長吏苦言。憂農。 是時斗粟。粟斗。錢三百。 一蝗蟲。雖死百蝗蟲。來。末小注嚴無「蟲」字。又，「見」作「出」，宋本作「具」。◯昆明春題無「水滿」二字。「貞元中始弛之」，與上文連。 昆明春，昆明舊「春春池」三字衍。 岸古春流新。下句「青」作「清」。 黿尾曳泥塗。魚呴煦。沫。詔開八分。水注恩波。 今來衍「淨」字。 渌水波脱。照天。下「鱍鱍」嚴作「潑潑」，「短」作「長」。 動植飛潛沉。性皆。皆遂。遂。性。 樵貧。人又久。獲菰蒲利。下「宦家」作「官家」，「同欣欣」作「皆忻忻」，「茗」作「茶」。鄱陽坑頭裏。休税封。銀。天涯地角盡無。蒙禁。利。◯城鹽州注作：「貞元壬申歲，詔城之。」 金烏鳥。飛傳贊普聞。 羣君。臣赭赬。面有憂色。下「鹽州」作「鹽城」，「急警」作「警急」，「黄著」作「黄耆」。 城鹽州，此下「城」字衍。 鹽州未城天子憂。 耳冷聆。不聞胡馬聲。

翻作歌聲詞。聞至尊。〇道州民「美臣」作「美賢臣」。市作矮奴來年。進奉。送。道州土水。地土。所生者。〇驃犀注作：「貞元丙子歲，南海獻驃犀。十三年冬，大寒，驃犀死。」驅犀繩乘。縛傳。來萬里。下「寒月」作「寒天」。骨角。凍骨。皮凍。傷鱗甲縮。蹜。下有注云：「犀有同紋，毛如鱗，身項有肉甲。」馴象生還放林邑。建中元年，詔盡出禁中馴象部伎歸本國。馴犀凍死蠻兒活。泣。〇五弦彈第十七惡鄭聲之奪雅也。第三第四絃玲玲。泠泠。五絃竝奏君更試。聽。凄凄切切復丁丁。錚錚。鐵聲殺，冰聲寒。嚴有此二句，在「殺聲」上，又下「寒慘」二字倒轉。更從趙璧教藝。成來。〇蠻子朝入國界。先經蜀道中。過，蜀將取收。收功。先表賀。東連牂柯西接連。番。六詔星居初碎鎖。瑣。碎。箭孔刀瘡痕。滿枯骨。注「討雲南」下作「王師全軍覆没」。蠻子導道。從者誰何？摩娑挲。俗羽雙限伽。大軍將二字舊俱倒。繫金呿嗟。《蠻書》作「呿苴」。〇驃國樂第十九刺不恤民也。貞元十七年獻，欲王化之先近後遠也。驃國樂。嚴不重。黈纊黋。不塞爲爾聽。銅鼓千一。擊文身踊。下「炫」作「宛」，「拿」作「翕」，「皆尊」作「皆稱」。吾聞。聞君。君政。王化。甚聖明。下「如體」作「若體」，「苟」作「若」。〇縛戎人序「民」作「人」。耳口。穿面縛破。驅入秦。忽聞江水憶交河，流。垂手齊唱聲。嗚咽歌。下「管」作「貫」，「太」作「大」。遺身。著皮裘繫毛帶。唯許正朔朝。服漢儀，整斂。巾衣。斂整。袂巾。雙潸。淚垂。下注「之子也」，無「也」字，

「正歲」作「正月」，末作「遂密定歸朝之計」。　暗思幸自。有殘筋力，骨。又更。恐年衰歸不得。下「草疎」作「草枯」。　游騎不能聽。聽能。漢語。下「東南」作「江南」。　還歸。漢被縛劫。爲蕃虜。下「兩地」作「兩處」，「吐蕃」作「土蕃」。

卷四◯驪宮高朱樓翠紫。閣殿。三四重。　玉蝶甃。翻暖。兮溫泉溢。　何不一幸乎於。其中？　西出去。　都門幾多地，吾君不遊有深。深有。意。　朝有宴飫飲。暮有賜。　不傷財兮不奪傷。力。　驪宮高兮，衍。高入雲。　君之不來兮，衍。爲干，衍。萬民。人。◯百鍊鏡第二十二辨皇鑒也。　日辰處所靈且奇。祇。　揚州長吏宋作「史」。手自封。嚴作：「鈿函金匣鏁幾重。」人閒臣妾不合用，照。背有五九。爪五。飛天龍。　百王理治。　亂懸心其。中。◯青石兼功車。運載來長安。下「磨琢」作「琢磨」。　願爲段氏秀實。顔氏真卿。碑。　先段後顔并名，皆從嚴本。　狀此彼。一人忠烈姿。下「若石」作「如石」，「名流」亦作「如石」，「叱呵」作「呵叱」。◯兩朱閣序「寖」作「衆」。　五雲飄飄飖。飛上天。　比屋齊疲。民人。無處居。下「憶昨」作「憶昔」。　帝仙。子去。　昇雙。仙雙。作梵宮。下「人閒」作「人家」。◯西涼伎鼓舞跳踉梁。前致詞。辭。道應。是似。涼州未陷日。下「新」作「真」。　娛享。賓犒士宴監三。軍。下「征夫」作「征人」，又「今日」句下注嚴本多訛，且從俗本。　取笑貪資。歡無所愧。◯八駿圖背如龍兮頸如鳥，象。骨竦筋高脂肌。肉少。壯。　璧臺高南。與盛姬游。　豈知纔及五四。代孫，下「則」作「即」，「興」作「平」。不知房星之精下爲怪。害。〇澗底松天子明堂欠梁棟，木。彼此。求此彼。弃有。兩不知。金張世族禄。黄原。憲賢，貧。牛醫舊俱作「衣」，誤。下同。後詩中亦用黄憲。寒賤貂蟬貴。〇牡丹芳千葉片。赤英霞爛爛，百枝絳焰點。燈煌煌。當風不結蘭麝囊。裳。宿曉。露輕盈泛紫豔，朝陽照曜耀。生紅光。下「卿士」作「卿相」，「軟轝貴公主」作「輕轝貴公子」，「北廊」作「曲廊」，「春日」作「嬌日」，「以還」作「已還」，「直至」作「直指」。少迴士卿。女士。愛花心，同似吾君愛憂。稼穡。〇紅線毯序「桑」作「絲」。染爲紅線紅於花。「藍」下「上」作「中」，「綵絲」作「彩線」，「線軟」作「線厚」，「來」作「時」。太原毯澀翠毳。縷硬。宣州城。太守加樣織。〇杜陵叟序無「之」字。急斂暴征徵。求考課。何必鋸鉤。牙爪。鉤鋸。爪牙。食人肉！下「八」作「人」，「今年」作「今秋」。手持敕尺。牓牒。牓鄉村。下「畢」作「足」。〇繚綾中有文章甚又。奇絶。下「姬」作「妃」，「江南」作「池中」。轉側看花花看。不定。下「舞人」作「美人」，「織成」作「織時」。絲細繚繰。多女手疼，軋軋扎扎。千梭聲。不盈尺。昭陽殿裏歌舞人，不見織。三字嚴有。〇賣炭翁第三十二苦宫市也。曉駕炭車碾輾。冰轍。黄衣使者白衣衫。兒。手把文書章。口稱敕，迴車叱牛驅牽。宋作「牽」，今從嚴。向北。〇母別子嚴本第三十五。一始扶牀行。一初始。坐，坐啼行泣哭。牽人衣。下「汝」作「爾」。又不如舊作「應似」二字。園中桃與李。李，樹。花落隨風子住在。枳。枝。案

《廣雅・釋木》：「枳，枝股也。」是「枳」亦可通作「枝」。又，下「立功」作「立勳」。◯陰山道嚴本第三十三，又序下有小注云：「胡從陰山來貢馬。」飛龍促節馬本作「但印」，不知孰是。骨與皮。官五。家十。縑疋。稅縑。五易。千一。匹。疋。嚴有注云：「每馬一匹，價縑三匹。」養無所用土去。非宜。下「三尺」宋作「三丈」。遠爲可汗頻奏論。嚴本注云：「上『可』，胡賈切；下『可』，音『克』。」仍詔江南淮。馬價縑。下「縑綵」作「繒綵」。誰知黠虜起啓。貪心。◯時世妝嚴本第三十四，又序作：「儆時將變也。」雙眉畫盡。作八字低。圓鬟垂無。鬟椎堆。髻様。下「披」作「被」，又「推」作「椎」。◯李夫人第三十六下次第同。君王恩。之不。恩盡。念未已。下「太陵」作「泰陵」。◯陵園妾第三十七託幽閉，喻被讒遭黜也。陵園妾。嚴重。紅玉膚銷繫裙幔。縵。憶在昔。宮中被妬猜。未此。死身。此未。身死。不令出。雨露之恩未不。及者，猶聞不啻三千人。三千人。宋重。◯鹽商婦第三十八化淳人也。不事田園農。與蠶績。緑鬟溜富。去金釵多，玉皓。腕肥來銀釧窄。下「兩朵」作「兩片」。何有。幸嫁鹽商，終朝美飲飯。食。好衣美食有來。來何。處，汝亦。須慚愧桑宏羊。◯杏爲梁何人堂宇室。李開府。下「宅第」作「第宅」。又君。不見：魏家宅，屬他人，詔贖賜還五代孫。元和四年，詔特以官錢贖魏徵宅，還其子孫，用獎忠儉。◯井底引銀瓶人言舉動有殊嚴作「足嬌」。姿。笑隨女戲。伴後園中，此時未與。與君。君未。相識。妾弄青梅倚憑。短牆，下「相顧」作「相見」，「更不」作「既恐怕泥不」。〇官牛滻水岸邊驅般。載沙。　一石沙，幾石斤。重？下「五門」作「午門」。

深塗。污馬蹄。　但能濟民人。理治。國調陰陽。〇紫毫筆序「讖」作「誠」。　紫毫筆，纖尖。如錐兮利如刀。下「喫」作「嚙」，「之人」作「工人」。　頗賜頒。左右臺嚴作「史」。起居。下「握」作「搦」。〇隋堤柳風颯颯飄飄。兮雨蕭蕭。下「夾」作「傍」，「東至」作「東接」，「隱」作「影」，「繫」作「蔭」，「迷樓」作「妝樓」。　煬天子，自言以下舊脱十九字。歡樂殊無極，豈知明年正朔歸武德。煬天子，自言福祚垂長。無窮，豈知後年二字舊脱。皇子封酅公。下「彭城閣」作「朝城閣」。露沙。草水和。烟朝復暮。〇草茫茫茫茫蒼蒼舊互易。在何處？　墓中下錮固。三重泉。　別爲天地在於。其閒。〇古塚狐古塚有闕。狐妖且老。下「村」作「林」，「鈿」作「顔」。女爲狐魅媚。害則却。宋作「即」。深，日長增。月久長。溺人心。何況褒姒闕。妲己闕。之色善蠱惑。〇黑潭龍第四十六戒貪吏也。　黑潭水深黑色。如墨。　龍不能神人異神。之。下「豐」作「災」，「傘」作「繖」。　肉堆潭畔岸。石，酒滴潑。廟前草。不知神龍倒。享多幾。少。多。　狐假龍神倒。食豚盡，重九。泉重。之泉。下底。龍知無？倒。〇天可度天可度兮脱。地可量。　使君父子成爲。豺狼。　海底魚，兮，衍。天上鳥。下「不能」作「不可」。不測人心閒。笑是嗔。嗔。〇秦吉了第五十八哀冤民，刺諫臣之蹇者。　今朝日。大觜烏。　嗉中肉食。飽不肎搏。　閒立高颺舊「颺高」，誤。如不聞。　人言云。爾是能言烏。下「豈」作「爾」。　安用日噪。噪閒言語。◯鴟九劍鴟九鑄劍倒。吴山中，地天。與時日。辰時。俱神。借功。下「鏌鋣」作「莫邪」。　斂劍。　芒成。不未。試十餘年。　劍三。本尺。無青。媒蛇。客不。冐言。蟠。　客代劍言報告。鴟九。君勿矜我犀玉。可剸。切。白爲。日君。白，使。無私之光照及。萬物。◯採詩官第五十鑒前政之由也。　上下。無流。失上。政通。下上。皆下。安。泰。　若求興諷。諭規刺言。　如不。何是。章句無規刺，漸恐及。朝廷絶諷議。　太諫。常鼓。進高。樂縣。爲作。虚器。　夏夕。廷郎。磬所。鐸賀。寂皆。無德。聲。音。　君之門兮九重邃。闕。　姦奸。臣蔽君無畏所。意。畏。君不見厲王胡亥煬帝二字嚴有。之季末。年。　君兮君兮若要除貪害。五字舊作「願聽此欲」四字。

卷五◯感時時來當自致。至。◯首夏風清新寒。葉影。　樓殿。殿角。相參差。◯永崇里觀居幸免凍與餒。餒。下同。◯見蕭時御憶舊山草堂詩因以繼和◯前庭涼夜◯早秋獨夜井桐梧。涼葉動。◯松聲　注「修竹」作「修行」。◯贈吴丹冬負南榮簷。日。◯初除户曹捧認詔。感君恩。◯寄李十一建　「建」字小注，下倣此。◯禁中寓直忽似是。山中夕。◯贈王山人彭生當作「殤」。徒自異。◯題楊穎士西亭憑軒東望南。好。望。　曠然宜真貞。趣。◯題贈鄭祕書吸彼沆瀣瀣。精。　纔當解纓塵。綱。纓。◯効陶潛體之三特疑「持」。用度晝夜。　其四雨多落爲萁。箕，訛。　連速。　延進。　四五酌，酣暢入四肑。肢。　其七于今四三。　五四。　年。
明月又不駐。住。　其八村中無酒貰。沽。案：「貰」或可與「賒」通。　老人勿忽。　遽起。
其九德不及比。　先賢。　茅茨十數。數十。　閒。　其十勇憤氣咆哮。案：《宋書・柳元景傳》「薛安都猛氣咆哮」，《南史》作「咆勃」，今字書遺「哮」字。　其十一烟雲霞。　隔玄圃。　其十四問君何落拓。魄。　生世苦不諧。偕。　其十五出扶桑藜梨。　杖。　短裋。　褐坐傭書。

卷六〇閒適二小注末宋有「自兩韻至一百三十韻」九字。〇遺懷乃知名與器。利。〇渭上偶釣懸釣至在。　其傍。　誰身。　知雖。　對魚坐。　人魚又亦。　兼忘。〇夏日東牕晚曉。　無熱。〇蘭若寓居藜黎。　杖代車馬。〇聞庾七我病臥居。　渭北。〇歸田之二種田計意。　已決。其所。　報必有餘。　上求奉王皇。　稅。　下「惰」作「墮」。〇秋遊原上樹樹風蟬聲。鳴。〇寄同病者年面。　顏日枯槁。〇東園翫菊未飲已心。　欣然。〇新構亭臺示諸弟姪臺上結築。　茅茨。開衿襟。　向風坐。　嘯笑。　傲頗有趣。〇自吟拙什趁謫。　向江陵府。〇東陂秋意曲江東南。北隅。〇詠拙同出此。　天地閒。〇詠慵彈琴復鍛鐵。鍊。〇村中留李三宿固言　「固言」係旁注。〇遊悟真寺詩始涉步。　藍溪灣。　枝梢嫋清青。　吹。翠。　恰恰宋作「袷袷」，未詳。　金碧繁。　貫雹電。　爲華鬘。　斂足升浄瑶。　筵。　開張欲飛騫。騫，訛。　往往悠悠。　白雲過。　夜氣青清。　漫漫。　泓宏。　澄最深處。　懸磴九險艱。難。　二叟鬢鬚。　髮班。去吸巖底下。泉。靈名。境與異跡。拙倔。直不合時。◯酬張十八訪宿見贈注：「自此後詩爲贊善大夫時所作。」◯注十二字宋本有。◯朝歸唯應爲。静者信。◯酬吴七見寄曲江有病客。者。◯喜陳兄至勿輕一盞杯。酒。◯贈杓直世路重禄位。位，禄。恓恓栖栖。者孔宣。◯寄張十八飢止一簞食。飯。◯湓浦早冬秪抵秖。長安陌。◯江州雪簷冰才纔。結穗。雰雰紛紛。不到地。

卷七◯訪陶公舊宅昔嘗常。詠遺風。◯汎湓水麥涼江氣風。秋。最冣，非。下同。愛湓水頭。汀樹緑拂地。池。◯官舍内但取足。幽人適。豈無大江水。外。一片秋天碧。白。◯晚望江城寒高。角動。獨在坐。高亭上。◯春寢爛漫熳，訛。下竝同。不能休，自日。午將及未。◯春遊二林寺暮是作。靈山客。後注「昔」下有「永」字，「西林」作「二林」。◯聞早鶯　詩中「鶯」亦作「鸎」。◯過李生行攜小榼出。去。◯詠意朝飡飱。夕安寢。◯食笋每日食。遂加飡，飱。經時旬。不思肉。◯題元十八又不遊。遊煙。州霞。里。◯香罏峯下松張翠繖傘。蓋。惜悠。哉多歲年。下「猿」作「猨」。忽乎不知還。遷。劚斲。壑開茶園。何以浄洗。我眼。人閒多險艱。難。◯草堂前新開一池　舊闕「新」字。◯登香罏峯頂目眩神心。怳怳。◯荅崔侍御坐輸憂惱便。使。◯烹葵今起乃朝飢。炊。思憶。憶昔。榮遇日。身又亦。不減衣。◯閑關始悟身向易。老，復悲世多艱。難。◯題座隅　「元魯山」十一字小注本有。○昔與微之在朝日同蓄休退之心○晚鶯徒施功工。用多。○贖雞經宿廢費。飲啄。○題舊寫真圖豈止比。十年老。○夜琴蜀桐琴。本性實。○達理誰能坐自此。苦。○郭虛舟相訪晚酒酌。一兩盃。

卷八○過駱山人尺波煙杳渺。眇。○宿清源寺夜憩輞朝。溪曲。○宿藍溪對月 宋本「溪」字作「橋」。○鄧州路中作蕭蕭誰家林？村。秋梨葉半坼。拆。○思竹窗 注「有菊」宋作「多菊」。○馬上作自惟性。朴且疎。○秋蝶朝生夕俱已。死。○登商山最高頂乘者及與。負者，來去何云紛。云。紜。○枯桑有似。似有。多憂者。○山路偶興獨吟還獨嘯。笑。○自蜀江餘湖。水斯委積。 決壅同如。裂帛。○清調吟今晨從此過。遊。○狂歌詞死後有餘貲。資。○詠懷昔爲鳳閣閣。下「鈴閣」同。郎。○郡中即事今朝是隻雙。日。○郡齋暇日遥思毘陵館。官。○官舍巢禽下不。相呼。○吾雛憐汝爾。無弟兄。○題小橋鴈齒小虹紅。橋。 筠翠如可湌。飱。下竝同。○病中臥簟蘄竹冷。涼。 小飲復何如。如？何。○食飽緩彈數弄聲。琴。○嚴十八未及署花牓。榜。題内同。 掃洒。洒掃。施簾幃。下「闌」作「欄」，「捲」作「卷」。○三年爲刺史之一豈有思人。人思。不？否。○舟中來自嵩松。高岑。 入玄絃。滋味深。○洛中偶作眼昏鬚鬢。鬢蒼。蒼。○贈蘇少府何爲宋作「河亞」，未詳。懶出入。○移家入新宅幸有禄俸。俸禄。在。 取興或不。寄過。酒，放情不或。過作。詩。○自詠便忘寝與滄。殰。引滿飲一盞。杯。◯春茸新居洗徙。竹覆寒池。◯泛春池恐污清泠冷。波。

卷九傷楊宏貞 小字元本有。◯寄江南兄弟分首手。時，惘默。然。後竝同。花落城中

地。池。◯曲江早秋殘暑暮。暝來散。方喜炎燠銷。清。◯寄題盩厔聽前雙松乖春。春來。

日一往。汪作「溉」，非。◯贈賣松者知如。從澗底來。◯早秋曲江感懷今秋我。復來此。◯別

舍弟悄悄初別夜。後。◯金鑾子 注後人所加。◯勸酒俗號銷消。憂愁。藥。◯曲江感秋三年

感秋意。思。◯酬張太祝上歎言。言歎。笑阻。容衰曉晚。牕鏡。◯桐花詩叩門聲冬

冬。鼕鼕。◯和元九悼往 「幮」作「幬」。新墳松柏木。林。聞者欲沾襟。巾。◯重到渭上舊

居出没入。光不住。◯白髮況我今年。四十。◯將之饒州愁人臥獨。孤臥。舟。一念望。

堪白頭。◯思歸夜長。長夜。獨先知。◯冀城北原作野色何莽蒼。本注：「去聲。」◯酬李少府

方始。知爲吏難。下「日長」下本注一「上」字。白馬曉晚。踏雪，渌緑。觴春暖煖。寒。

愛山晴共可。看。◯惜栯李花朝豔藹靄。霏霏。◯感逝寄遠 注「嚴」作「元」，「澧」作「灃」，詩中同。

卷十◯朱陳村徐州古豐澧。縣。士人重官冠。婚。逝近。者隔年聞。長羨村

陳。中村。民。◯寄元九 本注：「自此後在渭村作。」◯秋霽惻愴。愴惻。收團扇。◯歎老之一誰

會謂。天地心。其二如今。今如。素絲色。其三但驚物成長。長。成。◯同友人尋澗花

不未。知身健否？◯夢裴相公流涕淚。一霑胷。◯歎常生今日忽云殂。徂。之子何如。

如何。者。◯寄元九窮通合各。易交。　彼獨是侣。何人。◯以鏡贈别如水常澄清。澈。
徹。◯城上對月復有盈樽。樽中。酒。◯念金鑾子之一況念夭化札。時。　其二慙暫。將理自
奪。◯對酒爲愛延長。年生。術。◯西原晚望花菊引閒行。步。　村鄰何蕭疎，條。近者
猶無。百步。　此生身。終老處。◯感鏡自照顧。　顚頷容。　背有後。雙盤龍。◯栽松
之一種此數寸枝？　株。◯自覺之一畏老老轉迫。逼。　其二悲來四支肢。緩。下「抖擻」作
「斗藪」，「智慧」作「智惠」，「悲憂」作「憂悲」。◯夜雨有念胡爲悄苦。不樂。　銷消。　盡千萬。萬千。
緣。◯寄楊六赤縣事有。　繁劇。　清觴久廢未。酌。　人情重姻婚。戚。　晝盡。日無
閒隙。◯别李十一後重寄　注「詩在」二字衍。◯仙娥峯下作參差。　差參。　樹若插。◯微雨夜行稍
稍悄悄。夜寒生。◯寄微之之二今君。　君今。　在通州。◯夜聞歌者秋江月澄澈。徹。◯贈别
崔五江天春多陰，雲。　夜月隔重雲。陰。◯春晚寄微之此地共兩。　蹉跎。◯首夏沈憂。　憂沉。
竟何益，秖祗。後同。　自勞懷抱。◯孟夏憶思。　我故鄉曲。　兔隱豆苗大。　肥。◯早蟬再
動改。　故園情。◯南湖晚秋湖中水芳方。　老。　冷零。　落秋懷抱。◯郡廳有樹五月始萌榮。
動。　顧而。　我亦相類。◯感秋懷微之誰知濩獲。　落心。　昔爲烟霄霞。　侣。◯早蟬渭上
村新。　蟬聲。◯苦熱喜涼經時苦炎暑。　熱。　筋骸稍輕康。　健。◯早秋晚望兼呈韋侍御此地
同飄漂。　寄。◯司馬廳獨宿一點窗閒前。　燭。◯夢與李七神合俄頃傾。　閒，神離欠申

伸。後。

卷十一　感傷三古體五言凡五十三首。○初入峽有感　注「艱」作「灘」，又「音念」二字本有。自古漂沈流。人。○過昭君村終棄於如。塞垣。下「慘淡」作「慘澹」，「依稀」作「依俙」。○自江州至忠州矍爍鑠。滿山野。○初到忠州風月時得。倏然。本乃。是關西賢。○西樓夜月没江光。沈沈。○南賓郡齋黄縑裏妻子。注「支俸」作「支給充俸」。○不二門穿衣妨本注：「去聲。」寬袖。至今金閨闕，訛。籍。○我身昔遊於。秦雍閒。今我寂寥寞。翁。○哭王質夫聲發涕淚。亦俱。出身既蹇連。迍。○登城東古臺時從時。東北來。○哭諸故人因寄元八　案：此乃宗簡，觀詩中生子抱孫云云，必非微之也。舊作「元九」，訛。今從宋本。好狂懷。元郎中。○郡中春讌塵忝。忝塵。親近地。○開元寺水清波澹瀲。灩。○東溪種柳倚岸理大幹。榦。○步東坡青蕪苔。成白路。○登龍昌上寺○詩末注「閣」作「各」，又「云」字上有「錢詩」二字。○郊下水畔江蘺籬。生。○遺懷泰來由猶。否極。○宿溪翁何如此。此溪。溪上。翁。○西掖早秋偶遇。聖惜年衰。○庭松冠帶蓋。走塵埃。○晚歸有感○注「侍御」作「侍郎」。○曲江感秋之二秋到來末。幾時。○衰病病姿引與。衰相。

卷十二「雜體」作「雜言」。○短謌行可無。奈何。下「一面」作「一回」。○王夫子遇逢。酒逢春且歡喜。○江南遇天寶樂叟白頭病老。叟泣且言。金鈿殿。照耀石甕寺。下「熏」作「薰」，

「暖」作「煖」。長生殿闇鎖黄春。昏。雲。◯醉後走筆「張太」作「張大」。二千里別外。謝交游。齊同。入文場同多。苦戰。元和運啓氣。千年聖。下「祕閣」作「秘閣」。江左羈遷。遊費時日。誰會謂。茫茫天地意。◯挽歌詞輀輴。車儼欲行。◯長相思草坼折。花心開。◯送春歸好去送。今年江上春。◯山石榴姹女新嫁嬌泥本注：「去聲。」春。風翻火焰。焰火。欲燒人。商山秦嶺愁殺君。人。◯畫竹歌并引憶曾。曾憶。湘妃廟裏雨中看。下「顫」作「戰」。◯真娘墓世間尤有。物難留連。難留連，三字脱。易銷消。歇。◯長恨歌宋本在《長恨歌傳》後。迴眸頭。一笑百媚生。回看首。血淚相和流。天旋日地。轉迴龍馭。風吹仙袂飄颻飄。舉。含情凝睇涕。謝君王。◯長恨歌傳前進士陳鴻撰◯宋本皆大字題，與本集題竝。傳文亦皆頂格。賜以湯沐。沭。下「淡」作「澹」。定情之夕。日。皆列在清貫。貴。下「生男」作「生兒」，「向」作「嚮」。知上皇意。心念楊妃。見最高山。仙。有雙童女出應門。問。洞天日晚。曉。侍輦駕。避暑驪山宮。陳飲食，樹闕。瓜華。果。亦不久人間。世。下「瑯琊」作「琅邪」。今但傳《長恨歌》云爾。次行「漢皇重色思傾國」起。◯長安道君不見外州官，衍。客，長安道，一迴來，時，衍。一迴老。◯寒食野望吟冥寞漠。重泉哭不聞。◯琵琶引聞舟宋本下有「船」字。中。凡六百一十六二，訛。言。楓葉荻花秋索索。瑟瑟。似訴平生不得意。志。

初爲霓裳後緑六。腰。幺。　幽咽泉流水下難。灘。水泉冷澀絃疑凝。下同。絕。曲罷曾長。教善才伏。服。　鈿頭雲銀。篦擊節碎。　遶船月明。明月。江水寒。　潯陽小地。處僻。無音樂。○簡簡吟玲瓏雲髻生菜花。樣。○醉後狂言裁以法度絜以似。仁。○醉歌白日催年酉前時。汲。

卷十三　律詩案：後附未應舉時作三十九首，不盡是律詩。○代書詩夜雪月。卷書帷。　開吟短李詩。辛大立度，宋作「丘度」，「體短」作「形短」，又下注「有儒風」上有「雅」字。　迎選。妓悉名姬。下注「貞元中」作「貞元末」。　飲訝卷波遲。注無「令」字及下「曲」字。　迴環節候推。催。

策目穿如札，注「集」上有「結」字，「數」下有「至」字。　毫鋒。鋒毫。銳若錐。注「鐵」作「纖」。　堅守釣魚坻。「陳知切」，馬所加。下是本注，「守」作「待」。　三道策。太平基。案：集中有「甲乙三道科，蘇杭兩州主」之句。

簡威霜寒。凜冽，衣彩綵。繡葳蕤。　養勇期當。除惡。　東臺吏不欺。注「東原」作「東川」。　謫去詠江蘺。離。沙冷泠。聚鸕鷀。　草傍靖靜。注同。安衰。　南宅訪辛夷。注「開元」下有「觀」字，「一枝」作「一株」。○和鄭方及第○與諸同年　注「與」字作「於」。○敘德書情　注「此詩」作「此書」。　嘗蒙噢咻之。案《左傳釋文》：「噢，於喻反；咻，虛喻反。」對上「龍鍾」，皆疊韻也。馬反無音。　呼鷹鸎。正及飢。　會有荅恩時。詩。○和渭北軍諳由。水草行。　風行馳。卷旆旌。候堠。空烽火滅。　何處有欃槍。誤倒。○自江陵之徐州路上寄兄弟〇秋雨中贈元九〇城東閒遊〇看渾家牡丹花〔一〕〇和友人洛中春感〇寄陸補闕雞在中庭。庭前。鶴在雲。〇看渾家牡丹花〇春中與盧四周諒華陽觀同居〇盩厔縣北樓望山　注「尉」上有「畿」字，「孤」作「幸」。〇長安送柳大來歸白杜社。白杜，疑地名。羇遊伴。〇社日關路作青巖新有蔦。當作「雁」。〇重到毓材宅有感〇長安閒居風竹松煙。煙松。晝掩關。〇途中寒食〇詩中小字本有。〇題流溝寺古松煙葉蔥蘢蒼麈麂。尾。〇自河南經亂時難年飢荒。世業空。〇題李次雲窗竹〇題李十一東亭蛬蛩。思蟬聲滿耳秋。

卷十四

〇禁中九日　注「元九云」十七字本注題下。〇見元九悼亡詩春腸觴。遥斷牡丹庭。〇微之宅殘牡丹雨打風摧吹。花不全。下「小庭」作「小亭」。〇八月十五日夜秋月高空。懸空高。碧外。〇惜牡丹花　注「中」字宋無。〇荅元奉禮曉晚。鼓一聲分散去。〇上巳日恩賜〇荅劉戒之升入。朝魚在池。〇春夜喜雪輕素封對。階墀。〇詶和元九　無「并序」二字，「十二篇」云云即注題下，「追惟」作「追憶」，「微之」作「知之」。〇山枇杷花之二葉如裙色碧綃紗。淺。〇嘉陵夜有懷之二不明不闇朧朦。朧月。〇夜深行百牢年。關外夜行客。其如時。同是不閒身。〇望驛臺兩處春光風。同日盡。〇江岸梨梨花有思意。緣和葉。〇荅謝家最小偏憐女　下是小注。

〔一〕此處與下重，疑衍。

○寄上大兄　注「下邽」俗本脱「下」字。○病中悲腸傷。遇物牽。○感化寺太白無當作「亡」。來十一年。○遊悟真寺世緣未了住治。不得。○村居寄張殷衡○病中得樊大書○還李十一馬病來唯著拄。杖扶持。身。○夜坐迢迢遥。夜坐情。○和夢遊春詩池流渡清泚。灘。謝傅隙奔過。光，駒。蕭娘風過送。燭。糺謬静盡。東周。縲囚每親鞫。鞠。馬瘦痩。畬田粟。秋瘴江海。雲毒。良姻在嘉佳。偶。法句與心王。玉。○王昭君如今却似是。畫圖中。

卷十五○渭村退居畫扉扃肩。白版。傳衣念纑襤。縷。褸。窮理析折。毫芒。決密學宋作「與」。張湯。宮官。垣紫界牆。對院面。即儲皇。毬簇桃花騎。綺。窐本注一「去」字。銀中貴帶。白鹿原東脚。郭。銷摧百鍊剛。鋼。道在冐慞徬。惶。徨。○酬盧祕書蹇步尚低徘。徊。泥雨。雪拜陵迴。石頑鐫費匠。力。奔波白日石。頹。世家標甲地。第。○題盧祕書熨慰。手弄琅玕。撑案：《唐韻》：「撑，撥也。」「撑」同。撥詩人興。○廣宣上人紅樓許住請本注一「平」字。銀鑰。○重過祕書今作蒼鬢頭。贊善來。○裴五每見清青。揚楊。一悃然。○過顔處士墓向墳道通。徑没荒榛。厚長。夜冐教黄壤曉？○累土山恐見新山忘望。舊山。注八字衍。○松樹夜深偷送得。好聲來。○李十一舍人　注「立」上有「新」字。○聽水部明朝説與向。詩家道。○雨中假暇。日多應不入臺。◯寄生衣淺色縠衫紗。輕似霧。下「如」作「於」。◯白牡丹應似是。東宮白贊善。◯戲題盧祕書風動翠條腰嫋娜。嫋。不別愛。花人莫使看。◯微之到通州日　下「事」作「字」，「綠」作「淥」。◯得微之到官後蚊蟆蚋。黄昏撲郡樓。　其四司馬人閒冗長本注一「去」字。官。◯病中荅招飲者盡本注：「津上。」君花下醉青春。◯鸎子樓　序「張」字在「尚書」上，「眄眄」各書俱作「盼盼」。◯發商州兒啼婦哭不聞聲。本注：「時李固言新殁。」◯襄陽舟夜◯途中感秋唯殘憐。病與老。◯雨中題衰柳更遣欲如何。誤倒。◯歲晚旅望窮陰旅離。思兩無邊。◯放言但愛臧莊。生能詐聖。　其三周公恐懼流言後。日。　若使當初時。身便死。◯强酒即須行吟。醉放狂歌。◯獨樹浦靜話語。多同待漏時。

卷十六◯東南行　「灃」作「澧」。下同。夷音語嘲哳。唽。　事似。鬼女爲巫。　樓闇攢倡猖。婦，隄喧簇販貶。夫。　春酒斷瓺案：「瓺」即「缶」，疑當作「缾」。沽。　月移橋。翹柱鶴。　雨露各霑濡。霈。　丸九。劍星芒耀。　李酣九猶。短竇。　觥嚴別列。　置盂。　商山上二邘。「云俱切」，非本注。　峴崑。　陽亭寂寞。　淮寇尚稽誅。注「襄郡」作「襄鄂」。　湓浦帶縈紆。注「何」下是「遜」字。　殘芳悲鶗鴂。本注：「音『啼決』，見《楚詞》。」案：上四字不應皆平聲，疑此亦後人所加，「鶗」當依《廣韻》作「特計切」。　眇耿。　默思千古。　況我謀身。生謀。　拙。　琴匣網蜘蜘。蛛。蹢。　數被鬼揶揄。揄。　昏昏半似是。　愚。　泉下哭知無？注「閒」作「聞」，「殂」作「殁」。◯宿西林寺一宿西林便却欲。回。◯江樓宴別錚摐鏦。下卷同。越調管絃高。◯代春贈山吐晴嵐峯。水放光。◯北樓送客憑高送眺。遠一淒淒，却下朱欄即手。解共。攜。下「京路」疑「京洛」。◯北亭招客能來盡日觀宋作「宮」。綦否？◯遊寶稱寺花塘欲曉晚。春。酒嫩嬾。傾金液。◯早春聞提壺鳥欲期明日東鄰林。醉。◯霖雨苦多一宿變江河。湖。◯春末夏初濃煎白茗芽。茶。◯風雨中小榼醯。沽清湑。◯寄蘄州簟卷作筒中信。布。◯晚出西郊休治醫。任眼昏。◯夜宿江浦至因寄此什　馬改作「此詩」，但此集中「瓊什」、「新什」之句往往而有，其《商山路有感》序云：「後來者見此短什，能無惻惻乎？」是宋本作「此什」並不誤。◯寄李相公天上歡娛華。春有限。憂喜情心。忘便是禪。◯聞李六景儉水永。借蛟龍可何。在多？◯石榴樹　宋本無注。◯詠懷自從委順任。任順。浮沈。下「覺」作「學」。面上減減。除憂喜色。下「唫」作「吟」。後並同。◯箬峴東池中宵霄。把火行人發。◯香鑪峯下「五首」二字不當有，其二有「重題」二字。　其三嵐引山廚火燭獨。幽。　其四遺愛寺鍾泉。欹枕聽。　其五身外浮榮雲。何足論。◯山中問月誰教不相本注：「思必切。」俗本改作「暫」，刪去本注，不知「相」本有入聲。陸《劍南詩話》引此，與少陵《漫興絶句》「恰似春風相欺得，夜來吹折數枝花」，讀正同也。離？◯正月十五日星漢迢迢遥。鍾梵遲。◯山中與元九書廬山菴裏曉晚。燈前。◯江亭夕望憑高望遠。遠望。思悠哉。◯酬元員外黃茅瘴色領。換朱顏。◯昭君怨　本無注。

○湖上閒望藤花浪拂宋作「沸」。紫茸條。

卷十七○江南謫居蓬斷即欲。辭春。○江樓夜吟文頭二字疑誤。交比繡。星迴疑聚集。散。每歎陳夫子。注「感興」作「感遇」，下注「謫仙」下有「人」字。○清明送韋侍御貶虔州○九江春望匹譬。如元是九江人。注「有艸，因而記之」，宋作「足草，因而寄之」。○送客春遊嶺南離容君蹙促。疑「戚促」，太白詩：「嗷嗷空倉雀，身計何戚促。」麫苦桄榔裛。製。天黄生颶母。注「虹」上有「斷」字，下注「丈」作「尺」。○尋郭道士不遇雲碓無人水自舂。注「水碓」作「雲碓」。○夢微之○注「二十二」宋作「二十」。○問劉十九紅泥小火壚。爐。○十二年冬「稜」作「淩」，詩中同。今冬臘候後。不嚴凝。下「勝」作「騰」。○送友人上峽岸巖。合愁天斷。○夜送孟司功江閤管絃急。宋作「思」。○題詩屏風殆始。數百篇，雖藏於脱。篋中。○荅微之注「報荅」上有「相」字。○山中酬江州眷盼情無限。恨。三年爲郡部。吏。酒熟心相待。侍。明日月。且回車。○山枇杷火樹風來翻絳降。豔。○歲暮膏高。明自爇緣多事。○薔薇正開「張大」下「夫」字疑衍。○李白墓就中淪落洛。不過君。○風雨晚泊青苔撲地連春香。雨。○山中戲問韋侍御我抱棲反。下「棲」作「反」。雲志。○寄微之巴猿啼哭夜常長。聞。誰家咼墮髻如雲。案：「咼墮」即「倭墮」。倭，烏果切，馬乃音「咼」苦乖切，誤矣。汪本又作「稷离」之「离」，益謬甚。末句「千分」疑「十分」。○曉寢雞鳴一猶。覺獨。睡。○荅元八郎中身覺浮雲無所著。末注：「覺，一作『學』。」案：

「學」字亦未妥，疑「覺」讀如「較」。○八月十五日夜曲江池畔杏園林。邊。○贈江客江柳影陰。寒新雨地。○殘暑招客重拈小竹。簟開。○九日醉吟一爲州典午。本多作「司馬」。案：「司」亦可讀入聲。初疑白不當以「典午」代司馬，但後《江州赴忠州》詩亦有「典午猶爲幸，分憂固是榮」之句，則「典午」正是本文也。治醫。愁或有方。○送蕭鍊師向可。道江州司馬詩。○題遺愛寺前溪松閒行繞作蹊。谿。○聞楊十二雪飄歌句曲。高難和。○三月三日壯歲氣。風情已闇銷。○江西裴常侍每借温顔放故。折腰。○自江州司馬網初鱗撥蹬。刺。○初除官○洪州逢能孺登靖安院裏辛夷宋作「新荑」。下。○初著刺史緋其如蓬鬢白成如。絲。○別草堂之二廬山未要動勒。遺文。○戲贈户部好去語。民曹李判官。○江州赴忠州○「以來」作「已來」。後竝同。水木向南前。清。湘川州。雨半晴。行遲帶酒醒。醒。掉頭稱俊造。逸。鳥以能言鞲。且案：字書無「鞲」字，疑是「緤」。○十年三月三十日「記」作「寄」，「話」作「晤」，末注「寄」一作「記」。聽清脆好文詩。篇。君還秦地辭亂。炎徼。

卷十八○初到忠州吏人生硬宋作「梗」。都如鹿，市井疎蕭。蕪疎。只抵村。○郡齋暇日有期追永遠。注「等」作「寺」。○木蓮樹題内「穠茂」下脱十六字。穠茂尤異。元和十四年夏，命道士毋丘元志寫。下接「惜其遐僻」。其二紅似燕臙。支脂。膩如粉。○即事寄微之想念宋作「此」。土風今若此。○題郡中荔枝詩「楊」字在「萬州」下。○留北客巴絃趣數元注「從速反」，疑誤。此二字當從《樂記釋文》，音「促速」。彈。◯白槿花使君只自。別羅敷面。◯望郡南山　題下空八格，題「行簡」二字，此行簡詩也。俗本乃作「寄行簡」，大誤。六朝陰、何及唐人韋蘇州、劉隨州等集，凡他人元倡皆置在前，和章則置在後，俱與本集平寫，不低一格。至明代已來，刻《唐四傑集》、《杜少陵集》，不分元倡和章，盡置本人詩後，又低一字以別之，近來名公刻集亦依此例，遂不知有古法矣。何殊如。昭應望驪山。◯種荔枝紅顆真珍。珠誠可愛。下「庭前」作「庭中」。◯送蕭處士遊黔南◯寄微之外物竟關身底低。事。◯醉後戲題今夜酒醉。醺羅綺煖。◯冬至夜坐索寒衣詑託。孟光。案：微之詩「泥他沽酒拔金釵」，「詑」與「泥」音義同。集中又有「白髮詑人來不休」及「猶賴洛中饒醉客，時時詑我喚笙歌」之句。◯竹枝詞之二想殺江樓闕。病使君。◯酬嚴中丞磨圍山下川。色。◯題東樓唯留花向樓前著。看。◯野行暇疑「假」。日無公事。◯荅州民鄉思銷磨倒。逐日無。◯房家夜宴燭淚粘盤壘蒲萄。案：「蒲」作去聲，讀「白」。又有「羌管吹楊柳，燕姬酌蒲萄」之句。◯醉後贈人自入春來未不。同醉。◯初除尚書郎繞腰啼哭覓銀金。魚。◯昭德王后挽歌詞　汪本作「王皇后」，似失之。詩詔。留窈窕章。◯閨怨詞之三閨閣閤。別離難。◯期不至紅燭清青。樽久延佇。◯後宮詞淚盡溼。羅巾夢不成。

卷十九

◯初除主客郎中閒宵靜話語。喜還悲。◯寄題忠州紅欄干上外。兩三枝。◯中書連直　「憶」作「懷」。◯春憶二林寺每春常似憶情親。親。情。下「題橋」，汪作「題牆」。十八人名空本注一「去」字。一人。○和元少尹花時八十入。直。○中書夜直尋寺到下。山頭。上句「城裏」宋作「城底」，疑非。○待漏入閤碧縷宋作「鏤」，疑。鑪爐。烟直。茜綬殷。○晚春風日鮮明似是。洞天。下「院名」宋作「殿名」。○紫薇花紫薇花對紫微薇。郎。凡官名，宋俱作「紫微」。○題新居階庭墀。寬窄纔容足。○見于給事暇日上直　案：「暇日上直」頗難解，觀詩語似于乃道流，故齋醮之暇始至官曹也。○題新昌所居宅小人煩悶。惱。此地覓覺。寬閑。○西省北院　「東過」作「東通」。○立秋日誰教計同。會一時秋？○新秋早起官職雖榮多。得已遲。○妻初授錦幖褾。裝來耀手紅。○送客南遷燒本注一「去」字。處愁雲夢。○暮歸歸來長常。困臥。○中書寓直繚繞宮官。牆圍禁林。○新昌新居大底抵。宗莊叟。○久不見韓侍郎靜吟乖乘。月夜。○偶題閣下廳平生閒境界。宋作「思」。○送馮舍人○酬韓侍郎閒遶花行枝。便當遊。○草詞畢　「小詩」作「小謝」。○與沈楊二舍人飽餵餧。不才身。案：字書無「餵」字，從「餧」爲正。○夏夜宿直寂默寞。挑燈坐。○七言十二句獨騎善馬銜鐙蹬。穩。下「肢」作「支」。○梨園弟子白頭垂淚話語。梨園。○聽夜箏如今格況。是頭成雪。案：《容齋隨筆》引此詩，并引微之「隔是身如夢」，云：「『格』與『隔』二字義同，『格是』猶言『已是』也。」○代謝好　下無「妓」字。○和殷協律依俙稀。風調似文君。○不睡焰短寒缸釭。盡。

卷二十○初罷中書舍人自慙拙宦叨清貫。貴。下「飡」作「湌」，後不具出。○内鄉村路作○吉

祥寺況見故古。人名。◯贈江州　注「元和末」下有「余」字。◯郡樓夜宴留客褰卷。簾待月出。◯
虚白堂移牀就日月。簷間臥。◯病中同困。病病夫憐病鶴。◯錢湖州以箬下酒寄與江城愛
賣。酒翁。◯宿竹閣即此是玄關。門。◯歲暮枉衢州張使君書　詩下有注「張曾應萬言登科」。◯
和薛秀才酒氣熏醺。時旋旋開。◯題靈隱寺芳情香鄉。思知多少。　西湖晚歸栟棕。櫚葉戰
水風涼。◯贈蘇鍊師忘却花時光。盡日眠。猶嫌言。莊子多詞句。◯予以長慶二年塹慙。
來不宿歸州去。◯與諸客湖邊共覓去春年。梅。◯醉送李協律立馬停舟飛酒盂。盃。　紫
微星北承恩久。去。◯內道場虚白亭中法發。樂藥。時。◯自詠欲逢假暇。日先招客。

卷二十一◯後序正應在此，馬説非。◯題西亭可以少躊躇。蹰。◯九日宴集七堰八門十
六宋作「六十」。坊。◯霓裳羽衣歌飄然轉旋本注一「去」字。迴雪輕。　荅云七十。縣十萬户。
◯題靈巖寺　注「屧」，宋作「屐」，詩同。◯雙石時人嫌不取。本注「叶韻」二字。◯花前歎　注「相繼」
作「相次」。◯和微之聽妻彈别鶴操商陵迫追。禮教。◯白太守行　宋本劉詩在荅詩前，亦頂格。◯荅
宋本題只一字，在劉詩後。◯有感之一鬢毛髮。已斑白。　其三相迎亦已。惆悵。　忘懷任
即。行止。◯宿滎陽宛然猶如。在目。◯經溱洧落日駐行吟。騎。◯喜雨十千。日澆灌功。
◯勸酒天地迢迢遥。自長久。◯六年春郡縣獄空虚。空。　朝客夕。多分秩。　洛童調
本注「去聲」二字。金管。◯勸我酒洛陽女兒。兒女。面似花。◯贈韋處士既脱。無白旃檀。

卷二十二〇和微之序其閒瘀絮本注「勅慮」二字。四百字。意若。欲定霸取威。四十二章。當依前作「二十三章」。〇和送劉道士握持尊皇皐。節。仙中有大天。仙。下「絪緼」作「烟熅」。〇和祝蒼華匹正。如剃頭僧。〇和三月三十日春遊亦多悆。處。末韻是「處」字。豈取敢。辭勞慮。下注「望山亭」作「望仙亭」。　溼温。葉黄含菸。注「菸色」當作「菸邑」。水葵鹽豉絮。絮。本注：「敇慮反。」〇和知非不如學禪神。定。〇和曉望休吟稽山晚。曉。沙堤亘蝦。蠆池。花饒遶。衣粲粲。〇和酬鄭侍御百舌新語聲新。椑椑。裨裨。流年懺悅不未。饒我。途何足泣楊漣而。洏。〇和自勸之二身自。飲數盃妻一盞。争知如。壽命短復長。〇和晨興病眼眠。兩行血，淚。衰悲。鬢萬莖絲。消瘦。滲消。百骸脂。不如溘然盡。逝。因兹漣漣洳。際。〇和朝回與王鍊師又慙雲水林。閒。〇和順之琴者澹雅。泞澹。風松曲。〇知足吟不採一枝株。桑。〇太湖石重疊匡屏。山岑。〇聞崔十八宿予新昌弊宅何必本求。主人。〇嗟髮落又不煩勞。梳掠。〇秋遊平泉　注「四十」作「胷中」。〇舒員外遊香山寺翠屏壁碧。立波環迴。注「遺英作」作「遺英蒨」。

卷二十三〇微之重誇州居君問西州城域。下事。〇酬微之　注「籍」作「箱」，「歡」作「歎」。滿衰篋。填箱唱和詩。〇酬微之誇鏡湖骰盆盤。思共彩呼盧。〇雪中即事寄微之何妨氣候兩鄉相。殊。〇醉封詩筒爲向兩州川，訛。郵吏道。〇蘇州李中丞落拓魄。抛名來已久。鄰州喜得平生安。友。◯早飲湖州酒捧出光華。華光。動。◯與微之唱和揀得琅玕截作竹。筒。◯題石山人◯詩解不覓覺。却歸城。◯味道一卷壇檀。經説佛心。◯小院酒醒初換熟熱。衣裳。◯履道新居池通淺沮本注：「秋夜反。」溝。老飢初愛暖。粥。◯秋晚覺寒蛬蛩。近壁。◯河南王尹初到◯池上竹下作勞心費目覓親天。知。◯春雪晚來疑「乘」。藍羃雪中回。

卷二十四◯奉和汴州仁風扇本注一「平」字。道路，陰雨膏本注一「去」字。閭閻。◯荅客問杭州小航船亦畫盡。龍頭。◯登閶門閒望曾賞錢唐嫌兼。茂苑。◯秋寄微之　注「留」作「唱」，「往來」作「來往」。飢啼春舂。穀鳥。老愁從自此。遣。◯偶飲妓停亭。簷下夕陽中。一曲雲纔。和戛未終。◯早發閶闔。門閭。曙色欲蒼蒼。◯歲日家宴春盤先勸膠本注一「去」字。牙餳。下句「潦倒」宋作「老倒」。◯正月三日閒行　詩注「之數」作「大數」。◯馬墜强出坐依本注：「烏皆反。」桃葉妓。◯夜聞賈常州燈前合「音閤」二字本有。作一家春。◯蘇州柳老來處處遊行。行應。偏。◯重荅劉和州　注「不知」當作「不如」。◯眼病兩頭治療何曾差。瘥。案《廣韻》：「差，楚懈切。」　其二合盒。中虛撚決明丸。◯武丘寺路　注「二千株」作「數千株」。◯齊雲樓晚望潦倒宦官。情僚。盡。◯江上對酒之二默默不應膺。人。◯酒筵上但要前塵程。減。◯鸚鵡養得經今。年觜漸紅。　每因餧食暫漸。開籠。

卷二十五〇思子臺有感　注中「二絶」下有「句」字。〇憶洛中所居鄉思急於如。弦。〇初到洛下閒遊〇松齋偶興滅減。跡是非閒。〇酬裴相公山公翁。倒載無妨學。〇華城西北　「獨」字下有「遊」字。〇有小白馬驪駒曉從促。時。〇題噴玉泉練垂青障嶂。上。〇雪中不知客右又。坐何人。〇寄殷協律吴娘姬。暮雨蕭蕭曲。〇座上贈盧判官〇逢舊俱疑是似。夢中。〇繡婦歎誰能每日趁功工。夫。〇送敏中歸豳寧幕〇池窗〇魏堤有懷踟躕。躕立馬看。　憶得瞿唐塘。事。〇代夢得吟世上争先從盡本注：「上聲。」汝。

卷二十六〇大和戊申歲　唐文宗是大和前後，不誤。〇送陝州陝州西。司馬去何如。〇鏡換杯不似是。杜康神用速。〇重荅汝州吴調吟時詩。句句愁。〇觀幻須臾燭竹。過風。〇病假中　「魚」下有「酒」字。〇酬令狐相公火繁桃尚向。稠。〇和微之春日瓌環。奇填市井。　鄉味珍彭蟛。越。蚏。　聯檣墻。俱訛。　幾點烏。　緑科秧早稻。疑「科秧」二字倒，下「折」當作「拆」。　歸只對是。妻孥。〇酬鄭侍御楚柳腰肢殫。殫。〇和春深之一金銀用斷短。車。其四瑞鶻鶴。勘袍花。　其十四流涎見麴車。本注：「杜甫詩云：路見麴車口流涎。」　其十八黄帖貼。鬢邊花。　青衣傳本注一「去」字。　氈褥。〇池鶴二首之二低徊迴。且向籠林。閒宿。〇對酒之三白髪泥泥。人來不休。〇洛橋寒食日作府醖傷疑誤。教送，官娃豈喜。要迎？〇送令狐相公紅旆將軍昨日歸。本注：「藩鎮例驅紅旆。」〇惜落花園中一二。寸深。〇結之　其人姓陳，樂天之寵人也。◯元相公挽歌詞◯憶夢得　下本注：「夢得，能唱竹枝，聽者愁絶。」◯失婢宅院小牆庳，坊門帖牓遲。舊恩慚自薄，前事悔難追。籠鳥無常主，風花不戀枝。今宵在何處，唯有月明知。宋本有此詩，在《夜招晦叔》前。

卷二十七◯想東遊煙霞識虎丘。注「寺」下有「皆」字。　舞繁紅袖凝。本注一「去」字。鱠鱖。縷鮮仍細。◯長樂亭留別昔時蹙當作「戚」。促爲遷客。◯不如來飲酒之四刀槍鎗。面上痕。　其六自賢誇智慧。彗。◯偶吟匹正。如身後有何事。◯勉閒遊若非疾病即悲憂。愁。◯寄兩銀榼與裴侍郎因題兩絶句◯自遠禪師令人見即思心。無事。

卷二十八◯勸行樂春日到。雖遲不再逢。◯予與微之　「今年」下有「冬」字。◯自嘲　即第二首，宋又别標題。一珠甚小少。還慚蚌。末「爺」作「耶」。◯阿崔酥宋作「蘇」，後亦同。顆點肌膚。◯閒吟之二朝廷乞本注一「去」字。俸錢。◯晚出尋人不遇◯行香歸合盡本注一「上」字。少年登。◯池上小宴雨滴篷蓬，訛。聲青雀舫。◯橋亭卯飲就荷葉上苞包。魚鮓。甘從妻喚作劉靈。伶。案：伶本亦名靈。◯哭皇甫七　注「涉異」作「涉江」。◯府西池北絶境應難别。本注：「悲列反。」◯齋居黄耇耆。數匙粥。◯歲暮言懷驅鶴鴈，訛。遺乘軒。◯早春雪後　「鄭明府」上有「長水」二字。府庭亭。共賀三川雪。◯和夢得窗閒曨嗯汪作「聰」，字書無。明。案：《廣韻》「曈曨，欲曙」，他孔、力董二切，當作此二字。

卷二十九○《秋凉閒卧》及下首，宋本在卷三十《狂言示諸姪》詩後，當從之。○酬思黯相公停款。盃曲。款語。曲上。語，馬。上從。馬容。復遲迴。恐君辴輾。然咍。○把酒此外皆長本注：「去聲。」物。○立秋夕雲外水。長洲城。○神照禪師同宿八年二三。月晦。○早夏遊宴今朝日。花酒宴。○思舊退之服流硫。黄。案：此退之乃衛中行，非昌黎也。○詠懷從宦官。三十年。○北窗三友三人皆我吾。師。○吟四雖注「始及」作「始授」。○裴侍中晉公三江路万千。里。伊水分一枝。支。下「四肢」作「四支」。杲泉。曜迎朝曦。怪石山欹危。本注：「已上八所各具本名。」春葩雪漠漠，本注：「謂杏花島。」夏果珠離離。本注：「謂櫻桃島。」俛僶誤倒。來保鳌。○晚歸香山寺皓知返商顔。巔。○老熱多道大天。當作「太」。悠悠。○三適足適已忘屨。履。○寒食豈獨好風土。生。

卷三十○宋本無「題裴晉公」十三字，即以「裴侍中晉公」至「本末前後也」爲題，皆低三格。詩注「人畜牛」下有「者」字。骴髀。肉生欲圓。福降昇自。自昇。天。○飽食閒坐逺庭亭。行數匝。○風雪中作一領花茸叢。氊。吾我。應不負爾。○雪中「雜言」二字應旁寫。又不見北西。闕京。浩浩唯紅塵。○犬鳶翅凝本注：「去聲。」高摩天。○東歸翩翩平肩昇。輿。下一首同注皆本有。○題文集櫃前後有。七十卷。○早熱之一兼亦示。心無事。○七月一日作宋本有《雨歇池上》一首，在前《池上作》前，即此詩少前四句耳。○自在小婢搔摣。我背。○詠史此作鸞凰鳳。

天外飛。○因夢有寤初是見。韋尚書。中作遇。李侍郎。○題天竺南院雜芳澗閒。草合。○哭師皋北邙原邊尹草。村樹。畔。注中「在」字衍。○隱几贈荅荅本注：「音塔。」然無所偶。○夏日作捫腹方果本注：「音顆。」然。

卷三十一○大和六年冬○七年元日逢迎拜跪。跪拜。遲。豈覺此身時。羸。衰。○洛下送牛相公　注「考覈官」作「考覆官」。○筝秦聲是女功。工。鷺鸞。嬌語詎風。○喜照密閒實紫衫袍。朝士白髯翁。臭帤帑。馬音「農都切」，謬甚。此與「袽」同，《黃庭經》：「人閒紛紛臭如帤。」世界終須出。○微之敦詩晦叔只應因。嵩洛下。○重修香山寺曾隨減本注：「音陷。」劫壞。天柱倚崧松。丘。霽月當軒窓。白。○自詠當時綺季不請本注：「平聲。」錢。○送陳許絲管竹。行隨白玉壺。○青氊帳汰本注：「音闥。」風吹不動。鐵檠本注：「去聲。」移燈背。○同諸客簾斷真珍。珠不滿鉤。下「蕭」作「簫」。○同諸客嘲銀篦穩簪本注：「去呼。」烏羅帽。○藍田劉明府攜酎相過○池上閒吟三川州。罷守未全貧。○翫半開花紫蠟黏粘。爲蔕，紅蘇此依宋本，未改作「酥」。點作蕤。蝶戲爭香朵。孕。未似是。老人詩。東風莫殺本注：「去聲。」吹。○早服雲母散酒渴春深一椀碗。茶。○三月晦日日晚聞鳥聲○宿天竺寺迴身尚繫官朝。班。下「瀟洒」作「蕭灑」。後同。○侍中晉公昔蒙興化池頭送。注「時」作「特」。○奉和晉公貂蟬蕭灑出埃塵。誤倒。○浪淘沙詞之五海底飛塵終有日。日。有。

卷三十二○讀老子言者不知如。知者默。○讀禪經陽物。焰如何更覓魚。○奉酬侍中角本注：「音鹿。」里年雖老。○送姚杭州　次首注「杭民」下有「至今」二字。○利仁北街作○諭親友大底抵。園林勝市朝。○將歸渭村詠月嘲花風。先要減。與吾君。釀酒掃柴扉。○詠懷不住入。朝廷不入住。山。匹正。如身後莫相關。

卷三十三○自詠衰形。形衰。具體微。○裴令公席上便是鄒枚牧。分散時。○早春題少室東巖雪銷嵐翠氣。生。○雨中聽琴者彈別鶴操○酬鄭二司録杯盤狼藉宜侵親。夜。○喜與楊六侍御同宿○殘春　「暮」作「慕」。○閒居春盡○池上逐涼輕屐單衣衫。薄紗帽。下「痺」作「痺」。[一]　其二水畔閑行。來上小船。○香山下卜居○宿香山寺我事是。空王正坐禪。○嘗酒聽歌招客一甕香醪新插篘。芻。○八月三日夜作○病中今朝似自。校壚頭語[二]。○和令公請本注：「平聲。」錢不早朝。○偶于維揚牛相公處○長齋月滿解醒醒。仍對姓劉人。○奉酬淮南牛相公何物不陶甄。注「官寮」作「宮寮」。遠訊許。驚魔物。楚醴醞。來樽裹，秦聲箏。

[一] 朱金城的《白居易集箋校》（上海古籍出版社，一九八八年）以明萬曆三十四年（一六〇六）馬元調刻本爲底本（《羣書拾補》亦以馬本爲底本），該書第二二六一頁指出，「庳」，此下馬本注云：「毗意切」。核《四部叢刊》本《白氏長慶集》及《全唐詩》，該字均作「庳」，因此，此處似應作：下「庳」作「痺」。

[二] 此字底本磨滅，《抱經堂叢書》原刻本清晰。

送耳邊。○吳祕監君稱名士誇能飲，注「只」作「即」。我是愚夫肎可。見招。○初冬月夜清泠泠。玉韻兩三章，落泊箔。銀鉤七八行。水南地空。空地。多明月。○惜春贈李尹兩衙但本注：「平聲。」不闕。○與夢得履道淒涼新第宅。宅。第。○楊六尚書之二罨畫羅衣盡本注：「上聲。」㛐「嫂」之俗體。裁。○因夢得却寄兩條君領令。取。○春夜宴席上九十不衰真地仙。本注：「裴年九十不衰羸。」○晚春欲攜酒杯譏喜本注：「去聲。」經過。○開成二年 「篹」作「簪」。禊事修初半。畢。舞急紅䙛凝。本注：「去聲。」○晚春酒醒尋夢得○和裴令公南莊絶句 下首「五絶」下亦有「句」字。○宅西之四霓裳奏試。罷唱梁州。○偶作清涼秋寺行香去。火。○同夢得闕塞風光請中半。分。○幽居不必入深山。山。川。○燒藥不成白髮逢秋王。本注：「去聲。」○歲除夜對酒醉依本注：「烏皆切。」香枕坐。

卷三十四○司徒令公招劉共藉籍。糟。盛德終難退。過。○和東川老將榮補帖。貼。未敢放故。相過。○小歲日 宋作「小新日」。滿月乞名時。本注：「因名引珠。」○酬思黯戲贈 注中「戲」作「謔」。銷愁仰本注：「去聲。」酒漿。○洛下雪中水南水北雪總。紛紛。日日多暗。來唯老病。○閒適肥馬輕裘還粗且。案：粗，才古反，俗本妄改作「且」。有。○新歲贈夢得紫綬行聯袂。被。○早春持齋正月晴和風景氣。新。○戲贈夢得雙霜。鬢莫欺今老矣。下「傳曰」訛「傳日」。須訑擬。奇章置一筵。○酬皇甫十緑醑醖。香堪憶。○奉和思黯除却吟詩兩病。閒客。○寒食日作音「佐」。底歡娱過此辰？○醉後聽桂華曲　注亦作「桂華」。又「嫦」作「常」，白詩同，「更有」作「更要」，「月中」作「月宮」。此是世人。閒腸斷曲。○詶夢得兼擬減滅。風情。○奉和裴令公獨立香山下頭。本注：「時居易獨遊香山寺。」○早夏不醉争銷得日晝。長。○晚夏閒居只應因。劉與白。○酬思黯相公暮去來。朝來去。無歇期。○詠懷寄皇甫朗之○同夢得和思黯　「因酬」作「因繼」。○三年冬　下「稍似穩暖」。○自罷河南依然似自。到家。下注「七君」作「七尹」。○天寒晚起　注「櫻桃」下有「花」字。○四年春柳梢黄薰。嫩草芽新。○白髮三元光。朝念蘂珠篇。○酬夢得何人得白頭。劉。○送蘇州之二　「官」作「宮」。

卷三十五

律詩一百首　并序○下「開成己未」即提行起，無「病中」八字題。○荅閒上人四禪天始免風灾。本注：「色界四天，初禪具三災，二禪無火灾，三禪無水灾，四禪無風灾。」○病中五絶句○送嵩客與教交。三十六峯知。○罷灸○詶夢得見喜疾瘳寒晨。傾藥酒螺。○齋戒每因日。齋戒斷葷腥。○近見慕巢然可後。東歸伴老夫。○病入新正盃觴興又漸。闌。○强起迎春戲贈思黯○春晚詠懷一歲平中。分春日少。少處裏。兼遭病折磨。下「濃」作「醲」。○病中辱崔宣城「詶之」作「謝之」。○前有别柳枝絶句○談氏外孫　「詩篇」作「成篇」。○開成大行制度移氓民。俗。○時熱少見客○夢微之　注：「阿衛，微之小男。韓郎，微之愛婿。」○在家出家衣食支分吾。婚嫁畢。○偶題鄧公　注「班」宋作「斑」。翁無衣食又自。如何。○早入皇城風露淒清涼。禁署深。○

寄題廬山　注「此詩憑」下是「錢」字。◯山下留別當尚。知後會在他生。◯林下樗知有我。無材老樗不。◯身報心心是身王身是自。宫。◯早熱籬喧飢饑。有雀。遷客向炎洲。州。注「韶」作「陽」。◯對酒有懷　注「始是」作「恰是」。◯寄潮州繼之◯雪朝乘興曉晚。雪引詩情。鋪花憐連。地凍。◯贈思黯◯樂世緑緣。腰宛轉曲終頭。◯水調此聲身。腸斷爲何人？◯想夫憐　注「泰州」作「秦川」。◯何滿子一曲四詞調。歌八疊。◯離別難詞歸來無淚可。可本注：「可紘反。」霑巾。◯閒樂坐安臥穩轝輿。平肩。下「椅」作「倚」。

卷三十六◯開成二年　注「同在洛下」四字本在「今喜」下。◯題牛相公碕岸東鳴嗚。咽。◯夏日閒放長本注：「音丈。」物徒煩費。下「太」疑「大」。◯遇物感興此未免憂患。本注：「平聲。」◯官俸初罷圖囷。中殘舊穀。◯閒居偶吟猶不。有所思人。◯亭西牆下滿耳秋泠泠。泠泠。◯李盧二中丞迢迢遥。幾十里。未如吾我。舍下。◯北牕竹石況臨北簷牕。下。下「有子」當作「無子」。◯閒坐看書多取終厚後。亡。◯夢上山夢寤悟。俱非實。◯二年三月加籩仍異粻糧。魴鱗白如。如如。雪。◯送毛仙翁韶齠。容花竝妍。下「飛煙」作「非煙」，俱通。◯達哉樂天行眼昏鬚白頭風眩。本注：「平聲。」◯春池閒汎花助銀盃氣。器。魚跳躍。何事樂。◯宴後直至致。櫻桃樹已枯。◯和李中丞　「小的」作「小酌」。◯偶吟　注「是」作「皆」。◯歲暮夜長不訵擬。車公更訵擬。誰。◯寄題餘杭郡樓西湖潮。石岸頭。◯喜入新年比北。類時流是幸人。○會昌二年蘇李冥濛蒙。隨燭滅。○以詩代書苦若。云夢想在林泉。○春盡日春歸似自。遣鶯留語。○夏日與閒禪師熱熟。惱閙。漸知隨念盡。○病中看經月上新歸伴侍。病翁。○遊豐樂不該談。愚谷醉鄉人。○醉中林秋。葉掃添薪。○池畔逐涼黄犬引迎騎馬路。客。○池鶴八絶句　下五十二字是小注。○雞贈鶴一聲警驚。露君能薄。○鵞贈鶴君因風送起。入青雲。○談氏小外孫玉童中郎餘慶祚。傳羊祜。○送後集故山迢遰遞。在匡廬。○荅客説海山不是吾我。歸處。

卷三十七○昨日復今辰閒居浄清。潔浄。貧。○狂吟　注「書」字本在「尚」字下。○和白尚書賦垂柳有序　案：此九字宋本無，其「永豐坊西南角」云云，即題也，非序也。其詩之次序，馬本亦顛倒不順，今依宋本式列於左。

永豐坊西南角園中有垂柳一株柔條極茂白尚書曾賦詩傳入樂府遍流京都近有詔旨取兩枝植於禁苑乃知一顧增十倍之價非虛言也因此偶成絶句非敢繼和前篇

白尚書篇云

一樹春風千萬枝，嫩如金色軟於絲。永豐西角荒園裏，盡日無人屬阿誰。

河南尹盧貞和

一樹依依在永豐，兩枝飛去杳無蹤。玉皇曾採人間曲，應逐歌聲入九重。

刑部尚書致仕白居易和

一樹衰殘委泥土，雙枝榮耀植天庭。定知玄象今春後，柳宿光中添兩星。汪本有東都留守韓琮和一首，宋本無。

◯每見吕南二郎中畫餅尚書不救飢。注當作：「喻無益自戲也。」◯胡吉鄭劉盧張　後「滎陽」作「滎陽」，「盧真年七十二」作「盧貞年八十二」，蓋與河南尹名同。◯贈諸少年　注「半俸」作「半禄」。◯和李相公影定闌欄。干杆。倒。◯閒居金羈駱馬近貰賣。却。◯喜老自嘲　注：「時俗謂七十已上爲開第八秩。」◯自詠老身爬宋本作「把」。背向陽眠。◯禽蟲之一疑有鳳王皇。須鳥歷。　其三注「每游輒」下是「三」字，末當作「兄弟鴈行」。　其六獸中本注：「去聲。」刀槍多怒吼。下「都」作「屠」。　其十注「致其巢」作「致其中」。　其十二注「皆飽而肌之」，「肌」字疑誤，汪本作「去」，亦未是。又「竝」下有

「皆」字。

卷三十八○動静交相養賦不容毫氂。釐。○汎渭賦心必。慙怍以徘徊。臺有蘭兮閣閤。有芸。目白雲兮漱清流。泉。○傷遠行賦山險巇有。兮路屈曲。忽雹靄兮不見日，衍。暘。陽。曰予有。弟兮侍左右。○宣州試射夫同而鐘鼓戒。誡。伸先王生。之彝訓。故禮舉而義立。得。温如洒栗。如。○窻中列遠岫詩○省試觀炯誡。誡僞。於既往。猶面如隔。面焉。○漢高皇帝斬白靈。虵於澤畔。於是行者告于高皇。宋重一「皇」字，屬下句。秋水火。湛湛。○大巧若拙賦豈徒與班爾倕。之輩。案：王爾亦巧工，見《淮南子》。○雞距筆賦「尢」訛「猶」。合爲手乎。筆。可以勒修。爲良史。冀得攜雋。於筆硯之間。○黑龍飲渭賦浴彬彬之玄質。下「炫耀」作「炫燿」。覩之者目朧疑從「目」。而改觀。文章斐裴。兮摛錦。○敢諫鼓賦於是乎唐堯得以爲盛治，衍。者也。是必聞其音。聲。○君子不器賦又有。何足以多之。則鑿枘柄。難施。

卷三十九○騶虞畫贊并序盂見《西山經》。作「孟」，訛。山有獸。宋作「猛」。○貘屏贊并序 下六字非本注。○續虞人箴鷃死握懷。中。○三謡蟠木机几。下同。一。蟠木謡不傷爾朴。性。素屏謡夜如明月入我室。本注：「一作懷。」綴珠陷鈿帖貼。雲母。朱藤謡雖有隸佳。子弟。○無可柰何又何常疑「嘗」。不一十。去而一來？于云。何不隨？静則脜

一作「闇」。然與陰合迹。　委一作「隨」。耶順耶。◯通偈　「碍」作「㝵」，出佛經。◯繡觀音菩薩像贊

卷四十◯哀二良文報施之眹。朕。　昔詩人賦有。《黄鳥》之章。下「名其篇云」作「其辭云」。◯祭楊夫人文歸櫬襯。千里。◯祭烏江十五兄文以至致。成人。◯祭浮梁大兄文痛病。恨所鍾。◯祭廬山文但使疿疫。厲不作，魈魑。魅不逢。◯祭李侍郎文江、澧、灃。通州。松茂柏懽。堅。　滿酌酒口。喫。　豈反貞疑「真」。歸空，冥。莫漠。然而無所爲？◯禱仇王神文維長慶三二。年歲次癸卯。下同。　人死者非一，神其念知。之乎？◯祈皋亭神文　注本無。是用撰擇。日祇事。　肸盻。饗當作「嚮」。無應。◯祭龍文神無靈，將恐歇。竭。

卷四十一◯有唐善人墓碑周柱國陽楊。平公。　曰訥、納。朴、恪、慤、碩。下「詹府」當俱作「詹事府」。　澧灃。下同。州刺史。　渤海高鈛。錢。　搸拜。請爲副。　皆詣義。理撮要。　執友慟。哭，衍。◯唐故通議大夫　「碑銘」下有「并序」二字。即公王大，衍。父也。即公王，衍，宋作「皇」。　考也。　從鄉賦。試。　駁假年侍老者二千十。人。案：此乃小民規免役者，故有二千之多。　人伏服。其明。　有主壻胥。者。　故公之子大理禮。評事。長慶二年。宋此下有「某年」二字，謂壬寅也。　將何。時不遇我。◯唐贈尚書公諱誠。誠。與上

文連。　而知其家事治。故。　◯傳法堂碑曰自田。　四祖以降。　若伯曾。　叔祖。　曾伯。　祖。叔。　是名真貞。下同。　修。　◯唐撫州景雲寺錢反寺府。反。　故與匡山法真。貞。　無央其。　數。　施尸羅者十有八人，衍。　會。　故娑挲。　娑男女。　道行。　行道。　者隨。墮。　◯唐江州興果寺　題下有「并序」二字。　如坐漆寶。室。　自興果訖起。　東林。　迨啓手足，日目。　前無長物。　一見訢欣。　合。

卷四十二　◯大唐故賢妃　題下有「并序」二字，卷内竝有。　凡六十當作「宮」。　九御之政。　◯唐故會王詔故京兆尹播。潘。　◯唐河南元府君長曰泝。沂。　禄稍賜。　甚薄。　積泣血孺號。慕。　◯唐揚州父諱昪。昇。　不十年而五登甲科。第。　不然者，脱。　何乃德行、政事、文學之具美，叢聚。　乎公之三子乎？　文天。　德闇彰。　◯唐故坊州故大理寺少卿襄州別駕白脱。　諱季庚汪云當作「庚」。案：集中不避「庚」字，汪説是也。　之姑。　◯唐太原白氏之殤墓銘并序元和八九。　年。

卷四十三　◯江州司馬廳記自武德已以。下多同。　來。　◯草堂記積石，嵌室垤堄。塊。華一簣。簣。　薈鬱。　◯記異　宋作「紀異」。　曰延年平。　里。　予從祖兄曰皥。皞。　視其族聚。　談之所，則塵壤幕罨。　然無足迹。　如於。　此觀其辭意，若相與數其相。　過者。　則衆君尹。　子謀於社以亡曹。　◯東林寺財才。　力不足。　非住任。　於布施相。◯三遊洞序故目因。爲三遊洞。◯遊大林寺序范陽張特。時。姓名、文詩。句。◯代書去矣去矣。脱二字。◯送侯權秀才序問其官宋作「宦」。名。問其僕乘囊輜。資。予不爲不脱。遇耳。矣。◯冷泉亭記可以蠲煩析柝。酲。有相里君造作脱。虚白亭。舊本俱脱「作」字，而以「造虚白亭」爲文，不知「造」乃相里君之名。《文苑英華》九百八十一有獨孤及《祭相里造》文。造字公度，官至河南少尹。且此下皆言「作亭」，不宜此獨言「造亭」也。

卷四十四◯與楊虞卿書走馬至滻涯。水。下「憫然」當作「憫默」。邇來雖手札一二兩字誤作「三」。往來。媒蘖蘗。之辭一發。其餘附離麗。之者。況大者遠者也。乎。人生未死間。見。瑣劣屑。之藝。◯爲人上宰相書一首則其脱。合之難也。伏望脱。少留聽而畢辭焉。蓋先皇所以輟輒。已知人之明。允先。天下之望哉。古者宰相取天下耳目心識爲用，今則專任其兩耳一心而已矣。此二十五字宋本在「古者宰相以接士」之前，別本皆無。今案：下有接士、開閤兩段，義足包括，不必再贅此段，疑此爲後人妄增入。愚者心競競。而是效。使羣目自皆。皆自。張乎？苟有舉一賢言。者。相公允充。人望。故孔子曰：「日月逝矣，歲不我與。」白公讀書鹵莽如此。

卷四十五◯與元九書粗麤。下竝同。案：二字不同，俗本凡「粗」俱改爲「麤」，誤。論歌詩大端。亦無出脱。足下之見。卒率。不能成就其志。上下通而一《文粹》作「二」。氣泰。

決此以爲大寶寶。也。用乃。至於諂成之風動。「雨雪霏霏」，因雪二字脱。以愍征役也。世稱李杜。李脱。之作才矣已。奇矣。覼縷格榕。律。有指「之」無。字、「無」之。字示僕者。月手。請諫紙。聞《登脱。樂遊園寄足下》詩。其餘則足下。宋本又有「足下」二字，屬下句。名落入。衆耳。此誠雕篆蟲。之戲。今雖謫佐在。遠郡。檢討囊袠篋。中。分爲卷目。首。凡所遇適。所感。才清。麗之外。今之秉筆者。脱。然後，衍。人貴之。知吾罪最。吾。要。脱蹤跡。蹟。且欲脱。與僕悉索還往中詩。微之微之，脱二字。知我心哉。◯荅户部并別覯觀。手翰。◯與濟法師書濟上人侍右。宋作「左」。此盡蓋。方便教中。況後復。五百歲。◯與微之書退不能得。相忘。次敘序。病心。殘燈無焰影幢幢。憧憧。青蘿爲牆援。垣。憶億。昔封書與君夜。◯荔枝圖序朵紫。如蒲萄。

卷〔一〕四十六◯補遺書予佐訛「佑」。厥稼穡。撫綏蒸烝。民。不龔恭。命者，有常刑。◯箴言并序報之下「之」字衍。義靡他。◯中和節頌自上下而。下。子兆人民。而基皇德。下「大宗」作「太宗」，「烏弈」作「烏奕」。安萌牙，芽。下同。養幼少。小。幽贊亭毒。宋作

〔一〕底本缺「卷」字，據上下文體例補。

「育」，俱通。 ◯晉謚恭世子議將欲商攉。攉。下竝同。 殺十有五臣。注「雖歎特宮山祁狐突」，俗本皆訛。 無小大。大。小。 ◯漢將李陵論再接再捷。捷。 ◯故犨縣令白府君事狀乙丙已降是也。案：乙丙，見魯僖末年，白公之殺在哀公時，何其漫不致審乃爾。 裔孫曰白。起。 公諱鍠，字確宋無。 鍾。 本道節度使令狐彰。章。下同。 ◯襄州別駕府君事狀字某。「字」下宋空兩格。 反拒東平。宋疊「東平」二字，屬下。 宜崇從。 亞列。 改卜犨蘄。 縣府君。

卷四十七◯才識兼茂 注「登第」宋作「登科第四等」，問俱頂格。 精清。 求古人之意。 廢癈。 虛文之無用者。 刑清而兆人民。 自化，動植之類，咸煦嫗遐。 而自遂焉。 寇既荐薦。 興。 雖日曰。下同。 督農桑之課。 未息銷。 兵革。下同。 則國無餽餫餉。 飛輓之費。 誠信明，則獷驁鷔。 歸命。獷驁。又見卷六十一。 因其廉讓，而示之以禮。理。 今古。 古今。 之所疑。宜。 而漢高脫。 兼其用以取天下。 此三君者。宋作「三君子者」。 亦猶心之於四肞。肢，同。 陛下但舉中而行。下「之」字宋無。 覩觀。 陛下升昇，通。 平之始。 ◯禮部試策 凡問竝頂格。 咸樂遂。 生業。 無游情。惰。 第二道且革澆醨漓。 之俗矣。 雖殊時異致。政。 第五道而布帛泉。 日已賤。 方今倉食。 廩虛。 ◯奉敕試 注「進旨」作「進止」。 將仕郎。 此行二十一字宋在「奉敕試邊鎮」一行之後。 與金陵素懷梟鏡獍。 之性。 抵抗。 捍拒。 朝命，驅脅協。 師人。 與崇文詔 注本有「爲頻請覲并寒月跋涉意」十一字，在「時崇文」之上。　批河中馴致邕雍。熙。

卷四十八◯張徹皆方直强白，毅。可中「中」字俗作「監察」。御史。◯楊子留後上有賢帥。師。◯李虞仲蜀人乂安。矣。◯庾承宣故吾前命崔從戎。持左綱。◯張聿蓋弛施。張舉措。　而名，衍。未達於朝聽之間。得不慎也？夫。　前領建谿，溪。有理行；次臨殷沔。郡，著能名。◯鄭餘慶勑鄭脱。餘慶。◯海州刺史庶使與吾君。共理者。◯張洪前瀛漠漢。等州。◯姚成節掌離宿。衛。　可致毅。果校尉。◯高鉽等「太君」上有「贈」字。勑起居郎高鉽。鉞。◯孔戣可右散騎常侍制◯王公亮不宜改張而趨易。數。轍。◯韋覬無纇纇。之珠。

卷四十九◯李愬洮賊叛換。逆。　翦而瀦誅。之。◯許季同則脱。設官之重。◯康日華贈坊州刺史制◯李宗河練達理道。道。理。　况渭陰南。封圻之守，詞户。曹賦籍之要。案：以「渭南」爲「渭陰」，「户曹」爲「詞曹」，此替字法也。晉以羊祜改「户曹」爲「辭曹」，亦作「詞曹」。宋本作「祠曹」，訛。◯太常博士不交勢利。力。◯高芳穎等見危併授。命，朕甚閔憫。之。深州故十小。將高某等。◯崔咸必有餘刃。力。◯周愿分領鎮。三郡。◯楊景復　「李綏」作「李緌」，「涇源」作「涇原」。◯前廬州刺史殷祐◯李德循勑尚書左士二字脱。郎。

卷五十◯册新迴鶻可汗文四月景庚。寅朔二十一日景庚。戌。◯李諒操刃决滯，砉礨。

騞騞。有聲。砉、騞二字見《莊子・養生主》，《釋文》載衆家音不同，今當讀爲「翕畫」。宋本訛作「砉騞」，舊本有「霍虢切，出《莊子》」六字，宋人沿《集韻》所加，非本有也。〇元稹立内庭。廷。〇孔戣各於以。其任。〇鄭絪國朝以宋景。當作「璟」。〇王汶故吾我。以朝散。〇奉議郎「盧商」作「盧商」。〇李諒公幹無替毫毫。城之政。〇李肇可中散大夫「王鎰」下「可」字衍，「郎州」作「朗州」。澧澧。下同。州諸軍事。

卷五十一〇贈劉總太尉册文何痛如是！當作「之」。〇王庭湊「祖未怛活」作「末怛活」。〇崔羣天受疑「授」。至寶。可守脱。祕書監。〇柳經仍改名言。銜。〇嚴謨都督桂州林。諸軍事。〇杜式方米粟二百碩。石。〇衢州刺史鄭羣多繇是遷。選。〇李演交戟戰。之下。〇康昇讓「遊弈」作「遊奕」。馮緒可試太子通事舍人知田州事充右江都知兵馬使〇奉天縣令故員外，衍。郎不可逾時缺。〇故鹽州防秋兵馬使永言殂殂。謝。〇姚元康等苟能贊察廉。兼。〇楊玄諒等夫材才。不録。〇李益何嘗一日而忘之耶？即。因脱。命有司。〇袁幹悉穩。知戎旅。

卷五十二〇京兆尹「瀛漢」作「瀛漠」。蓋王者施當作「弛」。張變通之要也。〇贈僕射蘇兆勑故某官男某脱。等。〇王承林宜得謹良長吏，以養理之。也，衍。勿值偵。勿佻。〇源寂可安王府長史制〇鄭枋俾之糾劒。邑。〇知汴州院官侍御史盧濛咸當是自。舉。〇楊於陵下「母」字衍。○鄭公逵可陝府司馬制○劉泰倫○王師閔勑前徐泗濠等州觀察支使。候。○衛佐各從所知。之。○故工部尚書生於士仁。族。○幽州兵馬使　注「劉悟兄奏請」，案：「奏請」上當又有一「悟」字。○張偉等吾思薊師。未刻。　今令。以朝右貴秩，宫言。坊清班。○商州○烏重胤妻張氏封鄧國夫人制

卷五十三○鎮州軍將王怡履危如武虎。尾。　追榮崇。延寵。○武寧軍死猶而。不忘。○李昌元疆埸場。勞臣。　末有「餘如故」三字。○田穎可檢校左右。散騎常侍。○李佑勑：牧郡。守之官。○宋朝榮牙衙。門右職。○贈陣亡軍將等勇以而。亡身。○入迴紇使有恪恭跋滯疑。之勤焉。○湖南都押衙　「柳州」作「郴州」。下同。○王鎰勑刑曹郎缺。闕。○京兆府勞逸脱。均而名分定矣。○田盛　「左衛」作「左街」。夫仕宧官。至執金吾。○崔承寵分符郡邸。底。○前貝州刺史頗有未刻。去思。○瀛漠州都虞候而藩洛。隅未靖。○前河陽節度使勑：夫脱。文武之才。○李玄成等勑：黔州觀察使與兼。度支使言李。玄成等。○馬總准制○神策軍推官田鑄加官制勑：田鑄。疇。

卷五十四　翰林制詔一以下俱作「制詔」。○除裴垍朕聞后德惟臣，哲。良臣。臣德。惟聖。良。　當顧訪問。之際。○除段祐大修邊備。務。　二廣翼。分師。　右神策軍步軍二字脱。大將軍。○除趙昌王者以尚齒尊賢爲體。禮。○除鄭絪思厚大宋作「君」。臣，貴

全宋作「令」。終始。○加程執恭俾壯在。中權。樞。○除士仳 注「四年三月六日」，宋無「十」字。然後，衍。下同。授以節制之任。作「然後」似順，但唐人自有此文法，前卷中亦有之。 兖朔方靈鹽定遠城節度副大二字脱。使。○除閻巨源 注「十一日」宋無「十」字。十千。聯之帥。○授吴少陽貴介承成。家。○除張宏靖益著令問。聞。下同。○贈李吉甫○除李絳○除韋貫之永鑒監。集中每不作古字。前烈。○除范傳正政簡而肅。速。○邊鎮節度使疆場埸。不可以無主。○除任迪簡罔不率逆。疑當作「從」。○除常侍御往以强毅剛直。正。○除裴武有倚辯當作「辨」，通「辨」。之才。俾昇陞。顯列。

卷五十五○鄭涵等或損益有疑。宜。○除韓臯半在東周。州。 故事多。遺愛。○除李遜宜輟材於浩壤。疑「穰」。○除薛平形勢宋作「制」。之地。○除田興亂政或咸。啓。 百衆悦附。附。悦。 可責貴。非常之功。 行乎二字作「其」。敬之哉！無憧墮。乃力。○除李夷簡可以嗣副。之。○李翺 文内同。○薛伾往服俱訛「復」。乃官。○獨孤郁既重且推。當作「難」。

卷五十六○與王承宗詔不以武功。功武。自負。 元九。欲於卿親屬之内。 今授疑「受」。命之後。○與茂昭詔并别論請情。陳獻者。 宜及俊疑「後」。嗣。○荅李詞備見忠藎。宋作「盡」。下同。○與吐蕃宰相叔矩骸體。骨。○與師道詔益嘉乃志。至。○與劉濟詔發漁陽精鋭統。之師。◯祭吴少誠文貞且有威。爲。◯與希朝詔省所初。奏。卿親領鋭統。師。◯與元陽詔仍遷崇宗。秩。宋俱作「袟」，前後竝同，今聊見之爾。◯與昭義軍將士勑書◯與師道詔兇躙疑「囂」。有素。◯與師道詔朕脱。推誠待物。◯與茂昭書眷矚屬。之懷。◯與昭義節度宜竝。竝宜。知悉。宋作「悉知」。◯代王佖且如党豈。下同。項。◯與吐蕃宰相計年歳則没沿。來甚近。去年與論。論與。勃藏來。◯與劉總詔宜加旄旌。鉞。◯荅裴垍謝銀青揮撝。謙秉易退之道。◯與新羅王具見。如別録。

卷五十七

翰林制詔四勑書、批荅、祭文、贊詞附，凡六十八首。◯荅元義等◯荅黄裳梟暨。于王公卿士。◯與從史詔將使物無疕疵。厲。案：「疕」字見《釋名》，前《祭廬山文》亦用之，當即「札」之異文。◯與韓臯詔勑韓臯省所陳賀具悉。下「朕自守睿圖」之上有一「卿」字，疑衍文。下《與季安詔》、《與茂昭詔》皆「卿」、「朕」連文，疑「卿」字皆衍。◯荅馮伉屈己徇循。物。◯荅長安萬年迫於固然之理。禮。◯與從史詔積慶承成。家。◯祭故贈婕好孟氏文既卜日辰。晨。有宓妃之淑姿。容。◯季冬玄元天。天元。皇大帝。廬州申連理李脱。樹一株。◯與茂昭詔李錡苞包。下多同。藏亂心。想當宜。知悉。◯荅劉濟詔寬寡。而得衆。每徇循。公而滅私。◯與柳晟詔受玆玄方。眖。◯祭張敬則文書旂旗，訛。常而播美。◯與元衡詔遠遂。此歸投。具已知委。悉。◯與宗儒詔卿邦家楨楨。幹。◯與希朝詔尚疑「倘」。能繼至。◯畫元始天尊讚上在。九仙之月。忽如真相現見。於前。◯代忠亮頃曾當。報牒。◯與潘孟陽詔節度觀察等脱。使。

卷五十八◯初授拾遺獻書奉書于旒施。扆之下。◯論制科人狀人心甚驚。警。故欲。卜時事之否臧。爲人之所媒蘗。孽，訛。僧孺等准任疑「往」。例與官。◯論于頔裴均狀要重位則即。得重位。無求不獲，得。天下節度，衍。使。子爲駙附。馬。◯論和糴狀事又有。不然。若損益相將。半。◯嚴綬已子仔。細面奏。貞亮右，貞亮元原。是舊人。范希朝　末有「謹奏」二字。◯請揀放四十餘載。歲。◯論魏徵便使。還後嗣。◯論裴均何裨俾。聖政？

卷五十九◯張奉國以摧懾攝。天下姦臣之心。◯奏所聞狀將謂容其有。違越。臣昨訪。訪昨。聞。◯奏閿鄉等縣禁囚狀有囚十數。數十。人。◯論元稹第三狀從此方便鎮。報怨。改與一京司師。閒官。◯請罷兵第二狀若保果。有成功。◯請罷兵第三狀與於。承宗本末之勢同也。臣昨日者。脱。一軍若不寧帖。貼。懇迫兢競。惶之至。◯論孟元陽狀溵激。水有功。◯三月三日未展涓消。埃之劾。◯臘月特加慰問者。脱。豈止飲德瑩縈。心。

卷六十◯論重考試進士臣今非不知此。脱。此脱。乃至公至平。◯讓絹狀右，田布以臣宣諭慰。進旨。　況取其財。才。◯論行營狀之一則鎮州夾來。攻以分其力。　一請抽揀只留東西二帥。師。　一請勒魏博等最可痛惜。下「者也」二字宋無，前後「粮」皆作「糧」。　一請因朱克融無出於斯。此。　實恐軍用困。不濟。◯論姚文秀今阿門。王被打狼藉。　足是。　明「事」謂爭鬬之事。　即則。曰我因有事而殺。　故殺人脱。者從今得計。

卷六十一　◯爲宰相賀赦表蠲減租責。賦。◯爲宰相賀殺賊表逆賊某乙。一。下同。　臣等誠喜誠抃。忭。　伏惟文武孝德脱。皇帝陛下。◯賀雲生臣某等謹，衍。言。下「煙」作「烟」，「曜」作「曜」。◯忠州刺史謹遣某官某乙。一。◯賀平淄青表無不誅殊。剪。◯賀上尊號威殲梟鏡。獍。◯杭州刺史莫酬酧。一二。◯爲宰相謝恩賜酒脯慙無麴蘖蘗。之功。

卷六十二　策林一凡二十二道。　策林序另一行。◯一策頭二道之二若默然默。而退。◯二策項上讓下競。兢。◯三策尾◯五塞人望歸衆心　下六字是小注，已下竝同。◯七不勞而理政與欲時。竝行。◯八風行澆朴臣聞代之澆醨。漓。　遠無不伏。服。　堯舜率天下以義。仁。◯十三號令言號令如汗渙。渙汗。然，一出而不可復也。　凡下之脱。從上也。　雖三令五申，而令不明矣。也。　雖家至日户。見，曉。而人不信矣。　導道。之斯行。◯十七興五福不過與也，訛。不及也。　皆糅揉。雜而畢呈。◯十八辨水旱之災則收回。視反聽。　可謂不涸之倉。食，訛。

卷六十三◯十九息游惶夫人之蚩蚩二字脱。趨利者甚矣。斯所可。謂下令如流水之源。◯二十二問：鹽鐵法。之謀。◯二十三利厚則奸當作「姦」。下竝同。俗本作「奸」，更誤。生。若上既脱。不歸於人。◯二十四循徇。以爲常。◯二十五暨乎賓嬪。婚祠葬之度。◯二十六不加斤斧。斧。斤。◯二十七罔不思効其用。下脱三十七字。然兩不相遇，其故何哉？今欲求之，其術安在？下別提行。臣聞人君者無不思求其賢，人臣者無不思効其用。下接「然而」云云，「無由」下又脱一「者」字。◯二十九授以小大。大小。下同。之職。謬舉者，坐不當之辠。辜。達于天上。下。◯三十才既用而政未成，下脱二十五字。將欲正之，其失安在？下別提行。臣聞夫官既備而事未舉，才既用而政未成。下接「者由官與才」云云。屈展。長才於短用者。◯三十一問：國家台衮之材。才。下同。未不。商較其器能。臺省之具。器。伏願思以後艱。難。◯三十二而且。勸善之法缺。下「而」衍。

卷六十四◯三十七其所舊皆無「以」字。然者。◯三十九注「也」字衍。◯四十一故脱。均之於衆。◯四十四十又。又。十。銷減。其三四矣。◯四十八考其要者。旨。故漢武悔焉。然。不盟誓而外成。服。◯四十九京西師。之兵。下「域堡」作「城堡」。◯五十一侯將與。守而何先？倍通「陪」。臣執國命。◯五十二於是生業相固。因。富强者專籠山絡給，訛。野之利。大抵人稀土曠廣。者。◯五十三其閒博傳。聞達識之士。蓋取剸椽腓。黥刖之類耳。◯五十四達其宜理。而已矣。内外無虞。慮。

卷六十五◯五十五致至。于升昇。前後多同。平。貧困思邪奸。而多罪也。◯五十六蓋刑法脱。者。有祐怙。親愛者矣。◯五十八盜賊衰屏。息。◯六十棄精而得好。粗。◯六十三陛下以上聖之姿。資。◯六十七臣伏觀覩。其教。◯六十八恐大。非先王文理化成之教也。◯七十萬樞幾。之繁。◯七十一然則猶有。前車覆而後車不誡者。◯七十二則盡忠愛上之來，策。在於此。

卷六十六◯得乙上封請永不用赦◯得景居喪迫追。桑榆之光。◯得乙有同門生肆一扶杖。之怒。◯得戊兄徵臾史。駢之言。◯得詔賜百寮伯夷飲泉而何可。爽。宜許有乎司。之劾。◯得甲替乙爲將衷裏。甲自防。◯得鄉老　所由以無例不許◯得乙女　乙云未立婚書娉聘。財已交。◯得耆老稱將時。老者之審才。◯得景進柑子覽所由之詰。語。◯得景嫁殤窀穸斯乖。垂。◯得丁陳計曾會。是行權。◯得甲夜行夙興宜伺同。其啓明。◯得乙以庶男　「請」上當有「乙」字。相隱。時其。庶孽。孽。◯得乙在田饎饁。可輟於田畯。盍嘉喜，訛。陟岵之仁。

卷六十七◯得乙掌宿息井樹賓至不申嚴於聚橐。托。◯得景爲將苟毒流。流毒。而不察。◯得丁將在別屯操司殺獄。之柄。　既有令命。而必行。◯得乙出妻曷見尢於譴譴。
怒？◯得景有姊之喪禮且宜。節哀。◯得丁食於喪者之側姑故。求主禮。◯得甲爲獄吏雖非
故縱所因。爲。◯得甲牛觝乙馬死既谷品。量以齊驅。◯得甲之周親則不及仕任。門。脱。
◯得乙請用父蔭椒聊柳。既稱有實。◯得丁私發制書王言者。非密。◯得甲爲所由自抵犯。國
章。　庶叶決公。平。「決平」又見下。◯得州府貢士何可。常科而是限？◯得乙充選人識官
識職。官所宜情恕。案：識官，如今保結。◯得選舉司時當仄側。席。◯得太學博士義莫先於
不劌。翽。◯得甲居家一挟杖。所加。　不告未爽於爲。夫和。◯得乙居家理幸當仄側。
席之求。◯得丁爲大夫姑故。欲紊乎貴賤。◯得景爲獸人禽獻獸。罔供。　遂有闕於去
充。腸。

卷六十八

碑誌志。◯故京兆古常淡。而不鄙。　故所託托。文。◯海州刺史曾祖諱
俱脱。畬。　湖河。南觀察使。　得於國史、家諜牒。云。　享脱。年五十有四。◯如
信大師皆師所囑累。繫。　既具則。戒。　蓄爲道通。粹。　若小中大。大中。乘人。
◯華嚴經社石記顧顧。我來世。　操自杭脱。詣蘇。　朝夕待宋作「迨」。盡。◯吴興靈鶴贊
「録」作「籙」。◯錢唐湖石記　唐。下竝同。夏脱。秋多旱。　無凶年矣。小注即在此下，不空。
自錢唐。當提行。　脱晚。或不足。　俗云：決放湖水。當提行。　或脱。云魚龍無所

託，或云茭菱。菱茭。失其利。下同。湖中有無税田。當提行。○蘇州刺史臣以其某。月二十九日。將致至。昇平。則亭涵。育之下。○三教論衡大太。下同。和元年。第一座。下是小注。○僧問義林休。法師。對六波羅蜜。密。下竝同。從此辨之，又，衍。可無疑矣。難所敬者何人者？脱。退臣伏准惟。三教宋作「殿」。談論。朝臣因對敭敭，訛。之次，多自敘才不。能。○沃洲山禪院記如子孫之從父祖母。者。斐、裴。藏、濟、度。○修香山寺記洛都四郊。野。杇朽。墁之功必精。○伊闕山伏聽勑旨。下是小注。

○與劉蘇州書歲月易得。邁。

卷六十九○故饒州刺史囚困。山林，擯血屬。其非。達人乎？名競兢。不可以恬神。○蘇州重玄寺莫先於《金剛般若波羅蜜密。經》，凡五九。千二百八十七言。合一十一萬六千八百五十七言。「六千」當是「七千」，下「八百」衍。○池上篇雖有池脱。臺。始作住。西平橋。得太湖石五。脱。露清鶴唳淚。之夕。有堂有一。亭，庭。有橋有一。船。白鬚颭飄。然。如黿龜。居坎。時引飲。一杯。○因繼集重序多多益辦辨。古亦通。耶？宜其脱。櫜弓匣刃。○祭中書韋相公文一顧一禮。力。○祭弟文舋釁。酷如昨。并造堂院。院堂。已成。○祭李司徒文樹名致制。節。永決訣。下篇同。柰何。○祭微之文則號呼壹抑。鬱之不暇。金石膠漆。膝。醉別悲愁。吒。淚。○唐故湖州公脱。六代祖也。　糺察課成。賦。　雖天與之才，國與之上四字脱。位。〇大唐泗州大師譙醮。郡鄭人。　叵巨。能具舉。　衆象。有僧尼。〇東都十律移窆於龍門祖師塔院。陂。

卷七十〇酒功贊麥麴麯。之英。〇唐故武昌郡　「尚書右僕射」上有「贈」字。贈兵部員外郎。脱。　二十四，調試。判入四等。　臺登。府不得知。　遮道不可遏。通。送脱。詔使導呵揮鞭。　實有心在於安人活治。國。　得位與不得位同。脱。〇唐故虢州刺史考抗，杭。揚楊。州司馬。　擔宋作「檐」。負跋涉。　歸砭于磁宋「礠」。下同。州。　公或祭葬。之葬祭。之。〇唐故溧水縣令　下「漂」皆作「溧」。〇序洛詩歷覽古今歌詩。詠。〇畫彌勒上生幀讚南贍部洲。州。　曲船合掌。拳。〇祭崔相公文旋旅。守三川。　凄涼淒。蕭鼓。〇祭崔常侍文維大和九元。年。　丙午，本作「景午」。　哀亹亹。所鍾。〇聖善寺其集七也。衰。帙。　開成元年閏脱。五月十二三。日。〇唐銀青光禄大夫至秦徙茂陵。林。　贈賜。汝州刺史。　無笑。哂笑無。意，忘脱。得喪窮達。　公獨曒皦。然。〇唐故銀青光禄大夫「墓誌」下有「銘」字。贈潁川郡太脱。夫人陳氏。　初脱。補集賢殿院。校書郎。　歸葬于河南府某鄉某原，村。祔脱。僕射府君之封域焉。〇齒落辭自吾有爾。之。又衍「而」字。滋吾血髓。瀡。　非無齟齬。宋作「噚」。下同。　爲君脱。口中之物。〇醉吟先生傳泉韋。

布衣家。屨履。及鄰。以致于妻子凍餓。餒。◯蘇州南禪院院僧法宏、惠滿、契元、惠雅等蒇藏。事。師又日曰。與苾蒭衆。是堂是藏經。是經藏。之用。不唯記年月，述作爲。焉。◯蘇州南禪院恢王教而宏佛道者，多則多二字脱。矣。

卷七十一◯淮南節度使内盡其志。心。屬世難家故。徙。郫縣梟暨。晉陵府君。拜爲。右拾遺。至於捍悍。大患。風交變。化移。◯白蘋洲五亭記連汀洲。宋又有一「洲」字，屬下句。委萎。無蕪。隙地。楊君繢繪。素之。◯畫西方幀記諦觀此娑婆。婆娑。世界。必脱。先念阿彌陀佛。何獨如是哉？宋疊一句。無諸惡道及衆諸。苦。◯畫彌勒願當下「當」衍。來世。◯香山寺新修懸丈大。幡二十有四。◯唐東都奉國寺月用。開六壇。◯不能忘情吟去長本注：「音丈。」物。辭畢涕泣。下，予聞素言，亦慼默然。不能對。凡二百三五。十四五。言。◯衆生偈　上無「讚」字。◯醉吟先生墓誌銘廬盧。州巢縣丞。無用鹵薄。簿，通。

白氏文集後序樂天自作，各本有不録。

補校

卷一◯悲哉行讀書眼欲前。暗。闇。馬本率改「暗」爲「闇」。

卷二◯寓意詩之五孰謂蟲之至。微。◯和荅詩序得馬上語話。别。

卷三◯馴犀又逢今歲苦寒天。與上「年」爲韻，馬作「月」，與「熱」、「雪」爲韻，非。◯蠻子朝大軍將繫金呿嗟。嚴本注云：「皮帶也。」

卷四◯八駿圖瑶池西追赴。王母宴。◯陰山道明年馬來多。多來。一倍。◯隋堤柳西自黄河東接至。淮，緑影隱。一千三百里。

卷六◯歸田神仙須有籍。藉。◯遊悟真寺詩素紫，謁。葩覆清瀾。素屏有褚書。晝。

卷十六◯三月三日登庾樓寄庾三十二　馬本脱下「庾」字。

卷二十◯錢湖州以箬下酒　若下，酒名，《白集》多作「箬下」。

卷三十七◯詠身恐是人間賸賸。長身。

卷三十八◯漢高皇帝苟非我王。主。◯雞距筆負笈辭登。山。◯無可柰何生者不住往。兮死者不迴。

卷六十五○六十八大有。美不能無小疵。

卷六十六○得景嫁殤縱近傾筐倒。之歲。

卷六十九○大唐泗州僧院六所。下「又」字衍。

卷七十一○李公家廟碑廉察浙右，以分憂爲切。功。○白蘋洲時予守官在洛。「陽」字衍。

林和靖集

康熙戊子，吴中有吴調元刻本，乾隆乙丑，杭人陳梓又重刻於嶺南，兩本皆不及明正統八年餘姚陳贇惟成刻本爲有條理。今就吴本而以陳惟成本正之焉。

卷一 五言古詩陳惟成本以此四首爲拾遺，在七絶之後，今移之前，非也。和靖詩以五言近體爲最，就一體中，自當以閑適一類居前，方與其人相稱，惟舊本得之。 若非求仲至。病中謝馮彭年見訪 俗本作「求伴」，誤。 中峯行藥却望北山因而成詠行藥，見《文選》。但舊本實是「行樂」，七律中有「昔年行樂伴王孫」之句，此詩中亦全無行藥意。 洞霄宫案：《宿洞霄宫》二首見《洞霄宫集》，云是公手迹，今乃離置兩處，此首閒於贈送類中，又一首上有「宿」字，置於五律之末，編次殊無法。 知縣李大博得替各本俱脱「得」字。案：當有。 贈胡乂俗本「乂」誤作「介」。 《孤山雪中寫望》云：片山兼水遶，晴雪復漫漫。一徑何人到，中林盡日看。遠分樵載咋蓋切。重，斜壓葦叢乾。樓閣嚴城寺，疎鐘動晚寒。此詩真迹見《江村銷夏録》，應補入。

卷二 柏子有芽生塔地。寺居 俗本「芽」誤作「茅」。 茫然隨分起詩愁。俗本「茫」作「落」，「詩」作「時」，俱誤。 過蕪湖縣俗本作「蕪城」，并詩中亦同，大誤。蕪城是揚州，未嘗置縣，況詩首句云「詩中長愛杜池州」，安得以爲蕪城？ 秪好亭臺愛惜看。杏花 俗本「亭」誤作「庭」。 比竝合饒皮博士。

桃花　注「皮日休有賦」，俗本「賦」誤作「詩」。　病中二首本在下卷《喜姪宥及第》前。吴本顛倒失序，今攷其元次正之。　虢略秀才此上皆酬和一類，下係懷人一類，

卷三　送史殿丞之任封川俗本作「封州」，誤。　壽陽城南寫望　玉梁峽口　西梁山下　春日懷歷陽　招思齊上人　聞靈皎師自信州歸越至。　弔薛公孟止。　西湖孤山寺後舟中寫望以下四首陳惟成本所無，此云「孤山背後泊船看」，殊不似和靖語。　和酬泉南陳賢良高見贈　寄輦下莫降秀才此二首亦舊本所無，而《莫降》一首九不成語，首句云「犀圍古暗革靴鳴」，頸聯云「且看輦轂千蹄曉，復憶溪山數筆晴」，以此爲和靖作，何其誣甚！

卷四　皇城十二衢，埃塵滿香裓。　何以待歸期，山中桂花色。　案《唐韻》：「裓，古得切。」釋典有「衣裓」，見《阿毗曇毗婆沙論》第二十一卷，元應音「孤得切」，云相傳云：「衣襟也。」《新唐書·南蠻傳下》有此字，董衝音「古得切」，而今本訛爲「古待切」，近人誤呼爲「械」，以與「色」韻不協，遂妄改爲「香域」，誤之甚矣。和靖五律中亦有「香裓漸多塵」之句。　寄梅室長今本於此下注「堯臣」二字，非也。　檀頸回看⿰發色⿰赤色衣。　野凫　「⿰發色⿰赤色」似當作「⿰癹色艳」，《廣韻》音「撥末」，色不深也。　詩餘舊本所無，何必贅此？如「君淚盈，妾淚盈」云云，豈復似高人語耶？刪之爲淨。　詩話中有一條云：「西湖風物固不遷，但無和靖輩人物耳，覽之慨然。」乃《跋林處士詩集》語，後題「姑蘇老農書」。吴本乃改爲「姑蘇老農史論」，其謬妄至此！又「遷」訛作「還」。

省心録《宋史》有李公《省心襍言》一卷，乃李邦獻撰，今歸之和靖，非也。

羣書拾補補遺

宋史藝文志補

《宋史》本有《藝文志》，咸淳以來尚多闕略。至《遼》、《金》、《元》三史，則并不志藝文。本朝康熙年間，議修《明史》，時史官有欲仿《隋書》兼《五代史志》之例而爲之補者，余得其底稟，乃上元倪燦闇公所纂輯也。今俗閒傳有温陵黄虞稷俞部《千頃堂書目》本，捜採雖富，而體例似不及倪本之正。近則《書目》又爲坊賈鈔胥紛亂删落，更無足觀。今略爲訂正，且合之余友海寧吴騫槎客校本，庶爲完善，亟爲傳之，以補四代史志之闕。具載倪《序》於首，使後人知其初意如此。《宋》有《志》而補之，《遼》、《金》、《元》本無志，故今所録各自爲編云。

明史藝文志序

史官倪燦撰

歷代史之志藝文也尚矣。以之經緯天地，則足以宏建樹而致治功；以之淑善身心，則足以端秉彝而貞末俗。昔人所云「大業崇之，則成欽明之德；匹夫克念，則有王公之重」，良非虚也。自孔子删述以來，六籍始大顯於世。遭秦廢學，若存若亡。漢興，掇拾殘缺，《周易》而外，無復全經。然六藝初不以不完而晦，數千年來，儒者講求精義奥旨，愈久愈出，正如日月在天，雖遭刓蝕，而不改其光明，未嘗以缺軼而不傳也。支流所及，爲史爲子，下逮騷賦詞章，雖不可與六藝抗行，然皆得道之一端。紀事紀言，則《尚書》、《春秋》之具體；典章圖志，則《職方》、《王會》之流亞。卜筮五行，則出於疇範卦爻；歷象經方，則出於烈山軒帝。三百而後，變而爲屈宋漢魏；淹中以下，盛而有度數儀文。雖殊途異軌，而一道同歸。其閒亦多宏深奥衍之論，藻雅卓犖之詞，有志聖學者，閒亦有取此。

經、史、子、集四部，所由名已始劉向爲《七略》，班固因之而志《藝文》。王儉、阮孝緒爲《七志》、《七録》，魏徵因之而著《經籍》。四部之名，至唐而始定。曰甲部，經典、小學諸書；曰乙部，史家編年、紀傳等類；曰丙部，諸子百家在焉；曰丁部，騷、賦、别集係焉。下逮有宋，亦沿其制。而歷朝列辟，崇文右儒，若兩漢之孝武、孝宣、光武、明、章諸帝，其表表者。乃若成、靈二帝，或遣使求遺書，或詔刊定五經於石，斯非中主，亦足稱焉。其聚書多者，則梁元之江陵十萬卷，隋嘉則殿之正本八萬餘卷，最爲富有。兩更喪亂，存者無幾。唐武德、開元再加裒集，復還舊觀。天寶之後，湮没殆盡。元載爲相，奏以千錢購書一卷，又命拾遺苗發等括訪江淮。文宗時，鄭覃復請搜採，而四庫之書復完。及昭宗播遷，又蕩然無遺矣。

宋初，三館之書不過萬餘卷。嗣平荆南，克李煜，吴越歸命，各有所得，然猶未備。

於是募人獻書，來獻者賜以科名，知吏治者即授以職。太宗以後，遂大備焉。於是改建崇文院，著其目録，讎校勘定，亦如漢代。然古書雖閒出，而世祀悠邈，簡帙多亡，存者鮮矣。其後，汴京既破，三館圖籍歸於有金。高宗南渡，搜訪遺闕，臨安之有，不減東都。迨伯顔南下，試朱清、張瑄海運之議，皆載而之北，故元奎章、崇文之積，不下於歷朝。其尤可嘉尚者，郡邑儒生之著述，多由本路進呈，下翰林看詳，可傳者，命江浙行省或所在各路儒學刊行，故何、王、金、許之書，多賴以傳。鄱陽馬氏之《通考》，且出於羽流之薦達。其他或命以官，或給以禄，亦古今來所未有。蓋自姚樞得趙復江漢之傳，紫陽之學盛行於北。大儒許衡輩挺生其閒，故文雅彬郁，度越遼、金以前諸代。惜明初修《元史》者不爲特志，殊足憾焉。

明太祖既克建康，龍鳳丙午，即命有司訪求古今書籍。元都既定，大將軍徐達盡收奎章、崇文祕書圖籍，及太常法服、祭器、儀象、版籍，歸之於南。先是，洪武初，設祕書監丞，仍元制。十三年，從吏部之請，罷之，而以其職歸之於翰林典籍。明年，以北方自經喪亂，經籍殘缺，命頒四書五經於各學校。又明年，諭禮部曰：「古先聖賢以教後世，所存者書而已。朕每觀書，自覺有益。嘗以諭徐達，達亦好學，親儒生，囊書自隨。蓋讀書窮理，於日用事物閒自然見理明，而所行當，書之有益者此也。今國子監藏板殘缺，其命諸儒考補，工部督修之。」至二十四年，再命頒國子監子史等書於北方學校。而帝於《洪範》有註，書傳有選，其他編類諸書尤多。帝初奮起隴畝，未嘗學問，即位而後，揮毫染翰，聖藻葩流，甲乙之集，流傳人世。雖曰天縱其資，於經籍者，蓋不淺矣。其時典籍皆在南京。迨成祖即位，四年，命禮部遣使購求遺書。及建都北平，命脩撰陳循，取文淵閣所貯書籍，自一部以至百部之多者，各取其一，置於燕都。連艫匱載而遷之南者，復改而之北。帝武功既成，頗脩文事，命儒臣輯五經、四子、《性理大全》，頒之郡邑學宫，以訓生徒。復選天下耆儒、宿士、釋道之人，輯《永樂大典》，多至二萬餘卷，蓋欲倣宋太宗《太平御覽》等三書，然其書龐雜煩重，僅藏弆禁掖，未能如三書之流通也。仁、宣二主，世既承平，文物益盛。宣宗始命楊士奇等輯《文淵閣書目》，第有篇名，而無卷帙、姓氏，稱缺略焉。宣德八年，命少傅楊士奇、楊榮，於館閣中擇能書數十人，取五經、四子，及《説苑》之類，各録數本，分貯廣寒、清暑二殿及瓊花島，以備觀覽。當是之時，典籍最盛，而通集庫、皇史宬以貯金匱石室之藏者，又不與焉。其後太平既久，文治益隆，翰林館閣、兩京胄監、部署郎曹，各有所貯。下至郡邑諸學、鄉士大夫，或捐所有，或益所無，雖未能盡括天下之典籍，然亦稱略備矣。宏治中，大學士邱濬言：「經籍圖書，皆自古帝王精神心術所寓，今世賴之以知古，後世賴之以知今者也。是以自古帝王，莫不以是爲重。我朝館閣祕藏，不減前代，然藏書雖多，不無雜亂；積歷年久，不無鼠蠹；經該人衆，不無散失。乞勅内閣臣計議，專委學士及講讀以下官數員，督同典籍等官，將書目一一比校，有無全欠，分爲經、史、子、集四部，及雜書、類書二種。每類若干部，部若干卷，各類總數若干，識校次、歲時、職官於簡末備考。仍令内閣查「查」字不典，而官府文書通行此字，姑仍之。見存書，有副本者，各分其一，送兩京國子監，并勅南京守備諸臣，會同南禮部翰林院官，查永樂中原留南内書籍奏知。或止有一本者，將本發國子監，選監生善書者謄録，付各堂校對，送兩監掌管。如此，則一書有數本，永無散失矣。其内閣諸書，或有缺本，則行各直省訪求，有者借官鈔録，以增未備。」疏入，上納之，而究未能行。其後，内閣諸書典司者半係貲郎，於四部之旨懵如，且秩卑品下；館閣之臣假閲者，往往不歸原帙。值世廟而後，諸主多不好文，不復留意查覈，内閣之儲，遂缺軼過半。萬歷間，中書舍人張萱始請於閣臣，躬自編類，更著目録，則視前所録十無二三，所增益者，僅近代文集、地志，其他唐宋遺編，悉歸子虚烏有。迄乎崇禎之末，大盗移國，鍾虡爲墟，縑緗卷軸又可知矣。

第有明一代以來，君臣崇尚文雅，列聖之著述，内府咸有開板，而一時作者亦白彬彬。崇正學者，多以濂洛爲宗；尚詞藻者，亦以班揚爲志。迨夫博雅淹通之士，著述尤夥，故其篇帙繁富，遠過前人。雖不無蕪蔓，然亦有可採。前代史志，皆録古今之書，以其爲中祕所藏，著一代之所有。今《文淵》之目，既不可憑，且其書僅及元季，三百年作者缺焉，此亦未足稱紀載也。故特更其例，去前代之陳編，紀一朝之著述。《元史》既無藝文，《宋志》咸淳以後多缺，今竝取二季，以補其後，而附以遼、金之僅存者，萃爲一編，列之四部，用傳來兹。諸書既非官所簿録，多採之私家，故卷帙或有不詳，要欲使名卿大夫之崇論閎議，文儒學士之懃志苦心，雖不克盡見其書，而得窺標目，以著一代之盛云爾。

經部

經之類十有一：一曰易類，二曰書類，三曰詩類，四曰春秋類，五曰三禮類，六曰禮樂書類，凡後代編定之禮，及類次樂律書。七曰孝經類，八曰論語類，九曰孟子類，前代皆入儒家，今特爲一類。十曰經解類，五經四子總解。十一曰小學類。分訓詁、書、數、蒙訓四種。

史部

史之類十有八：一曰國史類，朝廷勑編當代史。二曰正史類，三曰通史類，通輯列代之史。四曰編年類，五曰雜史類，六曰霸史類，七曰史學類，八曰史抄類，九曰故事類，十曰職官類，十一曰時令類，十二曰食貨類，十三曰儀注類，十四曰政刑類，十五曰傳記類，十六曰地理類，十七曰譜牒類，十八曰簿録類。

子部

子之類十有三：一曰儒家類，二曰雜家類，前代藝文志列名、法諸家，後代沿之，然寥寥無幾，備數而已，今削之，總附雜家。三曰農家類，四曰小説家類，五曰兵書類，六曰天文類，七曰歷數類，八曰五行類，九曰醫方類，十曰雜藝術類，十一曰類書類，十二曰道家類，十三曰釋家類。

集部

集之類八：一曰制誥類，二曰表奏類，三曰騷賦類，四曰別集類，五曰詞曲類，因《文獻通考》例録。六曰總集類，七曰文史類，八曰制舉類。自宋熙寧用荆舒之制，以經義取士，其後或用或否，惟明遵行不廢，三百年來，程士之文與士之自課者不可勝録。然而典制所在，未能廢也。緣《通考》録擢犀、擢象之類，録程式之文二三種，以見一代之制，而二三場之著者亦附見焉。

經部

朱元昇　三易備遺十卷字日華，永嘉人。《河圖洛書》一卷，《連山》、《歸藏》、《周易》各三卷。家鉉翁進其書於朝，子士立梓行。

何基　周易朱氏本義發揮七卷　繫辭發揮二卷

胡方平　周易啟蒙通釋二卷一作四卷。　外易四卷號玉齋，婺源人。

董楷　周易程朱傳義附録十八卷一作十四卷。　圖説一卷字正叔，臨海人，吏部郎中。

陳普　易解二卷寧德人。

熊禾　易學圖傳一卷

吴霞舉　易管窺六十卷　筮易七卷字孟陽，休寧人。

任士林　中易

陳深　清全齋讀易編三卷字子微，吴人。

王申子　大易緝説十卷字巽卿，臨邛人，寓居慈利州天門山，著是書，常德路推官田澤奏進。

邱富國　周易輯解十卷　易學説約五篇字行可，建安人，瑞陽簽判。

胡一桂　周易本義附録纂疏十四卷　周易啟蒙翼傳四卷字庭芳，方平子。景定甲子鄉薦，入元不仕。

何夢桂　易衍二卷一作《易解》。

朱鑑　文公易説二十三卷文公孫。

田疇　學易蹊徑二十卷號與齋，華亭人。

昝如愚　古易便覽一卷

羅大經　易解十卷字景倫，吉水人，寶慶二年進士。

右易類十七家二百十六卷入胡一桂一家，舊尚有五家。案：李過、方回、張應珍、李簡皆入元。臺坊乃明人豐坊之誤，故不入。

陳大猷　書傳會通十一卷　書集説或問二卷東陽人。

薛季宣　書古文訓十六卷字士龍，永嘉人。

王應麟　尚書草木鳥獸譜　集解周書王會篇一卷

陳普　書傳補遺

熊禾　尚書口義三十卷

毛晃　禹貢指南一卷

右書類六家六十一卷

段昌武　叢桂毛詩集解三十卷字子武，盧陵人。

陳煥　詩傳微一作「徵」。字時可，豐城人。兩與漕薦，入元不仕。

陳深　清全齋讀詩編

趙德　詩辨疑七卷一作十卷。宗室，入元，隱居豫章。附朱倬《詩疑問》後者，止一卷，其撮要。此則全編也。

曹粹中　放齋詩説十卷

朱鑑　詩傳遺説六卷一名《朱氏詩説補遺》。

胡一桂　詩傳纂疏附録八卷
李樗、黄櫄　毛詩集解三十六卷樗字若林，閩縣人。櫄字實夫，漳州人。
王應麟　詩辨
毛直方　詩學大成字静可，建安人，咸淳中薦舉，入元不仕。見《尚友録》。
右詩類十家九十七卷舊有《逸齋補傳》二十二卷，《經義攷》謂即《宋志》范處義之《詩補傳》三十卷，今通志堂梓本亦三十卷，此不録入。
趙鵬飛　木訥先生春秋經筌十六卷字企明，左縣人。
家鉉翁　春秋集傳詳説三十卷　綱領一卷
陳則通　鐵山先生春秋提綱十卷
陳深　清全齋讀春秋編十二卷
王申子　春秋類傳
林堯叟　春秋左傳句解七十卷字唐翁。
程公説　左氏始終三十卷　春秋比事十卷
晏兼善　春秋透天關十二卷
吴思齊　左傳缺疑

熊禾　春秋論考

朱申　春秋左傳節解三十五卷

吕大圭　春秋五論一卷同安人，淳熙進士。知漳州軍，蒲壽庚降元，脅署降表，不從見殺。

句龍傳　春秋三傳分國紀事本末字明甫，嘉定州人。

徐晉卿　春秋經傳類對賦一卷試祕書省校書郎。

右春秋類十四家二百二十八卷

葉時　禮經會元四卷

朱申　周禮句解十二卷

林希逸　考工記圖解四卷今梓本無圖，止二卷。

朱申　禮記詳解十卷

鄭樸翁　禮記正義一卷

陳焕　禮記釋字時可，豐城人。

方慤　禮記解桐廬人。書成，獻之朝，頒行。

黎立武　中庸指歸一卷　提綱一卷　大學發微一卷　提綱一卷字以常，新喻人。咸淳進士，華文閣待制。入元，屢徵不起。

王奎文　中庸發明一卷

馬端臨　大學集傳

熊禾　大學口義　大學廣義　三禮考異

右三禮類十一家三十六卷

車垓　内外服制通釋九卷字經臣，天台人。

歐陽士秀　律通二卷宜春人。凡二十篇。

右禮樂書類二家十一卷

朱申　孝經句解一卷

右孝經類一家一卷

蔡節　論語集説十卷淳祐五年表進。

石洞紀聞十卷《内閣書目》云：「元泰定間人，不知姓氏，釋《論語》義。」案：宋饒魯嘗建石洞書院，著有《語孟紀聞》，與其門人史詠自亨相問荅，當即此書。

右論語類二家二十卷去趙順孫，入元，從元入失名一家。

蔡謨　孟子集疏十四卷

施德操　孟子發題一卷

熙時子注　孟子外書四篇稱馬廷鸞序，謂熙時子即劉攽，實假託也。

右孟子類三家十九卷

葉時　對制談經十三卷杜涇纂。

陳埴　潛室木鍾集十一卷

黄淵　四書六經講稿六卷字天叟，莆田人。初名仲元，字善甫。宋亡，乃更今名。

曹涇　講義四卷字清甫，歙人，官昌化簿。入元不仕。

梅寬夫　裕堂講義一卷栝蒼人。《易》、《詩》、《論》、《孟》、《學》、《庸》講義。

馬廷鸞　六經集傳

張惟政編次　四經晦庵《孝經刊誤》、《臣禮》，西山《心經》、《政經》。

六經奧論六卷舊以爲鄭樵著，非。

莆陽二鄭　六經雅言圖辨十卷一作四卷。

錢時　融堂四書管見十三卷

真德秀　四書集編二十六卷

陳普　四書集解

熊禾　四書標題

鄭樸翁　四書要指二十卷字宗仁，温州平陽人。
張霆松　四書朱陸會同注釋二十九卷　舉要一卷貴溪人。
祝泳　四書集注附録十一册祝穆子。程元鳳進其書，授興化軍涵江書院山長。
右經解類十六家一百五十一卷
毛晃　禮部韻略五卷
黄公紹　古今韻會舉要三十卷字直翁，昭武人。同邑熊忠，字子中，舉要。
歐陽德宏　押韻釋疑五卷
楊俊　韻譜三卷
張有　復古編二卷字謙中，吴興道士。
李從周　字通一卷字肩吾，彭山人。
蔣捷　小學詳斷字勝欲，宜興人。
秦九韶　數學九章九卷魯郡人。
陳録　善誘文一卷
羅黄裳　發蒙宏綱二册
方逢辰　名物蒙求一卷

虞俊　達齋告蒙一卷

右小學類十二家六十卷

凡經部九十四家九百卷

史　部

熊方　後漢書年表十卷字廣居，豐城人。

方岳　重脩南北史一百十卷

右正史類二家一百二十卷

歐陽守道　皇朝通鑑紀事本末一百五十卷起建隆，迄靖康〔一〕。

胡一桂　古今通要十七卷

〔一〕　陳錦春整理點校的《宋史藝文志補》（載王承略、劉心明主編《二十五史藝文經籍志考補萃編》第二十卷，清華大學出版社，二〇一三年），以清光緒十七年（一八九一）刻《廣雅書局叢書》本爲底本，該書第三八八頁此句後有如下内容：「濬宣謹按：是書題《通鑑長編紀事本末》，爲楊仲良撰，歐陽守道校正。陳均《九朝編年備要》引用書目及《玉海》所載竝同，非歐著也。今缺九卷。」

右通史類二家一百六十七卷

胡一桂　歷代編年十七史纂

胡三省音註　資治通鑑二百九十四卷

宋史全文續資治通鑑長編三十六卷失名。

陸唐老　集百家音註資治通鑑一百二十卷會稽人。

江贄　少微通鑑詳節三十卷崇安人，隱居不仕。政和中，賜號少微先生。

劉剡　通鑑節要續編三十卷

吕大著　增節備註資治通鑑一百二十卷

右編年類七家六百三十卷

羅泌　路史四十七卷《前紀》九卷、《後紀》十四卷、《國名紀》八卷、《發揮》六卷、《餘論》十卷。泌字長源，廬陵人。其子苹作注。

裘萬頃　歷朝史稗四十卷字元量，新建人，大理寺丞。

葉紹翁　四朝聞見録五卷

鄒仲之　使韃日録一卷

謝翶　南史補帝紀贊一卷　唐書補傳一卷

鄧光薦　續宋書　德裕日記
錢時　兩漢筆記十二卷
　右雜史類七家一百七卷
胡恢　南唐書金陵人。
馬令　南唐書三十卷
陸游　南唐書十八卷　音釋一卷
　右霸史三家四十九卷
胡三省　資治通鑑釋文辨誤十二卷
南宫靖一　小學史斷六卷字仲靖，分寧人，端平進士。明徐師曾爲作注。
諸史偶論十卷失名。
　右史學類三家二十八卷
岳珂　讀史備忘捷覽六卷
黄震　古今紀要十九卷
　右史鈔類二家二十五卷
吕中　皇朝大事記九卷　中興大事記六卷一本二十三卷。中字時可，泉州人，祕書郎。

馬端臨　文獻通考三百四十八卷
漢七制唐三宗史編句解十三卷失名。
史志通典治原十五卷失名。
宋季三朝政要六卷失名。
右故事類五家三百九十七卷
許月卿　百官箴六卷
胡太初　晝簾緒論一卷寶祐間知汀州事。
右職官類二家七卷
陳元靚　歲時廣記四卷
周守忠　養生月覽二卷
右時令類二家六卷
杜綰　雲林石譜三卷
高似孫　硯箋四卷
林洪　文房職官圖贊一卷
羅先登　續文房圖贊一卷有元人王起善補。

鄭清之　文房四友除授制一卷
史鑄　百菊集譜六卷　菊史補遺六卷
陳達叟　本心齋蔬食譜一卷
陳仁玉　蘭譜一卷〔一〕
王貴學　王氏蘭譜一卷
趙時庚　金漳蘭譜一卷
賈似道　促織經一卷
　右食貨類十一家二十七卷以上所録，皆非食貨之正者，亦有游戲筆墨，更不當入。而黄《志》有之，亦姑仍之。
咸淳文廟儀式一卷　禮器圖一卷
　右儀注類一家二卷
歐陽士秀　孔子世家補十二卷
謝翱　睦州山水人物記一卷

〔一〕「蘭譜」當爲「菌譜」之誤。

胡滅　東陽人物表

鄧光薦　督府忠義傳一卷

黄震　戊辰脩史十三傳一卷

鍾堯俞　宋名臣言行類編舉要十六卷廬陵人。

中興名臣言行録此趙順孫著。其人已入元，而此書題中興，則在宋時所著，姑附此。

右傳記類七家三十一卷

税安禮　地理指掌圖一卷蜀人。或云東坡者，誤。

王象之　輿地紀勝二百卷

王觀之　輿地圖十六卷

王日休　九邱總要三百四十卷

倪朴　輿地會元四十卷浦江人。

翁夢得　地理總括

唐仲友　地理詳辨二卷

薛季宣　九州圖志

潘翼　九域賦一卷字雄飛，青田人。

祝穆　方輿勝覽七十卷字和父，建安人。所載止東南十七路。

周應合　[景定]建康志五十卷武寧人，翰林修撰。疏斥賈似道，謫外。

梁克家　[淳熙]三山志四十二卷

吴元美　句漏洞天十記一卷福州人。

范成大　吴郡志五十卷

琴川志二十六卷失名。

鄒補之　毘陵志十二卷開化人，常州教授。

史能之　重脩毘陵志三十卷字子善，四明人，常州知府。

潛説友　臨安志一百卷今闕七卷。

謝翺　浙東西遊録九卷

李郁　古杭夢遊録一卷

潘景夔　鹽官縣圖經

張淏　會稽續志八卷

董弅　嚴州圖經

[景定]臨川志三十五卷失名。

端陽志二十一卷失名。

江文叔　桂林志二十七卷静江軍教授。

右地理類二十六家一千八十二卷

陳思　古賢小字録一卷

張疊　張氏宗譜

右譜牒類二家一卷

趙希弁　續讀書志四卷

陳振孫　直齋書録解題五十六卷今分二十二卷。

王應麟　漢藝文志攷証十卷

右簿録類三家七十卷

凡史部八十五家二千七百四十九卷

子　部

陳淳　性理字義二卷采集周、程、張、朱之論。　字義詳講二卷即前《字義》引古今事實證之。

饒魯　雙峯講義五册
胡一桂　人倫事鑒
楊與立　朱子語略二十卷一作十卷。建安人，朱子門人。
趙湑　池陽講書本末一卷
史繩祖　學齋佔畢四卷眉山人。
王遂　實齋心學一卷
劉荀　明本釋三卷汶上人。
趙善璙　自警編九卷字德純，宗室，居於歙，大理評事。
劉夢應　明善録八卷衡州臨武人。
國之材　青宫備覽四十卷景定閒宣教郎。
曹彦約　經幄管見一卷官禮部侍郎時撰進。
王孝友　性理彝訓一卷字順伯，豐城人。
王佖　紫陽宗旨三十八卷金華人。
葉采　近思録集解十四卷建安人。
葉士龍　朱子語録類要十八卷　先儒講義二册字雲叟，栝蒼人，黄幹門人。

熊節編　性理羣書二十三卷熊剛大集解。

李元剛　聖門事業圖一卷

王柏　研幾圖一卷　天地萬物造化論一卷廬陵周顒註。

何基　太極圖發揮一卷　通書發揮二卷　啟蒙發揮二卷　近思録發揮十四卷

許棐　樵漁録二卷

吳思齊　俟命録

熊禾　正蒙句解二卷　言行龜鑑二卷　文公要語

趙孟奎　聞見善善録一卷

劉應李　傳道精語字希泌，建陽人。

趙汝談　荀子注

洪咨夔　荀子注

葉通　荀揚問荅外稿

章樵集　曾子十八篇

劉炎　劉子邇言十二卷字子宣，松陽人。

李之彦　東谷所見一卷永嘉人。

王宗道　觀頤悟言一卷　讀書臆説十卷

劉軫　詮心指要字德輿，平陽人。

陳亮　類次文中子

戴良齊　曾子遺書　中説辨妄

葉由庚　瘖叟自志一卷

盧楨　翼善書錢塘人。

朱南功　七十二子粹言二卷

黄宜　讀書手鈔二卷

王萬　時習編

吴霞舉　太玄潛虚圖説十卷

右儒家類四十一家二百七十八卷黄《志》有李邦獻《省心雜言》一卷，攷《宋志》有李公書名同，即邦獻也，故不複載。

楊夢發　古今通論一册宋南昌博士。

趙崇絢　雞肋一卷字元素。

何坦　西疇常言一卷

戴埴　鼠璞一卷桃源人。

儲泳　祛疑説一卷字華谷，雲閒人。

俞成德　螢雪叢説二卷東陽人。

林駉　古今源流至論前集十卷　後集十卷字德次，寧德人。

黄公紹　源流至論續集十卷　别集十卷

陳元靚　博聞録十卷

李大同　羣書就正六卷

黄震　黄氏日抄一百卷今止九十七卷。

馬端臨　多識録一百五十三卷

蔣焱　經史補遺温州人。

聞人宏　經史旁聞十六卷嘉興人。

葛澧　經史摭微四卷

車若水　脚氣集二卷

魏了翁　古今攷二十卷方回補。

方昕　集事詩鑒一卷字景明，莆田人。

右雜家類十八家三百五十九卷

林洪　山家清供二卷

婁元善　田家五行二卷

右農家類二家四卷

孔平仲　珩璜新論一卷

汪若海　麟書一卷字東叟，歙人。

馬純　陶朱新録一卷

楊彦齡　楊公筆録一卷

洪邁　夷堅支志七十卷原一百卷，今存甲、乙、丙、丁、戊、庚、癸七集。　夷堅三志三十卷原一百卷，今存己、辛、壬三集。

楊萬里　揮麈録三卷

王明清　揮麈前録四卷　後録十一卷　第三録三卷　餘話二卷　玉照新志六卷元本五卷。

宋伯仁　煙波圖一卷

王楙　野客叢書三十卷

劉昌詩　蘆浦筆記十卷字興伯，清江人，與北宋别一人。
王質　紹陶録二卷
朱翌　猗覺寮雜記三卷
施彦執　北窗炙輠録二卷字德操，海寧人。
鄭景望　蒙齋筆談二卷湘山人。
王有大　南墅閒居録一卷
羅大經　鶴林玉露十六卷
沈作喆　寓簡十卷吴興人。
趙叔向　肎綮録一卷
施清臣　枕上言一卷　東州几上語一卷
九玘　萬柳溪邊舊話一卷
葉寘　愛日齋叢抄十卷　坦齋筆衡一卷
吴枋　宜齋野乘一卷江陰人。
方岳　深雪偶談一卷字元善，天台人，與歙秋厓别一人。
張仲文　白獺髓一卷

陳郁　藏一話腴一卷
俞文豹　清夜録一卷　吹劒録四卷字文蔚，栝蒼人。
趙葵　行營雜録一卷
陳鵠　耆舊續聞十卷
趙希鵠　洞天清禄二卷禄，或作「録」，非。
莫君陳　月河所聞一卷吴興人。
魯應龍　閒窗括異志一卷
侯延慶　退齋筆録一卷
張端義　貴耳集二卷字正夫，鄭州人，居姑蘇。
龔頤正　芥隱筆記一卷
蔣正子　山房隨筆一卷
陳失名。　隨隱漫録五卷
荆溪吴氏　林下偶談四卷失名。
盈之　醉翁談録八卷不知姓，衡州録事參軍。
袁褧　楓窗小牘二卷

施君美　別續常談三卷

羅璧　識遺字子蒼。

類編夷堅志五十一卷以下失名。

儒林公議二卷

異聞總録四卷

搜采異聞録五卷

右小説家類四十五家三百三十八卷

陳傅良　歷代兵制六卷一作八卷。

章穎　南渡十將傳十卷

華岳　翠微先生北征録三卷

右兵書類三家十九卷

徐大昇　子平三命通變三卷

張子微　玉髓真經五十卷

蔡牧堂　發微論一卷

管氏指蒙二册謂管輅之書，集隋蕭吉，唐袁天綱、李淳風，宋王伋註，不知集者名。

右五行類四家五十六卷

崇寧看詳太醫局醫生赴試問荅一卷

何大任　太醫局諸科程文格一卷　保幼大全二十卷一名《小兒衛生總微論方》。

劉開復　真劉三點脈訣一卷　脈訣理玄祕要一卷　醫林闡微一卷　傷寒直格五卷

劉元賓　脈要祕括二卷

張景　醫説十卷

楊士瀛　醫學真詮二十卷　活人總括十卷　仁齋直指附遺方二十六卷字登父，景定閒三山人。

陳自明　婦人良方二十四卷　外科精要三卷

周守忠　名醫蒙求一卷　類纂諸家養生至寶二十二卷　養生月覽二十五卷

右醫方類八家一百七十三卷

岳珂　寶晉齋法書贊六十卷

曹士冕　法帖譜系二卷都昌人。

張雯　書畫補遺

湯垕　畫鑒一卷

右藝術類四家六十三卷

祝穆　事文類聚前集六十卷　後集五十卷　續集二十八卷　別集三十二卷

潘自牧　記纂淵海一百九十五卷字牧之，龍游令。《金華志》作「潘景憲叔度著」。今本一百卷。

楊伯嵒　六帖補二十卷

嚴毅　押韻淵海二十卷字子仁。

謝維新　合璧事類備要前集六十九卷　後集八十一卷　續集五十六卷　別集九十四卷　外集六十六卷

章俊卿　山堂羣書考索前集六十六卷　後集六十五卷　續集五十六卷　別集二十五卷字如愚，金華人，國子博士。

陳元靚　事林廣記十卷一作十二卷。

陳景沂　全芳備祖前集二十七卷　後集三十一卷天台人。

胡繼宗　書言故事十卷　詩韻大成二卷廬陵人。

周守忠　姬侍偶類二卷

王應麟　玉海二百卷　小學紺珠十卷　姓氏急就篇二卷

謝枋得　祕笈新書十六卷

毛直方　詩學大成三十卷建安人。

高伯壎　會萃古今事類二百卷字汝諧，福寧州人。

劉芳實、劉茂實　敏求機要十六卷芳實字月梧，茂實字鳳梧，同編。

劉達可　璧水羣英集八十二卷建安人。

錦繡萬花谷前集四十卷　後集四十卷　續集四十卷　別集三十卷以下失名。

翰苑新書前集七十卷　後集三十二卷　別集十二卷　續集四十二卷

分門古今類事二十卷

太學新編畫一元龜一百卷

四六叢珠四十卷

萬卷菁華前集八十卷　後集八十卷

增脩聲律萬卷英華九十二卷

五色線二卷

右類書類二十四家二千三百四十一卷

白玉蟾　老子道德經寶章一卷　指玄篇八卷

董思靖　道德集解二卷一作四卷。清源天慶觀道士。
褚伯秀　莊子義海纂微一百六卷中都道士。
右道家類三家一百十七卷
圭堂　佛法大明二十卷
懷深　擬寒山詩一卷
湘山寂照禪師事狀十二卷
甬東三佛傳一卷失名。
右釋家類四家三十四卷
凡子部一百五十六家三千七百八十二卷

集部

張浚　中興備覽三卷
虞允文　奏議二十三卷
胡銓　奏議六卷

鄭僑　鄭魯公歷官表奏十卷
趙汝騰　庸齋瑣闥集一卷　庸齋表箋一卷
王覿　奏議二卷
牟子才　奏議十卷
李蘩　免糴奏議三卷淳熙閒，蘩以大府卿總領四川，奏乞罷和糴諸疏。
崔與之　奏議四卷
方逢辰　蛟峯奏劄一卷
遠齋遺文一卷失名。條上時政二十事。
樓山奏議六卷宋端平閒人，不知姓氏。
　右表奏類十二家七十一卷
吴仁杰　離騷草木蟲魚疏四卷
楊萬里　天問解一卷
高似孫　騷略三卷
謝翱　楚詞芳草圖譜一卷
祝君澤　古賦辨體十卷

曹勛　迎鑾賦

右騷賦類六家十九卷

宗澤　忠簡文集八卷

尹焞　和靖文集十卷

羅從彦　豫章文集十七卷

歐陽澈　飄然集六卷　附録一卷

汪藻　浮溪文粹十五卷集三十六卷，久佚。今《四庫》亦録出版行。

孫覿　内簡尺牘十卷門人李祖堯編并註。

陳洎　陳副使詩一卷字亞之，彭城人。

朱長文　樂圃餘稿十卷

吴頣　金谿文集二十卷

員興宗　九華文集五十卷今二十五卷《附録》一卷。

曹協　雲莊集二十卷今五卷。字同季。

張九成　横浦集二十卷字子韶，錢塘人。

王庭珪　盧溪文集五十卷安福人。

劉才邵　㮨溪居士集十二卷廬陵人。
華鎮　雲溪居士文集一百卷
馮山　太史集三十卷安岳人。
馮澥　左丞集四十五卷山子，資政殿學士。
度正　性善堂稿十五卷字周卿，合州人。
曾極　春陵小雅　金陵百咏一卷臨川人。
左緯　委羽集黄巖人。
郭印　雲溪集三十卷
王佐　敬齋文集二十卷山陰人，户部尚書。一名《寶文集》。
史堯弼　蓮峯文集三十卷乾道時人。今十卷。
劉子澄　玉淵文稿孝宗時人。
崔敦禮　宫教集二十卷孝宗時人。
李浩　橘園策二卷臨川人，吏部侍郎。
王阮　義豐集一卷德安人。
喻良能　香山集十七卷義烏人。

李椿　文肅經濟編六卷洛州永年人，避金亂，徙潭州。

廖行之　省齋文集十卷　附集一卷字天民，衡州人。

陳長方　唯室文集十四卷今四卷《附録》一卷。

裘萬頃　竹齋詩集六卷字元量，新建人。

陳傅良　止齋奥論十卷

唐仲友　説齋文集四十卷　别集三卷　説齋文粹十五卷金華人。《文粹》，諸孫所輯。

徐安國　西窗文集十五卷字衡仲，上饒人。

趙汝談　南塘集九卷餘杭人。

程遺卿　梅屋詩集四卷

吴錫疇　蘭皋詩集二卷新安人。

陳造　江湖長翁集四十卷高郵人。

薛季宣　浪語集三十五卷

王炎　雙溪文集十七卷歙縣人。

汪莘　方壺小稿九卷字叔耕，休寧人。

杜範　清獻集三十卷黄巖人，右丞相。

程公許　滄州文集敘州宣化人。

鄧虎　文節文集六卷

崔敦詩　舍人集三十卷

周林　楊湖居士集四卷

黄應龍　璧林文集十四卷嘉熙閒人。

許應龍　東澗文集閩縣人。

劉宰　漫塘文集三十六卷金壇人，謚文清。

林光朝　艾軒集十卷

劉鑰　雲莊集十二卷　附集十卷建陽人，工部尚書，謚文簡。

陳淳　北溪大全集五十卷　外集一卷字安卿，龍溪人。

方大琮　鐵菴集四十五卷莆田人。

華岳　翠微南征録十一卷　北征録十一卷貴池人。

程珌　洺水文集三十卷一本二十六卷。休寧人，端明殿學士。

吴儆　竹洲文集二十卷字益恭，休寧人，謚文肅。

吴偁　棣華雜著一卷儆弟。

岳珂　玉楮詩稿八卷字肅之，飛孫。
劉過　龍洲道人集十五卷
趙蕃　淳熙詩藁四十卷
倪朴　石陵書一卷
真德秀　西山文集五十五卷
魏了翁　鶴山全集一百十卷　渠陽集二十二卷
崔與之　清獻集十卷增城人。
李昂英　文溪集二十卷字俊明，番禺人，謚忠簡。
孫夢觀　雪窗文集二卷　附録一卷慈谿人。
吕午　竹坡類稿字伯可，歙人。
鄭清之　安晚堂詩
徐鹿卿　清正集六卷　附録一卷豐城人，禮部侍郎。
徐經孫　文惠集五卷豐城人。
高定子　著齋類稿四十卷邛州人。
高斯得　恥堂存稿七卷今八卷。定子從子。

吴泳　鶴林文集中江人。
吴昌裔　格齋文集四十卷泳弟，謚忠肅。
李𡊮　桃溪文集一百卷崇慶晉原人。
葉時　竹埜詩集字秀發，仁和人，謚文康。
程元鳳　訥齋集歙人，吉國公，謚文清。
曹彦約　昌谷小集二十卷　續集一卷都昌人，兵部尚書，謚文簡。
陽枋　字谿陽文集十二卷字昌朝，理宗時人。
趙汝騰　蓬萊集宗室，居福州，翰林學士。
袁甫　蒙齋集四十卷今十八卷。四明人，吏部尚書，謚正肅。
方岳　秋崖小稿八十三卷字巨山，祁門人。
劉克莊　後村居士集五十卷詩文。　又六十卷皆文。　大全集一百九十六卷　詩集十五卷莆田人，龍圖閣直學士。
李劉　梅亭類稿九十卷　四六標準四十卷
劉光祖　後溪文粹三十六卷字德脩，簡州人，顯謨閣直學士，謚文節。
陳元晉　溪墅類稿十卷一作《漁墅類稿》。寶唐人。

余謙一　文安家集寶祐間人。

樂雷發　雪磯叢稿五卷字聲遠，春陵人。

李曾伯　可齋文集三十四卷　續集八卷本懷州人，家於嘉禾，觀文殿大學士。

嚴大猷　方山集四卷蒼溪人。

陳耆卿　篔窗文集臨海人。

李宣子　月溪詩集七卷杭州人。

許景迂　野雪行卷五卷《名賢贈言》附。　鍛排雜説一卷

錢時　蜀阜集十八卷淳安人。

宋器之　雪巖詩集一卷　西塍集一卷字伯仁。

危稹　巽齋集一卷字逢吉，臨川人。

高似孫　疎寮集一卷　煙雨集

戴敏　東皋子詩集一卷字敏才，子復古集其遺詩十篇行世。

戴復古　石屏詩集十卷　石屏續集四卷

戴昺　東野農歌集五卷復古從子。

翁卷　葦碧軒詩四卷字靈舒。

趙師秀　清苑齋詩四卷字靈秀。

徐照　芳蘭軒詩五卷今一卷。字靈暉。

徐璣　二薇亭詩四卷今一卷。字靈淵。以上爲永嘉四靈。

高九萬　菊磵小集一卷

陳允平　西麓詩稿一卷　蜩鳴稿字君衡，明州人。

杜旃　癖齋小集一卷字仲高，金華人。

張弋　秋江煙草一卷

姜夔　白石道人詩集一卷字堯章，鄱陽人，流寓吴興。

羅與之　雪坡小稿二卷

施樞　横舟稿一卷字知言，浮玉人。

朱南杰　學吟一卷古徐人。

鄧林　皇荂曲一卷字性之，臨江人。

張至龍　雪林删餘一卷

趙汝鐩　野谷詩稿六卷字明翁，汴人，宗室。

李龏　梅花衲一卷　剪綃集一卷二集皆集句。字和父，菏澤人。

葉茵　順適堂吟稿五卷字景文，吴人。
芳庭斯植　采芝集一卷　續稿一卷
周文璞　方泉集三卷字晉仙，汝陽人。
周弼　端平詩雋四卷文璞子，字伯弜。此李龏所編。
趙崇鉘　鷗渚微吟一卷字元治，宗室。
陳鑒之　東齋小集一卷字剛父，初名璟，三山人。
胡仲參　竹莊稿一卷字希道，清源人。
鄒登龍　梅屋吟一卷字震父，臨江人。
許棐　梅屋獻醜集一卷　融春小綴一卷　梅屋詩稿一卷　第三稿一卷　第四稿一卷字忱父。
徐集孫　竹所吟稿一卷字義夫，建安人。
葉紹翁　靖逸小集一卷字嗣宗，建安人。
王琮　雅林小稿一卷字中玉，栝蒼人。
余觀復　北窗詩稿一卷字中行，盱江人。
毛珝　吾竹詩稿一卷字元白，柯山人。

嚴羽　滄浪吟卷一卷一作集二卷。

韓淲　澗泉詩集八卷今《四庫》録行其集二十卷。

劉應時　頤菴居士集二卷字良佐，四明人。

張道洽　實齋梅花詩四卷

周弁　少師集二十卷

洪擬　静智集十六卷寧海人。

李吕　淡軒文集十五卷

張侃　拙軒初稿四卷

王與鈞　藍縷稿七十四卷

李流謙　淡齋文集八十九卷

熊瑞冕　山瞿梧集二十八卷

戴栩　浣川集十八卷

陳杰　自堂存稿十三卷今四卷。字壽甫，豐城人。

陳文蔚　克齋集十七卷字子才，上饒人。

趙綸　時齋集四卷

李處權　崧菴集十卷
沈揆　野堂集五卷
范子長　格齋集四十卷
蕭泰來　小山集二十五卷臨江人。
徐綱　桐鄉集三卷
葛紹體　東山集十卷
徐恢　玉雪詩六卷
許右府　涉齋詩集二十卷
李紹　拙菴集四卷
林亦之　網山集八卷字學可，福清人，謚文節。
陳藻　樂軒集八卷字元藻，福清人。集本十六卷，軼其半。
林希逸　竹溪鬳齋十一稿九十卷　續稿三十卷字肅翁，福清人。
翁定　瓜圃詩五卷字應叟，福建南安人，隱士。
王柏　魯齋三稿六十卷　文憲集二十卷
車清臣　玉峯冗稿十卷字若水，黄巖人。

饒魯　雙峯文集餘干人。
吴淵　退菴集二卷宣城人。
吴潛　履齋遺集四卷淵弟。
鄧剡　中齋集字光薦，廬陵人。
吕定象　罔編遺稿一卷一名《説劍吟》。
鄭起　菊山清雋集一卷鄭思肖父。
文天祥　指南前録四卷　後録四卷集杜詩。　文山文集三十二卷　後集七卷　文山全集二十八卷
劉黼　蒙川集十卷樂清人。
家鉉翁　則堂文集十六卷眉州人。
謝枋得　疊山文集十六卷
方逢辰　蛟峯文集八卷　外集四卷淳安人。
何夢桂　潛齋文集十一卷字巖叟，初名應祈，字申甫，淳安人。
歐陽守道　巽齋集二十三卷廬陵人。
謝翺　晞髮集五卷　遺詩一卷　鐃歌鼓吹曲一卷　文集二十卷

汪元量　湖山類稿十三卷　水雲詩四卷

王炎午　吾汶稿九卷字鼎翁，安福人。

林景熙　霽山集十卷温州平陽人。

鄭樸翁　續古雜著二卷　厚倫詩一卷

方鳳　存雅堂集一名景山，字韶父，浦江人。

鄭思肖　錦錢集　一百二十圖書詩文集一卷

梁棟　隆吉詩集字中砥。

汪夢斗　北遊集二卷　雲閒集字以南，績溪人。

舒岳祥　閬風集二十卷　三史纂言六卷　篆畦集九卷　蝶軒稿九卷　避地稿十卷　遜野稿三卷　閬風家録三卷

劉莊孫　樗園文集字子仲，天台人。

許月卿　山屋集字太空，改字宋士，新安人。

熊禾　勿軒集八卷字去非，建陽人。

趙孟堅　彝齋文編四卷海鹽人。

趙孟僴　湖山汗漫集

王鎡　月洞詩一卷字介翁，遂昌人。

俞德鄰　佩韋文集二十卷字宗大，玉山人。

王炎澤　南稜類稿二十卷字咸仲，義烏人。

蘇景暐文集十二卷永嘉人。

周才　吳塘稿字仲美，常熟人。

胡三省　竹素園稿一百卷字身之，寧海人，寶祐進士。

周密　弁山詩集五卷　蠟屐集一卷字公謹，錢塘人，寶祐閒義烏令，入元不仕。

程時登　述述稿三十卷字登庸，江西樂平人，咸淳鄉貢，入元不仕。

汪炎昶詩集五卷字懋遠，婺源人，隱居不仕。

趙文　青山稿三十一卷字儀可，廬陵人，入元不仕。

羅公升　滄州詩集一卷字時翁，永豐人。初，以軍功授本邑尉，入元不仕。

鄒次陳　遺安集十八卷字用弼，宜黄人，中博學宏辭科，入元不仕。

劉躍　淵泉集二卷字起宗，安城人，元屢聘不出。

黄仲元　四如先生集五卷字淵叟，莆田人，國子監簿，入元不仕。

毛直方　聊復軒稿二十卷　冶靈稿四卷字静可，建安人，咸淳鄉薦，入元不仕。

陳仁子　牧萊脞語二十卷　二集八卷字同俌，長沙人，不仕元。
朱淑真　斷腸詩集十卷　續集八卷
釋居簡　北澗文集十卷　詩集九卷
釋子騰　鳳城集一卷
葛長庚　海瓊白玉蟾集八卷　續集四卷閩人，一云瓊州人。
黄希旦　支離子詩集一卷邵武道士。
鄧道樞　東遊集字應叔，緜州人，住持吴文昌宫。
湯漢註　陶靖節詩四卷
任淵　黄太史精華録八卷　内集註二十卷字子淵，新津人。
史容註　黄山谷外集十七卷字公儀，青衣人。
史季温註　黄山谷別集二卷容孫，字子威。
右別集類二百十五家三千八百八卷。
趙鼎　得全居士詞一卷
張元幹　蘆川詞一卷字仲宗，長樂人。
張輯　東澤綺語債二卷字宗瑞，鄱陽人。

謝懋　靜寄居士樂章二卷字勉仲。

黄機　竹齋詩餘一卷字幾仲，東陽人。

吴禮之　順受老人詞五卷字子和，錢塘人。

李洪等　李氏花萼集五卷洪及弟漳、泳、淦、淛所著詞。廬陵人。

嚴仁　清江欸乃一卷字次山，邵武人。

郭應祥　笑笑詞一卷字承禧，臨江人。

高觀國　竹屋癡語一卷字賓王，山陰人。

史達祖　梅溪詞二卷字邦卿，汴人。

趙以夫　虚齋樂府二卷字用父，長樂人。

陳經國　龜峯詞一卷閩三山人。

張榘　芸窗詞一卷字方叔，潤州人。

洪瑹　空同詞一卷字叔璵。

方千里　和清真詞一卷三衢人。

盧炳　哄堂詞一卷字叔陽。

蔣捷　竹山詞一卷

沈端節　克齋詞一卷字約之，吴興人。

吴文英　夢窗甲乙丙丁四稿四卷　補遺一卷字君特，四明人。

石孝友　金谷遺音一卷字次仲，南昌人。

周密　草窗詞二卷一名《蘋洲漁笛譜》。　絶妙好詞八卷

張掄　蓮社詞一卷字才甫。

朱敦儒　樵歌三卷字希真，洛陽人，居嘉禾。

康與之　順菴樂府五卷字伯可。

曾覿　海野詞一卷字純甫，汴人。

楊无咎　逃禪集二卷字補之，清江人。

侯寘　孏窟詞一卷字彦周，東武人。

朱雍　梅詞三卷《詞綜》作二卷。紹興中人。

劉過　龍洲詞一卷

姚寬　西溪居士樂府一卷字令威，剡川人。

韓元吉　南澗詩餘一卷字無咎，許昌人。

京鏜　松坡居士樂府一卷字仲遠，豫章人。

李處全　晦菴詞一卷字粹伯。
趙彦端　介菴詞四卷字德莊。
管鑑　養拙堂詞一卷字明仲。
張鎡　玉照堂詞一卷字功甫，西秦人。
王千秋　審齋詞一卷字錫老，東平人。
姜夔　白石道人歌曲四卷　别集一卷
楊炎　西樵語業一卷號止清翁，廬陵人。
孫惟信　花翁詞一卷字季蕃。
陳德武　白雪遺音一卷三山人。
林正大　風雅遺音四卷字敬之。一作二卷。
趙長卿　惜香樂府十卷南豐宗室。
程貴卿　梅屋詞一卷
陳允平　日湖漁唱二卷字君衡，明州人。
李廷忠　橘山樂府一卷
吴潛　履齋詩餘三卷

戴復古　石屏詞一卷

許棐　梅屋詞一卷

汪元量　水雲詞二卷

王沂孫　碧山樂府二卷字聖與，會稽人，一名《花外集》。

張炎　玉田詞三卷　山中白雲八卷字叔夏，張循王浚後裔，居臨安。

朱淑真　斷腸詞一卷

黄大隅　梅苑十卷字戴萬，蜀人，集北宋咏梅詞。

黄昇一作「曻」。　散花菴詞一卷　花菴絶妙詞選十卷北宋詞。　中興絶妙詞選十卷南宋詞。曻，字叔暘。

典雅詞三卷姚述堯《蕭臺公餘詞》、倪偁《綺川詞》、邱密《文定詞》各一卷。

右詞曲類五十七家一百五十五卷

呂祖謙　三蘇文選五十九卷

樓昉　崇古文訣三十五卷

湯漢　妙絶古今四卷字伯紀，鄱陽人，謚文清。

魏齊賢、葉芬同編　五百家播芳大全文粹一百十卷

李文子、湛溪編　近古文集三十卷
王柏　五先生文粹一卷　石笋清風録十卷
李庚　天台前集三卷　前集別編一卷　續集三卷　續集別編六卷林師蒧及子表民增修輯
林表民　赤城集十八卷
鄭虎臣　吴都文粹九卷
周應龍　文髓九卷紹定進士。標注韓、柳、歐、蘇五家文。
方頤孫　黼藻文章百段錦三卷三山太學生。
陳鑑　西漢文鑑二十一卷　東漢文鑑十九卷建安人。
陳仁子　文選補遺四十卷
趙師秀　衆妙集一卷
謝枋得　文章軌範七卷
真德秀　文章正宗二十卷　續集二十卷
王霆震　古文集成前集七十八卷
蔡文子註　三蘇文選十二卷

毛直方　詩宗羣玉府三十卷

家求仁　增廣蟲魚雜詠十八卷字直夫，眉山人。《宋志》有《草木昆蟲詩》六十八卷，此當在外。

李龏　唐僧宏秀集十卷

黄應檽　華川文派録六卷號鐵巖，義烏人。録唐宋邑人之文。

陳思　兩宋名賢小集一百五十七卷元陳世隆補。

陳起　江湖小集九十五卷　江湖後集二十四卷

成都文類五十卷程遇孫等八人同編。

蘇門六君子文粹七十卷以下不知撰人。

類編層瀾文選十卷　後集二十卷　别集十卷

聖宋文選三十二卷凡十四家。有十六卷者，見《宋志》。

十先生奥論四十卷程、張、朱、吕已下共十五人。

增註唐策十卷

羣公四六十卷

四六叢珠四十卷

詩家鼎臠二卷

事文類聚啟劄青錢十卷

右總集類三十四家一千一百五十三卷

陳騤　文則十卷天台人。

陳謨　懷古録三卷

王應麟　詞學指南四卷

吴玕　優古堂詩話一卷

吴沆　環溪詩話三卷

朱弁　風月堂詩話二卷

趙與虤　娱書堂詩話一卷

韋居安　梅澗詩話二卷

范晞文　對牀夜話五卷字景文，臨安人。

魏慶之　詩人玉屑二十卷

姜夔　詩説一卷

張炎　樂府指迷二卷

詩律武庫二十卷失名。

右文史類十三家七十四卷

段昌武　詩義指南一卷

魏昌一作「天」。　應　論學繩尺十卷林子長註。

徐溍生　易義矜式　周易擬題三卷字行可，建安人。

永嘉八面鋒十三卷以下失名。

經義模範一卷

元中軍論三卷

右制舉類六家三十一卷

凡集部三百四十三家五千三百十一卷

以上總四部六百七十八家一萬二千七百四十二卷

補遼金元藝文志

三史皆無藝文志，遼、金篇籍無多，不足分列，故合元以爲一編。

經部

金　趙秉文　易叢説十卷　象數雜説卷亡。
張特立　易集説
單渢　三十家易解
元　郝經　周易外傳八十卷　太極演二十卷羈館真州時作。
許衡　讀易私言一卷
吴澄　易敘録十二篇　易纂言十卷　外翼八卷
齊履謙　周易本説六卷　繫辭旨略二卷
胡炳文　周易本義通釋十卷　周易啟蒙通釋二卷

董真卿　周易纂注會通十四卷字季真，鄱陽人。

鄭滁孫　大易法象通贊七卷　中天述考一卷以下三書張增。　述衍一卷　周易記玩

黎立武　周易説約一卷

何榮祖　學易記

朱祖義　周易句解十卷字子由。

王結　易説一卷

何中　易類象二卷

趙采　周易傳義折衷三十三卷字德亮，潼川州人。

衛謙　讀易管窺三十卷號山齋，華亭人，進士。

吴存　傳義折衷字仲退，鄱陽人，寧國路教授。

瞻思　奇偶陰陽消息圖一卷

潘迪　周易述解元城人，國子司業集賢學士。

王愷　易心三卷寧海人。

吴迂　易學啟蒙字仲迂，浮梁人。

保八　周易原旨六卷　繫辭二卷　易原奥義一卷　周易尚占三卷字公孟，居洛陽，黄州路總管。前有《進皇太子牋》。其書亦名《易體用》。

吾衍　重正卦氣

李恕　周易旁注四卷　音訓二卷字省中，廬陵人。

熊良輔　周易本義集成二卷字任重，南昌人。

丁易東　周易傳疏十一卷一作十四卷。　大衍索隱三卷號石潭，龍陽人，宋進士，隱居教授，事聞，授沅陽書院山長。

俞琰　大易會要一百卷　周易集説四十卷今傳本十卷。　易圖纂要二卷　古占法一卷　讀易舉要四卷　周易象張作「繫」。辭二卷　讀易須知　卦爻象占分類一卷　易圖合璧連珠説　周易參同契發揮三卷　易外别傳一卷字玉吾，吴縣人。

鄧錡　大易圖説二十五卷

張理　易象圖説内篇三卷　外篇三卷字仲純，清江人，福建儒學提舉。

雷思齊　易圖通變五卷　易筮通變三卷張增。

龍仁夫　周易集傳十八卷字觀復，永新人，湖廣儒學提舉。

惠希孟　易象鉤元十卷號秋崖，江陰人。

雷杭　周易註解字彦舟，建安人，武平縣尹。
張志道　易傳三十卷字潛夫，金壇人。
劉霖　易本義童子説　太極圖解安福人。
程時登　周易啟蒙輯録字登庸，江西樂平人。
熊凱　易傳集疏南昌人。
袁桷　易説
王申子　大易緝説十卷
解蒙　易精藴大義十二卷
祝堯　大易演義字均澤，上饒人，延祐中進士，無錫州同知。
李公凱　李氏周易句解十卷字仲容。
趙元輔編　大易象數鉤深圖三卷
劉肅　讀易備忘
曾貫　易學變通六卷
黄澤　易學濫觴一卷　十翼舉要
趙汸　周易文詮四卷

鮑雲龍　筮草研幾字景翔，歙人。
張延　周易備忘十卷藁城人，真定路教授。
唐元　易傳義大意十卷字長孺，歙縣人，徽州路儒學教授。
倪淵　易圖說二十卷　圖說序例一卷烏程人，當塗主簿。
包希魯　易九卦衍義字魯伯，進賢人。
史公珽　蓬廬學易衍義　象數發揮字揩叟，鄞縣人。
陳廷言　易義指歸四卷字君從，寧海人。
彭復初　易學源流安福人。
繆主一　易經精蘊字天德，永嘉人。
饒宗魯　周易輯說　易經庸言字以道，臨川人。
邵整　六十四卦圖說福州人。
盧觀　易集圖字彥達，崑山人，盧熊父。
蕭漢中　讀易考原四卷
邱葵　易解義同安人。
黃鎮成　周易通義十卷字元鎮，昭武人。

鄭玉　周易大傳附注　程朱易契

陳謙　周易解詁二卷　河圖説一卷　占法一卷

吴夢炎　補周易集義歙人，後至元中紫陽書院山長。

程龍　三分易圖　易圖補一卷張增。下同。　筮法一卷婺源人。

程直方　觀易堂隨筆　啟蒙翼傳張增。字道夫，婺源人。

胡震　周易衍義十六卷子廣大續成。

陳應潤　周易爻變易藴四卷

陳宏　易童子問一卷　易象發揮　易孟通旨莆田人，宋末徙華亭。

林光世　水村易鏡一卷

黄超然　周易通義號壽雲，黄巖人。

陳樵　易象數新説

李過　西溪易説十二卷字季辨，興化人，或云在宋時。

錢義方　周易圖説一卷字子宜。

朱本　太極圖解字致真，豐城人，福州路儒學提舉。

張應珍　周易注十卷永新人，宋亡入元，爲祕書丞，更姓名爲吴鄹，自號義山。

李簡　學易記九卷號蒙齋，信都人，泰安倅。

陳櫟　東皐老人百一易字壽翁，休寧人，延祐鄉貢。

康用文　易説發揮三卷高安縣尹。

方回　讀易析疑一作「釋疑」。

易纂言外翼四册失名。

右易類一百六家八百五十三卷

金　王若虚　尚書義粹三卷

元　金履祥　尚書表注十二卷　尚書雜論一卷

許謙　讀書叢説六卷

吴澄　尚書纂言四卷今文二十八篇也。

董鼎　尚書輯録纂註六卷字季亨，鄱陽人。

王天與　尚書纂傳四十六卷

陳櫟　書集傳纂疏六卷　書解折衷

程直方　蔡傳辨疑一卷字道夫，婺源人。

齊履謙　書傳詳説

趙孟頫　尚書注
韓性　書辨疑一卷
孟夢恂　七政疑解
鄒季友　書蔡傳音釋六卷字晉昭，鄱陽人。
陳師凱　書蔡傳旁通六卷浮梁人。
何中　書傳補遺十卷
王充耘　讀書管見二卷字與耕，吉水人，永州同知。
田澤　洪範洛書辨一卷居延人，延祐中常德路總管府推官。
余芑舒　讀蔡傳疑一卷饒州德興人。
胡一中　定正洪範集説一卷字允大，諸暨人，紹興路録事。
馬道貫　尚書疏義六卷字德珍，東陽人。
吾衍　尚書要略
吴迂　書編大旨
朱祖義　尚書句解十三卷
李公凱纂集　柯山尚書句解三卷

俞元夔　尚書集傳十卷　或問二卷建寧人，居吴。
韓信同　書集解
黄鎮成　尚書通考十卷
吴萊　尚書標説六卷
陳樵　洪範傳
邵光祖　尚書集義六卷字宏道，吴人。
周聞孫　尚書一覽吉水人。
張性　尚書補傳字伯成，臨川人。
葛大紀　禹貢要略一卷以下不知時代。
王蘖谷　書經旨略一卷
胡士行　尚書詳解十三卷
尹洪　尚書章句訓解十卷
趙杞　尚書辨疑一卷
鄭珤　禹治水譜一卷
鄒近仁　禹貢集説

張國賓　書義元會四卷
胡誼　尚書釋義十卷
尚書名數索至十卷索至，取《法言》中語。以下皆不知撰人。
書傳集成
尚書原義
書經補遺五卷
書經講義十三册
福極對義圖二卷
右書類四十七家二百四十卷
元　許謙　詩集傳名物鈔八卷
李簡　詩學備忘二十四卷
羅復　詩集傳音釋二十卷字中行，廬陵人。
雷光霆　詩義指南十七卷分寧人。
陳櫟　詩大旨　讀詩記
程直方　學詩筆記

吴迂　詩傳衆紀

劉瑾　詩傳通釋二十卷字公瑾，安城人。

俞琰　弦歌毛詩譜一卷

韓性　詩音釋一卷

李恕　毛詩音訓四卷　毛詩故四卷

梁益　詩傳旁通十五卷　詩傳緒餘本閩人，家江陰，舉江浙鄉試。

貢師泰　詩經補注

夏泰亨　詩經音考字叔遠，會稽人，翰林修撰。

包希魯　詩小序解

劉玉汝　詩纘緒十八卷

朱公遷　詩傳疏義二十卷字克井，樂平人，處州教授。

楊璲　詩傳名物類考二十卷字元度，餘姚人。

盧觀　詩集說

朱倬　詩經疑問七卷字孟章，盱江人，進士。末附趙德《詩辨疑》一卷。

曹居貞　詩義發揮廬陵人。

李公凱　毛詩句解二十卷字仲容。
翟思忠　詩傳旁通八卷失時代。
李少南　詩解二十卷失時代。
錢氏詩集傳以下俱失名。
詩纂圖四帙
詩圖説
右詩類二十七家二百二十七卷
元　郝經　春秋外傳八十一卷
敬鉉　春秋備忘十卷　續備忘遺説三十卷　續明三傳例説略八卷　續屏山杜氏遺説八卷易州人，中都儒學提舉。末一書鉉從孫儼編。
杜瑛　春秋地里源委十卷
吴澄　春秋纂言十二卷　總例二卷
許謙　春秋温故管窺　春秋三傳義疏
張樞　春秋三傳歸一義三十卷　春秋三傳朱墨本
李昶　春秋左氏遺意二十卷東平須城人，吏部尚書。

齊履謙　春秋諸國統紀六卷　目録一卷
臧夢解　春秋發微一卷
袁桷　春秋説
邱葵　春秋正義同安人。
吴師道　春秋胡傳補説一作《春秋胡傳附辨》。
黄澤　春秋旨要　三傳義例考　筆削本旨
程端學　春秋本義三十卷　三傳辨疑二十卷　或問十卷　綱領一卷
劉聞　春秋通旨字文庭，安福人，沔陽知州。
俞皋　春秋集傳釋義大成十二卷字心遠，新安人。
趙汸　春秋集傳十五卷　春秋師説三卷　春秋屬詞十五卷　春秋左氏傳補註十卷
春秋金鎖匙一卷
陳櫟　三傳節註
汪克寬　春秋胡傳附録纂疏三十卷
程直方　春秋諸傳考正　春秋旁通
吴迂　左傳義例　左傳分紀　春秋紀聞

鄭杓　春秋解義　春秋表義字子桱，莆田人。
方道叡　春秋集傳十卷字以愚，淳安人，江西行省員外郎。
黄清老　春秋經旨字子肅，邵武人，湖廣儒學提舉。
潘迪　春秋述解
干文傳　春秋讞義十二卷
馮翼翁　春秋集解　春秋大義字子羽，奉新人。
王惟賢　春秋旨要十二卷字思齊，鄞縣人。
梅致　春秋編類二十卷宣城人。
吴萊　春秋世變圖二卷　春秋傳授譜一卷
林泉生　春秋論斷字清源，福州永福人，翰林直學士知制誥同脩國史。
王元杰　春秋讞義十卷字子英，吴江人。
王應奎　春秋管見德興人。
王嘉　春秋類義德興人。
徐嘉善　春秋原旨　三傳辨疑字尚友，德興人。
魯淵　春秋節傳字道源，淳安人，華亭丞。

俞漢　春秋傳三十卷字仲雲，諸暨人。

陳植　春秋玉鑰匙永豐人，翰林待制。

吾衍　春秋説

黄景昌　春秋舉傳論　周正如傳考浦江人。

章樵　補春秋繁露

許瑾　春秋經傳十卷字子瑜，紹興人。

陳大倫　春秋手鏡字彦理，諸暨人。

劉希賢　春秋比事字仲愚，鄞人，江浙儒學副提舉。

郭鐙　春秋傳論十卷

楊如山　春秋旨要十卷

李廉　春秋諸傳會通二十四卷字行簡，安福人，信豐縣尹，禦寇死。

彭絲　春秋辨疑

鄭玉　春秋經傳闕疑四十五卷

吴儀　春秋裨傳　春秋類編　五傳論辨字明善，金谿人。

錢仲咸　春秋纂例永康人。

虞槃　非非國語

馬駢　春秋探微十四卷以下皆不知時代。

楊時秀　春秋集傳三十卷

彭飛　春秋啟鑰龍虎正印五卷

葉紹鳳　左氏聯璧八卷

莊穀　春秋十三伯論一卷

吴鵬舉　春秋繁露節解十卷

静菴　春秋志疑九帙以下失名。

春秋翼義一卷

春秋通天竅一卷

左傳杜林合注五十卷

春秋集傳約記一册

春秋紀事類編一卷

春秋年考

春秋圖説

右春秋類六十六家六百九十三卷

元　吴澄敘次　儀禮十七篇　儀禮傳十五篇一云十篇。　儀禮逸經八篇取《小戴》之《投壺》、《奔喪》，《大戴》之《公冠禮》、《諸侯遷廟》、《釁廟》，鄭注之《中霤禮》、《禘于太廟禮》、《王居明堂禮》，皆《禮》之遺者，補之。今與傳俱收入《三禮考註》中。

敖繼公　儀禮集説十七卷長樂人。

方回　儀禮考

顧諒　儀禮注字季友，吴江人。以上儀禮。

金　楊雲翼　周禮辨一篇

元　吴澄　周官敘録六篇

吴當　周禮纂言本其祖澄之意爲之。

毛應龍　周禮集傳二十四卷今十六卷。字介石，豫章人，澧州教授。

臧夢解　周官考三卷

邱葵　周禮全書六卷　周禮訂本三卷同安人。

湯彌昌　周禮解義字師言，吴人。

周禮集説十二卷失名。内《地官》末卷亡，明關中劉儲秀補註。以上周禮。

金　李純甫　中庸集解
趙秉文　中庸說一卷
元　陳澔　禮記集說三十卷字可大，都昌人。
吴澄　禮記纂言三十六卷　序次小戴記八卷
陳櫟　禮記集義十卷　深衣說一卷
韓性　禮記說四卷
彭絲　禮記集說四十九卷字魯初，安福人。
程時登　禮記補注　深衣翼　大學本末圖說　中庸中和說
繆主一　禮記通考
史季敷　夏小正經傳考三卷鄞縣人。
鮑雲龍　大月令
齊履謙　中庸章句續解一卷　大學四傳小註一卷
許謙　中庸叢說一卷　大學叢說一卷
李思正　中庸圖說　中庸輯釋江西德興人。
程逢午　中庸講義三卷字信叔，休寧人，海鹽州教授。

黄鎮成　中庸章旨二卷
趙若焕　中庸講義
許衡　大學要略一卷　大學魯齋詩解一卷
金履祥　大學章句疏義一卷
胡炳文　大學指掌圖
李師道　大學明解一卷高郵人，通州教授。
程復心　大學章圖纂釋一卷
吕溥　大學疑問永嘉人。
吕洙　大學辨疑溥弟。
吴浩　大學口義字義夫，休寧人。
景星　大學中庸集説啟蒙二卷
元明善　大學中庸日録字誠夫，臨川人。
秦玉　大學中庸標説太倉人，約父。
鄭奕夫　中庸大學章旨以上禮記。
吴澄　三禮考註六十八卷

蕭䡾　三禮説

汪克寬　經禮補逸九卷以上通禮。

右三禮類四十四家三百四十七卷

元　范可仁　釋奠通載　通祀纂要二卷

黄以謙　通祀輯略三卷泉州路教授。

黄元暉　通祀輯略續集一卷以謙從子。

吴夢賢　釋奠儀圖一卷

張頴　釋奠儀注　喪服總類

葉起　喪禮會經字振卿，永嘉人。

戴石玉　治親禮書三篇廬陵人。

程榮登　翼禮字孟敷，休寧人，江浙儒學提舉。

馮翼翁　士禮考正字子羽，永新人，撫州守。

趙居信　禮經葬制

吴霞舉　文公家禮考異新安人。

黄澤　二禮祭祀述略

惠希孟　雜禮纂要五卷
曾巽申　致美集三卷
張才卿　葬祭會要一卷
韓謣　重定先世祭式一卷
龔端禮　五服圖解一卷以上禮書。
余載　中和樂經十卷　韶舞九成樂譜一卷
胡氏律論一卷豫章人，失名。
杜瑛　律吕律歷禮樂雜志三十卷
趙孟頫　樂源　琴原
程時登　律吕新書贅述
劉瑾　律吕成書二卷
熊朋來　瑟譜六卷
孔思道　大元樂書聖裔，字進道，太常禮儀院判。
彭絲　黄鍾律説八篇
趙鳳儀　釋奠樂器圖一卷汴人，温州守。以上樂書。

右禮樂書二十七家八十卷

元　許衡　孝經直説一卷

董鼎　孝經大義一卷

吴澄　孝經章句一卷一作訓釋。　孝經定本一卷

張頴　孝經口義

錢天祐　孝經經傳直解

小雲石海涯　孝經直解一卷

吴迂　孝經附録

余芑舒　孝經刊誤

楊少愚　讀孝經衍義青陽人。

許衎　孝經註一卷

李孝光　孝經圖説至正七年進呈。

江直方　孝經外傳二十二卷南充人。

釣滄子　孝經管見一卷至正閒隱士。以下失名。

成齋孝經説一卷

姜氏孝經説一卷
孝經集説一卷行中書右丞。
孝經明解一卷
右孝經類十七家三十三卷
金　趙秉文删集　論語解十卷
元　王鶚　論語集義一卷
金履祥　論語集註考証十卷
杜瑛　論語旁通二卷一作四卷。
任士林　論語指要
齊履謙　論語言仁通旨二卷
陳櫟　論孟訓蒙口義
劉豈播　論語句解十二卷
鄭奕夫　論語本義
吴簡　論語提要吴江人，紹興府學録。
吴迂　語孟類次

陳立大　論語正義二十卷貴溪人。
歐陽溥　論語口義四卷一作歐陽博，或作歐陽淳，《魯論口義正字新書》二十卷，不知何代人。
右論語類十三家六十一卷
金　趙秉文删集　孟子解十卷
劉章　刺刺孟
元　金履祥　孟子集注考証七卷
杜瑛　語孟旁通八卷
吴迂　孟子年譜　讀孟子法　論孟集註附録　論孟衆記
李昶　孟子權衡遺説五卷
夏侯尚元　原孟字文卿，雲間人。
徐達左　孟子内外篇二卷吴郡人。
孟子衍義十四卷以下失名。
孟子思問録一卷
孟子旁解七卷首載趙岐《題辭》。
右孟子類十一家五十四卷

金　王若虛　經史辨惑四十卷

元　五經要語至元三年，姚樞、竇默、王鶚、商挺、楊果等纂進，凡二十八類。

李好文　端本堂經訓要義十一卷至正九年，以翰林學士兼諭德教皇太子進此書。

張頴　四經歸極一册

熊朋來　五經説七卷字與可，豐城人，福清州判官。

牟應龍　五經音考

歐陽長孺　九經治要十卷

雷光霆　九經輯義五十卷

胡炳文　五經會意

潘迪易　春秋庸學述解　六經發明元城人，集賢學士。

瞻思　五經思問

黄澤　六經補注　翼經罪言

李恕　四經旁注六卷《易》、《書》、《論》、《孟》。恕字省中，廬陵人。

馮理　五經正議字允莊，涇陽人。

季仁壽　易書詩春秋四書衍義字山甫，龍泉人，元季婺州教授。

吴迂　經傳發明
俞琰　經傳考注
趙居信　經説
葉夢鼎　經史音要建安人，入元不仕。
曾巽申　經解正譌永豐人，官應奉翰林文字。
何異孫　十一經問對五卷《書》、《詩》、三禮、《春秋》、《論語》、《孝經》、《大學》、《中庸》、《孟子》也。
杜本　四經表義
吴師道　易書詩雜説八卷
王希旦　五經日記　書易通解字葵初，江西德興人。
陸正　七經補注字行正，海鹽人。
汪逢辰　七經要義字虞卿，歙人，崇德州教授。
倪鏜　詩書集要三册　易春秋筆記
陳樵　經解
趙德　五經辨疑
熊禾　經問四十卷

方宜孫　經史説五卷
趙孟至　九經音釋九卷
唐懷德　六經問荅字思誠，金華人。
張伯文　九經疑難十卷以下不知時代。
車似慶　五經論號愛軒，黄巖人。
胡順之　經典質疑六卷
黄浚　五經通略二卷
趙元輔　六經圖五卷
張沂　辨經正義七卷
黄大昌　晦菴經説三十卷
顔宗道　經説一卷
趙英　五經對訣四卷
九經要覽十卷以下失名。
九經三傳沿革一卷
六藝綱目

五經難字直音五卷

盱郡廖氏九經總例一册失名。詳辨諸本互異，凡七類，曰書本，曰字畫，曰注文，曰音釋，曰句讀，曰脱簡，曰考異。

金　王若虚　四書辨疑一卷此下四書解。

元　趙順孫　四書纂疏二十六卷字和仲，縉雲人，資政殿大學士。

劉因　四書集義精要三十卷

許謙　四書叢説二十卷今止四卷。

陳櫟　四書發明三十八卷　四書考異十卷

胡炳文　四書通三十四卷一作《四書通考》二十六卷。

史伯璿　四書管窺八卷字文璣，温州平陽人。

包希魯　點四書凡例字魯伯，進賢人。

瞻思　四書闕疑

陳天祥　四書辨疑十五卷

孟夢恂　四書辨疑黄巖人，宜興州判官。

何文淵　四書文字引證九卷泰定閒河南人。

馮理　四書中説

吴存　四書語録

王充耘　四書經疑貫通八卷

汪九成　四書類編二十四卷新安人。

程復心　四書章圖檃括總要發義二卷　四書纂釋二十卷字子見，婺源人，徽州路儒學教授。

陳樵　四書本旨

朱公遷　四書通旨六卷　四書約説四卷

倪士毅　四書輯釋三十六卷字仲宏，休寧人。

陳尚德　四書集解寧德人。

張存中　四書通證六卷

傅定保　四書講稿南安人，平江路儒學。

陳剛　四書通辨字子潛，温州平陽人。

詹道傳　四書纂箋二十八卷

邵大椿　四書講義字春叟，壽昌人，晦菴書院山長。

張淳　四書拾遺字子素，南樂人。

黄清老　四書一貫十卷邵武人，翰林院編修。

祝堯　四書明辨

涂溍生　四書斷疑宜黄人，濂溪書院山長。

薛延年　四書引證臨汾人，安西王文學。

蕭鎰　四書待問二十二卷字南金，臨江人。

趙德　四書箋義纂要十二卷　纂箋義紀遺一卷號鐵峯。

盧孝孫　四書集義一百卷　四書集略四十二卷以下不知時代。

袁俊翁　四書疑節十二卷

馬豫　四書輯義六卷

趙遷　四書問荅一卷

朱本　四書解

董彝　四書經疑問對八卷字宗文，進士。吴槎客云：「此至正辛卯建安同文堂刊本，予家有之。《經義攷》以爲明常熟之董彝，非也。」

朱真四書十二册集晦菴、西山註。以下失名。

朱張四書十四册集晦菴、南軒講義。
四書纂疏
四書通義三十六卷
四書通證
四書通成三十六卷
四書詳説十卷
四書釋要十九卷
四書提要
右經解類九十五家九百四十三卷
遼　僧行均　龍龕手鏡四卷
金　韓孝彦　五音篇十五卷字允中。
韓道昭　五音集韻十五卷　五音增定并類聚四聲篇十五卷字伯暉，孝彦子。
元　洪焱祖　爾雅翼音注三十二卷字潛夫，休寧縣尹。
程端蒙　大爾雅
胡炳文　爾雅韻語

許謙　假借論一卷

楊桓　六書統二十卷　六書溯源十三卷　書學正韻三十六卷

倪鏜　六書類釋三十卷安仁人，晉寧州知州。

戴侗　六書故三十三卷

泰不華　重類復古編十卷

吾衍　説文續解　學古編二卷　周秦刻石釋音一卷

包希曾　説文解字補義十二卷字魯伯，進賢人。

何中　六書綱領一卷　韻補疑一卷

吴正道　六書通正　六書源流偏旁證誤一卷　六書淵源圖字岫雲，餘干人。

柳貫　字系二卷

鄭介夫　韻海

杜本　六書通編十原　華夏同音

周德清　中原音韻一卷號挺齋，高安人。

周伯琦　説文字原一卷　六書正譌五卷

魏温甫　正字韻綱四卷

邵光祖　韻書四卷字宏道，吴人。

李士濂　免疑字韻四卷

李世英　韻類三十卷字伯英，長洲人。

李文仲　字鑑五卷世英從子。

樓有成　學童識字義烏人。

張子敬　經史字源

劉鑑　切韻指南一卷先是，有亡名氏《四聲等子》一卷，鑑書因是而作。　經史動静字音一卷

字士明，關中人。

蔣元〔一〕　韻原六十卷字子晦，東陽人。

梁有　演説文不知時代。

周祈　名義考十二卷不知時代。

漢隸分韻七卷失名。

篆法偏旁點畫辨一卷失名。

〔一〕本作「蔣玄」，底本因避諱而改爲「蔣元」。

金　楊雲翼　句股機要

元　李冶　測圓海鏡十二卷　益古衍段三卷

彭絲　算經圖釋九卷

朱世傑　四元玉鑑二卷

胡炳文　純正蒙求三卷

熊朋來　小學標注

熊良輔一作熊凱。　小學入門

陳櫟　程蒙齋小學字訓註

程端禮　讀書分年日程三卷

熊大年　養蒙大訓十二卷　養正羣書一卷字元誠，進賢人。

虞韶　小學日記切要故事十卷字以成，建安人。

蕭𣂏　小學標題駁論

薛延年　小學纂圖六册大德閒人。

李成己　小學纂疏四卷

舒天民　六藝綱目二卷

周剛善　六藝類要六卷臨江人。

右小學類四十九家四百五十三卷

凡經部五百二家三千九百八十四卷

史　部

遼　耶律儼　皇朝實録七十卷知樞密院事。

蕭韓家奴、耶律庶成同撰　遥輦可汗至重熙以來事迹二十卷

室昉　統和實録二十卷

金始祖以下十帝實録三卷金源郡王完顔勖撰。

太祖實録宗弼脩，皇統八年進。

太祖實録泰和九年，尚書右丞相監脩國史紇石烈良弼進。

睿宗實録大定十一年，紇石烈良弼進。

海陵庶人實録

世宗實録明昌四年，守尚書右丞監脩國史完顔匡等進。

章宗實録興定四年九月，國史院王若虚脩進。

衛王事迹興定五年進。

宣宗實録正大五年，王若虚脩進。

楊廷秀　四朝聖訓章宗承安二年類編太祖、太宗、世宗、熙宗聖訓。

元世祖實録姚燧脩。

成宗實録暢師文脩。

武宗實録至順元年蘇天爵脩。

王惲　世祖聖訓六卷

無名氏　元朝祕史十二卷其紀年稱鼠兒、羊兒等，不以干支，蓋其國人所録。

經世大典八百八十卷　目録十二卷　公牘一卷　纂修通議一卷天歷二年命趙世延、虞集等脩。

歐陽玄等脩　太平經國二百十二卷

右國史類二十家一千二百三十七卷

金　蕭永祺　遼紀三十卷　志五卷　傳四十卷太常丞。

陳大任　遼史

完顔孛迭　中興事迹翰林學士。
蕭貢　史記注一百卷京兆咸陽人，户部尚書。
蔡珪　南北史志三十卷
元　托克托舊作脱脱。等脩　宋史四百九十六卷　遼史一百十六卷　金史一百三十五卷
郝經　續後漢書一百三十卷
瞻思　金哀宗紀　正大諸臣史傳
張樞刊定　三國志六十三卷　續後漢書七十三卷
右正史類九家一千二百十八卷
金　楊雲翼等編　續資治通鑑大安元年，命儒臣等編輯
趙秉文、楊雲翼等編　龜鏡萬年録正大二年編。
傳慎微　興亡金鏡録一百卷泰州沙溪人，禮部尚書。
張特立　歷年係事記
元　楊奂　正統書六十卷
金履祥　通鑑前編十八卷　前編舉要二卷

趙居信　蜀漢本末三卷字季明，許州人，梁國公。
吕思誠　兩漢通紀
劉時舉　續宋中興編年十五卷
朱隱老　皇極經世書説十七卷
徐詵　續通鑑要言二十卷
鄭鎮孫　歷代史譜二卷
曹仲埜　通鑑日纂二十四卷
陳櫟　歷代通略三卷　增廣通略
倪士毅　帝王傳授圖説
鄭滁孫　直説通略十三卷
察罕　帝王紀年纂要一卷平章政事。
吴迂　重定綱目
陳剛　歷代帝王正閏圖説
馮翼翁　正統五德類要三十四卷
陸以道　宋鑑提綱無錫人，翰林待制。

張明卿　世運略八卷字子晦，天台人。

右編年類二十二家三百十二卷

遼　王鼎　焚椒録一卷

大遼事迹金時高麗所進。

金　元好問　壬辰雜編

宇文懋昭　大金國志四十卷

大定治績二卷元王磐、徐世隆至元二年進呈，凡一百八十餘事。

金人弔伐録二卷記伐宋往來文檄盟誓書。

北風揚沙録一卷記金國始末。

天興墨淚記金亡事。以上三書俱不知撰人。

元太祖聖武開天記一卷失名。

親征録一卷記世祖征伐事，失名。

劉敏中　伯顔平宋録二卷

史失名。　至正遺編四卷溧陽州人。

劉祁　歸潛志十四卷

張樞　宋季逸事
秦玉　宋三朝摘要
張雯　墨記記宋末遺文逸事可補野史之缺者。
張延　東晉書二卷藁城人，真定路教授。
吾衍　晉史乘一卷　楚史檮杌一卷
仇遠　稗史一卷
徐顯　稗史集傳一卷
陶九成　草莽私乘
高德基　平江紀事一卷嘗爲建德路總管，不知何處人。
葉隆禮　契丹國志二十七卷
楊奐　天興近鑒三卷
右雜史類二十四家一百五卷
元　徐天祐　吴越春秋音註十卷
戚光　陸游南唐書音釋一卷

張宗説　紀古滇説集一卷〔一〕
右霸史類三家十二卷
元　尹起莘　資治通鑑綱目發明五十九卷
劉友益　資治通鑑綱目書法五十九卷永新人。
王幼學　資治通鑑綱目集覽五十九卷字行卿，望江人。
徐昭文　資治通鑑綱目考證五十九卷字季章，上虞人。
董蓄　通鑑質疑字子衍，宜興人，釣臺書院山長。
郝經　通鑑書法
何中　通鑑綱目測海三卷
金居敬　通鑑綱目凡例考異
吕溥　史論
俞漢　史評八十卷

〔一〕「張宗説」當爲「張宗道」之誤。在本書史部地理類中有張宗道《紀古滇説集》一卷，當爲同一種書。錢大昕《十駕齋養新録》卷十四云：「其人實名『道宗』，不特非『宗説』，亦非『宗道』也。」且錢大昕在他所撰的《元史藝文志》中著録爲「張道宗」。

雷光霆　史辨三十卷
許謙　觀史治忽幾微
趙居信　史評
楊如山　讀史説三卷
王約　史論三十卷
謝端　正統論辨一卷
戈直集注　貞觀政要十卷
潘榮　通鑑總論一卷字伯誠，婺源人。
朱震亨　宋論一卷
右史學類十九家三百九十五卷
元　滕賓　萬邦一覽集
曾先之　十九代史略十八卷
董鼎、汪亨　史纂通要後集三卷
吴簡　史學提綱字仲廣，吴江人，紹興學録。
古今通略句解五卷失名。

車若水　宇宙略記

鄒次陳　史抄十卷字周弼，宜黄人。

右史鈔類七家三十六卷

金　楊伯雄　瑶山往鑒藁城人，官右補闕。顯宗在東宮時，伯雄編進。

大元通制八十八卷至治三年，命完顔納、曹伯啟纂集累朝格例而損益之，凡二千五百三十有九事，頒行天下。

朶爾直班　治原通訓四卷一曰學本，二曰君道，三曰臣職，四曰國政，每類之目又五。

國朝憲章十五卷失名。

成憲宏綱四十卷失名。

郝經　玉衡貞觀十二卷

王惲　守成事鑒十五卷成宗即位時編進。　承華事略六卷　相鑒五十卷

瞻思　帝王心法文宗時進呈。

馬祖常　列后金鑒　千秋紀略

李好問　歷代帝王故事　大寶録　大寶龜鑒皆至正九年進呈。

孟夢恂　漢唐會要

許師敬　皇圖大訓
揭傒斯　奎章政要
蘇天爵　治世龜鑑一卷
郭慶傳　經邦軌轍十卷臨江人。爲目十有二，以經史於端而證以元名臣之事，御史曾進呈。
王士熙　禁扁五卷
陳櫟　六典撮要
葉留　爲政善惡報應事類十卷
張養浩　三事忠告三卷
張光大　救荒活民書八卷
　右故事類二十家二百六十七卷
元　高謙　吏部格例一百八十卷雄州人，河間等路都轉運使。
潘迪　憲臺通紀二十三卷監察御史。
索元岱　南臺備記二十九卷
王惲　中堂事記三卷　烏臺筆補十卷
陳剛　歷代官制説

趙世延　風憲宏綱
郝經　行人志
曾德裕　考功歷式二卷永豐人，大德中翰林直學士知制誥。
周伯琦　官箴一卷
六曹法十二卷失名。
右職官類十家二百六十卷
元　趙孟頫　印史二卷
申屠致遠　集古印章二卷
吾衍　古人印式二卷
吴氏失名　印譜字孟思。
王厚之　復齋漢晉印章圖譜一卷
陸友仁　墨史三卷　硯史　印史
朱德潤　古玉圖一卷
費著　蜀錦譜一卷　蜀牋譜一卷
常普　蘭溪飲膳正要三卷

雲林堂飲食製度集一卷失名。
劉美之　續竹譜一卷
張穆仲　司牧安驥集兵部員外郎。
馬經通元方論六卷卞管勾集。
安驥集八卷失名。
治馬牛駝騾等經三卷失名。
　右食貨類十五家三十五卷
遼　耶律庶成、蕭韓家奴　禮書
遼朝雜禮失名。
金　禮器纂修雜録四百卷世宗命禮官脩。
大金儀禮明昌六年，禮部尚書張暐等進。
大金集禮四十卷
陳大任　遼禮儀志
張行簡　禮例纂一百二十卷
元　李好文　太常集禮五十卷

脱脱木　太常續集禮十五册
王守誠　續編太常集禮三十一卷
太常至正集禮二十卷失名。
何元壽　大德編輯釋奠圖八卷
曾巽中　鹵簿圖　郊祀禮樂圖十册　鹵簿志十卷　鹵簿中道外仗圖志十卷永豐人，應奉翰林文字。
趙孟頫　祭器圖二十册
袁桷　郊祀十議一卷
申屠致遠　釋奠通禮三卷
右儀注類十六家七百三十八卷
金　新定律令勅條格式五十二卷泰和元年司空襄等進。
泰和律義失名。
元至正條格四册失名。
大元聖政國朝典章一册失名。
何榮祖　至元新格

吴萊　唐律刪要三十卷
梁琮　唐律類要六卷　官吏須用十六卷安陽人，福建轉運副使。
瞻思　審聽要訣
鄭克　折獄龜鑑二十卷
馮翼翁　異政録十一卷
東甌王氏平冤録二卷失名。
清明集十四卷失名。
吏學指南八卷失名。
黄邦俊　真陽共理集二卷永福人，知英州。
真定東和善政録字朝用，蒙古人，爲政和縣達魯花赤。縣人集其斷獄善政爲此書。
何槐孫　善政指南宜黄縣尹。
宰君政蹟一卷名中，永豐令，失撰人。
右政刑類十七家一百六十七卷
遼　無名氏　七賢傳取遼世名流七人，爲之傳，耶律阠其一也。
金　鄭當時　節義事實洪洞人，明昌二年進士，河汾教授。

元　蘇天爵　國朝名臣事略十五卷

元永貞　東平王世家三卷木華黎。

施澤之　孔氏實録十二卷

吴迂　孔子世家考異三卷

程榮登　孔子世系圖三卷

孔元祚　孔氏續録五册孔子五十一代孫。

孔津　孔聖圖譜三卷孔子五十三代孫。

張頦　闕里通載

吴萊　孟子弟子列傳三卷

戴羽　武侯通傳三卷德安人。

吴師道　敬鄉前後録二十三卷

張樞　曲江張公年譜一卷

黄奇孫　三朝言行録字行素，宋尚書黄度孫，輯其祖之事實。

方回　宋季雜傳　先覺年譜

陳顯曾　昭先録記其祖宋常州通判陳炤死難事。

張翥　忠義録三卷記元末兵興死義之人。
楊元　忠史一卷鄱陽人。
瞻思　西域異人傳
吴夢炎　朱文公傳二卷
陸友仁　米海岳遺事一卷
歐陽玄　王清獻公神道碑一卷王都中。
朱彦脩傳一卷失名。
劉岳申　文丞相傳一卷
凌緯　壽者録
陳氏崇孝集一卷至正間奉化陳儔銘傳。
鄱陽褒賢祠録三卷宋范文正公祠。失名。
趙秉善　忠義集七卷記宋末諸臣死難事，合劉壎、劉麟瑞兩書，又附方虛谷、汪水雲傷時感事之作。
楊三傑　明倫傳五十卷字曼卿，蜀郡人。
危素　張文忠公年譜一卷張養浩。
右傳記類三十一家一百四十五卷

金　蔡珪　晉陽志十二卷　水經補亡三卷字正甫，真定人，翰林院脩撰。《水經補亡》本四十篇，刊本釐爲三卷。《金史》作《補正水經》五篇，誤也，據元好問《中州集》正之。

元大一統志一千卷集賢大學士孛蘭肹、昭文館大學士岳鉉等進本。有誤孛蘭肹爲卜蘭溪者，得吴氏藏本正之。

蕭𣂏　九州志

郝衡　大元混一輿地要覽七卷

滕賓　萬邦一覽集

吴萊　古職方録八卷　南海古迹記一卷

朱思本　廣輿圖二卷臨川人。

皇元建都記失名。

張鉉　金陵新志十五卷字用鼎，陝西人。

戚光　集慶路續志天歷二年，南臺御史趙世延命郡士光輯。

于欽　齊乘六卷

李好文　長安圖記三卷

周密　前武林舊事六卷　後武林舊事五卷

吴自牧　夢粱録二十卷一本二卷。
趙迎山　續豫章志十三卷
劉有慶、潘斗元　續豫章職方乘十四卷
費著　成都志
李京　雲南志略四卷
郝天挺　雲南實録五卷
張宗道　紀古滇説集一卷
張立道　雲南風土記　六詔通紀
瞻思　鎮陽風土記　續東陽志六卷
熊自得　析津志典字夢祥，豐城人，崇文監丞。
陸輔之　吴中舊事一卷
洪焱祖　續新安志十卷
王仁輔　無錫志二十八卷
相臺續志十卷不知撰人。
王惲　汲郡志十五卷

王鶚　汝南遺事二卷
韓性　紹興郡志八卷
王元恭　四明續志十二卷字居敬，真定人，至正二年爲明州總管。
劉蒙　松江郡志八卷四明人，松江教授。大德中脩。
錢全衮　續松江志十六卷郡人。
徐碩　嘉禾志三十二卷
黄溍　義烏志七卷
許汝霖　嵊志十八卷
李士會　樂平廣記三十卷字有元，邑人。
李彝　南豐郡志三册大德閒南豐郡守。
李肖翁　續豐水志六卷字克家，富川人，本學教諭，遷提舉。
吴存　鄱陽續志
[致和]三山續志福建。失名。
嚴士真　崇陽志
陳士元　武陽志略一卷邵武人。

蔡微　瓊海方輿志字希元，瓊山人，任學官。

任仁發　浙西水利集十卷上海人，官都水監，歷浙江宣慰司副使。

劉大彬　茅山志三十二卷元刻止十五卷。

施少愚　九華外史

李孝光　雁山十記一卷

李處一　西岳華山志一卷

元明善　龍虎山志三卷

鄧牧　洞霄宫圖志三卷

黎崱　遊廬山記三卷字景高，本安南人，居漢陽。泰定中遊廬山，記其詩文山物爲書。

歐陽原功　至正河防記一卷

贍思　重訂河防通議

潘昂霄　河源志

張天雨　尋山志十五卷

劉郁　西使記一卷

盧襄　西征記一卷

廼賢　河朔訪古記十二卷
楊奐　紫陽東遊記一卷　宋汴都宫室記一卷
何中　薊邱述遊録
周達觀　真臘風土記一卷
周致中　異域志三卷
朱輔　溪蠻叢笑一卷
李志剛　躭羅志略三卷永嘉人，樞密院祕書。
黎崱　安南志略二十卷
張立道　安南録
瞻思　西國圖經
王約　高麗志四卷
右地理類六十九家一千四百五十五卷
金　完顔勗　女直郡望姓氏譜
元　姓氏大全十卷一作十八卷。失名。
陳櫟　希姓略一卷

梁益　史傳姓氏纂
程峴　程氏世譜三十卷字和卿，休寧人。
汪壽昌　隴右汪氏世系勳德録御史中丞。
汪松壽　汪氏淵源録十卷字正心，休寧人，肇慶路儒學教授。
孔克己　孔子世系一卷克己爲清江三孔後。
孔文昇　闕里譜系文昇家於溧陽。
臨川危氏家譜一卷泰定二年危素序。
排韻增廣事類氏族大全十卷失名。
右譜牒類十一家六十三卷
元　法寶總目十卷失名。
右簿録類一家十卷
凡史部二百九十四家六千四百五十五卷

子部

金　趙秉文　揚子發微一卷　太玄箋贊一卷　文中子類説一卷一作六卷。

李純甫　中國心學字之純，襄陽人，承安二年經義進士。

張特立　集説字文舉，東明人，泰和中進士。

元　耶律楚材　皇極經世義

許衡　魯齋遺書六卷

趙復　傳道圖　伊洛發揮　朱子門人師友圖　希賢録取伊尹、顔淵言行，以勉學者。

許謙　自省編　日聞雜記謙門人記。

杜瑛　極學十卷　皇極引用八卷　皇極疑事四卷

安熙　續皇極經世書

趙居信　理學正宗一卷採輯諸儒北溪書院記及宗旨。

邱富國　經世補遺三卷

史伯璿　管窺外編五卷字文璣，温州平陽人，隱居不仕。

趙順孫　近思録精義
方回　皇極經世攷
馬端臨　義根守墨三卷
劉祁　處言四十三篇
吴澄　支言五卷
胡炳文　性理通
程直方　四聖一心
何榮祖　觀物外篇
孟夢恂　性理本旨
齊履謙　經世書入式一卷　經史外篇微旨一卷
鄭以忠　宫學正要二卷凡五篇，曰主敬，曰講學，曰遊藝，曰前言，曰往行。
張巨濟　萬年龜鏡録十卷采摭經史，因萬年節進呈。
張光祖　言行龜鑑十卷
張養浩　經筵餘旨一卷
柳貫　近思録廣輯三卷

潘迪　格物類編

黄溍　日損齋筆記一卷

吴迂　先儒法言　先儒粹言

王廣謀　孔子家語句解三卷字景猷。

李純仁　顔子五卷延祐高安人，凡十篇。

蔣玄　學則二十卷字子晦，東陽人。

陳舜中　審是集一册

周公恕　近思録分類集解十四卷吉安人。

陳剛　性理會元二集四十六卷字公潛，温州平陽人。

鮑雲龍　天原發微五卷字景翔，歙縣人。

劉霖　太極圖解字雲章，安福人。

時榮　洙泗源流八卷至元閒金華人。采摭經傳子史注疏，凡孔門弟子及釋奠諸儒事迹，聚爲一編。

黄瑞節　朱子成書十卷字觀樂。

張復　性理遺書十四卷字伯陽，建安人，建寧路知事。

何中　通書問

沈貴瑶　正蒙疑解字成叔，德興人。
蕭元益　洙泗大成集字楚材，湖廣安化人。
陳樵　太極圖解　通書解　性理大明　聖賢大意　石室新語東陽人，入太霞洞著書。
祝泌　觀物解
季仁壽　春谷讀書記二百卷婺州路儒學教授。
熊本　讀書記二十五卷　經問四十卷　吴山録二十卷
程時登　太極圖説一卷　西銘補注一卷
吕洙　太極圖説一卷
黄鎮成　性理發微四卷
蔡仁　皇極經世衍數五十卷　後集五十二卷　别集十五卷　續集十六卷　文集十五卷字和仲，饒州人。
王德新　學則二篇字君實，新野人。
曹涇　服膺録
張延　要言一卷
張淮遠編　周子書四卷

朱本　皇極經世解　太極圖解　通書解字致其，豐城人，入明不就徵。

朱子方　皇極經世書解上篇十三卷　下篇五卷字隱老，豐城人。

俞長孺　心學淵源新昌人，諸暨州學正。

季致平　精覽歸一圖解二卷青田人。

徐泰亨　端本書一卷　忠報録一卷　可可抄書一卷龍游人。

淩緯　董子雅言

申屠澂　孝全撰言

曹理孫　讀經史要略類編字悦道，瑞安人。

張明卿　存養録十二卷　政事書一卷天台人。

陳潛　朱子傳疑紹興府人。

楊琦　上蔡師説

張煇　草堂語録字子充，永嘉人。

衛富益　性理集義崇德人。

程端蒙　小學字訓一卷

史若佐　景行録一卷

吴海　命本録一卷

王文焕　道學發明又名子敬，字叔恭，松陽人。

黎仲基　語録八卷

惠希孟　家範五卷

吴宗元　王氏宗教一篇字筠西，諸暨人。

許熙載　女教六卷　經濟録四卷字敬臣，許有壬父。

丁儼　金閨彜訓八卷字主敬，新建人。

馬順孫　帝王寳範六十二卷稱江南布衣。以下不知時代。

許珍　性理正蒙分節解十七卷　太極圖解釋義一卷

葉涵　性理紀聞四卷

黄堂　理學要言十卷

胡次和　太玄集注十二卷江原人。

余安行　至言十八篇

姚君大　教家要言一作語。二卷

許魯齋心法一卷失名。

右儒家類八十六家八百九十一卷

元　郝經　原古録

方回　虚谷閒抄一卷

李治　羣書叢削十二卷　泛説四十卷　古今黈四十卷今止八卷。

吴師道　戰國策校注十卷一作十一卷，又名《戰國策正誤》。

張樞　林下竊議一卷

雷光霆　史子辨義三十卷

汪自明　禮義林四十卷

俞琰　書齋夜話四卷　席上腐談二卷　幽明辨惑一卷

吾衍　聽玄集

包希魯　諸子纂言字魯伯，進賢人。

鄭杓　覽古編

白珽　湛困静語二十卷

凌緯　董子雜言字景文，大德中書院山長。

魯淵　策府樞要

莫惟賢　廣莫子字景行，錢塘人。
吴亮　忍書一卷字明卿，杭州人。
史弼　省己録一卷字君佐。
朱本　日用漫筆
張穎　義命三編三卷不知時代。
右雜家類十九家二百六卷
元　司農司　農桑輯要七卷世祖時頒行。
王禎　農書二十二卷　農桑通訣二十卷　農器圖譜二十卷　穀譜十一卷
魯明善　農桑衣食撮要二卷新從《永樂大典》鈔出者，黄氏《書目》作《農桑機要》，亡卷數。
羅文振　農桑撮要七卷
汪汝懋　山居四要四卷字以敬，浮梁人，至正中國史院編脩官。
陸泳　田家五行拾遺一卷字伯翔。
脩廷益　務本直言三卷以下不知時代。
劉宏　農事機要
桂見山　經世民事録二卷

右農家類九家九十九卷

金　王庭筠　叢語十卷

元好問　續夷堅志

元　王惲　玉堂嘉話八卷

周密　齊東野語二十卷　癸辛雜識一卷　癸辛新識四卷　癸辛後識四卷　癸辛續識二卷　澄懷録二卷　續澄懷録三卷　浩然齋視聽抄　浩然齋意抄　浩然齋雅談

盛如梓　庶齋老學叢談三卷崇明州判官。

陸友仁　硯北雜志二卷

吾衍　閒居録二卷　山中新話

蘇天爵　春風亭筆記二卷

何中　揞頤録十卷

唐元　見聞録二十卷

張雯　繼濳録

關漢卿　鬼董五卷

郭霄鳳　江湖紀聞十六卷字雲翼。

吴元復　續夷堅志二十卷字山漁，鄱陽人。
周達觀　誠齋雜記二卷
伊世珍　瑯環記三卷
沈麐元　緝柳編三卷
常陽　女紅餘志二卷
邵文伯　浩然翁手抄五色線二卷
李有　古杭雜記四卷
夏頤　東園友聞二卷
鄭元祐　遂昌山人雜録一卷
姚桐壽　樂郊私語一卷
曹繼善　安遠堂酒令一卷
廣客談一卷失名。

右小説家類二十五家一百五十六卷

金　張守愚　平遼議三篇國子監齋長。承安元年進。
元　趙孟頫　禽賦一卷

程時登　八陣圖解

俞在明　用武提要二十篇錢塘人。

秦輔之　武事要略

王潁　三式風角用法立成十二卷不知時代。

百戰奇法十卷以下不知撰人。

行軍須知二卷

陣圖雜輯十卷

火龍神器圖法六卷

握機經傳六卷

戰寇神器二卷

勦寇陣圖二卷

兵機便覽十册

右兵書類十四家八十四卷

金　楊雲翼　縣象賦一篇　五星聚井辨一篇

元　趙友欽　革象新書二卷字緣督，德興人。一云名敬，字子恭。

右天文類二家四卷

金　大明歷十卷天會五年脩。

趙知微　重脩大明歷司天監。

張行簡　改定太乙新歷

耶律履　乙未歷

元　耶律楚材　庚午元歷二卷　歷説　乙未元歷　回鶻歷

郭守敬　授時歷推步七卷　立成二卷　歷議擬稿三卷　轉神選擇二卷　上中下三歷注式十二卷　時候箋注二卷　脩改源流一卷　儀象法式二卷以下皆測驗書。　二至晷景攷二十卷　五星細行攷五十卷　古今交食攷一卷　新測二十八舍雜座諸星入宿去極一卷　新測無名諸星一卷　月離攷一卷

齊履謙　二至晷景攷二卷　授時歷經串演撰八法一卷

程時登　閏法贅語

授時歷二卷　授時歷議二卷失名。

授時歷法撮要失名。

右歷數類十家一百二十四卷

遼　王白百　中歌興國軍節度使。占卜書。
耶律純　星命祕訣五卷
金　楊雲翼　氣數雜説
張居中　六壬無惑鈐六卷司天判官。
丞相兀欽注　青烏子葬經一卷
元　吴澂刪定　葬書
李道純　周易尚占三卷保八爲序，舊誤以爲保八著。
馬貴　周易雜占一卷
王鼒　易卦海底眼
陸森　玉靈聚義五卷　總録二卷吴人。
王洪道　三元正經三卷婚、宅、葬。
焦榮　選葬編録三卷
徐用、徐施二一先生元理消息賦注一卷失名。
祝泌　祕鈐五卷　六壬大占　壬易會元字子涇，德興人。
耶律楚材　五星祕語一卷　先知大數一卷

劉秉忠　平砂玉尺四卷　玉尺新鏡二卷

朱震亨　風水問荅

周鍔　六甲奇書不知何時人。

　右五行類十八家四十三卷

金　紀天錫　集註難經五卷泰安人。

張元素　潔古註叔和脈訣十卷　病機氣宜保命集四卷一名《治法機要》，後人誤以爲劉完素作。潔古諸書多附託，推二書爲元素所著。　潔古珍珠囊一卷潔古，元素字，金易州名醫，後人易其書爲韻語，以便誦習，謂之《東垣珍珠囊》，非原書也。　東垣十書二十五卷後人所輯。　東垣試效方九卷後人所輯。

劉完素　素問要旨八卷　素問玄機原病式二卷　治病心印一卷　河閒劉先生十八劑一卷　宣明論方十五卷此下六種名《河閒六書》。　傷寒標本心法類萃二卷　傷寒心鏡一卷　傷寒直格論方三卷　素問玄機氣宜保命集三卷　傷寒醫鑒一卷字守真，河閒人。

李慶嗣　傷寒纂類四卷　政正活人書二卷　傷寒論三卷　針經一卷　醫學啟元洺州人。

張從政　儒門事親十五卷　治病撮要一卷　傷寒心鏡一卷　張氏經驗方二卷

祕傳奇方二卷字子和，睢州考城人。

元　聖濟總録二百卷

李杲　辨惑論三卷辨内傷外感。　脾胃論三卷　此事雖知二卷辨析經絡脈法，分比傷寒六經之則，王好古爲闡明之。　蘭室祕藏五卷　用藥法象一卷　醫學發明九卷推明本草素難脈理。

竇默　銅人針經密語一卷　標幽賦王鏡澤注。　指迷賦　瘡瘍經驗全書十二卷

王好古　湯液本草三卷　湯液大法四卷　醫壘元戎十二卷　陰症略例一卷　癍論萃英一卷　錢氏補遺一卷字近之，趙人。

羅天益　衛生寶鑑二十四卷　試效方九卷字謙甫，藁城人。

戴起宗　脈訣刊誤三卷

滑壽　難經本義二卷　十四經絡發揮三卷　胗家樞要一卷　醫學引彀四卷　攖寧生五藏補瀉心要一卷　滑氏素問註鈔三卷　滑氏脈訣一卷　讀傷寒論抄二卷　痔瘻論　醫韻四卷字伯仁，許昌人，後家儀真。

李晞范　難經注解四卷　脈髓一卷崇仁人。

李朝正　備急總效方四十卷

竇漢卿　瘡瘍經驗全書十二卷
王鏡澤　增注醫鏡密語一卷失其名，蘭谿人。
鮑同仁注　通玄指要二賦　經驗針法字用良，歙人，會昌州同知。
朱震亨　格致餘論一卷　金匱鉤玄三卷　傷寒論辨　本草衍義補遺　局方發揮一卷　平治薈萃方三卷　外科精要發揮　丹溪治痘要法一卷　活幼便覽二卷　丹溪醫案一卷　丹溪治法語録三卷字彦修，義烏人。
鄧焱　運氣新書字景文，蜀人。
王珪參定　養生主論十六卷字均章，常熟人。
李鵬飛　三元參贊延壽書五卷
萬應雷　醫學會同二十卷字震父，吴人。
葛乾孫　醫學啟蒙　經絡十二論　十藥神書一卷
朱撝　心印紺珠經二卷字好謙。
趙良　醫學宗旨　金匱衍義
陳直　壽親養老書一卷泰州興化令。
鄒鉉　壽親養老新書四卷

胡仕可　本草歌括八卷瑞州路醫學教授。

吴瑞　日用本草八卷字瑞卿，海寧醫士。

尚從善　本草元命苞七卷　傷寒紀玄妙用集十卷

熊景元　傷寒生意字仲光，崇仁人。

申屠致遠　集驗方十二卷

危亦林　得效方二十卷

王履　醫經溯洄集一卷

薩德彌實　瑞竹堂經驗方十五卷號謙齋，今改其名沙圖穆蘇。僅存五卷。

李中南　錫類鈐方二十二卷

杜思敬　濟生拔萃方十九卷延祐中人。

陸仲達　千金聖惠方青陽人。

堯允恭　德安堂方一百卷京口人。

殷震　簡驗方道士。

吴以寧　去病簡要二十七卷歙縣人。

齊德之　外科精義二卷充御藥院外科太醫。

曾世榮　活幼心書二卷衡州人。
馮道玄　全嬰簡易方十卷
孫允賢　醫方大成十卷
　右醫方類四十五家八百三十二卷
元　鄭杓　衍極五卷　衍極紀載三篇字子經，興化人，泰定中南安教諭。
蘇霖　書法鉤元四卷
劉惟忠　字學新書七卷　摘抄一卷崇安人。
袁裒　書學集要字德平，鄞縣人，宋太學生，入元不仕。
唐懷德　書學指南
李溥光　大字書法號雪菴，大同人。初爲僧，工詩，善書，元宮殿扁額皆出其手，後官昭文館大學士。
陳繹曾　翰林要訣
盛昭　法書考八卷
吴失名。　法書類要二十五卷錢塘人。
周密　雲煙過眼録四卷

朱珪　名蹟録六卷　印文集攷字伯益，崑山人。
夏彦文　圖繪寶鑑五卷
華光和尚　梅品一卷
李衎　竹譜詳輯一卷薊邱人。
黄公望　山水訣一卷字子久，别號大癡道人。
梓人遺制八卷失名。
右雜藝術類十六家七十九卷
金　鄭當時　韻類節事　羣書會要字仲康，洪洞人，大定中進士，汾州教授。
元　楊惟中　太平廣彙十集九十六篇字彦誠，宏州人，宣撫使。
高恥傳　羣書鉤玄十二卷臨邛人。
劉應李　事文類聚翰墨全書前集一百四十二卷　後集六十三卷字希泌，建陽人。
富大用　事文類聚新集三十六卷　外集十五卷
祝淵　事文類聚遺集十五卷
張諒　經史事類書澤三十卷字子惠，建安人。
陰時夫　韻府羣玉二十卷字幼遇，其兄中夫幼達注。

錢全袞　韻府羣玉掇遺十册華亭人。

鄭起潛　聲律關鍵八卷

錢緍　萬寶事山二十卷

凌緯　事偶韻語

吴黼　丹墀獨對十卷

俞希魯　竹素鈎玄三十卷

白珽　經子類訓二十卷　集翠裘二十卷

唐懷德　破萬總録一千卷凡所讀之書，輒撮其諸凡，而附之以論辨。　鈎玄集

書林廣記二十卷以下失名。

羣書一覽十卷

士林龜鏡

羣書會元截江網三十五卷失名。舊作十六卷，胡煦著。

纂圖增註羣書類要事林廣記四十卷

右類書類二十一家一千六百五十二卷

元

吴澄　老子道德經注四卷更定一百六十八字。　南華内篇訂正二卷

瞻思　老莊精語

趙學士失名。　老子集解四卷　全解二卷

李衎　息齋老子解二卷

李道純　道德經注一卷　中和集六卷　太上大道經註一卷字元素，都梁人。

雷思濟　注莊子

俞琰　全陽子周易參同契發揮九卷　全陽子參同契釋疑二卷　陰符經解一卷

陳致虚　上陽子參同契注三卷　金丹大要十卷字觀五。

戴起宗　悟真篇注疏三卷

邱長春　磻溪集五卷　語録一卷　西遊記二卷

蕭廷芝　金丹大成集五卷字元瑞。

董漢醇　羣仙要語二卷　仙學摘粹二卷

陳沖素　内丹三要一卷

趙友欽　緣督子仙佛同源論一卷　金丹正理　盟天録

陳虚白　規中指南一卷

盤山栖雲大師語録一卷舊俱入道家，今仍之。

張天雨　外史出世集三卷　碧巖玄會録二卷字伯雨，吴郡人，道名嗣真，别號真居。

洪恩靈濟真人文集八卷元道士編輯南唐徐知訓、徐知證乩筆。

趙道一　歷代真仙體道通鑑前集三十八卷　後集四卷

玄風慶會録五卷失名。

金蓮正宗記失名。

右道家類二十一家一百三十一卷

金　李之純　鳴道集説五卷

元　維則　楞嚴會解疏十卷　楞嚴擲丸一卷　天台四教儀要正字天如，永新人。

明本　中峯和尚廣録三十卷　中峯廣慧禪師一花五葉集四卷　中峯懷浄土詩一卷

庵事須知一卷

劉謐　静齋學士三教平心論二卷

清筏　宗門統要續集十二卷

至雲編　石屋和尚山居詩并當湖語録二卷　語録一卷名清珙，常熟人。

優曇　蓮宗寶鑑十卷丹陽僧。

普會　禪宗頌古連珠通集四十卷

心泰　佛法金湯編十卷

大訢　松雲普鑑二卷

海弜　古梅禪師語録二卷廣州僧。

恕中和尚語録六卷

元叟端禪師語録八卷

雪村　聚語録金壇人，居句容崇明寺。

盛勤　源宗集嘉興資善寺僧。

志磐　佛祖統紀五十四卷

噩夢堂　唐宋高僧傳

覺岸　釋氏稽古略四卷

念常　佛祖通載二十二卷

禪林類聚二十卷以下失名。

浄髮須知二卷

至元心燈録

右釋家類二十二家二百四十九卷

凡子部三百八家四千五百五十卷

集部

元　虞廷碩　歷代制誥五卷　詔令四卷字君輔，建安人。

蘇天爵　兩漢詔令合林虙、劉昉二書爲一，而取洪咨夔《總論》冠於首。

右制詔類二家九卷

金　完顔綱　類編陳言文字二十卷

元　趙天麟　太平金鏡策八卷東平人，世祖時以布衣進是策，切於時事。

鄭介夫　太平策字以吾，開化人。凡一綱二十目，成宗覽而嘉之，授雷陽教授，後官金谿丞。

王惲　烏臺筆補

卜天璋　中興濟治策二十篇文宗天歷二年表上。

馬祖常　章疏一卷

蘇天爵　松廳章疏五卷

吴明　定本萬言策大同人，國子助教。

張明卿　政事書一卷
趙順孫　奏稿
右表奏類十家五十五卷
元　郝經　皇朝古賦一卷
馮子振　受命寶賦一卷
虞廷碩　古賦準繩十卷
元賦青雲梯三卷不知撰人。
古賦題十卷　後集六卷不知撰人。
右騷賦類五家三十一卷
金　完顔璹　如菴小稿六卷世宗孫，越王，長子封密國公。
完顔永成　樂善居士集封豫王。
徒單鎰　宏道集六卷右丞相，廣平郡王。
劉豫　曹王集十卷
吴激　東山集十卷字彦高，宋宰臣栻子，翰林待制，出知深州。
張斛　南游北歸等詩字德容，漁陽人，祕書省著作郎。

蔡松年文集字伯堅，尚書右丞相，謚文簡。
蔡珪文集五十五卷字正甫，松年子，禮部郎中。
高士談　蒙城集字子文，一字季默，翰林直學士。
馬定國　薺堂集字子卿，桂平人，翰林學子。
祝簡　嗚嗚集字廉夫，單父人，太常卿兼直史館。
朱之才　霖堂集字師美，洛西人，仕劉豫，爲諫官，出爲泗水令。
施宜生　三桂老人集字明望，浦城人，翰林學士。
趙可　玉峯散人集字獻之，高平人，翰林直學士。
劉汲　西巖集字伯深，南山翁撝子，翰林供奉。
劉瞻　攖寧居士集字巖老，亳州人，史館編脩。
劉蹟　南榮集東平人，宋相莘老子，右相長言父，儀真令。
劉仲尹　龍山集字致君，益州人，後遷沃州，都水監丞。
郝俁　虛舟居士集字子玉，太原人，河東北路轉運副使。
張公藥　竹堂集字元石，孝純孫，郾城令。
史旭詩一卷字景陽，歷臨真、秀容二縣令。

耶律履　文獻集十五卷字履道，東丹王七世孫，謚文獻。
董師中　漳川集字紹祖，邯鄲人，徙洺州。
王寂　拙軒集六卷字元老，玉田人，中都轉運使。
張行簡文集三十卷字敬甫，謚文正。
李仲略　丹源釣徒集字簡之，高平人。
劉迎　山林長語字無黨，東萊人。
党懷英　竹溪集十卷字世傑，奉符人。
趙渢　黄山集字文孺。
王庭筠　翰林文集四十卷字子端，熊岳人。
趙秉文　滏水集三十卷字周臣，滏陽人。分内外集，今外集十卷佚。
劉中文集字正夫，漁陽人。
路鐸　虚舟居士集字宣叔，貞祐初爲孟州防禦使，城陷，投沁水死。
酈權　披軒集字元輿，安陽人。
李純甫　内稿論性理及閱佛、道二家者。外稿應物文字。宏州人。
史肅　澹軒遺稿字舜元，京兆人。

蕭貢文集十卷字真卿，咸陽人，謚文簡。

史公奕　洹水集字季宏，大名人，翰林直學士。

馮延登　横溪翁集字子駿，吉州人，禮部侍郎，京城陷，自投井死。

王若虚　滹南遺老集四十五卷　慵夫集字從之，藁城人。

劉從益　蓬門集字虞卿，南山翁撝曾孫。

張建　蘭泉老人集字吉甫，蒲城人。

毛麾　平水集字牧達，平陽人。

王琢　姑汾漫士集字器之，平陽人。

吕中孚　清漳集字信臣，南宫人。

景覃　渭濱野叟集字伯仁，華陰人。

劉鐸　柳溪集字文仲，棗强人。

秦略　西溪老人集字簡夫，臨川人。

張琚　韋齋集字子玉，河中人。

杜佺　錦溪集字真卿，武功人。

李之翰　漆園集字周卿，濟南人。

楊與宗　龍南集高陵人。
鼂會　澶水集字公錫，高平人。
郭長倩　崑崙集字曼卿，文登人。
郭用中　寂照居士集字仲正，平陽人。
張邦彦　松堂集字彦才，平陽人。
王元節　遯齋詩集字子充，宏州人。
王世賞　浚水老人集字彦功，汴人。
桑之維　東皋集字之才，恩州人。
張庭玉集字子榮，易縣人。
王敏夫集五臺人。
李獻甫　天倪集字欽用，湖州人，鎮南軍節度副使，死蔡州難。
元德明　東巖詩集三卷秀容人，好問父。
元好問　遺山集四十卷　附録一卷　遺山詩集二十卷字裕之，太原人。
李俊民　莊靖集十卷
曹珏　卷瀾集三卷字子玉，滏陽人，徙居方城。

曹望之詩集二十卷臨潼人。

李愈　狂愚集二十卷正平人。

張鉉　韋齋集河中人。

宗經　雲巖文集稷山人，舉進士。

段克己、段成己　二妙集八卷河東人，克己字復之，成己字誠之。

郝太古詩集羽士。

譚處端　水雲集羽士。

元　耶律楚材　湛然居士集三十五卷缺七卷至十二卷，又缺二十二卷、二十三卷。　文集十四卷履子。

耶律鑄　雙溪醉隱集八卷楚材子。

耶律希亮　愫軒集三十卷鑄子，翰林學士承旨。皆塞外從軍紀行之作。

楊奂　還山集六十卷　紫陽遺稿二卷　附録二卷

劉秉忠　藏春詩集六卷　文集十卷　詩集二十二卷

郝經　陵川文集三十九卷　附録一卷

張洪範　淮陽詩集一卷

許衡　魯齋遺書八卷　附録二卷　重輯魯齋遺書十四卷　大全集三十卷
王鶚　應物集四十卷字百一，東明人，金正大元年狀元及第，入元，官翰林學士承旨。
高鳴　河東文集五十卷太原人，徙相州。
李治　敬齋文集四十卷
徐世隆　瀛州集一百卷
閻復　静軒集五十卷
楊恭懿　潛齋集
楊果　西菴集
魏初　青崖集十卷今五卷，宏州順聖人，謚忠肅。
李之紹　果齋文集平陰人。
張立道　效古集　平蜀總論
王惲　秋澗大全集一百卷
陳祐　節齋集一名天祐，趙州寧晉人，浙東道宣慰使。
何榮祖　大畜十集　載道集
申屠致遠　忍齋行稿四十卷

胡祇遹　紫山大全集六十七卷今二十六卷。

劉因　丁亥集五卷　静脩文集三十卷

吴澂　支言集一百卷　文集五十二卷　草廬輯粹七卷

程鉅夫　雪樓集三十卷本名文海，避武宗諱，以字行，建昌人。

姚燧　牧菴文集五十卷今三十六卷。

盧摯　疎齋文集

楊宏道　小亨集十卷今六卷。字叔能，淄川人，謚文節。

康曄　淡軒文集字韞之，高唐州人，金至大詞賦甲科，入元，嚴實聘爲詞林祭酒。

趙孟頫　松雪齋集十卷　外集一卷　續集一卷

劉祁　神川遯士集二十二卷

方回　桐江續集五十卷今三十七卷。　虛谷集字萬里，歙人，宋進士，知建德府，入元，爲建德路總管。

蒲壽晟　心泉學詩稿六卷蒲壽庚之弟。

任士林　松鄉文集十卷字叔實，奉化人。

戴表元　剡源文集三十卷字帥初，一字曾伯，奉化人。一作二十八卷。

牟巘　陵陽集三十四卷字獻之，陵陽人，居吴興。
白珽　湛囦文集二十卷　詩集二十卷今一卷。字廷玉，錢塘人。
仇遠　金淵集六卷　山村遺集一卷字仁近，錢塘人，溧陽州儒學教授。
金履祥　仁山文稿
許謙　白雲集四卷　許文懿古詩一卷
史伯璿　牖巖遺稿
程端禮　畏齋集十卷今六卷。字敬叔，慶元人。
胡炳文　雲峯集十卷一作二十卷。字仲虎，婺源人。
陳櫟　定宇集十六卷　别集一卷字壽翁，休寧人。
曹涇　書文韻儷稿五卷字清甫，新安人。
吴龍翰　古梅吟稿十六卷　詩集六卷字式賢，新安人。
劉辰翁　須溪集一百卷　四景集四卷　須溪記鈔八卷字會孟，廬陵人。
劉壎　水村文集二十八卷今十五卷。　水村詩集十卷
熊朋來　豫章家集三十卷
劉詵　桂隱文集四卷　詩集四卷

王義山　稼村類稿三十卷　別本十卷字元高，豐城人，宋進士，入元，提舉江西學事。

姚雲　江村近稿十三卷字聖瑞，高安人，宋進士，仕元。

何中　知非堂稿六卷一作十七卷。

敖繼公文集二十卷字君善，福州人，家烏程。

劉邊　自家意思集四卷字近道，建安人。

陳普　石堂遺集二十二卷　詠史詩寧德人，一名尚德。

徐見心　詠史詩蘭谿人。

韓性同　遺書二卷寧德人，陳普弟子。

陳巖　九華詩集四卷　鳳髓集集杜詩。字清隱，青陽人。

曹仲埜　詩文講義二卷新安人。

洪焱祖　杏庭摘稿十卷一作五十卷。

倪士毅　道川集字仲弘，休寧人。

汪漢卿　養浩集二十卷字景辰，黟縣人。

史蒙卿　果齋文集四十卷鄞人，寓居臨海。

胡長孺　石塘文集五十卷　瓦缶編　南昌集　海寧漫抄　顏樂齋稿字汲仲，永康人。

張樞　弊帚編

張伯淳　養蒙文集十卷字師道，嘉興人。

陳孚　觀光玉堂交州三稿三卷　附録一卷

梁曾　學士詩集

滕玉霄文集

劉敏中　中菴集二十五卷今二十卷。章邱人，謚文簡。

王約　濳邱集三十卷字彦博，真定人。

王結　文忠集十五卷今六卷。字儀伯，定興人。

宋衜　秬山集十卷字次道，長子人。

楊公遠　野趣有聲畫二卷

艾性夫　剩語二卷　孤山晚稿

趙彣　青山集八卷

錢觀光　屏巖小稿一卷

劉將孫　養吾齋集三十二卷

徐明善　芳谷集二卷

陳宜甫　秋巖詩集二卷

張頴文集

蕭𣄽　勤齋文集十五卷今八卷。

同恕　榘菴文集二十卷今十五卷。

安熙　默菴集五卷一作十卷。

杜瑛　中山文集十卷

杜秉彝文集四十卷瑛曾孫。

商琥　彝齋文集

馮子振　梅花百咏一卷號海粟，寧鄉人。

鄧文原　巴西集一卷　内制集

袁桷　清容居士集五十卷　致亭集三十七卷

曹元用　超然集四十卷汶上人。

曹伯啟　漢泉漫稿十卷　續稿三卷碭山人。

張養浩　歸田類稿二十八卷　附録一卷

敬儼詩文集

王旭　蘭軒文集二十卷今十六卷。字景初，鄆城人。

滕安上　東菴稿十六卷今四卷。字仲禮。

王士元　拙菴集山西平陽人。

王泰亨　康莊文集平陽人，謚清獻。

張之翰　西巖集二十卷元貞閒邯鄲人。

元明善　清河集三十九卷

張起巖　華峯漫稿　華峯類稿　金陵集

陳景仁　愛山詩稿至大閒嘉禾人。

劉岳　東崖稿字岷泰，吴人，世祖時以醫召入，知其能文，改官翰林學士。

張慶之　海峯文編三卷字子善，吴人。

龔璛　存悔齋詩一卷　補遺一卷字子敬，真州人。

陳深　寧極齋集一卷　東游小稿字子微，吴人。

周自得　斐然集字性善，新喻人。

卞南仲　溪居集　江行集字應午，長興人，官溧陽州判官，遂家焉。

元淮　金囦集一卷崇仁人。

宋无　翠寒集八卷今一卷。啽囈集一卷字子虛，吴人。
鄭滁孫文集
聞人夢吉詩集二卷字應之，婺源人。
劉應龜　山南集二十卷字元益，義烏人，所著集爲《夢稿》、《痴稿》、《聽雨留稿》。
韓性　五雲漫稿十二卷字明善，會稽人，謚莊節。
馮翼翁文集二十卷
胡助　純白類稿二十卷　附録二卷字履信，一字古愚，東陽人。
鄭覺民　求我齋集三十三卷字以道，鄞人。
黄叔英　䕫菴下筆二卷　詩文二十卷字彦實，慈谿人。
王厚孫　遂初稿三十卷字叔載，鄞人，王應麟孫。
趙偕　寶雲堂文藝二卷　寶峯先生遺集字子永，慈谿人。
翁森　一瓢稿字秀卿，仙居人。
吴鎮　梅道人遺墨二卷字仲圭，嘉興人。
洪淵　環中集十卷豐城人。
龍仁夫文集字觀復，永新人。

龍雲從　魚軒集字子高，廬陵人。

羅志仁　薊門行卷　姑蘇筆記　古香篇　倦遊集字壽可，新喻人。

真山民詩集一卷浦城人。

虞集　道園學古録五十卷　道園類稿五十二卷　道園遺稿十六卷　虞伯生詩續稿三卷

揭傒斯　文安集五十卷楊士奇《文籍志》云缺。案：今止十四卷，乃門人雪不華所編。　揭文一卷　詩三卷　文粹一卷　文續録二卷

楊載　仲宏詩集八卷　集古詩二卷浦城人，徙居杭州。

范梈　德機詩七卷字亨父，清江人。

黄溍　日損齋稿二十三卷　文獻集四十三卷　又集十卷

柳貫文集四十卷　又集三十卷　待制文集二十卷　別集二十卷

歐陽原功　圭齋文集十五卷　附録一卷

許熙載　東園小稿字獻臣，許有壬父。

高克恭　文簡文集七卷字彦敬，本西域人，後家房山。

小雲石海涯　酸齋文集

孛术魯翀文集六十卷

烏古孫良楨　約齋詩文奏議

馬祖常　石田文集十五卷

瞻思文集三十卷字得之，其先大食國人，後居真定。

也先忽都詩集十卷賀太平子。

廼賢　金臺集二卷　海雲清嘯集　金臺後集一卷字易之，本回鶻人，後家四明。

薩都剌　鴈門集六卷　詩集三卷　集外詩一卷鴈門人。

許有壬　至正集八十一卷　圭塘小稿十卷　別稿二卷　外稿二卷　續稿一卷弟有孚倡和之作亦在焉，後不別出。

宋本　至治集四十卷

宋褧　燕石集十五卷　附録一卷

王守誠文集陽曲人，謚文昭。

李洞文集四十卷字溉之，滕〔一〕州人。

〔一〕　李洞係滕州人，底本誤作「勝」。

王元明　達意集十卷蜀人。

王都中　本齋詩集三卷

吕思誠文集

吕誠來　鶴亭詩一卷　補遺一卷疑與吕思誠是一人。

曹鑑文集字克明，宛平人，謚文穆。

武恪　水雲集字伯威，宣德府人。

蒲道源　閒居叢稿二十六卷

貢奎　雲林小稿六卷字仲章，宣城人，他所著有《聽雪齋記》、《青山漫吟》、《倦遊集》、《豫章稿》、《上元新録》、《南湖紀行》，皆逸不傳。

柯九思　敬仲詩一卷

鮮于樞　困學齋集

楊剛中　霜月齋集四十卷字志行，上元人。

楊翮　佩玉齋集十卷字文舉，上元人。

吴師道　禮部集二十卷

陸文圭　牆東類稿二十卷

梁益　三山稿
孟夢恂　筆海雜録五十卷字長文，台州黄巖人。
宇文公諒　折桂集　觀光集　辟水集　以齋行稿　玉堂漫稿　越中行稿
朱德潤　存復齋集十卷字澤民，吴人。
吾衍　竹素山房集三卷
葉森　瓦釜鳴集三卷字景瞻，錢塘人。
莫維賢　廣莫子稿字景行，錢塘人。
俞漢　象川集十卷字仲雲，諸暨人。
岑安卿　栲栳山人集三卷字静能，餘姚人。
黄庚　月屋樵吟四卷今止《漫稿》一卷，字星甫，天台人。
程珣　柳軒逸稿十卷字晉甫，烏程人。
薛聞孫　甬東野人語四卷鄞縣人。
薛觀　學箕集三卷一名孟，字景荀，鄞人。
薛明道　瑞堂稿七卷鄞人。
邱世良　梯雲集六卷字子正，錢塘人。

范霖　歲寒小稿一卷縉雲人，家於吴。

尹廷高　玉井樵唱三卷

黄玠　弁山小隱吟録二卷

侯克中[一]　艮齋詩集十四卷

郭豫亨　梅花字字香前集一卷　後集一卷

劉鶚　惟實集四卷　外集一卷

王沂　伊濱集二十四卷《明志》有王沂《徵士集》八卷，或非一人。

程端學　積齋集五卷

袁士元　書林外集七卷字彦章，鄞人。

沈貞　茶山集十卷字元吉，長興人。

洪震老　觀光集一卷字復翁，淳安人。

吴暾　青城集二十卷字朝陽，淳安人。

李序　絅緼集字仲脩，東陽人。

[一] 侯克中，字正卿，號艮齋，係元代文學家，撰有《艮齋詩集》。底本誤作「侯充中」。

李庸　詩集五卷　宮詞一卷字仲常，序弟。

于石　紫巖詩選五卷字介翁，蘭谿人。

周權　此山詩集四卷字衡之，松陽人。

應恂　純朴翁稿字子孚，永康人。

方誼　虎林高隱集五卷　附録一卷錢塘人。《附録》皆同時人詩文。

陳樸　味道編　雲軒集奉化人，陳桱兄，家於吴。

唐元詩文五十卷今《筠軒集》十三卷。字長孺，歙人。

汪可孫　雲窗法語一卷績溪人。

方瀾詩一卷字叔囦，莆田人，居於吴。

王元杰　水雲清嘯集詩。　貞白英華集文。字子英，吴江人。

衛培　過耳集十卷字寧深，吴人。

師餘　縷裂集一卷字爲翁，眉州人，居於吴。

陳鐸　壯游集八卷字子振，吴人。

鄭濳　樗菴類稿二卷字彦昭，歙人。

黎仲基　瓜園集十卷名載，以字行，臨川人。

曾德裕　小軒初稿字益功，永豐人。
曾巽申　超然集二卷　明時類稿德裕弟。明時者，元京師坊名，巽申所居也。
吴景南　南窗吟稿四卷吴溥曾祖。
劉霖　雲章集安福人。
孫轍　淡軒詩臨川人。
黄河清　叔美詩一卷盱江人。
葛元喆遺稿十卷金谿人。
周應極　拙齋集二十卷字南翁，鄱陽人，周伯琦父。
吴存　月灣谿詩稿字仲退，鄱陽人。
黄異　節菴集三十卷字民同，都昌人，一云星子人。
丁儼　小溪集四卷　小溪寓興十卷字主敬，新建人。
劉應登　耘廬集安福人。
黄堅　遯世遺音一卷字子貞，豐城人。
龔道原　雲山夜話集字士元，新建人。
楊顯夫　水北山房集南昌人。

蕭士贇　冰崖詩集
王大中　文忠文集十五卷
王立中　息菴寓齋穉隱三集二十卷字彦强，閬州人，居於吴。
支渭興　龍溪詩集四川長寧人。
朱文霆　葵山文集莆田人。
林善同　泉山文集二卷莆田人。
朱希顔　瓢泉吟稿四卷後至元閒人。
衛宗武　秋聲集十卷雲閒人。
李京　鳩巢集河閒人。
張昌　寓道集十卷
王仁輔文稿十卷字文友，鞏昌人，居常州。
虞薦發　薇山文集二十卷丹陽人，居常州。
顧觀　容齋集二卷字利賓，金壇人，一作丹陽人。
高皓孫　屠龍集十卷字商叟，丹徒人。
楊如山詩集十卷字少游，蜀人，後家京口。

張敏　月山集九卷富平人。

趙若　澗邊集二十卷字順之。

劉炳詩一卷字元亮，崇安人。《明志》有《春雨軒集》十卷者，不知即此人否？

楊士宏　鑑池春草集字伯謙，本襄城人，居清江。

林全　小孤山人集二卷

洪希文　續軒渠集十卷　附録一卷莆田人，父名巖虎，宋咸淳貢士，有集曰《軒渠》，故此名曰「續」。《附録》即其父詩也。

柯舉　竹圃夢語二卷莆田人。

黄清老　樵水集字子肅，邵武人。

黄鎮成　秋聲集四卷

劉有定詩集八卷　泮宫歎一卷莆田處士。

嚴士貞　桃溪百咏一卷　江漢百咏集字正卿，崇陽人。

胡天游　傲軒集一卷平江人。

柴潛道　秋巖小稿襄陵人，詩爲集句。

壺岋　樵雲集字怡樂，烏程人。

朱名世　鯨背吟一卷字希顔，吴人，以武弁領海運，集皆航海之作。
謝宗可　咏物詩一卷臨川人，一云金陵人。
蘇天爵　滋溪文稿三十卷　詩稿七卷
王士熙　江亭集
張延文集十卷藁城人。
潘昂霄　蒼崖類稿　蒼崖漫稿濟南人。
安思承　竹齋詩集磁州人，謚貞肅。
陳旅　安雅堂集十三卷字衆仲，莆田人。
程文　南生集三十八卷　師意集　蚊雷小稿四卷字以文，婺源人。
李孝光　鴈峯文集二十卷今六卷，樂清人。
杜本　清江碧嶂集一卷
劉岳申　中齋文集十五卷字高仲，吉水人。
林希元　長林存稿台州人。
盧琦　圭齋集二卷
林泉生　覺是集二十卷字清源，福州永福人。

吴萊文集六十卷　淵穎集十二卷宋濂訂。　附録一卷
李士瞻　經濟文集六卷東安人。
李延興　一山文集九卷字繼本，士瞻子。
張翥　蜕菴集四卷
吴當　學言詩稿六卷吴澄孫。
傅若金　與礪文集十二卷　詩集八卷　附録一卷新喻人。
蔣易　鶴田集二十卷
俞希魯　聽雨軒集二十二卷一作十一卷，京口人。
成原常　居竹軒集四卷
俞遠　豆亭集字之近，常州人。
張端　溝南集字希尹，江陰人。
項壘　山中言志前後續集共八卷字彦高，龍泉人。
徐夢吉　琴餘雜言龍游人。
徐夢高　菊存稿一卷字明叟，淳安人。
何景福　鐵牛翁詩集一卷字介夫，淳安人。

戴羽詩一卷德安人。

楊和　灤京百咏一卷號西雲，一云名和吉，今作楊允孚。

陳廷言　詒笑集二卷　江湖詩品二卷

李存　俟菴文集三十卷字仲公，安仁人。

吴景奎　葯房樵唱二卷　附録一卷字文可，蘭谿人。

陳樵　鹿皮子集四卷字君采，金華人。

周聞孫　鰲溪文集三卷字以立，吉水人。

丁復　檜亭詩稿九卷字仲容，天台人。

周潤祖　柴巖稿臨海人。

秦輔之　忠孝百咏嘉定人。

郭鎧　梅西集字德基，福建長樂人。

吴志大詩一卷

董嗣杲　廬山集　西湖百咏一卷字德明，杭州人，後爲僧，改名思學，字無益。

陳深源　片雲小稿一卷

郭鎬　遺安集十一卷

張植　瀘濱集五卷一作《瀘濱性情集》。
吴炳　待制集一卷
王彦高集十卷
徐文俊　從好集
劉德玄　亦玄集
王毅　訥齋文集四卷字剛叔，栝蒼人。元末，與其徒章溢集鄉民禦寇，有功，後死於寇。
王時潛　石梁文集
徐霽野　幽放集
李顯卿　寓菴文集
陳顯曾　師雨軒稿
吕濬　金臺稿
陳清隱　九華詩集四卷爲五言绝句，題永九華之勝。
袁易　静春堂集四卷字通甫，吴人。
余闕　青陽集六卷　附録一卷
劉仁本　羽庭集六卷

黄尋　殷士詩

鄭玉　餘力稿五卷　遺文六卷　師山集八卷　附録一卷　濟美録四卷字子美，歙縣人，鄭潛子。至正十四年徵爲翰林待制，道阻，明兵至，强起之，自縊死。

張仲深　子淵詩集六卷

陳鑑　午溪集十卷

成廷珪　居竹軒集四卷

郭翼　林外野言二卷

汪澤民　巢深燕山宛陵三稿字叔志，宣城人，謚文節。

陳泰　所安遺集一卷字志同，茶陵州人。

劉耕孫　平野集茶陵州人，寧國路推官，死鎖南班之難。

陳方　子貞詩集一卷京口人，居於吴，死張士誠之難。

潘省中集黄巖人。

吴訥詩集五卷字克敏，休寧人，建德路判官，兼義兵萬户。與明兵戰，敗，不屈自裁。

王翰　友石山人遺稿一卷字用文，其先靈武人，居廬州，爲潮州路總管。元亡，辟地福州。明太祖召之，乃属其子偁於友人吴海，自引決。

吴海　聞過齋集八卷字朝宗，閩縣人，元亡不仕。
貢師泰　玩齋集十卷一作十二卷。　拾遺一卷
周伯琦　近光集三卷　扈從紀行集一卷字伯温，鄱陽人。
劉聞　太史集六卷字文霆，安福人。
孟昉　待制文集字天暐，本西域人，居北平。
馬玉麟　東皋詩集五卷字伯祥，海陵人。
方澄孫　烏山小稿莆田人。
許恕　北郭集六卷　補遺一卷
金涓　青村遺稿一卷
舒頔　貞素齋集八卷　附録一卷　北莊遺稿一卷
李繼本　一山文集九卷
甘復　山窗餘稿一卷
吴皋　吾吾類稿三卷
葉顒　樵雲獨唱六卷
魯貞　桐山老農文集四卷

郭鈺　靜思集十卷

楊翮　佩玉齋類稿十卷

方道壑　愚泉詩稿十卷字以愚。

錢惟善　江月松風集四卷一作十二卷。字思復，錢塘人。

鄭元祐　僑吴集十二卷字明德，遂昌人，從父居吴。

陳高　不繫舟漁詩集十二卷一作十六卷，今九卷。字子上，永嘉人。

倪瓚　雲林詩集六卷　清閟閣集十五卷一作十二卷。

顧瑛　玉山璞稿一卷

王禮　麟原文集二十四卷

朱希晦　雲松巢集三卷

周巽　性情集六卷

鄧雅　玉笥集十卷

吕則耕　得月稿六卷新昌人，生而聾，自號石鼓山聾者。

葉廣居　自得齋集

趙德光　松雲樵唱四卷　桃園舊稿二卷　筆鄉紀謬三卷字子明，龍泉人。

程從龍　梅軒詩集字登雲，嘉魚人。
熊本　舊雨集五十卷
鄭東、鄭采　連璧集十四卷東字季明，采字季亮，温州平陽人。
方樸　方壺集二卷
胡行簡　樗隱集六卷字居敬，新喻人。
王茂　東村野叟詩稿字伯昌，曹州人，行省右丞。明初，官之，力辭，因安置安慶，後放歸。
楊俊民　滹川文集真定人。
張淵　心遠堂集字清夫，吴江人。
吕肅　來鶴亭稿　既白軒稿　番禺稿　竹洲歸田稿字敬夫，初名誠，崑山人。
黄錫孫　穀山集字禹疇，常熟人。
韓諤　五雲書屋稿六卷字致用，韓性從兄。〔一〕
朱隱老　瀔峯精舍文集字子方，豐城人。
馬瑩　歲遷集四十卷　雜古文十二卷字仲珍，浙江建德人。

〔一〕　據（明）徐一夔《始豐稿》卷九《韓君墓志銘》，韩諤祖父韓亢爲韓性從兄。

王朝　德輝文集十卷莆田人。

唐懷德　存齋雜稿

張明卿　言志稿四卷　六藝編六卷

段信苴　征行集大理僰人，從兀良哈台征交阯，道里所作。

傅若金妻孫蕙　蘭緑窗遺稿一卷

鄭允端　肅雍集一卷字正肅，吴人，宋丞相鄭清之裔孫，同郡施伯仁婦。

僧圓至　筠溪牧潛集七卷

僧善住　谷響集四卷今一卷。

僧元珙　石屋山居詩二卷

僧大訢　蒲室集十五卷

僧大圭　夢觀集二十四卷

釋英　白雲集三卷

僧廷俊　泊川文集五卷字用章，樂平人。

僧允中　雲麓文稿

僧梋堂集

鄧牧　伯牙琴一卷字牧心，錢塘人，隱大滌山。
馬臻　霞外詩集十卷
張雨　句曲外史集三卷　補遺三卷　集外詩一卷字伯雨，吴郡人，弃家入道，隱茅山。
朱本初　貞一稿臨川人，從吴全節居大都。
雷思齊　空山漫稿字齊賢，臨川人，玄教講師。
亡名氏　看雲集三卷揭奚斯奉勑編，不詳何人。
馬霦菴集至元間人，失其名。
朱松亭詩集以下皆不得爵里及其名或字。
吴仲孚詩
鄧大隱居士詩
郭野菴詩稿
杜東洲吟稿
王漢章　輞川集
王兼善　四時比興
馬紹詩文金鄉人，河南行中書省右丞。

陳可齋文集二十卷

右別集類四百七十六家五千二百零二卷舊載戴良、王逢、梁寅、楊維楨、陶宗儀、貢性之、謝應芳、張昱、李祁、張憲、華幼武、郭奎、趙汸、汪克寬、陳基、邵亨貞、葉顒、沈夢麟、宋禧、丁鶴年二十家，《明志》已録入，兹不復著。

金　元好問　中州樂府一卷　遺山樂府二卷

白樸　天籟集二卷

韓玉　東浦詞一卷字温甫，北平人。

段克己　菊莊樂府一卷

段成己　遯齋樂府一卷

孫鎮注　東坡樂府字安常，隆州人。

元　劉秉忠　藏春詞一卷

劉因　樵菴詞一卷

仇遠　樂府補題一卷

虞集　道園樂府一卷

彭致中　鳴鶴餘音

張翥　蜕巖樂府三卷

袁易　静春詞一卷字通甫，吴郡人。

沈禧　竹莊詞一卷字廷錫，吴興人。

張埜　吉山樂府二卷字埜夫，邯鄲人。

張養浩　雲莊休居自適小樂府一卷

喬吉　小令一卷字夢符，太原人。

張洪範　詩餘一卷

張久可　小山小令二卷以路吏轉民務官。

汪元亨　小隱餘音一卷　雲林清賞一卷

陸輔之　詞旨一卷

鄭杓次　夾漈餘聲樂府字子經，興化人。

耶律鑄　雙溪醉隱樂府十一册分前、續、别、外、新五集。

趙粹夫　陽春白雪集

楊朝瑛　朝野新聲太平樂府九卷　陽春白雪後集五卷青城人。

鍾嗣成　録鬼簿二卷

鳳林書院詞選二卷一名《續草堂詩餘》。以下失名。
南北宫詞十八卷南詞六卷、北詞六卷、北詞别集六卷。
南吕九宫譜十卷
右詞曲類二十九家八十四卷
金　元好問　唐詩鼓吹十卷元中書右丞郝天挺注。　中州集十卷
房祺　河汾諸老詩集八卷
元　蘇天爵　國朝文類七十卷
虞集　邵菴文選心訣一卷
馮翼翁　文章旨要八卷
吴鑑　天爵堂類編十卷集鄱陽吴氏歷代制誥，及士大夫賦頌。
吴宏道　中州啟牘四卷
柳貫　金石竹帛遺文十卷
韓謣　彙萃魏國家集十二卷　類編名人詩文八卷　尺牘一卷
趙景良　忠義集七卷
金履祥　濂洛風雅七卷

汪澤民、張師愚　宛陵羣英集二十八卷今十二卷。
鄭滁孫　義陽詩派
左克明　古樂府十卷
仇遠批評　唐百家詩選
吴萊　楚漢正聲二卷
楊士宏　唐音遺響八卷一作十五卷。字伯謙，襄陽人，家清江。
周南瑞　天下同文五十卷今佚六卷，廣陵人。
杜本　谷音二卷
蔣易　皇元風雅三十卷
許有壬等　欸乃集二卷有壬兄弟及子楨、客馬熙詩詞。
金宏　乾坤清氣錢塘人，選元作者三十人詩。案：明偶桓亦有《乾坤清氣集》十四卷，疑各一書。
傅習　皇元風雅十二卷
孫存吾　皇元朝野詩集十二卷續傅習之後。
馬瑩　唐五百家詩選五卷　南渡諸家詩選一卷
蔡正孫　詩林廣記前集十卷　後集十卷至正中人。

方道壑　選唐詩一卷

陳士元　武陽耆舊詩宗一卷邵武人。

計有功　唐詩紀事八十一卷臨邛進士。

何元適、倪希程　詩準四卷　詩翼四卷

方回　瀛奎律髓四十九卷

謝翶　手抄詩二十卷　天地間集五卷今僅存一卷。

劉會孟　古今詩統六卷

施少愚　秋浦類集

吴渭　月泉吟社詩一卷號潛翁，浦陽人。

何新之　詩林萬選十八卷衢州西安人，知忠安軍，死節。

顧阿瑛　玉山名勝集八卷　草堂雅集十三卷皆玉山交遊諸人詩。　玉山餞别寄贈詩一卷　玉山紀游一卷袁華編，華已入明，而此諸人皆在元時，故附此。

周砥等　荆南唱和詩一卷與馬治唱和，治後入明，而詩則作於元時，故繫此。

楊維楨等　西湖竹枝詞一卷

祝堯　古賦辨體八卷　外集二卷

賴良　大雅集八卷

劉履　風雅翼十二卷

吕虚彝　瀛海紀言十七卷字與之，奉化黄冠。

僧圓至註　周弼三體唐詩二十卷今六卷。

萬寶詩山三十八卷類書中有錢緡《萬寶事山》，此書疑亦其人。

古今大成詩選正宗二十卷以下不知撰人。

歲時雜詠四十卷

元音遺響十卷疑亦出楊士宏。

諸公大雅二帙

青白一隅十卷

古文精粹十卷

古文大全二十二卷

古文規鑒一百卷

性理文錦八百卷

右總集類五十四家一千六百八十二卷

金　元好問　杜詩學一卷　東坡詩雅三卷　錦機一卷　詩文自警一卷
王繪注太白詩字賢夫，濟南人。
元　李塗　文章精義二卷臨川人。
王構　脩詞鑒衡二卷
潘昂霄　金石例十卷濟南人。
陳繹曾　古文矜式二卷　文説一卷　文筌八卷　文譜一卷字伯敷，處州人。
吴師道　禮部詩話二卷
楊士宏　杜陵詩律一卷
申屠致遠　杜詩纂例十卷
范梈　詩林要語一卷　詩學禁臠一卷　木天禁語三卷
傅與礪　詩法源流三卷
無名氏　增廣文章精義一卷
羅椅　陸放翁詩選十卷字子遠。
劉會孟　精選陸放翁詩八卷
楊齊賢、蕭士贇　分類補注李太白詩集二十五卷

范梈　批選李太白詩四卷　杜子美詩六卷

張性　杜律衍義二卷字伯成，臨川人。後人以此書託名虞集。

傅若川　杜詩類編三卷類輯楊仲宏、揭曼碩、范德機所解杜詩。

曾巽申　韻編杜詩十卷　補註元遺山詩十卷

唐仲英　陸宣公文集菁華二卷

劉霖　杜詩類注

吴師道注　絳守居園池記一卷

釋慶閒箋注　范成大田園雜興詩一卷字無逸，吴人。

右文史類二十三家一百三十六卷箋注亦附此類。

元　涂溍生　易義矜式　周易疑擬題三卷宜黄人。

王充耘　書義矜式

陳悦道　書義斷法六卷

倪士毅　尚書作義要訣四卷

林泉生　詩義矜式十卷

歐陽起鳴　論範六卷

陸可淵　策準三卷

右制舉類七家三十二卷

凡集部六百六家七千二百三十一卷

以上總四部一千七百十家二萬二千二百二十卷

海寧諸生張錦雲，字繼才，有《元史藝文志補》，此兼採之。

揚雄太玄經

十卷，晉范望叔明解贊。余向借得一舊本，似是北宋刻本，末署「右迪功郎充兩浙東路提舉茶鹽司幹辦公事張寔校勘」，譌誤尚少。明嘉靖閒有江都郝梁本；神廟時有遂州鄭樸本，鄭止正文；天啟時有長洲陳仁錫《奇賞彙編》本，注多删節。本朝吴惠氏士奇有閲本，實本諸何氏焯。何又合馮復京、錢孫保諸校本而加訂焉。郝本亦從宋本出，故宋諱亦皆缺筆，然脱誤極多。今案：閒無他本，姑據此本，别其同異，正其是非。其助我者，江陰趙曦明敬夫、金壇段玉裁若膺也。子雲之姓，書中多從木，今亦仍之。其誤易曉者，不備著焉。

陸績述玄 鄒邠字伯岐。岐，譌。仲佚，譌。子以所解付奇。謂桓本缺末筆。譚曰：「子嘗稱揚雄書，豈能傳於後世乎？」譚曰：已上脱十五字。「必傳。」乃者以朝賀駕。明日。所以作興疑衍。者之數。厥迹速其最復衍，或當在「速」字上。優乎。雄當有「解」字。難日。列國智士古，譌。謂之達者。桓譚謂脱。之絶倫。

第一贊曰。 此篇范氏之序，末有小注，乃宋人校者之辭。下凡有圈者皆是。此上亦當加一圈以别之。「五行之性」，作「姓」譌。

玄首都序**陰陽坒参。** 何云：「坒，毗至切，配合也。即『陛』字之省。《説文》：『陛，升高階也。』配合而升，亦象升義。」文弨案：《説文》有「坒」字，「地相次比也」。范注「坒，比也」蓋本此，不必借「陛」字爲説。然此經之例，由下下而下中，以至下上，由中下、中中，以至中上，由上下、上中，以至上上，凡奇皆陽，凡耦皆陰，相配合而升，亦可備一説也。　玄測都序陰幽六極以類降。注「退下」譌「是下」。又下注「經緯相錯」，譌「調緯相錯」。

中　校語「此玄首」譌「此之首」。「各有姓名」，此「姓」字不誤，見《玄數》注。「序運」譌「序渾」，「陸績釋文」譌「釋失」。　初一校語「范望」譌「經望」。　次四《測》：庫虚之舊作「無」，今從司馬本作「之」。否。　次六　月闕其慱。舊作「博」，今從《音義》作「慱」，古「團」字，《測》同。段云「慱」與「西」韻。　次七　酋酋，大魁頤，水包貞。馮曰：「魁，魁蛤也。七爲甲魁之象也。大蛤有甲𦱤胡，七火，而其象大蛤者，《莊子》所謂火中有水也。方諸取月中之津，故曰大魁頤水。」何云：「《士冠禮》『以魁柎之』，注『魁，蜃蛤』，則魁爲大蛤明矣。注訓『魁』爲『藏』，陋甚。」　上九　巔靁。司馬本「巔」作「顛」，下注同。注「萬物之所終」下脱「也物之所終」五字；「贊亦終於九也」，「贊亦」譌「替小」。

周　初一　還于舊「於」。案：《經》文通當作「于」，下倣此。天心。　次二《測》：立督慮也。何云：「督，中也。《莊子》：『緣督以爲經。』人身亦有督脈。」　次三注「火之母」，「母」譌「日」；「夫爲人子」，「夫」譌「火」。　次六　上亨舊作「通」。案注「亨，通也」，是當作「亨」。于天。　次七　見其司馬作「元」。朋。注「於南見其朋」，「朋」譌「明」，下「二火朋合」亦同。　次八注「八爲禍中」，「八」譌「入」。

礥　物生之難。下「也」字衍。注「日入女宿二度」，脱「入」字。　初一注「畛，根也」，「根」疑當作「垠」，下「根鄂」及「不見其根」竝同。　次三注「以本扶本」當作「以木扶木」。　次四　《測》：拔我不舊脱，司馬本有。　德。　次六注「猶入邱虚也」，舊脱「虚」字。　又《測》注「不得君臣之正道也」，脱「正」字。

次七注「登在高邱」，舊「登在」下衍一「邱」字。

閑　陽氣閑此首正文及注「閑」多譌「閒」，竝當改正。　于陰。注「而猶壯於上」，「壯」譌「狀」。　初一注「故言無雄有雌」，舊「無雄」二字脱。《測》注「故不君者也」，疑當作「故君不君也」。　次三注「今而無鍵」，「今」譌「金」。　次四注「牧養萬民之義」，「養」譌「義」。　次六　席金第。譌「第」，注同。

少「一方」譌「二方」。　陽氣濇然。注「温和萬物」，「温」譌「混」。　初一注「故冥也」，譌「故宜也」。　次三注「進德修業」，「進」字脱在「終當居位」之上，當移正。又「得人主之法也」，「得」譌「德」。

次六注「土中最盛」，「土」譌「七」。

戾「二部三家」譌「二家」。　次七　覆夫諝。即「諝」字，《周禮·天官》注：「胥，讀如諝，謂其有才知。」「胥」字後人往往作「咠」，如《尚書大傳》「胥餘」作「咠餘」，釋文：「諝，私吕切，才智之稱。」於韻亦協。乃校者因舊本譌作「諿」，音七入切，和也，辯也，不可從。　次八　殺牛譌「生」。　相午牾，同。　矢，譌。今從衆家本。　注「牛爲兕也」、「故殺牛也」，「牛」皆譌「生」；「午，乖也」，「午」譌「矢」，案文自見。《測》同。

上　初一注「而本火世」，「本」譌「水」。　次二　《測》：上無根，相，譌。　不能自治當作「活」

協韻。也。　次五　鳴鶴升自深澤。注「鶴鳴九皋」，何云：「澤，協『鶴』。《詩》『鶴鳴于九臭』，『臭』，古『澤』字。即《易》所謂『鳴鶴在陰也』，深澤爲陰。『臭』、『皋』相類，故誤爲『皋』。皋非澤，失之遠矣。」而升天位，「升」譌「久」。　次六　顛衣到古「倒」字，不必依司馬作「倒」。裳。　次七　《測》：升臺司馬有「得」字。柱，輔弗司馬本作「拂」。拂，古「弼」字。堅也。　次八注「故稱斧」，「斧」譌「曰」。

干　次五注「當有清身約己，千祿百福」，「有」字疑衍，或疑「當有」下脱「土」字；「福」譌「三」。　次七注「多絓絓羅也」，下「絓」字疑「網」。　次八注「水滅於火」，案：正言水滅火耳，注中每有「於」字，通部皆然。

狞司馬本同。段云：「狞，非字體，當作『疋』，音疏。」　次六　獨狞逝逝。釋文：「一作『獨行晰晰』。」案注「言其明也」，是當作「晰晰」。　上九　全狞。脱「狞」字。

羨「一部一家」，譌「二部」。　初一　羨于初，其次迂塗。行屬於水，一亦爲水，家性淫羨，流屈無常，故言迂塗。迂塗，曲縈之貌也。○正文九字、注廿七字，俱脱。　次七注「血食萬姓」，「姓」譌「性」。　上九　四馬就括。括，結礙也，注訓爲「會」，非。

差　次四注「終不能大善乎」，「乎」疑「矣」。　次七注「無道之王」，「王」譌「至」。　次八　足纍纍，其步蹉躟，段云「躟」字必誤。文弨案：距躟，行遽也，又疾行貌。夫足既履桎，安能疾行？疑「躟」爲「⿰足衰」字之誤，與衰麻音同，於韻亦協。但字書不載「⿰足衰」字，當更攷之。　輔鉻銘，譌。《説文》「鉻，鬄也」，言鬄去髮也。滅麋。眉，同。注「輔麋掠剋」，段云「掠」當作「剠」。

童 初一注「我爲己」，「己」譌「也」。 次二 焯于龜資。何云：「《周禮》有幣資、財資，龜乃寶貨，故言龜資。」 次三注「童而未闓」，「闓」譌「闇」。又，「不能行求童己之蒙」，「童」譌「意」。 次七 脩侏侏。何云：「《周禮》注『侏，大也』，子雲《國三老箴》曰『姦寇侏張』，言七雖長大，與朱儒等耳。注以『侏侏』爲『無所知』，直是臆説。」

增「四金中下」，脱「中下」二字。 初一 聞貞增默。《測》「墨」，亦當作「默」。 次四注「或曰」二字疑衍。 次五注「亦所以乂邦國也」，舊「所以」倒，「乂」譌作「又」。 次六注「廟有朱車之飾」，「廟」譌「朝」。 次七 刃其峭。削，譌。司馬本作「峭」，與《測》正同。 次八注「亦爲弱」，下「弱」字衍。 上九 賴彼峡峽，譌。注同。 崥。《測》：羣士橿橿也。「也」字脱。

卷二

鋭 次二 《測》：執埶，譌。書内凡「執」字皆譌「埶」。 道必也。 次五 《測》：不能迴辟避，譌。也。 次八注「故救敗也」，「故」當作「以」。 上九注「峭峻也」，「也」字脱。

達 陽氣枝枚枝，譌。 條出。 次四 扁扁不故。司馬作「救」。釋文訓「扁」爲「署」，所謂户册，然疑非是，當與《易》「翩翩不富」同。 次七注「火焚宿萊」，「火」字脱，「萊」譌「菜」。 次八注「八爲木」，「爲」字脱。

交　陽交于陰。注「土在地上」，「土」譌「上」。　初一　《測》：冥交不以。司馬作「貞」，當從之。　次四注「交接之道」，「道」譌「通」。　次六注「齊晉江奇書有朝聘之道」，「江奇書」三字未詳。下「三國」疑「二國」。

耎司馬作「耎」，是也，乃柔耎之義，故以之象《需卦》。校者以「煗温」解之，遠矣。　陽氣能剛能柔。注「謂之耎者」，「謂」譌「爲」。　次四注「噣，喙也」，「喙」譌「啄」。下同。　次七注「節於道」上當有「屈」字。　次八　三郄鉤羅。郄，「卻」字之俗，退也，三終也，不一退而已也。鉤羅者，牽繫之象也。

傒　初一注「則天賊之」，「賊」字脱。　次四《測》：詘作「屈」，異前，非。　角直足。　次六注「須母以養」，「以」字脱。　次七　凶人之郵。與「尤」同，注訓「郵亭舍」，非。　次八注「如其所望」，「如」譌「知」。

從　初一注「若在大難」上衍一「若」字。又，「若旦之日」，「旦」譌「且」。　次二注「故方出也」，「出」譌「代」。

進　陽引而進。注「日以舒布」，「布」譌「市」。　次三　狂章章，不得中行。三爲進人，家性爲進，進不得中，故章章也。三亦爲出，出而失道，故謂之狂也。○正文七字、注廿九字皆脱。一本無「行」字，宋本有。《測》曰。二字脱。　次四　日飛縣舊作「懸」，馮從釋文作「縣」，《測》同。《測》脱「日」字，當補。陰。　次五　進以櫂疏。《廣雅》：「渠挐謂之杷。」此「櫂疏」與「渠挐」音義同。「臣」當爲「君」，芟除荒穢，乃爲君所杖也。　上九　逆馮舊作「憑」，司馬作「馮」，《測》同。　山川。

釋　初一　動而無名，酋。注「酋，西方也」，似正文及注皆是「酉」字。《測》注「歸功於母，不可有名也」，「母」譌「父」，「有名」譌倒。　次三注「雷發於地」，「發」譌「復」。　次八　顛舊「巔」，今從司馬本。　仆死。　上九注「終必解釋也」，「必」譌，不成字。

格　初一注「貞，正也。内善，親屬之善者」，又「不與賢者共治，其親之善者」，凡譌八字。　《測》：不省也。司馬本上有「中」字。舊「也」字脱。注「省，循省也」，「作者也」譌。段云「省」與下「妙」不韻，疑當作「肖」。　次二注「惡謂一也」，「謂」譌「爲」。　次六　往小來奕。弈，譌。注同。　上九注「故體傷也」，「傷」譌「免」。　《測》：郭目觿解，譌。　角。

夷　陽氣傷鬄。何讀爲「鬀」，與「易」協。注「除去陰病」，「陰」譌「除」。

樂　陽始出。注「陽氣息上」，息，生息也，又疑是「悉」。　次二　樂不司馬有「可」字，與《測》同。知。注「而在樂世，故恒喜而不知也」，舊「世」字、「喜」字皆譌。　次四　《測》：拂「其」字衍，司馬無。繫絶纗。　次六注不可曉。　上九注「樂極憂興」，「極」譌「遂」。

争　陽氣汜汜，譌。注同。　施。注「行屬於火」，「火」譌「人」；「言陽氣汜施於上」，「上」譌「七」；「各遵其儀容」，「遵」譌「道」。　初一注「卑以致高」，「卑」譌「畢」。　次二　赫司馬作「嚇」，「呼嫁切」。注

「而在火行，爲火所乾」，「爲火」二字脱。河躍。　次三　争射齦齦。此與《史記》「洙泗之閒，齗齗如也」之「齗」同，相讓也。注以爲喜笑，非。《測》作「誾誾」，義同字異。錢廣伯云：「齗，齒本也。注以爲戲笑之貌，蓋笑而至矧之意。」　次四注「酋，就也」，「酋」譌「自」。又，「利以遠及」，「遠」譌「遂」。　上九　《測》。注「宜知彊所制伏也」，「知」字脱。

務　次七　無攸往。脱。注「攸，所也」，「攸」字誤重。「不別嘉卉」，脱「卉」字。

事　陽氣大冒昭職。注「言陽氣大覆於萬物之上」，「物」譌「世」。　次二　喪其哲釋文作「悊」。符。

卷三

更　陽氣既飛。注「沽洗用事」，「沽」與「姑」通，不必改「姑」。　次四注「故小得也」，「小」譌「七」。　次六注「宜在更世以求正」，「世」譌「出」。又，《測》注「水車」譌「外車」。　次七注「火焚宿莱」，「莱」譌「菜」。《測》注「而自否臧」，「而」古通「能」。　次八　《測》。注「故良也」，「故」譌「政」。　上九注「終始以得」，當作「德」。

斷　陽氣彊內而剛外。注「能所斷決於萬物」，「所」字衍。　初一　《測》。注「修內表外」，「外」字脱。　次三　決其⿱自耳⿰鼻巠。《集韻》：「鼻疾也。」注「風喘息之象也」，「喘」譌「端」，「之」譌「二」。

《測》：利有司馬本無[一]。謀也。 次五注「腹諭合藏」，合，郝作「含」。 次七注「孔甚也，碩大也」，「也碩」舊誤倒。「鑠美也」，「美」譌「義」。 次八 勇佅之⿰亻討。釋文：「佅，音賣」，「⿰亻討，音代」。司馬「佅」作「侏」，音「株」。何云：「⿰亻討，房越切，擊也。一曰敗也。」

毅 初一注「一水也」，「水」譌「木」。

裝 陽氣雖大用事。注「毅雨氣終於此首之初一」，「終」譌「雖」，「初」譌「次」。又，「陽氣方裝束而消去」，「方」譌「木」。又，「日入畢宿」，「畢」譌「鬼」。 初一注「行道也」，「道」譌「首」。 次二注「故懷其乘匹也」，「匹」譌「正」。 次三注「三居陽樂進」，「居」譌「喜」。 次四注「酉，雞也」，「也」譌「已」。又，「故鶤鷄也」，「故」下當有「曰」字。 次五注「故飲食乃頤頤也」，「乃」字脱。 次六 經六脱。 衢。 次八 季仲播軌。疑當作「軓」。軓，車軾前也，故曰「車之所用」。又，《測》注「送木就金」，「木」譌「水」。

上九注「九在裝家而爲之終」，「爲」字脱。

衆 陽氣信高懷齊。注「日入畢宿十六度」，「六」譌「二」。 初一注「以相儆也」，宋本「儆」作「娉」。 次三 丈人推摧，譌。釋文：「吐回反。」段云當作「推」。 帑，孥，譌。何云：「古無『孥』字，是晉人所改。」內瑫釋文：「音滔，玉也。」郝依司馬本作「蹈」。之瑕。 次四注「陰稱之水者，故稱豹」，「稱之

[一]（漢）揚雄撰，（宋）司馬光集注，劉韶軍點校《太玄集注》（中華書局，二〇一三年）也有「有」字。

水者」四字必是衍文,「豹」譌「貌」。《測》注「四爲公侯」,「四爲」譌「口稱」。　次五注「五爲天子」,譌「太子」。

次七　師孕唁言,譌。之。注「竊視稱瞶」,「視」譌「親」。「七爲目」,「七」譌「十」。「爲六所剋」,「剋」譌「見」。　次八注「何能所克」,「能所」疑倒。「故無尸俘」,「俘」譌「浮」。

密　陽氣親天。注「丸蘭然稚密」,釋文:「稚,音緻。」然則義亦同也。　次五　密密不鎊。司馬作「鎛」。　次七注「大君謂六也」,「謂」譌「爲」。　上九注「故後得其死力也」,「死」譌「而」。

親　陽方仁愛。注「小滿氣起於此首之次七」,脱「之」字。　初一注「然相克害」,「相」譌「指」。《測》:中心閑閒,譌。也。注「雖性交通」,譌倒作「通交」。　次二　其志資戚。何云:「資,即咨。戚,音促。資戚,猶頻蹙也。」　次三注「故言不迓侮也」,「侮」譌「館」。　次四注「況自資奉以身爲賓邪也」,「邪」字疑誤,或是「者」字。　次八　肺附乾餱。注「削曰肺,柹曰附」,文義不可通,似當作:「削木曰柹,肝肺曰附。」《史》、《漢》俱有「肺附」之文,言肺與肝相附著。此八木也,故以如柹之附木爲諭。釋文以「肺」爲「胇」,似非也。

斂　初一　小斂不貸。何云:「貸,讀爲『貣』,與『國』協。注作『伐』,似誤。」　次三　《測》。注「舍小符大」,「符」,疑「待」。　次五　繭純于田。何云:「純,古作紂,即絲也,讀爲『緇』。繭絲,見《外傳》,注如字釋之,誤。」　次七　妻爲剥荼,利于王姑。何云:「《周禮》『臣妾,聚斂疏材』,故剥荼爲王姑之利。」　上九　利圉極菑。注「故利圉災也」,「圉」當與「禦」同。

彊　次七注「金以諭刑」，「刑」譌「刺」。

晬　陽氣袀均，同，作「初」譌。注同。晬。　次五注「土克於水」，「土」譌「行」。

盛　物實然盡滿厥意。實、填同。注「冥冥然滿其意」，王本「實」作「冥」，依此注也。　次八《測》：幾危也。陸、王本作「幾不免也」，與上下文協。

居　物咸得度。何云：「古『度』與『宅』同，《尚書》『宅西』，一作『度西』。注釋爲『數度』，非。」　次六注「故今而見外」，「故」字衍。　次八　雙其牝。司馬作「朼」，「匕」同。此注：「朼，匕也，譌『牝』，非也。」案注則作「朼」爲是。

法　陽一本有「氣」字。高縣厥法。　初一注「一則金子」，「則」當作「爲」。　次四注「立準在上」，「立」譌「不」。　次五注「陸實滿也」，「陸」字當重。《測》注「非可學之以道也」，「之」譌「以」。

應　陽氣極于上。注「夏至氣起於此首之次五」，「氣」字、「之」字俱脱。　初一　《測》：六脱。幹羅如。　次六注「水克於土」，案此句法與前後不類，土克水例當言土克於水也，然土既克水，何以反盛？宋本作「水克於上」，亦未必是。　次七注「而日自彊」，「日」譌「自」。　上九　《測》：不可遏止也。宋、陸、王本無「止」字。「遏」與「發」協。

卷四

迎　初一　迎他匪應。脱，司馬有，與《測》合。　次二注「有似大舜」，「似」譌「以」。　次四　裳有衣繻，男子目珠，婦人啑鉤，貞。案：婦衣有珠，男有帶鉤，男視女之所有，女咨男之所有，陰陽相感之象也。何以「啑鉤」爲「鬢」，似非也。注「雖不相交錯」，衍「不」字。《測》注「偵以珠鉤」，「偵」疑「貞」。

次八注「近於中廷，以解憂也」，「廷」譌「延」，「憂」譌「夏」。

遇　次二　衝衝兒遇，不受定二字疑衍。之諭。何云：「到子爲突，《易》曰『突如其來如』，突，猶衝也，皆謂逆父命者。」文弨案：《説文》「𠫓」爲到子。注「二火也」下當有「一水也」三字，下方可云「二在其上」，「其」字方有著。注兩言「不之諭」，則「受定」爲衍文明矣。　次三注「亦木之性」，「性」譌「往」。　次六　罔遇蠭。蠭，譌。注同。注中閒又衍一「蠭」字。　次八注「終見克害」，「克」譌「兒」。

竈　初一　《測》：竈無實。脱。　次三　黄金瀕。古但作「顗」，「瀕」係俗作。　次五　鼎大可觴。何云：「當作『鬺』，《測》同。《史記·封禪書》『鬺亯』，徐廣曰：『鬺，亯煮也。』」　次七注「七爲火，所以成熟牲體」，「牲」譌「性」。「七爲嘏啙」，「啙」字脱。

大　陰虛其内。注「陰在其内」，「在」譌「夜」。　次三注「不利爲大也」，「不」譌「大」。　上九：大終以蔑，否依注當爲「不」。出天外。注「終於自大，益以否也」，「否」疑當作「微」，蓋「蔑」訓「微」。

廓　次二注「火不好水」，「水」疑「木」。　次五注「故過差或生也」，譌作「故過差也行或可生也」，衍三字。

文象《渙卦》，温公曰：「揚子蓋以渙爲焕，故名其首曰『文』。」 初一 袷襀何縵馮云：「『襀』與『襘』同，音『會』。」文弨案：「袷襀」與「袺襘」同，領緣不加文飾也。 次三注「故似不文也」，「也」誤在下句「言」字下。 次四 匪天之享似當作「亨」。 次五注「據位正炳如也」，「炳如」二字衍。

禮 初一 履于跂。左從「支」，譌。《測》同。 次八 《測》：冠脱，司馬有。 戚朏。

逃 次二 心惕惕，司馬云：「范本作『傷』，王本作『惖』，古『惕』字。」足金舃，不志當作「忘」。溝壑。處金行之下，故云「足金舃」。注以金舃爲隱逸之志。案：既心惕惕矣，以平人而潛履金舃，不與惕惕大相反乎？若作「不忘」，則文義相貫矣。 次三 寇𧥠其户。段云：「注訓『𧥠』爲『責』，則當是『謓』字無疑。」 次四 喬木維摐鳥過之，或降。注謂「鳥所不集」，案：降，下也，《測》云「欲止則降」，安得謂鳥所不集？《測》注「故從意也」，「意」譌「高」。 次五 見鷲踤于林。釋文：「鷲，本作『隼』，一作『庳』，又作『鷲』。」馮云：「鷲，古『隼』字。注『是以鷹隼擊而罻羅張』，『鷹』譌『鳥』，『罻』譌『蔚』。」 《測》：見鷲及獺，深居逃凶也。注謂「君逃凶」，蓋以五爲天位故耳。 次六 多田不婁。何謂即膢臘字。《測》：費力忘功也。 次八 維㲉《類篇》：「狨，或作『㲉』。」馮云與「翼」同。 其繩。注「八爲禍中」，「八」譌「入」。

唐 次四注「無所適莫」下衍「不」字。 次複衍。 七注「王而志失」，「王」譌「天」。

常「六水」譌「六木」。　初一　履靈式，大史抱式，見《周禮》注。以一耦萬，終不稷。釋文作「稷」。　次七　滔滔𤁟，譌。《測》同。往來。　次八注「常疾而不以爲疾者」，下「疾」字譌「成」。

度「三部一家」，譌「二家」。「七火」譌「七木」。案：《度》自當在《永》前，三部一家爲度，三部二家爲永，三部三家爲昆，其序甚明。此下云「此合在次《永》首之後，今且據舊本，不易也」，共十六字，必非范注，直妄人强作解事耳，當删。「次永」下語同。　初一　中《測》當依司馬本，亦有「中」字。度獨失。　次三　大攋從「木」，譌，今依宋、陸、范、司馬本。下同。何云：「《方言》：『攋，隓壞也。』」之階。　次四　利于干，譌。城。　次五注「當幹舉萬機」，「機」字模糊。　次六　垂其范。司馬本從「竹」。　上九注「賴者已倦」，「已」譌「也」。

永　初一　不替馮云古「僣」字。然則當作「朁」。不爽。　次六　入司馬本有「于」字。酉奠，譌。冥。　次七　《測》。注「蒔謂復生」，「蒔」譌「枯」。

昆　次二注「角尾昆同」，「昆」譌「艮」。　次三注「其明白者」，「白」譌「日」。　次五　《測》：奚足旬也。旬，當訓「均」，疏數不均。注訓「徇」，似非。　次六注「車而同轍也」，「車而」舊譌倒。

卷五

減　次五注「爲下難附」，「難」譌「能」。《測》注「臣敬於上」，「臣」譌「目」。　次七注「益則損之」，

「益」譌「每」。　上九注「金生於水」，「水」譌「火」。《測》注「以救昬墊」，「墊」譌「熱」。

唫　陰不之化。注「陰陽吟閉」，「閉」譌「開」。　次二　《測》：矆自肥也。矆，疑當作「臞」。文弨案：注云「矆省」，《釋名》訓「省」爲「瘦」，則「矆」當爲「臞」明矣。　次三注「三者陰家之陽」，「三」譌「二」。　次四注「順俗垂亘」難曉。　次七　黄肉毀。注不釋「黄」字義，與《測》俱云「骨肉」，疑「黄」字譌。

守　次四注「四於戌爲苟」，「戌」譌「成」。下「有狗之名」作「狗」，則前兩「苟」字亦當作「狗」。　次六注「不通神靈」，「神」字脱。「故圭璧塵也」，倒作「璧圭」。　次七注「守身求二」，「二」譌「三」。

翕　陰來逆變。注「故謂之翕」，「謂」譌「爲」。　初一　《測》。注「水宜汱行，天未與之，逍遥者也」，「宜」譌「之」，「天未」譌「是天」。　次五　《測》。注「故非貞舉之君也」，「非」譌「作」。　次八揮司馬作「撣」，與上九同。　其罦。注「所緤不禁」，「緤」與「繫」同。《測》注「離罔而去」，「離」譌「羅」。

聚　次四　示於叢社。示，與「寘」通，此與《易》「寘于叢棘」同。注「五土而封聚」，「土」譌「圭」。「股肱左辟故野也」，宋本作「故股野也」，郝作「故肱野也」，似皆衍一字。　次八　吷釋文：「一作『呹』。」段云是「吷」字，與上「廢」下「絶」韻。　彼衆禽。

積　次五　盜不嬴。嬴，與「贏」通。　次六　大滿碩施。注作「傾施」，或可兩通。

飾　次三　拑柑，譌。　黄聿。《説文》：「聿，所以書也。楚謂之聿。」　上九注「苟自文飾」下「也」

字衍。

疑　初一　失貞矢。矢，同。宋本「矢」，注同。下竝同。　次三　疑彊彊，譌。注、《測》竝同。昭。　上九注「此疑世也」，「此」譌「比」。

視「九金上上」，譌「上下」。　陰成鬼。注「言陰已成形」，「成」譌「矢」。　次六注「惟身之災」，「災」譌「二」。

沈　次二注「必而自見」，古「而」與「能」同，此注多以「能」爲「而」。　次三　《測》：沈于美。矢，譌。　次五注「五爲天位」，「位」誤在「而」字下。　次六汼「累明重明也」，脱「重明」二字。　《測》：見票如累，其道明也。下五字脱。　次八脱「八」字。　盼得司馬有「其」字。　藥，利征。馬云：「范、小宋本作『征利』。」

内　陰去其内而在于司馬「乎」。外。　初一注「火爲之嬰」，「火」譌「文」。「春秋傳」，「傳」上衍「也」字。「火水嬰」，「嬰」與正文不同。案：釋文本作「嬰」，次五尚作「嬰」字，《集韻》上從「肥」，妃也。「嬰」是説樂，與「妃」實各字，似作「嬰」是。　次二　《測》注「故遠之乃安盜也」，「盜」譌「身」。　次三注「婦升金階」，次一作「西階」。「故而自悲」，「悲」譌「非」。　次七　嚾頭内其稚雉，譌。婦。《測》注「猶可以繫族類也」，「族」譌「旄」。　次八注「荒亡也，八陰位也」，「亡」、「位」竝譌「立」。

去「三木」，「木」譌「水」。下「行屬於木」同。　次三注「五爲堂」，「堂」譌「當」。下同。　次五　之庭有虆。虆，譌。注及《測》同。　次八注「背時之候也」，「背」譌「皆」。

晦　次七　䏏温公云范作「睄」。釋文音「眇」。　提明。文弨案：睄提明，即《易》之「眇能視」也。提，如《公羊傳》「提月」之「提」。提月，言僅逮是月。此亦云僅逮明目者也，「明」與「行」協。下「德」字因《測》誤衍。　次八注「故曰視非其直也」，脱「非」字。「右目謂七也」，「謂」譌「爲」。　《測》。注止七字，其圓圍已下，妄人所益，并校語，當併删去。　上九　《測》。注「宜自抑損」，「自」字脱。

卷六

瞢　次五注「當以賢自比爲明自光」，「比」譌「此」，「自」譌「日」。　《測》：人可頻也。頻，猶言憂。注「所不録也」難曉。　次六注「故瞢家也」，本作「故瞢瞢也」。「熒謂月也」，「月」譌「耳」。　上九注「金乃克之」，「金乃」譌「金力」。

窮　初一注「下大其十」句有譌。　上九　臼曰，譌。　竈生鼃。黽，同。然疑本是「鼃」字。

割　次三注「以鼻奉口」，「奉」譌「秦」。《測》注「喪身之主，故無榮也」，「故」字脱。　次四注「故稱宰平」爲句，「平切無私」爲句，「平切」譌「年切」。或「故稱宰」爲句，「平平無私」爲句，「切」字衍。　次五注「今者割喪」，「者」譌「昔」。　次七　紫蜺喬雲朋圍日，其疾不可，譌。　割。何云：「喬，即『鐍』」，非慶雲。」　次八　得我心疾。譌「得必疾」，今從司馬本，與注合。

止「人玄陰家」，譌「陽家」。　初一注「陰陽隔絶」，「隔」譌「陽」。　次三　《測》：禦不當也。當，疑「常」，不當，猶「非常」。　次七　馬獵司馬作「擸」。下竝同。注「傀，輪也」，下有「擸，躐也」三字。其蹄。　次八　惡馬恨。注「不早爲之所」，「不」下當併引「如」字。　上九　《測》。注「止其所也」，譌「正其守也」。

堅　次三注「則身之失也」，「失」譌「災」。　次四　小蠭。司馬「蠭」，上九同。　次六下「不」字衍。　次七　《測》。注「不知世閒之所行也」，「知」譌「如」。　次八　惟用解蜴即「解廌」，俗因此便借用「豸」字。之貞。　上九　蠭焚其翊。司馬云當作「翊」。注「七火八木」，譌「土火入木」。《測》注「故主亡也」，「主」譌「生」。

成　初一　《測》。注「謙以得之」，「得」疑「持」。　次八注「秋之所成而不成者」，「不」下衍「所」字。

闞　陰陽交跌。注「闞之初一日入箕宿一度」，譌「二度」，下「也」字本無。　初一注「杌棿不安」，「不安」上衍「一」字。　次三脱《測》。　《測》曰：龍襲非穴，失其常也。非穴亡室，故云失常也。○正文脱十字，注脱九字。　次四注「天位稱肥，四親近之，故稱臭肥也」，又「火鑠於金，故滅鼻也。以陰求陽，故利」，郝本凡錯十二字。此葉内譌錯甚多，今但著其改正者於此。　《測》注「上附至尊」，譌「上克至也」。

次五　齧室，譌。骨折齒。注「骨以諭陽，四爲口齒之象也」，又「五爲土器，故謂之缶。陽氣在下，六位純陰，故言滿缶」，凡錯九字。　《測》。注「下克於上，故毁折也」，凡錯三字。　次八注「覆蔽其瑕」，「瑕」譌「取」。

失　陰大作賊。注「立冬節終於此首之次二，小雪氣起於此首之次三」，「二」譌「一」，「三」譌「二」。　次六　《測》：不一，譌。能脩本也。　次八　雖鳴干于，非。《測》同。辰。　上九注「九爲失終」，「終」譌「於」。

劇　次三　酒作失德。段云「德」字因《測》而衍。　次五注「劇於政治」，「劇」譌「處」。　次七　《測》：麃而脱。半而。

馴　陰氣大順。注「馴之初一日入斗宿四度」，「四」譌「三」。　次二注「妻受於夫也」，「妻」譌「妾」。　《測》：不能清浄亦當作「静」，注同。也。　次六注脱「括也」二字。

將　陰氣濟物乎上。注「謂之將者」下依例當云：「小雪氣終於此首之次七，大雪節起於此首之次八。斗指亥，應鍾用事。」此皆缺，當補。　次三注「冶爲鑪」，「冶」譌「治」。下同。　次五注「不得適也」，「適」譌「道」。　次六　日失何云古文「昳」省。烈烈。

難　水凝地坼。折，非。　次四　卵破石毈。從「叚」，譌。　次六　下觸于川。也，譌。　次七　拔石硶硶。「碜」字之别。何音「女下切」，非。　上九　角解豸。前作「解蠡」，《困學紀聞》引作「觟觽」，與「解豸」同。又下「施」作「犯」，與此注不合。

勤　初一注「晝夜不伏」，「伏」當作「休」。　次四注「放心倍意」，「放」譌「故」。　次六，《測》：天所來司馬「求」。輔何云當作「弼」。也。

養　次二注「終不相讓」，「終」誤在上「也」字上。　次三注「根荄見育」下「育」字衍。　次七注「故七爲君子」，「故」字衍。　次八注「八爲疾瘀」，「八」譌「六」。「木近於金」，譌「金木近金」。

羸贊二。亦當提行。注末「矣」下「也」字衍。

卷七此卷前二篇小字即宋衷等所注。

玄衝《樂》上揚。楊，譌。前子雲之姓當亦是譌寫。　《沈》下藏。注「陽氣藏而肅殺」，「藏」誤在「而」字下。又，「宫」譌「官」。　《務》則憙。憙，譌。注同。　《彊》善不倦。注「乾行健也」，「健」譌「徙」。　君子養吉。脱。

玄錯「太」字、「經」字依前可删，下倣此。　《樂》佚湯。湯，譌。《方言》「佚婸」與此同。　而《堅》也剛。脱。　而《閑》瘞痤，譌。塞。《更》造新。注「變刑勢也」，「刑」當作「形」，或古通。　《闕》也皆合二。注「陰陽雜」，一本作：「陰陽相雜也。」　而《密》也成用一。注「二氣和」，一本作：「二氣協和而成一也。」　《瞢》⿰⿱兟目刂⿰⿱兟月刂，譌，字書所無。釋文「俎感切……一作⿰⿱兟月刂。」段云當是「⿰⿱兟目刂」字，今從之。　跙。段云：「當從『足』，『旦』聲，與『血』協。」　《親》附疏。注「重宗姻也」，「姻」譌「絪」。　《養》自兹。「除有格」以下乃後人校語，與下大字皆當另低一格。

玄攡 注「目」譌「月」。 玄者。注「攡張也」，「也」字脱。 一判一合。注「今俗云」，「今」譌「合」。攘懹，譌。 其功。 則玄之道幾矣。「之道」作「道之」，譌。 視疑「親」，注同。 而愛之者，仁也。 斷而決之者，勇也。注「言玄而斷決天下之疑，是玄之勇也」，「而」與「能」通，「是」譌作「而」。無所繫輆者，聖也。注「平易於世」，「世」譌「由」。 因循無革。注「因緣天地自然之性」，「地」譌「也」。 列敵度宜之謂義也。注「敵，匹也」，「匹」譌「四」。下同。「義者宜人及物也」，譌「宜人亦非也」。 濁者使清。注末「也」字衍。 饒者取之。注「月闕其慱」，「慱」譌「傳」。 罄者與之。注「次七」譌「文七」。 夫地他然示人明矣。也，譌。 常變錯，故百事柝。從「手」，譌。「柝」爲「析」之別，注同。 與萬類相連也。脱。 夏至及日中。注「故以已極、已至、已滿爲遠玄」，脱「已至」二字。「夏至斗指午」，「於」字衍。 日之南也。注「故言左」下衍一「還」字。

玄瑩 宇宙袥袥，譌。注同。 坦。 天元咫步。注衍「日月」二字。 羣倫抽緒。注「抽，猶收也」，「收」譌「抆」。下同。 斗振天而進。注「進退動相錯違」，脱「退」字。 揄從「木」，譌。注同。漏率刻。注末脱「也」字。 東西爲緯。注「故邪正分」，「分」譌「見」。 一辟三公。注「二十七部」，「七」譌「一」。 古者不遷馮音「于」。案注訓「怒」，或是「遻」字。 不虞。 箱當作「箱」。 知休咎。注「遷，怒也」，「怒」譌「恕」。 務脱。 其事而不務其辭。注「惟以」譌「雖以」。 天道乃馴。注「道貴因緣而順從」，「而」譌「也」。因之匪理。注「理，地理也」，上「理」字譌「失」。其所賤所在，譌。惡皆曰禍。夜人之禍多。注「晝爲盜其近也」，「晝」當爲「故」。

卷八

玄數 三以榛釋文從「手」。數。捭繫其名。釋文、《唐韻》皆言《太玄》「捭」作「撣」。撣，觸也，與注不合。其質乎。注「質問平常所疑之事者」，「平」譌「乎」。表贏入家。注「故以家定其莫曰也」，「莫曰」字誤。始中休終也，譌。咎。一違二從三從。三從，脱。決從終。注「明《易》、《玄》之相襲，休咎畧同者也」，「襲」譌「龍」，「休」譌「存」。

三八爲木。 辰寅卯。注引書當止引「寅賓出日」句，此殊譌舛。藏脾。注「脾藏色青，故在木也」，「色」譌「也」，「故」字脱。爲躁。注「動欲升也」，「升」譌「外」。爲實。注「育春偶陽也」，「偶」譌「湡」。

四九爲金。 當提行。辰申酉。注「申取其爛熟」，「爛」刻不明。聲商。注「其臣壞也」，「臣」譌「宮」。徵雨。注「金以生水」，「水」譌「木」。爲縣。注「鉤所長也」，「鉤」譌「銄」。爲寇。「寇」字之別。爲理。注「大理之官」，譌「官之」。爲金工。注『鍛冶』，譌「鍛治」。

二七爲火。 神祝融。注「言其章明」，「言」譌「酉」。爲叢。注「枝阿那也」，「也」譌「木」。

爲盲。注「火主目也」，「目」譌「盲」。

一六爲水。爲水工。注「賦池澤也」，「池」譌「地」。

五五爲土。聲宫。注「謂中央之聲音也」，「之」譌「也」。「以其最濁」，脱「以」字。類爲「其」字衍。裸。注「人爲之長也」，作「之爲」譌。爲腹器。注「象土之形」，「形」譌「相」。爲宍。古「肉」字。《吴越春秋·古彈歌》云：「飛土逐宍。」爲牟。注「不次以四時者」下複四字衍。「其衝在秋」，「衝」譌「衡」。

勝王囚。注「金勝於木」下脱一「木」字。

姑洗生應鍾。注「二十七分之二十也」，誤作「二十六也」，衍「六」字。

子午之數九。注「午爲子對」，「對」譌「言」。己亥四。脱。

甲巳之數九。注「巳爲甲妃」，「巳」字脱。

九天。當提行。注「一歲周竟有九天」，「天」譌「言」。「九首則天一用事」，「用」譌「周」。

九人。當提行。

二爲臂脛。注「脛後爲髀也」，「髀」譌「體」。七爲暇呫。注「謂唐胡也」，「胡」譌「湖」。唐胡，猶嚨胡。九爲頯。注「須也」，疑「頄也」。

九竅。當提行。

二爲方沮。 注「方，將也，將有事而自止也」，「方」譌「沮」，末「也」譌「九」。

減一而九之。 「二」字諸本皆脱，馮云有者爲是。 **偶爲所得日之夜。** 注「若不增一」，「若」譌「君」。

卷九

玄文 罔、直、蒙、酋、冥。注「北方萬物之終始」，「始」誤在「故」字下。 直，東方也。注「未有枝枚」，「枚」譌「枝」。 福則有膊。釋文作：「膊，市兗切。」《類篇》引作「膊，芳敷切，界埒也」，又「鋪枚」、「龍輟」、「伯各」、「匹各」四切。 是故罔之時。注「言物無形之時」下當有「可」字。 崇以臨之。注「以高臨卑」，「臨」譌「無」。 神戰于玄。注「不戰無以別善也」，「善」下當有「惡」字。 大受性命。「大」譌「夭」。 因而能作。注「當敬以奉也」，「也」疑「上」。 日正于天。注「故稱日」，又「日在午」，「日」俱譌「曰」。「以正天下」，「正」譌「于」。 月闕其博。當作「慱」。下同。 君子在玄則正。注「恒正身不惰」，「恒」不成字。 在福則驕。注「富貴則驕慢」，「慢」譌「也」。 小人得位則橫。注「同時」，疑「得時」。 與陰陽挻埏，譌。 其化，與四時合命，譌。 其誠。

玄棿 謹問其姓而審其家。依注，「姓」當爲「性」，然上卷云「置玄姓」，注「姓，謂家性之姓名也」，則「姓」字似非誤。 觀其所遭遇。注「君」字當作「若」。 垂䘯消，譌。 爲衣。 比札禮，譌。 爲甲。　易之以金幣。幣，譌。　建侯開間，譌國。　涣爵般班，同。　秩。秋，譌。　秉圭載宋本「戴」。　璧。注「執持圭璧」下「也」字衍，下「八十一首」脱「一」字。　陰陽相錯。注「天地虛羸」，「天」譌「而」。　兄弟不孿。變，譌。　嘖以牙者。注「天之無私」，「無」譌「三」。　推陰陽之荒。注「荒謂虛荒無可名之地」，「地」當作「也」。　上索下索。注「故擬之也」，「之」譌「者」。　天地作函。注「五嶽宗有太山」，「有」疑「首」。

卷十

玄圖注「於四重位中周旋上下」，「中」字脱，「旋」譌「施」。

一玄都覆三方。當提行。　雷椎欣窴。《類篇》引作「推歆」，注「由内」引作「曲内也」。「尚在曲勾之中」，「勾」作「句」，下「日」譌「曰」。　中哉《更》、《睟》、《廓》。注「亦百二十一日半也」，「十一」譌「上」。　終哉《減》、《沈》、《成》。注「故曰終哉」下衍「天」字。　咸首艱鳴。注「物咸相首向」，「向」譌「何」，「艱苦」譌「艱若」。　泰柄雲行。注「順時而運」，脱「時」字。　地㩓一作「拖」。　其緒。注「㩓謂施大之也」，「施」譌「弛」。「言天挺立其道於上」，「立」譌「六」。　雲行雨施存乎《從》。注「從天主正月訖二月」，「二」譌「三」。　陰陽消息之計邪。「計」譌「部」。　西北則子美盡矣。注「故西北而美盡矣」，譌倒作「盡美」。　條暢乎四。注「暢通也」，譌「道也」。　倨勮莫困於九。注「勮，劇也」，「劇」譌

「勴」。　福之資者也。注「資，猶資也」，下「資」字疑誤。　福則往而禍則丞也。「丞」、「承」古通用。下「晝夜相丞」，宋本亦作「丞」。　亢元，譌。極道高。　象月闕疑「闕」。而日溢。　冦「冠」字之别。之以甲。　玄之道也。注「會者日月交會一終也」，「者」上「會」字因上誤脱。「八十一章千五百三十九歲」，「三」譌「二」。「元有三統」，「元」字因上誤脱。

玄告　周行九度。注「九虚」譌「九盛」。　是故地坎而天嚴。注「天成嚴於上」，「成」當作「威」。　神遊乎六宗。注「令有六宗祠是也」，「令」謂「著令」，非「今」字。　明晦相推而日月逾邁。注「推明晦而知日月」，「知」字脱。　原本者難由。注「言玄本天地之原」，「玄」譌「乃」。

附説玄五篇唐王涯著

《玄》之大太，譌。旨可知矣。　探吉凶之眹。眹，譌。　類夫爻又，譌。者也。　《易》以八八爲數。或增「故」字，非。　故下衍「有」字。三方而有八十一首。此上六字脱。　歸乎一者也。注「一謂玄也」，「謂」下「一」字衍。　以三二字脱。生九。　故爲二百四十三二，譌。表也。　以配三統流，譌。之元。　爲三百六十五日半，脱。節候、鍾律、津，譌。日運、生踵，譌。斗指。　校疑「拔」。乎羣倫，探其精必。疑「心」。　夫極《玄》元，譌。之脱。微。　其旨宋作「方」。遠。　又下當有「不」字。本其所以然。　蓋《易》家下「人」字衍。例有得位、失位、下「有」字衍。　無位之説。　必有其脱。例。　其有察辭似以，譌。美。　則廬者小舍也。注「在殿庭中」，「殿」譌「段」。　陽首以陽數爲下「首」字衍。主。　餘九爲三之，譌。晝。旦疑衍。　占其中二字依下例當有。用經。　星者下脱二十一字。所配之宿，各以其方，與本五行不相違克也。　假如「中」首上脱。　所配牽牛。

進萬物扶脱。　陽而進。

九之，譌。　爲大極。

萬物窮極。脱。

下釋文譌誤舛錯，非重録不明，故不加摘正。